FIFTH EDITION

Enfoques

CURSO INTERMEDIO DE LENGUA ESPAÑOLA

José A. Blanco

VISTA®
HIGHER LEARNING

Boston, Massachusetts

On the cover:
Alebrije wooden sculpture of a porcupine,
Oaxaca, Mexico

Creative Director: José A. Blanco

Publisher: Sharla Zwirek

Editorial Development: Judith Bach, Carlos Calvo, Camilo Cerpa, María Victoria Echeverri, Gonzalo Montoya

Project Management: Erik Restrepo, Faith Ryan

Rights Management: Jorgensen Fernandez, Ashley Poreda

Technology Production: Sergio Arias, Egle Gutiérrez, Paola Ríos Schaaf

Design: Radoslav Mateev, Sara Montoya, Gabriel Noreña, Andrés Vanegas

Production: Oscar Díez, Sebastián Díez

Student Edition ISBN: 978-1-54330-132-8

Instructor's Annotated Edition ISBN: 978-1-54330-134-2

Library of Congress Control Number: 2018934216

1 2 3 4 5 6 7 8 9 TC 23 22 21 20 19 18

Printed in Canada.

Introduction

Bienvenidos a Enfoques, Fifth Edition, an intermediate Spanish program designed to provide you with an active and rewarding learning experience as you continue to strengthen your language skills and develop your cultural competency.

Here are some of the features you will encounter in **Enfoques, Fifth Edition.**

- An emphasis on authentic language and practical vocabulary for you to use in communicating in real-life situations

- Clear, comprehensive grammar explanations that graphically highlight important concepts

- Abundant guided and communicative activities that will help you develop confidence in your ability to communicate in Spanish

- Three video-based sections—one directly connected to the **Enfoques Fotonovela Video,** one based on the **Flash cultura** cultural segments, and one featuring the **Enfoques Film Collection**

- Literary and cultural readings that recognize and celebrate the diversity of the Spanish-speaking world and its people

- Ongoing development of your reading, speaking, writing, and listening skills

- Consistent integration of important cultural concepts and insights into the daily lives of native Spanish speakers

- A complete set of print and technology ancillaries to make learning Spanish easier for you

New to the Fifth Edition

Enfoques, Fifth Edition, offers many new features to students and instructors that make this edition even better than the last.

- **NEW!** Fotonovela video program is completely new. It is a 12-episode story about a not-so-typical family in Oaxaca, Mexico. On the other hand, based on user feedback, the **Lecturas** and **Cinemateca** sections have new selections for the Fifth Edition. New films in Lessons 4 and 6; a new literary reading in Lesson 5; and a new cultural reading in Lesson 10 update and enhance these popular sections.

- **Updated! Enfoques** Supersite now has more features to make language learning easier, including new Video Virtual Chat activities for the **Fotonovela** video, and new **Conexión con el arte** web-only activities for the **Literatura** strand. See page x for more information.

Enfoques has twelve lessons organized in exactly the same way. To familiarize yourself with the textbook's organization, turn to page xii and take the **Enfoques** at-a-glance tour.

CONTENIDO

	CONTEXTOS	FOTONOVELA	ENFOQUES

ESTRUCTURA	CINEMATECA	LECTURAS

CONTENIDO

	CONTEXTOS	FOTONOVELA	ENFOQUES

CONTENIDO

	CONTEXTOS	FOTONOVELA	ENFOQUES

The *Enfoques* Supersite

Each section of the textbook comes with resources and activities on the **Enfoques** Supersite, many of which are auto-graded with immediate feedback.

CONTEXTOS
- Audio of the **Vocabulary** with recording activity for oral practice
- Textbook and extra practice activities
- Partner Chat or Virtual Chat activity for increased oral practice

FOTONOVELA
- Streaming video of the **Fotonovela** with instructor-managed options for subtitles and transcripts in Spanish and English
- Textbook comprehension and expansion and extra practice activities
- Video Virtual Chat activities for increased oral practice

ENFOQUES
- **En detalle** cultural reading
- **Conexión Internet** search activity
- Streaming video of **Flash cultura** cultural video
- Textbook and extra practice activities

ESTRUCTURA
- Textbook grammar presentations
- Textbook and extra practice activities
- Partner Chat or Virtual Chat activities for increased oral practice
- **Repaso** self-test and **Animated grammar tutorials**

CINEMATECA
- Streaming video of the short film with instructor-controlled options for subtitles
- Textbook pre- and post-viewing and extra practice activities

LECTURAS: LITERATURA
- Audio-synced, dramatic reading of the **Literatura** text
- **Conexión con el arte** and **Literatura**
- Textbook and extra practice activities

LECTURAS: CULTURA
- Audio-synced reading of the text
- Textbook and extra practice activities
- **Atando cabos** composition activity

VOCABULARIO
- Vocabulary list with audio

MANUAL DE GRAMÁTICA
- **Más práctica** Textbook activities
- **Más gramática** Textbook grammar presentations and activities

Plus! Also found on the Supersite:
- Lab audio MP3 files
- Live Chat tool for video chat, audio chat, and instant messaging without leaving your browser
- Communication center for instructor notifications and feedback
- A single gradebook for all Supersite activities
- WebSAM online Workbook, Video Manual, and Lab Manual
- **v̂Text** online, interactive student edition with access to Supersite activities, audio, and video

Supersite features vary by access level. Visit **vistahigherlearning.com** to explore which Supersite level is right for you.

Program Components

Student Activities Manual (SAM)

The **Student Activities Manual** consists of three parts: the **Workbook**, **Lab Manual**, and **Video Manual**.

- **Workbook**

  The **Workbook** activities provide additional practice of the vocabulary and grammar for each textbook lesson, including the extra grammar topic in **Manual de gramática**. Also included are an additional reading (**Lectura**) and composition (**Composición**) assignment.

- **Lab Manual**

  The **Lab Manual** activities focus on building students' pronunciation and listening comprehension skills in Spanish. They provide additional practice of the vocabulary and grammar of each lesson. Also included is a **Pronunciación** section where students practice sounds that are particularly difficult.

WebSAM

Completely integrated with the **Enfoques** Supersite, the **WebSAM** provides access to online **Workbook**, **Lab Manual** and **Video Manual** activities with instant feedback and grading for select activities. The complete audio program is accessible online in the **Lab Manual** and features record-submit functionality for select activities. The MP3 files can be downloaded from the **Enfoques** Supersite and can be played on a computer, portable MP3 player or mobile device. The **Fotonovela** videos are accessible online in the **Video Manual**.

Enfoques, Fifth Edition, Supersite

Included with the purchase of every new student edition, the passcode to the Supersite (**vhlcentral.com**) gives students access to a wide variety of interactive activities for each section of every lesson of the student text, including auto-graded activities for extra practice with vocabulary, grammar, video, and cultural content; reference tools; the **Fotonovela** videos; the **Cinemateca** short films, **Flash cultura** videos; the Lab Program MP3 files, and more. *For additional details, see pages IAE-12 and IAE-13.*

Icons

Familiarize yourself with these icons that appear throughout **Enfoques**.

🔗	Textbook activity available online	◁⑴	Listening activity/section
👥	Pair activity	👥	Group activity
👥	Partner Chat or Virtual Chat activity available online	Ⓢ	Presentational content for this section available online

Additional practice on the Supersite, not included in the textbook, is indicated with this icon feature:

Ⓢ   Practice more at **vhlcentral.com**.

CONTEXTOS

practices the lesson vocabulary with thematic activities.

Vocabulary Easy-to-study thematic lists present useful vocabulary.

Photos and illustrations Dynamic, full-color photos and art illustrate selected vocabulary terms.

Práctica This set of activities practices vocabulary in diverse formats and engaging contexts.

Comunicación These open-ended activities have students interact with a partner, a small group, or the entire class.

Supersite

- Audio recordings of all vocabulary items
- Textbook activities including Partner Chat or Virtual Chat activity
- Additional online-only practice activities

Supersite features vary by access level. Visit **vistahigherlearning.com** to explore which Supersite level is right for you.

FOTONOVELA

features a video about unpredictable events in the life of a family from Oaxaca, Mexico.

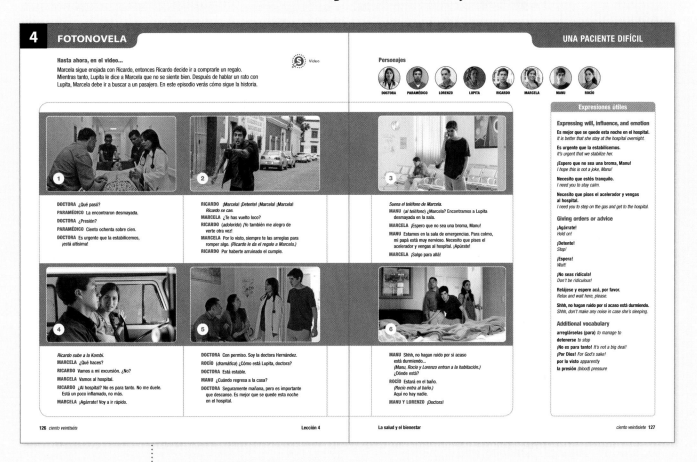

Personajes The photo-based conversations offer a preview of each episode of the video.

Conversations The engaging conversations incorporate vocabulary from the **Contextos** section and preview grammar structures you will study in the **Estructura** section, all within a comprehensible context.

Expresiones útiles New, active words and expressions are organized by function, so you can concentrate on using them for real-life, practical purposes.

upersite

Streaming **Fotonovela** video with instructor-controlled subtitle options

Supersite features vary by access level. Visit **vistahigherlearning.com** to explore which Supersite level is right for you.

COMPRENSIÓN & AMPLIACIÓN

reinforce and expand upon the *Fotonovela*.

Comprensión These exercises check your basic understanding of the **Fotonovela** conversations.

Ampliación Communicative activities take a step further, asking you to apply or react to the content in a personalized way.

Apuntes culturales Cultural notes illustrated with photographs provide additional reading practice and important cultural information related to **Fotonovela**. Follow-up questions check comprehension and expand on the topics.

Supersite

• Textbook and additional online-only activities

• Additional Partner Video Chat activities

Supersite features vary by access level. Visit **vistahigherlearning.com** to explore which Supersite level is right for you.

ENFOQUES

explores cultural topics related to the lesson theme, focused by region.

En detalle & Perfil Feature articles expand on topics related to the lesson theme, supported by photos, maps, and graphical features.

El mundo hispanohablante & Así lo decimos Lexical and comparative features highlight traditions, customs, and trends throughout the Spanish-speaking world.

Activities Comprehension, open-ended, and project-based activities in **¿Qué aprendiste?** check your understanding of the material and lead to further exploration.

Flash cultura Each lesson features a video shot in the form of a news broadcast. Comprehension and expansion activities help them get the most out of it.

Supersite

- All reading selections
- Textbook and additional online-only activities
- **Conexión Internet** search activity
- Streaming **Flash cultura** video with instructor-controlled subtitle options

Supersite features vary by access level. Visit **vistahigherlearning.com** to explore which Supersite level is right for you.

ESTRUCTURA

presents key intermediate grammar topics with detailed visual support.

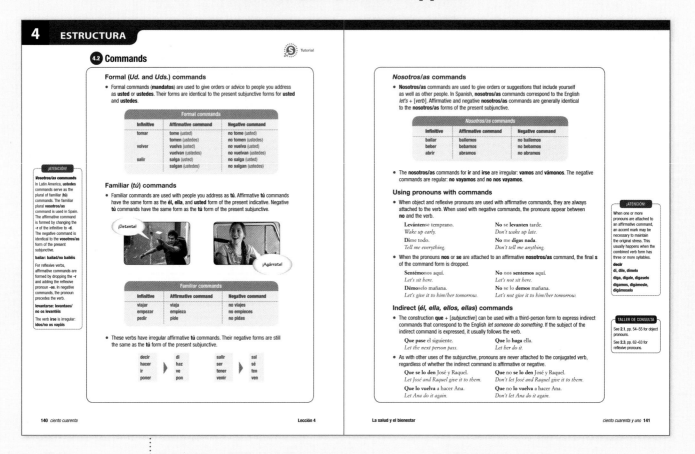

Integration of Cinemateca Photos with quotes or captions from the lesson's short film show the new grammar structures in meaningful contexts.

Charts and diagrams Colorful, easy-to-understand charts and diagrams highlight key grammar structures and related vocabulary.

Grammar explanations Explanations are written in clear, easy-to-understand language for reference both in and out of class.

Atención These sidebars expand on the current grammar point and call attention to possible sources of confusion.

Supersite

- Grammar Presentations
- Grammar Tutorials

Supersite features vary by access level. Visit **vistahigherlearning.com** to explore which Supersite level is right for you.

ESTRUCTURA

progresses from directed to communicative practice.

Práctica Directed exercises support students as they begin working with the grammar structures, helping them master the forms they need for personalized communication.

Comunicación Open-ended, communicative activities help students internalize the grammar point in a range of contexts involving pair and group work.

Taller de consulta These sidebars reference additional activities and grammar topics in the **Manual de gramática** found at the end of the book.

Supersite

- Textbook activities including Partner Chat or Virtual Chat activities

- Additional online-only practice activities

Supersite features vary by access level. Visit **vistahigherlearning.com** to explore which Supersite level is right for you.

CINEMATECA

features award-winning short films by contemporary Hispanic filmmakers.

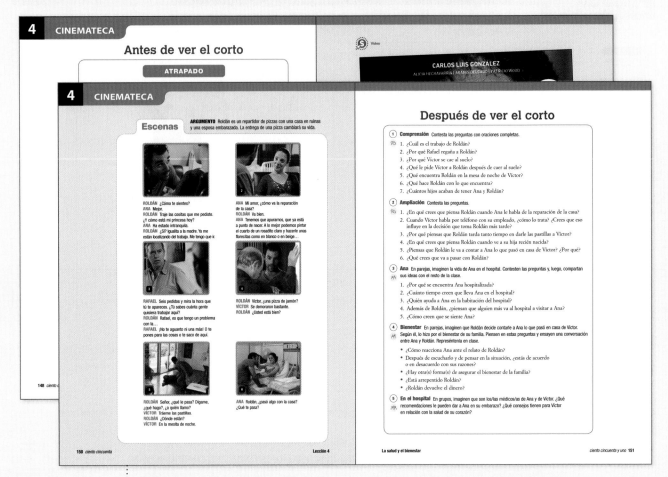

Films Compelling short films let students see and hear Spanish in its authentic contexts. Films are thematically linked to the lessons.

Escenas Video stills with captions from the film prepare students for the film and introduce some of the expressions they will encounter.

Antes de ver... Pre-viewing activities prepare students to view the film.

Vocabulario calls out vocabulary key to understanding the film.

Después de ver... Post-viewing activities check students' comprehension and guide them through interpreting the film and reacting to it.

Ⓢupersite

• Streaming video of short films with instructor-controlled subtitle options

• Textbook activities and additional online-only practice activities

Supersite features vary by access level. Visit **vistahigherlearning.com** to explore which Supersite level is right for you.

LECTURAS: LITERATURA

Fine art makes a connection between lesson theme and reading topic.

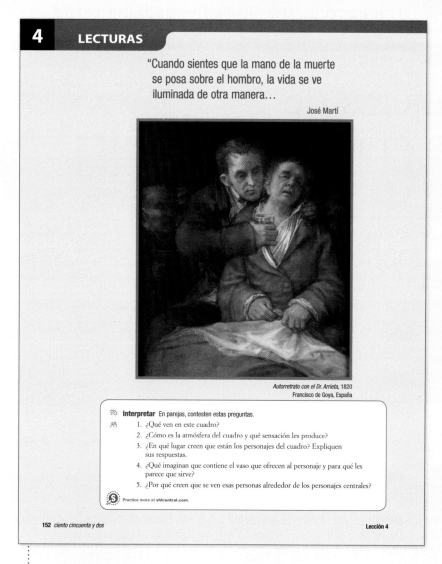

4   LECTURAS

"Cuando sientes que la mano de la muerte
se posa sobre el hombro, la vida se ve
iluminada de otra manera...

José Martí

Autorretrato con el Dr. Arrieta, 1820
Francisco de Goya, España

Interpretar En parejas, contesten estas preguntas.

1. ¿Qué ven en este cuadro?
2. ¿Cómo es la atmósfera del cuadro y qué sensación les produce?
3. ¿En qué lugar creen que están los personajes del cuadro? Expliquen
   sus respuestas.
4. ¿Qué imaginan que contiene el vaso que ofrecen al personaje y para qué les
   parece que sirve?
5. ¿Por qué creen que se ven esas personas alrededor de los personajes centrales?

Ⓢ Practice more at **vhlcentral.com.**

152 *ciento cincuenta y dos*   **Lección 4**

Fine art Compelling works of art, created by some of the greatest painters of the Hispanic world.

Quote These quotes by well-known writers, thinkers, and philosophers provide a brief look into Latin American and Hispanic ways of thinking.

Actividad During pair and group activities, students describe and discuss each painting and share their thoughts.

Ⓢupersite

• Additional online-only practice activity

Supersite features vary by access level. Visit **vistahigherlearning.com** to explore which Supersite level is right for you.

LECTURAS: LITERATURA

showcases literary readings by well-known writers from across the Spanish-speaking world.

Literatura Comprehensible and compelling, these readings present new avenues for using the lesson's grammar and vocabulary.

Design Each reading is presented in the attention-grabbing visual style you would expect from a magazine, along with glosses of unfamiliar words.

Supersite

- Audio-sync technology for the literary reading that highlights text as it is being read

Supersite features vary by access level. Visit **vistahigherlearning.com** to explore which Supersite level is right for you.

LECTURAS: CULTURA

features an article on cultural topics related to the lesson theme.

4 LECTURAS

Colombia gana la guerra a una vieja enfermedad

Quien haya hecho una excursión por un bosque del noroeste de Norteamérica a finales de primavera sabrá lo que es la mosca negra: un insecto que se reproduce en los ríos y cuya picadura causa una pequeña inflamación rojiza, y poco más. Aunque en Norteamérica la mosca negra

5 no es peligrosa, en Suramérica provoca la llamada "ceguera de los ríos", una cruel enfermedad con la que se lucha en más de treinta países. Colombia se ha convertido en el primero de ellos en ganar la batalla.

158 *ciento cincuenta y ocho*   Lección 4

Audio: Reading

¿Por qué cruel? La oncocercosis, o ceguera de los ríos, es básicamente una invasión de
10 gusanos que entran en el cuerpo humano a través de la picadura de la mosca negra. Estos gusanos se reproducen y generan miles de larvas que emigran a todas partes del cuerpo por debajo de la piel. Esto hace que la infección
15 sea tan desagradable. Según el doctor Donald Bundy, coordinador del Banco Mundial para el Control de la Oncocercosis, es común ver que en las aldeas afectadas las personas se rascan constantemente, razón por la cual terminan
20 con cortes terribles en la piel. Con el paso de los años, esas larvas viajeras pasan de la piel a los ojos y cubren la córnea causando ceguera.

Después del glaucoma, la oncocercosis es la principal causa de ceguera a nivel mundial.
25 Según la Organización Mundial de la Salud (OMS),° la oncocercosis afecta a 37 millones de personas en el mundo, de las cuales 300.000 ya han quedado completamente ciegas° . Casi todos los casos de oncocercosis
30 se dan° en África; de hecho, se cree que esta enfermedad llegó al Nuevo Mundo a principios del siglo XVIII con el tráfico de esclavos. Actualmente, la enfermedad es parte de la realidad de muchas comunidades
35 de países como Ecuador, Venezuela, México y Guatemala, y también de Colombia. Allí se descubrió en 1965 cuando un estibador de puerto llegó a la consulta del médico con una infección en los ojos. Casualmente°, el doctor
40 que lo vio había estudiado oftalmología tropical en Francia. Enseguida, diagnosticó su enfermedad: oncocercosis.

"Fue un chiripazo", dice la doctora Gloria Palma, del Centro Internacional de
45 Entrenamiento e Investigaciones Médicas (CIDEIM) de Colombia, quien asegura que estuvieron buscando la enfermedad en el sitio equivocado. Según Palma, el Instituto Nacional de Salud llevaba
50 años buscando la enfermedad por la zona norte del país y había planes para ir a buscarla en el Pacífico.

World Health Organization (WHO)
blind
occur
coincidentally

La aparición del primer caso permitió centrar la búsqueda en la región del
55 río Chuaré, Cauca. Finalmente, el foco de la ceguera de los ríos apareció en la comunidad de Nacioná, en el municipio° de López de Micay, una zona de difícil acceso. La economía de esta comunidad
60 se ha basado, principalmente, en la extracción de oro en el propio río donde vive y se reproduce la mosca negra.

Una vez localizado el foco de la enfermedad había que dar el siguiente paso°:
65 eliminarla. La estrategia para conseguirlo fue tratar a la población de la zona afectada con un medicamento llamado Ivermectina, donado por la empresa farmacéutica Merck. El tratamiento con este medicamento empezó en 1996 y continuó cada seis meses,
70 hasta que en 2007 se comprobó que la mosca negra ya no transmitía el parásito. Pero eso no era suficiente. Había que demostrar que, tres años después, no hubiera ningún caso nuevo, y que el ciclo vital del
75 parásito a través de la mosca negra y el hombre estaba definitivamente interrumpido. Y así fue: en 2011 la enfermedad se declaró oficialmente eliminada de Colombia. Misión cumplida. ∎
80

township
to take the next step

La oncocercosis en Colombia

Zonas de búsqueda°
Foco de la enfermedad

búsqueda search

La salud y el bienestar   *ciento cincuenta y nueve* 159

Appealing Topics The **Cultura** readings present a unique range of topics that expose you to the people, traditions, and accomplishments of the different cultures of the Spanish-speaking world.

Design Readings are carefully laid out with line numbers, marginal glosses, pull quotes, and box features to help make each piece easy to navigate.

Photos Vibrant, dynamic photos visually illustrate the reading.

Supersite

• Audio-sync technology for the cultural reading that highlights text as it is being read

Supersite features vary by access level. Visit **vistahigherlearning.com** to explore which Supersite level is right for you.

ANTES DE LEER and DESPUÉS DE LEER

activities provide in-depth pre- and post-reading support for each selection in Literatura and Cultura.

Antes de leer Vocabulary presentation and practice, author biographies, and pre-reading discussion activities prepare students for the reading.

Después de leer Post-reading activities check student understanding and guide them to discuss the topic of the reading, express their opinions, and explore how it relates to their own experiences.

Supersite

- Textbook activities including Partner Chat or Virtual Chat activities (in **Literatura** or **Cultura**)

- Additional online-only practice activities

- **Sobre el autor** reading with online-only activity

Supersite features vary by access level. Visit **vistahigherlearning.com** to explore which Supersite level is right for you.

ATANDO CABOS

develops your speaking and writing skills.

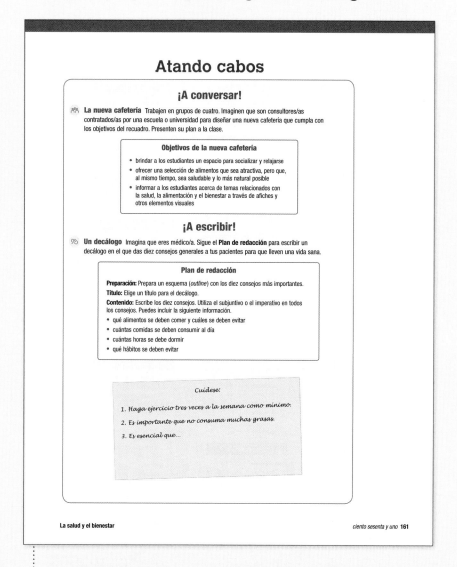

¡A conversar! Step-by-step tasks and problem-solving situations engage you in discussion in pairs, small groups, or with the entire class.

Thematic Readings and Realia These texts serve as springboards for discussion and writing while providing frameworks to help you use language creatively.

¡A escribir! This section provides an engaging, real-life writing task—letters, e-mails, anecdotes, etc.—spun off from the lesson theme.

ⓈupersitE

- Textbook activity via online composition engine

Supersite features vary by access level. Visit **vistahigherlearning.com** to explore which Supersite level is right for you.

VOCABULARIO

summarizes the active vocabulary in each lesson.

Vocabulario All the lesson's active vocabulary is grouped in easy-to-study thematic lists and tied to the lesson section in which it was presented.

Ⓢupersite

- Vocabulary list with audio
- Customizable study lists

Supersite features vary by access level. Visit **vistahigherlearning.com** to explore which Supersite level is right for you.

MANUAL DE GRAMÁTICA

presents additional grammar topics with practice and additional practice for all lesson topics.

Más práctica

4.2 Commands*

1 **Las indicaciones del médico** Lee los problemas de estos pacientes. Luego, completa las órdenes y recomendaciones que su médico les da.

Don Mariano y doña Teresa no duermen bien y sufren de mucha presión en el trabajo.	1. _____ (tomar) té de manzanilla y _____ (acostarse) siempre a la misma hora. 2. No _____ (trabajar) los domingos.
Juan come muchos dulces y tiene caries (*cavities*).	3. (Tú) _____ (cepillarse) los dientes dos veces por día. 4. No _____ (comer) más dulces.
La señora Ortenzo se lastimó jugando al tenis. Le duele el pie derecho.	5. (Usted) _____ (quedarse) en cama dos días. 6. No _____ (mover) el pie y no _____ (caminar) sin muletas (*crutches*).
Carlos y Antonio trasnochan con frecuencia y no llevan una dieta sana.	7. _____ (dormir) por lo menos ocho horas cada noche. 8. No _____ (ir) a clase sin antes comer un desayuno saludable.

2 **Antes y ahora** ¿Te daban órdenes tus padres cuando eras niño/a? ¿Te siguen dando órdenes? Escribe cinco mandatos que te daban cuando eras niño/a y cinco que te dan ahora. Utiliza mandatos informales afirmativos y negativos.

Los mandatos de antes

_____
_____
_____
_____
_____

Los mandatos de ahora

_____
_____
_____
_____
_____

3 **El viernes por la noche** Tú y tus amigos están pensando en qué hacer este viernes. Tú sugieres actividades (usa mandatos con **nosotros/as**), pero tus compañeros/as rechazan (*reject*) tus ideas y sugieren otras. En grupos de tres, representen la conversación.

MODELO **ESTUDIANTE 1** Vayamos al cine esta noche.
ESTUDIANTE 2 No quiero porque no tengo dinero. Quedémonos en casa y veamos la tele.
ESTUDIANTE 3 Pues, alquilemos una película entonces...

*To see the explanation corresponding to this additional practice, see p. 140.

A24

S Presentation

4.4 **The subjunctive with impersonal expressions***

- The subjunctive is frequently used in subordinate clauses following impersonal expressions.

IMPERSONAL EXPRESSION	CONNECTOR	SUBORDINATE CLAUSE
Es urgente	que	vayas al hospital.

- Impersonal expressions that indicate will, desire, or emotion are usually followed by the subjunctive.

es bueno *it's good*	**es necesario** *it's necessary*
es extraño *it's strange*	**es ridículo** *it's ridiculous*
es importante *it's important*	**es terrible** *it's terrible*
es imposible *it's impossible*	**es una lástima** *it's a shame*
es malo *it's bad*	**es una pena** *it's a pity*
es mejor *it's better*	**es urgente** *it's urgent*

Es una lástima que **estés** con gripe.
It's a shame you have the flu.

Es mejor que te **acompañen.**
It's better that they go with you.

- Impersonal expressions that indicate certainty trigger the indicative in the subordinate clause. When they express doubt about the action or condition in the subordinate clause, the subjunctive is used.

indicative	subjunctive
es cierto *it's true*	**no es cierto** *it's untrue*
es obvio *it's obvious*	**no es obvio** *it's not obvious*
es seguro *it's certain*	**no es seguro** *it's not certain*
es verdad *it's true*	**no es verdad** *it's not true*

Es verdad que Juan está triste, pero **no es cierto** que **esté** deprimido.
It's true that Juan is sad, but it's not true that he is depressed.

Es obvio que usted tiene una infección, pero **es improbable** que **sea** contagiosa.
It's obvious that you have an infection, but it's unlikely that it's contagious.

- When an impersonal expression is used to make a general statement or suggestion, the infinitive is used in the subordinate clause. When a new subject is introduced, the subjunctive is used instead.

Es importante hacer ejercicio.
It's important to exercise.

Es importante que los niños **hagan** ejercicio.
It's important for children to exercise.

No es seguro caminar solo por la noche.
It's not safe to walk around alone at night.

No es seguro que **camines** solo por la noche.
It's not safe for you to walk around alone at night.

*This is an additional grammar point for Lección 4 Estructura. You may use it for review or as required by your instructor.

A26

Más práctica Directed exercises and open-ended, communicative activities lend additional support for all grammar topics in **Enfoques**.

Más gramática Supplementary grammar presentations and practice are included for enrichment.

Supersite

- Grammar presentations
- Textbook activities

Supersite features vary by access level. Visit **vistahigherlearning.com** to explore which Supersite level is right for you.

Fotonovela Video

The **Fotonovela** video is a 12-episode story about a not-so-typical family set against the unique background of Oaxaca, Mexico, a World Heritage Site. Cultural elements and stunning aerial footage drive the fast-paced storyline. Humor and dramatic tension, along with many surprising twists and turns, promise to keep you engaged and give you a sense of modern, day-to-day life in Mexico.

The **Fotonovela** section in each textbook lesson is an abbreviated version of the dramatic video episode.

Lorenzo Solís   Rocío Solís   Marcela Solís

Manuel Solís   Ricardo Hernández   Lupita

Patricia   Chente   Doctora Hernández

The overwhelmingly popular **Flash cultura** video provides an entertaining and authentic complement to the **Enfoques** section of each lesson. Correspondents from various Spanish-speaking countries report on aspects of life in their countries, conducting street interviews with residents along the way.

LECCIÓN 1	**LECCIÓN 4**	**LECCIÓN 7**	**LECCIÓN 10**
Las relaciones personales (España)	**Las farmacias** (Ecuador)	**Los inventos argentinos** (Argentina)	**Arquitectura modernista** (España)
LECCIÓN 2	**LECCIÓN 5**	**LECCIÓN 8**	**LECCIÓN 11**
El cine mexicano (México)	**¡Viajar y gozar!** (Costa Rica)	**Las alpacas** (Perú)	**Puerto Rico: ¿nación o estado?** (Puerto Rico)
LECCIÓN 3	**LECCIÓN 6**	**LECCIÓN 9**	**LECCIÓN 12**
De compras en Barcelona (España)	**Un bosque tropical** (Puerto Rico)	**Lo mejor de Argentina** (Argentina)	**Machu Picchu: encanto y misterio** (Perú)

Film Collection

Fully integrated with your textbook, the **Enfoques** Film Collection features dramatic short films by Hispanic filmmakers. These films are the basis for the pre- and post-viewing activities in the **Cinemateca** section of each lesson. The films are a central feature of the lesson, providing opportunities to review and recycle vocabulary from **Contextos**, and previewing and contextualizing the grammar from **Estructura**.

The films are available on the **Enfoques**, Fifth Edition Supersite.

LECCIÓN 1
Di algo
(España; 15 minutos)

A young blind woman falls in love with a man based on his voice. The only problem is that she has never heard him in person... just on a recording.

LECCIÓN 2
El tiple
(Colombia; 16 minutos)

Pastor's wife has fallen ill, and he decides to sell his guitar in order to buy the medicine she needs.

LECCIÓN 3
Adiós mamá
(México; 8 minutos)

A man is grocery shopping alone on an ordinary day when a chance meeting makes him the focus of an elderly woman's existential conflict, with a surprising result.

LECCIÓN 4
NEW! Atrapado
(Cuba; 12 minutos)

Roldán is a pizza delivery guy who has a pregnant wife and is living in a house under poor conditions. However, one of his pizza deliveries will turn his life around.

LECCIÓN 5
Volamos hacia Miami
(España; 18 minutos)

A flight from Madrid to Miami is disrupted by an unruly passenger, who decides to challenge the rules of conduct on an airplane.

LECCIÓN 6
NEW! El dorado de Ford
(Argentina; 15 minutos)

Sebastián inherited a case from his father with instructions inside to catch a legendary fish known as "El dorado of Ford". To do so, he makes friends with Horacio, an experienced fisherman, and persuades him to travel up the river on an adventure that will mark them for life.

LECCIÓN 7
La mina de oro
(México; 11 minutos)

50-year-old Betina leaves her boring life behind to be with a fiancé she knows only via the Internet.

LECCIÓN 8
Clown
(España; 11 minutos)

Companies will go to any length to collect what is due them… and to make sure they have hired the right person for the job.

LECCIÓN 9
Sintonía
(España; 9 minutos)

Stuck in traffic, a man finds out that the only way he can get the attention of a woman is to figure out which radio station she's listening to and call in3

LECCIÓN 10
Las viandas
(España; 19 minutos)

In a restaurant where food is art, a customer learns whether it is possible to have too much of a good thing.

LECCIÓN 11
La autoridad
(España; 10 minutos)

A Spanish-Moroccan family on vacation is stopped on the highway by the police. Life will never be the same after being subjected to a humiliating search of their belongings.

LECCIÓN 12
Un pedazo de tierra
(México/Estados Unidos; 20 minutos)

In honoring their great-great-grandfather's dying wish, two brothers learn about themselves and the people that came before them.

Reviewers

On behalf of its writers and editors, Vista Higher Learning expresses its sincere appreciation to the many professors nationwide who reviewed **Enfoques, Fourth Edition**. Their insights, ideas, and detailed comments were invaluable to the final product.

Alfonso Abad Mancheño
Guilford College, NC

Thomas G. Allen
University of Wisconsin Oshkosh, WI

Carol M. Andersen
Highland Community College, KS

David G. Anderson
John Carroll University, OH

Kimberly Aragón Stewart
University of Alaska Fairbanks, AK

Carlos X. Ardavín Trabanco
Trinity University, TX

Patricia Arminana
Cape Fear Community College, NC

Ashlee S. Balena
University of North Carolina Wilmington, NC

Estela Bartol Martin
Cornell University, NY

Kevin Beard
Richland College, TX

Harriet W. Bowden
University of Tennessee, TN

Sarah Bentley
Portland Community College, OR

Jessica Brandt
Lehigh University, PA

Dennis Bricault
North Park University, IL

Catherine M. Bryan
University of Wisconsin Oshkosh, WI

Jesús Castro Gorfti
Trinity University, TX

Heidi Chambers
Washington University, St. Louis, IL

Ben Coates
Gardner-Webb University, NC

Rocío Cortés
University of Wisconsin Oshkosh, WI

Anne Cummings Hlas
University of Wisconsin Eau Claire, WI

Elena Fernández
Case Western Reserve University, OH

José M. García-Sánchez
Eastern Washington University, WA

Hasmik Gharaghazaryan
Richland College, TX

Jill Gibian
Eastern Oregon University, OR

Eduardo Gregori
University of Wisconsin Marathon County, WI

Verónica Gutiérrez
James Madison University, VA

Jennifer Hensley Schmidt
Portland Community College, OR

Tracey Kloeckl-Jiménez
Central Lakes College Brainerd, MN

Lora Looney
University of Portland, OR

Joanna Lyskowicz
Drexel University, PA

Karen Martin
Texas Christian University, TX

Mary McKinney
Texas Christian University, TX

Rosa Mejía
John Carroll University, OH

Jason Meyler
Mount Mary University, WI

Rebekah Morris
Wake Forest University, NC

María Inés Ortiz
University of Cincinnati, Blue Ash College, OH

Maritza Osuna
Union College, NY

Cristian Pancorbo
Pacific Union College, CA

Linda K. Parkyn
North Park University, IL

Marcie Pratt
University of Wisconsin-Baraboo/Sauk County, WI

María Romero Yuste
Morton College, IL

Lew Rosenbloom
University of North Carolina Wilmington, NC

Ana Runnion
University of Wisconsin-Stevens Point, WI

Natalia Ruiz-Rubio
Eastern Washington University, WA

Beth Sánchez
Lake Forest College, IL

Sylvia R. Santaballa
University of North Carolina Wilmington, WI

Daniela Schuvaks Katz
IUPUI, IN

Mariana R. Segovia
California State University, San Marcos, CA

Parker Shaw
Eastern Washington University, WA

A. Shay Crawley
Florence Darlington Technical College, SC

Amanda Stechschulte
Hillsdale College, MI

Lucero Tenorio
Oklahoma State University, OK

Megan Thornton
John Carroll University, OH

Pedro Tomás
University of Tennessee Knoxville, TN

Stephanie Tucker
University of North Carolina Wilmington, NC

José A. Valero
University of Wisconsin – Eau Claire, WI

Michelle L. Warren
University of Nebraska at Kearney, NE

Timothy Wilson
Blackburn College, IL

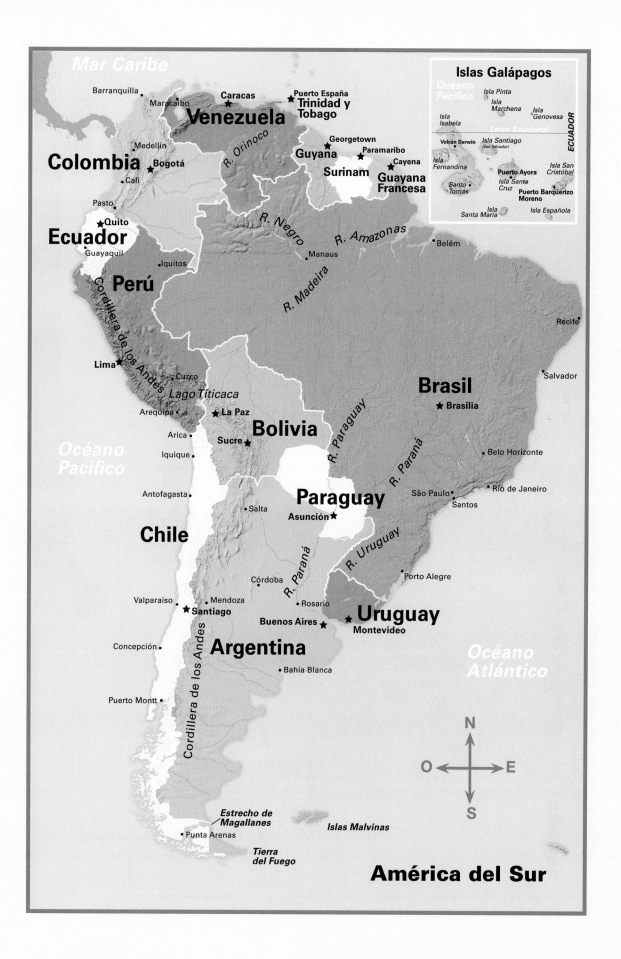

América del Sur

Islas Galápagos

Mar Caribe

Océano Pacífico

Barranquilla
Maracaibo
Caracas
Puerto España
Trinidad y Tobago
Venezuela
Medellín
Colombia
Bogotá
Cali
Pasto
Georgetown
Guyana
Paramaribo
Surinam
Cayena
Guayana Francesa
R. Orinoco
Quito
Ecuador
Guayaquil
R. Negro
R. Amazonas
Manaus
Belém
Iquitos
Perú
R. Madeira
Recife
Lima
Cuzco
Lago Títicaca
Arequipa
La Paz
Bolivia
Sucre
Brasil
Brasilia
Arica
Iquique
Belo Horizonte
R. Paraguay
Antofagasta
São Paulo
Río de Janeiro
Salta
Paraguay
R. Paraná
Santos
Asunción
Chile
R. Uruguay
Córdoba
Porto Alegre
Valparaíso
Mendoza
Rosario
Santiago
Buenos Aires
Uruguay
Montevideo
Concepción
Argentina
R. Paraná
Océano Atlántico
Bahía Blanca
Cordillera de los Andes
Puerto Montt
Cordillera de los Andes
Estrecho de Magallanes
Islas Malvinas
Punta Arenas
Tierra del Fuego

Océano Pacífico

Isla Pinta
Isla Marchena
Isla Genovesa
Isla Isabela
Línea Ecuatorial
ECUADOR
Volcán Darwin
Isla Santiago (San Salvador)
Isla Fernandina
Puerto Ayora
Isla San Cristóbal
Isla Santa Cruz
Santo Tomás
Puerto Barquerizo Moreno
Isla Santa María
Isla Española

N
O   E
S

Las relaciones personales

1

Communicative Goals
You will expand your ability to...
- describe in the present
- narrate in the present
- express personal relationships

Vocabulary Tools

Las relaciones **personales**

La personalidad

autoritario/a *strict*
cariñoso/a *affectionate*

celoso/a *jealous*
cuidadoso/a *careful*
falso/a *insincere*
gracioso/a *funny*

inseguro/a *insecure*
(in)maduro/a *(im)mature*
mentiroso/a *lying*
orgulloso/a *proud*
permisivo/a *permissive*
seguro/a *sure; confident*
sensato/a *sensible*
sensible *sensitive*
tacaño/a *stingy*
tímido/a *shy*
tradicional *traditional*

Los estados emocionales

agobiado/a *overwhelmed*
ansioso/a *anxious*
deprimido/a *depressed*
disgustado/a *upset*

emocionado/a *excited*
preocupado/a (por) *worried (about)*
solo/a *alone; lonely*
tranquilo/a *calm*

Los sentimientos

Carlos **se está enamorando** de Marisa, pero **tiene vergüenza de** decírselo. Marisa también **sueña con** él y hoy ha decidido decirle cómo **se siente**.

adorar *to adore*
apreciar *to think highly of*
enamorarse (de) *to fall in love (with)*
estar harto/a (de) *to be sick (of)*
odiar *to hate*
sentirse (e:ie) *to feel*
soñar (o:ue) (con) *to dream (about)*
tener celos (de) *to be jealous (of)*
tener vergüenza (de) *to be ashamed/ embarrassed (about)*

Las relaciones personales

Llevan más de cincuenta años de casados. Dicen que los secretos de un buen **matrimonio** son la **confianza** y **el cariño.**

el/la amado/a *loved one*
el ánimo *spirit*
el cariño *affection*
la cita (a ciegas) *(blind) date*
el compromiso *commitment*
la confianza *trust; confidence*
el desánimo *the state of being discouraged*
el divorcio *divorce*
la pareja *couple; partner*
el sentimiento *feeling*

atraer *to attract*
coquetear *to flirt*
cuidar *to take care of*
dejar a alguien *to leave someone*
discutir *to argue*
educar *to raise; to bring up*
hacerle caso a alguien *to pay attention to someone*
impresionar *to impress*
llevar... años de (casados) *to be (married) for... years*
llevarse bien/mal/fatal *to get along well/ badly/terribly*
mantenerse en contacto *to keep in touch*
pasarlo bien/mal/fatal *to have a good/bad/ terrible time*
proponer matrimonio *to propose (marriage)*
romper (con) *to break up (with)*
salir (con) *to go out (with)*
soportar a alguien *to put up with someone*

casado/a *married*
divorciado/a *divorced*
separado/a *separated*
soltero/a *single*
viudo/a *widowed*

Práctica

(1) Escuchar

A. Después de una cita con Andrés, Paula le cuenta todo a su mejor amiga, Isabel. Escucha la conversación y decide si las oraciones son **ciertas** o **falsas**. Corrige las falsas.

1. Después de la cita con Andrés, Paula está muy emocionada.
2. Según Paula, los dos se llevan mal.
3. Paula dice que Andrés es feo e inseguro.
4. Paula quiere salir otra vez con Andrés.

B. Ahora escucha la conversación entre Andrés y su mejor amigo, José Luis, y decide si las oraciones son **ciertas** o **falsas**. Corrige las falsas.

1. Según Andrés, Paula y él lo pasaron bien.
2. Andrés piensa que Paula es demasiado tímida.
3. Andrés quiere salir otra vez con Paula.
4. Andrés tiene celos porque José Luis quiere salir con Paula.

C. En parejas, imaginen que José Luis decide llamar a Paula y que Andrés decide llamar a Isabel. Inventen el diálogo de una de estas dos conversaciones telefónicas y compártanlo con la clase.

(2) Analogías
Completa cada analogía con la palabra apropiada.

autoritario	cuidadoso	mentiroso
casados	discutir	romper con
cita	gracioso	tranquilo

1. estresado : ansioso :: falso : _____
2. generoso : tacaño :: permisivo : _____
3. divorcio : divorciados :: matrimonio : _____
4. amar : odiar :: salir con : _____
5. cariño : cariñoso :: cuidado : _____
6. disgustado : contento :: emocionado : _____
7. casados : boda :: novios : _____
8. casados : divorciados :: llevarse bien : _____

Práctica

3 **Definiciones** Indica qué palabras corresponden a cada definición.

_____ 1. Compromiso entre dos o más personas sobre el lugar, la fecha y la hora para encontrarse.

_____ 2. Que sufre de tristeza o desánimo.

_____ 3. Enseñar a una persona a comportarse según ciertas normas.

_____ 4. Prestarle atención a alguien.

_____ 5. Conjunto formado por dos personas o cosas que se complementan o son semejantes, como, por ejemplo, hombre y mujer.

_____ 6. Estimar o reconocer el valor de algo o de alguien.

a. apreciar
b. cita
c. cuidar
d. deprimido/a
e. discutir
f. educar
g. hacerle caso
h. pareja
i. viudo/a

4 **Contrarios** Mauricio y Lucía son gemelos, pero tienen personalidades muy distintas. Completa las descripciones con los adjetivos adecuados.

MODELO **Mauricio siempre es muy seguro, pero Lucía es...** insegura.

1. Mauricio es un hombre sincero, pero Lucía es…

2. Lucía es muy generosa con su dinero, pero Mauricio es…

3. No sabes lo sociable que es Mauricio, pero Lucía es muy…

4. Lucía es permisiva con sus hijos, pero Mauricio es…

5. A Mauricio le gusta estar con gente, pero Lucía prefiere estar…

6. Todos piensan que Mauricio es moderno, pero que Lucía es…

7. Lucía se porta (*behaves*) como adulto, pero Mauricio es muy…

8. Mauricio es muy modesto, pero Lucía es muy…

9. Mauricio es muy…, pero Lucía es muy…

10. A Mauricio le gusta…, pero Lucía prefiere…

 Practice more at **vhlcentral.com**.

Comunicación

5 **¿Cómo eres?** Trabaja con un(a) compañero/a.

A. Contesta las preguntas del test.

	Sí	A veces	No	Clave
1. ¿Te pones nervioso/a cuando estás con otras personas?				**Sí** = 0 puntos
2. ¿Te incomoda expresar tus emociones?				**A veces** = 1 punto
3. ¿Te parece difícil iniciar una conversación?				**No** = 2 puntos
4. ¿Te ponen nervioso/a las citas a ciegas?				
5. ¿Te sientes inseguro/a cuando te critican?				**Resultados**
6. ¿Tienes vergüenza de hablar en público?				**0 a 3** Eres muy introvertido/a.
7. ¿Piensas mucho antes de tomar una decisión?				**4 a 7** Tiendes a ser introvertido/a.
8. ¿Piensas que, si eres muy simpático/a, las personas pueden creer que eres falso/a?				**8 a 11** No eres ni introvertido/a ni extrovertido/a.
9. ¿Piensas que coquetear es inmaduro?				**12 a 16** Tiendes a ser extrovertido/a.
10. ¿Te llevas bien con las personas muy tímidas?				**17 a 20** Eres muy extrovertido/a.

B. Ahora suma (*add up*) los puntos. ¿Cuál es el resultado del test? ¿Estás de acuerdo? Comenta tu resultado y tu opinión con tu compañero/a.

6 **Problemas y consejos**

A. En grupos de cuatro, elijan una de estas situaciones. Inventen más detalles para describir la situación. Básense en estas preguntas.

> ¿Quiénes son los personajes?
>
> ¿Cuánto tiempo llevan juntos?
>
> ¿Cuál es su relación?
>
> ¿Cómo empezó la situación?

1. Se miran a los ojos. Él se pregunta si ella está coqueteando con él.
2. Quiere mucho a su esposo/a, pero él/ella tiene celos de todo el mundo. Él/Ella no soporta que su pareja sea tan celosa.
3. Hacen una buena pareja, pero él nunca le va a proponer matrimonio.
4. Se conocieron en una cita a ciegas y se llevaron fatal.
5. Se quieren, pero discuten por cualquier cosa.

B. Ahora, escriban un breve correo electrónico en el que uno de los personajes describe su problema y le pide consejos a un(a) amigo/a. Lean el mensaje a la clase para que sus compañeros ofrezcan sus consejos. Después, decidan quién tiene los mejores consejos para cada situación.

FOTONOVELA

En el video...

Vas a conocer a la familia Solís, de Oaxaca, México, compuesta por Lorenzo, un profesor viudo, sus hijos Rocío, Marcela y Manu, y Lupita, la criada. Además vas a conocer a sus amigos, Patricia y Chente, y a un nuevo amigo muy especial, Ricardo. En este episodio verás cómo inicia la historia.

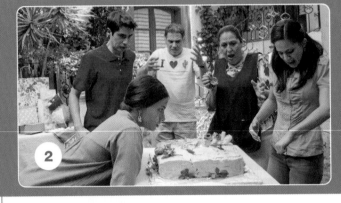

ROCÍO ¡Estoy ansiosa!

MANU ¡Ahí viene! ¡Está entrando!

TODOS JUNTOS ¡Sorpresa!
(Cantan.) Éstas son las mañanitas que cantaba el rey David, a las muchachas bonitas se las cantamos así. Despierta, Marce, despierta...

MARCELA Gracias. Éste es mi primer cumpleaños desde la muerte de mi mami.

PATRICIA Bueno, a pedir un deseo.
Algo cae del cielo cuando Marcela va a soplar la vela.

ROCÍO ¡Manu!

LUPITA ¿Qué es eso?

MANU ¡Es un dron!

MARCELA Tantos cumpleaños que habrá hoy en Oaxaca y vienen a estrellarse en el mío.

ROCÍO ¡Marcela! El espía.

MARCELA ¿Qué espía?

ROCÍO ¡El del dron!

MARCELA ¿Qué pasa con él?

ROCÍO Está aquí.

CHENTE ¡Ricardo!

LORENZO ¿Se conocen?

CHENTE Sí. Acaba de mudarse a Oaxaca. Estudia ingeniería en la uni.
(A Ricardo) El señor Solís. Es profesor de botánica.

RICARDO Mucho gusto, soy Ricardo.

Personajes

 MANU
 ROCÍO
 MARCELA
 PATRICIA
 LORENZO
 LUPITA
 CHENTE
 RICARDO
AMIGO DE CHENTE

LUPITA Diga.

RICARDO Hola, señora. Quería saber si vio un pequeño dron que cayó por aquí.

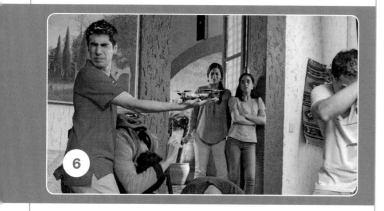

MANU ¿Tú construiste el dron?

RICARDO Sí.

MANU ¿Dónde se enciende?

RICARDO Acá.
Las hélices esparcen pastel y todos terminan cubiertos.

LORENZO Ella es Marcela, la cumpleañera.

RICARDO Felicidades.

Expresiones útiles

Talking about inherent qualities

Éste es mi primer cumpleaños…
This is my first birthday…

El cielo es el límite.
The sky's the limit.

¿Qué es eso?
What's that?

Es un dron.
It's a drone.

No seas tímida, hija.
Don't be shy, daughter.

El señor Solís es profesor de botánica.
Mr. Solís is a botany professor.

Ella es Marcela.
This is Marcela.

Talking about emotions and temporary states

¡Estoy ansiosa!
I am anxious!

Estoy muy emocionada de…
I am very touched by…

¡Está acá!
He's here!

Talking about actions in progress

¡Está entrando!
She's coming in!

¡Nos están espiando!
Someone is spying on us!

Additional vocabulary

el/la cumpleañero/a *birthday boy/girl*
el deseo *wish*
encender *to turn on*
el/la espía *spy*
espiar *to spy*
estrellarse *to crash*
la muerte *death*
volador(a) *flying*

Comprensión

1 **¿Cierto o falso?** Decide si estas oraciones son **ciertas** o **falsas**. Corrige las falsas.

Cierto	Falso	
☐	☐	1. Rocío está muy tranquila cuando espera a Marcela.
☐	☐	2. La familia y los amigos de Marcela le preparan una fiesta sorpresa de cumpleaños.
☐	☐	3. Cuando Marcela está pidiendo un deseo, un dron cae del cielo.
☐	☐	4. El dron es de uno de los amigos de Marcela.
☐	☐	5. Marcela abre la puerta para ver quien está tocando.
☐	☐	6. Ricardo está espiando a la familia Solís con su dron.

2 **Descripciones** Selecciona el personaje al que se refiere cada descripción.

CHENTE **LORENZO** **LUPITA**

MAMÁ DE MARCELA **MANU** **ROCÍO**

1. Es hermano de Marcela y Rocío.
2. Trabaja de criada en casa de los Solís.
3. Es profesor de botánica.
4. Toca la guitarra.
5. Murió hace menos de un año.
6. Es muy dramática.

3 **Preguntas**

A. Contesta las preguntas con oraciones completas.

1. ¿Por qué Marcela está tan emocionada por este cumpleaños en particular?
2. ¿Dónde cae el dron?
3. ¿Por qué piensa Rocío que los están espiando?
4. ¿Qué pasa cuando Ricardo enciende el dron?
5. Al final del episodio, ¿cuáles son los sentimientos de Ricardo hacia Marcela? ¿Y los de Marcela hacia Ricardo?

B. Ahora, compara tus respuestas con las de un(a) compañero/a. ¿Coinciden?

Ampliación

4 **Adivinar** En parejas, describan la personalidad de dos personajes de la fotonovela sin mostrarle a su compañero/a. Después, túrnense para leer cada descripción y adivinar de qué personaje se trata.

> **MODELO** **ESTUDIANTE 1** Es una persona muy sensible y cariñosa. Se emociona fácilmente.
> **ESTUDIANTE 2** ¡Es Marcela!
> **ESTUDIANTE 1** ¡Sí! ¿Cómo es tu personaje?...

5 **Continuación** En parejas, escriban una posible continuación de la conversación entre Marcela y Ricardo al final del episodio.

> **MODELO** **ESTUDIANTE 1** (En el rol de Marcela) ¿Es la primera vez que usted vuela ese dron?
> **ESTUDIANTE 2** (En el rol de Ricardo) No. Lo tengo hace muchos meses, ¿por qué?
> **ESTUDIANTE 1** (En el rol de Marcela) ¿Y todavía pregunta? Pues porque no sabe cómo controlarlo.

6 **Apuntes culturales** En parejas, lean los párrafos y contesten las preguntas.

Centro de la ciudad de Oaxaca

Estado de Oaxaca, México

La familia Solís vive en la ciudad de Oaxaca de Juárez, capital del estado de Oaxaca. Ubicado en el suroeste del país, Oaxaca es un estado multicultural en el que conviven quince grupos étnicos, y que atrae cada año a miles de turistas por su arquitectura, sus zonas arqueológicas y sus mercados de artesanías.

Las mañanitas

Familiares y amigos cantan "Las mañanitas" a Marcela en el día de su cumpleaños. Esta canción es tradicional de México y se les canta en los cumpleaños a personas de cualquier edad. En otros países, como en Colombia, se les canta principalmente a las quinceañeras. Ha sido interpretada por artistas destacados, como los mexicanos Pedro Infante y Jorge Negrete.

Pedro Infante

El cactus: planta nacional de México

En varios lugares de la casa de los Solís hay cactus. El cactus, como símbolo de México, se remonta a la época prehispánica. La leyenda de la fundación de México dice que los aztecas, después de viajar cientos de años, se establecieron en el lugar que hoy se conoce como Tenochtitlán, donde vieron un águila sobre un cactus, devorando una serpiente. Dicha escena está representada en la bandera nacional de México.

1. Cuando visitas un lugar nuevo, ¿prefieres ir con un guía (*guide*) turístico en un viaje planeado o prefieres explorar y descubrir cosas por ti mismo/a? ¿Cuáles son las ventajas (*advantages*) y las desventajas (*disadvantages*) de los viajes planeados?

2. ¿Conoces la canción de "Las mañanitas"? ¿Qué canciones tradicionales forman parte de tu cultura?

3. ¿Qué tradiciones siguen tu familia y amigos para celebrar los cumpleaños?

4. ¿Alguna vez has comido cactus? ¿Con qué otros símbolos asocias México? ¿Por qué?

En detalle

ESTADOS UNIDOS

PAREJAS SIN FRONTERAS

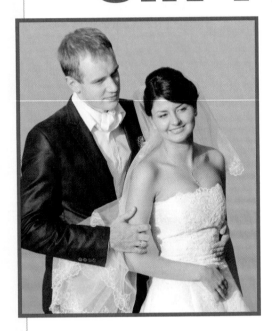

Es el año 2010. Ana Villegas está frente a su computadora en México jugando *online* un juego de cartas. Del otro lado está Frank Petersen, de Fairhaven, Massachusetts, también aficionado al mismo juego. Este simple juego los lleva a una amistad que luego se convierte en amor. A pesar de los temores y del escepticismo familiar, dos años después, Ana deja México y se muda a los Estados Unidos, donde hoy vive junto a su esposo Frank.

La historia de Ana no es un caso aislado°. El número de parejas interculturales está en marcado aumento°. Entre las causas más importantes están la globalización, la asimilación de los hijos de inmigrantes a la cultura estadounidense y el aumento en la edad promedio° de las parejas al casarse. En 1960, en los Estados Unidos, el promedio de edad al casarse era veintitrés para los hombres y veinte para las mujeres. Actualmente es de treinta y veintisiete respectivamente.

¿Qué tiene que ver° este cambio con el aumento de las parejas interculturales? Antes, los jóvenes solían° casarse con personas de su comunidad. Ahora, muchos tienen la oportunidad de viajar, vivir solos o irse a vivir a otro país. Esta nueva independencia los expone° a otras culturas. Por lo tanto, es más común que formen parejas con personas de culturas diferentes.

Las parejas interculturales se enfrentan a° muchos desafíos° —problemas de comunicación, diferencias en valores y formas de pensar, y falta de aceptación de algunos familiares— pero también tienen una oportunidad única de crecimiento° personal; además, el contacto con otras maneras de pensar nos ayuda a echar una mirada° crítica a nuestra propia cultura. ∎

Matrimonios interculturales

De acuerdo con la Oficina del Censo, el número de parejas interraciales aumentó un 28% entre 2000 y 2010.

El 14% de las mujeres latinas casadas en EE.UU. tienen un esposo no latino.

El 13% de los latinos casados en EE.UU. tienen una esposa no latina.

Fuente: Censo estadounidense – Año 2010

Consejos de Ana

- Esfuérzate° por conocer la cultura de tu pareja.
- Evita perpetuar los estereotipos.
- Pon énfasis en lo que los une y no en lo que los separa.
- Educa a tu familia y a tus amigos acerca de la cultura de tu pareja.
- Aprende a no dejarte llevar° por los comentarios y las miradas de las personas que no están a favor de las relaciones interculturales.

aislado *isolated* **marcado aumento** *marked increase* **promedio** *average* **Qué tiene que ver** *What does (this change) have to do* **solían** *used to* **expone** *exposes* **se enfrentan a** *face* **desafíos** *challenges* **crecimiento** *growth* **echar una mirada** *take a look* **Esfuérzate** *Make an effort* **dejarte llevar** *allow yourself to be influenced*

Las relaciones

chavo/a (Méx.) **enamorado/a (Pe.)**	*boyfriend/girlfriend*
amorcito **cariño** **cielo**	*dear, honey*
estar de novio(s) **estar en pareja con (Esp.)**	*to be dating someone*
ponerse de novio/a (con)	*to start dating someone*
estar bueno/a	*to be attractive*

Las relaciones

Tendencias

Aunque en la mayoría de los países hispanos ya no hay reglas fijas, es costumbre que el hombre invite° en los primeros encuentros.

En los Estados Unidos, cada vez más latinos participan en citas rápidas° para encontrar pareja.

Costumbres

Cada 23 de abril se celebra en Cataluña y en otras regiones de España el Día de San Jorge, en conmemoración a la leyenda del héroe que mató a un dragón para rescatar a una princesa.
En este día el hombre regala una rosa a su persona querida, y ésta le regala un libro.

En algunos pueblos de México, como Zacatecas, es costumbre que las mujeres y los hombres solteros vayan a caminar solos o en grupos alrededor de la plaza los domingos. Las mujeres y los hombres caminan en dirección contraria para poder observarse mutuamente.

invite *pays* **citas rápidas** *speed dating*

ISABEL Y ROGER

La escritora chilena Isabel Allende y el abogado estadounidense Roger Cukras se conocieron en 2016 y desde entonces viven un romance apasionado que comenzó por correspondencia. Mientras iba en su carro hacia Boston, Roger quedó cautivado luego de escuchar por la radio una entrevista a Isabel y decidió escribirle. Según ella, él "Escribió un correo, y otro, y otro, a mi oficina. Al tercero, le contesté yo misma porque lo acompañó de un ramo de flores°". Después de cinco meses de intercambiar° mensajes todos los días, Isabel aprovechó° un viaje de trabajo para ver a Roger. "Ahí, en cinco minutos, se armó la cosa°", dice Isabel. Roger también cree que fue inesperado° encontrar una relación tan significativa a los 75 años. Ambos quieren vivir un amor intenso pero maduro: "Soy brutalmente independiente y privada para muchas cosas.", comenta Isabel.

Al igual que ella, Roger valora° la independencia. Por ello seguirá trabajando como abogado desde San Francisco y viajará de vez en cuando a Nueva York, donde tiene su bufete°. Los dos están poniendo a prueba su nueva relación. "No hay amor sin riesgo", dice Isabel, quien dedicó a Roger su novela *Más allá del invierno*.

> **❝ Echo de menos la familia y el idioma, el sentido del humor, porque nadie me tiene que explicar un chiste en Chile, mientras que acá no los entiendo. ❞** (Isabel Allende)

ramo de flores *bouquet of flowers* **intercambiar** *exchanging* **aprovechó** *took advantage of* **se armó la cosa** *it all began* **inesperado** *unexpected* **valora** *values* **bufete** *law offices*

¿Qué aprendiste?

1 **¿Cierto o falso?** Indica si estas afirmaciones son **ciertas** o **falsas**. Corrige las falsas.

1. Al principio, las familias de Ana y Frank no confiaban en el éxito de la relación.

2. El número de parejas interculturales está aumentando poco a poco.

3. Actualmente, la edad promedio al casarse es veintisiete para los hombres y treinta para las mujeres.

4. En el pasado, era común entre los jóvenes casarse con gente de otras culturas.

5. Oportunidades como viajar, vivir solos, estudiar o vivir lejos de casa permiten que los jóvenes expandan su círculo y conozcan a gente de otras culturas.

6. El contacto con otras culturas puede afectar nuestra forma de pensar sobre nuestra propia cultura.

7. El número de parejas interraciales aumentó un 5% entre 2000 y 2010.

8. Ana aconseja prestar mucha atención a las diferencias en la pareja.

9. Según Ana, es importante que tu familia y tus amigos aprendan acerca de la cultura de tu pareja.

10. Ana recomienda no dejarse llevar por las opiniones de las personas con prejuicios.

2 **Completar** Completa las oraciones.

1. Roger Cukras se sintió _____ por Isabel después de escucharla en la radio.
   a. agobiado   b. tacaño   c. cautivado

2. Tanto Isabel como Roger están _____ por su independencia.
   a. celosos   b. solos   c. preocupados

3. En México, también se utiliza la palabra _____ para decir *novia*.
   a. enamorada   b. chiquilla   c. chava

4. Actualmente, es popular para los latinos en los EE.UU. participar en citas _____.
   a. rápidas   b. a ciegas   c. en Internet

3 **Preguntas** Contesta las preguntas.

1. ¿Crees que el Día de San Valentín es importante para celebrar la amistad y el amor o crees que es una excusa para gastar dinero?

2. ¿Es fácil conocer gente *online*? ¿Por qué?

3. ¿Cuáles son otras de las dificultades a las que se enfrentan las parejas interculturales?

4. ¿Cuál es el consejo más importante que da Ana? ¿Por qué?

4 **Opiniones** En parejas, escriban cuatro beneficios y cuatro dificultades de las relaciones interculturales. Traten de no repetir los del artículo.

 Practice more at **vhlcentral.com**.

PROYECTO

Buscar pareja en Internet

Imagina que decides buscar pareja por Internet. Siempre te interesó salir con alguien de otra cultura. Escribe tu perfil para un sitio de citas por Internet. En tus descripciones, usa el vocabulario de la sección **Contextos** y el vocabulario aprendido en esta sección. Tu perfil debe incluir como mínimo:

- una descripción de cómo eres

- una descripción de lo que buscas

- una explicación de por qué te interesa conocer a alguien de otra cultura

- otra información que consideres importante

Las relaciones personales

Video

¿No es ideal utilizar el tiempo libre para encontrarse con amigos, familiares, parejas…? Los lugares donde puedes reunirte a hablar o comer se vuelven especiales porque forman parte del placer de compartir el tiempo con tu gente. En este episodio de **Flash cultura**, te llevamos a visitar los lugares de encuentro de Madrid.

(1) Preparación Responde estas preguntas: ¿te reúnes con tus amigos? ¿Cuáles son los lugares donde te encuentras habitualmente con ellos? ¿En qué momentos del día y la semana pueden verse? ¿Por qué?

(2) Comprensión Indica si estas afirmaciones son **ciertas** o **falsas**. Después, en parejas, corrijan las falsas.

1. Es tradición tomar doce uvas el 31 de diciembre mientras suena el famoso reloj de la Puerta del Sol en el corazón de Madrid.

2. La Plaza Mayor es la plaza más conocida y se encuentra en el Madrid Moderno.

3. En la confluencia actual de las calles Toledo y Atocha, se celebraban antiguamente partidos de fútbol.

4. El barrio de La Latina se caracteriza por callejones estrechos, plazoletas, cafés y bares de ambiente muy dinámico.

5. Ninguno de los entrevistados cree en el amor a primera vista.

6. En El Rastro puedes comprar ropa, pendientes, cuadros, etc.

(3) Expansión En parejas, contesten estas preguntas.

- Imagina que estás en Madrid. ¿Cuál de los lugares mostrados prefieres para comer algo o pasear? ¿Por qué?

- ¿Estás de acuerdo con las personas que creen en el amor a primera vista? Justifica tu respuesta.

- ¿Te gustan los domingos en Madrid: levantarse tarde, comer en un bar de La Latina con amigos y pasear por El Rastro? ¿Cómo son tus domingos?

Corresponsal: Miguel Ángel Lagasca
País: España

(En la Plaza Mayor) los niños juegan, las madres conversan°, los padres hablan de fútbol y política, los jóvenes se juntan, las parejas se miran a los ojos y los turistas admiran el espectáculo°.

La Latina, así como la Plaza Mayor y Puerta del Sol, pertenecen al llamado Madrid Antiguo.

Siempre los celos son una parte importante de la relación, sobre todo cuando se está empezando.

conversan *chat* espectáculo *show*

Tutorial

1.1 The present tense

Regular -ar, -er, and -ir verbs

- The present tense (**el presente**) of regular verbs is formed by dropping the infinitive ending (**-ar**, **-er**, or **-ir**) and adding personal endings.

The present tense of regular verbs			
	hablar *to speak*	**beber** *to drink*	**vivir** *to live*
yo	hablo	bebo	vivo
tú	hablas	bebes	vives
Ud./él/ella	habla	bebe	vive
nosotros/as	hablamos	bebemos	vivimos
vosotros/as	habláis	bebéis	vivís
Uds./ellos/ellas	hablan	beben	viven

TALLER DE CONSULTA

MANUAL DE GRAMÁTICA
Más práctica

1.1 The present tense, p. A4
1.2 **Ser** and **estar**, p. A5
1.3 Progressive forms, p. A6

Más gramática

1.4 Nouns and articles, p. A7
1.5 Adjectives, p. A9

- The present tense is used to express actions or situations that are going on at the present time and to express general truths.

¿Por qué **rompes** conmigo?
Why are you breaking up with me?

Porque no te **amo**.
Because I don't love you.

- The present tense is also used to express habitual actions or actions that will take place in the near future.

Mis padres me **escriben** con frecuencia.
My parents write to me often.

Mañana les **mando** una carta larga.
Tomorrow I'm sending them a long letter.

Stem-changing verbs

- Some verbs have stem changes in the present tense. In many **-ar** and **-er** verbs, **e** changes to **ie**, and **o** changes to **ue**. In some **-ir** verbs, **e** changes to **i**. The **nosotros/as** and **vosotros/as** forms never have a stem change in the present tense.

Stem-changing verbs		
e:ie	o:ue	e:i
pensar *to think*	**poder** *to be able to; can*	**pedir** *to ask for*
pienso	puedo	pido
piensas	puedes	pides
piensa	puede	pide
pensamos	podemos	pedimos
pensáis	podéis	pedís
piensan	pueden	piden

¡ATENCIÓN!

Subject pronouns are normally omitted in Spanish. They are used to emphasize or clarify the subject.

¿Viven en California?

Sí, ella vive en Los Ángeles y él vive en San Francisco.

¡ATENCIÓN!

Jugar changes its stem vowel from **u** to **ue**. As with other stem-changing verbs, the **nosotros/as** and **vosotros/as** forms do not change.

Jugar
juego, juegas, juega, jugamos, jugáis, juegan

• • • •

Construir, destruir, incluir, and **influir** have a spelling change and add a **y** before the personal endings (except the **nosotros/as** and **vosotros/as** forms).

incluir
incluyo, incluyes, incluye, incluimos, incluís, incluyen

Irregular *yo* forms

- Many -**er** and -**ir** verbs have irregular **yo** forms in the present tense. Verbs ending in -**cer** or -**cir** change to -**zco** in the **yo** form; those ending in -**ger** or -**gir** change to -**jo**. Several verbs have irregular -**go** endings, and a few have individual irregularities.

Ending in -go

caer *to fall*	**yo caigo**
distinguir *to distinguish*	**yo distingo**
hacer *to do; to make*	**yo hago**
poner *to put; to place*	**yo pongo**
salir *to leave; to go out*	**yo salgo**
traer *to bring*	**yo traigo**
valer *to be worth*	**yo valgo**

Ending in -zco

conducir *to drive*	**yo conduzco**
conocer *to know*	**yo conozco**
crecer *to grow*	**yo crezco**
obedecer *to obey*	**yo obedezco**
parecer *to seem*	**yo parezco**
producir *to produce*	**yo produzco**
traducir *to translate*	**yo traduzco**

Ending in -jo

dirigir *to direct*	**yo dirijo**
escoger *to choose*	**yo escojo**
exigir *to demand*	**yo exijo**
proteger *to protect*	**yo protejo**

Other verbs

caber *to fit*	**yo quepo**
saber *to know*	**yo sé**
ver *to see*	**yo veo**

- Verbs with prefixes follow these same patterns.

aparecer *to appear*	**yo aparezco**	**distraer** *to distract*	**yo distraigo**
atraer *to attract*	**yo atraigo**	**oponer** *to oppose*	**yo opongo**
componer *to make up*	**yo compongo**	**proponer** *to propose*	**yo propongo**
contraer *to contract*	**yo contraigo**	**reconocer** *to recognize*	**yo reconozco**
desaparecer *to disappear*	**yo desaparezco**	**rehacer** *to remake; to redo*	**yo rehago**
deshacer *to undo*	**yo deshago**	**suponer** *to suppose*	**yo supongo**

Irregular verbs

- Other commonly used verbs in Spanish are irregular in the present tense or combine a stem change with an irregular **yo** form or other spelling change.

dar *to give*	decir *to say*	estar *to be*	ir *to go*	oír *to hear*	ser *to be*	tener *to have*	venir *to come*
doy	digo	estoy	voy	oigo	soy	tengo	vengo
das	dices	estás	vas	oyes	eres	tienes	vienes
da	dice	está	va	oye	es	tiene	viene
damos	decimos	estamos	vamos	oímos	somos	tenemos	venimos
dais	decís	estáis	vais	oís	sois	tenéis	venís
dan	dicen	están	van	oyen	son	tienen	vienen

Práctica

TALLER DE CONSULTA

MANUAL DE GRAMÁTICA
Más práctica
1.1 The present tense, p. A4

1 Un apartamento infernal Miguel tiene quejas (*complaints*) de su apartamento. Completa la descripción de su apartamento. Puedes usar los verbos más de una vez.

caber	hacer	oír
dar	ir	tener

Mi apartamento está en el quinto piso. El edificio no (1) _____ ascensor y para llegar al apartamento, (2) _____ que subir por la escalera. El apartamento es tan pequeño que mis cosas no (3) _____. Las paredes (*walls*) son muy finas (*thin*). A todas horas (4) _____ la radio o la televisión de algún vecino. El apartamento sólo (5) _____ una ventana pequeña y, por eso, siempre está oscuro. ¡(6) _____ a buscar otro apartamento!

2 ¿Qué hacen los amigos? Escribe cinco oraciones usando los sujetos y los verbos de las columnas.

Sujetos	Verbos	
yo	apreciar	exigir
tú	compartir	hacer
un(a) buen(a) amigo/a	creer	pedir
nosotros/as	defender	prestar
los malos amigos	discutir	recordar

1. _____
2. _____
3. _____
4. _____
5. _____

3 La verdad En parejas, túrnense para hacerse las preguntas.

MODELO   Luis: llegar temprano a la oficina / dormir hasta las nueve
—¿Luis llega temprano a la oficina?
—No, Luis duerme hasta las nueve.

1. Ana: jugar al tenis con Daniel / preferir pasar la tarde charlando con Sergio
2. Felipe: salir a bailar todas las noches / tener clase de química a las ocho de la mañana
3. Jorge y Begoña: ir a la playa / querer viajar a Arizona
4. Dolores y Tony: comer muchas hamburguesas / ser vegetarianos
5. Fermín: estar harto de Julia / pensar proponerle matrimonio

 Practice more at **vhlcentral.com**.

Comunicación

4 **¿Qué sabes de tus compañeros?** En parejas, háganse preguntas basadas en las opciones y contesten con una explicación.

> **MODELO** **soñar con / hacer algo especial este mes**
> —¿Sueñas con hacer algo especial este mes?
> —Sí, sueño con ir al concierto de Juanes.

1. pensar / realizar este año algún proyecto
2. decir / mentiras
3. acordarse de / tu primer beso
4. conducir / cuando / estar muy cansado/a
5. reír / mucho con tu familia
6. aconsejar sobre / asuntos que / no conocer bien
7. venir a / clase tarde con frecuencia
8. escoger / el regalo perfecto para el cumpleaños de tu novio/a
9. corregir / los errores en las composiciones de tus compañeros
10. traer / un diccionario a la clase de español

5 **Discusión matrimonial** Trabajen en parejas para representar una discusión matrimonial. Preparen la discusión con las frases de la lista.

> no acordarse de los cumpleaños querer discutir todos los días
> ya no sentir lo mismo de antes contar mentiras siempre
> preferir estar con los amigos dormir en el sofá

6 **¿Cómo son tus amigos?**

A. Escribe una descripción de un(a) buen(a) amigo/a. ¿Cómo es? ¿Está de acuerdo contigo en todo? ¿Discuten algunas veces? ¿Se divierten juntos/as? ¿Sigue siempre tus consejos? ¿Te miente a veces?

B. Ahora, comparte tu descripción con tres compañeros/as. Juntos/as, escriban una lista de cinco cosas que los buenos amigos hacen con frecuencia y cinco cosas que no hacen casi nunca. ¿Coincidieron los grupos en las acciones que eligieron?

1.2 *Ser* and *estar*

¡El cielo
es el límite!

Estoy muy
emocionada de ver
a mi familia...

Uses of *ser*

Nationality and place of origin	Mis padres **son** argentinos, pero yo **soy** de Florida.
Profession or occupation	El señor López **es** periodista.
Characteristics of people, animals, and things	El clima de Miami **es** caluroso.
Generalizations	Las relaciones personales **son** complejas.
Possession	La guitarra **es** del tío Guillermo.
Material of composition	El suéter **es** de pura lana.
Time, date, or season	**Son** las doce de la mañana.
Where or when an event takes place	La fiesta **es** en el apartamento de Carlos; **es** el sábado a las nueve de la noche.

Uses of *estar*

Location or spatial relationships	La clínica **está** en la próxima calle.
Health	Hoy **estoy** enfermo. ¿Cómo **estás** tú?
Physical states and conditions	Todas las ventanas **están** limpias.
Emotional states	¿Marisa **está** contenta con Javier?
Certain weather expressions	Hoy **está** despejado en San Antonio.
Ongoing actions (progressive tenses)	Paula **está** escribiendo invitaciones para su boda.
Results of actions (past participles)	La tienda **está** cerrada.

Ser and *estar* with adjectives

- **Ser** is used with adjectives to describe inherent, expected qualities. **Estar** is used to describe temporary or variable qualities, or a change in appearance or condition.

TALLER DE CONSULTA

Remember that adjectives must agree in gender and number with the person(s) or thing(s) that they modify. See the **Manual de gramática, 1.4**, p. A7, and **1.5**, p. A9.

¿Cómo **son** tus padres?
What are your parents like?

La casa **es** muy pequeña.
The house is very small.

¿Cómo **estás**, Miguel?
How are you, Miguel?

¡**Están** tan enojados!
They're very angry!

- With most descriptive adjectives, either **ser** or **estar** can be used, but the meaning of each statement is different.

Julio **es alto**.
Julio is tall. (that is, a tall person)

Dolores **es alegre**.
Dolores is cheerful. (that is, a cheerful person)

Juan Carlos **es** un hombre **guapo**.
Juan Carlos is a handsome man.

¡Qué **alto está** Miguelito!
Miguelito is getting so tall!

El jefe **está alegre** hoy. ¿Qué le pasa?
The boss is cheerful today. What's up with him?

¡Manuel, **estás** muy **guapo**!
Manuel, you look so handsome!

- Some adjectives have two different meanings depending on whether they are used with **ser** or **estar**.

¡ATENCIÓN!

Estar, not **ser**, is used with **muerto/a**.

Bécquer, el autor de las *Rimas*, está muerto.

Bécquer, the author of Rimas, *is dead.*

ser + [*adjective*]	estar + [*adjective*]
La clase de contabilidad **es aburrida**. *Accounting class is boring.*	**Estoy aburrida** de la clase. *I am bored with the class.*
Ese chico **es listo**. *That boy is smart.*	**Estoy listo** para todo. *I'm ready for anything.*
No **soy rico**, pero vivo bien. *I'm not rich, but I live well.*	¡El pan **está** tan **rico**! *The bread is so delicious!*
La actriz **es buena**. *The actress is good.*	La actriz **está buena**. *The actress is good-looking.*
Este coche **es seguro**. *This car is safe.*	Juan no **está seguro** de sí mismo. *Juan isn't sure of himself.*
Los aguacates **son verdes**. *Avocados are green.*	Esta banana **está verde**. *This banana is not ripe.*
Javier **es** muy **vivo**. *Javier is very bright.*	¿Todavía **está vivo** el autor? *Is the author still alive?*
Pedro **es** un hombre **libre**. *Pedro is a free man.*	Esta noche no **estoy libre**. ¡Lo siento! *Tonight I am not available. Sorry!*

Práctica

TALLER DE CONSULTA

MANUAL DE GRAMÁTICA
Más práctica
1.2 **Ser** and **estar**, p. A5

1 La boda de Eduardo y Gabriela Completa cada oración de la primera columna con la terminación más lógica de la segunda columna.

1. La boda es ___
2. La iglesia está ___
3. El cielo está ___
4. La madre de Eduardo está ___
5. El padre de Gabriela está ___
6. Todos los invitados están ___
7. El mariachi que toca en la boda es ___
8. En mi opinión, las bodas son ___

a. de San Antonio, Texas.
b. deprimido por los gastos.
c. en la calle Zarzamora.
d. esperando a que entren la novia (*bride*) y su padre.
e. contenta con la novia.
f. a las tres de la tarde.
g. muy divertidas.
h. totalmente despejado.

2 La luna de miel Completa el párrafo en el que se describe la luna de miel (*honeymoon*) que van a pasar Gabriela y Eduardo. Usa formas de **ser** y **estar**.

LA GLORIA CUBANA

Miami, Florida

Gabriela y Eduardo van a pasar su luna de miel en Miami, Florida.
Miami (1) _____ una ciudad preciosa. (2) _____ en la costa este de Florida y tiene playas muy bonitas. El clima (3) _____ tropical. Gabriela y Eduardo (4) _____ interesados en visitar la Pequeña Habana. Gabriela (5) _____ fanática de la música cubana. Y Eduardo (6) _____ muy entusiasmado por conocer el parque Máximo Gómez, donde las personas van a jugar dominó. Los dos (7) _____ aficionados a la comida caribeña. Quieren ir a todos los restaurantes que (8) _____ en la Calle Ocho. Cada día van a probar un plato diferente. Algunos de los platos que piensan probar (9) _____ el congrí, los tostones y el bistec palomilla. Después de pasar una semana en Miami, la pareja va a (10) _____ cansada pero muy contenta.

Practice more at **vhlcentral.com**.

Comunicación

3 Entrevistas

A. En parejas, usen la lista como guía para entrevistarse. Usen **ser** o **estar** en las preguntas y respuestas.

origen	estudios actuales
nacionalidad	sentimientos actuales
personalidad	lugar donde vive/trabaja
personalidad de los padres	actividades actuales
salud	

B. Cambien de pareja y cuéntenle a su compañero/a lo que descubrieron (*found out*) sobre el/la compañero/a entrevistado/a.

4 ¿Dónde estamos? En grupos de cuatro, elijan una ciudad en la que supuestamente están de viaje. Sus compañeros deberán adivinar de qué ciudad se trata. Pueden elegir una de las ciudades de las fotos u otra ciudad.

Buenos Aires, Argentina

Quito, Ecuador

Madrid, España

Lima, Perú

San José, Costa Rica

México, D.F., México

1. Hagan cinco afirmaciones sobre la ciudad elegida usando **ser** o **estar** para dar pistas (*clues*) a sus compañeros.

2. Si las pistas no son suficientes, sus compañeros pueden hacer preguntas con **ser** o **estar** cuya respuesta sea **sí** o **no**.

3. Algunos temas para las afirmaciones o para las preguntas pueden ser: características generales de la ciudad, ubicación, comidas típicas, actividades que se pueden hacer, historia, arquitectura, etc.

1.3 Progressive forms

The present progressive

- The present progressive (**el presente progresivo**) narrates an action in progress. It is formed with the present tense of **estar** and the present participle (**el gerundio**) of the main verb.

Éric **está cantando**.
Éric is singing.

Aguayo **está bebiendo** café.
Aguayo is drinking coffee.

Fabiola **está escribiendo**.
Fabiola is writing.

¡Ahí viene!
¡Está entrando!

- The present participle of regular **-ar**, **-er**, and **-ir** verbs is formed as follows:

INFINITIVE	STEM	ENDING	PRESENT PARTICIPLE
bailar	bail-	-ando	bailando
comer	com-	-iendo	comiendo
aplaudir	aplaud-	-iendo	aplaudiendo

- Stem-changing verbs that end in **-ir** also change their stem vowel when they form the present participle.

-ir stem-changing verbs	
Infinitive	**Present participle**
decir	diciendo
dormir	durmiendo
mentir	mintiendo
morir	muriendo
pedir	pidiendo
sentir	sintiendo
sugerir	sugiriendo

- **Ir**, **poder**, **reír**, and **sonreír** have irregular present participles (**yendo**, **pudiendo**, **riendo**, **sonriendo**). **Ir** and **poder** are seldom used in the present progressive.

Marisa siempre está **sonriendo**.
Marisa is always smiling.

Maribel no está **yendo** a clase últimamente.
Maribel isn't going to class lately.

- When the stem of an **-er** or **-ir** verb ends in a vowel, the **-i-** of the present participle ending changes to **-y-**.

INFINITIVE	STEM	ENDING	PRESENT PARTICIPLE
construir	constru-	-yendo	construyendo
leer	le-	-yendo	leyendo
oír	o-	-yendo	oyendo
traer	tra-	-yendo	trayendo

- Progressive forms are used less frequently in Spanish than in English, and only when emphasizing that an action is *in progress* at the moment described. To refer to actions that occur over a period of time or in the near future, Spanish uses the present tense instead.

¡ATENCIÓN!

Other tenses may have progressive forms as well. These tenses emphasize that an action was/will be in progress.

PAST (pp. 94–105)
Estaba marcando su número justo cuando él me llamó.
I was dialing his number right when he called me.

FUTURE (pp. 216–219)
No vengas a las cuatro; todavía estaremos trabajando.
Don't come at four o'clock; we will still be working.

PRESENT TENSE	PRESENT PROGRESSIVE
Lourdes **estudia** economía en la UNAM. *Lourdes is studying economics at UNAM.*	Ahora mismo, Lourdes **está tomando** un examen. *Right now, Lourdes is taking an exam.*
¿**Vienes** con nosotros al Café Pamplona? *Are you coming with us to Café Pamplona?*	No, lo siento. Ya **estoy preparando** la cena. *No, I'm sorry. I'm already making dinner.*

Other verbs with the present participle

- Spanish expresses various shades of progressive action by using verbs such as **seguir, continuar, ir, venir, llevar,** and **andar** with the present participle.

- **Seguir** and **continuar** with the present participle express the idea of *to keep doing something*.

Emilio **sigue saliendo** con Mercedes.
Emilio is still seeing Mercedes.

Mercedes **continúa coqueteando** con Carlos.
Mercedes keeps flirting with Carlos.

- **Ir** with the present participle indicates a gradual or repeated process. It often conveys the English idea of *more and more*.

Cada día que pasa **voy disfrutando** más de esta clase.

I'm enjoying this class more and more every day.

Ana y Juan **van acostumbrándose** al horario de clase.

Ana and Juan are getting more and more used to the class schedule.

- **Venir** and **llevar** with the present participle indicates a gradual action that accumulates or increases over time.

Hace años que **viene diciendo** cuánto le gusta el béisbol.

He's been saying how much he likes baseball for years.

Llevo insistiendo en lo mismo desde el principio.

I have been insisting on the same thing from the beginning.

- **Andar** with the present participle conveys the idea of *going around doing something* or of *always doing something*.

José siempre **anda quejándose** de todo.
José is always complaining about everything.

Román **anda diciendo** mentiras.
Román is going around telling lies.

Práctica

TALLER DE CONSULTA

MANUAL DE GRAMÁTICA
Más práctica

1.3 Progressive forms, p. A6

1 **Una conversación telefónica** Daniel es nuevo en la ciudad y no sabe cómo llegar al estadio de fútbol. Decide llamar a su ex novia Alicia para que le explique cómo encontrarlo. Completa la conversación con la forma correcta del gerundio (*present participle*).

ALICIA ¿Aló?

DANIEL Hola Alicia, soy Daniel; estoy buscando el estadio de fútbol y necesito que me ayudes… Llevo (1) _____ (caminar) más de media hora por el centro y sigo perdido.

ALICIA ¿Dónde estás?

DANIEL No estoy muy seguro, no encuentro el nombre de la calle. Pero estoy (2) _____ (ver) un centro comercial a mi izquierda y más allá parece que están (3) _____ (construir) un estadio de fútbol. (4) _____ (hablar) de fútbol, ¿dónde tengo mis boletos? ¡He perdido mis entradas!

ALICIA Madre mía, ¡sigues (5) _____ (ser) un desastre! Algún día te va a pasar algo serio.

DANIEL ¡Siempre andas (6) _____ (pensar) lo peor!

ALICIA ¡Y tú siempre estás (7) _____ (olvidarse) de todo!

DANIEL ¡Ya estamos (8) _____ (discutir) otra vez!

2 **Organizar un festival** En parejas, pregunten y respondan qué está haciendo cada uno de estos personajes. Túrnense.

MODELO —¿Qué está haciendo Elga Navarro?
—Elga Navarro está descansando en una clínica.

Elga Navarro / descansar

1. Juliana Paredes / bailar

2. Emilio Soto / casarse

3. Aurora Gris / recoger un premio

4. Héctor Rojas / jugar a las cartas

 Practice more at **vhlcentral.com**.

Comunicación

 3 **Una cita** En parejas, representen una conversación en la que Alexa y Guille intentan buscar una hora del día para reunirse.

> **MODELO**   **ALEXA** ¿Nos vemos a las diez de la mañana para estudiar?
>   **GUILLE** No puedo, voy a estar durmiendo. ¿Qué te parece a las 12?

GUILLE

DOMINGO
10:00 dormir
11:00 dormir
12:00
13:00 almuerzo con Rosa
14:00
15:00 llamar por teléfono a Aurora
16:00
17:00
18:00
19:00 ver película con Ana
20:00
21:00 cenar con Marta
22:00

ALEXA

DOMINGO
10:00
11:00 gimnasio
12:00 biblioteca
13:00
14:00 comer con mamá
15:00
16:00 dormir siesta
17:00
18:00
19:00 hacer un crucigrama
20:00
21:00 ver noticiero
22:00

4 **Síntesis** Tu psicólogo utiliza la hipnosis para hacerte recordar los momentos más importantes de tu pasado. En parejas, dramaticen la conversación entre el doctor Felipe y su paciente, utilizando verbos en el presente y el presente progresivo. Elijan una situación de la lista o inventen otro tema. Sean creativos/as.

> **MODELO**   **DR. FELIPE** Estás volviendo al momento de conocer a tu primer amor.
>   ¿Qué están haciendo?
>   **PACIENTE** Estoy caminando por la calle… una mujer preciosa me está saludando…
>   **DR. FELIPE** Muy bien, muy bien. ¿Y qué estás pensando? ¿Cómo te sientes?
>   **PACIENTE** Estoy pensando que es el amor de mi vida. Me siento…
>   ¡Ay, no! Me estoy cayendo en medio de la calle, ¡enfrente de ella!

tu primer amor	**el nacimiento de un(a) hermano/a**
un viaje importante	**el mejor momento de tu vida**

Antes de ver el corto

DI ALGO

país España
duración 15 minutos

director Luis Deltell
protagonistas Irene, Pablo, bibliotecaria

Vocabulario

a lo mejor *maybe*
alargar *to drag out*
la cinta *tape*
enterarse *to find out*
entretenerse *to be held up*

la luz *light*
pesado/a *annoying*
precioso/a *lovely*
respirar *to breathe*
turbio/a *murky*

1 **Vocabulario** Completa las oraciones.

1. Me gusta el libro, pero el autor _____ mucho el final.
2. Ana teme a la oscuridad y no _____ tranquila hasta que enciende la _____.
3. Hoy nos _____ de que las _____ de video estaban borradas.
4. Cerca del bosque había un lago _____, pero ahora el agua está muy _____ porque está contaminada.

2 **Las citas y tú**

A. Completa el test sobre el mundo de las citas.

Las citas y tú

1. Si acabas de conocer a una persona que te gusta:
- **a.** La invitas a salir.
- **b.** La sigues secretamente durante varios días para ver cómo se comporta.
- **c.** Te escondes en un rincón y la admiras desde lejos.

2. Un amigo te propone presentarte a alguien que conoce:
- **a.** Aceptas enseguida.
- **b.** Haces muchas preguntas sobre la persona antes de decidir.
- **c.** Dices que no: las citas con extraños te ponen nervioso/a.

3. Antes de una cita:
- **a.** Vas a comprar ropa nueva y te arreglas bien para causar una buena impresión.
- **b.** Le pides a un par de amigos/as que vayan al mismo restaurante, por si acaso.
- **c.** Te da un ataque de nervios y casi llamas para cancelar.

4. En la conversación:
- **a.** Muestras interés por la otra persona, le cuentas acerca de ti y actúas tal como eres.
- **b.** Haces más preguntas de las que tú contestas.
- **c.** Evitas contar mucho sobre ti. Prefieres guardar información para una segunda cita.

B. En parejas, comparen sus respuestas. ¿Tienen actitudes similares o son muy diferentes? ¿Por qué?

 Practice more at **vhlcentral.com**.

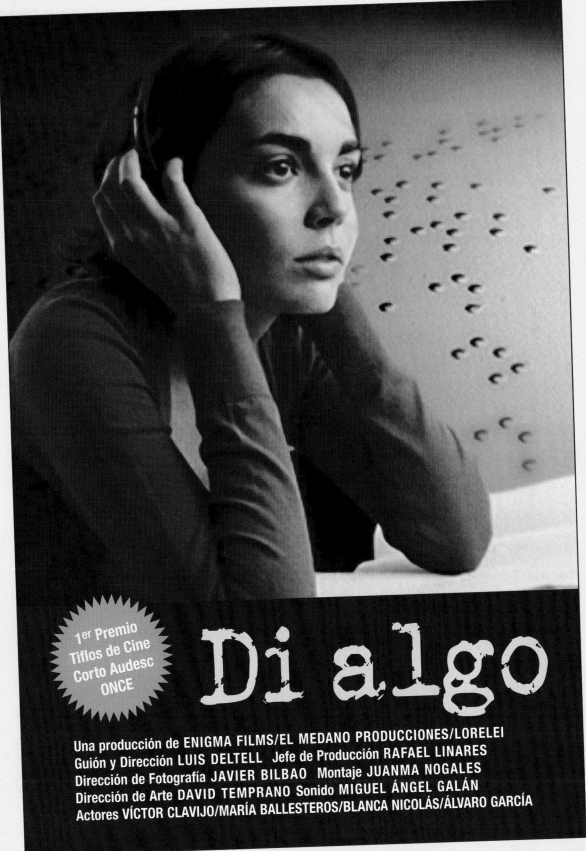

Escenas

ARGUMENTO Una joven ciega se enamora de la voz de un hombre que escucha en grabaciones. Cuando se acaban las cintas, ella busca otra manera de seguir escuchando su voz.

VOZ DE PABLO "Menos tu vientre, todo es confuso, fugaz, pasado, baldío, turbio…"

IRENE Quería información sobre el lector 657… ¿No me podrías conseguir su número de teléfono?
BIBLIOTECARIA No puedo, Irene; eso está prohibido.

GUARDIA ¡Espera! ¿Estás bien?
IRENE Sí, sí, muchas gracias; es que me he entretenido.

PABLO ¿Sí? ¿Quién es? ¿Sí?
IRENE Di algo.

PABLO Todo el día esperando que me llame una chica que no conozco y que no habla… bueno, sí, que solamente dice: "Di algo."

PABLO ¿Hay alguien que esté pidiendo mis cintas?
BIBLIOTECARIA No sé, vamos a ver… Creo que un señor mayor… ¡ah!, y una chica también.

Después de ver el corto

1 **Comprensión** Indica si estas afirmaciones son **ciertas** o **falsas**. Luego, en parejas, corrijan las falsas.

1. Irene no tiene el teléfono de Pablo, pero lo conoce en persona.
2. La bibliotecaria no le da el teléfono de Pablo porque dice que está prohibido.
3. Por la noche, Irene roba de la biblioteca la información sobre Pablo.
4. Irene le dice la verdad al guardia.
5. Pablo cree que la mujer que lo llama por teléfono y no le habla se llama Silvia.
6. Pablo encuentra a Irene por casualidad en la calle.

2 **Interpretación** En parejas, contesten las preguntas.

1. En la primera escena, Pablo marca las palabras "confuso" y "turbio" en el poema que lee. ¿Por qué lo hace?
2. Irene pide el número de teléfono de Pablo después de que la bibliotecaria le dice que no hay más cintas de él. ¿Cuál piensan que es su intención: conocer a Pablo o solamente escuchar su voz?
3. ¿Cómo es Pablo? Presten atención a las cosas que hay en su casa y a su forma de hablar y actuar.
4. ¿Por qué Irene sólo le dice "di algo", y no le explica quién es? Imaginen sus razones y enumérenlas.
5. ¿Por qué Pablo se va cuando Irene se da cuenta de que él está sentado frente a ella? ¿Está esperando que ella haga algo o quiere escaparse?

3 **Diálogo** En el ascensor, Pablo le dice a Irene: "Eres tú la que tiene que decir algo". Imaginen el diálogo que sigue a estas palabras y escríbanlo. Después, represéntenlo frente a la clase.

4 **Escribir** Elige una de las siguientes opciones y escribe un mensaje de correo electrónico.

• Imagina que te cruzas un instante por la calle con alguien y te enamoras a primera vista, pero él/ella desaparece entre la gente y ahora quieres encontrarlo/a. Escribe a un periódico describiéndolo/a; cuenta por qué lo/la buscas y pide ayuda a los lectores.

• Por un error al marcar un número de teléfono, conoces a alguien, empiezan a hablar y se enamoran. Después de un tiempo tienen una cita para conocerse personalmente, pero todo resulta un desastre: él/ella no se parece nada a la idea que te formaste por su voz. Cuenta en un correo electrónico cómo fue esa cita.

S Practice more at **vhlcentral.com**.

"La única fuerza y la única verdad que
hay en esta vida es el amor."

José Martí

Los enamorados, 1923
Pablo Picasso, España

Interpretar En parejas, contesten estas preguntas.

1. ¿Qué ven en el cuadro?
2. Según los detalles de la pintura, ¿dónde les parece que están los personajes?
3. ¿Cuál es la relación entre los personajes del cuadro y qué sucede en el momento que retrata el pintor?
4. ¿Qué estado de ánimo imaginan en la pareja de este cuadro?
5. En su opinión, ¿qué emociones provoca el artista en los observadores del cuadro?

 Practice more at **vhlcentral.com**.

Antes de leer

Poema 20

Sobre el autor

Ya de muy joven, el chileno Ricardo Eliécer Neftalí Reyes Basoalto —el nombre que sus padres le dieron a **Pablo Neruda** (1904-1973) al nacer— mostraba inclinación por la poesía. En 1924, a sus veinte años, publicó el libro que lo hizo famoso: *Veinte poemas de amor y una canción desesperada*. Treinta años después, en 1954, compone sus *Odas elementales*. Además de poeta, fue diplomático y político. El amor fue sólo uno de los temas de su extensa obra: también escribió poesía surrealista y poesía de temática histórica y política. Su *Canto general* lleva a los lectores en un viaje por la historia de América Latina desde los tiempos precolombinos hasta el siglo XX. En 1971, recibió el Premio Nobel de Literatura.

Vocabulario

el alma *soul*	**el corazón** *heart*
amar *to love*	**la mirada** *gaze*
besar *to kiss*	**el olvido** *oblivion*
contentarse con *to be satisfied with*	**querer (e:ie)** *to love; to want*

---

(1) Poema Completa este poema con las opciones correctas.

Quiero (1) _____ (besarte/amarte) porque te (2) _____ (quiero/olvido),
pero tú te alejas y desde lejos me miras.

Mi (3) _____ (corazón/olvido) no (4) _____ (quiere/se contenta)
con una (5) _____ (alma/mirada) triste.

Entonces me voy y sólo espero el (6) _____ (corazón/olvido).

(2) Conexión personal Responde estas preguntas: ¿Has estado enamorado/a alguna vez? ¿Te gusta leer poesía? ¿Has escrito alguna vez una carta o un poema de amor?

(3) Análisis literario: la personificación

La personificación consiste en atribuir cualidades propias de los seres humanos a objetos inanimados (cosas, conceptos abstractos) o a la naturaleza. Observa estos ejemplos de personificación: *me despertó el llanto (crying) del violín; tu silencio habla de dolores pasados; las estrellas nos miraban mientras la ciudad sonreía.* En *Poema 20*, Pablo Neruda utiliza este recurso en varias ocasiones. Mientras lees el poema, prepara una lista de las personificaciones. ¿Qué cualidad humana atribuye el poeta al objeto?

 Practice more at **vhlcentral.com**.

POEMA 20

Pablo Neruda

Puedo escribir los versos más tristes esta noche.
Escribir, por ejemplo: "La noche está estrellada°,   *starry*
blink; tremble   y tiritan°, azules, los astros°, a lo lejos°".   *stars/in the distance*
El viento de la noche gira° en el cielo y canta.   *turns*

5 Puedo escribir los versos más tristes esta noche.
Yo la quise, y a veces ella también me quiso.

En las noches como ésta la tuve entre mis brazos.
La besé tantas veces bajo el cielo infinito.

Ella me quiso, a veces yo también la quería.
10 Cómo no haber amado sus grandes ojos fijos°.   *fixed*

Puedo escribir los versos más tristes esta noche.
Pensar que no la tengo. Sentir que la he perdido.

Oír la noche inmensa, más inmensa sin ella.
Y el verso cae al alma como al pasto el rocío°.   *like the dew on the grass*

15 Qué importa que mi amor no pudiera guardarla°.   *keep; protect*
La noche está estrellada y ella no está conmigo.

Eso es todo. A lo lejos alguien canta. A lo lejos.
Mi alma no se contenta con haberla perdido.

to bring her closer   Como para acercarla° mi mirada la busca.
20 Mi corazón la busca, y ella no está conmigo.

La misma noche que hace blanquear° los mismos árboles.   *to whiten*
Nosotros, los de entonces, ya no somos los mismos.

Ya no la quiero, es cierto, pero cuánto la quise.
voice   Mi voz° buscaba el viento para tocar su oído.

25 De otro. Será de otro. Como antes de mis besos.
Su voz, su cuerpo claro. Sus ojos infinitos.

Ya no la quiero, es cierto, pero tal vez la quiero.
Es tan corto el amor, y es tan largo el olvido.

Porque en noches como ésta la tuve entre mis brazos,
30 mi alma no se contenta con haberla perdido.

Aunque éste sea el último dolor que ella me causa,
y éstos sean los últimos versos que yo le escribo. ∎

Después de leer

Poema 20
Pablo Neruda

1 **Comprensión** Contesta las preguntas con oraciones completas.

1. ¿Quién habla en este poema?
2. ¿De quién habla el poeta?
3. ¿Cuál es el tema del poema?
4. ¿Qué momento del día es?
5. ¿Sigue enamorado el poeta? Da un ejemplo del poema.

2 **Analizar** Lee el poema otra vez para contestar las preguntas con oraciones completas.

1. ¿Qué personificaciones hay en el poema y qué efecto transmiten? Explica tu respuesta.
2. ¿Tienen importancia las repeticiones en el poema? Explica por qué.
3. La voz poética habla sobre su amada, pero no le habla directamente a ella. ¿A quién crees que le habla la voz poética en este caso?
4. ¿Qué sentimientos provoca el poema en los lectores?

3 **Interpretar** Contesta las preguntas con oraciones completas.

1. ¿Cómo se siente el poeta? Da un ejemplo del poema.
2. ¿Es importante que sea de noche? Razona tu respuesta.
3. Explica con tus propias palabras este verso: "Es tan corto el amor, y es tan largo el olvido".
4. Explica el significado de estos versos y su importancia en el poema. ¿Por qué el poeta escribe una oración "entre comillas"?

> Puedo escribir los versos más tristes esta noche.
> Escribir, por ejemplo: "La noche está estrellada,
> y tiritan, azules, los astros, a lo lejos".

4 **Metaficción** En grupos de tres, lean esta definición y busquen ejemplos de metaficción en el poema de Neruda. ¿Qué efecto tiene este recurso en el poema?

> **" La metaficción consiste en reflexionar dentro de una obra de ficción sobre la misma obra. "**

5 **Imaginar** En parejas, imaginen la historia de amor entre el poeta y su amada. Preparen una conversación en la que se despiden para siempre. Inspírense en algunos de los versos del poema.

6 **Personificar** Escribe un párrafo en el que atribuyas cualidades humanas a un objeto.

MODELO Tengo en mi cuarto una estrella de mar. Me cuenta historias de piratas…

 Practice more at **vhlcentral.com**.

Antes de leer

Vocabulario

el cargo *position*	**rechazar** *to reject*
la cima *height*	**sabio/a** *wise*
convertirse (e:ie) en *to become*	**el sueño** *dream*
en contra *against*	**superar** *to overcome*
propio/a *own*	**tomar en cuenta** *to take into consideration*

1 **Señora presidenta** Completa este párrafo con palabras del vocabulario.

El (1) _____ más importante de cualquier país es la presidencia, un (2) _____ para muchos políticos. Este desafío es más difícil para las mujeres, que tienen (3) _____ muchos prejuicios. La argentina Isabel Perón luchó para (4) _____ esos prejuicios. En 1974 llegó a (5) _____ en la primera presidenta de Latinoamérica. Desde entonces, otras nueve latinoamericanas han llegado a la (6) _____ de la política.

2 **Conexión personal** Responde estas preguntas: ¿Con qué soñabas cuando eras pequeño/a? ¿Qué querías ser? ¿Tienes todavía las mismas metas que tenías de niño/a o has cambiado? ¿Crees que vas a alcanzar tus metas?

Contexto cultural

Esta frase pronunciada por Sonia Sotomayor en 2001 causó revuelo (*commotion*) y despertó posiciones en contra y a favor: "Quiero pensar que una sabia mujer latina, con su riqueza de experiencias, puede tomar mejores decisiones que un sabio hombre blanco que no ha vivido esa vida." Sotomayor después se excusó diciendo que se había expresado mal. Aunque estas palabras generaron incertidumbre en relación con su nominación a la Corte Suprema, paralelamente, la frase fue utilizada en grupos de Facebook, en camisetas y en carteles como una reafirmación de la identidad femenina latina. ¿Qué opinas tú? ¿Influyen nuestras experiencias, nuestro sexo y nuestro origen en las decisiones que tomamos? Si así lo crees, ¿piensas que este hecho es positivo o negativo? ¿Crees que es posible dejar de lado los sentimientos y el pasado para tomar en cuenta solamente la ley? ¿O crees que la subjetividad puede tener lugar en la justicia?

Practice more at **vhlcentral.com**.

Sonia Sotomayor:
la niña que soñaba

Sonia Sotomayor era una niña que soñaba. Y, según cuenta, lo que soñaba era convertirse en detective, igual que su heroína favorita, Nancy Drew. Sin embargo, a los ocho años, tras un diagnóstico de diabetes, sus médicos le recomendaron que pensara en una carrera menos agitada. Entonces, sin recortar 5 sus aspiraciones ni resignarse a menos, encontró un nuevo modelo en otro héroe de ficción: Perry Mason, el abogado encarnado° en televisión *played by* por Raymond Burr. "Iba a ir a la universidad e iba a convertirme en abogada: y supe esto cuando tenía diez años. Y no es una broma" declaró ella en 1998.

10 Robin Kar, secretario de Sonia Sotomayor entre 1988 y 1989, afirma que la jueza no sólo *amazing* tiene una historia asombrosa°, sino que además es una persona asombrosa. Y cuenta que, en la *peers* corte, ella no solamente conocía a sus pares°, 15 como los otros jueces y políticos, sino que también se preocupaba por conocer a todos los porteros, a los empleados de la cafetería y a los *janitors* conserjes°, y todos la apreciaban mucho.

En su discurso de aceptación de la 20 nominación a la Corte Suprema, Sonia Sotomayor explicó su propia visión de sí misma: "Soy una persona nada extraordinaria que ha tenido la dicha de tener oportunidades y experiencias extraordinarias." Pero ni *wildest* 25 siquiera sus sueños más descabellados° podían prepararla para lo que ocurrió en mayo de 2009, cuando Barack Obama la nominó como candidata a la Corte Suprema de Justicia de Estados Unidos. En su discurso, 30 el presidente destacó el "viaje extraordinario" de la jueza, desde sus modestos comienzos hasta la cima del sistema judicial. Para él, los sueños son importantes y Sonia Sotomayor es la encarnación del sueño americano.

35 Nació en el Bronx, en Nueva York, el 25 de junio de 1954, y creció en un barrio de viviendas *housing project* subsidiadas°. Sus padres, puertorriqueños, habían llegado a Estados Unidos durante la Segunda Guerra Mundial. Su padre, que había 40 estudiado sólo hasta tercer grado y no hablaba inglés, murió cuando Sonia tenía nueve años, y su madre, Celina, tuvo que trabajar seis días a la semana como enfermera para criarlos° *raise them* a ella y a su hermano menor. Como la señora 45 Sotomayor consideraba que una buena educación era fundamental, les compró a sus hijos la Enciclopedia Británica y los envió a una escuela católica para que recibieran la mejor instrucción posible. Seguramente los resultados 50 superaron también sus expectativas: Sonia estudió en las universidades de Princeton y Yale, y su hermano Juan estudió en la Universidad de Nueva York, y es médico y profesor en la Universidad de Siracusa.

Sonia Sotomayor trabajó durante cinco 55 años como asistente del fiscal de Manhattan, Robert Morgenthau (quien inspiró el personaje del fiscal del distrito Adam Schiff en la serie de televisión *Law and Order*). Luego se dedicó al derecho corporativo y más tarde fue jueza 60 de primera instancia de la Corte Federal de Distrito antes de ser nombrada jueza de Distrito de la Corte Federal de Apelaciones. En 2009 se convirtió en la primera hispana —y la tercera mujer en toda la historia— en llegar 65 a la Corte Suprema de Justicia de Estados Unidos, donde suelen tratarse cuestiones tan controvertidas como el aborto, la pena de muerte, el derecho a la posesión de armas, etc.

Cuando el presidente Obama nominó 70 a la jueza Sotomayor para su nuevo cargo, Celina Sotomayor escuchaba desde la primera fila° con los ojos llenos de lágrimas. *front row* En su discurso de aceptación, Sonia la señaló como "la inspiración de toda mi vida". 75 Tal vez, en el fondo, lo que soñaba realmente la niña del Bronx era ser, como su madre, una "sabia mujer latina". ■

Cómo Sotomayor salvó al béisbol

En 1994, de manera unilateral, los propietarios de los equipos de las Grandes Ligas de béisbol implantaron un tope (*limit*) salarial; esto fue rechazado por los jugadores y su sindicato, que declararon una huelga (*strike*). El caso llegó a Sonia Sotomayor, en ese entonces la jueza más joven del Distrito Sur de Nueva York, en 1995. Ella escuchó los argumentos de las dos partes y anunció su dictamen (*ruling*) a favor de los jugadores. Logró acabar así con la huelga que llevaba ya 232 días y, además, ganarse el título de "salvadora del béisbol".

Después de leer

Sonia Sotomayor: la niña que soñaba

1. **Comprensión** Indica si las siguientes oraciones son **ciertas** o **falsas**. Luego, en parejas, corrijan las falsas.

1. Sonia Sotomayor se considera una persona extraordinaria.
2. Ella conocía a todos los empleados de la corte, desde los jueces hasta los conserjes.
3. De pequeña, Sonia quería ser detective como Nancy Drew.
4. Sus padres eran neoyorquinos.
5. Celina Sotomayor vendía enciclopedias para mantener a sus hijos.
6. Sonia fue la inspiración de un personaje de la serie de televisión *Law and Order*.

2. **Interpretación** En parejas, contesten las preguntas y justifiquen sus respuestas.

1. ¿Les parece que la historia de Sonia Sotomayor es extraordinaria? ¿Por qué?
2. ¿En qué sentido piensan que su madre es "la inspiración de su vida"?
3. ¿Creen que su carrera es una prueba de que el sueño americano existe?
4. ¿Piensas que ella, como mujer y como hispana, y con la historia de su vida, puede asegurar un mejor debate en la Corte Suprema? ¿Por qué?
5. ¿Les parece que la experiencia de vida es más importante, menos importante o igualmente importante para las personas que los estudios que tengan? ¿Por qué?

3. **Retrato**

A. Algunos candidatos presidenciales en los Estados Unidos han señalado a sus madres como una inspiración fundamental de sus vidas. En parejas, lean y comenten las citas.

> "Sé que (mi madre) fue el espíritu más bondadoso y generoso que jamás he conocido y que lo mejor de mí se lo debo a ella." Barack Obama, *Los sueños de mi padre*

> "Roberta McCain nos inculcó su amor a la vida, su profundo interés en el mundo, su fortaleza y su creencia de que todos tenemos que usar nuestras oportunidades para ser útiles a nuestro país. No estaría esta noche aquí si no fuera por la fortaleza de su carácter." John McCain, Discurso de aceptación en la Convención Republicana

B. Escriban cuatro oraciones sobre cómo imaginan a Celina Sotomayor. ¿Qué dirían de ella sus hijos? Luego, compartan sus oraciones con la clase y comparen sus descripciones.

MODELO Celina es una mujer trabajadora. Ella no está de acuerdo con perder el tiempo y quiere que sus hijos estudien y mejoren. Es paciente, pero está llena de energía…

4. **Modelos de vida** Escribe una entrada de blog sobre una persona sabia a la que admiras. Describe su personalidad y su historia, y explica por qué es importante para ti.

Practice more at **vhlcentral.com**.

Atando cabos

¡A conversar!

Citas rápidas Usa la técnica de las "citas rápidas" (*speed dating*) para conocer a tus compañeros/as de clase, hacer nuevos amigos y buscar compañeros para proyectos. Comparte los resultados con la clase.

Cómo funcionan las "citas rápidas"

- Reúnete con un(a) compañero/a durante cinco minutos. Hablen sobre quiénes son, cómo son, qué buscan, etc.
- Toma notas acerca del encuentro.
- Repite la actividad con otros compañeros.

	Nombre	Nombre
¿De dónde eres?		
¿Cómo eres?		
¿Qué cualidades buscas en un(a) amigo/a?		
¿Qué tipo de proyectos te gusta hacer?		

¡A escribir!

Consejos Lee el correo electrónico que envió Alonso a la sección de consejos sentimentales de una revista y usa las frases del recuadro para responderla.

Expresar tu opinión

Estas frases pueden ayudarte a presentar tu opinión:

- En mi opinión, …
- Creo que…
- Me parece que…

De:	alonso23@tucorreo.com
A:	consejos_sentimentales@larevista.com
Tema:	Necesito un consejo

Me llamo Alonso. Tengo 23 años y soy de Colombia. Vine a Boston para estudiar en la universidad. Allí conocí a mi novia Kristen, quien tomaba clases de español. Todo iba muy bien mientras estábamos en la universidad: teníamos amigos estadounidenses y latinoamericanos, a mí me interesaba mucho aprender sobre su país y a ella sobre el mío.

El problema comenzó después de la universidad. Cuando salimos con los compañeros de trabajo de Kristen, siento que a nadie le interesa charlar conmigo, y a mí tampoco me interesa hablar con ellos de béisbol y esas cosas. Cuando vamos a visitar a la familia de Kristen en Chicago y decido cocinar, siempre miran con desconfianza los platos tradicionales que preparo. Además, Kristen está muy ocupada con su trabajo para seguir estudiando español. Cuando quiere practicar comete unos errores horribles y entonces yo prefiero hablar inglés con ella. Discutimos mucho por todas estas cosas.
A veces pienso que sería más fácil estar con alguien de mi cultura… pero quiero mucho a Kristen. ¿Qué puedo hacer para que mi relación funcione?

Vocabulary Tools

La personalidad

autoritario/a	strict
cariñoso/a	affectionate
celoso/a	jealous
cuidadoso/a	careful
falso/a	insincere
gracioso/a	funny
inseguro/a	insecure
(in)maduro/a	(im)mature
mentiroso/a	lying
orgulloso/a	proud
permisivo/a	permissive
seguro/a	sure; confident
sensato/a	sensible
sensible	sensitive
tacaño/a	stingy
tímido/a	shy
tradicional	traditional

Los estados emocionales

agobiado/a	overwhelmed
ansioso/a	anxious
deprimido/a	depressed
disgustado/a	upset
emocionado/a	excited
preocupado/a (por)	worried (about)
solo/a	alone; lonely
tranquilo/a	calm

Los sentimientos

adorar	to adore
apreciar	to think highly of
enamorarse (de)	to fall in love (with)
estar harto/a (de)	to be sick (of)
odiar	to hate
sentirse (e:ie)	to feel
soñar (o:ue) (con)	to dream (about)
tener celos (de)	to be jealous (of)
tener vergüenza (de)	to be embarrassed (about)

Las relaciones personales

el/la amado/a	loved one
el ánimo	spirit
el cariño	affection
la cita (a ciegas)	(blind) date
el compromiso	commitment
la confianza	trust; confidence
el desánimo	the state of being discouraged
el divorcio	divorce
la pareja	couple; partner
el sentimiento	feeling
atraer	to attract
coquetear	to flirt
cuidar	to take care of
dejar a alguien	to leave someone
discutir	to argue
educar	to raise; to bring up
hacerle caso a alguien	to pay attention to someone
impresionar	to impress
llevar… años de (casados)	to be (married) for… years
llevarse bien/mal/fatal	to get along well/badly/terribly
mantenerse en contacto	to keep in touch
pasarlo bien/mal/fatal	to have a good/bad/terrible time
proponer matrimonio	to propose (marriage)
romper (con)	to break up (with)
salir (con)	to go out (with)
soportar a alguien	to put up with someone
casado/a	married
divorciado/a	divorced
separado/a	separated
soltero/a	single
viudo/a	widowed

Más vocabulario

Expresiones útiles	Ver p. 7
Estructura	Ver pp. 14-15, 18-19 y 22-23

Cinemateca

la cinta	tape
la luz	light
alargar	to drag out
enterarse	to find out
entretenerse	to be held up
respirar	to breathe
pesado/a	annoying
precioso/a	lovely
turbio/a	murky
a lo mejor	maybe

Literatura

el alma	soul
el corazón	heart
la mirada	gaze
el olvido	oblivion
amar	to love
besar	to kiss
contentarse con	to be satisfied with
querer (e:ie)	to love; to want

Cultura

el cargo	position
la cima	height
el sueño	dream
convertirse (e:ie) en	to become
rechazar	to reject
superar	to overcome
tomar en cuenta	to take into consideration
propio/a	own
sabio/a	wise
en contra	against

Las diversiones

Communicative Goals

You will expand your ability to...
- avoid redundancy
- express personal likes and dislikes
- describe your daily routine and activities

Vocabulary Tools

Las diversiones

La música y el teatro

Mis amigos y yo tenemos un **grupo musical.** Yo soy el cantante. Ayer fue nuestro segundo **concierto.** Esperamos grabar pronto nuestro primer **álbum.**

el álbum *album*
el asiento *seat*
el/la cantante *singer*
el concierto *concert*
el conjunto/grupo musical
    musical group; band
el escenario *scenery; stage*
el espectáculo *show*
el estreno *premiere*
la función *performance*
    (theater; movie)
el/la músico/a *musician*
la obra de teatro *play*
la taquilla *box office*
———
aplaudir *to applaud*
conseguir (e:i) boletos/entradas
    to get tickets
hacer cola *to wait*
    in line
poner música *to play music*

Los lugares de recreo

el cine *movie theater*
el circo *circus*
la discoteca *night club*

la feria *fair*
el festival *festival*
el parque de atracciones *amusement park*
el zoológico *zoo*

Los deportes

el/la árbitro/a *referee*
el campeón/la campeona *champion*
el campeonato *championship*
el club deportivo *sports club*
el/la deportista *athlete*
el empate *tie (game)*
el/la entrenador(a) *coach; trainer*
el equipo *team*
el/la espectador(a) *spectator*
el torneo *tournament*
———
anotar/marcar (un gol/un punto)
    to score (a goal/a point)
desafiar *to challenge*
empatar *to tie (games)*
ganar/perder (e:ie) un partido
    to win/lose a game
vencer *to defeat*

Las diversiones

Ricardo y sus amigos **se reúnen** todos los sábados. Les **gustan el billar** y **el boliche**, y son verdaderos **aficionados** a **las cartas**.

el ajedrez *chess*
el billar *billiards*
el boliche *bowling*
las cartas/los naipes *(playing) cards*
los dardos *darts*
el juego de mesa *board game*
el pasatiempo *pastime*
la televisión *television*
el tiempo libre/los ratos libres *free time*
el videojuego *video game*

aburrirse *to get bored*
alquilar una película *rent a movie*
brindar *to make a toast*
celebrar/festejar *to celebrate*
dar un paseo *to take a stroll/walk*
disfrutar (de) *to enjoy*
divertirse (e:ie) *to have fun*

entretener(se) (e:ie) *to amuse (oneself)*
gustar *to like*
reunirse (con) *to get together (with)*
salir (a comer) *to go out (to eat)*

aficionado/a (a) *enthusiastic about; a fan (of)*
animado/a *lively*
divertido/a *fun*
entretenido/a *entertaining*

1 **Escuchar**

A. Mauricio y Joaquín están haciendo planes para el fin de semana. Quieren ir al cine, pero no logran ponerse de acuerdo. Escucha la conversación y contesta las preguntas con oraciones completas.

1. ¿Cuándo planean ir al cine Mauricio y Joaquín?
2. ¿Qué película quiere ver Joaquín?
3. ¿Por qué Mauricio no quiere verla?
4. ¿Qué alternativa sugiere Mauricio?
5. ¿Qué le pasa a Joaquín cuando mira documentales?

B. Ahora, escucha el anuncio radial de *Los invasores de la galaxia* y decide si las oraciones son **ciertas** o **falsas**. Corrige las falsas.

1. Este fin de semana estrenan una película de ciencia ficción.
2. *Los invasores de la galaxia* ya se estrenó en otros lugares.
3. La película tuvo poco éxito en Europa.
4. Si compras cuatro boletos, te regalan la banda sonora (*soundtrack*).
5. Si te vistes de extraterrestre, te regalan un boleto para una fiesta exclusiva.
6. El estreno de la película es a las nueve de la mañana.

C. En parejas, imaginen que, después de escuchar el anuncio radial, Joaquín trata de convencer a Mauricio para ir a ver *Los invasores de la galaxia*. Inventen la conversación entre Mauricio y Joaquín, y compártanla con la clase.

2 **Relaciones** Escoge la palabra que no está relacionada.

1. película (estrenar / dirigir / empatar)
2. obra de teatro (boleto / campeonato / taquilla)
3. concierto (vencer / aplaudir / hacer cola)
4. juego de mesa (ajedrez / naipes / videojuego)
5. celebrar (divertirse / aburrirse / disfrutar)
6. partido (deportista / árbitro / circo)

Práctica

3 **¿Dónde están?** Indica dónde están estas personas.

____ 1. Llegamos muy temprano, pero hay una cola enorme. El hombre que vende los boletos parece estar de muy mal humor.

____ 2. Hoy es el cumpleaños de mi hermana menor. En lugar de celebrarlo en casa, quiere pasar el día acá, con los tigres y los elefantes.

____ 3. Una red (*net*), una pelota amarilla y dos deportistas. ¿Quién será la campeona?

____ 4. Hay máquinas que suben, bajan, dan vueltas hacia la derecha y hacia la izquierda. La más espectacular dibuja un laberinto de líneas en el aire.

____ 5. ¿Cómo puede ser que cuatro personas hagan tanto ruido en un campo de fútbol lleno de gente? Mi novia se está divirtiendo mucho, pero ¡yo no entiendo nada de lo que cantan!

____ 6. ¡Qué nervios! ¿Qué pasa si se abre el telón y me olvido de lo que tengo que decir?

a. un torneo de tenis
b. un parque de atracciones
c. un cine
d. un escenario
e. una taquilla
f. una discoteca
g. un zoológico
h. un concierto de rock

4 **Goles y fiestas** Completa la conversación.

aburrirte	celebrar	equipo
animadas	disfruten	espectadores
árbitro	divertidos	ganar
campeonato	empate	televisión

PEDRO Mario, ¿todavía estás mirando (1) _____? ¿No ves que vamos a llegar tarde?

MARIO Lo siento, pero no puedo ir a la fiesta de tu novia. Pasan un partido de fútbol.

PEDRO Pero las fiestas de mi novia son más (2) _____ y más entretenidas que cualquier partido de fútbol. Todos los partidos son iguales… Veintidós tontos corriendo detrás de una pelota, los (3) _____ gritando (*shouting*) como locos y el (4) _____ pitando (*whistling*) sin parar.

MARIO Hoy no me puedes convencer. Es la final del (5) _____ y estoy seguro de que mi (6) _____ favorito va a (7) _____.

PEDRO ¿Y no vas a (8) _____, aquí solito, mientras todos tus amigos bailan?

MARIO ¡Jamás! ¡Todos vienen a ver el partido conmigo! Y después vamos a (9) _____ la victoria.

PEDRO Que (10) _____ del partido. Ya me voy… Espera, mi novia me está llamando al celular… ¿Qué me dices, amor? ¿Que la fiesta es aquí en mi casa? ¿Que tú también quieres ver el partido? ¡Ay, yo me rindo (*give up*)!

Practice more at vhlcentral.com.

Comunicación

5 Diversiones

A. Sin consultar con tu compañero/a, prepara una lista de cinco actividades que crees que le gustan a él/ella. Escoge actividades del recuadro y añade otras.

jugar al ajedrez	ir a la feria
practicar deportes en un club	jugar videojuegos
ir al estreno de una película	bailar en una discoteca
mirar televisión	jugar al boliche
escuchar música clásica	salir a cenar con amigos

B. Ahora, habla con tu compañero/a para confirmar tus predicciones. Sigue el modelo.

> **MODELO** —Creo que te gusta jugar al ajedrez.
> —Es verdad, juego siempre que puedo. / —Te equivocas, me aburre. ¿Y a ti?

6 Lo mejor
En grupos de cuatro, imaginen que son editores/as de un periódico local y quieren publicar la lista anual de *Lo mejor de la ciudad*.

A. Primero, escojan las categorías que quieren premiar (*to award*).

Lo mejor de la ciudad

Mejor cine _____

Mejor discoteca _____

Mejor espectáculo sobre hielo _____

Mejor equipo deportivo _____

Mejor parque para pasear _____

Mejor festival de arte _____

Mejor restaurante para
celebrar un cumpleaños _____

Mejor grupo musical en vivo (*live*) _____

Mejor ... _____

B. Luego, preparen una encuesta (*survey*) y entrevisten a sus compañeros/as de clase. Anoten las respuestas.

C. Ahora, compartan los resultados con la clase y decidan qué lugares y eventos recibirán el premio *Lo mejor*.

7 Un fin de semana extraordinario
Dos amigos con personalidades muy diferentes tienen que pasar un fin de semana en una ciudad que nunca han visitado. Hacen muchas sugerencias interesantes, pero no se ponen de acuerdo en nada. En parejas, improvisen una conversación utilizando las palabras del vocabulario.

> **MODELO** —¿Vamos al parque de atracciones? Es muy divertido.
> —No, me mareo en la montaña rusa (*roller coaster*)...

Hasta ahora, en el video...

 Video

La familia Solís y sus amigos celebran el cumpleaños de Marcela cuando un dron cae accidentalmente en el pastel de cumpleaños. Ricardo llama a la puerta para recuperar su dron y descubre que Marcela está muy disgustada. En este episodio verás cómo sigue la historia.

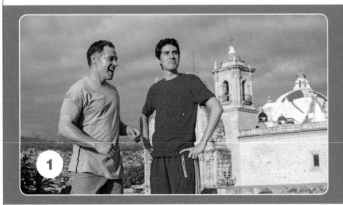

LORENZO ¿Hacemos una carrera a la plaza?

MANU ¿Me quieres desafiar? ¿Cómo te atreves?

LORENZO ¿No quieres hacerlo? ¿Te preocupa perder?

MANU ¡No! Cuando te gane, será culpa tuya, no mía.

LORENZO Tranquilo. Va a ser divertido.

MANU Bueno, pero no hagas trampa.

LORENZO Arrancamos a la cuenta de tres. Uno, dos...
Lorenzo hace trampa y sale a correr primero.

LORENZO ...¡tres!

MANU Le gané, ajá, ajá. Al fin llegaste. Es inútil que hagas trampa, igual no me ganas. Eso te pasa por comerte todo el pastel del cumpleaños, eh.

LORENZO (*sin aliento*) Sí, claro.

MANU Vamos, anímate. Te hace falta energía. Te invito a un tejate.

PATRICIA Bueno, abúrrete. Oye, te vas a sorprender cuando sepas quiénes están en la plaza.

MARCELA ¿Quiénes?

PATRICIA Tu papá y tu hermano. Se están tomando un tejate.

MARCELA Ah, sí. Estaban haciendo ejercicios. Luego mi papá se va a andar quejando de que le duele todo.

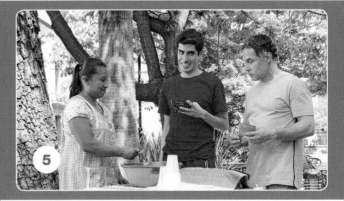

Lorenzo y Manu compran tejates a la vendedora.

MANU La cuenta es tuya.

LORENZO ¿No invitabas tú?

MANU Sí, pero tú los pagas. Yo gané la carrera.

LORENZO ¿Cuánto le debo, señora?

VENDEDORA $30 y $20, por favor.
A lo lejos se oye un chirrido de frenos (squeal of breaks).

Personajes

MANU

LORENZO

MARCELA

PATRICIA

VENDEDORA

RICARDO

Suena el teléfono de Marcela.

MARCELA ¿Qué tal, Pati?

PATRICIA Aquí no más en la plaza, escuchando al mariachi del Chente.

MARCELA Ah, mira, yo estoy cerca.

PATRICIA Pues ven, si a ti te encanta.

MARCELA Es que no puedo. Tengo que ir a estudiar para mi clase de historia.

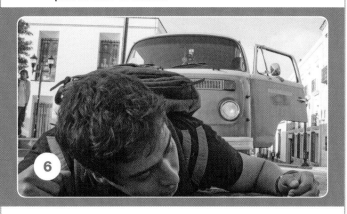

Marcela, paralizada, mira al frente con cara de terror.

PATRICIA ¿Marce? ¿Marce? ¿Estás ahí? ¿Marcela?

Expresiones útiles

Expressing emotions

¿Me quieres desafiar?
Do you want to challenge me?

¿No quieres hacerlo?
Don't you want to do it?

Si a ti te encanta.
You'll love it.

¿Te preocupa perder?
Are you worried about losing?

Te vas a sorprender cuando sepas…
You'll be surprised when you find out…

Talking about ownership

Cuando te gane, será culpa tuya, no mía.
When I beat you it'll be your fault, not mine.

La cuenta es tuya.
You are buying. (Lit. The check is yours.)

Luego mi papá se andará quejando de…
Then my dad will be complaining about…

mi canción favorita
my favorite song

Tu papá y tu hermano.
Your dad and your brother.

Encouraging other people

Pues ven.
So come on.

Vamos, anímate.
Come on. Cheer up.

Additional vocabulary

arrancar *to go, to start (a race)*
atreverse *to dare*
la carrera *race*
deber *to owe*
doler (o:ue) *to hurt*
hacer trampa *to cheat*
retar *to challenge*
el truco *trick*

Comprensión

1 **¿Manu o Lorenzo?** Decide si cada una de estas acciones las realiza Manu o Lorenzo.

Manu	Lorenzo	
☐	☐	1. Propone hacer una carrera a la plaza.
☐	☐	2. Cambia de canción antes de correr.
☐	☐	3. Hace trampa.
☐	☐	4. Gana la carrera.
☐	☐	5. Se queja de que le duele todo.
☐	☐	6. Paga los tejates.

2 **¿Quién lo dijo?** Indica qué personaje dijo cada oración.

MARCELA **MANU** **LORENZO** **PATRICIA**

1. ¿Me quieres desafiar? ¿Cómo te atreves?

2. ¿No quieres hacerlo? ¿Te preocupa perder?

3. Déjame cambiarla a mi canción favorita.

4. ¡Pues ven! ¡Si a ti te encanta!

5. Luego mi papá se andará quejando de que le duele todo.

6. ¡Sí, pero tú los pagas!

3 **Oraciones**

A. Crea oraciones con los elementos dados sobre lo que pasa en la fotonovela.

> **MODELO** A Patricia le gustan los mariachis.

Lorenzo	aburrir	correr
Manu	disgustar	dolor
Manu y	encantar	energía
Lorenzo	gustar	estudiar
Marcela	hacer falta	mariachi
Patricia	quejarse de	pagar

B. Ahora, en parejas, túrnense para hacerse preguntas sobre los personajes de este episodio.

> **MODELO** **ESTUDIANTE 1** ¿Qué les gusta hacer a Lorenzo y a Manu?
> **ESTUDIANTE 2** A Lorenzo y a Manu les gusta correr.
> ¿Y qué le encanta a Marcela?

Ampliación

(4) **Desenlace** Al final de este episodio, Marcela ve a Ricardo tirado (*lying*) en la calle con los ojos cerrados. En parejas, imaginen lo que va a pasar y escriban un argumento para el siguiente episodio.

(5) **Opiniones** En grupos de tres, compartan sus opiniones acerca de cada afirmación. Den ejemplos.

1. En algunas ocasiones, está justificado hacer trampa.

2. La persona que tiene la idea de ir a algún lugar es la persona que paga.

3. Convencer a una persona para que salga a divertirse en vez de estudiar no es ser un(a) buen(a) amigo/a.

(6) **Apuntes culturales** En parejas, lean los párrafos y contesten las preguntas.

Teatro Macedonio Alcalá

Centro histórico de Oaxaca

Manu y Lorenzo hacen ejercicio en el Centro histórico de Oaxaca. Declarado Patrimonio de la Humanidad por la UNESCO en 1987, el Centro conserva el aspecto de ciudad colonial y se caracteriza por tener monumentos bajos y sólidos, adaptados para esta zona sísmica. Dos de sus edificios destacados son el Convento de Santo Domingo de Guzmán y el Teatro Macedonio Alcalá.

Plaza de la Constitución

Manu y Lorenzo hacen una carrera a la plaza de Oaxaca. Las plazas son lugares de reunión tradicionales en la cultura hispanohablante. La plaza más importante de México, y una de las más grandes del mundo, es la Plaza de la Constitución. Esta plaza, también conocida como "El Zócalo" y ubicada en la Ciudad de México, está rodeada por la Catedral Metropolitana, el Palacio Nacional y otros edificios gubernamentales. Fue el centro de Tenochtitlán antes de la llegada de los conquistadores y se mantuvo como centro político y religioso siglos después. En el centro de ella, se encuentra una bandera mexicana de 25 metros de largo. Cada 15 de septiembre, se conmemora allí el día de la Independencia.

Tejate

Manu le dice a su padre que le hace falta energía después de perder la carrera y lo invita a un tejate. Al final, es Lorenzo quien paga estas bebidas tradicionales de Oaxaca. El tejate, también conocido como "la bebida de los dioses", es una bebida prehispánica que todavía venden las tejateras en los mercados. El tejate se sirve frío y sus ingredientes principales son maíz, cacao y semillas (*seeds*) de mamey.

1. ¿Prefieres hacer ejercicio en un gimnasio o al aire libre? ¿Por qué?

2. ¿Hay plazas cerca de donde vives? ¿Cómo es tu plaza preferida? ¿Te sueles encontrar allí con amigos?

3. ¿Conoces algún lugar semejante a la Plaza de la Constitución o la plaza en Oaxaca, donde se encuentran los personajes de la fotonovela? Descríbelo.

4. Después de hacer ejercicio, ¿te gusta tomar algo? ¿Qué tomas? En tu familia o en tu comunidad, ¿acostumbran consumir alguna bebida tradicional? ¿Cuál?

MÉXICO

En detalle

El nuevo CINE MEXICANO

México vivió la época dorada de su cine en la década de 1940. Pasada esa etapa°, la industria cinematográfica mexicana perdió fuerza. Tardó casi medio siglo en volver a brillar, pero hace una década volvió al panorama internacional con gran vigor°. Este resurgir°, en parte, se debe al apoyo del gobierno mexicano y, sobre todo, al talento de una nueva generación de creadores que ha logrado triunfar en las pantallas de todo el mundo.

En 1992, *Como agua para chocolate* de Alfonso Arau batió° récords de taquilla. Esta película, que puso en imágenes el realismo mágico que tanto éxito tenía en la literatura, despertó el interés por el cine mexicano.

Salma Hayek

Las películas empezaron a disfrutar de una mayor distribución, y muchos directores y actores se convirtieron en estrellas internacionales.

Alfonso Cuarón

El éxito también se vio reflejado en el dinero recaudado° y en las nominaciones y los premios° recibidos. Hoy día, los rostros° de Salma Hayek, Gael García Bernal y Diego Luna, entre otros, pueden verse no sólo en el cine, sino también en revistas y programas de televisión de todo el mundo. Muchos artistas alternan su trabajo entre Estados Unidos y México. En el año 2000, el enorme éxito de *Amores perros* impulsó la carrera de su director, Alejandro González Iñárritu, ganador de dos premios Óscar consecutivos en 2014 y 2015. Otros directores que trabajan en los dos países son Guillermo del Toro (*El laberinto del fauno, Pacific Rim, Crimson Peak, The Shape of Water,* etc.), ganador del Óscar en 2018, y Alfonso Cuarón. Después del éxito de *Y tu mamá también*, Cuarón dirigió la tercera película de *Harry Potter*. En 2013, Alfonso Cuarón se convirtió en el primer director mexicano en ganar un premio Óscar con la aventura espacial *Gravity*. ∎

Algunas películas premiadas

Como agua para chocolate	La ley de Herodes	Y tu mamá también
Premio Ariel	Sundance – Premio al Cine Latinoamericano	Venecia – Mejor Guión

1992	1996	2000	2001	2007

El callejón de los milagros	Amores perros	El laberinto del fauno
Premio Goya	Chicago – Hugo de Oro a la Mejor Película	Tres premios Óscar

etapa *era* **vigor** *energy* **resurgir** *revival* **batió** *broke* **recaudado** *collected* **premios** *awards* **rostros** *faces*

Las diversiones

chido/a (Méx.) copado/a (Arg.) mola (Esp.) guay (Esp.) bacanal (Nic.)	*cool*
salir de parranda rumbear (Col. y Ven.) ir/salir de juerga	*to go out and have fun*
la rola (Nic. y Méx.) el tema	*song*
temazo	*hit (song)*

GAEL GARCÍA BERNAL

Gael García Bernal es una de las figuras más representativas del cine mexicano contemporáneo. Empieza a actuar en el teatro con tan sólo cinco años, de la mano de sus padres, también actores. Pasa pronto a trabajar en telenovelas°. Siendo adolescente, Gael entra en el mundo del cine. Su intuición y su talento lo llevan a renunciar a la fama fácil y, a los diecisiete años, se va a Londres para estudiar arte dramático. Tres años después, regresa a México lleno de confianza y no se asusta° a la hora de representar ningún papel, por controvertido o difícil que sea. A partir de ese momento, participa en algunas de las películas más emblemáticas del cine en español de los últimos años: *Amores perros*, *Y tu mamá también* y *Diarios de motocicleta*. Ha ganado importantes premios: en 2016, el Globo de Oro como mejor actor de serie de TV (comedia o musical) por su interpretación en *Mozart in the Jungle*; en 2001, el premio Ariel al mejor actor por su actuación en *Amores perros*.

Ese mismo año, obtiene el Marcello Mastroianni del Festival Internacional de Cine de Venecia por *Y tu mamá también*. Actualmente, Gael trabaja también del otro lado de las cámaras como director y productor, y participa activamente en la promoción del cine mexicano.

❝ Es muy importante que el cine latino se mantenga muy específico, pero que al mismo tiempo sus temas sean universales. ❞ (Alfonso Cuarón)

telenovelas *soap operas* no se asusta *isn't afraid (of)*
otorgada *given* estatuilla *statuette* galardón *award*

Los premios de cine

Cada año, distintos países hispanoamericanos premian las mejores películas nacionales y extranjeras.

En México, el premio **Ariel** es la máxima distinción otorgada° a los mejores trabajos cinematográficos mexicanos. La estatuilla° representa el triunfo del espíritu y el deseo de ascensión.

En España, los premios más prestigiosos son los **Goya**. La Academia de Artes y Ciencias Cinematográficas de España entrega estos premios a producciones nacionales en un festival en Madrid. Las estatuillas reciben ese nombre por el pintor Francisco de Goya.

Penélope Cruz recibe el premio Goya

En Argentina, el Festival de Cine Internacional de Mar del Plata premia películas nacionales e internacionales. El galardón° se llama **Astor** en homenaje al compositor de tango Astor Piazzolla, quien nació en la ciudad de Mar del Plata.

En Cuba, el Festival Internacional de La Habana entrega los premios **Coral**. Aunque predomina el cine latinoamericano, el festival también convoca a producciones de todas partes del mundo.

¿Qué aprendiste?

1 **¿Cierto o falso?** Indica si estas afirmaciones son **ciertas** o **falsas**. Corrige las falsas.

1. La época dorada del cine mexicano fue en los años cincuenta.
2. El gobierno mexicano ha apoyado los nuevos proyectos de cine.
3. El director de *Como agua para chocolate* es Diego Luna.
4. El éxito de *Como agua para chocolate* despertó el interés por el cine mexicano.
5. Los artistas mexicanos van a Estados Unidos y no vuelven a trabajar en su país.
6. La película *Amores perros* es del año 2002.
7. Alfonso Cuarón dirigió *21 Grams*.
8. Guillermo del Toro actuó en *El laberinto del fauno*.

2 **Completar** Completa las oraciones.

1. Los premios del Festival Internacional de La Habana se llaman _____.
2. Los premios Astor se entregan en la ciudad argentina de _____.
3. Los premios cinematográficos más prestigiosos de España son los _____.
4. A los jóvenes venezolanos les gusta salir a _____.
5. Cuando una canción tiene mucho éxito, se dice que es un _____.

3 **Preguntas** Contesta las preguntas con oraciones completas.

1. ¿A qué se dedican los padres de Gael García Bernal?
2. ¿A qué edad comenzó a trabajar como actor Gael García Bernal?
3. ¿Qué hizo en Londres Gael García Bernal?
4. ¿Gael García Bernal evita los papeles controvertidos?
5. ¿Qué otras actividades relacionadas con el cine realiza Gael García Bernal además de actuar?
6. Según Alfonso Cuarón, ¿cómo deben ser los temas del cine latino?
7. ¿Crees que es positivo que directores y actores de habla hispana trabajen en Hollywood? ¿Por qué?
8. Cuando decides ver una película, ¿qué factores tienes en cuenta? ¿Por qué?

4 **Opiniones** En parejas, escriban en qué se diferencian y en qué se parecen el cine de Hollywood y el cine extranjero. Usen estas preguntas como guía.

- ¿Cuáles son las carecterísticas de cada tipo de cine?
- ¿En qué tipo de cine se invierte más dinero?
- ¿Qué diferencias hay entre el perfil de los actores de Hollywoood y el perfil de los actores extranjeros? ¿En qué se parecen?

 Practice more at **vhlcentral.com**.

PROYECTO

María Félix

La época de oro

Durante la época de oro del cine mexicano, actores como María Félix o Pedro Infante, y directores como Emilio Fernández e Ismael Rodríguez llevaron el acento mexicano más allá de sus fronteras.

Investiga sobre uno de estos artistas y escribe una biografía de tres párrafos.

Debes incluir:
- datos biográficos
- trabajos principales
- contribución al cine mexicano

Siguiendo el estilo usado en el perfil de Gael García Bernal, escribe tu texto usando el tiempo presente.

El cine mexicano

Ya has leído sobre el cine mexicano, su época dorada y su resurgimiento en los últimos años. Ahora, mira este episodio de **Flash cultura** para conocer cómo se promueve actualmente el cine en ese país.

VOCABULARIO ÚTIL

el auge *boom*
el ciclo *series*
difundir *to spread*
fomentar *to promote*

el guión *script*
la muestra *festival*
la sala *movie theater*
tener un papel *to play a role*

Corresponsal: Carlos López
País: México

En la Muestra Internacional de Cine que se lleva a cabo° en otoño, se presentan películas de todo el mundo.

1 Preparación Responde estas preguntas: ¿Te gusta ir al cine? ¿Qué clase de películas prefieres ver? ¿Eres aficionado/a a algún género en especial?

La Cineteca cuenta con° el Centro de Documentación e Investigación, donde puedes encontrar 9 mil libros, 5 mil guiones inéditos° y 20 años de notas de prensa.

2 Comprensión Indica si estas afirmaciones son **ciertas** o **falsas**. Después, en parejas, corrijan las falsas.

1. A los mexicanos no les gustan las películas nacionales, solamente las norteamericanas.

2. La Cineteca es una cadena de cines con salas en todo el país.

3. Cuando van al cine, los mexicanos comen palomitas.

4. En los ciclos, se presentan películas de un solo tema o un solo director.

5. El Instituto Mexicano de Cinematografía tiene como objetivo hacer famosos a los actores mexicanos.

6. En el año 1989, el cine mexicano no tenía salas ni público en México.

3 Expansión En parejas, contesten estas preguntas.

- ¿Te molesta tener que leer subtítulos en la pantalla cuando miras películas extranjeras?

- ¿Te sorprende que una película pueda ser un "hijo creativo", como dice la actriz Vanesa Bauche? Justifica tu respuesta.

- ¿Es importante para el cine de un país tener identidad propia? ¿Cómo se logra eso? Piensen en películas estadounidenses que cumplan con esas características y hagan una lista.

Babel (2006)
dir. Alejandro Gónzales Iñárritu

Las películas de este país se han vuelto realmente importantes gracias al trabajo de... actores y actrices como Salma Hayek, Gael García Bernal y Diego Luna, entre muchos otros.

se lleva a cabo *takes place* **cuenta con** *has* **guiones inéditos** *unpublished scripts*

ESTRUCTURA

2.1 Object pronouns

- Pronouns are words that take the place of nouns. Direct object pronouns replace the noun that directly receives the action of the verb. Indirect object pronouns identify *to whom/what* or *for whom* an action is done.

¿Me quieres desafiar? ¿Cómo te atreves?

¡Le gané!

TALLER DE CONSULTA

MANUAL DE GRAMÁTICA
Más práctica

2.1 Object pronouns, p. A11
2.2 **Gustar** and similar verbs, p. A12
2.3 Refexive verbs, p. A13

Más gramática

2.4 Demonstrative adjectives and pronouns, p. A14
2.5 Possessive adjectives and pronouns, p. A16

Indirect object pronouns		Direct object pronouns	
me	nos	me	nos
te	os	te	os
le	les	lo/la	los/las

Position of object pronouns

- Direct and indirect object pronouns (**los pronombres de complemento directo e indirecto**) precede the conjugated verb.

INDIRECT OBJECT	DIRECT OBJECT
Carla siempre **me** da entradas para el teatro.	Ella **las** consigue gratis.
Carla always gives me theater tickets.	*She gets them for free.*
No **le** voy a comprar más libros.	Nunca **los** lee.
I'm not going to buy him any more books.	*He never reads them.*

¡ATENCIÓN!

Lo can be used to refer to a thing or idea that has no gender.
—¿Vas a aceptar la oferta?
—Lo voy a pensar.

—*Are you going to accept the offer?*
—*I'll think about it.*

- When the verb is an infinitive construction, object pronouns may either be attached to the infinitive or placed before the conjugated verb.

INDIRECT OBJECT	DIRECT OBJECT
Vamos a dar**le** un regalo.	Voy a hacer**lo** enseguida.
Le vamos a dar un regalo.	**Lo** voy a hacer enseguida.
Tienes que hablar**nos** de la película.	Van a ver**la** mañana.
Nos tienes que hablar de la película.	**La** van a ver mañana.

¡ATENCIÓN!

It is standard usage in Spanish to repeat the indirect object.

Esta noche **le** voy a quitar la camisa **al guitarrista**.

Les regalé boletos **a mis amigos**.

- When the verb is progressive form, object pronouns may either be attached to the present participle or placed before the conjugated verb.

INDIRECT OBJECT	DIRECT OBJECT
Pedro está cantándo**me** una canción.	Está cantándo**la** muy mal.
Pedro **me** está cantando una canción.	**La** está cantando muy mal.

Double object pronouns

- The indirect object pronoun precedes the direct object pronoun when they are used together in a sentence.

  Me mandaron **los boletos** por correo. ▶ **Me los** mandaron por correo.

  Te pedí **un álbum** de Juanes. ▶ **Te lo** pedí el lunes.

- **Le** and **les** change to **se** when they are used with **lo**, **la**, **los**, or **las**.

  Le da **los libros** a Ricardo. ▶ **Se los** da.

  Le enseña **las invitaciones** a Elena. ▶ **Se las** enseña.

Prepositional pronouns

Prepositional pronouns			
mí *me; myself*	**él** *him; it*	**nosotros/as** *us; ourselves*	**ellos** *them*
ti *you; yourself*	**ella** *her; it*		**ellas** *them*
Ud. *you; yourself*	**sí** *himself;*	**vosotros/as** *you; yourselves*	**sí** *themselves*
sí *yourself (formal)*	*herself; itself*	**Uds.** *you; yourselves*	
		sí *yourselves (formal)*	

- Prepositional pronouns function as the objects of prepositions. Except for **mí**, **ti**, and **sí**, these pronouns are the same as the subject pronouns.

  ¿Qué piensas de **ella**? Ay, mi amor, sólo pienso en **ti.**

  ¿Lo compraron para **mí** o para Javier? Lo compramos para **él.**

- The indirect object can be repeated with the construction **a** + *[prepositional pronoun]* to provide clarity or emphasis.

  ¿Te gusta aquel cantante? ¡**A mí** me fascina!

  ¿A quién se lo dieron? Se lo dieron **a ella.**

- The adjective **mismo(s)/a(s)** is usually added to clarify or emphasize the relationship between the subject and the object.

  José se lo regaló a **él**. José se lo regaló a **sí mismo**.
  José gave it to him (someone else). *José gave it to himself.*

- When **mí**, **ti**, and **sí** are used with **con**, they become **conmigo**, **contigo**, and **consigo**.

  ¿Quieres ir **conmigo** al parque de atracciones?
  Do you want to go to the amusement park with me?

  Laura siempre lleva su computadora portátil **consigo**.
  Laura always brings her laptop with her.

- These prepositions are used with **tú** and **yo** instead of **mí** and **ti**: **entre**, **excepto**, **incluso**, **menos**, **salvo**, **según**.

  Todos están de acuerdo **menos tú** y **yo**. **Entre tú** y **yo**, Juan me cae mal.
  Everyone is in agreement except *Between you and me, I don't get along*
  you and me. *well with Juan.*

¡ATENCIÓN!

When object pronouns are attached to infinitives, participles, or commands, a written accent is often required to maintain proper word stress.

Infinitive
cantármela

Present participle
escribiéndole

Command
acompáñeme

For more information on using object pronouns with commands, see **4.2**, pp. 140–141.

Práctica

TALLER DE CONSULTA

MANUAL DE GRAMÁTICA
Más práctica

2.1 Object pronouns, p. A11

1 **Dos buenas amigas** Dos amigas, Rosa y Marina, están en un café hablando de unos conocidos. Selecciona las personas de la lista que corresponden a los pronombres subrayados (*underlined*).

a Antoñito	a mí
a Antoñito y a Maite	a nosotras
a Maite	a ti
a ustedes	

ROSA Siempre <u>lo</u> veo bailando en la discoteca Club 49.   1. _____

MARINA ¿<u>Te</u> saluda?   2. _____

ROSA Nunca. Yo creo que no <u>me</u> saluda porque tiene miedo de que se lo diga a su novia.   3. _____

MARINA ¿Su novia? Hace siglos que no sé nada de ella. Un día de éstos <u>la</u> tengo que llamar.   4. _____

ROSA ¿Quieres que <u>los</u> invitemos a ir con nosotras a la fiesta del viernes?   5. _____

MARINA Sí. Es una buena idea. A ver qué <u>nos</u> dice Antoñito de su afición a las discotecas.   6. _____

2 **Discusión** Completa las oraciones usando **conmigo**, **contigo** o **consigo**.

ANTOÑITO Ya estamos otra vez. (1) _____ siempre tengo problemas.

MAITE ¿Qué te crees tú? ¿Que yo siempre me divierto (2) _____?

ANTOÑITO Tú eres la que siempre quiere ir (3) _____ a la discoteca.

MAITE Eso no es verdad. A mí no me gusta salir (4) _____. ¡Ni loca!

ANTOÑITO No te preocupes. Muchas chicas quieren estar (5) _____. Siempre veo a Rosa en el Club 49. A ella seguro que le gusta.

MAITE ¿A Rosa? A ella no le gusta ni estar (6) _____ misma.

3 **¡Bajen la música!** Martín y Luisa han organizado una fiesta y han puesto la música muy alta; un vecino ha llamado a la policía. El policía les dice lo que deben hacer en el futuro para evitar problemas. Reescribe los consejos cambiando las palabras subrayadas por los pronombres de complemento directo e indirecto correctos.

> **MODELO** ¡Bajen <u>la música</u> ahora mismo!
> Bájenla ahora mismo.

1. Traten amablemente <u>a la policía</u>.
2. Tienen que pedirle <u>perdón a su vecino</u>.
3. No pueden contratar <u>a un grupo musical</u> sin permiso.
4. Tienen que poner <u>la música</u> muy baja.
5. No deben servirles <u>bebidas alcohólicas a los menores de edad</u>.
6. No pueden organizar <u>fiestas</u> nunca más.

 Practice more at **vhlcentral.com**.

Comunicación

4) **La fiesta** En parejas, túrnense para contestar las preguntas usando pronombres de complemento directo o indirecto, según sea necesario.

> **MODELO** ¿Te gusta organizar fiestas en tu casa?
> Sí, me gusta organizarlas.

1. ¿Te gusta organizar fiestas? ¿Cuándo fue la última vez que organizaste una? ¿Por qué la organizaste?
2. ¿Invitaste a muchas personas? ¿A quiénes invitaste?
3. ¿Qué tipo de música escucharon? ¿Bailaron también?
4. ¿Qué les ofreciste de comer a los invitados en tu fiesta?
5. ¿Trajeron algo? ¿Qué trajeron? ¿Para quién?

5) **¿En qué piensas?** Piensa en objetos de la clase o de la casa (un cuadro, una maleta, un mapa, etc.). Tu compañero/a debe adivinar el objeto que tienes en mente haciéndote preguntas con pronombres.

> **MODELO** —Estoy pensando en algo que uso para estudiar.
> —¿Lo usas mucho?
> —Sí, lo uso para aprender español.
> —¿Es un libro?
> —Sí, lo es.

6) **Una persona famosa** En parejas, escriban una entrevista con una persona famosa. Utilicen estas cinco preguntas y escriban cuatro más. Incluyan pronombres en las respuestas. Después, representen la entrevista ante la clase.

> **MODELO** —¿Quién prepara la comida en tu casa?
> —La prepara mi cocinero.

1. ¿Visitas frecuentemente a tus amigos?
2. ¿Ves mucho la televisión?
3. ¿Quién conduce tu carro?
4. ¿Preparas tus maletas cuando viajas?
5. ¿Evitas a los fotógrafos?

7) **Fama** María Estela Pérez es una actriz de cine que debe encontrarse con sus *fans,* pero no recuerda a qué hora es el encuentro. En grupos de cuatro, miren la ilustración e inventen una historia inspirada en María Estela. Utilicen por lo menos cinco pronombres de complemento directo e indirecto.

Tutorial

2.2 *Gustar* and similar verbs

Pues ven, si a ti te encanta.

Luego mi papá se andará quejando de que le duele todo.

- Though **gustar** is translated as *to like* in English, its literal meaning is *to please*. **Gustar** is preceded by an indirect object pronoun indicating *the person who is pleased*. It is followed by a noun indicating *the thing or person that pleases*.

INDIRECT OBJECT PRONOUN | | SUBJECT

Me / *I* | **gusta** / *like* | **la película.** / *the movie. (literally: The movie pleases me.)*

¿Te / *Do you* | **gustan** / *like* | **los conciertos de rock?** / *rock concerts? (literally: Do rock concerts please you?)*

- Because *the thing or person that pleases* is the subject, **gustar** agrees in person and number with it. Most commonly the subject is third person singular or plural.

SINGULAR SUBJECT

Nos gust**a** la música pop.
We like pop music.

Les gust**a** su casa nueva.
They like their new house.

PLURAL SUBJECT

Me gust**an** las quesadillas.
I like quesadillas.

¿Te gust**an** las películas románticas?
Do you like romantic movies?

- When **gustar** is followed by one or more verbs in the infinitive, the singular form of **gustar** is always used.

No nos **gusta** llegar tarde.
We don't like to arrive late.

Les **gusta** cantar y bailar.
They like to sing and dance.

- **Gustar** is often used in the conditional (**me gustaría**, etc.) to soften a request.

Me **gustaría** un refresco con hielo, por favor.
I would like a soda with ice, please.

¿Te **gustaría** salir a cenar esta noche conmigo?
Would you like to go out to dinner with me tonight?

Verbs like *gustar*

- Many verbs follow the same pattern as **gustar**.

aburrir *to bore*	**hacer falta** *to miss*
caer bien/mal *to (not) get along well with*	**importar** *to be important to; to matter*
disgustar *to upset*	**interesar** *to be interesting to; to interest*
doler *to hurt; to ache*	**molestar** *to bother; to annoy*
encantar *to like very much*	**preocupar** *to worry*
faltar *to lack; to need*	**quedar** *to be left over; to fit (clothing)*
fascinar *to fascinate; to like very much*	**sorprender** *to surprise*

¡**Me fascina** el álbum!
I love the album!

¿**Te molesta** si voy contigo?
Will it bother you if I come along?

A Sandra **le disgusta** esa situación.
That situation upsets Sandra.

Le duelen las rodillas.
Her knees hurt.

- The indirect object can be repeated using the construction **a** + [*prepositional pronoun*] or **a** + [*noun*]. This construction allows the speaker to emphasize or clarify who is pleased, bothered, etc.

A ella no le gusta bailar, pero **a él** sí.
She doesn't like to dance, but he does.

A Felipe le molesta ir de compras.
Shopping bothers Felipe.

- **Faltar** expresses what someone or something lacks and **quedar** what someone or something has left. **Quedar** is also used to talk about how clothing fits or looks on someone.

Le falta dinero.
He's short of money.

Me faltan dos pesos.
I need two pesos.

A la impresora no **le queda** papel.
The printer is out of paper.

Esa falda **te queda** bien.
That skirt fits you well.

DISCOTECA
PALADIO
¿Qué te hace falta en la vida?

Práctica

TALLER DE CONSULTA

MANUAL DE GRAMÁTICA
Más práctica

2.2 **Gustar** and similar
verbs, p. A12

1 **Completar** Completa la conversación con la forma correcta de los verbos.

MIGUEL Mira, Juan Carlos, a mí (1) _____ (encantar) vivir contigo, pero la verdad es que (2) _____ (preocupar) algunas cosas.

JUAN CARLOS De acuerdo. A mí también (3) _____ (disgustar) algunas cosas de ti.

MIGUEL Bueno, para empezar no (4) _____ (gustar) que pongas la música tan alta cuando vienen tus amigos. Ellos (5) _____ (caer) muy bien, pero, a veces, hacen mucho ruido y no me dejan dormir.

JUAN CARLOS Sí, claro, lo entiendo. Pues mira, Miguel, a mí (6) _____ (molestar) que no laves los platos después de comer. Además, tampoco sacas la basura.

MIGUEL Es verdad. Pues... vamos a intentar cambiar estas cosas. ¿Te parece?

JUAN CARLOS ¡(7) _____ (fascinar) la idea! Yo bajo la música cuando vengan mis amigos y tú lavas los platos y sacas la basura más a menudo. ¿De acuerdo?

2 **Preguntar** En parejas, túrnense para hacerse preguntas sobre estas personas.

MODELO **a tu padre / gustar**
—¿Qué crees que le gusta a tu padre?
—A mi padre le gusta leer novelas de ciencia ficción.

1. al presidente / preocupar
2. a tu hermano/a / encantar
3. a ti / fascinar
4. a tus padres / gustar
5. a tu profesor(a) de español / disgustar
6. a ustedes / importar
7. a tu novio/a / molestar
8. a tu compañero/a de clase / faltar

3 **Conversar** En parejas, pregúntense si les gustaría hacer las actividades relacionadas con las fotos. Utilicen los verbos **aburrir, disgustar, encantar, fascinar, interesar** y **molestar**. Sigan el modelo.

MODELO —¿Te aburriría ir al parque de atracciones?
—No, me encantaría.

Practice more at **vhlcentral.com**.

Comunicación

4 **Extrañas aficiones** Trabajen en grupos de cuatro. Miren las ilustraciones e imaginen qué les gusta, interesa o molesta a estas personas.

1.

2.

3.

4.

5 **¿Qué te gusta?** En parejas, pregúntense si les gustan o no las personas, cosas y actividades de la lista. Utilicen verbos similares a **gustar** y contesten las preguntas.

MODELO —¿Te gustan los discos de Christina Aguilera?
—No, a mí no me gusta su música.

Miley Cyrus	dormir los fines de semana
salir con tus amigos	hacer bromas
las películas de misterio	los discos de Christina Aguilera
practicar algún deporte	ir a discotecas
Gael García Bernal	las películas extranjeras

6 **¿A quién le gusta?** Trabajen en grupos de cuatro.

A. Preparen una lista de cinco pasatiempos y cinco lugares de recreo. Luego, circulen por la clase para ver a quiénes les gustan los lugares y las actividades de la lista.

B. Ahora, escriban un párrafo breve para describir los gustos de sus compañeros. Utilicen **gustar** y otros verbos similares. Compartan su párrafo con la clase.

MODELO A Luisa y a Simón les fascina el restaurante Acapulco, pero a Celia no le gusta.
A todos nos gusta ir al cine, menos a Carlos, porque…

Tutorial

2.3 Reflexive verbs

- In a reflexive construction, the subject of the verb both performs and receives the action. Reflexive verbs (**verbos reflexivos**) always use reflexive pronouns (**me**, **te**, **se**, **nos**, **os**, **se**).

Reflexive verbs

Non-reflexive verb

Marcela **se lava** la cara.　　　Elena **lava** los platos.

Reflexive verbs	
lavarse *to wash (oneself)*	
yo	me lavo
tú	te lavas
Ud./él/ella	se lava
nosotros/as	nos lavamos
vosotros/as	os laváis
Uds./ellos/ellas	se lavan

- Many of the verbs used to describe daily routines and personal care are reflexive.

acostarse (o:ue) *to go to bed*	**dormirse (o:ue)** *to fall asleep*	**peinarse** *to comb (one's hair)*
afeitarse *to shave*	**ducharse** *to take a shower*	**ponerse** *to put on (clothing)*
bañarse *to take a bath*	**lavarse** *to wash (oneself)*	**quitarse** *to take off (clothing)*
cepillarse *to brush (hair/teeth)*	**levantarse** *to get up*	**secarse** *to dry off*
despertarse (e:ie) *to wake up*	**maquillarse** *to put on make-up*	**vestirse (e:i)** *to get dressed*

- In Spanish, most transitive verbs can also be used as reflexive verbs to indicate that the subject performs the action to or for himself or herself.

Félix **divirtió** a los invitados con sus chistes.
Félix amused the guests with his jokes.

Félix **se divirtió** en la fiesta.
Félix had fun at the party.

Ana **acostó** a los gemelos antes de las nueve.
Ana put the twins to bed before nine.

Ana **se acostó** muy tarde.
Ana went to bed very late.

¡ATENCIÓN!

A transitive verb is one that takes a direct object.

Mariela compró dos boletos.
Mariela bought two tickets.

Johnny contó un chiste.
Johnny told a joke.

- Many verbs change meaning when they are used with a reflexive pronoun.

aburrir *to bore*	**aburrirse** *to get bored*
acordar (o:ue) *to agree*	**acordarse (de) (o:ue)** *to remember*
comer *to eat*	**comerse** *to eat up*
dormir (o:ue) *to sleep*	**dormirse (o:ue)** *to fall asleep*
ir *to go*	**irse (de)** *to leave*
llevar *to carry*	**llevarse** *to carry away*
mudar *to change*	**mudarse** *to move (change residence)*
parecer *to seem*	**parecerse (a)** *to resemble; to look like*
poner *to put*	**ponerse** *to put on (clothing)*
quitar *to take away*	**quitarse** *to take off (clothing)*

- Some Spanish verbs and expressions are used in the reflexive even though their English equivalents may not be. Many of these are followed by the prepositions **a**, **de**, and **en**.

acercarse (a) *to approach*	**fijarse (en)** *to take notice (of)*
arrepentirse (de) (e:ie) *to regret*	**morirse (de) (o:ue)** *to die (of)*
atreverse (a) *to dare (to)*	**olvidarse (de)** *to forget (about)*
convertirse (en) (e:ie) *to become*	**preocuparse (por)** *to worry (about)*
darse cuenta (de) *to realize*	**quejarse (de)** *to complain (about)*
enterarse (de) *to find out (about)*	**sorprenderse (de)** *to be surprised (about)*

- *To get* or *to become* is frequently expressed in Spanish by the reflexive verb **ponerse** + [*adjective*].

> Pilar **se pone** muy nerviosa cuando habla en público.
> *Pilar gets very nervous when she speaks in public.*

> Si no duermo bien, **me pongo insoportable**.
> *If I don't sleep well, I become unbearable.*

- In the plural, reflexive verbs can express reciprocal actions done *to one another*.

> Los dos equipos **se saludan** antes de comenzar el partido.
> *The two teams greet each other at the start of the game.*

> ¡Los entrenadores **se están peleando** otra vez!
> *The coaches are fighting again!*

- The reflexive pronoun precedes the direct object pronoun when they are used together in a sentence.

> ¿**Te** comiste el pastel?
> *Did you eat the whole cake?*

> Sí, **me lo** comí.
> *Yes, I ate it all up.*

¡ATENCIÓN!

Hacerse and **volverse** can also mean *to become*.

Se ha hecho cantante.
He has become a singer.

¿**Te has vuelto** loco/a?
Have you gone crazy?

¡ATENCIÓN!

When used with infinitives and present participles, reflexive pronouns follow the same rules of placement as object pronouns. See **2.1**, pp. 54–55.

Práctica

TALLER DE CONSULTA

MANUAL DE GRAMÁTICA
Más práctica

2.3 Reflexive verbs, p. A13

1 **Los lunes por la mañana** Completa el párrafo sobre lo que hacen Carlos y su esposa Elena los lunes por la mañana. Utiliza la forma correcta de los verbos reflexivos correspondientes.

acostarse	irse	ponerse
afeitarse	lavarse	quitarse
cepillarse	levantarse	secarse
ducharse	maquillarse	vestirse

Los domingos por la noche, Carlos y Elena (1) _____ tarde y por la mañana tardan mucho en despertarse. Carlos es el que (2) _____ primero, (3) _____ el pijama y (4) _____ con agua fría. Después, Carlos (5) _____ la barba. Cuando Carlos termina, Elena entra al baño. Mientras ella termina de ducharse, de (6) _____ el pelo y de (7) _____, Carlos prepara el desayuno. Cuando Elena está lista, Carlos y ella desayunan, luego (8) _____ los dientes y (9) _____ las manos. Después, los dos (10) _____ con ropa elegante y (11) _____ al trabajo. Carlos (12) _____ la corbata en el carro; Elena maneja.

2 **Todos los sábados**

 A. En parejas, describan la rutina que sigue Silvia todos los sábados, según los dibujos.

1.

2.

3.

4.

B. ¿Qué hacen los sábados por la mañana los amigos y familiares de Silvia? Imaginen sus rutinas. Utilicen verbos reflexivos y sean creativos.

 Practice more at **vhlcentral.com**.

Comunicación

(3) **¿Y tú?** En parejas, túrnense para hacerse las preguntas. Contesten con oraciones completas y expliquen sus respuestas.

1. ¿A qué hora te despiertas normalmente los sábados por la mañana? ¿Por qué?
2. ¿Te duermes en las clases?
3. ¿A qué hora te acuestas normalmente los fines de semana?
4. ¿A qué hora te duchas durante la semana?
5. ¿Te levantas siempre a la misma hora que te despiertas? ¿Por qué?

6. ¿Qué te pones para salir los fines de semana? ¿Y tus amigos?
7. ¿Cuándo te vistes elegantemente?
8. ¿Te diviertes cuando vas a una fiesta? ¿Y cuando vas a una reunión familiar?
9. ¿Te fijas en la ropa que lleva la gente?
10. ¿Te preocupas por tu imagen?

11. ¿De qué se quejan tus amigos normalmente? ¿Y tus padres u otros miembros de la familia?
12. ¿Conoces a alguien que se preocupe constantemente por todo?
13. ¿Te arrepientes a menudo de las cosas que haces?
14. ¿Te peleas con tus amigos? ¿Y con tu novio/a?
15. ¿Te sorprende alguna costumbre o hábito de un(a) amigo/a?

(4) **Síntesis** Imagina que estás en un café y que ves a tu antigua pareja coqueteando con alguien. ¿Qué haces? Trabajen en grupos para representar la escena. Utilicen por lo menos cinco verbos de la lista y cinco pronombres de complemento directo e indirecto.

acercarse	darse cuenta	hacer falta	olvidarse
arrepentirse	disgustar	interesar	preocuparse
caer bien/mal	gustar	irse	sorprender

Antes de ver el corto

EL TIPLE

país Colombia
duración 16 minutos

director Iván D. Gaona
protagonistas Pastor, esposa, hija, Gladys, Juan

Vocabulario

bendito/a *blessed*
coger la caña *to accept (Col.)*
¿Cómo así? *How come?*
equivocarse *to be mistaken*
el huerteado *produce (Col.)*
la mazorca *ear of corn*
mejorarse *to get better*

la plata *money*
prestado/a *borrowed*
quedar *to agree on*
rogar *to beg*
¡Siga! *Come in!*
su merced *you (form.)*
el tiple *12-string Colombian guitar*

1 **Sinónimos** Empareja cada palabra o expresión con su sinónimo.

___ 1. confundirse
___ 2. pedir algo con insistencia
___ 3. recobrar la salud
___ 4. acordar
___ 5. dinero

a. quedar
b. equivocarse
c. plata
d. rogar
e. mejorarse

2 **Preguntas** En parejas, túrnense para hacerse las preguntas.

1. ¿Qué papel tiene la música en tu vida?
2. ¿Tocas algún instrumento? ¿Cuál? Si no, ¿cuál te gustaría tocar? ¿Por qué?
3. ¿Cuál es tu género musical favorito?
4. ¿Qué instrumento aparece en la imagen?
5. Piensa en el título del cortometraje y mira el poster. ¿De qué crees que va a tratar?

3 **Un pequeño tesoro** En parejas, imaginen que uno de ustedes necesita dinero para ayudar a su mejor amigo/a y decide vender algo muy importante o muy especial. La otra persona hace el papel del comprador. Inventen una conversación en la que se explican las razones por las que se decidió vender el objeto y lo importante que es.

 Practice more at **vhlcentral.com**.

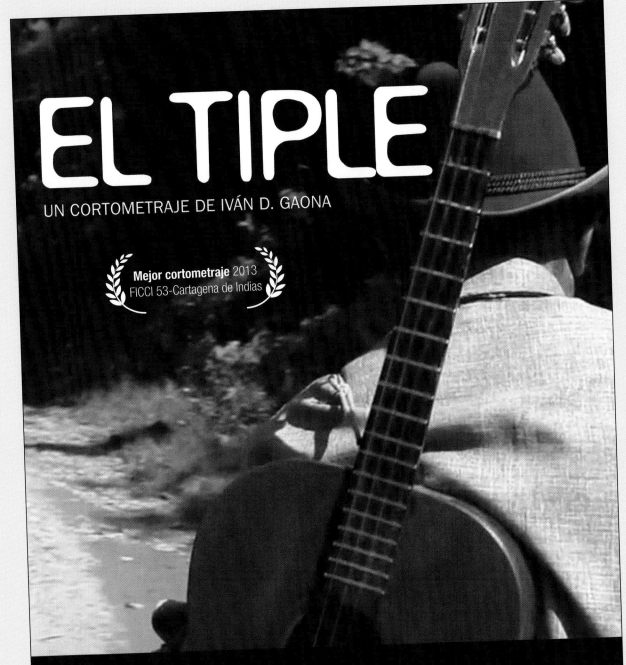

Guión y dirección de IVÁN D. GAONA Producido por DIANA PÉREZ MEJIA
Dirección de fotografía ANDRÉS ARIZMENDY
Diseño de producción JUAN DAVID BERNAL Música original EDSON VELANDIA
Actores JUSTO PASTOR MONCADA, VERÓNICA ROMERO, LUZ MARINA,
GLADYS GARZÓN, BERCELÍ VARGAS

Escenas

ARGUMENTO Pastor hará todo lo posible para que la salud de su esposa mejore.

PASTOR ¿Cómo sigue?
HIJA Igual.

HIJA Papá, nos hacen falta todavía cuarenta y ocho mil pesos para las inyecciones.

PASTOR Yo lo llamaba para el asunto de… Lo que hablamos que… Le voy a coger la caña del negocio del tiple.

ESPOSA ¿Por qué no me toca una canción con el tiple? A ver si me mejoro.
PASTOR A lo que° se mejore, vamos a ver qué le cantamos.

GLADYS ¿Por qué no se toca un torbellino°, Pastor?
PASTOR Bueno, con mucho gusto.
GLADYS Espéreme, Pastor, un segundito, ya le traigo la plata.

PASTOR Don Juan, ¿por aquí no ha visto a Gladys?
JUAN No ha venido por aquí.

A lo que *As soon as* **torbellino** *Colombian folk music*

Después de ver el corto

1 Oraciones Indica si estas oraciones son **ciertas** o **falsas**. Luego, en parejas, corrijan las falsas.

1. La esposa de Pastor está enferma.
2. Pastor encuentra dinero en su cartera para pagar las medicinas de su esposa.
3. La mujer joven que aparece al principio del cortometraje es una amiga de la familia.
4. Pastor llama a Campo Elías para venderle el tiple.
5. A la esposa de Pastor le gusta escucharlo tocar el tiple.
6. Pastor compró el tiple el año pasado.
7. Al final, Pastor decide no vender el tiple.
8. A la esposa de Pastor no le hicieron efecto las pastillas que le recetaron.
9. Pastor compra las inyecciones con el dinero que consiguió con la venta del tiple.
10. Gladys va a casa de Pastor a llevarle la medicina a su esposa.

2 Interpretar En parejas, contesten las preguntas.

1. Pastor le vende su tiple a Campo Elías por ciento veinte mil pesos, pero ¿qué valor tiene el tiple en realidad? ¿Qué representa ese instrumento para él?
2. ¿Por qué Pastor no le dice a su esposa que va a vender el tiple?
3. ¿Por qué mejora la salud de la esposa cuando Pastor toca el tiple?
4. ¿Por qué crees que Gladys devuelve el tiple a la familia?
5. ¿Cómo es Gladys? ¿Qué importancia tiene en el desenlace (*outcome*) de la historia?
6. ¿Crees que el cortometraje podría tener un mejor final? ¿Por qué?

3 Comunicación no verbal En grupos de tres, observen las imágenes de Gladys, de Pastor y de la esposa de Pastor en la página 68. Comenten qué comunican las miradas en cada uno de los tres personajes.

4 Citas En parejas, comenten la importancia que tiene cada una de estas citas en el argumento de la historia.

> **PASTOR** A la orden el plátano y la mazorca.
> **TRANSEÚNTES** No, señor, muchas gracias.

> **CONDUCTOR** Señor, ¡buenas tardes!
> Hágame un favor: ¿la salida para Bogotá?

> **HIJA DE PASTOR** Un señor que iba para Bogotá
> se equivocó de camino y me compró todo el huerteado.

5 ¿Qué habrías hecho tú? Imagina que estás en la situación de Pastor. Escribe un párrafo en el que cuentes qué habrías hecho tú en su lugar y por qué.

Practice more at **vhlcentral.com**.

"No está la felicidad en vivir,
sino en saber vivir."

Diego de Saavedra Fajardo

Minué o Tertulia en Casa de Francisco Antonio de Escalada, 1831
Carlos Enrique Pellegrini, Argentina

 Interpretar En parejas, respondan estas preguntas.

1. ¿Qué se observa en el cuadro?
2. ¿Dónde piensan que se encuentran los personajes y por qué están ahí?
3. ¿Cuál es el estado de ánimo de las personas en el cuadro? ¿Creen que están entretenidos o se aburren?
4. ¿Dónde está el centro de atención de la pintura?
5. Imaginen que hay sonidos acompañando la escena: ¿Cuáles serían? ¿Qué relación tienen con la actividad que se retrata en este cuadro?

 Practice more at **vhlcentral.com**.

Antes de leer

Idilio

Sobre el autor

Mario Benedetti (1920-2009) nació en Tacuarembó, Uruguay. Su volumen de cuentos publicado en 1959, *Montevideanos*, lo consagró como escritor, y dos años más tarde alcanzó fama internacional con su segunda novela, *La tregua*, con un fuerte contenido sociopolítico. Tras diez años de exilio en Argentina, Perú, Cuba y España, regresó a Uruguay en 1983. El exilio que lo alejó de su patria y de su familia dejó una marca profunda tanto en su vida personal como en su obra literaria. Benedetti incursionó en todos los géneros: poesía, cuento, novela y ensayo. El amor, lo cotidiano, la ausencia, el retorno y el recuerdo son temas constantes en la obra de este prolífico escritor. En 1999, ganó el Premio Reina Sofía de Poesía Iberoamericana.

Vocabulario

colocar *to place*
hondo/a *deep*
la imagen *image; picture*
la pantalla *(television) screen*

por primera/última vez *for the first/last time*
redondo/a *round*
señalar *to point at*
el televisor *television set*

---

(1) Practicar Completa las oraciones con palabras o frases del vocabulario.

1. Voy a _____ el televisor sobre la mesa.
2. Julio me _____ la calle que debo tomar, pero no quiso ir conmigo.
3. En lo más _____ de mi corazón, guardo el recuerdo de mi primera novela.
4. Ayer salí _____ en la televisión y me invitaron a participar en otro programa la semana que viene.

(2) Conexión personal ¿Cómo te entretenías cuando eras niño/a? ¿A qué jugabas? ¿Mirabas mucha televisión? ¿Tus padres establecían límites y horarios? ¿Qué harás tú cuando tengas hijos?

(3) Análisis literario: las formas verbales

Las formas verbales son un factor muy importante para tener en cuenta al analizar obras literarias. La elección de formas verbales es una decisión deliberada del autor y afecta al tono del texto. El uso de un registro formal o informal puede hacer el texto más o menos cercano al lector. La elección de tiempos verbales también puede tener efectos como involucrar o distanciar al lector, dar o quitar formalidad, hacer que la narración parezca más oral, etc. A medida que lees *Idilio*, presta atención a los tiempos verbales que usa Benedetti. ¿Qué tono dan a la historia estas elecciones deliberadas del autor?

 Practice more at **vhlcentral.com**.

IDILIO

Mario Benedetti

La noche en que colocan a Osvaldo (tres años recién cumplidos) por primera vez frente a un televisor (se exhibe un drama británico de hondas resonancias), queda hipnotizado, la boca entreabierta°, los ojos redondos de estupor.

half-opened

La madre lo ve tan entregado al sortilegio° de las imágenes que se va tranquilamente a la cocina. Allí, mientras friega ollas y sartenes°, se olvida del niño. Horas más tarde se acuerda, pero piensa: "Se habrá dormido". Se seca las manos y va a buscarlo al living.

surrendered to the magic 5
washes pots and pans

La pantalla está vacía°, pero Osvaldo se mantiene en la misma postura y con igual mirada extática.

blank

10

—Vamos. A dormir —conmina° la madre.

orders

—No —dice Osvaldo con determinación.

—¿Ah, no? ¿Se puede saber por qué?

—Estoy esperando.

15

—¿A quién?

—A ella.

Y señaló el televisor.

—Ah. ¿Quién es ella?

—Ella.

20

Y Osvaldo vuelve a señalar la pantalla. Luego sonríe, candoroso°, esperanzado, exultante.

innocent; naïve

—Me dijo: "querido". ■

Después de leer

Idilio
Mario Benedetti

(1) Comprensión Contesta las preguntas con oraciones completas.

1. ¿Cómo se llama el protagonista de esta historia?
2. ¿Cómo se queda el niño cuando está por primera vez delante del televisor?
3. ¿Qué hace la madre mientras Osvaldo mira la televisión?
4. Cuando la madre va a buscarlo horas más tarde, ¿cómo está la pantalla?
5. ¿Qué piensa Osvaldo que le dice la televisión?

(2) Interpretar Contesta las preguntas.

1. Según Osvaldo, ¿quién le dijo "querido"? ¿Qué explicación lógica le puedes dar a esta situación?
2. En el cuento, la madre se olvida del hijo por varias horas. ¿Crees que este hecho es importante en la historia? ¿Crees que el final sería distinto si se tratara sólo de unos minutos frente al televisor?
3. ¿Crees que la televisión puede ser adictiva para los niños? ¿Y para los adultos? ¿Qué consecuencias crees que tiene la adicción a la televisión?

(3) Imaginar En grupos, imaginen que un grupo de padres solicita una audiencia con el/la director(a) de programación infantil de una popular cadena de televisión. Los padres quieren sugerir cambios. Miren la programación y, después, contesten las preguntas.

CANAL 7					
6:00	**6:30**	**7:00**	**8:00**	**9:15**	**10:00**
Trucos para la escuela Cómo causar una buena impresión con poco esfuerzo	**Naturaleza viva** Documentales	**Mi familia latina** Divertida comedia sobre un joven estadounidense que va a México como estudiante de intercambio	**Historias policiales** Ladrones, crímenes y accidentes	**Buenas y curiosas** Noticiero alternativo que presenta noticias buenas y divertidas de todo el mundo	**Dibujos animados clásicos** Conoce los dibujos animados que miraban tus padres

- ¿Qué programas quieren pedir que cambien? ¿Por qué?
- ¿Qué programas deben seguir en la programación?
- ¿Qué otros tipos de programas se pueden incluir?
- ¿Harían cambios en los horarios? ¿Qué cambios harían?

(4) Escribir Piensa en alguna anécdota divertida de cuando eras niño/a. Cuenta la anécdota en un párrafo usando el tiempo presente.

> **MODELO**
> Un día estoy con mi hermano en el patio de mi casa jugando a la pelota. De repente, …

 Practice more at **vhlcentral.com**.

Antes de leer

Vocabulario

la corrida *bullfight*

lidiar *to fight (bulls)*

el/la matador(a)
  bullfighter who kills the bull

la plaza de toros *bullring*

el ruedo *arena*

torear *to fight bulls*

el toreo *bullfighting*

el/la torero/a *bullfighter*

el traje de luces *bullfighter's outfit*
  (lit. costume of lights)

(1) El toreo Completa las oraciones con palabras y frases del vocabulario.

1. Ernest Hemingway era un aficionado al _____. Asistió a muchas _____ y las describió en detalle en sus obras.

2. El _____ es la persona que mata al toro al final. Siempre lleva un _____ de colores brillantes.

3. Manolete fue un _____ español muy famoso que fue herido por un toro y que murió al poco tiempo.

4. No se permite que el público baje al _____ porque los toros pueden ser muy peligrosos.

(2) Conexión personal Responde estas preguntas: ¿Conoces alguna costumbre local o alguna tradición estadounidense que cause mucha controversia? ¿Hay deportes que resultan muy problemáticos o controvertidos para algunas personas? ¿Por qué? ¿Cuál es tu opinión al respecto?

Contexto cultural

En Fresnillo, México, en 1940 una mujer tomó una espada y se puso un traje de luces —una blusa y falda bordadas de adornos brillantes— para promover la causa de la igualdad en un terreno casi completamente dominado por los hombres: el toreo. **Juanita Cruz** había nacido en Madrid en 1917, cuando aún no se permitía a las mujeres torear a pie en el ruedo. En batalla constante contra obstáculos legales, Cruz consiguió lidiar en muchas corridas de toros en su país. Pero cuando terminó la guerra civil española, al ver que Franco imponía estrictamente las leyes de prohibición del toreo a las mujeres, Cruz dejó España y emigró a México, donde se convirtió en torera profesional. Fue todo un fenómeno, la primera gran matadora de la historia, y abrió camino para otras mujeres, como las españolas Cristina Sánchez y Mari Paz Vega. Hoy día la presencia de toreras añade otro nivel de controversia al debate constante y a veces apasionado del toreo. ¿Cuál es tu impresión? ¿Crees que la igualdad de sexos en el toreo es algo positivo o negativo? ¿Por qué?

 Practice more at **vhlcentral.com**.

El toreo: ¿Cultura o tortura?

Hay pocas cosas tan emblemáticas en el mundo hispano, y a la vez tan polémicas, como el toreo. Los días de corrida, hasta cuarenta mil aficionados se sientan en la Plaza Monumental de México, la plaza de toros más grande del mundo. Sin embargo, la opinión pública está profundamente dividida: algunos defienden con orgullo esta tradición que sobrevive desde tiempos antiguos y otros se levantan en protesta antes del final.

origins Las raíces° del toreo son diversas. Los celtibéricos dejaron en España restos de templos circulares, precursores de las plazas 10 actuales, donde sacrificaban animales. Los griegos y romanos practicaban la matanza° slaughter ritual de toros en ceremonias públicas sagradas. Sin embargo, fue en la España del siglo XVIII donde se desarrolló° la corrida developed 15 que conocemos y se introdujeron la muleta, una capa muy fácil de manejar, y el estoque, la espada del matador.

El aficionado de hoy 20 considera que el toreo rite es más un rito° que un espectáculo, ciertamente no un deporte. Es una lucha desigual, a muerte, entre 25 una persona —armada con sólo la capa la mayor parte del tiempo— y el toro, bestia que pesa° hasta más de media weighs tonelada. El torero se prepara para el duelo como para una ceremonia: se viste con el 30 traje de luces tradicional y actúa dirigido por el ritmo de la música. Se enfrenta al animal con su arte y su inteligencia, y generalmente gana, aunque no siempre. El riesgo° de una risk cornada° grave forma parte de la realidad del goring 35 torero, que en su baile peligroso muestra su talento y su belleza. Para el defensor de las corridas, no matar al toro al final es como

> **"El toreo es cabeza y plasticidad, porque a fuerza siempre gana el toro."**

jugar con él, una falta de respeto al animal, al público y a la tradición.

Quienes se oponen a las corridas dicen 40 que es una lucha injusta y cruel. Hay gente que piensa que el toreo es una barbarie° barbarity similar a la de los juegos de los romanos, una costumbre primitiva que no tiene sentido en una sociedad moderna y civilizada. Protestan 45 contra la crueldad de una muerte lenta y prolongada, dedicada al entretenimiento. En respuesta a las protestas, en algunos países ha aparecido una alternativa, la "corrida sin 50 sangre°", donde no se permite bloodless bullfight hacer daño físico° al toro. to hurt Pero otros sostienen que esta corrida tortura igualmente a la bestia y, por tanto, han 55 prohibido el toreo por completo. En julio de 2010, el Parlamento catalán abolió las corridas de toros en Cataluña, España, con 68 votos a favor de la prohibición y 55 en contra.

Por último, a algunas personas les indigna 60 la idea machista de que sólo un hombre tiene la fuerza y el coraje para lidiar. Las toreras pioneras como Juanita Cruz tuvieron que coserse° su propio traje de luces, con falda en to sew vez de pantalón, y cruzar océanos para poder 65 ejercer su profesión. Incluso en tiempos recientes, algunos toreros célebres como el español Jesulín de Ubrique se han negado° a have refused lidiar junto a una mujer.

La torera más famosa de nuestra época, 70 Cristina Sánchez, sostiene que no es necesario ser hombre para lidiar con éxito: "El toreo es cabeza y plasticidad°, porque a fuerza agility siempre gana el toro." En su opinión, el derecho de torear es incuestionable, una 75 parte de la cultura hispana. No obstante, su profesión provoca tanta división que a veces el duelo entre la bestia y la persona es empequeñecido° por la batalla dwarfed entre las personas. ■ 80

¿Dónde hay corridas?

Toreo legalizado: España, México, Colombia, Ecuador, Perú, Venezuela, Francia

Corridas sin sangre: Bolivia, Nicaragua, Estados Unidos, Portugal

Toreo ilegalizado: Argentina, Chile, Cuba, Uruguay

¡Olé! ¡Olé!

El público también tiene su papel en las corridas: evalúa el talento del torero. La interjección "¡olé!" se oye frecuentemente para celebrar una acción particularmente brillante y expresar admiración. De origen árabe, contiene la palabra "alá" (Dios) y significa literalmente "¡por Dios!".

Después de leer

El toreo: ¿cultura o tortura?

1 Comprensión Responde a las preguntas con oraciones completas.

1. ¿En qué país se encuentra la plaza de toros más grande del mundo?
2. ¿Qué hacían los celtibéricos en sus templos circulares?
3. ¿Qué es el toreo según un aficionado?
4. ¿Cómo se prepara el torero para la corrida?
5. Para quienes se oponen al toreo, ¿cuáles son algunos de los problemas?
6. ¿Qué es una "corrida sin sangre"?
7. ¿Qué sucedió en Cataluña en julio de 2010?
8. Según Cristina Sánchez, ¿sólo los hombres pueden lidiar bien?

2 Opinión Responde a las preguntas con oraciones completas.

1. ¿Te gustaría asistir a una corrida? ¿Por qué?
2. ¿Qué opinas del duelo entre toro y torero/a? ¿Hay algún aspecto especialmente problemático para ti?
3. ¿Qué piensas de las alternativas al toreo tradicional como la "corrida sin sangre"? ¿Es una solución adecuada para proteger a los animales?
4. En tu opinión, ¿es más cruel la vida de un toro destinado al toreo o la de una vaca destinada a una carnicería?

3 ¿Qué piensan? Trabajen en parejas para contestar las preguntas. Luego, compartan sus respuestas con la clase.

1. Un eslogan conocido en las protestas antitaurinas es: "Tortura no es arte ni cultura". ¿Qué significa esta frase?
2. ¿Hay acciones cuestionables que se justifiquen porque son parte de una costumbre o tradición? ¿Cuál es la postura de ustedes en el debate? ¿Por qué?
3. ¿Es apropiado tener una opinión sobre las tradiciones de culturas diferentes a la tuya o es necesario aceptar sin criticar?
4. ¿Creen que el gobierno tiene derecho a reglamentar (*regulate*) o prohibir tradiciones o costumbres? Den ejemplos.

4 Postales Imagina que viajas a México y unos amigos te invitan a una corrida de toros. Escribe una postal a tu familia para contarles tu experiencia. Usa estas preguntas como guía: ¿Aceptaste la invitación o no? ¿Por qué? Si fuiste a la corrida, ¿qué te pareció? ¿Te sentiste obligado/a a asistir por respeto a la cultura local?

> **MODELO** Querida familia: Les escribo desde Guadalajara, una ciudad al noroeste de México. No saben dónde me llevaron mis amigos este fin de semana...

5 Animales En parejas, hagan una lista de tradiciones, costumbres o deportes en los que las personas utilizan a los animales como entretenimiento. Después, compartan su lista con el resto de la clase y debatan sobre qué actividades son perjudiciales para los animales y cuáles no. Justifiquen sus respuestas.

 Practice more at **vhlcentral.com**.

Atando cabos

¡A conversar!

La música y el deporte Trabajen en grupos de cuatro o cinco para preparar una presentación sobre un(a) cantante o deportista latino/a famoso/a.

Presentaciones

Tema: Pueden preparar una presentación sobre un(a) cantante o deportista famoso/a que les guste.

Investigación: Busquen información en Internet o en la biblioteca. Una vez reunida la información necesaria, elijan los puntos más importantes y seleccionen material audiovisual. Informen a su profesor(a) acerca de estos materiales para contar con los medios necesarios el día de la presentación.

Organización: Hagan un esquema (*outline*) que los ayude a planear la presentación.

Presentación: Traten de promover la participación a través de preguntas y alternen la charla con los materiales audiovisuales. Recuerden tener a mano los materiales de la investigación para responder preguntas adicionales de sus compañeros.

¡A escribir!

Correo electrónico Imagina que tus padres vienen a visitarte por un fin de semana. Llevas varios días haciendo planes para que el fin de semana sea perfecto y tienes miedo de que tu novio/a arruine tus planes. Mándale un mensaje por correo electrónico para recordarle lo que debe hacer.

Plan de redacción

Un saludo informal: Comienza tu mensaje con un saludo informal, como: **Hola**, **Qué tal**, **Qué onda**, etc.

Contenido: Organiza tus ideas para no olvidarte de nada.

1. Escribe una breve introducción para recordarle a tu novio/a qué cosas les gustan a tus padres y qué cosas no. Puedes usar estas expresiones: **(no) les gusta**, **les fascina**, **les encanta**, **les aburre**, **(no) les interesa**, **(no) les molesta.**

2. Recuérdale que tus padres son formales y elegantes, y explícale que tiene que arreglarse un poco para la ocasión. Usa expresiones como: **quitarse el arete**, **afeitarse**, **vestirse mejor**, **peinarse**, etc.

3. Recuérdale dónde van a encontrarse.

Despedida: Termina el mensaje con un saludo informal de despedida.

Vocabulary Tools

La música y el teatro

el álbum	album
el asiento	seat
el/la cantante	singer
el concierto	concert
el conjunto/grupo musical	musical group; band
el escenario	scenery; stage
el espectáculo	show
el estreno	premiere
la función	performance (theater; movie)
el/la músico/a	musician
la obra de teatro	play
la taquilla	box office
aplaudir	to applaud
conseguir (e:i) boletos/entradas	to get tickets
hacer cola	to wait in line
poner música	to play music

Los lugares de recreo

el cine	movie theater
el circo	circus
la discoteca	night club
la feria	fair
el festival	festival
el parque de atracciones	amusement park
el zoológico	zoo

Los deportes

el/la árbitro/a	referee
el campeón/la campeona	champion
el campeonato	championship
el club deportivo	sports club
el/la deportista	athlete
el empate	tie (game)
el/la entrenador(a)	coach; trainer
el equipo	team

el/la espectador(a)	spectator
el torneo	tournament
anotar/marcar (un gol/un punto)	to score (a goal/ a point)
desafiar	to challenge
empatar	to tie (games)
ganar/perder (e:ie) un partido	to win/lose a game
vencer	to defeat

Las diversiones

el ajedrez	chess
el billar	pool; billiards
el boliche	bowling
las cartas/los naipes	(playing) cards
los dardos	darts
el juego de mesa	board game
el pasatiempo	pastime
la televisión	television
el tiempo libre/los ratos libres	free time
el videojuego	video game
aburrirse	to get bored
alquilar una película	to rent a movie
brindar	to make a toast
celebrar/festejar	to celebrate
dar un paseo	to take a stroll/walk
disfrutar (de)	to enjoy
divertirse (e:ie)	to have fun
entretener(se) (e:ie)	to amuse (oneself)
gustar	to like
reunirse (con)	to get together (with)
salir (a comer)	to go out (to eat)
aficionado/a (a)	enthusiastic about; a fan (of)
animado/a	lively
divertido/a	fun
entretenido/a	entertaining

Más vocabulario

Expresiones útiles	Ver p. 47
Estructura	Ver pp. 54-55, 58-59 y 62-63

Cinemateca

el huerteado	produce (Col.)
la mazorca	ear of corn
la plata	money
el tiple	12-string Colombian guitar
coger la caña	to accept (Col.)
equivocarse	to be mistaken
mejorarse	to get better
quedar	to agree on
rogar	to beg
bendito/a	blessed
prestado/a	borrowed
¿Cómo así?	How come?
¡Siga!	Come in!
su merced	you (form.)

Literatura

la imagen	image; picture
la pantalla	(television) screen
el televisor	television set
colocar	to place
señalar	to point at
hondo/a	deep
redondo/a	round
por primera/ última vez	for the first/last time

Cultura

la corrida	bullfight
el/la matador(a)	bullfighter (who kills the bull)
la plaza de toros	bullring
el ruedo	arena
el toreo	bullfighting
el/la torero/a	bullfighter
el traje de luces	bullfighter's outfit (lit. costume of lights)
lidiar	to fight (bulls)
torear	to fight bulls

La vida diaria

Communicative Goals

You will expand your ability to...
- narrate in the past
- express completed past actions
- express habitual or ongoing past events and conditions

Vocabulary Tools

La vida
diaria

En casa

el balcón *balcony*

la escalera *staircase*
el hogar *home; fireplace*
la limpieza *cleaning*
los muebles *furniture*
los quehaceres *chores*
___
apagar *to turn off*
barrer *to sweep*
calentar (e:ie) *to warm up*
cocinar *to cook*
encender (e:ie) *to turn on*
freír (e:i) *to fry*
hervir (e:ie) *to boil*
lavar *to wash*
limpiar *to clean*
pasar la aspiradora
  to vacuum
poner/quitar la mesa
  to set/clear the table
quitar el polvo *to dust*
tocar el timbre
  to ring the doorbell

De compras

el centro comercial *mall*
el dinero en efectivo *cash*
la ganga *bargain*
el probador *dressing room*
el reembolso *refund*
el supermercado *supermarket*
la tarjeta de crédito/débito
  credit/debit card
___
devolver (o:ue) *to return (items)*
hacer mandados *to run errands*
ir de compras *to go shopping*
probarse (o:ue) *to try on*
seleccionar *to select; to pick out*
___
auténtico/a *genuine*
barato/a *inexpensive*
caro/a *expensive*

Camila **fue de compras** al **supermercado**, decidida a gastar lo menos posible. **Seleccionó** los productos más **baratos** y pagó con **dinero en efectivo**.

Expresiones

a menudo *often*
a propósito *on purpose*
a tiempo *on time*
a veces *sometimes*
apenas *hardly; scarcely*
así *like this; so*
bastante *quite; enough*
casi *almost*
casi nunca *rarely*
de repente *suddenly*
de vez en cuando *once in a while*
en aquel entonces *at that time*
en el acto *on the spot*
enseguida *right away*
por casualidad *by chance*

Desde que comenzó a trabajar en un restaurante, Emilia ha tenido que **acostumbrarse** al **horario** de chef. ¡La nueva **rutina** no es tan fácil! **Suele** volver a la casa después de la medianoche.

la agenda *schedule*
la costumbre *custom; habit*
el horario *schedule*
la rutina *routine*
la soledad *solitude; loneliness*

———

acostumbrarse (a) *to get used to*
arreglarse *to get ready*
averiguar *to find out*
probar (o:ue) (a) *to try*
soler (o:ue) *to be in the habit of*

———

atrasado/a *late*
cotidiano/a *everyday*
diario/a *daily*
inesperado/a *unexpected*

Práctica

1 **Escuchar**

A. Escucha lo que dice Julián y luego decide si las oraciones son **ciertas** o **falsas**. Corrige las falsas.

1. Julián tiene muchas cosas que hacer.
2. Julián está en un supermercado.
3. Julián tiene que quitar el polvo de los muebles y pasar la aspiradora.
4. Él siempre sabe dónde está todo.
5. Él encuentra su tarjeta de crédito debajo de la escalera.
6. Julián recibe una visita inesperada.

B. Escucha la conversación entre Julián y la visita inesperada y después contesta las preguntas con oraciones completas.

1. ¿Quién está tocando el timbre?
2. ¿Qué tiene que hacer ella?
3. ¿Qué quiere devolver?
4. ¿Eran caros los pantalones?
5. ¿Qué hace Julián antes de ir al centro comercial con ella?
6. ¿Es seguro que María puede devolver los pantalones? ¿Por qué?

2 **No pertenece** Indica qué palabra no pertenece a cada grupo.

1. limpiar–pasar la aspiradora–barrer–calentar
2. de repente–auténtico–casi nunca–enseguida
3. balcón–escalera–muebles–soler
4. hacer mandados–a tiempo–ir de compras–probarse
5. costumbre–rutina–cotidiano–apagar
6. quitar el polvo–barato–caro–ganga
7. quehaceres–hogar–soledad–limpieza
8. barrer–acostumbrarse–soler–cotidiano

Práctica

3 **Julián y María** Completa el párrafo con las palabras o expresiones de la lista.

a diario	cotidiano	horario	soledad
a tiempo	en aquel entonces	por casualidad	soler

Julián y María se conocieron un día (1) _____ en el supermercado. Julián estaba muy contento por haber conocido a María porque, (2) _____, él era nuevo en el barrio y no conocía a nadie. A él no le gusta la (3) _____. Desde aquel día, se ven casi (4) _____. Durante la semana, ellos (5) _____ quedar para tomar un café después del trabajo, pues los dos tienen (6) _____ similares.

4 **Una agenda muy ocupada** Sara tiene mucho que hacer antes de su cita con Carlos esta noche. Ha apuntado todo en su agenda, pero está muy atrasada.

A. En parejas, comparen el horario de Sara con la hora en que realmente hace cada actividad.

VIERNES, 15 DE OCTUBRE

1:00	¡Hacer mandados!	5:00	Hacer la limpieza
2:00	Banco: depositar un cheque	6:00	Cocinar, poner la mesa
3:00	Centro comercial: comprar vestido	7:00	Arreglarme
4:00	Supermercado: pollo, arroz, verduras	8:00	Cita con Carlos ♡

MODELO
—¿A qué hora deposita su cheque en el banco?
—Sara quiere depositarlo a las dos, pero no logra hacerlo hasta las dos y media.

2:30

1.
4:00

2.
5:30

3.
6:45

4.
7:30

5.
7:45

6.
8:00

B. Ahora, improvisen una conversación entre Carlos y Sara. ¿Creen que los dos lo van a pasar bien? ¿Creen que van a tener otra cita?

 Practice more at **vhlcentral.com**.

Comunicación

5 Los quehaceres

A. En grupos de cuatro, túrnense para preguntar con qué frecuencia sus compañeros hacen los quehaceres de la lista. Combinen palabras de cada columna en sus respuestas y añadan sus propias ideas.

barrer	almuerzo	todos los días
cocinar	aspiradora	a menudo
lavar	balcón	a veces
limpiar	cuarto	de vez en cuando
pasar	polvo	casi nunca
quitar	ropa	nunca

MODELO —¿Con qué frecuencia barres el balcón?
—Lo barro de vez en cuando, especialmente si vienen invitados.

B. Ahora, compartan la información con la clase y decidan quién es la persona más ordenada y la más desordenada.

6 Agendas personales

A. Primero, escribe tu horario para esta semana. Incluye algunas costumbres de tu rutina diaria y también actividades inesperadas de esta semana.

lunes

martes

miércoles

jueves

viernes

sábado

domingo

B. En parejas, pregúntense sobre sus horarios. Comparen sus rutinas diarias y los eventos de esta semana. ¿Tienen costumbres parecidas? ¿Tienen algunas actividades en común? ¿Cuáles?

C. Utiliza la información para escribir un párrafo breve sobre la vida cotidiana de tu compañero/a. ¿Le gusta la rutina? ¿Disfruta de lo inesperado? ¿Llena su agenda con actividades sociales o prefiere estar en casa? Comparte tu párrafo con la clase.

Hasta ahora, en el video...

Marcela conoce a Ricardo y se enoja con él por arruinarle la fiesta de cumpleaños, pero Ricardo se enamora de ella. Días después, Marcela está manejando su Kombi y atropella accidentalmente a Ricardo. En este episodio verás cómo sigue la historia.

RICARDO Vaya, ¿Taxi Turístico de Oaxaca?

MARCELA ¡Qué susto! ¡No tengo tiempo para este tipo de bromas!

RICARDO ¡No es broma! ¿A dónde vas?

MARCELA A estudiar.

RICARDO ¿Qué estudias?

MARCELA Historia.

Otro día...

VENDEDOR ¿Qué se lleva, amigo?

RICARDO Buscaba una artesanía bien bonita para mi novia.

VENDEDOR ¿Y a ella qué le gusta?

RICARDO Ni idea.

VENDEDOR Ya, anda en plan de enamorarla, ¿no?

RICARDO Creo que ya me entendió.

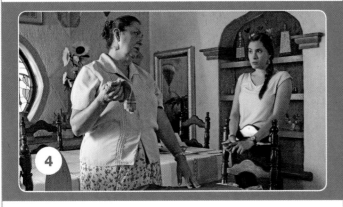

MARCELA ¿Te pasa algo, Lupita?

LUPITA No, ¿por qué?

MARCELA Hace un rato estabas bien, pero ahora estás como pálida.

LUPITA El calor, Marcelita, el calor.

MARCELA Deberías dejar los quehaceres e irte a tomar una siesta.

LUPITA Si apenas son las doce.

MARCELA Bueno, me voy. No me quiero retrasar.

LUPITA Pero, termina tu almuerzo y después te vas.

MARCELA Me tengo que ir enseguida. ¡Adiós!

LUPITA (*para ella*) Planchar es lo que me pone pálida. Estoy harta de tanto quehacer. Lavar, barrer y quitar el polvo.

Personajes

MARCELA

RICARDO

VENDEDOR

LUPITA

3

VENDEDOR Mire, ¡qué alebrijes tan lindos! Auténticos de Oaxaca.

RICARDO ¿Qué precio tiene?

VENDEDOR 150 pesos, no más. Una ganga.

RICARDO Bueno. ¿Me lo envuelve mientras pido un taxi, por favor?

VENDEDOR Enseguida se lo pongo en una cajita de regalo.

RICARDO Gracias. Taxi Turístico de Oaxaca, aquí vamos.

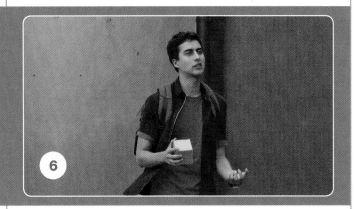

6

RICARDO (*practicando lo que le va a decir a Marcela*) Marcela, te ofrezco disculpas porque arruiné tu cumple. Estaba volando el dron cuando de repente se quedó sin... No, no, eso no... Marcela, quería pedirte perdón con este humilde regalo. Me gustaría decirte que...

Comprensión

1 **Opciones** Completa cada oración con la opción correcta.

1. Marcela _____ a Ricardo con la Kombi.
   a. atropelló   b. llamó   c. enamoró

2. Ricardo le dice al vendedor que Marcela es su _____.
   a. mamá   b. prima   c. novia

3. Según el vendedor, sus alebrijes son _____.
   a. gratis   b. baratos   c. caros

4. Marcela le sugiere a Lupita _____.
   a. tomar una siesta   b. hacer los quehaceres   c. contestar la llamada

5. Ricardo se quiere disculpar con Marcela por arruinar su _____.
   a. Kombi   b. teléfono   c. cumpleaños

2 **Completar** Completa cada oración de la izquierda con la información correcta de la columna de la derecha.

_____ 1. Marcela piensa que Ricardo está inconsciente porque

_____ 2. Marcela no acaba su almuerzo porque

_____ 3. Mientras el vendedor envuelve el regalo, Ricardo

_____ 4. Marcela estudia

_____ 5. Lupita dice que Marcela tiene razón porque

_____ 6. Al final del episodio, Marcela

a. acelera con la Kombi al ver que el pasajero es Ricardo.

b. está tirado en la calle con los ojos cerrados.

c. historia.

d. llama al servicio de taxis de Marcela.

e. no se siente bien.

f. tiene que ir a recoger a un pasajero.

3 **Preguntas y respuestas** En parejas, háganse preguntas utilizando los personajes de la fotonovela y los siguientes elementos.

MARCELA   **LUPITA**   **RICARDO**   **VENDEDOR**

MODELO   pedir un taxi
ESTUDIANTE 1 ¿Quién pidió un taxi?
ESTUDIANTE 2 Ricardo pidió un taxi.

atropellar a Ricardo	ir de compras
comprar algo de comer	recibir una llamada
hacer los quehaceres	vender una ganga

Ampliación

(4) La vida diaria En parejas, elijan un personaje de la fotonovela e imaginen cómo es su vida diaria. Escriban una descripción de un día de su vida en primera persona y compártanla con la clase sin decir el nombre del personaje. La clase deberá adivinar de qué personaje se trata.

> **MODELO** **ESTUDIANTE** Por las mañanas, paso la aspiradora y quito el polvo de la habitación del señor Lorenzo…
> **LA CLASE** Es Lupita.

(5) Ayuda para Ricardo Al final del episodio, Ricardo está pensando en cómo disculparse con Marcela. En grupos de tres, piensen en lo más efectivo que Ricardo puede decir para que Marcela lo perdone y escríbanlo. Compartan su idea con la clase.

(6) Apuntes culturales En parejas, lean los párrafos y contesten las preguntas.

Alebrijes

Manu le compra un alebrije a Marcela. El alebrije es un tipo de artesanía procedente de México, fabricada con la técnica del papel maché. Los alebrijes son criaturas imaginarias con elementos de diferentes animales, pintados con colores vibrantes. Su creación y nombre se atribuyen a Pedro Linares (1906-1992), artesano especializado en piñatas y máscaras. Cuando el artesano estaba enfermo, soñó (*dreamed*) con estos seres (*beings*), los cuales gritaban (*shouted*) la palabra "alebrije". Así fue como Linares comenzó a crear alebrijes hacia el año 1936. Estas artesanías se hicieron populares después de que Frida Kahlo y Diego Rivera las descubrieron. Oaxaca es famoso por sus alebrijes tallados (*carved*) en madera (*wood*) de copal. Estas artesanías son la base de la economía de muchos pueblos oaxaqueños, donde las familias las crean y venden en mercados y plazas.

Gastronomía oaxaqueña

Manu compra unos chapulines en el mercado. Los chapulines son saltamontes (*grasshoppers*) comestibles (*edible*) típicos del estado de Oaxaca, con alto contenido en proteínas. Se consumen desde la época prehispánica y se suelen comer con ajo (*garlic*) y limón como plato principal, o en tacos y quesadillas. Oaxaca tiene una gran diversidad gastronómica. Entre sus platos tradicionales, se encuentran también siete variedades de mole, de diferentes colores y pertenecientes a distintas regiones, los chiles rellenos (*stuffed*), los tamales (masa de maíz rellena de carne, vegetales, etc.) y el quesillo (un tipo de queso blanco y blando), entre otros. Oaxaca es también famoso por dulces regionales como las nieves (un tipo de helado similar al sorbete con muchos sabores para elegir) y el chocolate, y bebidas tradicionales como el café y el tejate (p. 49).

Chapulines

1. ¿Prefieres que te regalen algo comprado o algo hecho a mano? ¿Por qué? ¿Qué prefieres regalar tú?

2. ¿Regalarías un alebrije a un ser querido (*loved one*)? ¿A quién? ¿Por qué crees que le gustaría?

3. ¿Alguna vez probaste una comida o bebida exótica? ¿Cuál? ¿Te atreves a comer chapulines?

4. Cuando visitas un lugar nuevo, ¿prefieres comer comida local y desconocida o piensas que es mejor no arriesgarse (*to risk it*) y pedir comida que conoces? ¿Por qué?

ESPAÑA

LA FAMILIA REAL

La familia real española durante un acto oficial

En 1469, Isabel de Castilla y Fernando de Aragón se casaron, unieron sus reinos y formaron lo que hoy conocemos como España. Más de 500 años después, en 2014, Felipe VI de Borbón se convirtió en el último rey de esta vieja nación. La proclamación del nuevo rey se produjo después de que su padre Juan Carlos I decidió abdicar°, dando fin a un largo reinado° (1975-2014) de prosperidad, que empezó con la llamada "transición democrática". ¿En qué consistió esa transición? España vivió 40 años bajo la dictadura de Francisco Franco. Al final de su mandato, el dictador quiso que el entonces príncipe Juan Carlos fuera su sucesor; pero tras la muerte de Franco en 1975, el Rey decidió integrar a España en la comunidad de naciones democráticas de Europa. Gracias al carisma de Juan Carlos I, y a su protagonismo en el camino hacia la libertad, la Corona° tuvo un gran respaldo popular. Sin embargo, la monarquía quedó afectada con la larga crisis económica y política que comenzó en 2008. Además, Cristina de Borbón, una de las hijas del rey, y su marido tuvieron problemas con la justicia. Casi cuarenta años después de que Juan Carlos fue coronado rey, su hijo Felipe VI se enfrenta a una segunda transición: dar sentido a la monarquía en la era de Internet. Su esposa, doña Letizia, que fue periodista antes que reina, lo está ayudando a conseguirlo: aunque Felipe VI no tiene el carisma natural de su padre, es un comunicador mucho más eficaz.

La sociedad española parece haber recibido bien esta renovación en la familia real, formada por Juan Carlos I, doña Sofía, los reyes Felipe y Letizia, y las hijas de éstos, la princesa Leonor y la infanta° Sofía. Según las encuestas, cuando Juan Carlos I anunció que abdicaría en su hijo, la popularidad de la Corona aumentó y la monarquía empezó a recuperar su prestigio. La segunda transición ya está en marcha. ∎

¿Futura reina?
La **princesa Leonor** es la primogénita° del **rey Felipe VI**. Sin embargo, si los monarcas tienen un hijo varón, él sería el heredero de la Corona. Para que esto cambie, se tendría que cambiar la Constitución española de 1978: la mayoría de los españoles apoyaría ese cambio.

abdicar *to abdicate* **reinado** *reign* **Corona** *Crown* **infanta** *princess* **primogénita** *first born*

La familia

mima (Cu.)	
amá (Col.)	mom
apá (Col.)	
pipo (Cu.)	dad
tata (Arg. y Chi.)	
yayo (Esp.)	grandpa
carnal (Méx.)	brother, friend
carnala (Méx.)	sister
carnalita (Méx.)	little sister
m'hijo/a (Amér. L.)	exp. to address a son or daughter
chavalo/a (Amér. C.)	
chaval(a) (Esp.)	boy/girl

Las compras diarias

En España, las grandes tiendas y también muchas tiendas pequeñas cierran los domingos. Por eso, los españoles realizan todas sus compras durante el resto de la semana. En algunos casos, las grandes tiendas, como El Corte Inglés, abren un domingo al mes. Las panaderías abren todos los días de la semana, ya que el pan es un producto imprescindible para los españoles.

En México D.F. todavía hay escribidores, o escribanos, que escriben y leen cartas de amor. También escriben facturas, contratos y otros documentos.

En México, la profesión de escribidor empezó en la década de 1950 y fue muy común, pero está a punto de desaparecer por culpa de las nuevas tecnologías de la comunicación.

En Nicaragua y otros países de Latinoamérica hay muchos vendedores ambulantes, como los mieleros que van vendiendo miel, queso y otros alimentos naturales por las casas.

LETIZIA ORTIZ

Letizia Ortiz nació en Oviedo el 15 de septiembre de 1972 en el seno de una familia trabajadora. Si alguien les hubiera dicho a sus padres que su hija iba a ser reina, seguramente lo habrían tomado por loco. Esta inteligente y emprendedora° mujer estudió periodismo y ejerció su profesión en algunos de los mejores medios españoles: el periódico *ABC*, y los canales CNN plus y TVE. Cuando se formalizó el compromiso° con el entonces príncipe Felipe, Letizia tuvo que dejar de trabajar y empezó un entrenamiento particular para ser princesa, ya que al casarse se convertiría en Princesa de Asturias. Su relación con el ahora rey se distingue por no haber respondido a la formalidad que se espera en estos casos. Poco antes de la boda, un periodista le preguntó: "¿Y cómo se declara un príncipe?", a lo que Letizia contestó: "Como cualquier hombre que quiere a una mujer". Al convertirse en reina de España, pasó de apoyar las funciones del príncipe a impulsar campañas educativas y de salud para promover la lectura y la lucha contra el cáncer y enfermedades poco frecuentes, tanto en España como en el mundo. Ésta no es una tarea fácil: Letizia debe reflejar moderación y transparencia, ocuparse° de sus hijas y proyectar una imagen fresca y cercana para cautivar al pueblo español.

❝ … a partir de ahora y de forma progresiva voy a integrarme y a dedicarme a esta nueva vida con las responsabilidades y obligaciones que conlleva. ❞ (Letizia Ortiz)

emprendedora *enterprising* compromiso *engagement* ocuparse *to take care of*

¿Qué aprendiste?

(1) ¿Cierto o falso? Indica si las oraciones son **ciertas** o **falsas**. Corrige las falsas.

1. El general Francisco Franco quería que Juan Carlos de Borbón fuera su sucesor.

2. Francisco Franco trabajó mucho para establecer la democracia en España.

3. El príncipe Felipe se convirtió en rey tras la muerte de su padre.

4. La dictadura de Franco también se conoce como transición.

5. El príncipe Felipe se casó con una presentadora de televisión.

6. Cristina de Borbón es soltera.

7. La Familia Real no ha tenido problemas.

8. A muchos españoles les gusta la familia real.

(2) Oraciones incompletas Completa las oraciones.

1. Los padres de Letizia Ortiz son _____.

2. Letizia estudió _____.

3. Cristina de Borbón es la _____ del rey Felipe VI.

4. Felipe VI es un comunicador más eficaz que _____.

5. En España, las grandes tiendas abren _____.

6. En México, usan la palabra *carnala* para referirse a _____.

(3) Preguntas Contesta las preguntas.

1. ¿Cuál es una forma cariñosa de referirse al padre en Cuba?

2. ¿Por qué crees que Letizia Ortiz tuvo que dejar de trabajar como periodista al convertirse en princesa?

3. ¿Es seguro que la princesa Leonor sea reina de España en el futuro?

4. ¿Crees que tienen sentido las monarquías en el siglo XXI? ¿Por qué?

5. Vuelve a leer la cita de Letizia Ortiz. ¿A qué responsabilidades y obligaciones crees que se refiere?

6. Muchos supermercados abren las 24 horas. ¿Crees que esto es necesario o crees que la gente está muy "malcriada" (*spoiled*)?

(4) Opiniones En parejas, preparen dos listas. En una lista, anoten los elementos positivos de ser príncipe o princesa heredero/a y, en la otra, los elementos negativos que creen que puede tener. Guíense por estos planteamientos y otros.

• ¿Vale la pena ser rico y famoso si pierdes tu vida privada?

• ¿Estarías dispuesto/a a guardar los modales las 24 horas del día?

• ¿Serías capaz de cumplir con todas las responsabilidades que conlleva este cargo?

 Practice more at **vhlcentral.com**.

PROYECTO

A domicilio

Existen muchos servicios a domicilio que facilitan la vida diaria. Además del ejemplo de los mieleros en Nicaragua, están los paseadores de perros, los supermercados con entrega a domicilio y las empresas que nos permiten recibir en casa libros o ropa por correo.

Imagina que vas a crear una empresa para ofrecer un servicio a domicilio.

Usa esta guía para preparar un folleto (*brochure*) sobre tu empresa. Describe:

• el servicio que vas a ofrecer y cómo se llama

• las principales características de tu servicio

• cómo va a facilitar la vida diaria de tus clientes

De compras en Barcelona

 Video

Hacer las compras tal vez te parezca una actividad aburrida y poco glamorosa, pero ¡te equivocas! En este episodio de **Flash cultura** podrás pasear por el antiguo mercado de Barcelona y descubrir una manera distinta de elegir los mejores productos en tiendas especializadas.

Corresponsal: Mari Carmen Ortiz
País: España

VOCABULARIO ÚTIL

amplio/a *wide*
el buñuelo *fritter*
el carrito *shopping cart*
la charcutería *delicatessen*

la gamba *(Esp.) shrimp*
los mariscos *seafood*
las patas traseras *hind legs*
el puesto *market stand*

La Boquería es un paraíso para los sentidos: olores de comida, el bullicio° de la gente, colores vivos se abren a tu paso mientras haces tus compras.

(1) Preparación Responde estas preguntas: ¿Qué productos españoles típicos conoces? ¿Cuál te gustaría probar más?

(2) Comprensión Indica si estas afirmaciones son ciertas o falsas. Después, en parejas, corrijan las falsas.

1. Las Ramblas de Barcelona son amplias avenidas.
2. En La Boquería debes elegir un carrito a la entrada y pagar toda la compra al final.
3. Hay distintos tipos de jamón serrano, según la curación y la región.
4. Barcelona ofrece una gran variedad de marisco y pescado fresco porque es un puerto marítimo.
5. En España, la mayoría de las tiendas cierra al mediodía durante media hora.
6. Las panaderías abren todos los días menos los domingos.

Hay tiendas que nunca cierran a la hora de comer: las tiendas de moda y los grandes almacenes°. Pero aún éstas tienen que cerrar tres domingos al mes.

(3) Expansión En parejas, contesten estas preguntas.

- ¿Prefieres hacer las compras en tiendas pequeñas y mercados tradicionales o en un supermercado normal? ¿Por qué?
- ¿Te levantas temprano para comprar el pan o algún otro producto los domingos? ¿Qué producto es tan esencial para la gente de tu país como el pan para los españoles?
- ¿Te parece bien que las tiendas cierren a la hora de la siesta? ¿Para qué usarías tú todo ese tiempo?

El jamón serrano es una comida típica española y es servido con frecuencia en los bares de tapas°.

bullicio *hubbub* **almacenes** *department stores* **tapas** *Spanish appetizers*

 Practice more at **vhlcentral.com**.

Tutorial

3.1 The preterite

- Spanish has two simple tenses to indicate actions in the past: the preterite (**el pretérito**) and the imperfect (**el imperfecto**). The preterite is used to describe actions or states that began or were completed at a definite time in the past.

The preterite of regular *-ar*, *-er*, and *-ir* verbs		
comprar	**vender**	**abrir**
compré	vendí	abrí
compraste	vendiste	abriste
compró	vendió	abrió
compramos	vendimos	abrimos
comprasteis	vendisteis	abristeis
compraron	vendieron	abrieron

TALLER DE CONSULTA

MANUAL DE GRAMÁTICA
Más práctica

3.1 The preterite, p. A18
3.2 The imperfect, p. A19
3.3 The preterite vs. the imperfect, p. A20

Más gramática

3.4 Telling time, p. A21

¡ATENCIÓN!

In Spain, the present perfect (p. 256) is more commonly used to describe recent events.

- The preterite tense of regular verbs is formed by dropping the infinitive ending (**-ar**, **-er**, **-ir**) and adding the preterite endings. Note that the endings of regular **-er** and **-ir** verbs are identical in the preterite tense.

- The preterite of all regular and some irregular verbs requires a written accent on the preterite endings in the **yo, usted, él,** and **ella** forms.

  Ayer **empecé** un nuevo trabajo.   Mi mamá **preparó** una cena deliciosa.
  Yesterday I started a new job.   *My mom prepared a delicious dinner.*

- Verbs that end in **-car**, **-gar**, and **-zar** have a spelling change in the **yo** form of the preterite. All other forms are regular.

buscar	busc-	-qu-	yo busqué
llegar	lleg-	-gu-	yo llegué
empezar	empez-	-c-	yo empecé

- **Caer, creer, leer,** and **oír** change **-i-** to **-y-** in the third-person forms (**usted, él,** and **ella** forms and **ustedes, ellos,** and **ellas** forms) of the preterite. They also require a written accent on the **-i-** in all other forms.

caer	caí, caíste, cayó, caímos, caísteis, cayeron
creer	creí, creíste, creyó, creímos, creísteis, creyeron
leer	leí, leíste, leyó, leímos, leísteis, leyeron
oír	oí, oíste, oyó, oímos, oísteis, oyeron

- Verbs with infinitives ending in **-uir** change **-i-** to **-y-** in the third-person forms of the preterite.

| construir | construí, construiste, construyó, construimos, construisteis, construyeron |
| incluir | incluí, incluiste, incluyó, incluimos, incluisteis, incluyeron |

- Stem-changing **-ir** verbs also have a stem change in the third-person forms of the preterite. Stem-changing **-ar** and **-er** verbs do not have a stem change in the preterite.

Preterite of *-ir* stem-changing verbs			
pedir		**dormir**	
pedí	pedimos	dormí	dormimos
pediste	pedisteis	dormiste	dormisteis
pidió	pidieron	durmió	durmieron

¡ATENCIÓN!

Other **-ir** stem-changing verbs include:

conseguir	repetir
consentir	seguir
hervir	sentir
morir	servir
preferir	

- A number of **-er** and **-ir** verbs have irregular preterite stems. Note that none of these verbs takes a written accent on the preterite endings.

Creo que ya me entendió.

Termina tu almuerzo y después te vas. Mira, dejaste la mitad.

¡ATENCIÓN!

Ser, ir, dar, and **ver** also have irregular preterites. The preterite forms of **ser** and **ir** are identical.

ser/ir
fui, fuiste, fue, fuimos, fuisteis, fueron

dar
di, diste, dio, dimos, disteis, dieron

ver
vi, viste, vio, vimos, visteis, vieron

The preterite of **hay** is **hubo**.

Hubo dos conciertos el viernes.
There were two concerts on Friday.

Preterite of irregular verbs

Infinitive	u-stem	preterite forms
andar	anduv-	anduve, anduviste, anduvo, anduvimos, anduvisteis, anduvieron
estar	estuv-	estuve, estuviste, estuvo, estuvimos, estuvisteis, estuvieron
poder	pud-	pude, pudiste, pudo, pudimos, pudisteis, pudieron
poner	pus-	puse, pusiste, puso, pusimos, pusisteis, pusieron
saber	sup-	supe, supiste, supo, supimos, supisteis, supieron
tener	tuv-	tuve, tuviste, tuvo, tuvimos, tuvisteis, tuvieron

Infinitive	i-stem	preterite forms
hacer	hic-	hice, hiciste, hizo, hicimos, hicisteis, hicieron
querer	quis-	quise, quisiste, quiso, quisimos, quisisteis, quisieron
venir	vin-	vine, viniste, vino, vinimos, vinisteis, vinieron

Infinitive	j-stem	preterite forms
conducir	conduj-	conduje, condujiste, condujo, condujimos, condujisteis, condujeron
decir	dij-	dije, dijiste, dijo, dijimos, dijisteis, dijeron
traer	traj-	traje, trajiste, trajo, trajimos, trajisteis, trajeron

- Note that the stem of **decir (dij-)** not only ends in **j**, but the stem vowel **e** changes to **i**. In the **usted, él**, and **ella** form of **hacer (hizo)**, **c** changes to **z** to maintain the pronunciation. Most verbs that end in **-cir** have **j**-stems in the preterite.

Práctica

TALLER DE CONSULTA

MANUAL DE GRAMÁTICA
Más práctica

3.1 The preterite, p. A18

1 **Quehaceres** Escribe la forma correcta del pretérito de los verbos indicados.

1. El sábado pasado, mis compañeros de apartamento y yo _____ (hacer) la limpieza semanal.

2. Jorge _____ (barrer) el suelo de la cocina.

3. Yo _____ (pasar) la aspiradora por el salón.

4. Martín y Felipe _____ (quitar) los sillones para limpiarlos y después los _____ (volver) a poner en su lugar.

5. Yo _____ (lavar) toda la ropa sucia y la _____ (poner) en el armario.

6. Nosotros _____ (terminar) con todo en menos de una hora.

7. Luego, Martín _____ (abrir) el refrigerador.

8. Él _____ (ver) que no había nada de comer.

9. Felipe _____ (decir) que iría al supermercado. Todos nosotros _____ (decidir) acompañarlo.

10. Yo _____ (apagar) las luces y nosotros _____ (ir) al mercado.

2 **¿Qué hicieron?** Combina elementos de cada columna para narrar lo que hicieron las personas.

MODELO Una vez, mis amigos y yo tuvimos que cocinar para cincuenta invitados.

anoche	yo	conversar	¿?
anteayer	mi compañero/a	dar	¿?
ayer	de cuarto	decir	¿?
la semana	mis amigos/as	ir	¿?
pasada	el/la profesor(a)	leer	¿?
una vez	de español	pedir	¿?
dos veces	mi novio/a	tener que	¿?

3 **La última vez** Con oraciones completas, indica cuándo fue la última vez que hiciste cada una de estas actividades. Da detalles en tus respuestas. Después comparte la información con la clase.

MODELO ir al cine
La última vez que fui al cine fue en abril. La película que vi fue *Alicia en el país de las maravillas*...

1. hacer mandados
2. decir una mentira
3. andar atrasado/a
4. olvidar algo importante
5. devolver un regalo

6. ir de compras
7. oír una buena/mala noticia
8. encontrar una ganga increíble
9. probarse ropa en una tienda
10. comprar algo muy caro

 Practice more at **vhlcentral.com**.

Comunicación

4 La semana pasada Recorre el salón de clase y averigua lo que hicieron tus compañeros durante la semana pasada. Anota el nombre de la primera persona que conteste que sí a cada una de las preguntas.

> **MODELO** **ir al cine**
> —¿Fuiste al cine durante la semana pasada?
> —Sí, fui al cine y vi la última película de Cuarón./No, no fui al cine.

Actividades	Nombre
1. asistir a un partido de fútbol	_____
2. cocinar para los amigos	_____
3. conseguir una buena nota en una prueba	_____
4. dar un consejo (*advice*) a un(a) amigo/a	_____
5. dormirse en clase o en el laboratorio	_____
6. estudiar toda la noche para un examen	_____
7. enojarse con un(a) amigo/a	_____
8. incluir un álbum de fotos en Facebook	_____
9. ir a la oficina de un(a) profesor(a)	_____
10. ir al centro comercial	_____
11. pedir dinero prestado	_____
12. perder algo importante	_____
13. probarse un vestido/un traje elegante	_____

5 Una fiesta En parejas, túrnense para comentar la última fiesta que dieron o a la que asistieron.

- ocasión
- fecha y lugar
- organizador(a)
- invitados
- comida
- música
- actividades

6 Anécdotas

A. Escribe dos anécdodas divertidas o curiosas que te ocurrieron en el pasado.

> **MODELO** Una vez fui a una entrevista muy importante con un zapato de cada color...

B. Presenta una de tus historias ante la clase. Después, la clase votará por la anécdota más divertida e interesante.

3.2 The imperfect

- The imperfect tense in Spanish is used to narrate past events without focusing on their beginning, end, or completion.

¿No dijo que era su novia?

Hace un rato estabas bien, pero ahora estás como pálida.

- The imperfect tense of regular verbs is formed by dropping the infinitive ending (-ar, -er, -ir) and adding personal endings. **-Ar** verbs take the endings **-aba, -abas, -aba, -ábamos, -abais, -aban. -Er** and **-ir** verbs take **-ía, -ías, -ía, -íamos, -íais, -ían**.

The imperfect of regular -*ar*, -*er*, and -*ir* verbs		
caminar	**deber**	**abrir**
caminaba	debía	abría
caminabas	debías	abrías
caminaba	debía	abría
caminábamos	debíamos	abríamos
caminabais	debíais	abríais
caminaban	debían	abrían

- **Ir, ser,** and **ver** are the only verbs that are irregular in the imperfect.

The imperfect of irregular verbs		
ir	**ser**	**ver**
iba	era	veía
ibas	eras	veías
iba	era	veía
íbamos	éramos	veíamos
ibais	erais	veíais
iban	eran	veían

- The imperfect tense narrates what was going on at a certain time in the past. It often indicates what was happening in the background.

    Cuando yo **era** joven, **vivía** en una ciudad muy grande. Todas las semanas, mis padres y yo **íbamos** al centro comercial.
    When I was young, I lived in a big city. Every week, my parents and I went to the mall.

- The imperfect of **hay** is **había**.

  Había tres cajeras en el supermercado.
  There were three cashiers in the supermarket.

  Sólo **había** un mesero en el café.
  There was only one waiter in the café.

- These words and expressions are often used with the imperfect because they express habitual or repeated actions: **de niño/a** (*as a child*), **todos los días** (*every day*), **mientras** (*while*), **siempre** (*always*).

  De niño, vivía en un barrio de Madrid.
  As a child, I lived in a Madrid neighborhood.

  Todos los días iba a la casa de mi abuela.
  Every day I went to my grandmother's house.

  Siempre escuchaba música **mientras corría** en el parque.
  I always listened to music while I ran in the park.

Siempre dormía muy mal.

Nunca podía relajarme.

Estaba desesperado; no sabía qué hacer.

Ahora, mis problemas están resueltos con mi nueva cama.

DORMALUX
LA CAMA DE TUS SUEÑOS

Práctica

TALLER DE CONSULTA

MANUAL DE GRAMÁTICA
Más práctica

3.2 The imperfect, p. A19

1 **Granada** Escribe la forma correcta del imperfecto de los verbos indicados.

Granada, en el sur de España

Cuando yo (1) _____ (tener) veinte años, estuve en España por seis meses. (2) _____ (vivir) en Granada, una ciudad de Andalucía. (3) _____ (ser) estudiante en un programa de español para extranjeros. Entre semana, mis amigos y yo (4) _____ (estudiar) español por las mañanas. Por las tardes, (5) _____ (visitar) los lugares más interesantes de la ciudad para conocerla mejor. Los fines de semana, nosotros (6) _____ (ir) de excursión. (Nosotros) (7) _____ (visitar) ciudades y pueblos nuevos. Los paisajes (8) _____ (ser) maravillosos. Quiero volver pronto.

2 **Antes** En parejas, túrnense para hacerse preguntas usando estas frases. Sigan el modelo.

> **MODELO** **levantarse tarde los lunes**
> —¿Te levantas tarde los lunes?
> —Ahora sí, pero antes nunca me levantaba tarde los lunes./Ahora no, pero antes siempre me levantaba tarde los lunes.

1. hacer los quehaceres del hogar
2. usar una agenda
3. ir de compras al centro comercial
4. pagar con tarjeta de crédito
5. trabajar por las tardes
6. preocuparse por el futuro

3 **Una historieta** En grupos de tres, creen una pequeña historieta (*comic*) explicando cómo era la vida diaria de un héroe o una heroína. Después, presenten sus historietas a la clase.

> **MODELO** Superchica era una niña con un poder muy peculiar: podía volar...

 Practice more at **vhlcentral.com.**

Comunicación

4 De niños

A. Busca en la clase compañeros/as que hacían estas cosas cuando eran niños/as. Escribe el nombre de la primera persona que conteste afirmativamente cada pregunta.

> **MODELO** **ir mucho al parque**
> —¿Ibas mucho al parque?
> —Sí, iba mucho al parque.

¿Qué hacían?	Nombre
1. tener miedo de los monstruos	_____
2. llorar todo el tiempo	_____
3. siempre hacer su cama	_____
4. ser muy travieso/a (*mischievous*)	_____
5. romper los juguetes (*toys*)	_____
6. darles muchos regalos a sus padres	_____
7. comer muchos dulces	_____
8. creer en fantasmas	_____

B. Ahora, comparte con la clase los resultados de tu búsqueda.

5 Antes y ahora

En parejas, comparen cómo ha cambiado la vida de Andrés en los últimos años. ¿Cómo era antes? ¿Cómo es ahora?

antes

ahora

6 En aquel entonces

A. Utiliza el imperfecto para escribir un párrafo sobre la vida diaria de un(a) pariente tuyo/a de otra época. ¿Cómo era su vida cotidiana? ¿Qué solía hacer para divertirse?

B. Ahora comparte tu párrafo con un(a) compañero/a. Pregúntense sobre los personajes y comparen la vida diaria de aquel entonces con la de hoy. ¿En qué aspectos era mejor la vida hace veinte años? ¿Hace cincuenta años? ¿Hace doscientos años? ¿En qué aspectos era peor?

Tutorial

3.3 The preterite vs. the imperfect

- Although the preterite and imperfect both express past actions or states, the two tenses have different uses and, therefore, are not interchangeable.

Estaba cruzando y me atropellaste.

Siempre fueron desordenados, pero antes mi mami recogía todo y tú no te dabas cuenta.

Uses of the preterite

- To express actions or states viewed by the speaker as completed

Compraste esos muebles hace un mes, ¿no?
You bought that furniture a month ago, right?

Mis amigas **fueron** al centro comercial ayer.
My girlfriends went to the mall yesterday.

- To express the beginning or end of a past action

La telenovela **empezó** a las ocho.
The soap opera began at eight o'clock.

Esta mañana se nos **acabó** el café.
We ran out of coffee this morning.

- To narrate a series of past actions

Me levanté, **me vestí** y **fui** a clase.
I got up, got dressed, and went to class.

Lavamos la ropa, **pasamos** la aspiradora y **quitamos** el polvo
We did the laundry, vacuumed, and dusted.

Uses of the imperfect

- To describe an ongoing past action without reference to beginning or end

Se acostaba muy temprano.
He went to bed very early.

Juan siempre **tenía** pesadillas.
Juan always had nightmares.

- To express habitual past actions

Pedro **jugaba** al fútbol los domingos por la mañana.
Pedro liked to play soccer on Sunday mornings.

Los jueves **solían** comprar verduras en el mercado.
On Thursdays they used to buy vegetables in the market.

- To describe mental, physical, and emotional states or conditions

En aquel entonces José Miguel sólo **tenía** quince años.
At that time José Miguel was only fifteen.

Estaba tan hambriento que me comí medio pollo yo solo.
I was so hungry that I ate half a chicken, all by myself.

- To tell time

Eran las ocho y media de la mañana.
It was eight thirty a.m.

Era la una en punto.
It was exactly one o'clock.

TALLER DE CONSULTA

To review telling time, see **Manual de gramática, 3.4**, p. A21.

Uses of the preterite and imperfect together

- When narrating in the past, the imperfect describes what *was happening*, while the preterite describes the action that *interrupts* the ongoing activity. The imperfect provides background information, while the preterite indicates specific events that advance the plot.

Cuando **conocí** a Julia los dos **teníamos** quince años. Ella **tocaba** muy bien el piano; me **dijo** que **quería** ser pianista profesional. Yo me **quedaba** horas escuchándola. Un día, mientras **tocaba** un concierto de Bach, me **enamoré**. Bueno, eso **pensaba** entonces, pero en realidad nunca la **quise**. Yo **amaba** su música, eso sí, pero sólo su música. Cuando me **di** cuenta no **sabía** cómo decírselo. Afortunadamente, fue Julia la que me **dijo** que **quería** a otro.

*When I **met** Julia, we **were** both fifteen years old. She **played** the piano very well; she **told** me that she **wanted** to be a professional pianist. I **would listen** to her play for hours. Then one day, when she **was playing** a Bach concerto, I **fell** in love with her. Well, that's what I **thought** back then, but the truth is I never really **loved** her. I **loved** her music, that much is true, but only her music. When I **realized** it, I **didn't know** how to tell her. Fortunately, it was Julia who **told** me that she **was** in love with someone else.*

Different meanings in the imperfect and preterite

Marcela, quería pedirte perdón con este humilde regalo.

- The verbs **querer, poder, saber,** and **conocer** have different meanings when they are used in the preterite. Notice also the meanings of **no querer** and **no poder** in the preterite.

INFINITIVE	IMPERFECT	PRETERITE
querer	**Quería acompañarte.** *I wanted to go with you.*	**Quise acompañarte.** *I tried to go with you (but failed).*
		No quise acompañarte. *I refused to go with you.*
poder	**Ana podía hacerlo.** *Ana could do it.*	**Ana pudo hacerlo.** *Ana succeeded in doing it.*
		Ana no pudo hacerlo. *Ana could not do it.*
saber	**Ernesto sabía la verdad.** *Ernesto knew the truth.*	**Por fin Ernesto supo la verdad.** *Ernesto finally discovered the truth.*
conocer	**Yo ya conocía a Andrés.** *I already knew Andrés.*	**Yo conocí a Andrés en la fiesta.** *I met Andrés at the party.*

¡ATENCIÓN!

Here are some useful sequencing expressions.

primero *first*
al principio *in the beginning*
antes (de) *before*
después (de) *after*
mientras *while*
entonces *then*
luego *then; next*
siempre *always*
al final *finally*
la última vez *the last time*

¡ATENCIÓN!

The imperfect progressive is also used to describe a past action that was in progress, but was interrupted by an event. Both **ella estaba tocando el piano** and **ella tocaba el piano** are correct.

TALLER DE CONSULTA

See **Manual de gramática 12.4** to preview the differences between **saber** and **conocer**, p. A66.

Práctica

TALLER DE CONSULTA

MANUAL DE GRAMÁTICA
Más práctica

3.3 The preterite vs. the imperfect, p. A20

1 **Una cena especial** Elena y Francisca tenían invitados para cenar y lo estaban preparando todo. Completa las oraciones con el imperfecto o el pretérito de estos verbos. Puedes usar los verbos más de una vez.

averiguar	haber	ofrecerse	salir
decir	levantarse	pasar	ser
estar	limpiar	preparar	terminar
freír	llamar	quitar	tocar

1. _____ las ocho cuando Francisca y Elena _____ para preparar todo.
2. Elena _____ la aspiradora cuando Felipe la _____ para preguntar la hora de la cena. Le _____ que _____ a las diez y media.
3. Francisca _____ las tapas en la cocina. Todavía _____ temprano.
4. Mientras Francisca _____ las papas en aceite, Elena _____ la sala.
5. Elena _____ el polvo de los muebles cuando su madre _____ el timbre. ¡_____ una visita sorpresa!
6. Su madre _____ a ayudar. Elena _____ que sí.
7. Cuando Francisca _____ de hacer las tapas, _____ que no _____ suficientes refrescos. Francisca _____ al supermercado.
8. Cuando por fin _____, ya _____ las nueve. Todo _____ listo.

2 **Interrupciones** Combina palabras y frases de cada columna para contar lo que hicieron estas personas. Usa el pretérito y el imperfecto.

MODELO Ustedes miraban la tele cuando el médico llamó.

yo	dormir	usted	llamar por teléfono
tú	comer	el/la médico/a	salir
Marta y Miguel	escuchar música	la policía	sonar
nosotros	mirar la tele	la alarma	recibir el mensaje
Paco	conducir	los amigos	ver el accidente
ustedes	ir a...	Juan Carlos	tocar el timbre

3 **Las fechas importantes**

A. Escribe cuatro fechas importantes en tu vida y explica qué pasó.

MODELO

Fecha	¿Qué pasó?	¿Dónde y con quién estabas?	¿Qué tiempo hacía?
el 6 de agosto de 2010	Conocí a Lady Gaga.	Estaba en el gimnasio con un amigo.	Llovía mucho.

B. Intercambia tu información con tres compañeros/as. Ellos/as te van a hacer preguntas sobre lo que te pasó.

 Practice more at **vhlcentral.com**.

Comunicación

 4 **La mañana de Esperanza**

A. En parejas, observen los dibujos. Escriban lo que le pasó a Esperanza después de abrir la puerta de su casa. ¿Cómo fue su mañana? Utilicen el pretérito y el imperfecto en la narración.

1.

2.

3.

4.

B. Con dos parejas más, túrnense para presentar las historias que han escrito. Después, combinen sus historias para hacer una nueva.

5 **Síntesis** En grupos de cuatro, turnénse para pasarse una hoja de papel. Cada uno/a escribe una oración con el fin de narrar un cuento sobre un día extraordinario en el que la rutina diaria se vio interrumpida por una serie de eventos inesperados. Después, presenten sus cuentos a la clase. Utilicen el pretérito, el imperfecto y el vocabulario de esta lección. Sean creativos/as.

> **MODELO** —El día empezó como cualquier otro día…
> —Me levanté, me arreglé y salí para la clase de las nueve…
> —Caminaba por la avenida central como siempre, cuando, de repente, en medio de la calle, vi algo horroroso, algo que me hizo temblar de miedo…

Antes de ver el corto

ADIÓS MAMÁ

país México
duración 7 minutos

director Ariel Gordon
protagonistas hombre joven, señora

Vocabulario

afligirse *to get upset*
el choque *crash*
despedirse (e:i) *to say goodbye*
las facciones *(facial) features*

parecerse *to look like*
repentino/a *sudden*
el timbre *tone of voice*
titularse *to graduate*

---

1 **Practicar** Completa cada una de las rimas usando el vocabulario del corto.

1. Cuando Anabel tiene un problema, _____, pero nunca lo corrige.
2. ¡Qué buen actor! Sus _____ siempre reflejan sus acciones.
3. ¡Pobre don Roque! Compró carro nuevo y a los dos días tuvo un _____.
4. No me gusta el _____ de voz de ese hombre.
5. ¡Qué estilos tan variados! Las pinturas son trece y ninguna _____.
6. Le faltan muchos cursos. Si no decide apurarse (*hurry up*), nunca va a _____.

2 **Comentar** En parejas, intercambien opiniones sobre las preguntas.

1. ¿Hablan con desconocidos en algunas ocasiones? ¿En qué situaciones?
2. Según su título, ¿de qué creen que va a tratar el corto?
3. ¿En qué lugares es más fácil o frecuente hablar con gente que no conocen? Den dos o tres ejemplos.
4. ¿A veces son ingenuos/as? ¿Se creen historias falsas? Den ejemplos.
5. ¿Alguna vez les sucedió algo interesante o divertido en un supermercado? ¿Qué sucedió?
6. Observen los fotogramas. ¿Qué creen que va a pasar en este cortometraje?

 Practice more at **vhlcentral.com**.

Adiós Mamá

Premio especial del Jurado, Semana Internacional de Cine Experimental de Valladolid, España

Una producción de CONACULTA/INSTITUTO MEXICANO DE CINEMATOGRAFÍA Guión y Dirección ARIEL GORDON
Producción JAVIER BOURGES Producción ejecutiva PATRICIA RIGGEN
Fotografía SANTIAGO NAVARRETE Edición CARLOS SALCES Música GERARDO TAMEZ
Sonido SANTIAGO NÚÑEZ/NERIO BARBERIS
Arte FERNANDO MERI/AARÓN NIÑO CÁMARA
Actores DANIEL GIMÉNEZ CACHO/DOLORES BERISTAIN/PATRICIA AGUIRRE/PACO MORAYTA

Escenas

ARGUMENTO Un hombre está en el supermercado. En la fila para pagar, la señora que está delante de él le habla.

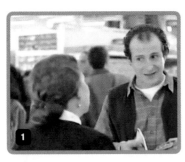

SEÑORA Se parece a mi hijo. Realmente es igual a él.
HOMBRE Ah, pues no, no sé qué decir.

SEÑORA Murió en un choque. El otro conductor iba borracho. Si él viviera, tendría la misma edad que usted.
HOMBRE Por favor, no llore.

SEÑORA ¿Sabe? Usted es su doble. Bendito sea el Señor que me ha permitido ver de nuevo a mi hijo. ¿Le puedo pedir un favor?
HOMBRE Bueno.

SEÑORA Nunca tuve oportunidad de despedirme de él. Su muerte fue tan repentina. ¿Al menos podría llamarme "mamá" y decirme adiós cuando me vaya?

SEÑORA ¡Adiós, hijo!
HOMBRE ¡Adiós, mamá!
SEÑORA ¡Adiós, querido!
HOMBRE ¡Adiós, mamá!

CAJERA No sé lo que pasa, la máquina desconoce el artículo. Espere un segundo a que llegue el gerente.
(*El gerente llega y ayuda a la cajera.*)

Después de ver el corto

1 **Comprensión** Contesta las preguntas con oraciones completas.

1. ¿Dónde están los personajes?
2. ¿Qué relación hay entre el hombre y la señora?
3. ¿A quién dice la señora que se parece el hombre?
4. ¿Por qué dice la señora que no pudo despedirse de su hijo?
5. ¿Qué favor le pide la señora al hombre?
6. ¿Cuántas compras tiene que pagar el hombre? ¿Por qué?

2 **Ampliación** En parejas, háganse las preguntas.

1. ¿Has sido alguna vez víctima de un fraude similar? ¿Qué pasó?
2. ¿Qué haces cuando un desconocido te pide un favor?
3. ¿Qué creen que pasa después del final? ¿Tiene que pagar la cuenta completa el hombre? ¿Tiene que intervenir la policía?
4. Después de lo que sucedió, ¿qué consejos puede darles el hombre a sus amigos?

3 **Inventar** En parejas, lean la cita y consideren que la señora realmente tiene un hijo, pero que no murió. Imagínenlo. ¿Qué le pasó? ¿Cómo fue su vida? ¿Visitaba a su madre con frecuencia? Escriban un párrafo de diez líneas.

> ❝ **Murió en un choque. El otro conductor iba borracho. Si él viviera, tendría la misma edad que usted. Se habría titulado y probablemente tendría una familia. Yo sería abuela.** ❞

4 **Imaginar** En parejas, describan la vida de uno los personajes del corto. Escriban por lo menos cinco oraciones, usando como base las preguntas.

- ¿Cómo es?
- ¿Dónde vive?
- ¿Con quién vive?
- ¿Qué le gusta?
- ¿Qué no le gusta?
- ¿Tiene dinero?

5 **Detective** El joven está contándole a un(a) detective lo que pasó en el supermercado. En parejas, uno/a de ustedes es el/la detective y el/la otro/a es el hombre. Preparen las preguntas y representen la escena delante de la clase.

6 **Notas** Imagina que eres el/la detective y escribe un informe (*report*) de lo que pasó en el supermercado. Tiene que ser un informe lo más completo posible. Puedes inventar los datos que tú quieras.

"Tras el vivir y el soñar, está lo que más
importa: el despertar."

Antonio Machado

La siesta, 2010
Óscar Sir Avendaño, Colombia

Interpretar En parejas, contesten estas preguntas.

1. ¿Qué ven en este cuadro?

2. ¿Quién es el personaje que aparece en el sofá? ¿Dónde puede verse esta escena en la vida real, y en qué momento del día?

3. ¿Qué sensación les causan los colores usados en esta pintura?

4. ¿Cómo llegó ahí la persona del cuadro y qué pasa cuando se despierta de la siesta? Imaginen la escena y escríbanla.

 Practice more at vhlcentral.com.

Antes de leer

Último brindis

Sobre el autor

Nicanor Parra (1914-2018) nació en San Fabián, Chile. Era el mayor de ocho hermanos, entre los que se encuentra la famosa cantante chilena Violeta Parra. Además de poeta, Nicanor Parra fue matemático y físico. A los 17 años se marchó a Santiago para estudiar y allí, influido por la obra de García Lorca y de los surrealistas, comenzó a escribir. En 1937 apareció su primer libro de poemas, *Cancionero sin nombre*. En 1954 publicó su obra más conocida, *Poemas y antipoemas*, que marcó una nueva tendencia en la poesía hispanoamericana con su estilo directo y su marcado sentido del humor. Por su carrera literaria y su trabajo por la renovación de la lengua, se le concedió el Premio Cervantes en 2011.

Vocabulario

las alternativas *options*	**la copa** *glass*	**el mañana** *the future*
el ayer *the past*	**deshojar** *to pull out petals*	**pertenecer** *to belong*
el brindis *toast*	**disponer (de)** *to have; to make use of*	**en resumidas cuentas** *in a nutshell*

1 Vocabulario Completa las oraciones.

1. Puedes _____ mis libros cuando quieras.
2. No sé a quién _____ esa agenda, pero no es mía.
3. Pasaron muchas cosas más pero, _____, perdimos el campeonato.
4. En la celebración de la boda se hizo _____ en honor de los novios.
5. Mi abuela siempre recuerda _____ con melancolía.
6. En la obra de teatro, Ana _____ una flor y dice: "me quiere", "no me quiere".

2 Conexión personal ¿Te preocupa el paso del tiempo? ¿Cuáles te parecen las ventajas de ser joven? ¿Y de ser viejo? ¿Por qué piensas que la juventud recibe tanta atención en nuestra cultura? ¿Te consideras un optimista o un pesimista de la vida?

3 Análisis literario: La antipoesía

El inicio de la antipoesía se atribuye al escritor Nicanor Parra con la publicación de su obra *Poemas y Antipoemas*. La antipoesía aparece como reacción a la temática y al lenguaje de la poesía solemne y grandiosa, y critica la imagen del poeta como un ser sagrado. El antipoeta se ocupa de la vida del hombre común y usa el humor negro, la ironía, el sarcasmo, el cliché y el lenguaje cotidiano en un tono escéptico y pesimista. A veces, el antipoema toma la forma de un aviso publicitario o de una conferencia. Cuando leas *Último brindis*, intenta identificar características de la antipoesía.

 Practice more at **vhlcentral.com**.

Último brindis

Nicanor Parra

Lo queramos o no
Sólo tenemos tres alternativas:
El ayer, el presente y el mañana.

not even   Y ni siquiera° tres
5   Porque como dice el filósofo
El ayer es ayer
Nos pertenece sólo en el recuerdo:
A la rosa que ya se deshojó
No se le puede sacar otro pétalo.

10   Las cartas por jugar
Son solamente dos:
El presente y el día de mañana.

Y ni siquiera dos
Porque es un hecho bien establecido
15   Que el presente no existe
Except   Sino° en la medida en que se hace pasado
Y ya pasó...
como la juventud.

En resumidas cuentas
20   Sólo nos va quedando el mañana:
Yo levanto mi copa
Por ese día que no llega nunca
Pero que es lo único
De lo que realmente disponemos. ■

Después de leer

Último brindis
Nicanor Parra

1 Comprensión Contesta las preguntas con oraciones completas.

1. ¿Qué alternativas ve el poeta en la vida?
2. ¿Quién dice que "el ayer es el ayer"?
3. ¿Con qué se compara el pasado?
4. Según el autor, ¿cuáles son las dos cartas que podemos jugar?
5. ¿Cuál es, según el poeta, el problema del presente?
6. ¿Cómo termina el poema?

2 Interpretación Contesta las preguntas.

1. ¿Cuál crees que es el tema de *Último brindis*?
2. ¿A quién piensas que le habla el poeta?
3. ¿Por qué te parece que dice "lo queramos o no"?
4. ¿A qué se refiere con "las cartas por jugar"?
5. ¿En qué estado se encuentra una rosa deshojada y qué dice esto del paso del tiempo?
6. ¿Crees que para el poeta disponemos realmente de alguna alternativa en la vida?

3 Análisis En parejas, respondan a las preguntas.

1. ¿Creen que *Último brindis* es un poema de esperanza o de todo lo contrario? ¿Por qué?
2. ¿Por qué creen que, según el poeta, el mañana es "ese día que no llega nunca"?
3. Los brindis honran a alguien o festejan alguna situación. ¿Cómo utiliza el poeta su *Último brindis*?
4. ¿Por qué creen que el autor se refiere a este brindis como el "último"?

4 Ampliación En parejas, relean el poema.

1. ¿Creen que la edad del poeta tiene algo que ver con el contenido del poema?
2. ¿En qué les hace pensar el poema?
3. ¿Qué palabra que no se menciona nunca es esencial en el poema?
4. ¿Qué elementos de la antipoesía pueden identificar en el poema?

5 El tiempo En grupos, elijan una de las siguientes opciones y escriban un texto publicitario. Deben justificar la necesidad de comprar el producto, describir sus efectos o ventajas y citar testimonios de personas que han usado el producto previamente. Luego, presenten su trabajo a la clase.

- Pastillas milagrosas para vivir más de 200 años.
- Un boleto de ida y vuelta para un viaje en el tiempo.
- Un espejo que te muestra cómo será tu vida en 20 años.
- Un jarabe que te permite olvidar los momentos del pasado que no quieres recordar.

 Practice more at **vhlcentral.com**.

Antes de leer

Vocabulario

el cansancio *exhaustion*	**pintar** *to paint*
el cuadro *painting*	**el/la pintor(a)** *painter*
fatigado/a *fatigued*	**previsto/a** *planned*
imprevisto/a *unexpected*	**retratar** *to portray*
la obra maestra *masterpiece*	**el retrato** *portrait*

1 **Pablo Picasso** Completa las oraciones con el vocabulario de la tabla.

Guernica, Pablo Picasso

1. De todo el arte del Museo Reina Sofía, yo prefiero los _____ de Pablo Picasso.

2. De muy joven, el _____ español creaba arte realista.

3. Al poco tiempo, este gran artista empezó a _____ obras de otros estilos e inventó el cubismo.

4. Su obra más famosa, el *Guernica*, quiere _____ el horror del bombardeo alemán al pueblo de Guernica, en el norte de España.

5. Según mucha gente, el *Guernica* es su creación más importante, la _____ de Picasso.

2 **Conexión personal** ¿Qué haces para recordar los eventos y las personas que son importantes para ti? ¿Sacas fotos o mantienes un diario? ¿Cuentas historias? ¿Cuáles son algunos de los recuerdos que te gustaría recordar para siempre?

Niños comiendo uvas y un melón,
Bartolomé Esteban Murillo

Contexto cultural

Del siglo XVI al siglo XVII, España pasó de ser una enorme potencia política a ser un imperio en camino de extinción. Donde antes había victorias militares, riqueza (*wealth*) y expansión, ahora había crisis política y económica, y decadencia. Sin embargo, estos problemas contrastaban con la extraordinaria producción artística y literaria del Siglo de Oro. A pesar de su éxito, se consideraba a los pintores más artesanos que artistas y, por lo tanto, no eran de alta posición social. Muchos artistas trabajaban por encargo; la realeza y la nobleza eran sus mecenas (*patrons*). Con sus obras, contribuían a la educación cultural, y a menudo religiosa, de la sociedad.

Practice more at **vhlcentral.com**.

Vieja friendo huevos

El arte de la vida diaria

Diego Velázquez es importante no sólo por su mérito artístico, sino también por lo que nos cuentan sus cuadros. Conocido sobre todo como pintor de retratos, Velázquez se interesaba también por temas mitológicos y escenas cotidianas. En todo su arte, examinaba y
5 reproducía en minucioso detalle sólo aquello que veía. Su imitación de la naturaleza, de lo inmediatamente observable, era lo que daba vida a su arte y a la vez creaba un arte de la vida diaria.

king's court
Antes de mudarse a la Corte del Rey°, Velázquez pintó cuadros de temas cotidianos.
10 Un ejemplo célebre es la *Vieja friendo huevos* (1618). El cuadro capta un momento sin aparente importancia: una mujer vieja cocina mientras un niño trae aceite y un melón. Varios objetos de la casa, reproducidos con

canvas
15 precisión, llenan el lienzo°, dignos de nuestra atención, por ejemplo: la cuchara, un plato

jugs
blanco en el que descansa un cuchillo, jarras°,

wicker basket
una cesta de paja°. Junto con la comida que prepara —no hay carne ni variedad— la

20 ropa típica de pobre sugiere que la mujer es humilde. Con el cuadro, Velázquez interrumpe un momento que podría ser de cualquier día.

still life
No es una naturaleza muerta°, sino un instante de la vida.

25 Incluso cuando pintaba temas mitológicos, Velázquez tomaba como modelo gente de la calle. Por eso, se pueden percibir escenas diarias en temas distanciados de la

triumph
época. Un ejemplo es *El triunfo° de Baco* (entre
30 1628 y 1629). En este cuadro, el dios romano del vino se sienta en un campo abierto, no con

peasants
otros dioses, sino con campesinos°. Sus caras fatigadas reflejan a la vez el cansancio de una vida de trabajo —la vida del plebeyo° español

commoner
35 era entonces especialmente dura— y la alegría de poder descansar un rato.

En los cuadros de la Corte, Velázquez nos da una imagen rica y compleja del mundo del

El triunfo de Baco

palacio. En vez de retratar exclusivamente a la familia real y los nobles, incluye también 40 toda la tropa de personajes que los servía y entretenía. En este grupo numeroso entraban

little people/ jesters
enanos° y bufones°, a quienes Velázquez pinta con dignidad. En *Las Meninas* (ca. 1656), su cuadro más famoso y misterioso, 45

surrounded
la princesa Margarita está rodeada° por sus damas, enanos y un perro. A la izquierda, el mismo Velázquez pinta detrás de un lienzo

background
inmenso. En el fondo° se ve una imagen de los reyes. 50

Sin embargo, el cuadro sugiere más preguntas que respuestas. ¿Dónde están exactamente el rey y la reina? ¿La imagen de ellos que vemos es un reflejo de espejo°?

mirror
¿Qué pinta el artista y por qué aparece en el 55 cuadro? ¿Qué significa? Tampoco se sabe por qué se detiene aquí el grupo: puede ser por una razón prevista, como posar para un cuadro; o puede ser algo totalmente imprevisto, un momento efímero° de la vida de una princesa 60

fleeting
y su grupo. ¿Es un momento importante? *Las Meninas* invita al debate sobre un instante que no se pierde sólo porque un pintor lo capta y lo rescata° del olvido. Paradójicamente es su

rescues
enfoque en lo momentáneo y en el detalle de 65 la vida común lo que eleva a Velázquez por encima de otros grandes artistas. ∎

Las Meninas

Biografía breve
1599 Diego Velázquez nace en Sevilla.
1609 Empieza sus estudios formales de arte.
1623 Nombrado pintor oficial del Rey Felipe IV en Madrid.
1660 Muere después de una breve enfermedad.

Después de leer

El arte de la vida diaria

1 Comprensión Después de leer el texto, decide si las oraciones son **ciertas** o **falsas**. Corrige las falsas.

1. Velázquez es conocido sobre todo como pintor religioso.
2. Velázquez era un pintor impresionista que transformaba su sujeto en la imaginación.
3. Por lo general, Velázquez tomaba como modelo gente de la calle.
4. En *El triunfo de Baco*, el dios romano del vino se sienta con campesinos españoles.
5. Velázquez retrataba exclusivamente a la familia real y a los nobles.
6. Velázquez se autorretrata en *Las Meninas*.

2 Interpretación Contesta las preguntas con oraciones completas.

1. ¿Se refleja de alguna manera la crisis económica del siglo XVII en los cuadros de Velázquez? Menciona detalles específicos en tu respuesta.
2. ¿Qué te enseña *Vieja friendo huevos* sobre la vida en España en el siglo XVII?
3. ¿Es *El triunfo de Baco* un cuadro realista? Explica tu respuesta.
4. ¿Te sorprende que Velázquez represente a los sirvientes de la Corte? ¿Por qué?
5. ¿En qué sentido es *Las Meninas* un cuadro misterioso?

3 Análisis En parejas, respondan a las preguntas.

1. A través de pequeños detalles, *El triunfo de Baco* revela mucho sobre la posición social de los hombres del cuadro. Estudien, por ejemplo, la ropa y el aspecto físico para describir y analizar su situación económica. ¿Cuál es su conclusión?
2. ¿Qué o quién es el personaje central de *Las Meninas*? ¿El grupo de la princesa? ¿Los reyes? ¿El mismo Velázquez? ¿El arte? Comenten sus hipótesis sobre la obra maestra de Velázquez.

4 Reflexión En grupos de cuatro, comparen cómo se entretenía la realeza en el pasado con cómo se entretienen los líderes de las naciones modernas. Usen estas preguntas como guía.

- Antes, los reyes tenían bufones. ¿Qué piensan de la situación social de los bufones de la Corte? ¿Es ético utilizar a las personas para la diversión?
- ¿Qué familias presidenciales conocen? ¿Cómo viven? ¿Su vida cotidiana es diferente a la de los reyes de otras épocas?
- ¿Se puede ser parte del poder político y tener una vida cotidiana normal?

5 Recuerdos Imagina que *Vieja friendo huevos* capta, como una fotografía, un momento de tu propio pasado cuando ayudabas a tu abuela en la cocina. Inspirándote en el cuadro de Velázquez, inventa una historia. ¿Qué hacía tu abuela? ¿Cómo pasaba los días? Y tú, ¿por qué llegaste a la cocina aquel día? ¿Te mandó tu madre o tenías hambre? Utilizando los tiempos del pasado que conoces, describe esta escena de tu infancia.

 Practice more at **vhlcentral.com**.

Atando cabos

¡A conversar!

Un día en la historia Trabajen en grupos pequeños para preparar una presentación sobre un día en la vida de un personaje histórico hispano.

Presentaciones

Tema: Elijan un personaje histórico hispano. Algunos personajes que pueden investigar son: Sor Juana Inés de la Cruz, Simón Bolívar, José de San Martín, Emiliano Zapata, Catalina de Erauso, Álvar Núñez Cabeza de Vaca, Fray Bartolomé de las Casas. Pueden elegir también un personaje que no esté en la lista.

Investigación y preparación: Busquen información en Internet o en la biblioteca. Recuerden buscar o preparar materiales visuales. Una vez reunida la información necesaria sobre el personaje, imagínense un día en su vida cotidiana, desde que se levantaba hasta que se acostaba. Al imaginar los detalles, tengan en cuenta la época en la que vivió el personaje.

Organización: Hagan un esquema (*outline*) que los ayude a planear la presentación.

Presentación: Utilicen el pretérito y el imperfecto para las descripciones. Traten de promover la participación a través de preguntas y alternen la charla con materiales visuales.

Simón Bolívar

¡A escribir!

Una anécdota del pasado Sigue el plan de redacción para contar una anécdota que te haya ocurrido en el pasado. Piensa en una historia divertida, dramática o interesante relacionada con uno de estos temas:

- un regalo especial que recibiste
- una situación en la que usaste una excusa falsa y las cosas no te salieron bien
- una situación en la que fuiste muy ingenuo/a

Plan de redacción

Título: Elige un título breve que sugiera el contenido de la historia pero que no dé demasiada información.

Contenido: Explica qué estaba pasando cuando ocurrió el acontecimiento, dónde estabas, con quién estabas, qué pasó, cómo pasó, etc. Usa expresiones como: **al principio, al final, después, entonces, luego, todo empezó/comenzó cuando,** etc. Recuerda que debes usar el pretérito para las acciones y el imperfecto para las descripciones.

Conclusión: Termina la historia explicando cuál fue el resultado del acontecimiento y cómo te sentiste.

Vocabulary Tools

En casa

el balcón	balcony
la escalera	staircase
el hogar	home; fireplace
la limpieza	cleaning
los muebles	furniture
los quehaceres	chores
apagar	to turn off
barrer	to sweep
calentar (e:ie)	to warm up
cocinar	to cook
encender (e:ie)	to turn on
freír (e:i)	to fry
hervir (e:ie)	to boil
lavar	to wash
limpiar	to clean
pasar la aspiradora	to vacuum
poner/quitar la mesa	to set/clear the table
quitar el polvo	to dust
tocar el timbre	to ring the doorbell

De compras

el centro comercial	mall
el dinero en efectivo	cash
la ganga	bargain
el probador	dressing room
el reembolso	refund
el supermercado	supermarket
la tarjeta de crédito/débito	credit/debit card
devolver (o:ue)	to return (items)
hacer mandados	to run errands
ir de compras	to go shopping
probarse (o:ue)	to try on
seleccionar	to select; to pick out
auténtico/a	genuine
barato/a	inexpensive
caro/a	expensive

Expresiones

a menudo	often
a propósito	on purpose
a tiempo	on time
a veces	sometimes
apenas	hardly; scarcely
así	like this; so
bastante	quite; enough
casi	almost
casi nunca	rarely
de repente	suddenly
de vez en cuando	once in a while
en aquel entonces	at that time
en el acto	on the spot
enseguida	right away
por casualidad	by chance

La vida diaria

la agenda	schedule
la costumbre	custom; habit
el horario	schedule
la rutina	routine
la soledad	solitude; loneliness
acostumbrarse (a)	to get used to
arreglarse	to get ready
averiguar	to find out
probar (o:ue) (a)	to try
soler (o:ue)	to be in the habit of
atrasado/a	late
cotidiano/a	everyday
diario/a	daily
inesperado/a	unexpected

Más vocabulario

Expresiones útiles	Ver p. 87
Estructura	Ver pp. 94-95, 98-99 y 102-103

Cinemateca

el choque	crash
las facciones	(facial) features
el timbre	tone of voice
afligirse	to get upset
despedirse (e:i)	to say goodbye
parecerse	to look like
titularse	to graduate
repentino/a	sudden

Literatura

las alternativas	options
el ayer	the past
el brindis	toast
la copa	glass
el mañana	the future
deshojar	to pull out petals
disponer (de)	to have; to make use of
pertenecer	to belong
en resumidas cuentas	in a nutshell

Cultura

el cansancio	exhaustion
el cuadro	painting
la obra maestra	masterpiece
el/la pintor(a)	painter
el retrato	portrait
pintar	to paint
retratar	to portray
fatigado/a	fatigued
imprevisto/a	unexpected
previsto/a	planned

La salud y el bienestar

4

Communicative Goals

You will expand your ability to...

- express will and emotion
- express doubt and denial
- give orders, advice, and suggestions

Vocabulary Tools

La salud y el bienestar

Los síntomas y las enfermedades

Inés pensaba que tenía sólo un **resfriado,** pero no paraba de **toser** y estaba **agotada.** El médico le confirmó que era una **gripe** y que debía **permanecer** en cama.

la depresión *depression*
la enfermedad *disease; illness*
la gripe *flu*
la herida *injury*
el malestar *discomfort*
la obesidad *obesity*
el resfriado *cold*
la respiración *breathing*
la tensión (alta/baja) *(high/low) blood pressure*
la tos *cough*
el virus *virus*

contagiar(se) *to pass on (an illness); to become infected*

desmayarse *to faint*
empeorar *to get worse*
enfermarse *to get sick*
estar resfriado/a *to have a cold*
lastimarse *to get hurt*
permanecer *to remain*
ponerse bien/mal *to get well/sick*
sufrir (de) *to suffer (from)*
tener buen/mal aspecto *to look healthy/sick*
tener fiebre *to have a fever*
toser *to cough*

agotado/a *exhausted*
inflamado/a *inflamed*
mareado/a *dizzy*

La salud y el bienestar

la alimentación *diet (nutrition)*
la autoestima *self-esteem*
el bienestar *well-being*
el estado de ánimo *mood*
la salud *health*

adelgazar *to lose weight*
dejar de fumar *to quit smoking*
descansar *to rest*
engordar *to gain weight*
estar a dieta *to be on a diet*

mejorar(se) *to improve*
prevenir (e:ie) *to prevent*
relajarse *to relax*
trasnochar *to stay up all night*

sano/a *healthy*

Los médicos y el hospital

la cirugía *surgery*
el/la cirujano/a *surgeon*
la consulta *doctor's appointment*

el consultorio *doctor's office*
la operación *operation*
los primeros auxilios *first aid*
la sala de emergencias *emergency room*

Las medicinas y los tratamientos

A Ignacio no le gusta tomar medicinas. Nunca toma **pastillas** ni **jarabes**. Sin embargo, le dolía tanto la cabeza que tuvo que tomarse un **analgésico**. El doctor le dijo que tenía la **tensión alta**.

el analgésico *painkiller*
la aspirina *aspirin*
el calmante *sedative; painkiller*
los efectos secundarios *side effects*
el jarabe *syrup*
la pastilla *pill*
la receta *prescription*
el tratamiento *treatment*
la vacuna *vaccine*
la venda *bandage*
el yeso *cast*

curarse *to heal; to be cured*
poner(se) una inyección *to give/get a shot*
recuperarse *to recover*
sanar *to heal*
tratar *to treat*
vacunar(se) *to vaccinate/ to get vaccinated*

curativo/a *healing*

Práctica

1 **Escuchar**

A. Escucha la conversación entre Sara y su hermano David. Después, completa las oraciones y decide quién dijo cada una.

1. No sé lo que me pasa, la verdad. Estoy siempre _____. _____

2. Creo que _____ demasiado. ¿Has ido al _____? _____

3. No he ido porque no tenía _____, sólo era un ligero _____. _____

4. Deja de ser una niña. Tienes que _____. _____

5. Por eso te llamo. No se me va el dolor de estómago ni con _____. _____

6. Ahora mismo llamo al doctor Perales para hacerle una _____. _____

B. A Sara le diagnosticaron apendicitis. Escucha lo que le dice la cirujana a la familia después de la operación y luego contesta las preguntas.

1. ¿Qué tiene que tomar Sara cada ocho horas?
2. ¿Cómo se puede sentir al principio?
3. ¿Va a tomar mucho tiempo su recuperación?
4. ¿Puede comer de todo?
5. ¿Qué es lo más importante que tiene que hacer ahora Sara?

2 **A curarse** Indica qué tiene que hacer cada persona en cada situación.

____ 1. Se lastimó con un cuchillo.
____ 2. Tiene fiebre.
____ 3. Su estado de ánimo es malo.
____ 4. Quiere prevenir la gripe.
____ 5. Le falta la respiración.
____ 6. Está obeso/a.

a. empezar una dieta
b. dejar de fumar
c. hablar con un(a) amigo/a
d. ponerse una venda
e. tomar aspirinas y descansar
f. ponerse una vacuna

Práctica

3 **Acróstico** Completa el acróstico. Al terminarlo, se formará una palabra de **Contextos**.

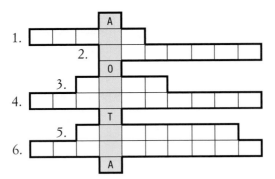

1. Organismo muy pequeño que transmite enfermedades.
2. Si la tienes alta, puedes tener problemas del corazón.
3. Material blanco que se usa para inmovilizar fracturas.
4. No dormir en toda la noche.
5. Es sinónimo de *operación*.
6. Caerse y quedar inconsciente.

4 **Amelia está enferma** Completa las oraciones con la opción lógica.

1. Amelia está tosiendo continuamente. No se le cura (la gripe/la depresión).
2. Sus compañeros de trabajo no se enfermaron este año porque se (lastimaron/vacunaron).
3. Su madre siempre le había dicho que es preferible (mejorar/prevenir) las enfermedades que curarlas.
4. El médico le dio una receta para (un jarabe/un consultorio).
5. Su jefe le ha dicho que no vaya a trabajar. Ella tiene que volver a la oficina cuando esté (agotada/recuperada).

5 **Malos hábitos** Martín tiene hábitos que no son buenos para la salud. Completa la conversación entre Martín y su doctor con las palabras de la lista. Haz los cambios necesarios.

ánimo	descansar	mejorar	sano
dejar de fumar	empeorar	pastillas	trasnochar
deprimido	engordar	salud	vacuna

MARTÍN Doctor, a mí me gusta mucho comer pizza mientras veo la tele.

DOCTOR Por eso usted está (1) _____ tanto. Debe hacer ejercicio y (2) _____ su alimentación.

MARTÍN También me gusta salir y acostarme tarde.

DOCTOR No es bueno (3) _____ todo el tiempo. Es importante (4) _____.

MARTÍN Pero ¡doctor! ¿Puedo fumar un poco, por lo menos?

DOCTOR No, Martín. Usted debe (5) _____ cuanto antes.

MARTÍN ¡Todo lo que me gusta hacer es malo para la (6) _____! Si le hago caso a usted, voy a estar (7) _____ pero deprimido.

DOCTOR No es así. Si usted mejora su forma física, su estado de (8) _____ va a mejorar también. Recuerde: "Mente sana en cuerpo sano".

S Practice more at **vhlcentral.com**.

Comunicación

6 Vida sana

A. En parejas, háganse las preguntas de la encuesta.

	Siempre	A menudo	De vez en cuando	Nunca
1. ¿Trasnochas más de dos veces por semana?	☐	☐	☐	☐
2. ¿Practicas algún deporte?	☐	☐	☐	☐
3. ¿Consumes vitaminas y minerales diariamente?	☐	☐	☐	☐
4. ¿Comes mucha comida frita?	☐	☐	☐	☐
5. ¿Tienes dolores de cabeza?	☐	☐	☐	☐
6. ¿Te enfermas?	☐	☐	☐	☐
7. ¿Desayunas sin prisa?	☐	☐	☐	☐
8. ¿Pasas muchas horas al día sentado/a?	☐	☐	☐	☐
9. ¿Te pones de mal humor?	☐	☐	☐	☐
10. ¿Tienes problemas para dormir?	☐	☐	☐	☐

B. Imagina que eres médico/a. ¿Tiene tu compañero/a una vida sana? ¿Qué debe hacer para mejorar su salud? Utiliza la conversación entre Martín y su médico de la Actividad 5 como modelo.

7 Citas célebres

A. En grupos de cuatro, elijan las citas (*quotations*) que les parezcan más interesantes y expliquen por qué las eligieron.

La salud

"La salud no lo es todo, pero, sin ella, todo lo demás es nada."
A. Schopenhauer

"El ser humano pasa la primera mitad de su vida arruinando la salud y la otra mitad intentando recuperarla."
Joseph Leonard

"Come poco y cena más poco, que la salud de todo el cuerpo se decide en la oficina del estómago."
Miguel de Cervantes

La medicina

"Antes que al médico, llama a tu amigo."
Pitágoras

"Los médicos no están para curar, sino para recetar y cobrar; curarse o no es cuenta del enfermo."
Molière

"La esperanza es el mejor médico que yo conozco."
Alejandro Dumas, hijo.

La enfermedad

"El peor de todos los males es creer que los males no tienen remedio."
Francisco Cabarrus

"La investigación de las enfermedades ha avanzado tanto que cada vez es más difícil encontrar a alguien que esté completamente sano."
Aldous Huxley

"El arte de la medicina consiste en entretener al paciente mientras la Naturaleza cura la enfermedad."
Voltaire

B. Utilicen el vocabulario de **Contextos** para escribir una frase original sobre la salud. Compártanla con la clase. ¿Cuál es la frase más original?

Video

Hasta ahora, en el video...

Marcela sigue enojada con Ricardo, entonces Ricardo decide ir a comprarle un regalo.
Mientras tanto, Lupita le dice a Marcela que no se siente bien. Después de hablar un rato con
Lupita, Marcela debe ir a buscar a un pasajero. En este episodio verás cómo sigue la historia.

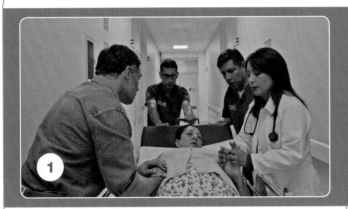

DOCTORA ¿Qué pasó?

PARAMÉDICO La encontraron desmayada.

DOCTORA ¿Presión?

PARAMÉDICO Ciento ochenta sobre cien.

DOCTORA Es urgente que la estabilicemos,
¡está altísima!

RICARDO ¡Marcela! ¡Detente! ¡Marcela! ¡Marcela!
Ricardo se cae.

MARCELA ¿Te has vuelto loco?

RICARDO (*adolorido*) ¡Yo también me alegro de
verte otra vez!

MARCELA Por lo visto, siempre te las arreglas para
romper algo. *(Ricardo le da el regalo a Marcela.)*

RICARDO Por haberte arruinado el cumple.

Ricardo sube a la Kombi.

MARCELA ¿Qué haces?

RICARDO Vamos a mi excursión. ¿No?

MARCELA Vamos al hospital.

RICARDO ¿Al hospital? No es para tanto. No me duele.
Está un poco inflamado, no más.

MARCELA ¡Agárrate! Voy a ir rápido.

DOCTORA Con permiso. Soy la doctora Hernández.

ROCÍO (*dramática*) ¿Cómo está Lupita, doctora?

DOCTORA Está estable.

MANU ¿Cuándo regresa a la casa?

DOCTORA Seguramente mañana, pero es importante
que descanse. Es mejor que se quede esta noche
en el hospital.

Personajes

 DOCTORA

 PARAMÉDICO

 LORENZO

 LUPITA

 RICARDO

 MARCELA

MANU

ROCÍO

3

Suena el teléfono de Marcela.

MANU (*al teléfono*) ¿Marcela? Encontramos a Lupita desmayada en la sala.

MARCELA ¡Espero que no sea una broma, Manu!

MANU Estamos en la sala de emergencias. Para colmo, mi papá está muy nervioso. Necesito que pises el acelerador y vengas al hospital. ¡Apúrate!

MARCELA ¡Salgo para allá!

6

MANU Shhh, no hagan ruido por si acaso está durmiendo...
(*Manu, Rocío y Lorenzo entran a la habitación.*)
¿Dónde está?

ROCÍO Estará en el baño.
(*Rocío entra al baño.*)
Aquí no hay nadie.

MANU Y LORENZO ¡Doctora!

Expresiones útiles

Expressing will, influence, and emotion

Es mejor que se quede esta noche en el hospital.
It is better that she stay at the hospital overnight.

Es urgente que la estabilicemos.
It's urgent that we stabilize her.

¡Espero que no sea una broma, Manu!
I hope this is not a joke, Manu!

Necesito que estés tranquilo.
I need you to stay calm.

Necesito que pises el acelerador y vengas al hospital.
I need you to step on the gas and get to the hospital.

Giving orders or advice

¡Agárrate!
Hold on!

¡Detente!
Stop!

¡Espera!
Wait!

¡No seas ridícula!
Don't be ridiculous!

Relájese y espere acá, por favor.
Relax and wait here, please.

Shhh, no hagan ruido por si acaso está durmiendo.
Shhh, don't make any noise in case she's sleeping.

Additional vocabulary

arreglárselas (para) *to manage to*
detenerse *to stop*
¡No es para tanto! *It's not a big deal!*
¡Por Dios! *For God's sake!*
por lo visto *apparently*
la presión *(blood) pressure*

Comprensión

1 **¿Cierto o falso?** Decide si estas oraciones son **ciertas** o **falsas**. Corrige las falsas.

Cierto	Falso	
☐	☐	1. Lupita está en el hospital con la presión muy baja.
☐	☐	2. Marcela se pone contenta cuando Ricardo le da el regalo.
☐	☐	3. Manu llama a Marcela para que vaya al hospital.
☐	☐	4. Rocío estudia medicina.
☐	☐	5. La doctora dice que Lupita debe quedarse en el hospital una semana más.
☐	☐	6. Al final del episodio, Lupita no está en su habitación.

2 **¿Quién lo dijo?** Indica qué personaje dijo cada oración.

DOCTORA   **LORENZO**   **LUPITA**

MANU   **MARCELA**   **RICARDO**

1. Relájese y espere acá, por favor. _____

2. ¡Espera! ¡Marcela! ¡Detente! _____

3. ¡Vamos al hospital! ¡Agárrate! _____

4. ¡No seas ridícula! La doctora dijo que sólo fue un desmayo. _____

5. Shhh, no hagan ruido por si acaso está durmiendo. _____

3 **Preguntas** Contesta las preguntas con oraciones completas.

1. ¿Por qué está Lupita en el hospital?

2. ¿Quién llevó a Lupita al hospital?

3. ¿Quién es la mujer que imagina Lorenzo en la camilla?

4. ¿Por qué le dice Marcela a Ricardo que siempre se las arregla para romper algo?

5. ¿Por qué le dice Manu a Rocío que no sea ridícula?

6. ¿Cuál es la recomendación de la doctora para Lupita?

4 **Definiciones** Escribe las definiciones de tres palabras de la fotonovela relacionadas con el tema de la lección. Después, en parejas, léeselas a tu compañero/a, quien tendrá que adivinar las palabras.

MODELO
ESTUDIANTE 1 Significa "estar inconsciente".
ESTUDIANTE 2 Es la palabra *desmayado/a*.

Ampliación

⑤ Experiencias Escribe un párrafo sobre tus hábitos médicos. Usa las siguientes preguntas como guía e incluye algunas de tus experiencias.

- ¿Qué tan grave te debes sentir para ir al médico? ¿Vas en cuanto tienes los primeros síntomas o esperas hasta que te sientes fatal?
- ¿Alguna vez consultaste tus síntomas en Internet? ¿Cómo fue la experiencia?
- ¿Sigues los consejos de tu doctor(a)? ¿Por qué?
- ¿Prefieres tomar medicamentos o preparar remedios caseros?

⑥ ¿Dónde está Lupita? Al final del episodio, Lupita no está en la habitación en el hospital. En parejas, creen un diálogo en el que uno/a de ustedes sea Lupita. Lupita debe explicar los motivos por los que decidió irse del hospital. Después, representen su diálogo ante la clase.

> **MODELO** **ESTUDIANTE 1** ¿Qué pasó, Lupita? ¿Por qué te fuiste?
> **ESTUDIANTE 2** Por primera vez, voy a pensar en mí. Necesito un descanso y voy a...

⑦ Apuntes culturales En parejas, lean los párrafos y contesten las preguntas.

El sistema sanitario en México

A Lupita la encontraron desmayada y la tuvieron que llevar al hospital. En México, como en la mayoría de los países hispanos, existe el sector sanitario público, además del privado. La sanidad pública ha significado un gran avance en el país. Hasta el año 2004, las personas que no podían pagar las cuotas de Seguridad Social no tenían acceso a la Sanidad, pero gracias a una reforma sanitaria posterior, todos los ciudadanos tienen cobertura médica. Sin embargo, el sistema sanitario todavía tiene mucho que mejorar, por ejemplo, la falta de médicos especialistas en el sector público o el acceso médico en las zonas rurales.

El concepto de muerte para los mexicanos

Cuando los médicos se llevan a Lupita en la camilla, Lorenzo tiene una visión de su difunta esposa, Isabel. La muerte es un proceso doloroso para todas las culturas, incluida la mexicana, pero en ésta, la muerte se percibe de forma cercana, como parte natural de la vida. Cada 1° y 2 de noviembre, los mexicanos celebran el Día de los Muertos. Según esta tradición de raíces prehispánicas y cristianas, las almas de los difuntos regresan de ultratumba. Una de las imágenes más representativas de esta celebración es la Catrina, figura creada por José Guadalupe Posada y popularizada por Diego Rivera.

La Catrina

1. ¿Qué piensas de que haya países que no tengan sanidad pública? ¿Cómo crees que es un sistema sanitario ideal?
2. ¿Tienes seguro médico? ¿Qué cubre tu seguro?
3. ¿Alguna vez estuviste ingresado/a (*admitted*) en un hospital? ¿Cómo fue la experiencia?
4. ¿Qué diferencias hay entre la forma de ver la muerte de los mexicanos y la tuya? ¿Y qué similitudes?
5. ¿Qué piensas del concepto de muerte que tienen en México? Explica tu respuesta.

COLOMBIA

DE ABUELOS Y CHAMANES

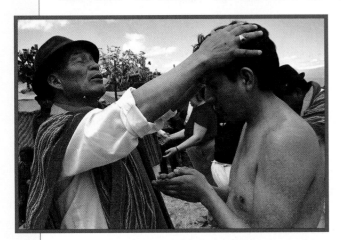

Sentada en su cocina en Bogotá, Marcela Mahecha destapa frasquitos° de hierbas y describe las "agüitas°" que le enseñó a preparar su abuela: agüita de toronjil° para calmar los nervios, agüita de paico° para los cólicos° y muchas más.

Muchos de estos remedios caseros° son más que simples "recetas de la abuela". Su uso proviene de los conocimientos milenarios que los curanderos° y chamanes° han ido pasando de generación en generación. Colombia, segundo país en el mundo en diversidad de especies vegetales, desarrolló una medicina tradicional muy rica, que aún hoy subsiste en todos los niveles de la sociedad. A pesar de la llegada de la medicina científica, muchas comunidades indígenas siguen practicando su medicina tradicional. Cuanto más aislada está la comunidad, mejor mantiene sus tradiciones.

En la cultura indígena americana, lo espiritual y lo corporal se funden° con la naturaleza. Los curanderos y chamanes son los responsables de mantener estos mundos en equilibrio. Para ello, combinan las propiedades medicinales de las plantas con ritos sagrados. En Colombia, al igual que en otros países, hay un renovado interés por conocer las propiedades medicinales de las plantas que se han usado durante siglos. Instituciones gubernamentales, universidades y organizaciones ecologistas intentan recuperar y conservar estos conocimientos. En el año 2017, el Instituto Nacional de Vigilancia de Medicamentos y Alimentos —Invima— aumentó a 144 el número de plantas medicinales aprobadas para usos curativos.

El deseo de las empresas farmacéuticas de apropiarse de las plantas y patentarlas ha hecho que el gobierno colombiano controle el derecho a sacarlas del país. Esto es importante porque algunas están en peligro de extinción y porque estas plantas forman parte indeleble de la identidad indígena. ■

Algunas plantas curativas

Chuchuhuaza Árbol que crece en la región amazónica de Colombia, Ecuador y Perú. Se usa como diurético y también contra el reumatismo, la gota° y la anemia.

Gualanday Árbol originario del Valle del Cauca y que crece en las regiones colombianas de Putumayo y Amazonas. La corteza°, la hoja y la flor se usan contra neuralgias, dolores de huesos, várices° y afecciones del hígado°.

Sauco Árbol proveniente de cultivos en la sabana° de Bogotá. La hoja, la corteza, el fruto y la flor se usan para tratar afecciones bronquiales.

destapa frasquitos *uncovers little jars* **agüitas** *herbal teas* **toronjil** *lemon balm* **paico** *Mexican tea (plant)* **cólicos** *cramps* **caseros** *home* **curanderos** *folk healers* **chamanes** *shamans* **se funden** *merge* **gota** *gout* **corteza** *bark* **várices** *varicose veins* **afecciones del hígado** *liver conditions* **sabana** *savannah*

ASÍ LO DECIMOS

La salud y el bienestar

el/la buquí (R. Dom.)   *glutton*

cachucharse (Chi.)   *to hit oneself*

caer bien/mal   *to agree with (food)*

curar el empacho (Arg.)   *to cure indigestion*

estar constipado/a

   (Arg., Chi. y Uru.)   *to have a cold / to be constipated*

estar depre (Arg., Esp. y Pe.)   *to feel down*

estar funado/a (Chi.)   *to feel demotivated*

estar pachucho/a (Arg. y Esp.)   *to be under the weather*

el/la matasanos (Esp.)   *bad doctor; quack*

¡Se me parte la cabeza! (Arg.)   *I have a splitting headache!*

EL MUNDO HISPANOHABLANTE

La salud y el bienestar públicos

Los gobiernos hispanoamericanos suelen brindar servicios de salud pública gratuitos° a todos los ciudadanos. Algunos países, como Cuba, han desarrollado un **sistema de salud universalista** en el cual todos los servicios son gratuitos. Otros países, como Chile, tienen un modelo mixto, que combina el sector público con el privado.

En el **ránking del mejor país donde nacer** de 2013, hecho por *The Economist Intelligence Unit*, España aparece en el lugar 28 sobre un total de 80 países. Este ránking considera no sólo los ingresos económicos, sino también otros indicadores como el bienestar y la satisfacción individual de las personas.

El colombiano **Rodolfo Llinás** es quizá el científico hispanoamericano de más prestigio a nivel mundial. Llinás estudió para ser médico, pero decidió dedicarse a la investigación. Llinás trabajó con dos ganadores del premio Nobel y estableció la ley Llinás, según la cual cada tipo de neurona tiene una función específica y no puede ser sustituido por otro tipo.

PERFIL

LA CICLOVÍA DE BOGOTÁ

Todos los domingos y lunes festivos, se cierran algunas de las principales vías de la capital de Colombia para que un millón y medio de habitantes salgan a la Ciclovía: 121 kilómetros para montar en bicicleta, caminar, correr o patinar, que la convierten en la más extensa de América Latina. Es una forma de recreación para la comunidad, una manera distinta de recorrer la ciudad y una manera de promover un estilo de vida activo y saludable. La Ciclovía cuenta además con la Recreovía: espacios distribuidos en diferentes puntos del trayecto, en los cuales la gente tiene la oportunidad de hacer actividades físicas, como aeróbicos y clases de baile, dirigidas por instructores especializados. Estos servicios no tienen ningún costo y todos son bienvenidos. En el recorrido también se pueden encontrar puntos para la práctica de deportes extremos, zonas especiales para niños e incluso puestos de atención para mascotas. Algunos países como México, Chile y Venezuela también están implementando la Ciclovía como una opción de recreación para todos los habitantes de la ciudad. La Ciclovía ha recibido importantes premios: la Organización Mundial de la Salud (OMS) la reconoció en 2003 como el programa que convierte a Bogotá en la ciudad más activa y saludable de Latinoamérica; y, en 2014, obtuvo el premio a la cultura sostenible del Foro Global de Asentamientos° Urbanos, apoyado por el Programa de Naciones Unidas para el Medio Ambiente.

> **❝ Los conocimientos de la medicina tradicional son conocimientos adquiridos de nuestros antepasados y mantienen vivas las más ricas culturas de América Latina. ❞**
> (Donato Ayma, político boliviano)

gratuitos *free of charge*

asentamientos *settlements*

¿Qué aprendiste?

(1) Comprensión Indica si estas afirmaciones son **ciertas** o **falsas**. Corrige las falsas.

1. Marcela aprendió a usar infusiones en un viaje a Colombia, la tierra de su abuela.

2. Colombia es uno de los países con mayor diversidad de especies vegetales.

3. En las prácticas curativas tradicionales, se combinan las propiedades curativas de las plantas con el poder curativo de los animales.

4. Los conocimientos sobre los poderes curativos de las plantas han pasado de padres a hijos a través de los siglos.

5. En Colombia, el uso de plantas curativas es popular sólo entre las comunidades indígenas.

6. A pesar de la llegada de la medicina científica, muchas comunidades mantuvieron sus prácticas medicinales tradicionales.

7. Las comunidades que mejor conservaron las tradiciones fueron las que estaban más cerca de la costa.

8. En Colombia, las instituciones no se preocupan por recuperar las tradiciones curativas.

9. Las empresas farmacéuticas quieren apropiarse de las plantas.

10. Colombia ha empezado a controlar las exportaciones de plantas curativas.

(2) Oraciones incompletas Completa las oraciones con la información correcta.

1. En la Recreovía, los colombianos pueden hacer _____ o tomar clases de baile.
   a. aeróbicos   b. manualidades   c. concursos

2. La Ciclovía de Bogotá recibió el premio a la ciudad más activa y _____ de Latinoamérica.
   a. sostenible   b. urbana   c. saludable

3. En Chile, el sistema de salud sigue el modelo _____.
   a. mixto   b. universalista   c. privado

4. Rodolfo Llinás descubrió que un tipo de _____ no puede ser sustituido por otro.
   a. cerebro   b. neurona   c. cáncer

5. En Chile, usan *estar funado* para decir que alguien tiene _____.
   a. indigestión   b. gripe   c. poca energía

(3) Opiniones En parejas, hablen sobre estas preguntas. Después, compartan su opinión con la clase.

- ¿Se puede patentar la naturaleza?
- ¿Tienen derecho las empresas farmacéuticas a patentar plantas?
- ¿Tienen derecho a hacerlo si modifican la estructura genética de la planta?
- ¿Cuáles son las posibles consecuencias de patentar plantas y organismos vivos?

 Practice more at **vhlcentral.com**.

PROYECTO

Las plantas curativas

Como hemos visto, muchas comunidades latinoamericanas usan las plantas para curar diferentes enfermedades. Busca información en Internet o en la biblioteca sobre alguna de estas plantas.

Usa las preguntas como guía para tu investigación.

- ¿Para qué se usa la planta?
- ¿En qué comunidad(es) se usa?
- ¿Qué enfermedad(es) específica(s) cura?
- ¿Cómo se usa según la tradición?
- ¿Se comprobaron científicamente las propiedades de la planta?
- ¿Es común su uso en la medicina científica?

Video

Las farmacias

Ya has leído sobre el interés renovado por conocer las propiedades medicinales de las plantas en Colombia. En este episodio de **Flash cultura** conocerás las distintas opciones de farmacias que existen actualmente en uno de sus países vecinos, Ecuador.

VOCABULARIO ÚTIL

la **arruga** *wrinkle*
la **baba de caracol** *snail slime*
la **cicatriz** *scar*
el **estante** *shelf*

el **mostrador** *counter*
la **piel tersa** *smooth skin*
el **ungüento** *ointment*
la **vitrina** *glass cabinet*

(1) Preparación ¿Qué haces cuando sientes algún dolor? ¿Alguna vez tomaste medicamentos sin visitar antes al médico?

(2) Comprensión Indica si estas afirmaciones son **ciertas** o **falsas**. Después, en parejas, corrijan las falsas.

1. En Ecuador pueden encontrarse farmacias similares a las que hay en Estados Unidos o en Europa.

2. Las grandes farmacias no ofrecen remedios caseros como la crema de cicuta.

3. No es costumbre en Ecuador que el farmacéutico recete a los clientes.

4. En las farmacias tradicionales, los clientes no tienen acceso a los productos, que se guardan en estantes o vitrinas detrás del mostrador.

5. La crema de baba de caracol sirve para dolores e inflamación de la piel.

6. Para la medicina tradicional, algunas plantas son malas.

(3) Expansión En parejas, contesten estas preguntas.

• Imagina que viajas a Ecuador y te enfermas. ¿Buscarías el consejo de un farmacéutico en vez de ir al médico? Justifica tu respuesta.

• Entre unas píldoras recetadas por el médico y una limpia de energía, ¿cuál elegirías? ¿Te parece que alguna de esas opciones puede ser mala para la salud? ¿Por qué?

• ¿En qué se parecen las farmacias de Ecuador a las de tu ciudad? ¿En qué se diferencian? ¿Qué tipo de farmacia te parece mejor? ¿Por qué?

Corresponsal: Mónica Díaz
País: Ecuador

Los consejos personales que el farmacéutico ofrece al cliente es lo que distingue a las pequeñas farmacias de las grandes.

A veces, las personas en el mundo hispano utilizan medicina alternativa para curar sus dolencias°.

Para la medicina tradicional, la gripe es un bajón° de energía; a través de la limpia°, se aumenta la energía y de esa manera se sale de ese proceso.

dolencias *ailments* **bajón** *drop* **limpia** *cleansing*

 Practice more at **vhlcentral.com**.

Tutorial

4.1 The subjunctive in noun clauses

Forms of the present subjunctive

- The subjunctive (**el subjuntivo**) is used mainly in the subordinate (dependent) clause of multiple-clause sentences to express will, influence, emotion, doubt, or denial. The present subjunctive is formed by dropping the **-o** from the **yo** form of the present indicative and adding these endings.

TALLER DE CONSULTA

MANUAL DE GRAMÁTICA
Más práctica

4.1 The subjunctive in noun clauses, p. A23
4.2 Commands, p. A24
4.3 **Por** and **para**, p. A25

Más gramática

4.4 The subjunctive with impersonal expressions, p. A26

The present subjunctive		
hablar	comer	escribir
hable	coma	escriba
hables	comas	escribas
hable	coma	escriba
hablemos	comamos	escribamos
habléis	comáis	escribáis
hablen	coman	escriban

- Verbs with irregular **yo** forms show that same irregularity in all forms of the present subjunctive.

conocer	conozca	seguir	siga
decir	diga	tener	tenga
hacer	haga	traer	traiga
oír	oiga	venir	venga
poner	ponga	ver	vea

- Verbs with stem changes in the present indicative show the same changes in the present subjunctive. Stem-changing **-ir** verbs also undergo a stem change in the **nosotros/as** and **vosotros/as** forms of the present subjunctive.

pensar (e:ie)	piense, pienses, piense, pensemos, penséis, piensen
jugar (u:ue)	juegue, juegues, juegue, juguemos, juguéis, jueguen
mostrar (o:ue)	muestre, muestres, muestre, mostremos, mostréis, muestren
entender (e:ie)	entienda, entiendas, entienda, entendamos, entendáis, entiendan
resolver (o:ue)	resuelva, resuelvas, resuelva, resolvamos, resolváis, resuelvan
pedir (e:i)	pida, pidas, pida, pidamos, pidáis, pidan
sentir (e:ie)	sienta, sientas, sienta, sintamos, sintáis, sientan
dormir (o:ue)	duerma, duermas, duerma, durmamos, durmáis, duerman

¡ATENCIÓN!

The *indicative* is used to express actions, states, or facts the speaker considers to be certain. The *subjunctive* expresses the speaker's attitude toward events, as well as actions or states that the speaker views as uncertain.

• • • • •

Verbs that end in **-car, -gar,** and **-zar** undergo spelling changes in the present subjunctive.

sacar: saque

jugar: juegue

almorzar: almuerce

• • • • •

The present subjunctive form of **hay** is **haya**.

No creo que haya una solución.
I don't think there is a solution.

- The following five verbs are irregular in the present subjunctive.

dar	dé, des, dé, demos, deis, den
estar	esté, estés, esté, estemos, estéis, estén
ir	vaya, vayas, vaya, vayamos, vayáis, vayan
saber	sepa, sepas, sepa, sepamos, sepáis, sepan
ser	sea, seas, sea, seamos, seáis, sean

Verbs of will and influence

- A clause is a group of words that contains both a conjugated verb and a subject (expressed or implied). In a subordinate noun clause (**oración subordinada sustantiva**), a group of words function together as a noun.

Necesito que pises el acelerador y vengas al hospital.

- When the subject of the main (independent) clause of a sentence exerts influence or will on the subject of the subordinate clause, the verb in the subordinate clause takes the subjunctive.

MAIN CLAUSE	CONNECTOR	SUBORDINATE CLAUSE
Yo quiero	**que**	**tú vayas al médico.**

Verbs and expressions of will and influence

aconsejar *to advise*	**gustar** *to like*	**preferir (e:ie)** *to prefer*
desear *to desire;*	**hacer** *to make*	**prohibir** *to prohibit*
to wish	**importar** *to be important*	**proponer** *to propose*
es importante	**insistir en** *to insist (on)*	**querer (e:ie)** *to want; to wish*
it's important	**mandar** *to order*	**recomendar (e:ie)**
es necesario	**necesitar** *to need*	*to recommend*
it's necessary	**oponerse a** *to oppose*	**rogar (o:ue)** *to beg*
es urgente *it's urgent*	**pedir (e:i)** *to ask for;*	**sugerir (e:ie)** *to suggest*
exigir *to demand*	*to request*	

Necesito que **consigas** estas pastillas en la farmacia.
I need you to get these pills at the pharmacy.

Insisto en que **vayas** a la sala de emergencias.
I insist that you go to the emergency room.

El médico siempre me **recomienda** que **deje** de fumar.
The doctor always recommends that I quit smoking.

Se oponen a que **salgas** si estás enfermo.
They object to your going out if you're sick.

- The infinitive, not the subjunctive, is used with verbs and expressions of will and influence if there is no change of subject in the sentence. The **que** is unnecessary in this case.

Quiero **ir** a Bogotá en junio.
I want to go to Bogotá in June.

Prefiero que **vayas** en agosto.
I prefer that you go in August.

¡ATENCIÓN!

Pedir is used with the subjunctive to ask someone to do something.

Preguntar is used to ask questions, and is not followed by the subjunctive.

No te pido que lo hagas ahora.
I'm not asking you to do it now.

No te pregunto si lo haces ahora.
I'm not asking you if you're doing it now.

Verbs of emotion

- When the main clause expresses an emotion like hope, fear, joy, pity, or surprise, the verb in the subordinate clause must be in the subjunctive if its subject is different from that of the main clause.

Espero que **te recuperes** pronto.
I hope you recover quickly.

Es terrible que Ana **tenga** esa enfermedad.
Its terrible that Ana suffers from that illness.

Verbs and expressions of emotion

alegrarse (de) *to be happy (about)*	**es terrible** *it's terrible*	**molestar** *to bother*
es bueno *it's good*	**es una lástima** *it's a shame*	**sentir (e:ie)** *to be sorry; to regret*
es extraño *it's strange*	**es una pena** *it's a pity*	**sorprender** *to surprise*
es malo *it's bad*	**esperar** *to hope; to wish*	**temer** *to fear*
es mejor *it's better*	**gustar** *to like; to be pleasing*	**tener miedo a/de** *to be afraid (of)*
es ridículo *it's ridiculous*		

- The infinitive, not the subjunctive, is used with verbs and expressions of emotion if there is no change of subject in the sentence.

No me gusta **llegar** tarde.
I don't like to arrive late.

Es mejor que lo **hagas** ahora.
It's better that you do it now.

Verbs of doubt or denial

- When the main clause implies doubt, uncertainty, or denial, the verb in the subordinate clause must be in the subjunctive if its subject is different from that of the main clause.

No creo que él nos **quiera** engañar.
I don't think that he wants to deceive us.

Dudan que el jarabe **sea** un buen remedio.
They doubt that the syrup will be a good remedy.

Verbs and expressions of doubt and denial

dudar *to doubt*	**negar (e:ie)** *to deny*
es imposible *it's impossible*	**no creer** *not to believe*
es improbable *it's improbable*	**no es evidente** *it's not evident*
es poco seguro *it's uncertain*	**no es seguro** *it's not certain*
(no) es posible *it's (not) possible*	**no es verdad/cierto** *it's not true*
(no) es probable *it's (not) probable*	**no estar seguro de** *not to be sure (of)*

- The infinitive, not the subjunctive, is used with verbs and expressions of doubt or denial if there is no change in the subject of the sentence.

Es imposible **viajar** hoy.
It's impossible to travel today.

No es seguro que él **viaje** hoy.
It's not certain that he will travel today.

Práctica

TALLER DE CONSULTA

MANUAL DE GRAMÁTICA
Más práctica

4.1 The subjunctive in noun clauses, p. A23

1 Opiniones contrarias Escribe una oración que exprese lo opuesto en cada ocasión.

> **MODELO** **No creo que Carlos esté resfriado.**
> — Creo que Carlos está resfriado.

1. Están seguros de que Pedro puede dejar de fumar.
2. Es evidente que estás agotado.
3. No creo que las medicinas naturales sean curativas.
4. Es verdad que la cirujana no quiere operarte.
5. No es seguro que este médico conozca el mejor tratamiento.

2 Siempre enferma Últimamente, Ana María se enferma demasiado y sus amigas están preocupadas por ella. Completa la conversación con el infinitivo, el indicativo o el subjuntivo.

MARTA Es una pena que Ana María (1) _____ (estar / está / esté) enferma otra vez.

ADRIANA El problema es que no le gusta (2) _____ (tomar / toma / tome) vitaminas. Además, ella casi nunca (3) _____ (comer / come / coma) verduras.

MARTA Y no creo que Ana María (4) _____ (hacer / hace / haga) ejercicio. Yo siempre le (5) _____ (pedir / pido / pida) que (6) _____ (venir / viene / venga) conmigo al gimnasio, pero ella prefiere (7) _____ (quedarse / se queda / se quede) en casa.

ADRIANA Y cuando ella se enferma, no (8) _____ (seguir / sigue / siga) los consejos del médico. Si él le recomienda que (9) _____ (permanecer / permanece / permanezca) en cama, ella dice que no es necesario (10) _____ (descansar / descansa / descanse). Si él le da una receta, ella ni (11) _____ (comprar / compra / compre) las medicinas. ¿Qué vamos a hacer, Marta?

MARTA Es necesario que (12) _____ (hablar / hablamos / hablemos) con ella. Si no, ¡temo que un día de éstos ella nos (13) _____ (llamar / llama / llame) para llevarla a la sala de emergencias!

ADRIANA Bueno, creo que (14) _____ (tener / tienes / tengas) razón. ¡Sólo espero que ella nos (15) _____ (escuchar / escucha / escuche)!

3 Consejos Combina los elementos de cada columna para escribir cinco consejos. Usa el presente del subjuntivo.

> **MODELO** Te recomendamos que hagas más ejercicio.

aconsejar		comer frutas y verduras
es importante		descansar
es necesario	que	hacer más ejercicio
querer		ir al gimnasio
recomendar		seguir las recomendaciones del médico
sugerir		tomar las medicinas

Práctica

4 **Ojalá** Para muchos, el amor es una enfermedad. El cantante Silvio Rodríguez sugiere en esta canción una cura para el amor.

A. Utiliza el presente del subjuntivo de los verbos entre paréntesis para completar la estrofa (*verse*) de la canción.

> Ojalá que las hojas no te (1) _____ (tocar) el cuerpo cuando (2) _____ (caer) para que no las puedas convertir en cristal.
> Ojalá que la lluvia (3) _____ (dejar) de ser milagro que baja por tu cuerpo.
> Ojalá que la luna (4) _____ (poder) salir sin ti.
> Ojalá que la tierra no te (5) _____ (besar) los pasos.

B. Ahora, escribe tu propia estrofa.

1. Ojalá que los sueños _____.
2. Ojalá que la noche _____.
3. Ojalá que la herida _____.
4. Ojalá una persona _____.

5 **El hombre ideal** Roberto está enamorado de Lucía, pero ella no le presta atención. Mira el dibujo del hombre ideal de Lucía y escribe cinco recomendaciones para Roberto. Utiliza el presente del subjuntivo y las palabras de la lista.

MODELO Roberto, es necesario que te vistas mejor.

aconsejar	insistir en
es importante	proponer
es malo	recomendar
es mejor	rogar
es necesario	sugerir

Roberto

Hombre ideal

 Practice more at **vhlcentral.com**.

Comunicación

6 El doctor Sánchez responde Los lectores de una revista de salud envían sus consultas al doctor Sánchez. Trabajen en parejas para decidir qué consejos corresponden a cada consulta. Luego redacten la respuesta para cada lector usando las expresiones de la lista.

Los lectores preguntan. **El Dr. Sánchez responde.**

1. Estimado Dr. Sánchez:
   Tengo 55 años y quiero adelgazar 10 kilos. Mi médico insiste en que mejore mi alimentación. Probé varias dietas, pero no logro adelgazar. ¿Qué puedo hacer?
   Ana J.

2. Querido Dr. Sánchez:
   Tengo 38 años y sufro fuertes dolores de espalda (*back*). Trabajo en una oficina y estoy muchas horas sentada. Después de varios análisis, mi médico dijo que tengo los huesos perfectamente. Me recetó unas pastillas para los músculos, pero no quiero tomar medicinas. ¿Hay otra solución?
   Isabel M.

3. Dr. Sánchez:
   Siempre me duele mucho el estómago. Soy muy nervioso y no puedo dormir. Mi médico me aconseja que trabaje menos. Pero eso es imposible.
   Andrés S.

A. *No comer con prisa.*
   Pasear mucho.
   No tomar café.
   Practicar yoga.

B. *Caminar mucho.*
   Practicar natación.
   No comer las cuatro "p": papas, pastas, pan y postres.
   Tomar dos litros de agua por día.

C. *No permanecer sentada más de dos horas seguidas.*
   Hacer cincuenta minutos de ejercicio por día.
   Adoptar una buena postura al estar sentada.
   Elegir una buena cama.
   Usar una almohada dura.

es importante que	le aconsejo que
es improbable que	le propongo que
es necesario que	le recomiendo que
es poco seguro que	le sugiero que
es urgente que	no es seguro que

7 Estilos de vida En parejas, elijan cada uno/a una de estas personalidades. Después, dense consejos para cambiar su estilo de vida. Utilicen el subjuntivo.

1. Voy al gimnasio tres veces al día. Lo más importante en mi vida es mi cuerpo.
2. Me gusta salir por las noches. Trasnocho casi todos los días.
3. Siempre como comida rápida porque está muy rica y no me gusta cocinar.
4. No hago nada de ejercicio. Estoy todo el día trabajando en la oficina.

Tutorial

4.2 Commands

Formal (*Ud.* and *Uds.*) commands

● Formal commands (**mandatos**) are used to give orders or advice to people you address as **usted** or **ustedes**. Their forms are identical to the present subjunctive forms for **usted** and **ustedes**.

Formal commands		
Infinitive	**Affirmative command**	**Negative command**
tomar	**tome** (usted)	**no tome** (usted)
	tomen (ustedes)	**no tomen** (ustedes)
volver	**vuelva** (usted)	**no vuelva** (usted)
	vuelvan (ustedes)	**no vuelvan** (ustedes)
salir	**salga** (usted)	**no salga** (usted)
	salgan (ustedes)	**no salgan** (ustedes)

Familiar (*tú*) commands

● Familiar commands are used with people you address as **tú**. Affirmative **tú** commands have the same form as the **él, ella**, and **usted** form of the present indicative. Negative **tú** commands have the same form as the **tú** form of the present subjunctive.

¡Detente!

¡Agárrate!

Familiar commands		
Infinitive	**Affirmative command**	**Negative command**
viajar	viaja	no viajes
empezar	empieza	no empieces
pedir	pide	no pidas

● These verbs have irregular affirmative **tú** commands. Their negative forms are still the same as the **tú** form of the present subjunctive.

decir	di	salir	sal
hacer	haz	ser	sé
ir	ve	tener	ten
poner	pon	venir	ven

Nosotros/as commands

- **Nosotros/as** commands are used to give orders or suggestions that include yourself as well as other people. In Spanish, **nosotros/as** commands correspond to the English *let's* + [*verb*]. Affirmative and negative **nosotros/as** commands are generally identical to the **nosotros/as** forms of the present subjunctive.

Nosotros/as commands		
Infinitive	**Affirmative command**	**Negative command**
bailar	bailemos	no bailemos
beber	bebamos	no bebamos
abrir	abramos	no abramos

- The **nosotros/as** commands for **ir** and **irse** are irregular: **vamos** and **vámonos**. The negative commands are regular: **no vayamos** and **no nos vayamos**.

Using pronouns with commands

- When object and reflexive pronouns are used with affirmative commands, they are always attached to the verb. When used with negative commands, the pronouns appear between **no** and the verb.

Levántense temprano.	**No se levanten** tarde.
Wake up early.	*Don't wake up late.*
Díme todo.	**No me digas nada.**
Tell me everything.	*Don't tell me anything.*

- When the pronouns **nos** or **se** are attached to an affirmative **nosotros/as** command, the final **s** of the command form is dropped.

Sentémonos aquí.	**No nos sentemos** aquí.
Let's sit here.	*Let's not sit here.*
Démoselo mañana.	**No se lo demos** mañana.
Let's give it to him/her tomorrow.	*Let's not give it to him/her tomorrow.*

¡ATENCIÓN!

When one or more pronouns are attached to an affirmative command, an accent mark may be necessary to maintain the original stress. This usually happens when the combined verb form has three or more syllables.

decir
di, dile, dímelo
diga, dígale, dígaselo
digamos, digámosle, digámoselo

Indirect (*él, ella, ellos, ellas*) commands

- The construction **que** + [*subjunctive*] can be used with a third-person form to express indirect commands that correspond to the English *let someone do something*. If the subject of the indirect command is expressed, it usually follows the verb.

Que pase el siguiente.	**Que lo haga** ella.
Let the next person pass.	*Let her do it.*

- As with other uses of the subjunctive, pronouns are never attached to the conjugated verb, regardless of whether the indirect command is affirmative or negative.

Que se lo den José y Raquel.	**Que no se lo den** José y Raquel.
Let José and Raquel give it to them.	*Don't let José and Raquel give it to them.*
Que lo vuelva a hacer Ana.	**Que no lo vuelva** a hacer Ana.
Let Ana do it again.	*Don't let Ana do it again.*

TALLER DE CONSULTA

See **2.1**, pp. 54–55 for object pronouns.

See **2.3**, pp. 62–63 for reflexive pronouns.

Práctica

TALLER DE CONSULTA

MANUAL DE GRAMÁTICA
Más práctica

4.2 Commands, p. A24

1 **Mandatos** Cambia estas oraciones para que sean mandatos.

1. Te conviene descansar.
2. Deben relajarse.
3. Es hora de que usted tome su pastilla.
4. ¿Podría usted describir sus síntomas?
5. ¿Y si dejamos de fumar?
6. ¿Podrías consultar con un especialista?
7. Ustedes necesitan comer bien.
8. Le pido que se vaya de mi consultorio.

2 **El cuidado de los dientes**

A. Escribe los consejos que dio un dentista durante una visita a una escuela.
Usa el imperativo formal de la segunda persona del plural.

1. prevenir las caries (*cavities*)
2. cepillarse los dientes después de cada comida
3. no comer dulces
4. poner poco azúcar en el café o el té
5. comer o beber alimentos que tengan calcio
6. consultar al dentista periódicamente

B. Reescribe los consejos usando el imperativo informal.

3 **El doctor de Felipito** Felipito es un niño muy inquieto. A cada rato tiene pequeños accidentes. Utiliza mandatos informales para aconsejarle cómo evitarlos.

MODELO No toques perros en la calle.

1.   2.   3.

4.   5.   6.

Ⓢ **Practice more at vhlcentral.com.**

Comunicación

4 **Que lo hagan ellos** Carlos está tan entretenido con su nuevo videojuego que no quiere hacer nada más. En parejas, preparen una conversación entre Carlos y su madre en la que ella le da mandatos y Carlos sugiere que otras personas la ayuden. Utilicen mandatos indirectos en la conversación.

MODELO **MADRE** Limpia tu cuarto, Carlos.
CARLOS Que lo limpie mi hermano. ¡Estoy a punto de alcanzar el próximo nivel!

ayudarme en la cocina	mis amigos
cortar cebollas	mi hermana
pasear al perro	mi hermano
llamar a la abuela	mi padre
ir a la farmacia	tú/Ud.

5 **Hasta el siglo XXII**

A. ¿Qué consejos le darías a un(a) amigo/a para que viva hasta el siglo XXII? En grupos pequeños, escriban ocho recomendaciones utilizando mandatos informales afirmativos y negativos. Sean creativos/as.

MODELO No tomes mucho café. Toma sólo agua y jugos naturales.

B. Ahora reúnanse con otro grupo y lean las dos listas. ¿En qué se parecen y en qué se diferencian sus recomendaciones?

6 **Anuncios** En grupos, elijan tres de estos productos y escriban un anuncio de televisión para promocionar cada uno de ellos. Utilicen los mandatos formales para convencer al público de que lo compre.

MODELO El nuevo perfume "Enamorar" de Rita Ferrero le va a encantar. Cómprelo en cualquier perfumería de su ciudad. Pruébelo y…

perfume "Enamorar"	computadora portátil "Digitex"
chocolate sin calorías "Deliz"	crema hidratante "Suavidad"
raqueta de tenis "Rayo"	todo terreno "Intrepid"
pasta de dientes "Sonrisa Sana"	cámara digital "Flimp"

ESTRUCTURA

4.3 *Por* and *para*

- **Por** and **para** are both translated as *for*, but they are not interchangeable.

Por lo visto, siempre
te las arreglas para
romper algo.

No es para tanto.

Uses of *para*

Destination *(toward; in the direction of)*	El cirujano sale de su casa **para** la clínica a las ocho. *The surgeon leaves his house at eight to go to the clinic.*
Deadline or a specific time in the future *(by; for)*	El resultado del análisis va a estar listo **para** mañana. *The test results will be ready by tomorrow.*
Goal (**para** + [*infinitive*]) *(in order to)*	El doctor usó un termómetro **para** ver si el niño tenía fiebre. *The doctor used a thermometer to see if the boy had a fever.*
Purpose (**para** + [*noun*]) *(for; used for)*	El investigador descubrió una cura **para** la enfermedad. *The researcher discovered a cure for the disease.*
Recipient *(for)*	La enfermera preparó la cama **para** doña Ángela. *The nurse prepared the bed for Doña Ángela.*
Comparison with others or opinion *(for; considering)*	**Para** su edad, goza de muy buena salud. *For her age, she enjoys very good health.*
	Para mí, lo que tienes es gripe y no un resfriado. *To me, what you have is the flu, not a cold.*
Employment *(for)*	Mi hijo trabaja **para** una empresa farmacéutica. *My son works for a pharmaceutical company.*

Expressions with *para*

no estar para bromas *to be in no mood for jokes*

no ser para tanto *to not be a big deal*

para colmo *to top it all off*

para que *so that*

para que (lo) sepas *just so you know*

para siempre *forever*

- Note that the expression **para que** is followed by the subjunctive.

    Te compré zapatos de tenis **para que** hagas ejercicio.
    I got you sneakers so that you will work out.

Ya va por el quinto café.

No hagan ruido, por si acaso está durmiendo.

Uses of *por*

Motion or a general location *(along; through; around; by)*	Me quebré la pierna corriendo **por** el parque. *I broke my leg running through the park.*
Duration of an action *(for; during; in)*	Estuvo en cama **por** dos meses. *He was in bed for two months.*
Reason or motive for an action *(because of; on account of; on behalf of)*	Rezó **por** su hijo enfermo. *She prayed for her sick child.*
Object of a search *(for; in search of)*	El enfermero fue **por** un termómetro. *The nurse went to get a thermometer.*
Means by which *(by; by way of; by means of)*	Consulté con el doctor **por** teléfono. *I consulted with the doctor by phone.*
Exchange or substitution *(for; in exchange for)*	Cambiamos ese tratamiento **por** uno nuevo. *We changed from that treatment to a new one.*
Unit of measure *(per; by)*	Tengo que tomar las pastillas cinco veces **por** día. *I have to take the pills five times a day.*
Agent (passive voice) *(by)*	La nueva política de salud pública fue anunciada **por** la prensa. *The new public health policy was announced by the press.*

Expressions with *por*

por ahora *for the time being*	**por lo general** *in general*
por allí/aquí *around there/here*	**por lo menos** *at least*
por casualidad *by chance*	**por lo tanto** *therefore*
por cierto *by the way*	**por lo visto** *apparently*
¡Por Dios! *For God's sake!*	**por más/mucho que** *no matter how much*
por ejemplo *for example*	**por otro lado/otra parte** *on the other hand*
por escrito *in writing*	**por primera vez** *for the first time*
por eso *therefore; for that reason*	**por si acaso** *just in case*
por fin *finally*	**por supuesto** *of course*

¡ATENCIÓN!

In many cases it is grammatically correct to use either **por** or **para** in a sentence. However, the meaning of each sentence is different.

Trabajó por su tío.
He worked for (in place of) his uncle.

Trabajó para su tío.
He worked for his uncle('s company).

TALLER DE CONSULTA

The passive voice is discussed in detail in **11.1,** p. 408.

Práctica

TALLER DE CONSULTA

MANUAL DE GRAMÁTICA
Más práctica

4.3 **Por** and **para**, p. A25

1 **Otra manera** Lee la primera oración y completa la segunda versión con **por** o **para**.

1. Mateo pasó el verano en Colombia con su abuela.
   Mateo fue a Colombia _____ visitar a su abuela.
2. Ella estaba enferma y quería la compañía de su nieto.
   Ella estaba enferma; _____ eso, Mateo decidió ir.
3. La familia le envió muchos regalos a la abuela.
   La familia envió muchos regalos _____ la abuela.
4. La abuela se alegró mucho de la visita de Mateo.
   La abuela se puso muy feliz _____ la visita de Mateo.
5. Mateo pasó tres meses en ese país.
   Mateo estuvo en Colombia _____ tres meses.

Cartagena, Colombia

2 **Carta de amor** Completa la carta con **por** y/o **para**.

De:	mateo25@tucorreo.com
A:	cata@tucorreo.com
Tema:	Noticias desde Cartagena

Mi amada Catalina:

(1) _____ fin encuentro un momento (2) _____ escribirte. Es que mi abuela me tiene a su lado (3) _____ horas y horas cada día, contándome historias de su niñez aquí en Cartagena. Poquito a poco va recuperándose, pero no sé de dónde saca tantas fuerzas (4) _____ hablar. Pero estoy aquí sólo (5) _____ ella, así que no me quejo de nada. En las tardes ella descansa y yo suelo caminar (6) _____ la playa y, (7) _____ supuesto, pienso en ti…

Hoy mi abuelita me pidió llamar (8) _____ teléfono a la clínica, pues le duele mucho el estómago y cree que es (9) _____ las otras medicinas que le recetó el cirujano. Mientras tío Javi la lleva a la clínica, yo iré al centro (10) _____ hacer unas compras. Ya sé lo que voy a comprar (11) _____ ti.
Ya pronto nos veremos…
Te amaré (12) _____ siempre…

Mateo

3 **Oraciones** Utiliza palabras de cada columna para formar oraciones lógicas.

MODELO Mi hermana preparó una cena especial para la fiesta.

caminar		él
comprar		la fiesta
jugar	por	mi mamá
hacer	para	su hermana
preparar		el parque

Practice more at **vhlcentral.com**.

Comunicación

4 **Soluciones** En parejas, comenten cuáles son las mejores maneras de lograr los objetivos de la lista. Sigan el modelo y utilicen **por** y **para**.

> **MODELO** Para tener buena salud, lo mejor es comer cinco frutas o verduras por día porque tienen muchas vitaminas.

concentrarse al estudiar	relajarse
divertirse	ser famoso/a
hacer muchos amigos	ser organizado/a
mantenerse en forma	tener buena salud

5 **Conversación** En parejas, elijan una de las situaciones y escriban una conversación. Utilicen **por** y **para,** y algunas de las expresiones de la lista.

A. Tu vecino, don José, ganó en un concurso unas vacaciones a Medellín, Colombia, pero él no puede ir. Está pensando en ti y en otro/a vecino/a. Convence a don José de que te dé a ti las vacaciones.

B. Hace un año que trabajas en una librería y nunca has tenido vacaciones. Habla con tu jefe/a y dile que quieres tomarte unas vacaciones de dos semanas. Tu jefe/a dice que ahora no puedes tomarte vacaciones y te da algunas razones. Explícale tú tus razones.

no es para tanto	por casualidad	por lo menos
para colmo	por eso	por lo tanto
para siempre	por fin	por supuesto

6 **Síntesis** En grupos de cuatro miren la foto e inventen una conversación. Deben usar por lo menos tres verbos en el subjuntivo, tres mandatos y tres expresiones con **por** o **para**. Dramaticen la conversación para el resto de la clase.

> **MODELO** — Quiero que me digas qué debo hacer para adelgazar.
> — ¡Bebe té verde por la mañana!

Antes de ver el corto

ATRAPADO

país Cuba

director Daniel Chile

duración 12 minutos

protagonistas Roldán, Ana, Rafael, Víctor

Vocabulario

el ataque cardiaco *heart attack*

la camilla *stretcher*

el cielorraso *ceiling*

dar(le) vueltas a un asunto *to beat around the bush*

el embarazo *pregnancy*

el/la enfermero/a *nurse*

la mesa de noche *nightstand*

el parto *birth*

el pedido *order*

ponerse para las cosas *(Cub.) to get your act together*

regañar *to scold*

1 **Oraciones incompletas** Completa las oraciones con palabras o expresiones apropiadas del vocabulario.

1. Julia tiene que _____ o no aprobará el examen.

2. María tuvo un _____ difícil, pero su hijo nació fuerte y sano.

3. Las _____ de la sala de emergencias estaban ocupadas.

4. Acaba de llegar el _____ que hice al supermercado.

5. El _____ asistió a la doctora durante la operación.

2 **Preguntas** En parejas, contesten las preguntas.

1. ¿Cómo creen que influyen las condiciones de una vivienda en la salud de una persona?

2. ¿Han estado en un hospital? Describan su experiencia.

3. ¿Les gusta la comida rápida? ¿Por qué?

4. ¿Saben qué hacer cuando una persona sufre un ataque cardiaco? Expliquen su respuesta.

5. ¿Cuál es su idea de bienestar?

3 **¿Qué sucederá?** En grupos, miren el fotograma e imaginen lo que va a ocurrir en la historia. Compartan sus ideas con la clase.

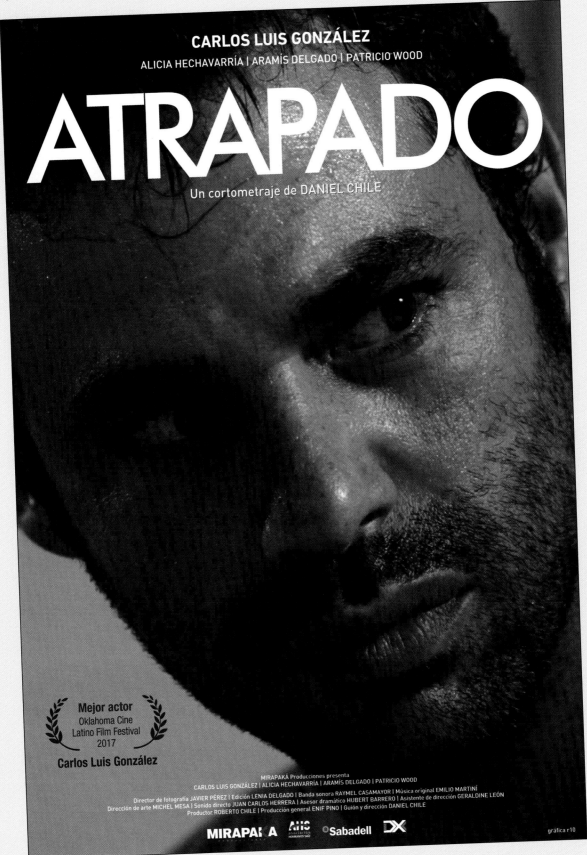

Escenas

ARGUMENTO Roldán es un repartidor de pizzas con una casa en ruinas y una esposa embarazada. La entrega de una pizza cambiará su vida.

ROLDÁN ¿Cómo te sientes?
ANA Mejor.
ROLDÁN Traje las cositas que me pediste. ¿Y cómo está mi princesa hoy?
ANA Ha estado intranquila.
ROLDÁN ¿Sí? Igualita a la madre. Ya me están localizando del trabajo. Me tengo que ir.

ANA Mi amor, ¿cómo va la reparación de la casa?
ROLDÁN Va bien.
ANA Tenemos que apurarnos, que ya está a punto de nacer. A lo mejor podemos pintar el cuarto de un rosadito claro y hacerle unas florecitas como en blanco o en beige…

RAFAEL Seis pedidos y mira la hora que tú te apareces. ¿Tú sabes cuánta gente quisiera trabajar aquí?
ROLDÁN Rafael, es que tengo un problema con la…
RAFAEL ¡No te aguanto ni una más! O te pones para las cosas o te saco de aquí.

ROLDÁN Víctor, ¿una pizza de jamón?
VÍCTOR Se demoraron bastante.
ROLDÁN ¿Usted está bien?

ROLDÁN Señor, ¿qué le pasa? Dígame, ¿qué hago?, ¿a quién llamo?
VÍCTOR Tráeme las pastillas.
ROLDÁN ¿Dónde están?
VÍCTOR En la mesita de noche.

ANA Roldán, ¿pasó algo con la casa? ¿Qué te pasa?

Después de ver el corto

1 **Comprensión** Contesta las preguntas con oraciones completas.

1. ¿Cuál es el trabajo de Roldán?
2. ¿Por qué Rafael regaña a Roldán?
3. ¿Por qué Víctor se cae al suelo?
4. ¿Qué le pide Víctor a Roldán después de caer al suelo?
5. ¿Qué encuentra Roldán en la mesa de noche de Víctor?
6. ¿Qué hace Roldán con lo que encuentra?
7. ¿Cuántos hijos acaban de tener Ana y Roldán?

2 **Ampliación** Contesta las preguntas.

1. ¿En qué crees que piensa Roldán cuando Ana le habla de la reparación de la casa?
2. Cuando Víctor habla por teléfono con su empleado, ¿cómo lo trata? ¿Crees que eso influye en la decisión que toma Roldán más tarde?
3. ¿Por qué piensas que Roldán tarda tanto tiempo en darle las pastillas a Víctor?
4. ¿En qué crees que piensa Roldán cuando ve a su hija recién nacida?
5. ¿Piensas que Roldán le va a contar a Ana lo que pasó en casa de Víctor? ¿Por qué?
6. ¿Qué crees que va a pasar con Roldán?

3 **Ana** En parejas, imaginen la vida de Ana en el hospital. Contesten las preguntas y, luego, compartan sus ideas con el resto de la clase.

1. ¿Por qué se encuentra Ana hospitalizada?
2. ¿Cuánto tiempo creen que lleva Ana en el hospital?
3. ¿Quién ayuda a Ana en la habitación del hospital?
4. Además de Roldán, ¿piensan que alguien más va al hospital a visitar a Ana?
5. ¿Cómo creen que se siente Ana?

4 **Bienestar** En parejas, imaginen que Roldán decide contarle a Ana lo que pasó en casa de Víctor. Según él, lo hizo por el bienestar de su familia. Piensen en estas preguntas y ensayen una conversación entre Ana y Roldán. Represéntenla en clase.

- ¿Cómo reacciona Ana ante el relato de Roldán?
- Después de escucharlo y de pensar en la situación, ¿estás de acuerdo o en desacuerdo con sus razones?
- ¿Hay otra(s) forma(s) de asegurar el bienestar de la familia?
- ¿Está arrepentido Roldán?
- ¿Roldán devuelve el dinero?

5 **En el hospital** En grupos, imaginen que son los/las médicos/as de Ana y de Víctor. ¿Qué recomendaciones le pueden dar a Ana en su embarazo? ¿Qué consejos tienen para Víctor en relación con la salud de su corazón?

"Cuando sientes que la mano de la muerte
se posa sobre el hombro, la vida se ve
iluminada de otra manera…

José Martí

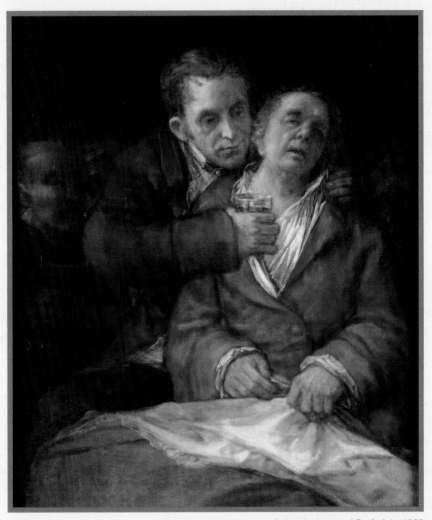

Autorretrato con el Dr. Arrieta, 1820
Francisco de Goya, España

  Interpretar En parejas, contesten estas preguntas.

1. ¿Qué ven en este cuadro?
2. ¿Cómo es la atmósfera del cuadro y qué sensación les produce?
3. ¿En qué lugar creen que están los personajes del cuadro? Expliquen sus respuestas.
4. ¿Qué imaginan que contiene el vaso que ofrecen al personaje y para qué les parece que sirve?
5. ¿Por qué creen que se ven esas personas alrededor de los personajes centrales?

Practice more at **vhlcentral.com**.

Antes de leer

Mujeres de ojos grandes

Sobre la autora

Ángeles Mastretta nació en Puebla, México, en 1949. Estudió periodismo y colaboró en periódicos y revistas: "Escribía de todo: de política, de mujeres, de niños, de lo que veía, de lo que sentía, de literatura, de cultura, de guerra". Su primer libro fue de poemas: *La pájara pinta* (1978), pero fue *Arráncame la vida* (1985), su primera novela, la que le dio fama y reconocimiento. En 1997 fue la primera mujer en ganar el Premio Rómulo Gallegos con su novela *Mal de amores*. En su obra habla sobre la psicología de la mujer. *Mujeres de ojos grandes* está compuesto de relatos sobre mujeres que muestran "el poder que tienen en sus cosas y el poder que tienen para hacer con sus vidas lo que quieran, aunque no lo demuestren. Son mujeres poderosas que se saben poderosas pero no lo ostentan (*boast*)".

Vocabulario

los adelantos *advances*	el/la enfermero/a *nurse*	el ombligo *navel*
la aguja *needle*	el hallazgo *discovery*	la pena *sorrow*
la cordura *sanity*	la insensatez *senselessness*	el regocijo *joy*
desafiante *challenging*	latir *to beat*	la terapia intensiva *intensive care*

---

① **La historia de Julio** Completa el párrafo con las palabras apropiadas.

Julio prefería una vida (1) _____ que no lo aburriera. Sin embargo, al perder todo por la caída de la bolsa (*stock market crash*), Julio —siempre una persona tan sensata— perdió la (2) _____. Después de unos meses, los síntomas desaparecieron para gran (3) _____ de la familia. Sin embargo, pensar en su trabajo lo llenaba de (4) _____ y en su corazón latía el deseo de hacer algo nuevo. Tan agradecido estaba con los médicos que decidió estudiar para ser (5) _____.

② **Conexión personal** Cuando te sientes enfermo/a, ¿intentas curarte por tus propios medios? ¿Alguna vez estuviste en un hospital? ¿Confías en la medicina tradicional o has probado la medicina alternativa? ¿Crees que la ciencia puede resolverlo todo?

③ **Análisis literario: el símil o la comparación**

El símil, o la comparación, es un recurso literario que consiste en comparar una cosa con otra por su semejanza, parecido o relación. De esa manera, se logra mayor expresividad. Implica el uso del término comparativo explícito: **como**. Por ejemplo: "*ojos grandes* **como** *lunas*". Crea algunas comparaciones con estos pares de palabras o inventa tus propias comparaciones: muerte/noche, rostro/fantasma, mejillas/manzanas, hombre/ratón, lugar/cementerio.

 Practice more at **vhlcentral.com**.

Mujeres de ojos grandes

Último cuento; sin título

Ángeles Mastretta

Tía Jose Rivadeneira tuvo una hija con los ojos grandes como dos lunas, como un deseo. Apenas colocada en su abrazo, todavía húmeda y vacilante°, la niña mostró los ojos y algo en las alas° de sus labios que parecía pregunta.

unsteady
wings

—¿Qué quieres saber? —le dijo tía Jose jugando a que entendía ese gesto.

Como todas las madres, tía Jose pensó que no había en la historia del mundo una criatura tan hermosa como la suya. La deslumbraban° el color de su piel, el tamaño de sus pestañas° y la placidez con que dormía. Temblaba de orgullo imaginando lo que haría con la sangre y las quimeras° que latían en su cuerpo.

dazzled
eyelashes

fancy ideas

Se dedicó a contemplarla con altivez° y regocijo durante más de tres semanas. Entonces la inexpugnable° vida hizo caer sobre la niña una enfermedad que en cinco horas convirtió su extraordinaria viveza° en un sueño extenuado° y remoto° que parecía llevársela de regreso a la muerte.

pride

impregnable

liveliness/ exhausted far off

Cuando todos sus talentos curativos no lograron mejoría alguna, tía Jose, pálida de terror, la cargó hasta el hospital. Ahí se la quitaron de los brazos y una docena de médicos y enfermeras empezaron a moverse agitados y confundidos en torno a la niña. Tía Jose la vio irse tras una puerta que le prohibía la entrada y se dejó caer al suelo incapaz de cargar consigo misma y con aquel dolor como un acantilado°.

cliff

Ahí la encontró su marido, que era un hombre sensato y prudente como los hombres acostumbran fingir° que son. La ayudó a levantarse y la regañó° por su falta de cordura y esperanza. Su marido confiaba en la ciencia médica y hablaba de ella como otros hablan de Dios. Por eso lo turbaba° la insensatez en que se había colocado su mujer, incapaz de hacer otra cosa que llorar y maldecir° al destino.

to pretend
scolded

bothered

to curse

Aislaron a la niña en una sala de terapia intensiva. Un lugar blanco y limpio al que las madres sólo podían entrar media hora diaria. Entonces se llenaba de oraciones° y ruegos.

prayers

Todas las mujeres persignaban° el rostro de sus hijos, les recorrían el cuerpo con estampas y agua bendita°, pedían a todo Dios que los dejara vivos. La tía Jose no conseguía sino llegar junto a la cuna° donde su hija apenas respiraba para pedirle: "no te mueras". Después lloraba y lloraba sin secarse los ojos ni moverse hasta que las enfermeras le avisaban que debía salir.

crossed

holy

crib

Entonces volvía a sentarse en las bancas cercanas a la puerta, con la cabeza sobre las piernas, sin hambre y sin voz, rencorosa° y arisca°, ferviente° y desesperada. ¿Qué podía hacer? ¿Por qué tenía que vivir su hija? ¿Qué sería bueno ofrecerle a su cuerpo pequeño lleno de agujas y sondas° para que le interesara quedarse en este mundo? ¿Qué podría decirle para convencerla de que valía la pena hacer el esfuerzo en vez de morirse?

spiteful

surly/ fervent

probes; catheters

Una mañana, sin saber la causa, iluminada sólo por los fantasmas de su corazón, se le acercó a la niña y empezó a contarle las historias de sus antepasadas°. Quiénes habían sido, qué mujeres tejieron° sus vidas con qué hombres antes de que la boca y el ombligo de su hija se anudaran° a ella. De qué estaban hechas, cuántos trabajos° habían pasado, qué penas y jolgorios° traía ella como herencia. Quiénes sembraron con intrepidez° y fantasías la vida que le tocaba prolongar.

(female) ancestors wove

tied

hardships

fun

bravery

Durante muchos días recordó, imaginó, inventó. Cada minuto de cada hora disponible habló sin tregua° en el oído de su hija. Por fin, al atardecer de un jueves, mientras contaba implacable alguna historia, su hija abrió los ojos y la miró ávida° y desafiante, como sería el resto de su larga existencia.

relentlessly

eager

El marido de tía Jose dio las gracias a los médicos, los médicos dieron gracias a los adelantos de su ciencia, la tía abrazó a su niña y salió del hospital sin decir una palabra. Sólo ella sabía a quiénes agradecer la vida de su hija. Sólo ella supo siempre que ninguna ciencia fue capaz de mover tanto, como la escondida en los ásperos° y sutiles° hallazgos de otras mujeres con los ojos grandes. ■

rough; harsh/ subtle

Después de leer

Mujeres de ojos grandes
Ángeles Mastretta

1 **Comprensión** Contesta las siguientes preguntas con oraciones completas.

1. ¿Quiénes son los tres personajes principales de este relato?
2. ¿Tía Jose lleva inmediatamente a su hija al hospital?
3. ¿Qué piensa el marido de la ciencia de los médicos y del comportamiento de su esposa?
4. ¿Qué historias le cuenta tía Jose a su hija? ¿Son todas reales?
5. Para el padre de la niña, ¿qué o quién le salvó la vida? ¿Y para tía Jose?

2 **Análisis** Lee el relato nuevamente y contesta las preguntas.

1. Los ojos de la hija de tía Jose son "grandes como dos lunas, como un deseo". ¿Por qué se eligen estos dos términos para la comparación? ¿Puedes encontrar otras comparaciones en el cuento?
2. La expresión "las alas de sus labios" es un recurso ya analizado. ¿Cómo se llama?
3. En el hospital, la niña es llevada lejos de su madre, "tras una puerta que le prohibía la entrada". ¿A qué lugar se refiere?
4. Tía Jose comienza a contarle historias a su hija "iluminada por los fantasmas de su corazón". Reflexiona: ¿los fantasmas se asocian con la luz o con la oscuridad? ¿A quiénes se refiere la palabra "fantasmas" en el relato?

3 **Interpretación** En parejas, respondan las preguntas.

1. El personaje de la tía Jose pierde la voz ante la enfermedad de su hija. ¿Cómo recupera la voz? ¿Por qué?
2. La hija de tía Jose tiene ojos grandes, al igual que las mujeres de los relatos que le cuenta su madre. ¿Qué creen que simboliza esto?
3. El padre agradece a los médicos por haber salvado a la niña; los médicos agradecen a la ciencia. ¿Por qué tía Jose "salió del hospital sin decir una palabra"?
4. ¿Qué creen que salvó la vida de la niña? ¿Conocen algún caso de recuperación asombrosa en la vida real?

4 **Debate** Formen dos grupos: uno debe hacer una lista de los argumentos que usó el marido de tía Jose para tranquilizarla en el hospital; el otro grupo debe imaginar cuáles eran las razones de las mujeres que rezaban (*prayed*) para sanar a sus hijos. Después, organicen un debate para discutir las alternativas, defendiendo su argumento y señalando las debilidades del argumento contrario.

5 **Historias** Redacta una de las historias que la tía Jose le contó a su hija. Utiliza algunos de los usos de **por** y **para**. Incluye por lo menos dos símiles.

 Practice more at **vhlcentral.com**.

Antes de leer

Vocabulario

la aldea *village*	**los gusanos** *worms*
la batalla *battle*	**la mosca** *fly*
la ceguera *blindness*	**el oro** *gold*
el chiripazo *coincidence*	**la picadura** *bite*
el ciclo vital *life cycle*	**rascar(se)** *to scratch (oneself)*
de hecho *in fact*	**el tráfico de esclavos** *slave trade*
el estibador de puerto *longshoreman*	

1 **Oraciones incompletas** Completa las oraciones con las palabras adecuadas.

1. Los insectos cambian de forma durante su _____.
2. ¡No te bebas ese jugo, tiene una _____ dentro!
3. Él tiene una _____ de mosquito en el brazo y no para de _____.
4. No estoy enfermo, ¡_____, me siento muy bien!
5. Gracias a la ciencia algunas personas con _____ recuperan la visión.
6. El _____ es un metal precioso y muy caro.
7. El _____ es una de las mayores tragedias de la humanidad.
8. Una _____ es una comunidad rural donde viven pocas personas.

2 **Conexión personal** Responde estas preguntas:¿Puedes pensar en alguna enfermedad que afecta a tu comunidad o a un grupo que conoces? ¿Ha recibido la comunidad alguna ayuda?

Contexto cultural

Colombia es un país en el que convergen múltiples culturas. Muestra de esta diversidad es la coexistencia de la medicina convencional y de las tradiciones medicinales indígenas. Científicos como **Rodolfo Llinás**, reconocido por sus aportes al campo de la neurociencia y por sus avances en la cura del cáncer y del alzhéimer, y **Manuel Elkin Patarroyo**, mundialmente famoso por su trabajo en el desarrollo de la vacuna contra la malaria, destacan en el campo de la medicina convencional. Sin embargo, en Colombia existe también otra visión muy diferente de la medicina: muchas de las comunidades indígenas del país cuentan con **curanderos** (*healers*). Según éstos, las enfermedades se producen por el desequilibrio (*imbalance*) entre el hombre, su entorno (*environment*) y el cosmos. Por esta razón, para curar las enfermedades, acuden a diversos rituales que buscan devolver el equilibrio y la armonía a las personas enfermas. ¿Qué piensas tú de estos dos enfoques de la medicina?

Colombia gana la guerra a una vieja enfermedad

Quien haya hecho una excursión por un bosque del noroeste de Norteamérica a finales de primavera sabrá lo que es la mosca negra: un insecto que se reproduce en los ríos y cuya picadura causa una pequeña inflamación rojiza, y poco más. Aunque en Nortemérica la mosca negra
5 no es peligrosa, en Suramérica provoca la llamada "ceguera de los ríos", una cruel enfermedad con la que se lucha en más de treinta países. Colombia se ha convertido en el primero de ellos en ganar la batalla.

¿Por qué cruel? La oncocercosis, o ceguera de los ríos, es básicamente una invasión de gusanos que entran en el cuerpo humano a través de la picadura de la mosca negra. Estos gusanos se reproducen y generan miles de larvas que emigran a todas partes del cuerpo por debajo de la piel. Esto hace que la infección sea tan desagradable. Según el doctor Donald Bundy, coordinador del Banco Mundial para el Control de la Oncocercosis, es común ver que en las aldeas afectadas las personas se rascan constantemente, razón por la cual terminan con cortes terribles en la piel. Con el paso de los años, esas larvas viajeras pasan de la piel a los ojos y cubren la córnea causando ceguera.

Después del glaucoma, la oncocercosis es la principal causa de ceguera a nivel mundial. Según la Organización Mundial de la Salud (OMS),° la oncocercosis afecta a 37 millones de personas en el mundo, de las cuales 300.000 ya han quedado completamente ciegas° . Casi todos los casos de oncocercosis se dan° en África; de hecho, se cree que esta enfermedad llegó al Nuevo Mundo a principios del siglo XVIII con el tráfico de esclavos. Actualmente, la enfermedad es parte de la realidad de muchas comunidades de países como Ecuador, Venezuela, México y Guatemala, y también de Colombia. Allí se descubrió en 1965 cuando un estibador de puerto llegó a la consulta del médico con una infección en los ojos. Casualmente,° el doctor que lo vio había estudiado oftalmología tropical en Francia. Enseguida, diagnosticó su enfermedad: oncocercosis.

"Fue un chiripazo", dice la doctora Gloria Palma, del Centro Internacional de Entrenamiento e Investigaciones Médicas (CIDEIM) de Colombia, quien asegura que estuvieron buscando la enfermedad en el sitio equivocado. Según Palma, el Instituto Nacional de Salud llevaba años buscando la enfermedad por la zona norte del país y había planes para ir a buscarla en el Pacífico.

La aparición del primer caso permitió centrar la búsqueda en la región del río Chuaré, Cauca. Finalmente, el foco de la ceguera de los ríos apareció en la comunidad de Nacioná, en el municipio° de López de Micay, una zona de difícil acceso. La economía de esta comunidad se ha basado, principalmente, en la extracción de oro en el propio río donde vive y se reproduce la mosca negra.

Una vez localizado el foco de la enfermedad había que dar el siguiente paso°: eliminarla. La estrategia para conseguirlo fue tratar a la población de la zona afectada con un medicamento llamado Ivermectina, donado por la empresa farmacéutica Merck. El tratamiento con este medicamento empezó en 1996 y continuó cada seis meses, hasta que en 2007 se comprobó que la mosca negra ya no transmitía el parásito. Pero eso no era suficiente. Había que demostrar que, tres años después, no hubiera ningún caso nuevo, y que el ciclo vital del parásito a través de la mosca negra y el hombre estaba definitivamente interrumpido. Y así fue: en 2011 la enfermedad se declaró oficialmente eliminada de Colombia. Misión cumplida. ■

World Health Organization (WHO)

blind

occur

coincidentally

township

to take the next step

10
15
20
25
30
35
40
45
50
55
60
65
70
75
80

La oncocercosis en Colombia

Mar Caribe • Atlántico • Guajira • Bolívar • Magdalena • Sucre • Córdoba • Venezuela • Panamá • Océano Pacífico • López de Micay • río Chuaré • Cauca • Brasil

Zonas de búsqueda°
Foco de la enfermedad

búsqueda *search*

Después de leer

Colombia gana la guerra a una vieja enfermedad

(1) **Comprensión** Contesta las preguntas con oraciones completas.

1. ¿Qué es la oncocercosis?
2. ¿Qué otro nombre recibe la oncocercosis?
3. ¿Cuándo se cree que llegó la oncocercosis al Nuevo Mundo?
4. ¿De qué continente se cree que procede la oncocercosis?
5. ¿Por qué se produce la oncocercosis cerca de los ríos?
6. ¿Cómo se eliminó la oncocercosis en Colombia?

(2) **Preguntas** Responde las preguntas con oraciones completas.

1. ¿Por qué se le llama "ceguera de los ríos" a la oncocercosis?
2. ¿Por qué muchos enfermos de oncocercosis tienen cortes en la piel?
3. ¿Por qué produce ceguera esta enfermedad?
4. ¿Cómo se cree que llegó esta enfermedad al Nuevo Mundo?
5. ¿Al comienzo, en qué lugar estaba buscando la enfermedad el Instituto Nacional de Salud de Colombia?
6. ¿En qué otros lugares las comunidades deben enfrentarse a esta enfermedad?
7. ¿Por qué estaban expuestos a la picadura de la mosca los habitantes de Nacioná?
8. ¿Qué crees que hay que hacer para eliminar esta enfermedad en todo el mundo?

(3) **Hipocondríaco** Imagina que visitas Nacioná con un(a) amigo/a y que lo pica una mosca negra. Tu amigo/a se pone muy nervioso/a porque cree que se va a quedar ciego/a. Inventen una conversación sobre lo que sucede a continuación.

> **MODELO** —¡Me picó una mosca! ¡Voy a quedarme ciego!
> —No te preocupes, aquí ya no hay oncocercosis.

(4) **Campaña** En grupos, creen una campaña para combatir una enfermedad que conozcan. Elijan un país afectado y desarrollen un cartel informativo con la siguiente información. Utilicen la gramática de la lección. Después, presenten los carteles a la clase.

- definición de la enfermedad
- síntomas de la enfermedad
- cómo se transmite la enfermedad
- cómo se cura
- cómo se puede prevenir
- qué repercusión tiene la eliminación de esa enfermedad a nivel mundial

(5) **Debate** En grupos de cuatro, debatan sobre las implicaciones que puede tener la utilización de animales en las investigaciones para encontrar la cura de enfermedades. Compartan sus conclusiones con la clase.

 Practice more at **vhlcentral.com**.

Atando cabos

¡A conversar!

La nueva cafetería Trabajen en grupos de cuatro. Imaginen que son consultores/as contratados/as por una escuela o universidad para diseñar una nueva cafetería que cumpla con los objetivos del recuadro. Presenten su plan a la clase.

Objetivos de la nueva cafetería

- brindar a los estudiantes un espacio para socializar y relajarse
- ofrecer una selección de alimentos que sea atractiva, pero que, al mismo tiempo, sea saludable y lo más natural posible
- informar a los estudiantes acerca de temas relacionados con la salud, la alimentación y el bienestar a través de afiches y otros elementos visuales

¡A escribir!

Un decálogo Imagina que eres médico/a. Sigue el **Plan de redacción** para escribir un decálogo en el que das diez consejos generales a tus pacientes para que lleven una vida sana.

Plan de redacción

Preparación: Prepara un esquema (*outline*) con los diez consejos más importantes.

Título: Elige un título para el decálogo.

Contenido: Escribe los diez consejos. Utiliza el subjuntivo o el imperativo en todos los consejos. Puedes incluir la siguiente información.

- qué alimentos se deben comer y cuáles se deben evitar
- cuántas comidas se deben consumir al día
- cuántas horas se debe dormir
- qué hábitos se deben evitar

Cuídese:

1. Haga ejercicio tres veces a la semana como mínimo.

2. Es importante que no consuma muchas grasas.

3. Es esencial que...

Vocabulary Tools

Los síntomas y las enfermedades

la depresión	depression
la enfermedad	disease; illness
la gripe	flu
la herida	injury
el malestar	discomfort
la obesidad	obesity
el resfriado	cold
la respiración	breathing
la tensión (alta/baja)	(high/low) blood pressure
la tos	cough
el virus	virus
contagiarse	to become infected
desmayarse	to faint
empeorar	to get worse
enfermarse	to get sick
estar resfriado/a	to have a cold
lastimarse	to get hurt
permanecer	to remain
ponerse bien/mal	to get well/sick
sufrir (de)	to suffer (from)
tener buen/mal aspecto	to look healthy/sick
tener fiebre	to have a fever
toser	to cough
agotado/a	exhausted
inflamado/a	inflamed
mareado/a	dizzy

La salud y el bienestar

la alimentación	diet (nutrition)
la autoestima	self-esteem
el bienestar	well-being
el estado de ánimo	mood
la salud	health
adelgazar	to lose weight
dejar de fumar	to quit smoking
descansar	to rest
engordar	to gain weight
estar a dieta	to be on a diet

mejorar(se)	to improve
prevenir (e:ie)	to prevent
relajarse	to relax
trasnochar	to stay up all night
sano/a	healthy

Los médicos y el hospital

la cirugía	surgery
el/la cirujano/a	surgeon
la consulta	doctor's appointment
el consultorio	doctor's office
la operación	operation
los primeros auxilios	first aid
la sala de emergencias	emergency room

Las medicinas y los tratamientos

el analgésico	painkiller
la aspirina	aspirin
el calmante	sedative; painkiller
los efectos secundarios	side effects
el jarabe	syrup
la pastilla	pill
la receta	prescription
el tratamiento	treatment
la vacuna	vaccine
la venda	bandage
el yeso	cast
curarse	to heal; to be cured
poner(se) una inyección	to give/get a shot
recuperarse	to recover
sanar	to heal
tratar	to treat
vacunar(se)	to vaccinate/to get vaccinated
curativo/a	healing

Más vocabulario

Expresiones útiles	Ver p. 127
Estructura	Ver pp. 134-136, 140-141 y 144-145

Cinemateca

el ataque cardiaco	heart attack
la camilla	stretcher
el cielorraso	ceiling
el embarazo	pregnancy
el/la enfermero/a	nurse
la mesa de noche	nightstand
el parto	birth
el pedido	order
dar(le) vueltas a un asunto	to beat around the bush
ponerse para las cosas	(Cub.) to get your act together
regañar	to scold

Literatura

los adelantos	advances
la aguja	needle
la cordura	sanity
el/la enfermero/a	nurse
el hallazgo	discovery
la insensatez	senselessness
el ombligo	navel
la pena	sorrow
el regocijo	joy
la terapia intensiva	intensive care
latir	to beat
desafiante	challenging

Cultura

la aldea	village
la batalla	battle
la ceguera	blindness
el chiripazo	coincidence
el ciclo vital	life cycle
de hecho	in fact
el estibador de puerto	longshoreman
los gusanos	worms
la mosca	fly
el oro	gold
la picadura	bite
el tráfico de esclavos	slave trade
rascar(se)	to scratch (oneself)

Los viajes

Communicative Goals

You will expand your ability to...

- make comparisons
- use negative, affirmative, and indefinite expressions
- express uncertainty and indefiniteness

Vocabulary Tools

Los viajes

De viaje

Para sus vacaciones, Cecilia y Juan **hicieron un viaje** al Caribe. El último día decidieron descansar en la piscina antes de **hacer las maletas**. Se durmieron... ¡y **perdieron el vuelo**! De todos modos, no querían **regresar.**

la bienvenida *welcome*
la despedida *farewell*
el destino *destination*
el itinerario *itinerary*
la llegada *arrival*

el pasaje (de ida y vuelta) *(round-trip) ticket*
el pasaporte *passport*
la tarjeta de embarque *boarding pass*
la temporada alta/baja *high/low season*
el/la viajero/a *traveler*

hacer las maletas *to pack*
hacer transbordo *to transfer (planes/trains)*
hacer un viaje *to take a trip*
ir(se) de vacaciones *to go on vacation*
perder (e:ie) (el vuelo) *to miss (the flight)*
regresar *to return*

a bordo *on board*
retrasado/a *delayed*
vencido/a *expired*
vigente *valid*

El alojamiento

el albergue *hostel*
el alojamiento *lodging*
la habitación individual/doble *single/double room*
la recepción *front desk*
el servicio de habitación *room service*

alojarse *to stay*
cancelar *to cancel*
estar lleno/a *to be full*
quedarse *to stay*
reservar *to reserve*

de (buena) categoría *first-rate*
incluido/a *included*
recomendable *advisable*

La seguridad y los accidentes

el accidente (automovilístico) *(car) accident*
el/la agente de aduanas *customs agent*
el aviso *notice; warning*
el cinturón de seguridad *seat belt*
el congestionamiento *traffic jam*
las medidas de seguridad *security measures*
la seguridad *safety; security*
el seguro *insurance*

aterrizar *to land*
despegar *to take off*
ponerse/quitarse el cinturón *to fasten/to unfasten the seat belt*
reducir (la velocidad) *to reduce (speed)*

peligroso/a *dangerous*
prohibido/a *prohibited*

Las excursiones

Después de **recorrer** el canal de Panamá, el **crucero navegó** hasta un **puerto** de Costa Rica, donde los viajeros pudieron disfrutar de dos días de **ecoturismo**.

la aventura *adventure*
el/la aventurero/a *adventurer*
la brújula *compass*
el buceo *scuba diving*
el campamento *campground*
el crucero *cruise (ship)*
el (eco)turismo *(eco)tourism*
la excursión *outing; tour*
la frontera *border*
el/la guía turístico/a *tour guide*
la isla *island*

las olas *waves*
el puerto *port*
las ruinas *ruins*
la selva *jungle*
el/la turista *tourist*

navegar *to sail*
recorrer *to tour*

lejano/a *distant*
turístico/a *tourist (adj.)*

Práctica

1 **Escuchar**

A. Escucha lo que dice Julia, una guía turística, y después marca las oraciones que contienen la información correcta.

1. a. Los turistas llegaron hace una semana.
   b. La guía turística les da la bienvenida.
2. a. Los turistas van a ir al campamento en autobús.
   b. Los turistas van a ir al campamento en tren.
3. a. Los turistas se van a alojar en un campamento.
   b. Los turistas van a ir a un albergue.
4. a. El destino es una isla.
   b. El destino es la selva.
5. a. Les van a dar el itinerario mañana.
   b. El itinerario se lo darán la semana que viene.

B. Dos aventureros se separaron del grupo y tuvieron problemas. Escucha la conversación telefónica entre Mariano y el agente de viajes, y después contesta las preguntas.

1. ¿Qué les ha pasado a Mariano y a su novia?
2. ¿Adónde iban ellos cuando tuvieron el accidente?
3. ¿Quién fue el responsable del accidente? ¿Por qué?
4. ¿Tienen que pagar por los gastos médicos?
5. ¿Qué ha decidido la pareja?

2 **Significados** Escribe la palabra adecuada para cada definición.

1. documento necesario para ir a otro país
   _____
2. las forma el movimiento del agua del mar
   _____
3. vacaciones en un barco _____
4. instrumento que dice dónde está el norte
   _____
5. línea que separa dos países _____
6. lugar del hotel donde te dan las llaves de la habitación _____
7. documento necesario para poder subir a un avión _____
8. lo contrario de vencido _____
9. lugar rodeado de agua _____

Práctica

3 **Oraciones incompletas** Completa las oraciones con las palabras apropiadas de **Contextos**.

1. Si vas a estar solo/a en el hotel, tomas una habitación _____.

2. Cuando hay muchos coches en la calle al mismo tiempo, se producen _____.

3. Los barcos, cuando llegan a tierra, se amarran (*dock*) en los _____.

4. Si vas a viajar a otro país, tienes que comprobar que tu pasaporte no esté _____.

5. El deporte que se practica debajo del agua del mar es el _____.

4 **Planes** Completa la conversación con las palabras adecuadas del recuadro. Haz los cambios que sean necesarios.

a bordo	navegar	reservar
lleno/a	recorrer	retrasado/a

MAR ¿Qué quieres hacer hoy? ¿Quieres ir al crucero que (1) _____ las islas de la zona?

PEDRO ¿No hay que llamar antes para (2) _____ las plazas (*seats*)?

MAR No creo que el barco esté (3) _____. Espera, llamo por teléfono…

MAR ¡Tenemos suerte! El barco está (4) _____, ahora sale a las diez y media. Tenemos que estar (5) _____ a las diez. ¡En marcha!

PEDRO Perfecto, me gusta la idea. Hoy es un buen día para (6) _____.

5 **De viaje** En parejas, utilicen palabras y expresiones de **Contextos** para escribir oraciones completas sobre cada dibujo. Sigan el modelo.

MODELO Primero, Eva hizo las maletas. Metió camisetas, un traje de baño y…

1.

2.

3.

4.

5.

6.

S Practice more at **vhlcentral.com**.

Comunicación

6 **Problemas** En parejas, representen una de estas situaciones. Den detalles, excusas y razones, y traten de buscar una solución al problema. Luego, representen la situación ante la clase.

1. **ESTUDIANTE 1** Eres un(a) huésped en un hotel que está muy sucio. No te gusta el servicio de habitación y además hace demasiado calor en tu cuarto.

   ESTUDIANTE 2 Tu tío te ha dejado a cargo de su hotel. Es temporada alta y, como el hotel está lleno, tienes mucho trabajo. No sabes qué hacer.

2. **ESTUDIANTE 1** Llegas al aeropuerto y te das cuenta de que dejaste el pasaporte en tu casa. Además, en la ciudad hay mucho congestionamiento.

   ESTUDIANTE 2 Eres taxista en el aeropuerto. Como has estado muy estresado/a, el médico te ha recomendado no apurarte por ningún motivo.

3. **ESTUDIANTE 1** Ibas manejando y has tenido un accidente. Te bajas del carro para hablar con el/la otro/a conductor(a). No tienes los papeles del seguro.

   ESTUDIANTE 2 Ibas manejando y has tenido un accidente. No llevabas el cinturón de seguridad y te has roto una pierna.

7 **¡Bienvenidos!**

A. En grupos de cuatro, imaginen que trabajan en la Oficina de Turismo de su ciudad. Tienen que organizar una visita turística de tres días. Conversen sobre las preguntas de la lista y luego preparen un itinerario detallado para los turistas.

- ¿Quiénes son los/las turistas?
- ¿A qué aeropuerto o estación llegan?
- ¿En qué hotel se alojan?
- ¿Qué excursiones pueden hacer?
- ¿Qué lugares exóticos hay para visitar?
- ¿Adónde pueden ir con un(a) guía turístico/a?
- ¿Pueden navegar en algún mar, lago o río? ¿En cuál?
- ¿Qué museos, parques o edificios hay para visitar?
- ¿Qué deportes pueden practicar?

Tres días en Antigua Guatemala

B. Ahora, reúnanse con otro grupo y túrnense para explicar sus itinerarios. Un grupo representa a los empleados de la Oficina de Turismo y el otro a los turistas. Háganse preguntas específicas.

Video

Hasta ahora, en el video...

Ricardo compra un alebrije para Marcela, pero cuando se lo da, Marcela justo recibe una llamada telefónica importante. Marcela y Ricardo deben ir al hospital porque Lupita se desmayó. En este episodio verás cómo sigue la historia.

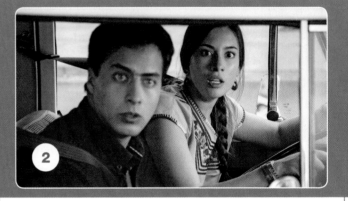

DOCTORA Jamás se me había desaparecido un paciente. ¡Nunca!

LORENZO ¿Cómo se fue así, sin avisar?

MANU ¿Qué esperabas, que dejara una nota bajo la almohada?

ROCÍO ¡Uy!, dejó una nota bajo la almohada. (*lee*) "Estoy agotada. La doctora me ordenó descansar, me voy de vacaciones a casa de mi hermana. Los quiero, Guadalupe."

Marcela ve a Lupita saliendo del hospital.

MARCELA ¡¿No es esa Lupita?!

MARCELA ¿Vacaciones?

LUPITA Me iría a un buen hotel, con todo incluido y servicio de habitación. Pero voy a casa de mi hermana, en Cuajimoloyas.

MARCELA Uno no se escapa del hospital, Lupita.

LUPITA Bueno, está bien, como digas (*se fija en Ricardo*). ¿No es usted el del avión?

RICARDO Es un dron, señora. Y sí, soy yo. Voy de excursión a Hierve el Agua.

LORENZO ¡Lupita! Hemos pasado un mal rato. ¡Nos tenías preocupadísimos!

ROCÍO Para salir del hospital, se requiere que te den de alta.

LORENZO Vamos. Descansa unos días, haz tu maleta y después te vas adonde quieras.

ROCÍO (*en voz baja, a Marcela*) ¿No es ése el espía?

MARCELA Después te cuento. (*a Ricardo*) Bueno, a Hierve el Agua.

Personajes

 DOCTORA
 LORENZO
 MANU
 ROCÍO
 RICARDO
 MARCELA
LUPITA

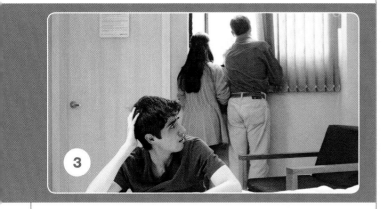

3

MANU No pasa nada, sólo fue a casa de su hermana.

ROCÍO Dejó una nota, ¿no? Tampoco es para tanto.
(mira por la ventana) ¡Lupita!

MANU ¿Qué?

ROCÍO ¡Se está subiendo a la Kombi!

6

RICARDO ¿Falta mucho para llegar? Recorrer este camino es peor de lo que había imaginado. ¡Quiero ir a un lugar que tenga una hermosa vista para volar mi dron!

MARCELA Estamos de excursión. ¡Disfruta la aventura!

RICARDO ¿Disfruta la aventura? ¡Éste no sólo es el peor camino en Oaxaca, sino que tú no eres la mejor conductora!

MARCELA *(enojada)* Bájate.

Expresiones útiles

Using comparatives and superlatives

Así puedes ir tan lento como quieras.
That way you can go as slowly as you want.

¡Nos tenías preocupadísimos!
You had us very worried!

Recorrer este camino es peor de lo que había imaginado.
Going this way is worse than I imagined.

¡Voy lentísimo!
I am going really slow!

Using negative, affirmative, and indefinite expressions

Jamás se me había desaparecido un paciente. ¡Nunca!
I never had a patient disappear. Ever!

¡No sólo eres un pesado, sino que también eres un llorón!
You are not only a pest, but you're also a crybaby!

¿Sin avisarle a nadie?
Without telling anybody?

Tampoco es para tanto.
It's not a big deal!

¿Te pasa algo?
Are you OK?

Additional vocabulary

abrocharse el cinturón *to fasten one's seat belt*
la almohada *pillow*
bajarse *to get down/out*
el camino de vuelta *way back*
dar el alta *to discharge (from the hospital)*
¡Claro que no! *Of course not!*
contratar *to hire*
¡No te metas! *Don't get involved!*
quejarse *to complain*
subirse *to get in*
tener derecho a *to have the right to*

Comprensión

1 Oraciones Completa las oraciones con la información correcta.

1. Lupita se va del hospital para irse de _____ a casa de su hermana.
2. Lupita deja una _____ debajo de la almohada.
3. Ricardo dice que contrató a Marcela como _____ turística.
4. Lupita dice que le gustaría irse a un _____ con todo incluido.
5. Ricardo dice que el camino a Hierve el Agua es _____ de lo que había imaginado.
6. Marcela se enoja porque Ricardo le dice que no es buena _____ .

2 Diálogos Identifica quién dice cada oración y, después, únela con otra oración de la columna opuesta para formar diálogos de la **Fotonovela**.

LORENZO   **LUPITA**   **MANU**   **MARCELA**   **ROCÍO**   **RICARDO**

_____ 1. ¡Cómo se fue así, sin avisar! ____

_____ 2. Te contraté como guía turística. ____

_____ 3. Voy a casa de mi hermana en Cuajimoloyas. ____

_____ 4. Oye, ¿no es usted el del avión? ____

_____ 5. ¿No es ése el espía? ____

_____ a. ¡Uno no se escapa del hospital, Lupita!

b. Después te cuento.

_____ c. ¡Claro que no! Me contrataste para darme un regalo.

_____ d. ¿Qué esperabas? ¿Que dejara una nota bajo la almohada?

e. ¡Es un dron, señora!

_____

3 Respuestas y preguntas

A. Completa las oraciones con verbos en subjuntivo, según el episodio de la **Fotonovela**.

1. Marcela odia que Lupita la _____ "niña".
2. La doctora le ordena a Lupita que _____ .
3. Lorenzo le dice a Lupita que _____ su maleta primero.
4. Ricardo le pide a Marcela que _____ más despacio.
5. Marcela le dice a Ricardo que _____ de la aventura.
6. Marcela se enoja y le pide a Ricardo que se _____ de la kombi.

B. Ahora, en parejas, comparen sus respuestas y túrnense para hacerse preguntas sobre las oraciones. Sigan el modelo.

MODELO   **ESTUDIANTE 1** ¿Qué odia Marcela?
ESTUDIANTE 2 Marcela odia que Lupita la llame "niña".

Ampliación

(4) ¿Qué tipo de viajero/a eres?

A. Elige una opción de la primera o de la segunda columna para cada número, según el tipo de viajero/a que seas. Si, por ejemplo, elegiste más opciones de la izquierda, formarás parte del equipo Lupita; si escogiste más de la derecha, serás del equipo Marcela.

Equipo Lupita		Equipo Marcela	
1. Hotel con todo incluido	☐	Campamento	☐
2. Visita a un museo	☐	Excursión a la montaña	☐
3. Viajar en avión	☐	Viajar en Kombi	☐
4. Guía turístico/a	☐	Mapa	☐
5. Piscina	☐	Río	☐

B. Reúnete con otra persona de tu equipo y preparen argumentos para defender el estilo de viajar escogido. Después, dividan la clase en los dos tipos de viajeros y hagan un debate sobre el mejor estilo de viajar.

(5) Apuntes culturales En parejas, lean los párrafos y contesten las preguntas.

Las vacaciones en los países hispanohablantes

Lupita necesita descansar, ¿y qué mejor manera que con unas vacaciones? En los países hispanohablantes, las vacaciones se suelen tomar en verano, en invierno, en Semana Santa (*Holy Week*) y en Navidad. En Semana Santa, el Jueves y el Viernes Santo (*Maundy Thursday and Good Friday*) son días feriados. Durante las navidades, las vacaciones normalmente van desde el día de Nochebuena (24 de diciembre) hasta el día de los Reyes Magos (6 de enero). Las vacaciones de verano suelen durar un mes y las de invierno, una semana.

El ecoturismo en Oaxaca

Ricardo contrata a Marcela para ir de excursión a Hierve el Agua, Oaxaca. Gracias a su biodiversidad, el estado de Oaxaca es un lugar ideal para hacer ecoturismo. Los visitantes pueden disfrutar de actividades como acampar en la selva de los Chimalapas, hacer ciclismo (*cycling*) y observar aves en Teotitlán del Valle, o admirar las cascadas (*waterfalls*) petrificadas en Hierve el Agua. Los más aventureros pueden hacer rapel en Ixtlán de Juárez o hacer un recorrido en tirolesa (*zip line*) por Cuajimoloyas. La mayoría de lugares ofrece alojamiento en cabañas (*cottages*), guías turísticos y alquiler de bicicletas.

Cuajimoloyas, Oaxaca

1. ¿Durante qué fechas tienes vacaciones?
2. ¿Qué sueles hacer durante tus vacaciones? ¿Qué planes tienes para tus próximas vacaciones?
3. ¿Alguna vez hiciste ecoturismo? Describe la experiencia.
4. De las actividades de ecoturismo mencionadas, ¿cuál te gustaría hacer? ¿Por qué?

CENTROAMÉRICA

En detalle

LA RUTA DEL CAFÉ

Los turistas que llegan a Finca° Esperanza Verde, "ecoalbergue" ubicado a 1.200 metros (4.000 pies) de altura en la selva tropical nicaragüense, descubren un paraíso natural con bosques, exuberantes montañas y aves tropicales. En este paraíso, los turistas pueden visitar un cafetal° y conocer los aspectos humanos y ecológicos que se conjugan° para que podamos disfrutar de algo tan simple como una taza de café.

El café, ese compañero de las mañanas, es el protagonista de la vida social, cultural y económica de Centroamérica. Para el visitante, esto salta a la vista apenas llega a estas tierras: el paisaje está cubierto de cafetales. Hoy día, dos terceras partes del café de todo el mundo son de origen americano.

Esta popular bebida llegó a América en el siglo XVIII. Pocos años después, su cultivo° se había extendido por México y Centroamérica. Los altibajos° en los precios del café han llevado a los productores centroamericanos a diversificar sus actividades: han iniciado el cultivo de café orgánico, han creado cooperativas de comercio justo° que buscan alcanzar° precios más equitativos° para productores y consumidores, y han promovido el ecoturismo.

El país pionero fue Costa Rica, que organizó la primera ruta del café, pero ya todos los países centroamericanos, y también algunos suramericanos, han creado sus rutas. Un día por una ruta del café suele constar de° una visita a las plantaciones de café, donde no sólo se conoce el proceso de cultivo y producción, sino que también se pueden tomar unas tazas de café. Después, se organizan almuerzos con platos típicos y, para terminar la jornada°, se visitan rutas históricas y pueblos cercanos donde los turistas pueden disfrutar del folklore local y comprar artesanías°. ■

La ruta del café en el siglo XVIII

Venecia 1615
Europa
Estambul 1555
Marsella 1644
Persia
Santo Domingo 1731
África
El Cairo 1510
Martinica 1730
Caribe
Etiopía

Finca *Farm* **cafetal** *coffee plantation* **se conjugan** *are combined* **cultivo** *cultivation* **altibajos** *ups and downs* **comercio justo** *fair trade* **alcanzar** *to reach* **equitativos** *equitable* **constar de** *to consist of* **jornada** *day* **artesanías** *handicrafts*

Los viajes

el turismo sostenible el turismo sustentable	*sustainable tourism*
el billete (Esp.) el boleto (Amér. L.)	*ticket*
el boleto redondo (Méx.)	*round-trip ticket*
la autopista (Esp.)	*turnpike; toll road*
la autovía (Esp.)	*highway*
la carretera (Esp.)	*road*
la burra (Gua.) la guagua (Carib.)	*bus*

De América al mundo

El tomate Su nombre se deriva de *tomatl*, una palabra del idioma náhuatl. Entró en Europa por la región de Galicia, en el noroeste de España, y se extendió luego a Francia e Italia. Los españoles y los portugueses lo difundieron° por el Oriente Medio, África, y Norteamérica.

El maíz Es uno de los cereales de mayor producción mundial junto con el trigo y el arroz. A pesar de las controversias acerca de su origen exacto, los investigadores coinciden en que los indígenas de América Central y México lo difundieron por el continente, los conquistadores lo introdujeron a Europa y los comerciantes lo llevaron a Asia y África.

La papa o patata Estudios científicos ubican el origen de la papa en Perú. En la actualidad, la papa se consume por todo el mundo, siendo Bielorrusia (Europa Oriental) el país donde más papas se consumen per cápita. Cada persona consume un promedio de 181 kilogramos (399 libras) al año.

difundieron *spread*

EL CANAL DE PANAMÁ

El canal de Panamá, una de las obras arquitectónicas más extraordinarias del planeta, une° los océanos Atlántico y Pacífico a través del istmo° de Panamá.

Es, a su vez, una ruta importantísima para la economía mundial, pues lo cruzan° más de 14.000 barcos por año, es decir, unos 270 barcos por semana. La monumental obra, construida por Estados Unidos entre 1904 y 1914, consta de dos lagos artificiales, varios canales, tres estructuras de compuertas° y una represa°. El Canal tiene en su recorrido varias esclusas°, cuya finalidad° es subir o bajar los barcos desde el nivel de uno de los océanos hasta el nivel del otro. Dependiendo del tránsito, la travesía° por este atajo° de 80 kilómetros (50 millas) puede demorar° hasta 10 horas. Panamá y Estados Unidos negociaron la entrega del canal a Panamá en 1977, que pasó a estar bajo control panameño el 31 de diciembre de 1999. El 26 de junio de 2016 se inauguró el Canal Ampliado, cuyas obras empezaron el 3 de septiembre de 2007. El objetivo de este proyecto de infraestructura fue duplicar la capacidad del Canal, de modo que puedan atravesarlo barcos de mayor tamaño. Para ello, se construyó otro juego de esclusas, de 16 compuertas rodantes y 18 tinas° de reutilización de agua. Esta ampliación costó más de cinco mil millones de dólares.

❝ Viajar es imprescindible y la sed de viaje, un síntoma neto de inteligencia. ❞ (Enrique Jardiel Poncela, escritor español)

une *links* **istmo** *isthmus* **cruzan** *cross* **compuertas** *floodgates* **represa** *dam* **esclusas** *locks* **finalidad** *purpose* **travesía** *crossing (by boat)* **atajo** *shortcut* **demorar** *last* **tinas** *pools*

¿Qué aprendiste?

1 **¿Cierto o falso?** Indica si estas afirmaciones son **ciertas** o **falsas**. Corrige las falsas.

1. El ecoalbergue Finca Esperanza Verde se encuentra en una zona montañosa de Costa Rica.

2. Los turistas que van a Finca Esperanza Verde pueden visitar un cafetal que se encuentra allí mismo.

3. La mitad del café mundial se produce en América.

4. El café es originario del continente americano.

5. El café llegó a América a través de México.

6. Los productores tuvieron que diversificar sus actividades debido a los bajos precios del café.

7. La finalidad de las cooperativas de comercio justo es ayudar a que los productores reciban un pago justo y los consumidores paguen precios razonables.

8. El primer país en crear una ruta del café fue Honduras.

9. Los turistas pueden visitar las plantaciones, pero no pueden presenciar el proceso de producción.

10. Los turistas que van a la ruta del café suelen visitar también las rutas históricas de la zona.

2 **Oraciones incompletas** Completa las oraciones con la información correcta.

1. El canal de Panamá está en manos panameñas _____.

2. El _____ permitió duplicar la capacidad del Canal y el paso de barcos de mayor tamaño.

3. La finalidad de las esclusas es subir o bajar los barcos _____.

4. En el Caribe, *guagua* significa _____.

5. _____ difundieron el tomate por el Oriente Medio.

3 **Preguntas** En parejas, contesten las preguntas.

1. ¿Qué papel tiene el café en tu cultura? ¿Tiene la misma importancia que en la cultura centroamericana?

2. ¿Prefieres productos ecológicos y productos que garantizan el comercio justo o compras productos comunes?

3. ¿Qué tipo de turismo sueles hacer? ¿Hiciste alguna vez ecoturismo?

4. ¿Qué alimentos provenientes de otros continentes forman parte de tu dieta?

4 **Opiniones** En grupos de tres, contesten estas preguntas: ¿Es bueno para los países recibir turismo? ¿Por qué? ¿Qué consecuencias tiene la llegada del turismo a ciertas zonas? ¿Qué beneficios tiene viajar?

⑤ Practice more at **vhlcentral.com**.

PROYECTO

Un viaje por la ruta del café

Busca información sobre una excursión organizada por una ruta del café. Imagina que vas a la excursión y escribe una pequeña descripción de un día de visita, basándote en la información que has encontrado.

Incluye información sobre:

- los platos típicos que comiste
- los pueblos que visitaste
- lo que aprendiste sobre el café
- lo que fue más interesante de la visita
- lo que compraste para llevar a casa

Video

¡Viajar y gozar!

Ya has visto algunos de los maravillosos lugares que puedes visitar en Latinoamérica. En este episodio de **Flash cultura**, conocerás cómo debes preparar todo para que tu viaje por Costa Rica sea seguro y placentero.

Corresponsal: Alberto Cuadra
País: Costa Rica

Los viajes requieren preparación; desde conseguir información de los sitios que vas a visitar y de las costumbres locales, hasta cómo conseguir las visas, los boletos y el cambio° de dinero.

VOCABULARIO ÚTIL

amable *friendly*
brindar *to provide*
el cajero automático *ATM*
jubilado/a *retired*

la moneda local *local currency*
regatear *to bargain*
sacar dinero *to withdraw money*
la tarifa (fija) *(fixed) rate*

---

(1) **Preparación** Responde estas preguntas: ¿Adónde te gusta ir de vacaciones? ¿Vas siempre al mismo lugar o prefieres explorar sitios nuevos? ¿Qué debe tener un país para que decidas visitarlo?

(2) **Comprensión** Indica si estas afirmaciones son **ciertas** o **falsas**. Después, en parejas, corrijan las falsas.

1. Aunque en algunas ciudades los taxis tienen taxímetro, en otras debes preguntar el precio y regatear antes de subir.

2. La moneda local de Costa Rica se llama "sanjosé".

3. En este país sólo se puede pagar con dinero en efectivo porque no existen las tarjetas de crédito.

4. El corresponsal recomienda recorrer San José en bicicleta el primer día.

5. El mayor flujo de turismo es de jóvenes que buscan aventuras y de personas jubiladas que quieren descansar.

6. Lo que más interesa de Costa Rica son los volcanes, los parques nacionales y las playas.

Si vas a estar varios días en una sola ciudad, pasa el primer día caminando, así te darás cuenta de las distancias.

(3) **Expansión** En parejas, contesten estas preguntas.

- ¿Alguna vez regatearon algún precio? ¿Están dispuestos a hacerlo con un taxi en Costa Rica o prefieren aceptar el precio sin objeción?

- Cuando viajan, ¿compran una guía del lugar? ¿Saben leer mapas o se pierden fácilmente?

- ¿Les gustaría vivir en Costa Rica? ¿Por qué?

Es un país de mucha paz°, tenemos buenas playas, buenas montañas... y la gente muy amable, por eso muchos vienen a Costa Rica... Y la policía... también somos simpáticos.

cambio *exchange* **paz** *peace*

Practice more at **vhlcentral.com**.

Tutorial

5.1 Comparatives and superlatives

Comparisons of inequality

- With adjectives, adverbs, nouns, and verbs, use these constructions to make comparisons of inequality (*more than/less than*).

$$\text{más/menos} + \begin{bmatrix} \textit{adjective} \\ \textit{adverb} \\ \textit{noun} \end{bmatrix} + \text{que} \qquad \begin{bmatrix} \textit{verb} \end{bmatrix} + \text{más/menos que}$$

TALLER DE CONSULTA

MANUAL DE GRAMÁTICA
Más práctica

5.1 Comparatives and superlatives, p. A28
5.2 Negative, affirmative, and indefinite expressions, p. A29
5.3 The subjunctive in adjective clauses, p. A30

Más gramática

5.4 **Pero** and **sino**, p. A31

ADJECTIVE

Este hotel es **más elegante que** aquél.
This hotel is more elegant than that one.

NOUN

Juan tiene **menos tiempo que** Ema.
Juan has less time than Ema does.

ADVERB

¡Llegaste **más tarde que** yo!
You arrived later than I did!

VERB

Mi hermano **viaja menos que** yo.
My brother travels less than I do.

- When the focus of a comparison is a noun and the second term of the comparison is a verb or a clause, use these constructions to make comparisons of inequality.

$$\text{más/menos} + \begin{bmatrix} \textit{noun} \end{bmatrix} + \begin{matrix} \textbf{del/de la que} \\ \textbf{de los/las que} \end{matrix} + \begin{bmatrix} \textit{verb or clause} \end{bmatrix}$$

Había **más** asientos
de los que necesitábamos.
There were more seats than we needed.

La ciudad tiene **menos** ruinas
de las que esperábamos.
The city has fewer ruins than we expected.

Comparisons of equality

- Use these constructions to make comparisons of equality (*as... as*).

$$\text{tan} + \begin{bmatrix} \textit{adjective} \\ \textit{adverb} \end{bmatrix} + \text{como} \qquad \text{tanto/a(s)} + \begin{bmatrix} \textit{singular noun} \\ \textit{plural noun} \end{bmatrix} + \text{como}$$

$$\begin{bmatrix} \textit{verb} \end{bmatrix} + \text{tanto como}$$

¡ATENCIÓN!

Before a number (or equivalent expression), *more/less than* is expressed with **más/menos de**.

El pasaje cuesta más de trescientos dólares.
The ticket costs more than three hundred dollars.

¡ATENCIÓN!

Tan and **tanto** can also be used for emphasis, rather than to compare:

tan *so*
tanto *so much*
tantos/as *so many*

¡El viaje es tan largo!
The trip is so long!

¡Viajas tanto!
You travel so much!

¿Siempre traes tantas maletas?
Do you always bring so many suitcases?

ADJECTIVE

El vuelo de regreso no parece
tan largo como el de ida.
The return flight doesn't seem as long as the flight over.

NOUN

Cuando viajo a la ciudad, llevo
tantas maletas como tú.
When I travel to the city, I take as many suitcases as you do.

ADVERB

Se puede ir de Madrid a Sevilla **tan rápido** en tren **como** en avión.
You can get from Madrid to Sevilla as quickly by train as by plane.

VERB

Guillermo **disfrutó tanto como** yo nuestro último viaje a Honduras.
Guillermo enjoyed our last trip to Honduras as much as I did.

Superlatives

- Use this construction to form superlatives (**superlativos**). The noun is preceded by a definite article, and **de** is the equivalent of *in, on,* or *of.* Use **que** instead of **de** when the second part of the superlative construction is a verb or a clause.

$$\text{el/la/los/las} + \boxed{noun} + \text{más/menos} + \boxed{adjective} + \begin{array}{l} \text{de} + \boxed{noun} \\ \text{que} + \boxed{verb\ or\ clause} \end{array}$$

Ésta es **la playa más bonita de** todas.
This is the prettiest beach of all.

Es **el hotel menos caro que** he visto.
It is the least expensive hotel I've seen.

- The noun may also be omitted from a superlative construction.

Me gustaría comer en **el** restaurante
más elegante de la ciudad.
*I would like to eat at the most elegant
restaurant in the city.*

Las Dos Palmas es **el más elegante
de** la ciudad.
*Las Dos Palmas is the most elegant
one in the city.*

Irregular comparatives and superlatives

Adjective	Comparative form	Superlative form
bueno/a *good*	**mejor** *better*	**el/la mejor** *best*
malo/a *bad*	**peor** *worse*	**el/la peor** *worst*
grande *big*	**mayor** *bigger*	**el/la mayor** *biggest*
pequeño/a *small*	**menor** *smaller*	**el/la menor** *smallest*
viejo/a *old*	**mayor** *older*	**el/la mayor** *oldest*
joven *young*	**menor** *younger*	**el/la menor** *youngest*

- When **grande** and **pequeño/a** refer to size and not age or quality, the regular comparative and superlative forms are used.

Ernesto es **mayor** que yo.
Ernesto is older than I am.

Ese edificio es **el más grande** de todos.
That building is the biggest one of all.

- When **mayor** and **menor** refer to age, they follow the noun they modify. When they refer to quality, they precede the noun.

María Fernanda es mi hermana **menor**.
María Fernanda is my younger sister.

Hubo un **menor** número de turistas.
There was a smaller number of tourists.

- The adverbs **bien** and **mal** also have irregular comparatives, **mejor** and **peor**.

Mi esposo maneja muy **mal**.
¿Y el tuyo?
*My husband is a very bad driver.
How about yours?*

Seguro que mi esposo maneja **peor** que
el tuyo.
*I'm sure my husband drives worse
than yours.*

Tú puedes hacerlo **bien** por ti mismo.
You can do it well by yourself.

Ayúdame, que tú lo haces **mejor** que yo.
Help me; you do it better than I do.

Práctica

TALLER DE CONSULTA

MANUAL DE GRAMÁTICA
Más práctica

5.1 Comparatives and
superlatives, p. A28

1 **Demasiadas deudas** Ágata trabaja en una agencia de viajes y su amiga Elena en un hotel. Completa la conversación con las palabras de la lista.

baratísimos	más	menor	muchísimas
como	mejor	menos	que

ELENA Tengo (1) _____ deudas (*debts*) y necesito ganar (2) _____ dinero.

ÁGATA ¿Por qué no mandas tu currículum a mi empresa? No es tan prestigiosa (3) _____ la tuya, pero paga mejor.

ELENA Tú trabajas (4) _____ horas (5) _____ yo, pero ganas más.

ÁGATA Y cuando quiero viajar, los pasajes me salen (6) _____, mientras que en el hotel no te dan ni el (7) _____ descuento.

ELENA ¡Sin duda tu trabajo es (8) _____ que el mío!

2 **El peor viaje de su vida** Conecta las frases de la izquierda con las correspondientes de la derecha para formar oraciones lógicas.

____ 1. El sábado pasado, Alberto y yo hicimos el peor

____ 2. Yo llegué al aeropuerto más temprano

____ 3. Pero él pasó por seguridad más rápido

____ 4. Luego anunciaron que el vuelo estaba retrasado más

____ 5. Por fin salimos, tan cansados

____ 6. De repente, hubo un olor

____ 7. Alberto gritaba tanto

____ 8. Al final, pasamos las vacaciones en casa. Lo bueno es que tuvimos más visitas

a. como enojados.

b. como yo hasta que logramos aterrizar (*land*).

c. de tres horas a causa de un problema mecánico.

d. malísimo; ¡el motor se había prendido fuego!

e. de las que esperábamos.

f. que Alberto y no lo podía encontrar.

g. que yo y por fin nos encontramos en la puerta de embarque.

h. viaje de nuestra vida.

3 **Oraciones** Mira la información del cuadro y escribe cinco oraciones con superlativos y cinco con comparativos. Sigue el modelo.

MODELO Alfonso Cuarón es más conocido que su hermano Carlos. Alfonso Cuarón es el director de cine más popular de los últimos años.

Harry Potter	libro	menor
Jennifer Lawrence	actriz	popular
Alfonso Cuarón	hombre de negocios	famoso/a
Mark Zuckerberg	río	rico/a
El Amazonas	director de cine	largo
Disneyland	lugar	feliz

Practice more at **vhlcentral.com**.

Comunicación

4 **Un viaje inolvidable**

A. Habla con un(a) compañero/a sobre el viaje más inolvidable de tu vida. Puede ser un viaje buenísimo o un viaje malísimo, e incluso puede ser un viaje imaginario. Di al menos siete u ocho oraciones usando comparativos y superlativos, y algunas de las palabras de la lista. Túrnense.

mejor/peor que	tan
más/menos que	como
de los mejores/peores	buenísimo/malísimo

B. Ahora, describe el viaje de tu compañero/a al resto de la clase. La clase tratará de adivinar qué viajes son verdaderos y cuáles son ficticios.

5 **Las vacaciones ideales** En grupos de cuatro, imaginen que son miembros de una familia que ganó un viaje de tres semanas a cualquier país del mundo. El único problema es que tienen que ponerse de acuerdo acerca del destino.

A. Primero, cada uno/a debe decidir cuál es el país ideal para sus vacaciones y escribir una descripción breve con las razones para escogerlo. Utiliza comparativos y superlativos en tu descripción.

México

República Dominicana

Costa Rica

Venezuela

B. Luego, túrnense para presentar sus opiniones y traten de convencer a los demás de que su país ideal es el mejor de todos. Deben usar comparativos y superlativos para comparar las atracciones de cada país. Compartan su decisión final con la clase.

MODELO Es obvio que Venezuela es el mejor país para nuestras vacaciones. Venezuela tiene la catarata más alta del mundo y unas playas tan bonitas como las de República Dominicana. Además, ¡las arepas venezolanas son más ricas que las tortillas mexicanas! Venezuela tiene más atracciones de las que se pueden imaginar. Ya verán que no me equivoco.

5.2 # Negative, affirmative, and indefinite expressions

Jamás se me había desaparecido una paciente. ¡Nunca!

- The following chart shows negative, affirmative, and indefinite expressions.

algo *something; anything*	**nada** *nothing; not anything*
alguien *someone; somebody; anyone*	**nadie** *no one; nobody; not anyone*
alguno/a(s), algún *some; any*	**ninguno/a, ningún** *no; none; not any*
o… o *either… or*	**ni… ni** *neither… nor*
siempre *always*	**nunca, jamás** *never; not ever*
también *also; too*	**tampoco** *neither; not either*

- In Spanish, double negatives are perfectly acceptable.

¿Dejaste **algo** en la mesa?
Did you leave something on the table?

No, **no** dejé **nada**.
No, I didn't leave anything.

Siempre tuvimos ganas de viajar a Costa Rica.
We always wanted to travel to Costa Rica.

Hasta ahora, **no** tuvimos **ninguna** oportunidad de ir.
Until now, we never had the opportunity to go there.

- Most negative statements use the pattern **no** + [*verb*] + [*negative word*]. When the negative word precedes the verb, **no** is omitted.

No lo extraño **nunca**.
I never miss him.

Nunca lo extraño.
I never miss him.

Su opinión sobre política internacional **no** le importa a **nadie**.
His opinion on international politics doesn't matter to anyone.

A **nadie** le importa su opinión sobre política internacional.
Nobody cares about his opinion on international politics.

- Once one negative word appears in an English clause, no other negative word may be used. In Spanish, however, once a negative word is used, all other elements must be expressed in the negative if possible.

No le digas **nada** a **nadie**.
Don't say anything to anyone.

Tampoco hables **nunca** de esto.
Don't ever talk about this either.

No quiero **ni** pasta **ni** pizza.
I don't want pasta or pizza.

Tampoco quiero **nada** para tomar.
I don't want anything to drink either.

- The personal **a** is used before negative and indefinite words that refer to people when they are the direct object of the verb.

Nadie me comprende. ¿Por qué será?
No one understands me. Why?

No, eres tú quien no comprende **a nadie**.
No, you are the one who doesn't understand anyone.

Algunos pasajeros prefieren no desembarcar en los puertos.
Some passengers prefer not to disembark at the ports.

Pues, no conozco **a ninguno** que se quede en el crucero.
Well, I don't know any who stay on the cruise ship.

- Before a masculine, singular noun, **alguno** and **ninguno** are shortened to **algún** and **ningún**.

¿Has sufrido **algún** daño en el choque?
Have you suffered any harm in the accident?

Me había puesto el cinturón de seguridad, por lo que no sufrí **ningún** daño.
I had fastened my seat belt, which is why I suffered no injuries.

- **Tampoco** means *neither* or *not either*. It is the opposite of **también**.

Mi novia no soporta los congestionamientos en el centro, ni yo **tampoco**.
My girlfriend can't stand the traffic jams downtown, and neither can I.

Por eso ella toma el metro, y yo **también**.
That's why she takes the subway, and so do I.

También tiene
derecho, ¿no?

- The conjunction **o... o** (*either... or*) is used when there is a choice to be made between two options. **Ni... ni** (*neither... nor*) is used to negate both options.

Debo hablar **o** con el gerente **o** con la dueña.
I have to speak with either the manager or the owner.

El precio del pasaje **ni** ha subido **ni** ha bajado en los últimos días.
The price of the ticket has neither risen nor fallen in the past few days.

- The conjunction **ni siquiera** (*not even*) is used to add emphasis.

Ni siquiera se despidieron antes de salir.
They didn't even say goodbye before they left.

La señora Guzmán no viaja nunca, **ni siquiera** para visitar a sus nietos.
Mrs. Guzmán never travels, not even to visit her grandchildren.

¡ATENCIÓN!

Cualquiera can be used to mean *any*, *anyone*, *whoever*, *whatever*, or *whichever*. When used before a singular noun (masculine or feminine) the **-a** is dropped.

Cualquiera haría lo mismo.
Anyone would do the same.

Llegarán en cualquier momento.
They will arrive at any moment.

¡ATENCIÓN!

In the conjunction **o... o**, the first **o** is frequently omitted.
Debo hablar (o) con el gerente o con la dueña.

In the conjunction **ni... ni**, the first **ni** can be omitted when it comes after the verb.
No me interesa (ni) la política ni la economía.

When the first **ni** goes before the verb, **no... ni** can be used instead of **ni... ni**.
El precio no/ni ha subido ni ha bajado.

Práctica

TALLER DE CONSULTA

MANUAL DE GRAMÁTICA
Más práctica

5.2 Negative, affirmative, and indefinite expressions, p. A29

1 **Comidas típicas** Marlene acaba de regresar de un viaje a Madrid y le fascinó la comida española. Completa su conversación con Frank usando las expresiones del recuadro.

alguna	ni... ni	o... o
nadie	ningún	tampoco
	nunca	

MARLENE Frank, ¿(1) _____ vez has probado las tapas españolas?

FRANK No, (2) _____ he probado la comida española.

MARLENE ¿De veras? ¿No has probado (3) _____ la tortilla de patata (4) _____ la paella?

FRANK No, no he comido (5) _____ plato español. (6) _____ conozco los ingredientes típicos de la cocina española.

MARLENE Entonces tenemos que salir a comer juntos. ¿Conoces un restaurante llamado Carmela?

FRANK No, no conozco (7) _____ restaurante con ese nombre.

MARLENE (8) _____ lo conoce. Es nuevo, pero es muy bueno. A mí me viene bien que vayamos (9) _____ el lunes (10) _____ el jueves que viene.

FRANK El jueves también me viene bien.

2 **El viajero** Imagina que estás hablando de lo que no te gusta hacer en los viajes. Cambia las oraciones de afirmativas a negativas usando las expresiones correspondientes. Sigue el modelo.

> **MODELO** **Yo siempre como la comida del país.**
> Yo nunca como la comida del país.

1. Cuando voy de viaje, siempre compro regalos.
2. A mí también me gusta visitar todos los lugares turísticos.
3. Yo siempre hablo el idioma local con todo el mundo.
4. Normalmente, o alquilo un carro o alquilo una motocicleta.
5. Siempre intento visitar a algún conocido de mi familia.
6. Cuando visito un lugar nuevo, siempre hago nuevas amistades.

3 **Discusiones** En parejas, escriban las discusiones que provocarían estas respuestas.

¡Yo jamás haría eso!

¡Yo nunca iría!

Nadie lo sabe.

Yo tampoco.

Ni puedo ni quiero verla.

Practice more at **vhlcentral.com**.

Comunicación

4 **Opiniones** En parejas, hablen sobre estos enunciados. Usen expresiones negativas, afirmativas e indefinidas.

- Nadie tendría que necesitar pasaporte ni visa para entrar a un país extranjero.
- El turismo siempre es bueno para la economía del país.
- Ningún vuelo tendría que retrasarse, incluso cuando hace mal tiempo.
- Está bien que las compañías aéreas cobren por todas las maletas que llevan los pasajeros.
- No hay ningún tipo de turismo mejor que el ecoturismo.
- Siempre es mejor irse de vacaciones a relajarse que a ver museos y monumentos.
- Los turistas siempre deben hablar la lengua del país que visitan.
- Nunca se puede decir: "jamás viviría en otro país", porque nunca se sabe.
- Nunca viajaría a una ciudad sólo para ver un museo.

5 **Escena**

A. En grupos de tres, escriban una conversación entre un(a) adolescente y sus padres usando expresiones negativas, afirmativas e indefinidas.

HIJA ¿Por qué siempre desconfían de mí?
No soy ninguna mentirosa y mis amigos
tampoco lo son.
No tienen ninguna razón para preocuparse.
MAMÁ Sí, hija, muy bien, pero recuerda que...
HIJA Por última vez, ¿puedo ir...?
PAPÁ ...

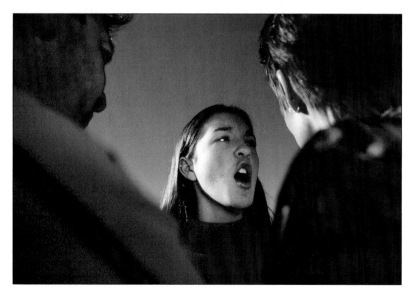

B. Ahora, representen ante la clase la conversación que escribieron.

Tutorial

5.3 The subjunctive in adjective clauses

- When an adjective clause describes an antecedent that is known to exist, use the indicative. When the antecedent is uncertain or unknown, use the subjunctive.

MAIN CLAUSE	CONNECTOR	SUBORDINATE CLAUSE
Busco una ciudad	**que**	**tenga** playa.

ANTECEDENT CERTAIN → INDICATIVE

Necesito el libro que **habla** sobre las ruinas mayas.
I need the book that talks about Mayan ruins.

Buscamos los documentos que **describen** el itinerario del viaje.
We're looking for the documents that describe the itinerary for the trip.

Las personas que **van** a Costa Rica sienten pasión por la naturaleza.
People who go to Costa Rica are passionate about nature.

ANTECEDENT UNCERTAIN → SUBJUNCTIVE

Necesito un libro que **hable** sobre las ruinas mayas.
I need a book that talks about Mayan ruins.

Buscamos documentos que **describan** el itinerario del viaje.
We're looking for (any) documents that (may) describe the itinerary for the trip.

Las personas que **vayan** a Costa Rica verán unos bosques increíbles.
People going to Costa Rica will see amazing forests.

- When the antecedent of an adjective clause is a negative pronoun (**nadie**, **ninguno/a**), the subjunctive is used in the subordinate clause.

¡Quiero ir a un lugar que tenga una hermosa vista para volar mi dron!

¡No conozco a nadie que se queje tanto como tú!

ANTECEDENT CERTAIN → INDICATIVE

Elena tiene tres parientes que **viven** en San Salvador.
Elena has three relatives who live in San Salvador.

Hay dos países en su itinerario que **requieren** una visa.
There are two countries on your itinerary that require visas.

Hay muchos viajeros que **quieren** quedarse en el hotel.
There are many travelers who want to stay at the hotel.

ANTECEDENT UNCERTAIN → SUBJUNCTIVE

Elena no tiene **ningún** pariente que **viva** en La Palma.
Elena doesn't have any relatives who live in La Palma.

No hay **ningún** país en su itinerario que **requiera** una visa.
There aren't any countries on your itinerary that require a visa.

No hay **nadie** que **quiera** alojarse en el albergue.
There is nobody who wants to stay at the hostel.

- Do not use the personal **a** with direct objects that represent hypothetical persons.

ANTECEDENT CERTAIN → INDICATIVE	ANTECEDENT UNCERTAIN → SUBJUNCTIVE
Conozco **a** un guía que **habla** inglés. *I know a guide who speaks English.*	Busco un guía que **hable** inglés. *I'm looking for a guide who speaks English.*

- Use the personal **a** before **nadie, ninguno/a,** and **alguien**, even when their existence is uncertain.

ANTECEDENT CERTAIN → INDICATIVE	ANTECEDENT UNCERTAIN → SUBJUNCTIVE
Yo conozco **a alguien** que **se queja** aún más que Antonio... ¡tú! *I know someone who complains even more than Antonio... you!*	No conozco **a nadie** que **se queje** tanto como Antonio. *I don't know anyone who complains as much as Antonio.*

- The subjunctive is commonly used in questions with adjective clauses when the speaker is trying to find out information about which he or she is uncertain. If the person who responds knows the information, the indicative is used.

ANTECEDENT CERTAIN → INDICATIVE	ANTECEDENT UNCERTAIN → SUBJUNCTIVE
Sí, el Hotel Flamingo **está** justo en la playa. *Yes, the Flamingo Hotel is right on the beach.*	¿Me recomienda usted un hotel que **esté** cerca de la costa? *Can you recommend a hotel that is near the coast?*
Vea ésta y, si no, tengo tres más que **son** muy fáciles de usar. *Look at this one, and if not, I have three others that are very easy to use.*	¿Tiene otra brújula que **sea** más fácil de usar? *Do you have another compass that is easier to use?*

Hotel Tucán

En el Hotel Tucán su satisfacción es lo más importante. Si hay algo que podamos hacer para mejorar nuestros servicios, no dude en informarnos.

Práctica

TALLER DE CONSULTA

MANUAL DE GRAMÁTICA
Más práctica

5.3 Negative, affirmative, and indefinite expressions, p. A30

1 **Oraciones** Combina las frases de las dos columnas para formar oraciones lógicas. Recuerda que a veces vas a necesitar el subjuntivo y a veces no.

_____ 1. Luis tiene un hermano que

_____ 2. Tengo dos primos que

_____ 3. No conozco a nadie que

_____ 4. Jorge busca una novia que

_____ 5. Quiero tener hijos que

_____ 6. Quiero un carro que

a. sea alta e inteligente.

b. sean respetuosos y estudiosos.

c. canta cuando se ducha.

d. hablan español.

e. hable más de cinco lenguas.

f. sea muy económico.

2 **El agente de viajes** Carmen va a ir de vacaciones a Montelimar, en Nicaragua, y le escribe un correo electrónico a su agente de viajes explicándole cuáles son sus planes. Completa el correo electrónico con el subjuntivo o el indicativo.

De:	Carmen <carmen@micorreo.com>
Para:	Jorge <jorge@micorreo.com>
Asunto:	Viaje a Montelimar

Querido Jorge:
Estoy muy contenta porque el mes que viene voy a viajar a Montelimar para tomar unas vacaciones. He estado pensando en el viaje y quiero decirte qué me gustaría hacer. Quiero ir a un hotel que (1) _____ (ser) de cinco estrellas y que (2) _____ (tener) vista al mar. Me gustaría hacer una excursión que (3) _____ (durar) varios días y que me (4) _____ (permitir) ver el famoso lago Nicaragua. ¿Qué te parece?
Mi hermano me dice que hay un guía turístico que (5) _____ (conocer) algunos lugares exóticos y que me puede llevar a verlos. También dice que el guía es un hombre que (6) _____ (tener) el pelo muy rubio y que (7) _____ (ser) muy alto. ¿Tú lo conoces? Creo que se llama Ernesto Montero.
Espero tu respuesta.
Carmen

3 **El ideal** En parejas, imaginen cómo es el/la compañero/a ideal en cada una de estas situaciones. Si ya conocen a alguien que tenga las características ideales, también pueden hablar de esa persona. Utilicen el subjuntivo o el indicativo de acuerdo a la situación.

MODELO Lo ideal es vivir con alguien que no se queje demasiado.

- alguien con quien vivir
- alguien con quien trabajar
- alguien con quien ver películas de amor o de aventuras
- alguien con quien comprar ropa
- alguien con quien estudiar
- alguien con quien viajar por el desierto de Atacama

Practice more at **vhlcentral.com**.

Comunicación

4 Anuncios En parejas, escriban anuncios para un periódico basados en la información y usando el indicativo y el subjuntivo. Añadan detalles. Después, inventen dos anuncios originales para enseñárselos a la clase.

La familia Pérez busca a su perro Tomás, que se perdió en el parque. Aquí tienen una foto de él.

Miguel y Carlos Solís buscan un guía turístico para su viaje a los volcanes de Guatemala.

5 Síntesis La tormenta tropical Alberto azota (*is hitting*) las costas de Florida. En parejas, cubran esta noticia para un programa de televisión. Uno/a de ustedes informa del huracán desde la costa y la otra persona presenta el programa desde el estudio. Escriban una conversación sobre este desastre y sus consecuencias. Usen comparativos, superlativos, el subjuntivo en oraciones subordinadas adjetivas y expresiones negativas, afirmativas e indefinidas.

MODELO

CONDUCTOR(A) Cuéntanos, Juan Francisco, ¿cómo es la tormenta?

CORRESPONSAL ¡Nunca he visto una tormenta tan destructiva! ¡No hay casas que puedan soportar vientos tan fuertes!

CONDUCTOR(A) ¡Pero no es posible que el viento sea más fuerte que durante el huracán Jimena!

CORRESPONSAL Les aseguro que esta tormenta es la peor...

Antes de ver el corto

VOLAMOS HACIA MIAMI

país España

directores María Giráldez y Miguel Provencio

duración 18 minutos

protagonistas Mauro, niño, Luisa

Vocabulario

el arma *(f.) weapon*

la cabina *cockpit*

la cobertura *(cell phone) service*

correr a cargo de *to be paid by*

cretino/a *idiot*

la espuma *foam*

el expediente *investigation*

meterse en un lío *to get into a mess*

molar *to be cool (Esp.)*

molestar *to bother*

morder *to bite*

la rabia *rabies*

el secuestro *hijacking*

los sudores *sweats*

la tripa *belly*

la tripulación *crew*

1 **Correo** Completa el correo electrónico con las palabras del vocabulario.

De: Claudia <claudia01@micorreo.com>

Para: Andrés <andres.1982@sucorreo.com>

Asunto: Saludos desde Cancún

Hola, Andrés:

¿Cómo estás? Marta y yo acabamos de llegar a Cancún. Estamos contentas porque el viaje (1) _____ de nuestro jefe . La compañía aérea mexicana es fenomenal. Los miembros de la (2) _____ han sido muy amables. Lo peor del viaje ha sido que el señor de atrás no me dejaba de (3) _____, dando golpes continuamente al asiento. Y, cuando por fin le pedí que parara, me insultó; me dijo que yo era una (4) _____. En fin, me voy a cuidar a Marta, que le duele muchísimo la (5) _____. ¿Será el pollo que ha comido en el avión?

Cuéntame, ¿cómo estás tú?

Saludos,

Claudia

P.D.: No te puedo llamar por teléfono porque no tengo (6) _____.

2 **Comentar** En parejas, túrnense para hacerse las preguntas.

1. ¿Cuál ha sido tu viaje más extraño? ¿Adónde ibas? ¿Qué medio de transporte usaste?

2. ¿Qué te gusta más de viajar en avión? ¿Qué te gusta menos?

3. ¿Te gusta la comida que ofrecen en los aviones? ¿Por qué?

4. ¿Qué opinas de las medidas de seguridad en los aeropuertos?

5. ¿Te gusta que tus viajes vayan según el plan o prefieres que haya sorpresas? ¿Por qué?

6. Observa el cartel de la página siguiente. ¿De qué crees que va a tratar el cortometraje?

 Practice more at **vhlcentral.com**.

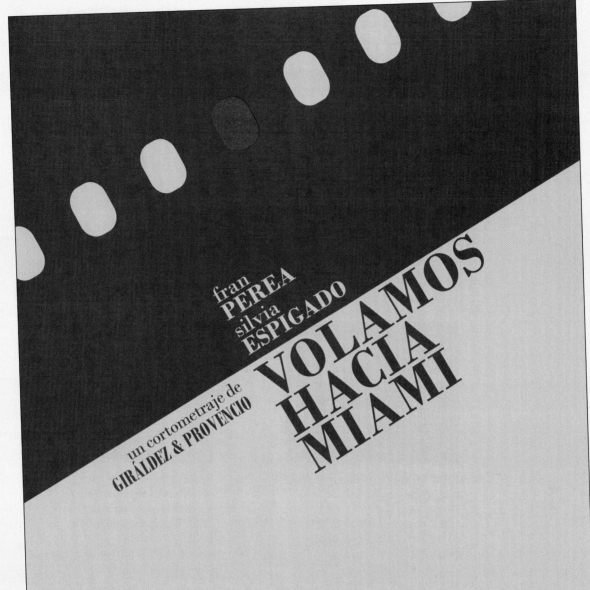

fran PEREA
silvia ESPIGADO

un cortometraje de
GIRÁLDEZ & PROVENCIO

VOLAMOS
HACIA
MIAMI

(Mejor Cortometraje
de Comedia
Thanatos (2012))

Dirección: **María Giráldez / Miguel Provencio** • Intérpretes: **Fran Perea / Silvia Espigado / José Luis Torrijo**
Guión: **María Giráldez / Lidia Provencio /Miguel Provencio** • Música: **Pony Bravo**
Producción: **María Giráldez and Miguel Provencio** • Jefe de producción: **Paul Mateos Verdejo**
Dirección de fotografía: **Josu Ubiria** • Jefe de sonido: **Néstor Luz**
Dirección artística: **Mercedes García Navas** • Montaje: **Charly Prada**

Escenas

ARGUMENTO Las exigencias de un pasajero alteran el curso de un vuelo Madrid-Miami.

NIÑO ¡Quiero ver a Mickey Mouse! ¡Quiero ver a Mickey Mouse! ¡Quiero ver a Mickey Mouse! ¡Quiero ver a Mickey Mouse!

LUISA Caballero°, ¿pasta o pollo?
MAURO Para mí que sean las dos.
LUISA Perdone, es pasta o pollo, no pasta y pollo.
MAURO ¿Y no podríamos hacer una excepción?

LUISA Tenemos un problema; un pasajero ha agredido° a un menor.
PILOTO ¿A su hijo?
LUISA No, no se conocían. Un niño de cinco años. Iba a Disney World, con su madre.

MAURO ¿Qué es eso de que regresamos por motivos de seguridad y que el responsable pagará no sé qué?
LUISA Ha sido decisión del piloto.
MAURO Y usted no ha tenido nada que ver, ¿no? ¡Exijo hablar con el piloto de inmediato!

PASAJERO 1 ¿Has oído a los de atrás?
PASAJERO 2 No sé, he oído gritos pero...
PASAJERO 1 Una banda°, una banda que nos tiene en sus manos.
PASAJERA 6 ¿Cómo que una banda? ¿De música?

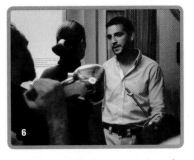

MAURO La salida de emergencia está entre las puertas diez y once. ¿Es que ya no te acuerdas, azafata?

Caballero *Sir* **ha agredido** *has hit* **banda** *gang*

Después de ver el corto

1 Comprensión Contesta las preguntas con oraciones completas.

1. ¿Por qué Mauro le intenta dar miedo al niño? ¿Por qué le habla de Mickey?
2. ¿Qué hace la azafata después del incidente con el niño?
3. ¿Por qué anuncia el piloto que el avión regresará a Madrid? ¿Quién debe correr a cargo de los gastos de los pasajeros?
4. ¿Cómo se extiende en el avión el rumor de que han sido secuestrados por una banda?
5. ¿Qué hace Mauro cuando escucha el rumor de que el avión ha sido secuestrado?
6. ¿Por qué hay interferencias en el avión?
7. ¿Por qué están todos los pasajeros agrupados al final del avión y capturan a la azafata?
8. ¿Por qué entra Mauro en la cabina? ¿Qué les dice a los pilotos?

2 Ampliación En parejas, contesten las preguntas.

1. ¿Qué tipo de persona es Mauro?
2. ¿Qué piensas de la opinión de Mauro acerca de la comida del avión?
3. ¿Por qué crees que la azafata les cuenta a los pilotos lo que ha pasado?
4. ¿Cuál te parece el momento más divertido del cortometraje? ¿Por qué?
5. ¿Te parece realista el argumento de este cortometraje? ¿Por qué?

3 Histeria colectiva En grupos, lean las citas extraídas del cortometraje y contesten las preguntas.

> Estamos en manos de una banda de cretinos.
> —Mauro

> Una banda que nos tiene en sus manos.
> —Pasajero 1

> ¡Esto es un secuestro!
> —Pasajero 9

> La tripulación, ellos son los secuestradores...
> —Mauro

1. ¿Cómo surge la idea de que la tripulación ha secuestrado el avión?
2. ¿Cómo beneficia a Mauro este caso de histeria colectiva?
3. ¿Cómo consigue Mauro manipular a los pasajeros y a la tripulación?
4. ¿Conocen otros casos, reales o de ficción, de histeria colectiva? ¿Cuáles?

4 Justicia poética Escribe una versión de lo que podría pasarle a Mauro en una hipotética continuación de *Volamos hacia Miami*.

Practice more at **vhlcentral.com**.

"Viajar, dormir, enamorarse son tres
invitaciones a lo mismo. Tres modos de irse
a lugares que no siempre entendemos."

Ángeles Mastretta

La despedida (Mujeres en el muelle), 1938
Francisco Ángel Gutiérrez Carreola, México

Interpretar En parejas, contesten estas preguntas.

1. ¿Qué ven en este cuadro?
2. ¿Dónde creen que se encuentran los personajes de la pintura y por qué están allí?
3. ¿Qué momento del día retrató el pintor? Expliquen su respuesta.
4. ¿Identifican el animal en el centro de la pintura? ¿Qué importancia tiene en el cuadro y por qué creen que lo incluyó el artista?
5. ¿Les parece que el cuadro cuenta una historia? ¿Qué historia se imaginan a partir de él?

 Practice more at **vhlcentral.com**.

Antes de leer

Equipaje

Sobre el autor

Pablo De Santis nació en 1963 en Buenos Aires, Argentina. Es escritor, periodista y guionista de historietas. Estudió Letras en la Universidad de Buenos Aires y fue jefe de redacción de la revista *Fierro*. Desde 2016, es miembro de la Academia Argentina de Letras. En 2007, ganó el Premio Planeta-Casa de América por su novela *El enigma de París*, que narra la historia del aprendiz de detective Sigmundo Salvatrio, quien durante un viaje a París debe ayudar a resolver el misterio del asesinato de otro detective. HBO produjo y estrenó en 2015 la serie *El hipnotizador*, basada en la novela gráfica homónima escrita por De Santis. El cuento "Equipaje" hace parte de su libro *Rey secreto* (2005), ilustrado por Juan Pablo González, más conocido como Max Cachimba.

Vocabulario

la aduana *customs*	**la navaja de afeitar** *razor blade*
afincarse *to settle down*	**el pasillo** *hallway*
el ascensor *elevator*	**la ropa** *clothing*
el desasosiego *(feeling of) unease*	**el sótano** *basement*
el equipaje *luggage*	**la traba** *suitcase lock*
la manija *handle*	**la valija** *suitcase*

---

1 **Practicar** Completa las oraciones con palabras del vocabulario.

1. Felipe bajó al _____ en busca del viejo televisor.
2. Sentí un profundo _____ la noche que volvieron tarde a casa.
3. Después de viajar por América Latina, decidió _____ en Colombia.
4. Esta valija tiene _____ y no puedo abrirla.
5. Estas mercancías deben pasar por la _____ antes de entrar al país.
6. Necesito una _____ más grande para llevar mi ropa.

2 **Conexión personal** Responde estas preguntas: ¿Qué es lo que más te gusta y te disgusta de viajar? ¿Qué llevas en tu equipaje? ¿Te quedas en hoteles o en otro tipo de alojamiento?

3 **Análisis literario: el cuento de terror**

El objetivo de los cuentos de terror es producir ansiedad, inquietud (*worry*) y miedo en el lector. Además de las figuras sobrenaturales, tres componentes caracterizan los cuentos de terror: un escenario inquietante (*disturbing*), que puede incluir noches de tormenta y lugares como bosques oscuros, castillos medievales y casas abandonadas; una trama (*plot*) de ritmo progresivo y sin elementos accesorios que distraigan al lector; y un final sorprendente que revele una segunda historia secreta. Identifica estos elementos en el cuento "Equipaje", de Pablo De Santis.

 Practice more at **vhlcentral.com**.

Pablo De Santis

Equipaje

Se había acostumbrado al ritmo del hotel. En esa época del año las noches eran tranquilas, porque no había turismo y los viajantes° llegaban 5 siempre durante el día. A la mañana, en cambio, prefería refugiarse° en una de las habitaciones vacías, para no oír las voces de los clientes, que entre medialuna° y medialuna comentaban el estado de los caminos° o el éxito° de sus negocios. 10 Se sentía muy alejado de la vida de los viajantes, siempre en camino, siempre con la ilusión de que en la próxima ciudad o en el próximo pueblo°

travelers

to take shelter

croissant

roads/success

town

15 los esperaba la suerte que hasta ahora se
les había negado. A él ya no le interesaba
20 viajar; quería un lugar donde afincarse.

Aprovechaba las noches para
pasear por el hotel. Recorría los pasillos
desiertos, subía y bajaba en el ascensor.
Si algún cliente se había mostrado
impaciente o maleducado°, él se
encargaba de perturbar su sueño a través
25 de ligeros golpes° a su puerta.

Pero la tranquilidad se interrumpió
cuando apareció la valija. Ya la primera
vez que la vio —sola, en medio de un
pasillo— le produjo un inexplicable
30 desasosiego. Esa vez pensó que
alguien la había dejado olvidada. Dos
semanas después volvió a encontrarla,
abajo, en el hall, junto a uno de los
sillones verdes. Estuvo tentado de abrirla,
35 pero se contuvo.

Era una valija de cuero, algo ajada°.
La manija se había roto, y la habían
reparado con hilo sisal°. No sabía si
40 estaba llena o vacía, porque ni siquiera
la había tocado. Como la mayoría de los
pasajeros del hotel eran hombres, supuso
que era la valija de un hombre.

Mientras miraba, por la ventana del
45 hotel, el camino que llevaba a la ciudad,
pensaba en la valija. Tal vez la había
olvidado alguien mucho tiempo atrás, y
los muchachos del hotel la habían sacado
del sótano para hacer una broma. No
50 encontraba otra explicación. A veces se
sorprendía pensando en el dueño. Le
imaginaba una cara, un oficio°, algunas
circunstancias. Quizás bastaba abrir la
valija para saber cómo era. Las cosas
55

que uno pone en una valija son como el
resumen de una vida. Ahí está todo lo que
uno puede decir de sí mismo. Ahí está
todo lo que uno puede esconder°.

60 Una noche oyó el ascensor que
bajaba hacia él. Cuando abrió la puerta,
no había nadie, pero allí estaba, por
tercera vez, la valija. Volvió a sentir
el desasosiego, el temor. Ya era hora
65 de abrirla. No sentía curiosidad; pero
quería sacarse de encima el peso° de la
duda. Soltó las dos trabas y la abrió.

Revisó con cuidado su contenido,
como un empleado de aduana 70
que busca en los repliegues° una
mercancía prohibida.

Había una navaja de afeitar, una
novela policial, un frasco azul, vacío. 75
Entre la ropa, encontró una bolsita°
de lavanda. Fue ese olor lo que le hizo
recordar. Entonces reconoció la navaja
con la que se había afeitado por última
vez, la novela que no había terminado 80
de leer, sus tres camisas°, que siempre
doblaba con esmero°. Reconoció su
nombre al pie de una carta° en la que
se despedía de una mujer que ya, por su
cuenta, se había despedido. Reconoció el 85
frasco azul, y recordó el sabor del veneno°
que había tomado de un trago°, por
motivos que ahora le parecían ajenos°.

Los hoteles son lugares de paso° 90
y él necesitaba un lugar definitivo.
Salió a la madrugada°, a la hora que
eligen los viajantes cuando tienen
mucho camino por recorrer. Y aunque
le pareció que no lo iba a necesitar, llevó
consigo el equipaje.

*Glossed terms (margin):*
rude
knocks
worn out
sisal thread
occupation
hide
burden
foldings
sachet
shirts
great care
letter
poison
in one gulp
somebody else's
temporary places
daybreak

Después de leer

Equipaje
Pablo De Santis

1. Comprensión Indica si las oraciones son **ciertas** o **falsas**. Corrige las falsas.

1. La historia ocurre en una época del año en la que no hay muchos turistas.
2. El protagonista quiere seguir viajando.
3. El protagonista se alegra cada vez que ve la valija.
4. La mayoría de los huéspedes del hotel son hombres.
5. La última vez que la valija apareció fue en el ascensor.
6. El protagonista encuentra en la valija un frasco verde.
7. La navaja de afeitar hizo recuperar la memoria al protagonista.
8. El protagonista no abandona el hotel.

2. Análisis En parejas, vuelvan a leer las características de un "cuento de terror" y, luego, respondan estas preguntas.

1. ¿Qué formas de lo desconocido o sobrenatural aparecen en el cuento?
2. En el cuento se lee al final: "Los hoteles son lugares de paso y él necesitaba un lugar definitivo." ¿Cuál es ese lugar definitivo que necesita el protagonista?
3. ¿Qué palabras o expresiones permiten al autor crear un escenario o una atmósfera inquietante en el cuento?
4. El personaje piensa que "Las cosas que uno pone en una valija son como el resumen de una vida." ¿Cómo se puede resumir la vida del personaje con base en los objetos que contenía su valija?
5. Si el final sorprendente ocurre en el penúltimo párrafo del cuento, ¿cuál crees que es la función del último párrafo?

3. Interpretación En parejas, respondan estas preguntas.

1. ¿Cuánto tiempo creen que estuvo el personaje en el hotel? Expliquen sus respuestas.
2. ¿Cómo se imaginan a los demás huéspedes del hotel?
3. Al revisar el contenido de la valija, el protagonista "reconoció su nombre al pie de una carta en la que se despedía de una mujer que ya, por su cuenta, se había despedido". ¿Quién creen que es esta mujer? ¿Cuál sería la historia de ambos personajes?
4. ¿Piensan que el protagonista está muerto desde el principio del cuento? ¿Por qué?

4. Diario de viaje En grupos de tres, imaginen que son huéspedes del hotel del cuento. Describan cómo sería una noche en ese hotel teniendo en cuenta las características del cuento de terror. Uno va a describir los lugares, otro a las personas y el último, lo que les pasó.

MODELO
ESTUDIANTE 1 La habitación era oscura y fría…
ESTUDIANTE 2 El recepcionista era un hombre alto, serio y poco amable…
ESTUDIANTE 3 En la habitación, encontramos un cuadro con un cuchillo clavado, de un hombre…

 Practice more at **vhlcentral.com**.

Antes de leer

Vocabulario

el apogeo *peak*

el artefacto *artifact*

el campo *ball field*

el/la dios(a) *god/goddess*

el juego de pelota *ball game*

la leyenda *legend*

el mito *myth*

la pared *wall*

la piedra *stone*

la pirámide *pyramid*

la ruta maya *the Mayan Trail*

1 **Tikal** Completa las oraciones con palabras del vocabulario.

1. Tikal, antiguamente una gran ciudad, es ahora una impresionante colección de ruinas que se encuentra en la _____ de Guatemala.

2. Hay seis _____ en el centro de la ciudad. Son los edificios más grandes de Tikal.

3. En la misma zona hay varios _____ donde se jugaba al _____.

4. Durante sus excavaciones, los arqueólogos han encontrado _____ fascinantes y también esculturas y monumentos de _____.

2 **Conexión personal** Responde estas preguntas: ¿Cuál es la ruta más interesante que has recorrido? ¿Fue un viaje organizado o lo planeaste por tu cuenta?

Contexto cultural

Campo de pelota en Chichén Itzá

En la cultura maya, el deporte era a veces cuestión de vida o muerte. El juego de pelota se jugó durante más de 3.000 años en un campo entre muros (*walls*) con una pelota muy dura y muy pesada: podía llegar a pesar hasta nueve libras, aproximadamente. Este juego se celebraba en la vida cotidiana, pero a veces se jugaba como parte de una ceremonia. Entonces era un juego muy violento que acababa a veces con un sacrificio ritual: posiblemente la decapitación de algunos de los jugadores.

Cuenta la leyenda que los hermanos gemelos Ixbalanqué y Hunahpú eran tan aficionados al juego que enojaron a los dioses de la muerte, los señores de Xibalbá, con el ruido (*noise*) que hacían con las pelotas. Los señores de Xibalbá controlaban un mundo subterráneo, al que se llegaba por una cueva (*cave*). Todo individuo que entraba en Xibalbá pasaba por una serie de pruebas terribles, como cruzar un río de escorpiones, entrar en una casa llena de cuchillos en movimiento y participar en un juego mortal de pelota.

Los gemelos usaron su habilidad atlética, su inteligencia y la magia para vencer a los dioses y transformarse en el sol y la luna. Por eso, entre los mayas, el juego era una competencia entre fuerzas opuestas, como el bien y el mal, o la luz y la oscuridad.

 Practice more at **vhlcentral.com**.

Audio: Reading

APOGEO MAYA

Chichén Itzá
967-987 d.C.

Uxmal
600-900 d.C.

MÉXICO

Tikal
250-800 d.C.

BELICE

GUATEMALA

HONDURAS
Copán
300-900 d.C.

EL SALVADOR

Chichén Itzá

La ruta maya

Los mayas, investigadores de ciencias y matemáticas, y destacados°   *renowned*
arquitectos de espacios monumentales, han dejado evidencia de
un mundo ilustre e intelectual que todavía brilla hoy día. En su
momento de mayor extensión, el territorio maya incluía partes
⁵ de lo que ahora es México, Guatemala, Belice, El Salvador y
Honduras. Una imaginaria ruta maya une estos lugares dispersos,
atravesando° siglos y países, y revela restos de una gran civilización.   *crossing*
La ruta pasa por selva y ciudad, por vegetación exuberante y por

ruinas que resisten y también muestran el paso del tiempo. El viajero puede elegir entre múltiples lugares y numerosos caminos. Sin embargo, hay un itinerario particular que conecta la arquitectura, la cultura y el deporte a través del tiempo y el espacio: la ruta de los campos de pelota. Debido al° enorme valor cultural del juego, se construyeron canchas en casi todas las poblaciones importantes, incluyendo las espléndidas construcciones de Copán y Chichén Itzá. La ruta, que pasa por algunos de los 700 campos de pelota, desentierra° maravillas arqueológicas.

En la densa selva en el oeste de Honduras, cerca de la frontera con Guatemala, surge° Copán, donde gobernaron varias dinastías de reyes. Entre las ruinas, permanece° un elegantísimo campo de pelota, una cancha que tenía hasta vestuarios° para los jugadores. Grandes paredes, adornadas de esculturas de loros°, rodean° el campo más artístico de Mesoamérica. En Copán vivía una élite de artesanos y nobles que esculpían° y escribían en piedra. Por eso, se concentran en Copán la mayor cantidad de esculturas° y estelas° —monumentos de figuras y lápidas°

Margin glosses (left column):
Due to the 15
unearths 21
emerges
lies 25
dressing rooms
parrots/ surround
sculpted 30
sculptures/ steles stone tables

Campo de pelota en Copán

Mesoamérica

La región de Mesoamérica empieza en el centro de México y llega hasta la frontera entre Nicaragua y Costa Rica. Aquí vivían sociedades agrarias que se destacaron por sus avances en la arquitectura, el arte y la tecnología en los 3.000 años anteriores a la llegada de Cristóbal Colón al continente americano. Entre las culturas de Mesoamérica se incluyen la maya, la azteca, la olmeca y la tolteca. Los mayas tomaron la escritura y el calendario mesoamericanos y los desarrollaron hasta su mayor grado de sofisticación.

---

con jeroglíficos— de la ruta maya. En las famosas escalinatas° de la ciudad se pueden examinar jeroglíficos que contienen todo un árbol genealógico y que cuentan la historia de los reyes de Copán. Estas inscripciones forman el texto maya más largo que se preserva hoy día.

*Margin glosses:*
stairways 35
40

El más impresionante de los campos de pelota se encuentra en Chichén Itzá en Yucatán, México. En su período de esplendor, Chichén Itzá era el centro de poder de Mesoamérica. Actualmente es uno de los sitios arqueológicos más importantes del mundo. La gran pirámide, conocida con el nombre *El Castillo*, era un rascacielos° en su época. Con escaleras que suben a la cumbre° por los cuatro lados, El Castillo sirvió de templo del dios Kukulcán. Hay varias canchas de pelota en Chichén Itzá, pero la más grandiosa y espectacular se llama el Gran Juego de Pelota. A pesar de medir° 166 por 68 metros (181 por 74 yardas), la acústica es tan magnífica que sirve de modelo para teatros: un susurro° se puede oír de un extremo al otro. Mientras competían, los jugadores sentían la presión de las esculturas que adornaban las paredes, las cuales muestran a unos jugadores decapitando a otros. El peligro era un recordatorio° de que el juego era también una ceremonia solemne y el campo, un templo.

Esta ruta maya continúa por campos como el de Uxmal en Yucatán, México, donde se pueden apreciar grandes logros° arquitectónicos. En todos ellos, se oyen las voces lejanas de la civilización maya, ecos que nos hacen viajar por el tiempo y despiertan la imaginación. ∎

Margin glosses (right column):
skyscraper
peak 50
measuring 55
whisper
reminder 60
achievements 65
70

Después de leer

La ruta maya

(1) Comprensión Decide si las oraciones son **ciertas** o **falsas**. Corrige las falsas.

1. En su momento de mayor extensión, el territorio maya empezaba en lo que hoy se llama México y terminaba en lo que hoy se llama Guatemala.
2. Los mayas construyeron muy pocas canchas de pelota.
3. En Copán vivía una élite de artesanos y nobles que escribían en piedra.
4. Los jeroglíficos de Copán cuentan la leyenda de los gemelos Ixbalanqué y Hunahpú.
5. Chichén Itzá fue el centro de poder de Mesoamérica.
6. El Castillo es la cancha de pelota más grande.

(2) Preguntas Contesta las preguntas con oraciones completas.

1. ¿Qué significado tenía el juego de pelota en la cultura maya?
2. ¿Cuáles eran algunos de los peligros del juego?
3. ¿Qué tienen de extraordinario las ruinas de Copán?
4. ¿Qué detalles indican que Chichén Itzá había sido una ciudad importantísima?
5. ¿Cuál es un ejemplo de la importancia de los dioses para los mayas?

(3) Itinerarios En grupos, preparen el itinerario para un recorrido por una de estas rutas. Luego, compartan el itinerario con el resto de la clase.

- la ruta de los campos de béisbol
- Norteamérica de punta a punta
- las mansiones de los famosos en Hollywood

(4) Jeroglíficos

A. En parejas, inventen un mensaje jeroglífico. Pueden usar letras, números, dibujos, figuras geométricas, etc. Después, intercambien el mensaje con otra pareja para descifrarlo. Pueden dar pistas si es necesario.

MODELO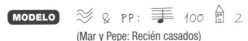

(Mar y Pepe: Recién casados)

B. Presenten los mensajes descifrados a la clase. ¿Qué pareja usó el sistema de escritura más original?

 Practice more at **vhlcentral.com**.

Atando cabos

¡A conversar!

La luna de miel Trabajen en grupos de cuatro. Imaginen cómo fue la luna de miel de dos de estas parejas.

a   b   c   d

A. Primero, hablen acerca de la luna de miel de cada pareja: ¿Cómo es la pareja? ¿Adónde fueron? ¿Por qué eligieron ese lugar? ¿Qué cosas empacaron?

B. Luego, comparen las dos lunas de miel. Escriban por lo menos seis oraciones usando comparativos y superlativos, y expresiones negativas, afirmativas e indefinidas.

C. Por último, compartan sus comparaciones con la clase y escuchen las comparaciones de sus compañeros/as. Entre todos, resuman en una lista las comparaciones más destacadas.

¡A escribir!

Consejos de viaje Sigue el **Plan de redacción** para escribir unos consejos de viaje. Imagina que trabajas en una agencia de viajes y tienes que organizar una excursión para unos/as amigos/as. Haz una lista de los lugares y cosas que les recomiendas que hagan. Ten en cuenta la personalidad de tus amigos/as y elige bien qué sitios crees que les van a gustar más.

Plan de redacción

Contenido: Ten en cuenta el clima del lugar, la ropa que deben llevar, el hotel donde pueden alojarse y los espectáculos culturales a los que pueden asistir. También es importante que les recomiendes algún restaurante o alguna comida típica del lugar. No olvides utilizar oraciones con subjuntivo en todas tus recomendaciones. Puedes usar estas expresiones:

- Es importante que...
- Les recomiendo que...
- Busquen un hotel que…
- Es probable que…
- Es mejor que…
- Visiten lugares que…

Conclusión: Termina la lista de consejos deseándoles a tus amigos/as un buen viaje.

Vocabulary Tools

De viaje

la bienvenida	welcome
la despedida	farewell
el destino	destination
el itinerario	itinerary
la llegada	arrival
el pasaje (de ida y vuelta)	(round-trip) ticket
el pasaporte	passport
la tarjeta de embarque	boarding pass
la temporada alta/baja	high/low season
el/la viajero/a	traveler
hacer las maletas	to pack
hacer transbordo	to transfer (planes/trains)
hacer un viaje	to take a trip
ir(se) de vacaciones	to go on vacation
perder (e:ie) (el vuelo)	to miss (the flight)
regresar	to return
a bordo	on board
retrasado/a	delayed
vencido/a	expired
vigente	valid

El alojamiento

el albergue	hostel
el alojamiento	lodging
la habitación individual/doble	single/double room
la recepción	front desk
el servicio de habitación	room service
alojarse	to stay
cancelar	to cancel
estar lleno/a	to be full
quedarse	to stay
reservar	to reserve
de (buena) categoría	first-rate
incluido/a	included
recomendable	advisable

La seguridad y los accidentes

el accidente (automovilístico)	(car) accident
el/la agente de aduanas	customs agent
el aviso	notice; warning
el cinturón de seguridad	seat belt
el congestionamiento	traffic jam
las medidas de seguridad	security measures
la seguridad	safety; security
el seguro	insurance
aterrizar	to land
despegar	to take off
ponerse/quitarse el cinturón	to fasten/to unfasten the seat belt
reducir (la velocidad)	to reduce (speed)
peligroso/a	dangerous
prohibido/a	prohibited

Las excursiones

la aventura	adventure
el/la aventurero/a	adventurer
la brújula	compass
el buceo	scuba diving
el campamento	campground
el crucero	cruise (ship)
el (eco)turismo	(eco)tourism
la excursión	outing; tour
la frontera	border
el/la guía turístico/a	tour guide
la isla	island
las olas	waves
el puerto	port
las ruinas	ruins
la selva	jungle
el/la turista	tourist
navegar	to sail
recorrer	to tour
lejano/a	distant
turístico/a	tourist (adj.)

Más vocabulario

Expresiones útiles	Ver p. 169
Estructura	Ver pp. 176-177, 180-181 y 184-185

Cinemateca

el arma	weapon
la cabina	cockpit
la cobertura	(cell phone) service
la espuma	foam
el expediente	investigation
la rabia	rabies
el secuestro	hijacking
los sudores	sweats
la tripa	belly
la tripulación	crew
correr a cargo de	to be paid by
meterse en un lío	to get into a mess
molar	to be cool
molestar	to bother
morder	to bite
cretino/a	idiot

Literatura

la aduana	customs
el ascensor	elevator
el desasosiego	(feeling of) unease
el equipaje	luggage
la manija	handle
la navaja de afeitar	razor blade
el pasillo	hallway
la ropa	clothing
el sótano	basement
la traba	suitcase lock
la valija	suitcase
afincarse	to settle down

Cultura

el apogeo	peak
el artefacto	artifact
el campo	ball field
el/la dios(a)	god/goddess
el juego de pelota	ball game
la leyenda	legend
el mito	myth
la pared	wall
la piedra	stone
la pirámide	pyramid
la ruta maya	the Mayan Trail

La naturaleza

6

Contextos
páginas 204-207

Fotonovela
páginas 208-211

Enfoques
El Caribe
páginas 212-215

Estructura
páginas 216-227

Manual de gramática
páginas A33-A37

Cinemateca
páginas 228-231

Lecturas
páginas 232-240

Atando cabos
página 241

Communicative Goals

You will expand your ability to...

- describe and narrate in the future
- express purpose, condition, and intent
- describe relationships between things/people/ideas

Vocabulary Tools

La naturaleza

La naturaleza

El Caribe presenta **costas** infinitas con palmeras **a orillas del mar**, aguas cristalinas y extensos **arrecifes** de coral con un **paisaje** submarino sin igual.

el árbol *tree*
el arrecife *reef*
el bosque (lluvioso) *(rain) forest*
el campo *countryside; field*
la cordillera *mountain range*

la costa *coast*
el desierto *desert*
el mar *sea*
la montaña *mountain*
el paisaje *landscape*
la tierra *land*
―――――――――
húmedo/a *damp*
seco/a *dry*
―――――――――
a orillas de *on the shore of*
al aire libre *outdoors*

Los animales

el ave (f.) / el pájaro *bird*
el cerdo *pig*
el conejo *rabbit*
el león *lion*
el mono *monkey*
la oveja *sheep*
el pez *fish*
la rana *frog*

la serpiente *snake*
el tigre *tiger*
la vaca *cow*
―――――――――
atrapar *to trap; to catch*
cazar *to hunt*
dar de comer *to feed*
extinguirse *to become extinct*
morder (o:ue) *to bite*
―――――――――
en peligro de extinción *endangered*
salvaje *wild*
venenoso/a *poisonous*

Los fenómenos naturales

el huracán *hurricane*
el incendio *fire*
la inundación *flood*
el relámpago *lightning*
la sequía *drought*
el terremoto *earthquake*
la tormenta (tropical) *(tropical) storm*
el trueno *thunder*

El **reciclaje** de botellas es muy importante para **proteger** el **medio ambiente** y no **malgastar** plástico.

el calentamiento global *global warming*
la capa de ozono *ozone layer*
el combustible *fuel*
la contaminación *pollution*

la deforestación *deforestation*
el desarrollo *development*
la erosión *erosion*
la fuente de energía *energy source*
el medio ambiente *environment*
los recursos naturales *natural resources*

agotar *to use up*
conservar *to preserve*
contaminar *to pollute*
contribuir (a) *to contribute*
desaparecer *to disappear*
destruir *to destroy*
malgastar *to waste*
proteger *to protect*
reciclar *to recycle*

resolver (o:ue) *to solve*

dañino/a *harmful*
desechable *disposable*
renovable *renewable*
tóxico/a *toxic*

Práctica

1 **Escuchar**

A. Escucha el informativo de la noche y, después, completa las oraciones con la opción correcta.

1. Hay ___.
   a. una inundación   b. un incendio

2. Las causas de lo que ha ocurrido ___.
   a. se conocen   b. se desconocen

3. En los últimos meses, ha habido ___.
   a. mucha sequía   b. muchas tormentas

4. Las autoridades temen que ___.
   a. los animales salvajes vayan a los pueblos
   b. el incendio se extienda

5. Los pueblos de los alrededores ___.
   a. están en peligro   b. están contaminados

B. Escucha la conversación entre Pilar y Juan, y después contesta las preguntas con oraciones completas.

1. ¿Dónde hay un incendio?

2. Según lo que escuchó Pilar, ¿qué puede suceder?

3. ¿Qué animales tenían los abuelos de Juan?

4. ¿Dónde pasaba los veranos Pilar?

5. ¿Qué hacía Pilar con los peces que veía?

6. ¿Qué ha pasado con los peces que había antes en la costa?

C. En parejas, hablen de los cambios que han visto ustedes en la naturaleza a lo largo de los años. Hagan una lista y compártanla con la clase.

2 **Emparejar** Conecta las palabras de forma lógica.

> **MODELO**   **fenómeno natural: terremoto**

___ 1. proteger   a. león
___ 2. tormenta   b. serpiente
___ 3. destrucción   c. incendio
___ 4. campo   d. conservar
___ 5. salvaje   e. trueno
___ 6. venenosa   f. aire libre

Práctica

3 **Definiciones**

A. Escribe la palabra adecuada para cada definición.

1. fenómeno natural en el que se ilumina el cielo cuando hay tormenta: _____

2. reptil de cuerpo largo y estrecho (*narrow*) que muchas veces es venenoso: _____

3. largo período de tiempo sin lluvias: _____

4. extensión de tierra donde no suele llover: _____

5. fenómeno natural que se produce cuando se mueve la tierra bruscamente (*abruptly*): _____

6. animal feroz considerado el rey de la selva: _____

7. contrario de "húmedo": _____

8. ruido producido en las nubes por una descarga eléctrica: _____

9. serie de montañas: _____

10. fuego grande que puede destruir casas y campos: _____

B. Ahora, escribe tres definiciones de otras palabras del vocabulario. Tu compañero/a tendrá que adivinar a qué palabra corresponde cada definición.

4 **¿Qué es la biodiversidad?** Completa el artículo de la revista *Naturaleza* con la palabra o expresión correspondiente.

animal	costas	paisaje
arrecifes de coral	mar	proteger
bosques	medio ambiente	recursos naturales
conservar	montañas	tierra

La biodiversidad se refiere a la gran variedad de formas de vida —(1) _____, vegetal y humana— que conviven en el (2) _____, no sólo en la tierra, sino también en el (3) _____. Esta interdependencia significa que ninguna especie está aislada o puede vivir por sí sola. A pesar de que el Caribe comprende menos del once por ciento de la superficie total del planeta, su territorio contiene una vasta riqueza de vida silvestre (*wild*) que se encuentra a lo largo de sus (4) _____ tropicales húmedos, (5) _____ altas, extensas costas, y del increíble (6) _____ submarino de los (7) _____. Se estima que en la actualidad hay más de sesenta y cinco organizaciones ecologistas que trabajan para (8) _____ y (9) _____ los valiosos (10) _____ de las islas caribeñas.

Comunicación

5 **Preguntas** En parejas, túrnense para contestar las preguntas.

1. ¿A dónde prefieres ir de vacaciones, al campo, a la costa o a la montaña? ¿Por qué?

2. ¿Tienes un animal preferido? ¿Cuál es? ¿Por qué te gusta? ¿Qué animales no te gustan? ¿Por qué?

3. ¿Qué opinas de la práctica de cazar animales? ¿Es cruel? ¿Es necesario controlar la población para el bien de la especie?

4. ¿Hay alguna diferencia entre cazar un animal para comerlo y comprar carne?

5. ¿Hay huracanes, sequías o algún otro fenómeno natural donde tú vives? ¿Qué efectos o consecuencias tienen para el medio ambiente?

6. En tu opinión, ¿cuál es el problema más grave que afecta al medio ambiente? ¿Qué podemos hacer para mejorar la situación?

6 **¿Qué es mejor?** En parejas, hablen sobre las ventajas y las desventajas de las alternativas de la lista. Consideren el punto de vista práctico y el punto de vista ambiental. Utilicen el vocabulario de **Contextos**.

- usar servilletas de papel o de tela (*cloth*)
- tirar restos de comida a la basura o en el triturador del fregadero (*garbage disposal*)
- acampar en un parque nacional o alojarse en un hotel
- imprimir el papel por los dos lados o simplemente imprimir menos

7 **Asociaciones** En parejas, comparen sus personalidades con las cualidades de estos animales, elementos y fuerzas de la naturaleza. ¿Con cuáles te identificas? ¿Con cuáles crees que se identifica tu compañero/a? ¿Por qué? Comparen sus respuestas.

MODELO **pájaro**
Yo me identifico con los pájaros, porque soy libre y soñador(a).

árbol	fuente de energía	mar	relámpago
bosque	huracán	montaña	serpiente
conejo	incendio	pájaro	terremoto
desierto	león	pez	trueno

Video

Hasta ahora, en el video...

Lupita se escapa del hospital porque se quiere ir de vacaciones. Por suerte, Marcela y Ricardo encuentran a Lupita y entre toda la familia la convencen para volver al hospital. Luego, Marcela y Ricardo comienzan su viaje a Hierve el Agua. En este episodio verás cómo sigue la historia.

Ricardo llega caminando a Hierve el Agua.

MARCELA Mi trabajo no es sólo traerte, sino también explicarte sobre Hierve el Agua.

RICARDO (*a la defensiva*) ¿En serio?

MARCELA Hierve el Agua es uno de los paisajes naturales más bellos de Oaxaca y de México. Sus cascadas petrificadas...

Ricardo se está bajando de la Kombi.

MARCELA ¡Espera! (*Marcela saca el regalo*) ¿Pensabas que lo había olvidado?

RICARDO En caso de que no te guste, lo cambiaremos sin problemas.

Marcela comienza a llorar.

RICARDO No llores. Si no te gusta, en cuanto regresemos a la ciudad, lo cambiamos.

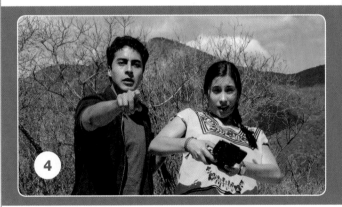

Marcela pilota el dron.

RICARDO ¡Cuidado! ¡Vas hacia el agua!

MARCELA ¡Está completamente fuera de control!

El dron cae al agua.

MARCELA ¡Se quedó sin gasolina!

RICARDO No, más bien sin baterías.

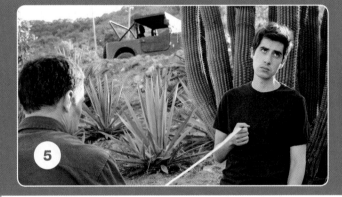

Es otro día...

LORENZO Los cactus pueden adaptarse con facilidad a medio ambientes desérticos.

MANU ¡Los cactus son aburridos!

LORENZO ¡No te quejes! Disfruta del paisaje. La naturaleza es bella, Manu. ¡Relájate!

Personajes

MARCELA

RICARDO

LORENZO

MANU

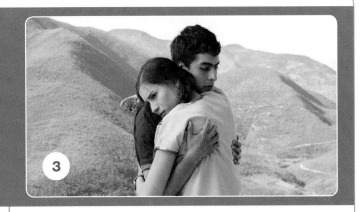
3

MARCELA No lo quiero cambiar. Este alebrije lo hizo mi mamá. Ella murió hace un año.

RICARDO Yo, yo, no... Yo no sabía que tu...

MARCELA ¡Me encanta! Gracias.

Marcela lo abraza.

RICARDO ¿Te gustaría aprender a volar mi dron?

6

Lorenzo y Manu están perdidos.

MANU ¿No que conocías el camino?

LORENZO Antes de que sigas, en caso de que pienses que estoy perdido, no lo estoy.

MANU (*saca su celular*) Dame un segundito. Estamos rodeados de montañas. El GPS no funciona. Y ahora, ¿qué vamos a hacer?

Expresiones útiles

Talking about the future

Lo cambiaremos sin problemas.
We will exchange it, no problem.

¡Lo haremos!
We will do it!

¿Qué vamos a hacer?
What are we going to do?

Te llevaré a un lugar cerca de aquí.
I will take you to a place close by.

Expressing purpose, condition, or intent

Antes de que sigas, en caso de que pienses que estoy perdido, no lo estoy.
Before you continue, in case you think I am lost, I am not.

No llores. Si no te gusta, en cuanto regresemos a la ciudad, lo cambiamos.
Don't cry. If you don't like it, as soon as we go back to the city, we will exchange it.

¿Te cuento un chiste para que te animes un poco?
Shall I tell you a joke to cheer you up a little?

Expressing movement and direction

¡Cuidado! ¡Vas hacia el agua!
Be careful! You are going towards the water!

Mejor volvamos a casa.
We had better go back home.

Additional vocabulary

la cascada *waterfall*
un detallito *a little something*
merecer *to deserve*
la prisa *rush*
el reino animal *animal kingdom*
rodeado/a de *surrounded by*

Comprensión

1 **Opciones** Completa cada oración con la opción correcta.

1. Marcela llora porque el alebrije _____.
   a. no le gusta   b. lo hizo su mamá   c. está roto

2. Ricardo le ofrece a Marcela _____.
   a. ir a la piscina   b. darle otro regalo   c. volar su dron

3. Marcela maneja el dron _____.
   a. mal   b. fatal   c. muy bien

4. A Manu _____ los cactus.
   a. le aburren   b. le fascinan   c. le preocupan

5. Lorenzo le ofrece a Manu ir a _____.
   a. una piscina   b. un restaurante   c. un concurso de chistes

2 **Preguntas** Contesta las preguntas sobre el episodio con oraciones completas.

1. ¿Qué pensó Marcela del regalo de Ricardo?
2. ¿Qué pasó con el dron cuando lo manejaba Marcela? ¿Por qué?
3. ¿Qué piensa Lorenzo de la naturaleza?
4. ¿Por qué Lorenzo le cuenta a Manu un chiste?
5. ¿Qué opina Manu del chiste?
6. ¿Qué ocurre cuando Manu y Lorenzo se dirigen hacia el restaurante?

3 **¿Quién lo hará?**

A. Escribe qué personaje podría decir cada oración, de acuerdo con lo que aprendiste de ellos en este episodio.

MARCELA   **MANU**   **LORENZO**   **RICARDO**

1. Dentro de dos años, tendré una compañía de servicios turísticos muy exitosa.
2. Algún día, sabré todo acerca de los cactus.
3. Cuando sea mayor, querré una casa en la ciudad, no en el campo.
4. En el futuro, mi dron podrá volar sin batería.
5. Buscaré en Internet sobre las cascadas petrificadas para impresionar a Marcela.

B. Ahora, en parejas, túrnense para hacerse preguntas sobre las oraciones. Sigan el modelo.

> **MODELO**
> **ESTUDIANTE 1** ¿Quién tendrá una compañía de servicios turísticos muy exitosa?
> **ESTUDIANTE 2** Marcela tendrá una compañía de servicios turísticos muy exitosa.

 Practice more at **vhlcentral.com**.

Ampliación

(4) ¿Te gusta la naturaleza? En grupos pequeños, conversen sobre las siguientes preguntas.

- ¿Te identificas más con Manu o con Lorenzo? ¿Por qué?
- ¿Cómo preferirías pasar un día en la naturaleza: con Marcela y Ricardo en Hierve el Agua, o con Lorenzo y Manu en el desierto? Explica tu respuesta.

(5) Y ahora, ¿qué vamos a hacer? Al final del episodio, Lorenzo y Manu están perdidos. Imagina que tú estás con ellos y escribe una conversación entre los tres. Ofréceles consejos.

> **MODELO**
>
> **MANU** El GPS no funciona. Y ahora, ¿qué vamos a hacer?
>
> **"TÚ"** ¡Por suerte, yo tengo mucha agua! Caminemos un poco para que encontremos señal.
>
> **LORENZO** ¡Buena idea!

(6) Apuntes culturales En parejas, lean los párrafos y contesten las preguntas.

Hierve el Agua, Oaxaca

Marcela y Ricardo hacen una excursión a Hierve el Agua, Oaxaca. Como bien sabe Marcela, Hierve el Agua es un sistema de cascadas petrificadas de entre 12 y 30 metros de altura (40-100 pies) que se formaron de manera natural hace miles de años debido al alto contenido de minerales en el agua. El visitante puede disfrutar de las aguas termales de la piscina que se creó a partir de su manantial (*spring*) o bien contemplar las cascadas desde pozos (*pools*) naturales.

Las tlayudas

Lorenzo quiere llevar a Manu a un restaurante a comer tlayudas con mole. La tlayuda es una tortilla de maíz típica de Oaxaca. Declarada patrimonio cultural inmaterial por la UNESCO en 2010, se caracteriza por su gran tamaño, unos 38 centímetros de diámetro (*15 inches*), y consistencia dura. Normalmente se unta (*is spread*) con manteca de cerdo (*lard*) y se le pueden añadir frijoles, carne, quesillo o mole.

Desierto de Chihuahua

Los desiertos mexicanos

Lorenzo y Manu están perdidos en el desierto. Los principales desiertos mexicanos son el de Sonora y el de Chihuahua. El desierto de Sonora ocupa el noroeste de México y el suroeste de los Estados Unidos. Entre sus cactus habita gran variedad de especies, como coyotes, pumas o tarántulas. El desierto de Chihuahua abarca varios estados del sur de los Estados Unidos y gran parte del estado mexicano de Chihuahua. En este desierto, de inviernos fríos y veranos lluviosos, existen más de 350 especies de cactáceas. ¡Todo un paraíso para Lorenzo!

1. ¿Qué cascadas has visitado? ¿Cómo fue la experiencia? ¿Qué cascadas te gustaría visitar en el futuro?
2. ¿Cuál es tu comida mexicana preferida? ¿Qué ingredientes le pondrías a una tlayuda?
3. ¿Te gustaría pasar una semana en un desierto mexicano? ¿Por qué?

EL CARIBE

En detalle

Los bosques
DEL MAR

¿Te sumergiste alguna vez en el más absoluto de los silencios para contemplar los majestuosos arrecifes de coral? En el Caribe hay más de 26 mil kilómetros cuadrados (16 mil millas cuadradas) de arrecifes, también llamados *bosques tropicales del mar* por la inmensa biodiversidad que se encuentra en ellos. Sus extravagantes formas de intensos colores proporcionan° el ecosistema ideal para las más de 4.000 especies de peces y miles de especies de plantas que en ellos habitan.

Nuestras vidas también dependen de estas formaciones: los arrecifes del Caribe protegen de los huracanes las costas de Florida y de los países caribeños. Sus inmensas estructuras aplacan° la fuerza de las tormentas antes de que lleguen a las costas, cumpliendo la función de barreras° naturales.

También protegen las playas de la erosión y son un refugio para muchas especies animales en peligro de extinción.

En Cuba se destacan° los arrecifes de María la Gorda, en el extremo occidental de la isla. En esta área altamente protegida, más de veinte especies de corales forman verdaderas cordilleras, grutas° y túneles subterráneos.

3.200 km de arrecifes
Cuba
María la Gorda
166 km de arrecifes
República Dominicana
237 especies de coral
Puerto Rico
Parque Nacional Submarino La Caleta

Lamentablemente, los arrecifes están en peligro por culpa de la mano del hombre. La construcción desmedida° en las costas y la contaminación de las aguas por los desechos° de las alcantarillas° provocan la sedimentación. Esto enturbia° el agua y mata el coral, porque le quita la luz que necesita. La pesca descontrolada, el exceso de turismo y la recolección de coral por parte de los buceadores son otros de sus grandes enemigos. De hecho, algunos expertos dicen que el 70% del coral desaparecerá en unos 40 años. Así que, si eres uno de los afortunados que pueden visitarlos, cuídalos. Su futuro depende de todos nosotros. ■

Los **arrecifes de coral** son uno de los hábitats más antiguos de la Tierra; algunos de ellos tienen más de 10.000 años. Muchos los confunden con plantas o con rocas, pero los arrecifes de coral son, en realidad, estructuras formadas por pólipos de coral, unos animales diminutos° que al morir dejan unos residuos de piedra caliza°. Los arrecifes son el refugio ideal para muchos tipos de animales, tales como esponjas, peces y tortugas.

proporcionan *provide* aplacan *diminish* barreras *barriers* se destacan *stand out* grutas *caves* desmedida *excessive* desechos *waste* alcantarillas *sewers* enturbia *clouds* diminutos *tiny* piedra caliza *limestone*

Frases de animales

andar como perro sin pulga° **(Méx.)** *to be carefree*

comer como un chancho *to eat like a pig; to pig out*

¡El mono está chiflando!° (Cu.) *How windy!*

estar como una cabra° (Esp.) *to be as mad as a hatter*

marca perro (Arg., Chi. y Uru.) *(of an object) by an unknown brand*

¡Me pica el bagre!° (Arg.) *I'm getting hungry!*

¡Qué búfalo/a! (Nic.) *Fantastic!*

¡Qué tortuga! (Col.) *(of a person) How slow!*

ser (una) rata
ser un(a) rata (Esp.) | *to be stingy*

Organizaciones ambientales

Protección de la biosfera El Parque Nacional Yasuní, declarado Reserva Mundial de la Biosfera por la UNESCO en 1989, está ubicado en la Amazonia ecuatoriana. En la actualidad, varias organizaciones ambientales intentan frenar° el avance de compañías petroleras que operan en el 60% del territorio del parque.

Patagonia sin represas En 2011, este movimiento formado por varias asociaciones ecologistas chilenas frenó el plan para la construcción de cinco represas hidroeléctricas° en el sur de Chile. Este plan habría inundado 5.900 hectáreas de reservas naturales.

Protección de aves amenazadas Gracias al Fondo Peregrino de Panamá y a instituciones como el Smithsonian Institute, las águilas arpías° están siendo rescatadas y protegidas. Al parecer, Panamá es el único país de Latinoamérica que protege esta ave. El águila arpía es la segunda águila más grande del mundo, después del águila de Filipinas, y es el ave nacional de Panamá.

andar como… *(lit.) to be like a dog without a flea* **El mono**… *(lit.) The monkey is whistling*
estar como… *(lit.) to be like a goat* **Me pica**… *(lit.) My catfish is itching me* **buque** *ship*
frenar *to slow down* **represas**… *hydroelectric dams* **águilas arpías** *harpy eagles*

PARQUE NACIONAL SUBMARINO LA CALETA

En 1984, por obra y gracia del Grupo de Investigadores Submarinos, el buque° de rescate *Hickory* se hundió en el Parque Nacional Submarino La Caleta, a unos 17 kilómetros de Santo Domingo. No fue un accidente: el objetivo de los especialistas fue sumergir el buque intacto para que sirviera de arrecife artificial a las especies en peligro de extinción. Con el paso de los años, el barco se cubrió de esponjas y corales, y por él pasan miles de peces. El *Hickory*, que está a unos 20 metros de profundidad, es hoy día una de las mayores atracciones del parque. Pero el *Hickory* no es el único atractivo del parque nacional, también cuenta con otro barco-museo hundido para el buceo. En las aguas del parque, que alcanzan una profundidad de 180 metros (590 pies), se pueden contemplar tres terrazas de arrecifes. Los corales forman verdaderas alfombras de tonos rojos, amarillos y anaranjados que impresionan al buceador más exigente. No obstante, los visitantes también pueden disfrutar de fauna no acuática: pelícanos, colibríes°, buitres°, murciélagos°, sapos°, arañas° y diversos tipos de lagartijas°. De igual forma, puede observarse flora característica de una llanura° costera: plantas como la orquídea y árboles como la ceiba°, la palma, el roble°, el almendro° o el higüero° conforman una de las vegetaciones más diversas de las Antillas.

❝ **El hombre no sólo es un problema para sí, sino también para la biosfera en que le ha tocado vivir.** ❞
(Ramón Margalef, ecólogo español)

colibríes *hummingbirds* buitres *vultures* murciélagos *bats* sapos *toads* arañas *spiders*
lagartijas *lizards* llanura *plain* ceiba *ceiba tree* roble *oak tree* almendro *almond tree*
higüero *calabash tree*

¿Qué aprendiste?

1 ¿Cierto o falso? Indica si estas afirmaciones son ciertas o falsas. Corrige las falsas.

1. Los arrecifes de coral son unas plantas de intensos colores.

2. Los arrecifes de coral también son conocidos como los *bosques tropicales del mar*.

3. Los huracanes se hacen más fuertes cuando pasan por los arrecifes.

4. Estas estructuras son un ecosistema ideal para las especies en peligro de extinción.

5. Las formaciones de coral necesitan luz.

6. Está permitido que los turistas tomen un poco de coral para llevárselo.

7. María la Gorda se encuentra en el extremo occidental de Puerto Rico.

8. En María la Gorda, los arrecifes forman túneles y cordilleras.

9. La construcción de casas cerca de las playas no afecta al desarrollo de los arrecifes.

10. Los arrecifes de coral son uno de los hábitats más antiguos del planeta.

11. En los arrecifes no viven tortugas porque no encuentran su alimento.

12. Los expertos están preocupados por el futuro de los arrecifes.

S Practice more at **vhlcentral.com**.

2 Oraciones Elige la opción correcta.

1. El Grupo de Investigadores Submarinos hundieron el *Hickory* para crear (un parque nacional/un arrecife artificial).

2. En el Parque Nacional Submarino La Caleta los turistas pueden ver (sólo fauna acuática. /tanto fauna acuática como no acuática.)

3. ¿No quieres contribuir para el regalo de Juan? ¡Eres (una rata/un chancho)!

4. Si estás en Argentina y tienes hambre, dices que (te pica el bagre/estás como una cabra).

3 Preguntas Contesta las preguntas.

1. ¿Qué quieren frenar las organizaciones ambientales en el Parque Nacional Yasuní?

2. ¿Qué animales protege el Fondo Peregrino de Panamá?

3. ¿Qué busca la organización Patagonia sin represas?

4. En tu opinión, ¿a qué se refiere Ramón Margalef cuando dice que el hombre es un problema para la biosfera?

4 Opiniones En parejas, respondan las preguntas y compartan su opinión con la clase.

- ¿Les preocupa la contaminación de las aguas?

- ¿Tienen hábitos que perjudican los mares? ¿Cuáles?

- ¿Qué aspectos de su vida diaria cambiarían para evitar el aumento de contaminación?

PROYECTO

Arrecifes del Caribe

Busquen información sobre los arrecifes de coral de Cuba, Puerto Rico y la República Dominicana. Elijan una zona de arrecifes y preparen una presentación para la clase. La presentación debe incluir:

- datos sobre la ubicación y la extensión

- datos sobre turismo

- datos sobre las especies de coral y otras especies de los arrecifes

- información sobre el estado de los arrecifes: ¿Están en peligro? ¿Alguna organización los protege?

¡No olviden incluir un mapa con la ubicación exacta para presentarlo en la clase!

Un bosque tropical

 Video

Ahora que ya has leído sobre la riqueza del mar del Caribe, mira este episodio de **Flash cultura** para conocer las maravillas del bosque tropical lluvioso de Puerto Rico, con su sorprendente variedad de árboles milenarios.

VOCABULARIO ÚTIL

la brújula *compass*
la caminata *hike*
la cascada *waterfall*
el chapuzón *dip*
la cima *peak*

estar en forma *to be fit*
el/la nene/a *kid*
la lupa *magnifying glass*
subir *to climb*
la torre *tower*

Corresponsal: Diego Palacios
País: Puerto Rico

En el Yunque hay más especies de árboles que en ningún otro de los bosques nacionales, muchos de los cuales son cientos de veces más grandes, como el Parque Yellowstone o el Yosemite.

(1) **Preparación** ¿Te gusta estar en contacto con la naturaleza? ¿De qué manera? ¿Has visitado alguno de los bosques nacionales de tu país? ¿Cuál(es)?

(2) **Comprensión** Indica si estas afirmaciones son **ciertas** o **falsas**. Después, en parejas, corrijan las falsas.

1. El nombre *Yunque* proviene del español y significa "dios de la montaña".
2. El Yunque es la reserva forestal más antigua del hemisferio occidental.
3. El símbolo de Puerto Rico es la iguana.
4. Para llegar a la cima del Yunque es necesario estar en forma y llevar brújula, agua, mapa, etc.
5. Una caminata hasta la cima puede llevar hasta dos días.
6. Como la cima está rodeada de nubes, allí arriba los árboles no pueden crecer mucho.

Nadar en los ríos del Yunque es uno de los pasatiempos favoritos de los puertorriqueños, como lo es meterse debajo de las cascadas.

(3) **Expansión** En parejas, contesten estas preguntas.

- Imagina que sólo puedes llevar tres de los objetos del equipo para llegar a la cima del Yunque. ¿Cuáles llevarías? ¿Por qué?
- ¿Alguno de los atractivos del Yunque te anima (*encourages you*) a visitar este bosque en tus próximas vacaciones? ¿Cuál? ¿Por qué?
- ¿Qué tipo de comida llevas cuando vas de excursión? ¿Qué otras cosas llevas en la mochila?

El Yunque es el único bosque tropical lluvioso del Sistema Nacional de Bosques de los Estados Unidos.

6.1 The future

Te llevaré a un lugar cerca de aquí donde se comen las mejores tlayudas con mole.

En caso de que no te guste, lo cambiaremos sin problemas.

¡ATENCIÓN!

Note that all of the future tense endings carry a written accent mark, except the **nosotros/as** form.

- The future tense (**el futuro**) uses the same endings for all **-ar**, **-er**, and **-ir** verbs. For regular verbs, the endings are added to the infinitive.

The future tense		
hablar	**deber**	**abrir**
hablaré	deberé	abriré
hablarás	deberás	abrirás
hablará	deberá	abrirá
hablaremos	deberemos	abriremos
hablaréis	deberéis	abriréis
hablarán	deberán	abrirán

- For irregular verbs, the same future endings are added to the irregular stem.

Infinitive	stem	future forms
caber	cabr–	cabré, cabrás, cabrá, cabremos, cabréis, cabrán
haber	habr–	habré, habrás, habrá, habremos, habréis, habrán
poder	podr–	podré, podrás, podrá, podremos, podréis, podrán
querer	querr–	querré, querrás, querrá, querremos, querréis, querrán
saber	sabr–	sabré, sabrás, sabrá, sabremos, sabréis, sabrán
poner	pondr–	pondré, pondrás, pondrá, pondremos, pondréis, pondrán
salir	saldr–	saldré, saldrás, saldrá, saldremos, saldréis, saldrán
tener	tendr–	tendré, tendrás, tendrá, tendremos, tendréis, tendrán
valer	valdr–	valdré, valdrás, valdrá, valdremos, valdréis, valdrán
venir	vendr–	vendré, vendrás, vendrá, vendremos, vendréis, vendrán
decir	dir–	diré, dirás, dirá, diremos, diréis, dirán
hacer	har–	haré, harás, hará, haremos, haréis, harán
satisfacer	satisfar–	satisfaré, satisfarás, satisfará, satisfaremos, satisfaréis, satisfarán

- Most verbs derived from irregular verbs follow the same pattern.

poner
proponer
▷
pondré
propondré

¡ATENCIÓN!

The future tense is used less frequently in Spanish than in English.

Te llamo mañana.
I'll call you tomorrow.

- In Spanish, as in English, the future tense is one of many ways to express actions or conditions that will happen in the future.

PRESENT INDICATIVE

conveys a sense of certainty that the action will occur

Llegan a la costa mañana.
They arrive at the coast tomorrow.

ir a + [*infinitive*]

expresses the near future; is commonly used in everyday speech

Van a llegar a la costa mañana.
They are going to arrive at the coast tomorrow.

PRESENT SUBJUNCTIVE

refers to an action that has yet to occur: used after verbs of will and influence.

Prefiero que **lleguen** a la costa mañana.
I prefer that they arrive at the coast tomorrow.

FUTURE TENSE

expresses an action that will occur; often implies more certainty than **ir a** + [*infinitive*]

Llegarán a la costa mañana.
They will arrive at the coast tomorrow.

- The English word *will* can refer either to future time or to someone's willingness to do something. To express willingness, Spanish uses the verb **querer** + [*infinitive*], not the future tense.

¿**Quieres contribuir** a la protección del medio ambiente?
Will you contribute to the protection of the environment?

Quiero ayudar, pero no sé por dónde empezar.
I'll help, but I don't know where to begin.

- In Spanish, the future tense may be used to express conjecture or probability, even about present events. English expresses this sense in various ways, such as *wonder*, *bet*, *must be*, *may*, *might*, and *probably*.

¿Qué hora **será**?
I wonder what time it is.

¿**Lloverá** mañana?
Do you think it will rain tomorrow?

Ya **serán** las dos de la mañana.
It must be two a.m. by now.

Probablemente **tendremos** un poco de sol y un poco de viento.
It'll probably be a bit sunny and windy.

- When the present subjunctive follows a conjunction of time like **cuando**, **después (de) que**, **en cuanto**, **hasta que**, and **tan pronto como**, the future tense is often used in the main clause of the sentence.

Nos quedaremos lejos de la costa **hasta que pase** el huracán.
We'll stay far from the coast until the hurricane passes.

En cuanto termine de llover, **regresaremos** a casa.
As soon as it stops raining, we'll go back home.

Tan pronto como salga el sol, **iré** a la playa a tomar fotos.
As soon as the sun comes up, I'll go to the beach to take photos.

TALLER DE CONSULTA

For a detailed explanation of the subjunctive with conjunctions of time, see **6.2**.

Práctica

TALLER DE CONSULTA

MANUAL DE GRAMÁTICA
Más práctica

6.1 The future, p. A33

1 **Catástrofe** Hay muchas historias que cuentan el fin del mundo. Aquí tienes una de ellas.

A. Primero, lee la historia y subraya las expresiones de futuro. Después, sustitúyelas por verbos en futuro.

(1) Los videntes (*fortunetellers*) aseguran que van a suceder catástrofes. (2) El clima va a cambiar. (3) Va a haber huracanes y terremotos. (4) Vamos a vivir tormentas permanentes. (5) Una gran niebla va a caer sobre el mundo. (6) El suelo del bosque va a temblar. (7) El mundo que conocemos también va a acabarse. (8) En ese instante, la tierra va a volver a sus orígenes.

1. _____
2. _____
3. _____
4. _____
5. _____
6. _____
7. _____
8. _____

B. Ahora, en parejas, escriban su propia historia del futuro del planeta. Pueden inspirarse en el párrafo anterior o pueden escribir una versión más optimista.

2 **Horóscopo chino** En el horóscopo chino, cada signo es un animal. Lee las predicciones del horóscopo chino para la serpiente. Conjuga los verbos entre paréntesis usando el futuro.

Trabajo: Esta semana (tú) (1) _____ (tener) que trabajar duro. (2) _____ (salir) poco y no (3) _____ (poder) divertirte, pero (4) _____ (valer) la pena. Muy pronto (5) _____ (conseguir) el puesto que esperas.

Dinero: (6) _____ (venir) tormentas económicas. No malgastes tus ahorros.

Salud: (7) _____ (resolver) tus problemas respiratorios, pero (8) _____ (deber) cuidarte la garganta.

Amor: (9) _____ (recibir) una noticia muy buena. Una persona especial te (10) _____ (decir) que te ama. (11) _____ (venir) días felices.

3 **El futuro** En parejas, imaginen que uno/a de ustedes es un(a) investigador(a). La otra persona es un(a) estudiante que quiere saber qué sucederá en el futuro. El/La investigador(a) deberá contestar preguntas relacionadas con estos temas.

MODELO **ESTUDIANTE** ¿Existirán las bibliotecas en el futuro?
INVESTIGADOR(A) Sí, pero habrá menos debido al desarrollo de la tecnología.

trabajo **estudios** **naturaleza** **política**

Practice more at **vhlcentral.com**.

Comunicación

(4) **Viaje ecológico** Tú y tu compañero/a tienen que planear un viaje ecológico. Decidan a qué país irán, en qué fechas y qué harán allí. Usen ocho verbos en futuro.

ECOTURISMO

Puerto Rico	República Dominicana
• acampar en la costa y disfrutar de las playas	• ir en kayak por los ríos tropicales
• visitar el Viejo San Juan	• bucear por los arrecifes
• montar a caballo por la Cordillera Central	• ir de safari por La Descubierta y ver los cocodrilos del lago Enriquillo
• ir en bicicleta por la costa	• disfrutar del paisaje de Barahona
• viajar en barco por la isla Culebra	• observar las aves en el Parque Nacional del Este

(5) **¿Qué será de...?** En parejas, conversen sobre lo que sucederá en el futuro en relación con estos temas y lugares.

- las ballenas (*whales*) en 2200
- Venecia en 2065
- los libros tradicionales en 2105
- la televisión en 2056
- Internet en 2050
- las hamburguesas en 2080
- los Polos Norte y Sur en 2300
- el Amazonas en 2100
- Los Ángeles en 2245
- el petróleo en 2090

(6) **¿Dónde estarán en 20 años?** La fama es, en muchas ocasiones, pasajera (*fleeting*). En grupos de tres, hagan una lista de cinco personas famosas y anticipen lo que será de ellas dentro de veinte años.

(7) **Situaciones**

A. En parejas, seleccionen uno de estos temas e inventen una conversación usando el tiempo futuro.

1. Dos jóvenes han terminado sus estudios universitarios y hablan sobre lo que harán para convertirse en millonarios.

2. Dos ladrones acaban de robar todo el dinero de un banco. Piensen en lo que hará la policía para atraparlos.

3. La familia Rondón ha decidido convertir su granja (*farm*) en un centro de ecoturismo. Debe planear algunas atracciones para los turistas.

4. Dos científicos se reúnen para participar en un intercambio (*exchange*) de ideas para eliminar la contaminación del aire en las grandes ciudades. Cada uno/a dice lo que hará o inventará para conseguirlo.

B. Ahora, interpreten su conversación ante la clase. La clase votará por la conversación más creativa.

Tutorial

6.2 The subjunctive in adverbial clauses

- In Spanish, adverbial clauses are commonly introduced by conjunctions. Certain conjunctions require the subjunctive, while others can be followed by the subjunctive or the indicative, depending on the context in which they are used.

Si no te gusta, en cuanto regresemos a la ciudad, lo cambiamos.

¡Lo haremos! Tan pronto como sepa salir de aquí!

Conjunctions that require the subjunctive

- Certain conjunctions are always followed by the subjunctive because they introduce actions or states that are uncertain or have not yet happened. These conjunctions commonly express purpose, condition, or intent.

MAIN CLAUSE	CONNECTOR	SUBORDINATE CLAUSE
Se acabará el petróleo en pocos años	**a menos que**	**encontremos energías alternativas.**

> **Conjunctions that require the subjunctive**
>
> | | |
> |---|---|
> | **a menos que** *unless* | **en caso (de) que** *in case* |
> | **antes (de) que** *before* | **para que** *so that* |
> | **con tal (de) que** *provided that* | **sin que** *without; unless* |

El gobierno se prepara **en caso de que haya** una gran sequía el verano que viene.
The government is getting ready in case there is a big drought next summer.

A menos que haga mal tiempo, iremos a la montaña el próximo miércoles.
We will go to the mountains next Wednesday unless the weather is bad.

Debemos proteger a los animales salvajes **antes de que se extingan**.
We should protect wild animals before they become extinct.

- If there is no change of subject in the sentence, a subordinate clause is not necessary. Instead, the prepositions **antes de, con tal de, en caso de, para**, and **sin** can be used, followed by the infinitive. Note that the connector **que** is not necessary in this case.

Las organizaciones ecologistas trabajan **para proteger** los arrecifes de coral.
Environmental organizations work to protect coral reefs.

Tienes que pedir permiso **antes de darles de comer** a los monos del zoológico.
You need to get permission before feeding the monkeys at the zoo.

¡ATENCIÓN!

An adverbial clause (**cláusula adverbial**) is one that modifies or describes verbs, adjectives, or other adverbs. It describes how, why, when, or where an action takes place.

To review the use of adverbs, see **Manual de gramática** 6.4, p. A36.

¡ATENCIÓN!

Adverbial clauses can also go before the main clause. Note that a comma is used in that case.

No iré a la fiesta a menos que me inviten.

A menos que me inviten, no iré a la fiesta.

Conjunctions followed by the subjunctive or the indicative

- If the action in the main clause has not yet occurred, then the subjunctive is used after conjunctions of time or concession.

Conjunctions of time or concession

a pesar de que *despite*	**hasta que** *until*
apenas *as soon as*	**luego que** *as soon as*
aunque *although; even if*	**mientras que** *while*
cuando *when*	**ni/no bien** *as soon as*
después (de) que *after*	**siempre que** *as long as*
en cuanto *as soon as*	**tan pronto como** *as soon as*

La excursión no saldrá **hasta que estemos** todos.
The tour will not leave until we all are here.

Dejaremos libre al pájaro **en cuanto** el veterinario nos **diga** que puede volar.
We will set the bird free as soon as the vet tells us it can fly.

Aunque me **digan** que es inofensivo, no me acercaré al perro.
Even if they tell me he's harmless, I'm not going near the dog.

Cuando Pedro vaya a cazar, tendrá cuidado con las serpientes venenosas.
When Pedro goes hunting, he will watch out for the poisonous snakes.

Te mando un mensaje de texto **apenas lleguemos** al aeropuerto.
I'll text you as soon as we get to the airport.

- If the action in the main clause has already happened, or happens habitually, then the indicative is used in the adverbial clause.

Tan pronto como empezó a llover, Matías salió a jugar al parque.
As soon as it started to rain, Matías went out to play in the park.

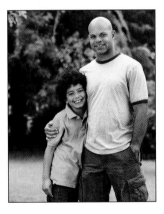

Mi padre y yo siempre nos lo pasamos bien **cuando estamos** juntos.
My father and I always have fun when we are together.

> **¡ATENCIÓN!**
>
> **A pesar de**, **después de**, and **hasta** can also be followed by an infinitive, instead of **que** + [*subjunctive*], when there is no change of subject.
>
> **Voy a acostarme después de ver las noticias.**

Práctica

TALLER DE CONSULTA

MANUAL DE GRAMÁTICA
Más práctica

6.2 The subjunctive in
adverbial clauses, p. A34

1 Reunión Completa las oraciones con el indicativo (presente o pretérito) o el subjuntivo de los verbos entre paréntesis.

1. Los ecologistas no apoyarán al alcalde (*mayor*) a menos que éste _____ (cambiar) su política de medio ambiente.

2. El alcalde va a hablar con su asesor (*advisor*) antes de que _____ (llegar) los ecologistas.

3. Los ecologistas entraron en la oficina del alcalde tan pronto como _____ (saber) que los esperaban.

4. El alcalde les asegura que siempre piensa en el medio ambiente cuando _____ (dar) permisos para construir edificios nuevos.

5. Los ecologistas no se van a ir hasta que el alcalde _____ (responder) todas sus preguntas.

2 ¿Infinitivo o subjuntivo? Completa las oraciones con el verbo en infinitivo o en subjuntivo.

1. Compraré un carro híbrido con tal de que no _____ (ser) muy caro. Compraré un carro híbrido con tal de _____ (conservar) los recursos naturales.

2. Los biólogos investigan para _____ (estudiar) la biodiversidad. Los biólogos investigan para que la biodiversidad se _____ (conocer).

3. Él se preocupará por el calentamiento global después de que los científicos le _____ (demostrar) que es una realidad. Él se preocupará por el calentamiento global después de _____ (ver) con sus propios ojos lo que ocurre.

4. No podremos continuar sin _____ (mirar) un mapa. No podremos continuar sin que alguien nos _____ (dar) un mapa.

3 Declaraciones Elige la conjunción adecuada para completar la conversación entre un periodista y la señora Corbo, encargada de relaciones públicas de un zoológico.

PERIODISTA ¿Qué puede decir del artículo que se ha publicado sobre el maltrato (*abuse*) de los animales del zoológico?

SRA. CORBO Lo he leído, y (1) _____ (aunque / cuando) yo no estoy de acuerdo con el artículo, hemos iniciado una investigación. (2) _____ (Hasta que / Tan pronto como) terminemos la investigación, se lo comunicaremos a la prensa. Queremos hablar con todos los empleados (3) _____ (en cuanto / para que) no haya ninguna duda.

PERIODISTA ¿Es verdad que limpian las jaulas (*cages*) sólo cuando va a haber una inspección (4) _____ (para que / sin que) el zoológico no tenga problemas con las autoridades?

SRA. CORBO Le aseguro que todo se limpia diariamente. Y si no me cree, lo invito a que nos visite mañana mismo.

PERIODISTA ¿Cuándo cree que sabrán lo que ha ocurrido?

SRA. CORBO (5) _____ (En cuanto / Aunque) termine la investigación.

S Practice more at **vhlcentral.com.**

Comunicación

 4 Instrucciones Javier va a salir de viaje, así que le ha dejado una lista de instrucciones a su compañero de casa. En parejas, túrnense para preparar las instrucciones usando oraciones adverbiales con subjuntivo y las conjunciones de la lista.

MODELO No uses mi computadora a menos que sea una emergencia.

a menos que
a pesar de que
con tal de que
cuando
en caso de que
en cuanto
para que
siempre que
tan pronto como

Instrucciones
- Darles de comer a los peces
- Comprar productos ecológicos
- No pasear al perro si hay tormenta
- Usar sólo papel reciclado
- No usar mucha agua excepto para regar (to water) las plantas
- Llamarme por cualquier problema

5 Situaciones En parejas, túrnense para completar las oraciones.

1. Terminaré mis estudios a tiempo, a menos que…
2. Me iré a vivir a otro país en caso de que…
3. Ahorraré (*I will save*) mucho dinero para que…
4. Cambiaré de carrera en cuanto…
5. Me jubilaré (*I will retire*) cuando…

6 Huracán Imaginen que son compañeros/as de apartamento y que se acerca un huracán. En grupos de cuatro, escriban qué harían en cada situación. Usen el subjuntivo y las conjunciones adverbiales.

MODELO **el agua se corta**
Llenaremos muchas botellas en caso de que el agua se corte.

- las bombillas de luz se queman
- las ventanas se rompen
- las líneas de teléfono se cortan
- el sótano se inunda (*floods*)
- los vecinos ya se han ido
- no hay suficiente alimento
- no hay conexión a Internet

Tutorial

6.3 Prepositions: *a*, *hacia*, and *con*

The preposition *a*

- The preposition **a** can mean *to, at, for, upon, within, of, from*, or *by*, depending on the context. Sometimes it has no direct translation in English.

Terminó **a** las doce.
It ended at midnight.

Lucy estaba **a** mi derecha.
Lucy was on my right.

El mar Caribe está **a** doscientas cincuenta millas de aquí.
The Caribbean Sea is two hundred and fifty miles from here.

Le compré un pájaro exótico **a** Juan.
I bought an exotic bird from/for Juan.

Al llegar **a** casa, me sentí feliz.
Upon returning home, I felt happy.

Fui **a** casa de mis padres para ayudarlos después de la inundación.
I went to my parents' house to help them after the flood.

- The preposition **a** introduces indirect objects.

Le prometió **a** su hijo que irían a navegar.
He promised his son they would go sailing.

Hoy, en el zoo, le di de comer **a** un conejo.
Today, in the zoo, I fed a rabbit.

- The preposition **a** can be used to give commands or make suggestions.

¡**A** comer!
Let's eat!

¡**A** dormir!
Time for bed!

- When a direct object noun is a person (or a pet), it is preceded by the personal **a**, which has no equivalent in English. The personal **a** is also used with the words **alguien, nadie**, and **alguno** and **ninguno**.

¿Viste **a** tus amigos en el parque?
Did you see your friends in the park?

No, no he visto **a** nadie.
No, I haven't seen anyone.

- The personal **a** is not used when the person in question is not specific.

La organización ambiental busca voluntarios.
The environmental organization is looking for volunteers.

Sí, necesitan voluntarios para limpiar la costa.
Yes, they need volunteers to clean the coast.

The preposition *hacia*

- With movement, either literal or figurative, **hacia** means *toward* or *to*.

La actitud de Manuel **hacia** mí fue negativa.
Manuel's attitude toward me was negative.

Las ballenas se dirigen **hacia** el golfo de México en otoño.
Whales head toward the Gulf of Mexico in the fall.

- With time, **hacia** means *approximately, around, about*, or *toward*.

El programa que queremos ver empieza **hacia** las 8.
The show that we want to watch will begin around 8:00.

La televisión se hizo popular **hacia** la segunda mitad del siglo XX.
Television became popular toward the second half of the twentieth century.

The preposition *con*

Los cactus pueden adaptarse con facilidad a medio ambientes desérticos.

- The preposition **con** means *with*.

  Me gustaría hablar **con** el director del departamento.
  I would like to speak with the director of the department.

  Es una organización ecologista **con** muchos miembros.
  It's an environmental organization with lots of members.

- Many English adverbs can be expressed in Spanish with **con** + [*noun*].

  Habló del tema **con** cuidado.
  She spoke about the issue carefully.

  Hablaba **con** cariño.
  He spoke affectionately.

- The preposition **con** is also used rhetorically to emphasize the value or the quality of something or someone, contrary to a given fact or situation. In this case, **con** conveys surprise at an apparent conflict between two known facts. In English, the words *but*, *even though*, and *in spite of* are used.

  Los turistas tiraron basura por el suelo.
  The tourists threw garbage on the floor.

  ¡**Con** lo limpio que estaba todo!
  But the place was so clean!

- If **con** is followed by **mí** or **ti**, it forms a contraction: **conmigo**, **contigo**.

  | con + mí | | conmigo |
  | con + ti | | contigo |

  ¿Quieres venir **conmigo** al campo?
  Do you want to come with me to the countryside?

  Por supuesto que quiero ir **contigo**.
  Of course I want to go with you.

- **Consigo** is the contraction of **con** + **usted/ustedes** or **con** + **él/ella/ellos/ellas**. **Consigo** is equivalent to the English *with himself/herself/yourself* or *with themselves/yourselves*, and is commonly followed by **mismo**. It is only used when the subject of the sentence is the same person referred to after **con**.

  Están satisfechos **consigo mismos**.
  They are satisfied with themselves.

  Cristina no está feliz **consigo misma**.
  Cristina is not happy with herself.

  Fui al cine **con él**.
  I went to the movies with him.

  Prefiero ir al parque **con usted**.
  I prefer going to the park with you.

Práctica

TALLER DE CONSULTA

MANUAL DE GRAMÁTICA
Más práctica

6.3 Prepositions: **a**, **hacia**,
and **con**, p. A35

1 **¿Cuál es?** Elige entre las preposiciones **a**, **hacia** y **con** para completar cada oración.

1. El león caminaba ——— el árbol.

2. Dijeron que la tormenta empezaría ——— las dos de la tarde.

3. Le prometí que iba ——— ahorrar combustible.

4. Ellos van a tratar de ser responsables ——— el medio ambiente.

5. Contribuyó a la campaña ecológica ——— mucho dinero.

6. El depósito de combustible estaba ——— mi izquierda.

2 **Amigos** Completa los párrafos con las preposiciones **a** y **con**. Marca los casos que no necesiten una preposición con una **X**.

Emilio invitó (1) ——— María (2) ——— ir de excursión. Él quería ir al bosque (3) ——— ella porque quería mostrarle un paisaje donde se podían ver (4) ——— muchos pájaros. Él sabía que (5) ——— ella le gustaba observar (6) ——— las aves. María le dijo que sí (7) ——— Emilio. Ella no conocía (8) ——— nadie más (9) ——— quien compartir su interés por la naturaleza. Hacía poco que había llegado (10) ——— la ciudad y buscaba (11) ——— amigos (12) ——— sus mismos intereses.

3 **Conversación** Completa la conversación entre Emilio y María con la opción correcta de la preposición **con**. Puedes usar las opciones de la lista más de una vez.

con	con ustedes	consigo
con nosotros	conmigo	contigo

EMILIO Gracias por haber venido (1) _____ a correr por el campo. Ha sido una tarde divertida.

MARÍA No, Emilio. Gracias a ti por haberme invitado a venir (2) _____. No conocía este sitio y es maravilloso. ¡(3) _____ lo que me gusta el campo!

EMILIO Pues ya lo sabes, puedes venir (4) _____ cuando quieras. ¿Qué te parece si lo repetimos la próxima semana?

MARÍA Me encantaría volver. La próxima vez, vendré (5) _____ unas zapatillas más adecuadas.

EMILIO A veces, vengo (6) _____ mi hermano pequeño. Tiene once años; seguro que te cae bien. Si quieres, la semana que viene puede venir (7) _____. Él siempre trae un cronómetro (8) _____. Dice que va a ser un atleta famoso.

MARÍA Perfecto, la semana que viene venimos los tres. Estoy segura de que lo voy a pasar bien (9) _____.

S Practice more at **vhlcentral.com**.

Comunicación

 4 **Safari** En parejas, escriban un artículo periodístico breve sobre lo que le sucedió a un grupo de turistas durante un safari. Usen por lo menos cuatro frases de la lista. Después, compartan el informe con la clase.

hacia el león	con la cámara digital	con la boca abierta
al guía	a tomar una foto	a correr
hacia el carro	a nadie	hacia el gorila

 5 **Noticias** En grupos de cuatro o cinco personas, escriban más sobre las siguientes noticias. Formen un círculo. El primer estudiante lee la noticia al segundo y dice algo nuevo. El segundo repite la noticia al tercero y añade otra cosa, y así sucesivamente (*and so on*). Las partes añadidas deben incluir las preposiciones **a**, **con** o **hacia**.

> **MODELO** Acusan a Petrosur de contaminar un río.
> **ESTUDIANTE 1** Acusan a Petrosur de contaminar un río <u>con productos químicos</u>.
> **ESTUDIANTE 2** Acusan a Petrosur de contaminar un río <u>con productos químicos</u>. <u>A diario se ven horribles manchas que flotan en el agua</u>.
> **ESTUDIANTE 3** Acusan a Petrosur de contaminar un río <u>con productos químicos</u>. <u>A diario se ven horribles manchas que flotan en el agua hacia la bahía</u>.

1. Inventan un combustible nuevo.
2. El presidente felicitó (*congratulated*) a los bomberos.
3. Inauguran hoy una nueva reserva.
4. Se acerca una tormenta.

 6 **Síntesis**

A. En parejas, háganse estas preguntas. Usen el futuro, el subjuntivo y las preposiciones **a**, **hacia** y **con** en sus respuestas.

1. ¿Conoces a alguien que contribuya a cuidar el medio ambiente?
2. ¿Te gusta cazar? ¿A quién conoces que cace?
3. ¿Crees que reciclar es importante? ¿Por qué? ¿Qué sucederá si no reciclamos?
4. ¿Qué actitud tienes hacia el uso de productos desechables?
5. ¿Qué cambios de estilo de vida ayudan a proteger el medio ambiente?
6. ¿Qué medidas debe tomar el gobierno para que no se agoten los recursos naturales?

B. Informen a la clase de lo que han aprendido de su compañero/a usando las preposiciones correspondientes. Sigan el modelo.

> **MODELO** Juana, mi compañera, dice que no conoce a nadie que contribuya a cuidar el medio ambiente. Ella dice que si no reciclamos, tendremos problemas con la cantidad de basura...

Antes de ver el corto

país Argentina

director Juan Fernández Gebauer

duración 15 minutos

protagonistas hermana, Sebastián, Horacio, policía

Vocabulario

la aceituna *olive*	**el pique** *bite*
envolver *to wrap*	**el precinto** *security seal*
el familiar *relative*	**la rodaja** *slice*
el/la ganador/a *winner*	**el señuelo** *lure*
el gorro de lana *wool cap*	**tejer** *to knit*
hundir *to sink*	**el testimonio de defunción** *death certificate*
el pejerrey *kingfish*	**la ventaja** *advantage*

1 **Oraciones incompletas** Completa las oraciones con las palabras apropiadas del vocabulario.

1. El chef decoró el plato con _____ de tomate.
2. A los diez minutos, el equipo contrario ya tenía una _____ de dos goles.
3. Claudia fue la _____ del concurso de poesía.
4. Cierra el cajón con un _____ de metal para mayor seguridad.
5. El _____ que me regaló mi abuela es ideal para el invierno.
6. El pescador puso carne en el _____ para pescar el _____ .
7. A la fiesta de fin de año vinieron muchos _____ lejanos.
8. El barco se _____ después de chocar con el iceberg.

2 **Preguntas** En parejas, contesten las preguntas.

1. ¿Por qué algunas personas eligen vivir cerca de un río o a orillas del mar?
2. ¿Qué animales acuáticos peligrosos conocen?
3. ¿Han pescado alguna vez? ¿Qué objetos son necesarios para pescar?
4. Observen los fotogramas. ¿Qué está sucediendo en cada uno?
5. El cortometraje se titula *El dorado de Ford*. ¿Con qué relacionan la palabra *Ford*? ¿Qué relación tendrá con la pesca?

 Practice more at **vhlcentral.com**.

Escenas

ARGUMENTO Sebastián y Horacio tratan de encontrar un pez legendario. No será una tarea fácil.

SEBASTIÁN ¿Hay pique, jefe? Hablo de peces, porque a las bolsitas° las pesco en el súper. Era un chiste.
HORACIO Para que pique hay que saber, ¿eh? ¿Te explico? Mirá, yo soy Horacio Cabalganti. En el año 73, en un día, pesqué 274 pejerreyes, papá.

HORACIO Vos no habías nacido y yo limpiaba dorados con los dientes.
SEBASTIÁN Qué bueno, porque… porque yo estoy buscando un dorado muy particular.
HORACIO El dorado de Ford.
SEBASTIÁN Sí.

SEBASTIÁN Necesito la ayuda de un profesional, un pejerrecord.
HORACIO Conmigo no contés que yo estoy con una racha°.
SEBASTIÁN Si me acompañás, te consigo unos lentes° con descuento.

HORACIO Cambiá, cambiale el señuelo.
SEBASTIÁN ¿Qué?
HORACIO Metele eso.
SEBASTIÁN Hace cuatro horas que estamos acá. Ni un dorado sacamos. ¿No serán vegetarianos?

SEBASTIÁN Tres mil pesos me costaron los lentes. Y vos me dejaste solo.
HORACIO ¡¿Qué te pasa?!
SEBASTIÁN ¡Traidor!
HORACIO ¡¿Yo soy traidor?! ¡Vos me tiraste al río el gorro que me tejió mi señora!

SEBASTIÁN ¿Y Horacio había pescado algo?
POLICÍA Un dorado. ¡Rico dorado, eh! Semejante bicho°. Trece, catorce kilos, mínimo.

bolsitas *little bags* **racha** *losing streak* **lentes** *glasses*
bicho *(Arg.) animal*

Después de ver el corto

1 **Comprensión** Contesta las preguntas con oraciones completas.

1. ¿Qué hereda Sebastián de su padre?
2. ¿Qué encuentra Sebastián en lo que hereda de su padre?
3. ¿Por qué a Horacio le llamaban "El rey del pejerrey"?
4. ¿Qué tipo de pez buscan Sebastián y Horacio?
5. ¿Por qué Sebastián termina (*ends up*) en el hospital?
6. ¿Qué le pasa a Horacio después de atrapar el pez?
7. ¿Qué ocurre con el pez que atrapa Horacio?
8. ¿Qué hace Sebastián después de salir del hospital?

2 **Ampliación** Contesta las preguntas.

1. ¿Cuál crees que es el trabajo de Sebastián?
2. ¿Cómo piensas que era la relación entre Sebastián y su padre?
3. ¿Cómo te imaginas a la esposa de Horacio?
4. ¿Crees que el pez que atrapa Horacio es el dorado de Ford? ¿Por qué?
5. ¿Qué tipo de riesgos correrías para ganar un concurso? Explica tu respuesta.
6. ¿Hacia dónde piensas que se va Sebastián al final del cortometraje?
7. ¿Crees que Sebastián va a comprar pronto un nuevo vehículo? ¿Por qué?

3 **Historias de pesca** En parejas, compartan historias de pesca personales, de sus familiares o de sus amigos. ¿Dónde ocurrieron, en el mar, en un lago, en un río, en la costa? ¿Cómo era el lugar? ¿Quiénes fueron los protagonistas? ¿Qué pescaron? ¿Les gusta salir de pesca? Al final, cuenten ante la clase lo que más les gustó de la historia de su compañero/a.

4 **Concurso de pesca** En parejas, escriban las bases de un concurso de pesca o de observación de aves. Propongan un nombre para el concurso, unas fechas de inicio y de cierre, y tres normas: ¿qué pez/ave tendría que atrapar/observar el ganador? ¿En qué lugar? ¿Cuál sería el premio? Pueden basarse en el anuncio que Sebastián lee al principio del cortometraje.

5 **¡Inventen!** En grupos de tres, escriban una leyenda de un animal acuático como la del dorado de Ford. Piensen en un espacio natural y en una comunidad real. Pueden mezclar hechos o elementos reales con otros ficticios.

"Quien rompe una tela de araña, a ella y a sí mismo daña."

Anónimo

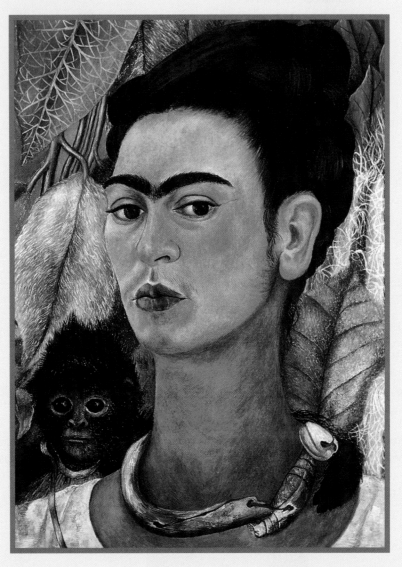

Autorretrato con mono, 1938
Frida Kahlo, México

Interpretar En parejas, respondan estas preguntas.

1. ¿Qué se ve en este cuadro?
2. ¿Reconocen a la mujer? Si no, ¿quién puede ser según la imagen?
3. ¿Qué hace el mono en la escena? ¿Será amigable, peligroso, gracioso?
4. ¿Cómo es el escenario y dónde te parece que está ubicada la escena?
5. ¿Crees que la artista se siente cómoda en medio de la naturaleza? ¿Por qué?

 Practice more at **vhlcentral.com**.

Antes de leer

El eclipse

Sobre el autor

Augusto Monterroso (1921-2003) nació en Honduras, pero pasó su infancia y juventud en Guatemala. En 1944 se radicó (*settled*) en México tras dejar Guatemala por motivos políticos. A pesar de su origen y de haber vivido su vida adulta en México, siempre se consideró guatemalteco. Monterroso tuvo acceso desde pequeño al mundo intelectual de los adultos. Fue prácticamente autodidacta: abandonó la escuela a los once años y con sólo quince fundó una asociación de artistas y escritores. Considerado padre y maestro del microcuento latinoamericano, Monterroso recurre (*resorts to*) en su prosa al humor inteligente con el que presenta su visión de la realidad. Entre sus obras, destacan *La oveja negra y demás fábulas* (1969) y la novela *Lo demás es silencio* (1978). Recibió numerosos premios, entre los que destaca el Príncipe de Asturias en 2000.

Vocabulario

aislado/a *isolated*	**florecer** *to blossom*	**sacrificar** *to sacrifice*
digno/a *worthy*	**oscurecer** *to darken*	
disponerse a *to be about to*	**prever** *to foresee*	**salvar** *to save*
la esperanza *hope*	**la prisa** *hurry*	**valioso/a** *valuable*

1. **Exploradores** Completa esta introducción de un cuento con las palabras apropiadas.

Los exploradores salieron rumbo a la ciudad perdida sin (1) _____ ninguno de los peligros de la selva. El viejo mapa indicaba que la ciudad escondía un (2) _____ tesoro. Cuando (3) _____ a iniciar la marcha, se dieron cuenta de que iba a (4) _____ antes de que llegaran, por lo que decidieron avanzar con (5) _____. Tenían la (6) _____ de llegar antes de la medianoche.

2. **Conexión personal** Responde estas preguntas: ¿Alguna vez viste un eclipse? ¿Cómo fue la experiencia? ¿Hay algún fenómeno natural al que le tengas miedo? ¿Cuál? ¿Por qué?

3. **Análisis literario: el microcuento**

El microcuento es un relato breve, pero no por eso se trata de un relato simple. En estos cuentos, el lector participa activamente porque debe compensar los recursos utilizados (economía lingüística, insinuación, elipsis) a través de la especulación o haciendo uso de sus conocimientos previos. Este género nació en Argentina en los años cincuenta con el escritor Jorge Luis Borges (ver lección 12, **p. 469**). A medida que lees *El eclipse*, haz una lista de los conocimientos previos y de las especulaciones que sean necesarios para comprender el relato. Después, compara tu lista con la de tus compañeros/as. ¿Qué elementos de sus listas coinciden?

EL ECLIPSE

Augusto Monterroso

friar   Cuando fray° Bartolomé Arrazola se sintió perdido, aceptó que ya nada podría salvarlo. La selva
powerful/captured   poderosa° de Guatemala lo había apresado°, implacable y definitiva. Ante su ignorancia topográfica se
5   sentó con tranquilidad a esperar la muerte. Quiso morir allí, sin ninguna esperanza, aislado, con el pensamiento fijo en la España distante, particularmente en el convento de Los Abrojos, donde Carlos Quinto condescendiera una vez a
zeal   bajar de su eminencia para decirle que confiaba en el celo°
redemptive 10   religioso de su labor redentora°.

surrounded   Al despertar se encontró rodeado° por un grupo de indígenas
face   de rostro° impasible que se disponían a sacrificarlo ante un
bed   altar, un altar que a Bartolomé le pareció como el lecho° en que
fears   descansaría, al fin, de sus temores°, de su destino, de sí mismo.

15   Tres años en el país le habían conferido un mediano
command (of a language)   dominio° de las lenguas nativas. Intentó algo. Dijo algunas palabras que fueron comprendidas.

Entonces floreció en él una idea que tuvo por digna de su talento y de su cultura universal y de su arduo conocimiento
20   de Aristóteles. Recordó que para ese día se esperaba un eclipse total de sol. Y dispuso, en lo más íntimo°, valerse de° aquel
deepest recesses/ to make use of   conocimiento para engañar° a sus opresores y salvar la vida.
to trick

—Si me matáis —les dijo— puedo hacer que el sol se oscurezca en su altura.

25   Los indígenas lo miraron fijamente y Bartolomé sorprendió la incredulidad en sus ojos. Vio que se produjo un pequeño
counsel/disdain   consejo°, y esperó confiado, no sin cierto desdén°.

Dos horas después el corazón de fray Bartolomé Arrazola
was gushing   chorreaba° su sangre vehemente sobre la piedra de los
30   sacrificios (brillante bajo la opaca luz de un sol eclipsado), mientras uno de los indígenas recitaba sin ninguna inflexión de voz, sin prisa, una por una, las infinitas fechas en que se producirían eclipses solares y lunares, que los astrónomos de la comunidad maya habían previsto y anotado en sus códices
35   sin la valiosa ayuda de Aristóteles. ∎

Después de leer

El eclipse
Augusto Monterroso

1 **Comprensión** Contesta las preguntas con oraciones completas.

1. ¿Dónde se encontraba fray Bartolomé?
2. ¿Conocía el protagonista la lengua de los indígenas?
3. ¿Qué querían hacer los indígenas con fray Bartolomé?
4. ¿Qué les advirtió fray Bartolomé a los indígenas?
5. ¿Qué quería fray Bartolomé que los indígenas creyeran?
6. ¿Qué recitaba un indígena mientras el corazón del fraile sangraba?

2 **Interpretación** Contesta las siguientes preguntas.

1. ¿Por qué crees que fray Bartolomé pensaba en el convento de Los Abrojos antes de morir?
2. ¿Cuál había sido la misión de fray Bartolomé en Guatemala?
3. ¿Quién le había encomendado esa misión?
4. ¿Por qué no le sirvieron a fray Bartolomé sus conocimientos sobre Aristóteles?

3 **Fenómenos naturales** En grupos de tres, investiguen acerca de un fenómeno o desastre natural, o un acontecimiento que haya despertado grandes temores o supersticiones.

A. Investiguen qué predicciones se hicieron de estos eventos y cuáles fueron sus consecuencias reales. Si lo desean, pueden elegir un evento que no esté en la lista. Presenten la investigación ante la clase.

- el cometa Halley
- la llegada del año 2000
- la amenaza nuclear durante la guerra fría
- la erupción del volcán Vesubio en Pompeya

B. Escriban un microcuento sobre uno de los fenómenos o acontecimientos presentados. Lean el microcuento al resto de la clase. Sus compañeros/as deben adivinar de qué fenómeno o acontecimiento se trata.

4 **Escribir** Investiga acerca de la flora y la fauna de la selva guatemalteca. Luego, imagina que eres fray Bartolomé y tienes que escribirle una carta al rey Carlos V contándole lo que observaste en la selva. Usa el vocabulario de la lección.

MODELO Estimado rey Carlos V: Como Su Majestad sabe, le escribo desde la selva de Guatemala, adonde llegué hace ya tres años. En esta carta, quiero contarle...

Practice more at **vhlcentral.com**.

Antes de leer

Vocabulario

ambiental *environmental*	**el monte** *mountain*
el bombardeo *bombing*	**la pureza** *purity*
el ecosistema *ecosystem*	**el refugio** *refuge*
la especie *species*	**el terreno** *land*
el/la manifestante *protester*	**el veneno** *poison*

(1) **El Yunque** Completa las oraciones con el vocabulario de la tabla.

1. Puerto Rico es una isla de _____ muy variado: hay montañas, playas y hasta un bosque tropical, el Bosque Nacional del Caribe, también llamado El Yunque.

2. El Yunque tiene una diversidad de vegetación impresionante, que incluye casi 250 _____ de árboles.

3. También es un _____ natural para los animales, ya que en el bosque están protegidos de la caza.

4. El _____ más alto de El Yunque es El Toro, con una altura de 1.077 metros (3.533 pies).

5. Hay grupos dedicados a la protección _____ de El Yunque. Buscan preservar la _____ de este paraíso tropical.

(2) **Conexión personal** Responde estas preguntas: ¿Qué significado tiene la naturaleza para ti? ¿Es una fuente de trabajo o de alimento (*food*)? ¿O es un lugar de diversión y belleza? ¿Qué haces para proteger la naturaleza? ¿Cómo crees que será el mundo natural dentro de cien años? ¿Y dentro de quinientos?

Contexto cultural

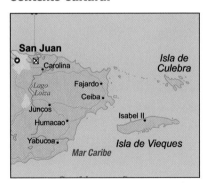

Situada en el agua transparente del mar Caribe, la pequeña **isla de Vieques** es un refugio de lagunas, bahías y playas que forman un hábitat ideal para varias clases de tortugas marinas (*sea turtles*), el manatí y arrecifes de coral. La gente de Vieques comparte los pequeños montes y las aguas cristalinas (*crystal clear*) de la isla con una rica variedad de flora y fauna, entre ellas cinco especies de plantas y diez especies de animales en peligro de extinción. La isla de Vieques, de 33 kilómetros de largo por 7,2 de ancho (20,5 por 4,3 millas), es un municipio de Puerto Rico que tiene nueve mil habitantes. Puerto Rico es un Estado Libre Asociado de los Estados Unidos. Los habitantes de Puerto Rico, también llamados *boricuas*, son ciudadanos estadounidenses.

S Practice more at **vhlcentral.com**.

La conservación de Vieques

Vista aérea de la zona de maniobras militares de Vieques

"¡Vieques renace!"° anuncia el gobierno de este municipio
puertorriqueño, que busca estimular el turismo de una isla rica
en naturaleza, pero golpeada° por devastadores huracanes y
pobre en economía. Vieques dispone de° sitios arqueológicos
5 importantes, playas espectaculares, un fuerte° histórico y una
bahía bioluminiscente, la Bahía Mosquito, que es una maravilla
de la naturaleza. Sus arrecifes de coral contienen un ecosistema de
enorme productividad y diversidad biológica. Forman un pequeño
paraíso que alberga y protege una inmensa variedad de especies de
plantas y animales acuáticos.

Vieques is reborn!

hit

boasts

fort

10 Sin embargo, en vez de tener una tradición de alto turismo, la isla ha padecido° graves problemas. Vieques fue utilizada para prácticas de bombardeo desde 1941. En esa época muchas personas fueron desalojadas° 15 cuando la Armada° de los Estados Unidos ocupó dos áreas en los extremos de la isla. Las prácticas continuaron por 20 varias décadas, pero en abril de 1999 un guardia de seguridad murió cuando una bomba cayó fuera 25 de la zona de tiro°. La muerte de David Sanes encolerizó° a los viequenses° y dio origen a° una campaña 30 de desobediencia civil. El presidente Clinton prometió cesar el entrenamiento° de bombardeo en Vieques, pero éste continuó con bombas inertes a pesar de que los viequenses habían exigido "¡Ni una bomba 35 más!". Los manifestantes entraban en la

suffered

evicted

Navy 15

live-fire range 25

angered inhabitants of Vieques gave rise to

training

zona de tiro y establecían campamentos; otros se manifestaban° en Puerto Rico y en los Estados Unidos, y pronto captaron° la atención internacional. Robert Kennedy, Jr., Jesse Jackson, Rigoberta Menchú y el Dalai 40 Lama, entre otros, hicieron declaraciones a favor de Vieques y muchas personas fueron a la cárcel° después de ser arrestadas en la zona de tiro. 45

La protesta se centró en gran parte en los problemas que las bombas habían causado al medio ambiente, a la economía 50 de Vieques y a la salud de los viequenses. Las décadas de prácticas de bombardeo dejaron un nivel muy alto de contaminación, que 55 incluye la presencia de uranio reducido (un veneno muy peligroso).

Después de una persistente campaña de protesta y lucha°, las prácticas de bombardeo terminaron en 2003 y la Agencia 60 de Protección Ambiental (EPA) declaró en 2005 que la limpieza ambiental de Vieques sería una de las prioridades nacionales. Hoy por hoy esta agencia ejecuta un programa para limpiar y descontaminar 65 completamente, antes del año 2028, las tierras y las áreas marinas afectadas.

En la actualidad, los extremos este y oeste de la isla se convirtieron en uno de los refugios de vida silvestre más grandes 70 del Caribe. Los viequenses esperan que la isla pueda renacer de entre los escombros° dejados por los huracanes Irma y María en 2017, limpiar y descontaminar sus costas después de más de sesenta años 75 de ejercicios de bombardeo y, al mismo tiempo, desarrollar su economía. Vieques sigue siendo un símbolo de resistencia y es un lugar cada vez más popular para el turismo local y extranjero. ■ 80

demonstrated

captured

jail

struggle 60

debris

> **La protesta se centró en gran parte en los problemas que las bombas habían causado al medio ambiente, a la economía de Vieques y a la salud de los viequenses.**

¿Qué es la bioluminiscencia?

Es un efecto de fosforescencia verdeazul, causado por unos microorganismos que, al agitarse, dan un brillo extraordinario a las aguas durante la noche. El pez o bañista que se mueve bajo el agua emite una luz radiante. Para que se produzca este fenómeno extraordinario, se requiere una serie de condiciones muy especiales de temperatura, ambiente y poca contaminación.

Después de leer

La conservación de Vieques

1 **Comprensión** Elige la respuesta correcta para completar cada oración.

1. Vieques es un municipio de (la República Dominicana/Puerto Rico).

2. Entre los atractivos de la isla se encuentra
(un pico altísimo/una bahía bioluminiscente).

3. Los arrecifes de coral son importantes para la biodiversidad porque
(albergan una inmensa variedad de especies/protegen la capa de ozono).

4. La protesta en contra de la presencia de la Armada se produjo después
(de la muerte de un guardia de seguridad/de que hablara el Dalai Lama).

5. La Agencia de Protección Ambiental realiza en la actualidad un (programa
de turismo ecológico/plan para descontaminar tierras y áreas marinas de Vieques).

6. Muchas personas fueron arrestadas (por robar uranio reducido/
por ingresar en la zona de prácticas de bombardeo).

7. Los extremos de la isla ahora contienen (una zona de tiro/
una reserva ambiental).

8. La bioluminiscencia es un efecto causado por (microorganismos/
la contaminación).

2 **Interpretación** Responde a las preguntas.

1. ¿Qué potencial turístico tiene Vieques? Da ejemplos.

2. ¿Qué hacía la Armada en Vieques?

3. ¿Cuál era el deseo de los manifestantes de Vieques?

4. ¿Por qué creen que la Armada de los Estados Unidos estaba autorizada a hacer
prácticas de bombardeo en Vieques?

5. ¿Qué ocurre cuando una persona o un pez nada en la bahía bioluminiscente?

3 **Ampliación** En parejas, contesten las preguntas.

1. ¿Por qué es importante conservar una isla como Vieques?

2. ¿Qué efectos puede tener la declaración de la EPA? ¿Cómo puede mejorar la vida
de los viequenses si se limpia la contaminación?

4 **Reunión con el presidente** En grupos de cuatro, inventen una conversación sobre las prácticas de
la Armada de Estados Unidos. Por una parte, hablan dos manifestantes, y por otra, el presidente y un(a)
representante de la Armada. Utilicen los tiempos verbales que conocen, incluyendo el futuro. Después,
representen la conversación delante de la clase.

5 **El futuro de Vieques** Imagina que vives en Vieques. Escribe una carta a un(a) amigo/a contándole
cómo crees que cambiarán las cosas en tu isla. Explica cómo se resolverán los problemas de contaminación
y cómo se va a promover el turismo.

Practice more at **vhlcentral.com**.

Atando cabos

¡A conversar!

Mascotas exóticas

A. En parejas, preparen una conversación. Imaginen que uno/a de ustedes se va de vacaciones y le pide a un(a) amigo/a que le cuide la mascota (*pet*) exótica. Utilicen las formas del futuro y las preposiciones aprendidas en esta lección.

B. Hablen sobre las preguntas y luego compartan sus opiniones con el resto de la clase. Usen las frases y expresiones del recuadro para expresar sus opiniones.

- ¿Creen que está bien tener mascotas exóticas? ¿Por qué?
- ¿Creen que está bien exhibir animales en los zoológicos? ¿Por qué?

No estoy (muy) de acuerdo.	Para mí, ...
No es así.	En mi opinión, ...
No comparto esa opinión.	(Yo) creo que...
No coincido.	Estoy convencido/a de que...

¡A escribir!

Patrimonio de la humanidad Investiga sobre uno de estos lugares de Cuba declarados Patrimonio de la Humanidad por la UNESCO. Luego, escribe un artículo de viajes.

> **Valle de Viñales**
> **Parque Nacional Alejandro de Humboldt**
> **Parque Nacional Desembarco del Granma**

A. Usa estas preguntas como guía: ¿Dónde está el lugar que eligieron? ¿Por qué se caracteriza? ¿Por qué fue declarado Patrimonio de la humanidad? ¿Tiene sólo valor natural o es importante por su cultura e historia?

B. Empieza con una oración expresiva sobre el aspecto principal del lugar. Luego añade detalles en orden de importancia.

C. Cuando hayas terminado, intercambia tu artículo con el de tu compañero/a para corregirlo.

Vocabulary Tools

La naturaleza

el árbol	tree
el arrecife	reef
el bosque (lluvioso)	(rain) forest
el campo	countryside; field
la cordillera	mountain range
la costa	coast
el desierto	desert
el mar	sea
la montaña	mountain
el paisaje	landscape
la tierra	land
húmedo/a	damp
seco/a	dry
a orillas de	on the shore of
al aire libre	outdoors

Los animales

el ave (f.)/ el pájaro	bird
el cerdo	pig
el conejo	rabbit
el león	lion
el mono	monkey
la oveja	sheep
el pez	fish
la rana	frog
la serpiente	snake
el tigre	tiger
la vaca	cow
atrapar	to trap; to catch
cazar	to hunt
dar de comer	to feed
extinguirse	to become extinct
morder (o:ue)	to bite
en peligro de extinción	endangered
salvaje	wild
venenoso/a	poisonous

Los fenómenos naturales

el huracán	hurricane
el incendio	fire
la inundación	flood
el relámpago	lightning
la sequía	drought
el terremoto	earthquake
la tormenta (tropical)	(tropical) storm
el trueno	thunder

El medio ambiente

el calentamiento global	global warming
la capa de ozono	ozone layer
el combustible	fuel
la contaminación	pollution
la deforestación	deforestation
el desarrollo	development
la erosión	erosion
la fuente de energía	energy source
el medio ambiente	environment
los recursos naturales	natural resources
agotar	to use up
conservar	to preserve
contaminar	to pollute
contribuir (a)	to contribute
desaparecer	to disappear
destruir	to destroy
malgastar	to waste
proteger	to protect
reciclar	to recycle
resolver (o:ue)	to solve
dañino/a	harmful
desechable	disposable
renovable	renewable
tóxico/a	toxic

Más vocabulario

Expresiones útiles	Ver p. 209
Estructura	Ver pp. 216-217, 220-221 y 224-225

Cinemateca

la aceituna	olive
el familiar	relative
el/la ganador/a	winner
el gorro de lana	wool cap
el pejerrey	kingfish
el pique	bite
el precinto	security seal
la rodaja	slice
el señuelo	lure
el testimonio de defunción	death certificate
la ventaja	advantage
envolver	to wrap
hundir	to sink
tejer	to knit

Literatura

la esperanza	hope
la prisa	hurry
disponerse a	to be about to
florecer	to blossom
oscurecer	to darken
prever	to foresee
sacrificar	to sacrifice
salvar	to save
aislado/a	isolated
digno/a	worthy
valioso/a	valuable

Cultura

el bombardeo	bombing
el ecosistema	ecosystem
la especie	species
el/la manifestante	protester
el monte	mountain
la pureza	purity
el refugio	refuge
el terreno	land
el veneno	poison
ambiental	environmental

La tecnología y la ciencia

7

Communicative Goals

You will expand your ability to...

- describe past events and conditions
- emphasize the size of objects and people
- express affection or scorn

Vocabulary Tools

La tecnología y la ciencia

La tecnología

Gisela se pasa largas horas frente a su **computadora portátil** navegando en la red, leyendo **blogs y descargando** su música preferida.

la arroba @ *symbol*
el blog *blog*
el buscador *search engine*
la computadora portátil *laptop*
la contraseña *password*
el corrector ortográfico *spell-checker*
la dirección de correo electrónico *e-mail address*
la informática *computer science*
el mensaje (de texto) *(text) message*
la página web *web page*
el programa (de computación) *software*
el reproductor de CD/DVD/MP3 *CD/DVD/MP3 player*
el (teléfono) celular *cell phone*

adjuntar (un archivo) *to attach (a file)*
borrar *to erase*
chatear *to chat*
descargar *to download*
guardar *to save*
navegar en la red *to surf the web*
tuitear *to tweet (in Twitter)*

digital *digital*
en línea *online*
inalámbrico/a *wireless*

La astronomía y el universo

el agujero negro *black hole*
el cohete *rocket*
el cometa *comet*
el espacio *space*
la estrella (fugaz) *(shooting) star*

el/la extraterrestre *alien*
la gravedad *gravity*
el ovni *UFO*

el planeta *planet*
el telescopio *telescope*
el transbordador espacial *space shuttle*

Los científicos

el/la astronauta *astronaut*
el/la astrónomo/a *astronomer*
el/la biólogo/a *biologist*
el/la científico/a *scientist*
el/la físico/a *physicist*
el/la ingeniero/a *engineer*
el/la matemático/a *mathematician*
el/la (bio)químico/a *(bio)chemist*

La ciencia y los inventos

Los científicos han realizado incontables **experimentos** sobre el **ADN** humano, los cuales han sido esenciales para los **avances revolucionarios** de las últimas décadas.

el ADN (ácido desoxirribonucleico) *DNA*
el avance *advance*
la célula *cell*
el desafío *challenge*
el descubrimiento *discovery*
el experimento *experiment*
el gen *gene*
el invento *invention*
la patente *patent*
la teoría *theory*
___
clonar *to clone*
comprobar (o:ue) *to prove*
crear *to create*
fabricar *to manufacture*
formular *to formulate*
inventar *to invent*

investigar *to investigate; to research*
___
avanzado/a *advanced*
(bio)químico/a *(bio)chemical*
especializado/a *specialized*
ético/a *ethical*
innovador(a) *innovative*
revolucionario/a *revolutionary*

Práctica

1 Escuchar

A. Escucha lo que dice Mariana Serrano y luego decide si las oraciones son **ciertas** o **falsas**. Corrige las falsas.

1. Mariana Serrano es la presidenta de la Asociación de Ingenieros de Mar del Plata.
2. Mariana Serrano reflexiona sobre los desafíos del futuro.
3. La comunidad científica ha hecho descubrimientos revolucionarios en el campo del ADN.
4. No hay dinero para investigar nuevas medicinas.
5. Mariana Serrano cree que la ciencia y la ética deben ir unidas.
6. Carlos Obregón es astrónomo.

B. Escucha la conversación entre Carlos Obregón y Mariana Serrano y contesta las preguntas.

1. ¿Qué le ha pasado a Carlos?
2. ¿De qué sabe mucho el amigo de Carlos?
3. ¿Qué adjuntó el amigo de Carlos en el correo electrónico?
4. ¿Dónde escribe Mariana casi todos los días?
5. ¿Qué le tiene que dar Mariana a Carlos?
6. ¿Cómo se la va a dar Mariana?

2 Definiciones Conecta cada descripción con la palabra correcta.

_____ 1. Se utiliza en las direcciones de correo electrónico.

_____ 2. Un objeto extraterrestre.

_____ 3. Reproducir un ser vivo exactamente igual.

_____ 4. Se utiliza para investigar en Internet.

_____ 5. El vehículo que se utiliza para ir al espacio.

_____ 6. Se utiliza para ver las estrellas.

a. cohete
b. buscador
c. telescopio
d. clonar
e. arroba
f. ovni

Práctica

3 **No pertenece** Identifica la palabra que no pertenece al grupo.

1. ADN–célula–buscador–gen
2. astronauta–tuitear–cohete–espacio
3. descargar–adjuntar–guardar–clonar
4. descubrimiento–gravedad–avance–invento
5. bioquímico–avanzado–revolucionario–innovador
6. científico–biólogo–extraterrestre–ingeniero

4 **Para... se necesita...** ¿Qué se necesita para hacer lo siguiente? Añade el artículo correcto: **un** o **una.**

buscador	**corrector ortográfico**	**reproductor**
cohete	**experimento**	**teléfono celular**
computadora portátil	**matemático**	**telescopio**
contraseña	**patente**	**teoría**

1. Para encontrar una lista de sitios web, se necesita _____.
2. Para ver un DVD, se necesita _____.
3. Para navegar en la red en la playa, se necesita _____.
4. Para hacer una llamada en un autobús, se necesita _____.
5. Para escribir sin errores en la computadora, se necesita _____.
6. Para proteger la información de la computadora, se necesita _____.
7. Para demostrar que uno es el inventor de un objeto, se necesita _____.
8. Para observar la Luna y las estrellas desde la Tierra, se necesita _____.

5 **Definiciones** Primero, elige cinco palabras de la lista y escribe una definición para cada una. Luego, en parejas, túrnense para leerse las definiciones y adivinar de qué palabra se trata.

MODELO —Es un diario en Internet donde se pueden escribir los pensamientos y opiniones personales.
—Es un **blog.**

astronauta	**digital**	**invento**
astrónomo/a	**en línea**	**navegar en la red**
biólogo/a	**experimento**	**patente**
borrar	**físico/a**	**teléfono celular**
descargar	**gen**	**teoría**

Ⓢ Practice more at **vhlcentral.com.**

Comunicación

6 **Actualidad científica** Parece que no hay límites en los avances científicos. ¿Qué opinas tú sobre el tema? Marca las afirmaciones con las que estés de acuerdo y comparte tus opiniones con un(a) compañero/a.

- ☐ 1. La clonación de seres humanos es una herramienta importante para luchar contra las enfermedades genéticas.
- ☐ 2. La clonación de seres humanos disminuirá (*will diminish*) nuestro respeto por la vida humana.
- ☐ 3. Es injusto que el gobierno invierta en programas para viajar a la Luna cuando hay gente que muere de hambre en la Tierra.
- ☐ 4. El exceso de estimulación visual de los videojuegos afecta el desarrollo de los niños.
- ☐ 5. Las redes sociales, como Facebook, favorecen las relaciones personales.
- ☐ 6. La abundancia de información en la red es buena para la humanidad.

7 **Soluciones** En grupos de tres, den consejos a estas personas para solucionar sus situaciones. Utilicen la imaginación y tantas palabras del vocabulario como puedan.

- Un astrónomo ha detectado una tormenta espacial y piensa que puede ser peligroso mandar un cohete al espacio. No quiere que los astronautas estén en peligro. Sus jefes, sin embargo, no quieren cancelarlo porque, de lo contrario, saben que recibirán críticas en los periódicos.

- Celia ha escrito un mensaje de texto para su amiga, pero se lo ha enviado a su jefe por error. El mensaje decía: "Eva, ¡mi jefe está loco!" Celia necesita una solución antes de que sea demasiado tarde.

8 **Observaciones de la galaxia** En parejas, escriban una historia corta basada en el dibujo. Utilicen por lo menos ocho palabras de **Contextos**. ¡Dejen volar la imaginación!

¿Quién era el hombre?

¿Dónde estaba?

¿Qué quería hacer?

¿Qué hecho inesperado sucedió?

Hasta ahora, en el video...

Después del incidente con Lupita, Marcela y Ricardo van a Hierve el Agua. En el viaje, Marcela abre el regalo que le dio Ricardo. Lorenzo y Ricardo también hacen un viaje, pero se pierden en el camino. En este episodio verás cómo sigue la historia.

 Video

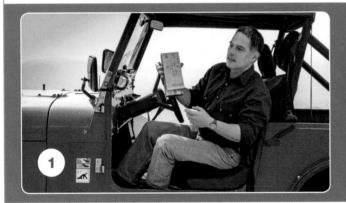

Lorenzo y Manu están en una carretera solitaria.

LORENZO ¿No funciona?

MANU No, no hay ni un poquito de señal.

LORENZO ¡Llegó el momento de usar tecnología avanzada!

MANU ¡Uy! ¡Qué innovador!

LORENZO ¡Al menos esta herramienta tecnológica no necesita señal!

LORENZO Manu, parece que será muy difícil salir de aquí.

MANU ¿En serio? ¡Oye! ¡Viene una camioneta! *Una chica maneja, acompañada de su abuelo.*

LORENZO *(a la chica)* Hola. Buenas tardes. Si es tan amable, ¿podría decirnos cómo llegar a la ciudad?

CHICA ZAPOTECA Tiene que ir por donde hemos venido, hacia allá.

PATRICIA Jamás pensé que te fijarías en un futuro ingeniero.

MARCELA Es un poco nerdo, pero tiene un corazón grandote.

PATRICIA Es medio científico loco, ¿no?

MARCELA Le encanta investigar, inventar, hacer experimentos y cosas así.

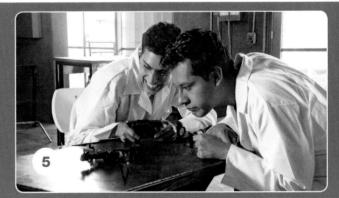

Ricardo y Chente tratan de arreglar el dron.

CHENTE Nunca te había visto tan interesado en una chica. Te gusta Marcela, ¿no?

RICARDO ¿Qué he dicho yo para que pienses eso?

CHENTE ¡Es que se te nota un montón!

RICARDO ¡Mira! Lo resolví. *El dron sólo hace un ruido extraño y no responde.*

Personajes

MANU

LORENZO

CHICA ZAPOTECA

ABUELO ZAPOTECA

MARCELA

PATRICIA

RICARDO

CHENTE

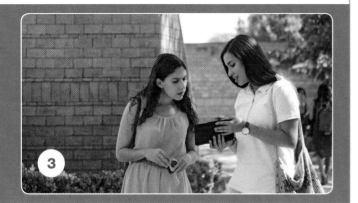

3

MARCELA ¿Has visto esto? El Astronauta de Palenque tenía un transbordador espacial.

PATRICIA ¡Parece un cohete! Es un misterio, como tu viaje a Hierve el Agua. ¡No me has contado cómo te fue con Ricardo!

MARCELA ¡Divertidísimo! Aunque terminé estrellando el dron en el agua.

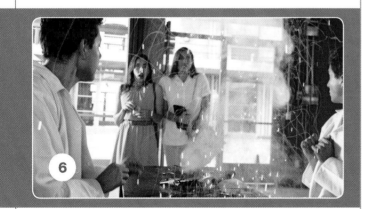

6

CHENTE ¡Si seguimos así, el dron va a explotar! Te estrellan el dron y te quedas como si nada. ¡Definitivamente estás enamorado!

RICARDO Pues sí, lo estoy. ¡Me encanta Marcela!
Aparecen Marcela y Patricia.

MARCELA ¿Qué tal?
El dron tiene una pequeña explosión. Todos se asustan.

Expresiones útiles

Expressing dimensions of things

Debe tener algo roto, alguna piececilla que no hemos descubierto.
There must be something broken, some tiny piece we haven't discovered.

Es un poco nerdo, pero tiene un corazón grandote.
He's a bit of a nerd, but he has a big heart.

Pobrecito. ¡Qué aburrido!
Poor guy. How boring!

Talking about what has happened

¡No me has contado cómo te fue con Ricardo!
You haven't told me how it went with Ricardo!

¿Qué he dicho yo para que pienses eso?
What have I said to make you think that?

Tiene que ir por donde hemos venido…
You have to go the way we came…

Talking about what had happened

¡Menos mal que lo habías resuelto!
It's a good thing that you had solved it!

Nunca te había visto tan interesado en una chica.
I have never seen you so interested in a girl.

¡Ya me había dado cuenta!
I had already noticed!

Additional vocabulary

arreglar *to fix*
la camioneta *pickup truck*
estrellar *to crash*
funcionar *to work*
la herramienta *tool*
un montón *a lot*
la señal *signal*

Comprensión

1 **¿Cierto o falso?** Indica si estas oraciones son **ciertas** o **falsas**. Corrige las falsas.

Cierto	Falso	
☐	☐	1. La chica zapoteca y su abuelo ayudan a Manu y a Lorenzo a encontrar el camino.
☐	☐	2. Marcela le cuenta a Patricia que su excursión con Ricardo fue aburridísima.
☐	☐	3. Ricardo no se molestó cuando Marcela le estrelló el dron.
☐	☐	4. Chente cree que Ricardo está enamorado de Marcela.
☐	☐	5. Ricardo odia las matemáticas.
☐	☐	6. Ricardo consigue arreglar el dron.

2 **Completar** Completa las oraciones con la información correcta.

1. Según Lorenzo, un mapa es…
2. Lorenzo y Manu están perdidos hasta que ven…
3. Patricia piensa que el Astronauta de Palenque es un misterio como…
4. Chente le dice a Manu que tienen que arreglar el dron para la…
5. A Patricia le parece aburrido que a Ricardo…
6. Al final del episodio, todos se asustan porque…

3 **¿Quién ha sido?**

A. Escribe quién o quiénes han hecho cada una de estas cosas.

MARCELA   MANU   LORENZO   RICARDO   CHENTE   PATRICIA

1. Ha construido un dron.
2. Ha estrellado un dron.
3. Ha ayudado a un amigo a arreglar un dron.
4. Se han perdido en una carretera desértica.
5. Ha hablado en zapoteco.
6. Han visto al Astronauta de Palenque en una tableta.
7. Ha comido chocolate.
8. Ha admitido que está enamorado.

B. Ahora, escribe tres cosas que has hecho en tu vida y una que todavía no has hecho. Tu compañero/a deberá adivinar cuál es la que no has hecho.

MODELO   **ESTUDIANTE 1** He tomado una clase de bioquímica, me he comprado un iPad, he visto un ovni y he volado un dron.

       ESTUDIANTE 2 ¡No has visto un ovni! Yo he…

Ampliación

4 Drones En grupos de tres, compartan su opinión acerca de cada uno de los enunciados sobre los drones. Den argumentos para respaldar sus opiniones.

1. Los drones deberían estar prohibidos porque invaden el derecho a la privacidad.
2. La policía debe usar drones para ayudar en la seguridad de los ciudadanos.
3. Los drones pueden llevar pedidos (*deliveries*). Ya no se necesitarán los carteros (*letter carriers*).
4. Los ejércitos no deberían usar drones para uso militar.

5 El futuro de la tecnología Lorenzo decide sacar su mapa cuando el GPS no tiene señal. ¿Crees que hay objetos que la tecnología nunca podrá reemplazar? ¿Cómo crees que será la tecnología dentro de diez años? ¿Y dentro de veinte o treinta? Escribe un párrafo en el que menciones qué se podrá hacer con ayuda de la tecnología y lo que no podrá hacerse.

6 Apuntes culturales En parejas, lean los párrafos y contesten las preguntas.

Celebración zapoteca

La cultura zapoteca

Lorenzo habla con el abuelo de la camioneta en zapoteco. Los zapotecas fueron una de las civilizaciones más importantes de la Mesoamérica precolombina. Se calcula que su cultura ya existía hace 3.500 años. Habitaban el sur de Oaxaca y otros estados vecinos. La ciudad de Monte Albán, Oaxaca, cuenta con evidencias de esta cultura, como estadios, tumbas y orfebrería. Los zapotecas eran politeístas, y desarrollaron su propio calendario y sistema de escritura. En 2010, existían cerca de 425 mil hablantes de zapoteco en México.

El Astronauta de Palenque

Marcela le enseña a Patricia una foto del Astronauta de Palenque. En 1949, el arqueólogo Alberto Ruz Lhuillier descubrió la tumba (*tomb*) del gobernante maya K'inich Janahb' Pakal (603-983 d. C.) en el Templo de las Inscripciones de Palenque, Chiapas, México. En la lápida (*tombstone*), aparecen jeroglíficos que narran la biografía de Pakal y la imagen de éste rodeada de símbolos sobre su muerte. Como las inscripciones eran similares a un transbordador espacial, el novelista Alexander Kazantsev popularizó la idea de que el gobernante maya era un astronauta que pilotaba una nave.

1. ¿Qué países están en la región de Mesoamérica? ¿Has visitado alguno? ¿Qué viste allí?
2. ¿Conoces otras civilizaciones como la zapoteca? ¿Cómo es su cultura? ¿Qué lengua hablan?
3. ¿Alguna vez has visitado una cripta? ¿Cómo era? Si no, ¿te gustaría? ¿Por qué?
4. ¿Conoces otras teorías sin fundamento científico que se hayan popularizado como la del Astronauta de Palenque? ¿En qué se basan?

En detalle

ARGENTINA

ARGENTINA: TIERRA DE ANIMADORES

Hijitus

Indudablemente°, todos pensamos en Walt Disney como el gran creador y el pionero del cine de animación, pero no estuvo solo durante esos primeros años; artistas de muchos países experimentaron con nuevas técnicas cinematográficas. El argentino Quirino Cristiani fue uno de ellos y, aparte de ser el primero en crear un largometraje de animación, *El apóstol* (1917), inventó y patentó una cámara especial para este tipo de cine. Ésta tenía forma de torre° y se manejaba con los pies, hecho que le permitía usar las manos para crear el movimiento de los dibujos. Cristiani fue, también, el primero en poner sonido a una cinta animada de larga duración, *Peludópolis* (1931). Desafortunadamente, todas sus películas, excepto *El mono relojero*, fueron destruidas a causa de dos incendios° en los años 1957 y 1961.

El éxito argentino en el mundo de la animación no se acabó con esta catástrofe. El auge de la animación en Argentina se produjo en las décadas de 1960 y 1970, cuando el historietista Manuel García Ferré (1929-2013), un español naturalizado argentino, llevó a *Hijitus* a la televisión. Ésta fue la primera y la más exitosa serie televisiva animada de Latinoamérica. Hijitus es un niño de la calle que vive en la ciudad de Trulalá, asediada° por personajes malvados° como la Bruja Cachavacha y el Profesor Neurus. Para luchar contra Neurus y su pandilla°, Hijitus se convierte en Súper Hijitus. García Ferré fue también el creador de otros éxitos televisivos y cinematográficos, como *Petete, Trapito, Calculín, Ico y Manuelita.*

Entre la nueva generación de animadores, se destaca° Juan Pablo Zaramella, un joven creador de enorme proyección internacional. Zaramella realiza muchas de sus películas usando plastilina° y el método *stop-motion*. Su corto *Viaje a Marte* ha recibido más de cincuenta premios en todo el mundo. En el año 2017 estrenó su primera serie animada: *El Hombre más Chiquito del Mundo.* ∎

Diferentes técnicas del cine de animación

Dibujos animados Cada fotograma de la película es un dibujo diferente. Se combinan los dibujos para crear la idea de movimiento.

Stop-motion Los escenarios y personajes están hechos en tres dimensiones, normalmente con plastilina, en el caso de la técnica *claymation* (subcategoría del *stop-motion*). Se van moviendo los objetos y se toman fotos de los movimientos.

Animación por computadora Se generan imágenes en diferentes programas de computadora.

Indudablemente *Undoubtedly* **torre** *tower* **incendios** *fires* **asediada** *besieged* **malvados** *evil* **pandilla** *gang* **se destaca** *stands out* **plastilina** *clay*

Animación y computación

las caricaturas (Col.)
los dibujitos (Arg.) | *cartoons*
los muñequitos (Cu.)

las películas CG *CG movies*

el/la laptop
la notebook (Arg.) | *laptop*
el portátil (Esp.)

el computador (Col. y Chi.) | *computer*
el ordenador (Esp.)

el mouse
el ratón (Esp. y Pe.) | *mouse*

Otros pioneros hispanos

Las investigaciones sobre las neuronas de la bióloga argentina Cecilia Bouzat han contribuido a comprender mejor enfermedades como el Alzheimer. En 2014, Bouzat recibió el prestigioso premio L'Oreal-Unesco para la Mujer en la Ciencia.

Ellen Ochoa, una mujer nacida en California de ascendencia mexicana que de niña soñó con ser flautista, se ha convertido en **la primera astronauta hispana** en trabajar para la NASA. También ha obtenido tres patentes por inventos relacionados con **sistemas ópticos de análisis**.

Durante la década de 1950, el ingeniero chileno Raúl Ramírez inventó y patentó una máquina manual llamada **CINVA–RAM** que permitía a las familias pobres construir los adobes para los muros° de sus casas. Hoy, esta máquina se utiliza en programas de "viviendas autosustentables", en los que las familias construyen° sus propias casas.

muros *walls* **construyen** *build*

INNOVAR

El Ministerio de Ciencia, Tecnología e Innovación Productiva de Argentina organiza anualmente un concurso para emprendedores° e innovadores inventores argentinos. Con diez categorías y alrededor de treinta premios valorados en casi un millón y medio de pesos (unos 70.000 dólares), cada año se presentan al certamen° miles de investigadores, diseñadores, técnicos y estudiantes universitarios disputándose estos prestigiosos trofeos.

Desde que el proyecto *Innovar* comenzó en 2005, ha otorgado premios a cientos de fascinantes e ingeniosos inventos, desde una bicicleta accionada a mano hasta un robot que se puede desarmar° fácilmente para ver su mecanismo interno (ver foto), pasando por textiles que repelen a los mosquitos, un deshidratador solar para verduras e incluso plantas que resisten la sequía.

Argentina invierte unos 3.300 millones de dólares anuales en ciencia y tecnología. Gracias a ello, cuenta con un promedio° de 1.200 científicos por cada millón de habitantes. Este país se ha propuesto incrementar paulatinamente° su presupuesto° en innovación y desarrollo para pasar del 0,6 al 3,0% de su Producto Interno Bruto° (PIB) anual en el año 2030.

> **Los inventos han alcanzado ya su límite, y no veo esperanzas de que se mejoren en el futuro.**
> (Julius Sextus Frontinus, ingeniero romano, siglo I)

emprendedores *enterprising* **certamen** *contest* **desarmar** *disassemble*
promedio *average* **paulatinamente** *gradually* **presupuesto** *budget*
Producto Interno Bruto (PIB) *Gross Domestic Product (GDP)*

¿Qué aprendiste?

1 **¿Cierto o falso?** Indica si las oraciones son **ciertas** o **falsas**. Corrige las falsas.

1. Walt Disney fue el primer director que realizó un largometraje de animación.

2. La cámara que inventó Cristiani sólo le permitía trabajar con las manos.

3. La primera película de animación con sonido fue *El apóstol.*

4. Las películas del cineasta Quirino Cristiani fueron robadas.

5. El auge de la animación en Argentina se produjo en las décadas de 1960 y 1970.

6. Hijitus es un personaje creado por Juan Pablo Zaramella.

7. *El Hombre más Chiquito del Mundo* es una película de Manuel García Ferré.

8. El cortometraje de Zaramella *Viaje a Marte* ha ganado más de cincuenta premios en Argentina.

9. En los dibujos animados, cada uno de los fotogramas de la película es un dibujo diferente.

10. En el sistema de *stop-motion*, los escenarios y personajes se dibujan en programas de computadora.

2 **Oraciones** Subraya la opción correcta.

1. *Innovar* es un concurso argentino para (escritores/inventores).

2. El chileno Raúl Ramírez inventó una máquina para construir (sillas/adobes).

3. La argentina Cecilia Bouzat investigó sobre (las neuronas/el cáncer).

4. Argentina cuenta con (3.300 científicos/ 1.200 científicos) por cada millón de habitantes.

5. Si estás en Colombia y quieres ver animación, dices que quieres ver (dibujitos/caricaturas).

3 **Preguntas** En parejas, contesten las preguntas.

1. ¿Crees que la *claymation* es más difícil que la animación por computadora? ¿Por qué?

2. ¿Por qué crees que en muchos países hispanos se usan términos de computación en inglés, como *mouse* o *laptop*? ¿Está bien usarlos o deben usarse términos en español?

3. ¿Por qué crees que el gobierno argentino creó *Innovar*? ¿Piensas que es buena idea?

4 **Opiniones** En parejas, hagan una lista con los cinco inventos más importantes de los últimos cien años. ¿Por qué los han elegido? Compartan su opinión con la clase. ¿Hay algún invento que esté en todas las listas? ¿Cuál es el más importante? ¿Cuál es el menos importante? ¿Están de acuerdo?

 Practice more at **vhlcentral.com**.

PROYECTO

Inventores

Busca información sobre un(a) inventor(a) argentino/a (o de otro país hispanohablante) y prepara una presentación para la clase sobre su vida y su invento más importante. Debes incluir:

• una breve biografía del/de la inventor(a)

• una descripción del invento

• el uso de su invento

• una foto o una ilustración del invento

• tu opinión acerca de la importancia del invento en la época en la que vivió el/la inventor(a) y en la actualidad

Inventos argentinos

 Video

Ya conoces los aportes (*contributions*) argentinos en el mundo del cine y de la tecnología. En este episodio de **Flash cultura**, descubrirás la gran variedad de inventos argentinos que han marcado un antes y un después en la historia de la humanidad.

VOCABULARIO ÚTIL

la birome (*Arg.*) *ballpoint pen*
el frasco *bottle*
la jeringa descartable *disposable syringe*
la masa (cruda) *(raw) dough*

la pluma *fountain pen*
la sangre *blood*
el subterráneo *subway*
la tinta *ink*

(1) Preparación Responde estas preguntas: ¿Qué creaciones argentinas conoces hasta ahora? ¿Cuál te parece más interesante? ¿Por qué?

(2) Comprensión Indica si estas afirmaciones son **ciertas** o **falsas**. Después, en parejas, corrijan las falsas.

1. La primera línea de metro en Latinoamérica se construyó en Montevideo.
2. El sistema de huellas dactilares fue creación de un policía de Buenos Aires.
3. El helicóptero de Raúl Pescara, además de eficaz, es un helicóptero seguro y capaz de moverse en dos direcciones.
4. El *by-pass* y la jeringa descartable son inventos argentinos.
5. Una birome es un bolígrafo.
6. La compañía Estmar inventó los zapatos ideales para bailar tango.

(3) Expansión En parejas, contesten estas preguntas.

- ¿Qué invento les parece más importante? ¿Por qué?
- Si estuvieran en Argentina, ¿qué harían primero: ir a una función de tango, visitar un museo de ciencia y tecnología o comerse una empanada?
- Si tuvieran que prescindir de (*do without*) un invento argentino, ¿de cuál sería? ¿Por qué creen que es el menos importante?

 Practice more at **vhlcentral.com**.

Corresponsal: Silvina Márquez
País: Argentina

El colectivo es un autobús de corta distancia inventado por dos porteños° en 1928.

La mejor manera de identificar personas mediante sus huellas dactilares° se la debemos a un policía de Buenos Aires.

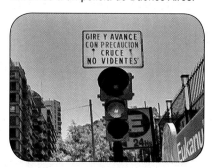

El semáforo° especial permite, mediante sonidos, avisarles a los ciegos°, o a los no videntes, cuándo pueden cruzar la calle.

porteños *residents of Buenos Aires* **huellas dactilares** *fingerprints* **semáforo** *traffic light* **ciegos** *blind people*

7.1 The present perfect

¡No me has contado cómo te fue con Ricardo!

TALLER DE CONSULTA

MANUAL DE GRAMÁTICA
Más práctica

7.1 The present perfect, p. A38
7.2 The past perfect, p. A39
7.3 Diminutives and augmentatives, p. A40

Más gramática

7.4 Expressions of time with **hacer**, p. A41

• • • •

While English speakers often use the present perfect to express actions that continue into the present time, Spanish uses the phrase **hace** + [*period of time*] + **que** + [*present tense*].

Hace dos años que estudio español.

I have studied Spanish for two years.

- In Spanish, as in English, the present perfect tense (**el pretérito perfecto**) expresses what *has happened*. It generally refers to recently completed actions or to a past that still bears relevance in the present.

  Mi jefe **ha decidido** que a partir de esta semana hay que comunicarse por Internet y no gastar en llamadas internacionales.
  My boss has decided that, as of this week, we have to communicate via the Internet rather than spend money on international calls.

  Juan **ha terminado** la carrera de ingeniería, pero aún no **ha decidido** qué tipo de trabajo quiere hacer.
  Juan has graduated with an engineering degree but he still hasn't decided what kind of job he wants to do.

- The present perfect is formed with the present tense of the verb **haber** and a past participle. Regular past participles are formed by adding **-ado** to the stem of **-ar** verbs, and **-ido** to the stem of **-er** and **-ir** verbs.

The present perfect		
comprar	**beber**	**recibir**
he comprado	he bebido	he recibido
has comprado	has bebido	has recibido
ha comprado	ha bebido	ha recibido
hemos comprado	hemos bebido	hemos recibido
habéis comprado	habéis bebido	habéis recibido
han comprado	han bebido	han recibido

- Note that past participles do not change form in the present perfect tense.

  Todavía no **hemos comprado** las computadoras nuevas.
  We still haven't bought the new computers.

  La bióloga aún no **ha subido** su trabajo a la nube.
  The biologist hasn't uploaded her research project to the cloud yet.

- To express that something *has just happened*, use **acabar de** + [*infinitive*]. **Acabar** is a regular **-ar** verb.

  Acabo de tuitear una noticia muy interesante.
  I've just twitted a very interesting news article.

  ¡Acabamos de ver un ovni!
  We just saw a UFO!

- When the stem of an **-er** or **-ir** verb ends in **a, e,** or **o,** the past participle requires a written accent (**ído**) to maintain the correct stress. No accent mark is needed for stems ending in **u**.

ca-er → ca**í**do   le-er → le**í**do

o-**í**r → o**í**do   constru-ir → constru**i**do

- Many verbs have irregular past participles.

abrir	abierto	morir	muerto
cubrir	cubierto	poner	puesto
decir	dicho	resolver	resuelto
descubrir	descubierto	romper	roto
escribir	escrito	ver	visto
hacer	hecho	volver	vuelto

Le llamo porque **he escrito** cuatro mensajes por correo electrónico y todavía no me **han resuelto** el problema.
I'm calling because I have written four e-mails and you still haven't solved my problem.

El ingeniero me asegura que ya **ha visto** sus mensajes y dice que muy pronto lo llamará.
The engineer assures me that he has seen your e-mails and says he will call you very soon.

- Note that, unlike in English, the verb **haber** may not be separated from the past participle by any other word (**no,** adverbs, pronouns, etc.)

¿Por qué **no has patentado todavía** tu invento?
Why haven't you patented your invention yet?

Todavía no he terminado el prototipo.
I haven't finished the prototype yet.

Tiene que ir por donde hemos venido, hacia allá.

- Note that, when a past participle is used as an adjective, it must agree in number and gender with the noun it modifies. Past participles are often used as adjectives with **estar** or other verbs to describe physical or emotional states.

Esa fórmula matemática **está equivocada**.
That mathematical formula is wrong.

Los laboratorios están **cerrados** hasta el lunes.
The laboratories are closed until Monday.

TALLER DE CONSULTA

For detailed coverage of past participles with **ser, estar,** and other verbs, see:

11.1 The passive voice, p. 408

11.4 Past participles used as adjectives, p. A61

Práctica

TALLER DE CONSULTA

MANUAL DE GRAMÁTICA
Más práctica

7.1 The present perfect,
p. A38

1 **El asistente de laboratorio** La directora del laboratorio está enojada porque el asistente ha llegado tarde. Completa la conversación con las formas del pretérito perfecto.

DIRECTORA ¿Dónde (1) _____ (estar) tú toda la mañana y qué (2) _____ (hacer) con mi computadora portátil?

ASISTENTE Ay, (yo) (3) _____ (tener) la peor mañana de mi vida... Resulta que ayer me llevé su computadora para seguir con el análisis del experimento y...

DIRECTORA Pero ¿por qué no usaste la tuya?

ASISTENTE Porque usted todavía no (4) _____ (descargar) todos los programas que necesito. Estaba haciendo unas compras en la tarde y la dejé en alguna parte.

DIRECTORA Me estás mintiendo. En realidad la (5) _____ (romper), ¿no?

ASISTENTE No, no la (6) _____ (romper); la (7) _____ (perder). Por eso, esta mañana (8) _____ (volver) a todas las tiendas y les (9) _____ (preguntar) a todos por ella. De momento, nadie la (10) _____ (ver).

2 **Oraciones** Combina los elementos para formar oraciones completas. Utiliza el pretérito perfecto y añade elementos cuando sea necesario.

> **MODELO** yo / siempre / querer / un iPad
> Yo siempre he querido un iPad.

1. nosotros / comprar / cámara digital más innovadora
2. tú / nunca / pensar / en ser matemático
3. los científicos / ya / descubrir / cura
4. el profesor / escribir / fórmulas en la pizarra
5. mis padres / siempre / creer / en los ovnis

3 **Experiencias** Indica si has hecho lo siguiente y añade información adicional.

> **MODELO** ir al Polo Sur
> No he ido al Polo Sur, pero he viajado a Latinoamérica.

1. viajar a la Luna
2. ganar la lotería
3. ver a un extraterrestre
4. inventar algo
5. conocer al presidente del país
6. estar despierto/a por más de dos días
7. hacer algo revolucionario
8. soñar con ser astronauta

4 **Preguntas personales** Busca un(a) compañero/a de clase a quien no conozcas bien y hazle preguntas sobre su vida usando el pretérito perfecto.

> **MODELO** —¿Has tomado clases de informática?
> —Sí, he tomado muchas clases de informática. ¡Siempre me ha fascinado la tecnología!

conocer a una persona famosa	ganar algún premio
escribir poemas	visitar un país hispano
estar enamorado/a	vivir en el extranjero

 Practice more at **vhlcentral.com**.

Comunicación

5 **Tecnofobia** Utiliza el pretérito perfecto para completar las oraciones. Luego, en parejas, conviertan las oraciones de la encuesta en preguntas para descubrir si son tecnófilos/as o tecnófobos/as. Comparen los resultados. ¿Están de acuerdo?

¿Eres tecnófobo?

No parece haber punto intermedio: generalmente, la gente ama la tecnología o la odia. Completa las oraciones para saber si eres tecnófilo/a o tecnófobo/a.

1. Yo _____ (comprar) ___ aparatos electrónicos durante el último año.
   a. más de diez   c. menos de cinco
   b. entre cinco y diez   d. cero

2. Yo _____ (tratar) de aprender ___ sobre los avances tecnológicos de los últimos meses.
   a. todo lo posible   c. un poco
   b. lo suficiente   d. muy poco

3. Para comunicarme con mis amigos, siempre _____ (preferir) ___.
   a. Facebook o Twitter
   b. los mensajes de texto telefónicos
   c. las llamadas telefónicas
   d. las cartas escritas a mano

4. Los recursos que _____ (utilizar) más este año para hacer investigaciones son ___.
   a. buscadores
   b. enciclopedias en línea
   c. las bases de datos de la biblioteca
   d. enciclopedias tradicionales

5. Para las noticias diarias, mi fuente favorita esta semana _____ (ser) ___.
   a. Internet   c. la radio
   b. la televisión   d. el periódico

6. Para conseguir música, yo _____ (depender) sobre todo de ___.
   a. escuchar música en Internet   c. comprar los CD en línea
   b. descargar archivos MP3   d. escuchar los CD de mis padres

7. El teléfono que _____ (usar) más este año es ___.
   a. un celular nuevo con *Wi-Fi*   c. el teléfono de casa
   b. el celular que compré hace tres años   d. ninguno; prefiero hablar en persona

8. Siempre _____ (creer) que los avances tecnológicos ___ la calidad de vida.
   a. son esenciales para   b. mejoran   c. pueden empeorar   d. arruinan

Clave

a. = 3 puntos

b. = 2 puntos

c. = 1 punto

d. = 0 puntos

Resultados

19-24   ¡Eres **tecnófilo**!

13-18   Te sientes cómodo en un mundo tecnológico.

7-12   No te has mantenido al día con los avances recientes.

0-6   ¡Eres **tecnófobo**!

6 **Celebridades** En grupos de tres, cada miembro debe pensar en una persona famosa, sin decir quién es. Las otras dos personas deben hacer preguntas. Utilicen el pretérito perfecto para dar pistas hasta que adivinen el nombre de cada celebridad.

MODELO   **ESTUDIANTE 1** Este hombre ha ganado muchísimo dinero.
                  ESTUDIANTE 2 ¿Es Donald Trump?

ESTRUCTURA

7.2 The past perfect

- The past perfect tense (**el pretérito pluscuamperfecto**) is formed with the imperfect of **haber** and a past participle. As with other perfect tenses, the past participle does not change form.

The past perfect		
viajar	**perder**	**incluir**
había viajado	había perdido	había incluido
habías viajado	habías perdido	habías incluido
había viajado	había perdido	había incluido
habíamos viajado	habíamos perdido	habíamos incluido
habíais viajado	habíais perdido	habíais incluido
habían viajado	habían perdido	habían incluido

- In Spanish, as in English, the past perfect expresses what someone *had done* or what *had occurred* before another action or condition in the past.

Decidí comprar una cámara digital nueva porque la vieja se me **había roto** varias veces.

I decided to buy a new digital camera because my old one had broken several times.

Cuando por fin les dieron la patente, otros ingenieros ya **habían inventado** una tecnología mejor.

When they were finally given the patent, other engineers had already invented a better technology.

- **Antes, aún, nunca, todavía,** and **ya** are often used with the past perfect to indicate that one action occurred before another. Note that adverbs, pronouns, and the word **no** may not separate **haber** from the past participle.

Nunca te había visto tan interesado en una chica. Te gusta Marcela, ¿no?

Cuando se fue la luz, **aún no había guardado** los cambios en el documento.

When the power went out, I hadn't yet saved the changes to the document.

Ya me había explicado la teoría, pero no la entendí hasta que vi el experimento.

He had already explained the theory to me, but I didn't understand it until I saw the experiment.

María Eugenia y Gisela **nunca habían visto** una estrella fugaz tan luminosa.

María Eugenia y Gisela had never seen such a bright shooting star.

El artista **todavía no había dibujado** el ovni, pero ya lo tenía en la cabeza.

The artist hadn't yet drawn the UFO, but he already had it in his mind.

Práctica y comunicación

1 **Discurso** Jorge Báez, un médico dedicado a la genética, ha recibido un premio por su trabajo. Completa su discurso de agradecimiento con el pluscuamperfecto.

Muchas gracias por este premio. Recuerdo que antes de cumplir 12 años ya (1) _____ (decidir) ser médico. Desde pequeño, mi madre siempre me (2) _____ (llevar) al hospital donde ella trabajaba y recuerdo que desde la primera vez me (3) _____ (fascinar) esos médicos vestidos de blanco. Luego, cuando cumplí 26 años, ya (4) _____ (pasar) tres años estudiando las propiedades de los genes humanos, en especial desde que vi un programa en la televisión sobre la clonación. Cuando terminé mis estudios de posgrado, ya se (5) _____ (hacer) grandes adelantos científicos…

TALLER DE CONSULTA

MANUAL DE GRAMÁTICA
Más práctica

7.2 The past perfect, p. A39

2 **Explicación** Reescribe las oraciones usando el pluscuamperfecto. Sigue el modelo.

> **MODELO** Me duché a las 7:00. Antes de ducharme hablé con mi hermano.
> Ya había hablado con mi hermano antes de ducharme.

1. Yo salí de casa a las 8:00. Antes de salir de casa miré mi correo electrónico.
2. Llegué a la oficina a las 8:30. Antes de llegar a la oficina tomé un café.
3. Se apagó la computadora a las 10:00. Yo guardé los archivos a las 9:55.
4. Fui a tomar un café. Antes, comprobé que todo estaba bien.

3 **Informe** En parejas, imaginen que son policías y deben preparar un informe sobre un accidente. Inventen una historia de lo que ha ocurrido en la vida de los personajes dos horas antes, dos minutos antes y dos segundos antes del accidente. Usen el pluscuamperfecto.

Diego
Miranda
Paco
Linda
Zorrito

Practice more at **vhlcentral.com**.

7.3 Diminutives and augmentatives

- Diminutives and augmentatives (**diminutivos y aumentativos**) are frequently used in conversational Spanish. They emphasize size or express shades of meaning like affection, amazement, scorn, or ridicule. Diminutives and augmentatives are formed by adding a suffix to the root of nouns, adjectives (which agree in gender and number), and occasionally adverbs.

Diminutives

No, no hay ni un poquito de señal.

- Here are the most common diminutive suffixes.

Diminutive endings		
-ito/a	-cito/a	-ecito/a
-illo/a	-cillo/a	-ecillo/a

> **Jaimito**, ¿me traes un **cafecito** con un **panecillo**?
> *Jimmy, would you bring me a little cup of coffee with a roll?*
>
> **Ahorita**, **abuelita**, se los preparo **rapidito**.
> *Right away, Granny, I'll have them ready in a jiffy.*

- Most words form the diminutive by adding **-ito/a**. However, the suffix **-illo/a** is also common in some regions. For words ending in vowels (except **-e**), the last vowel is dropped before the suffix.

  bajo → bajito *very short; very quietly*   libro → librillo *booklet*

  ahora → ahorita *right now; very soon*   ventana → ventanilla *little window*

  Miguel → Miguelito *Mikey*   campana → campanilla *small bell*

- Most words that end in **-e**, **-n**, or **-r** use the forms **-cito/a** or **-cillo/a**. However, one-syllable words often use **-ecito/a** or **-ecillo/a**.

  hombre → hombrecillo *little man*   pan → panecillo *roll*

  Carmen → Carmencita *little Carmen*   flor → florecita *little flower*

  amor → amorcito *sweetheart*   pez → pececito *little fish*

- Note these spelling changes.

  chico → chiquillo *little boy; very small*   agua → agüita *little bit of water*

  amigo → amiguito *buddy; playmate*   luz → lucecita *little light*

- Some words take on new meanings when diminutive suffixes are added.

  manzana → manzanilla   bomba → bombilla

  apple   camomile   *bomb   lightbulb*

¡ATENCIÓN!

Because formation and use of diminutives and augmentatives varies greatly from one region to another, there are very few established rules about this aspect of the Spanish language. In this section, you will learn to recognize the most commonly used suffixes and their uses. Try to use only those you have learned from native speakers or teachers. Adding them to words you are not sure of can lead to misunderstandings.

bolso *purse*
bolsillo *pocket*

gato *cat*
gatillo *trigger*
gatito *kitten*

camisa *shirt*
camisón *nightgown*

rata *rat*
ratón *mouse*

¡ATENCIÓN!

Suffixes can also be added to some adverbs.
Ven rapidito.
Come quickly.
Vuelvo enseguidita.
I'll be right back.

¡ATENCIÓN!

For words ending in **-s** (singular or plural), diminutive and augmentative endings precede the final **-s**.

Carlos → Carlitos

besos → besitos

Augmentatives

Es un poco nerdo, pero tiene un corazón grandote.

- The most common augmentative suffixes are forms of **-ón/-ona, -ote/-ota**, and **-azo/-aza**.

Augmentative endings		
-ón	-ote	-azo
-ona	-ota	-aza

¡ATENCIÓN!

Sometimes, double endings are used for additional emphasis.

chico/a → **chiqui**to/a → **chiquit**ito/a

grande → **grand**ote/a → **grand**otote

Hijo, ¿por qué tienes ese **chichonazo** en la cabeza?
Son, how'd you get that huge bump on your head?

Jorge se gastó un **dinerazo** en una **pantallota** enorme, ¡sólo para ver partidos de fútbol!
Jorge spent a ton of money on a humongous TV screen, just to watch soccer games!

- Most words form the augmentative by simply adding the suffix to the word. For words ending in vowels, the final vowel is usually dropped.

soltero → **solter**ón *confirmed bachelor*

grande → **grand**ote/a *really big*

perro → **perr**azo *big, scary dog*

casa → **cas**ona *big house; mansion*

palabra → **palabr**ota *swear word*

manos → **man**azas *big hands (clumsy)*

- There is a tendency to change a feminine word to a masculine one when the suffix **-ón** is used, unless it refers specifically to someone's gender.

la silla → **el sill**ón *armchair*

la mancha → **el manch**ón *large stain*

la mujer → **la mujer**ona *big woman*

mimosa → **mimos**ona *very affectionate*

- The letters **t** or **et** are occasionally added to the beginning of augmentative endings.

guapa → **guap**etona

golpe → **golpe**tazo

- The masculine suffix **-azo** can also mean *blow* or *shot*.

flecha → **flech**azo

arrow   arrow wound; love at first sight

rodilla → **rodill**azo

knee   a blow with the knee

- Some words take on new meanings when augmentative suffixes are added.

cabeza → **cabezón**

head   stubborn

caja → **cajón**

box   drawer

tela → **telón**

fabric   theater curtain

bala → **balón**

bullet   ball

TALLER DE CONSULTA

The absolute superlative ending **-ísimo/a** is often used interchangeably or in conjunction with diminutives and augmentatives. See **Estructura 5.1,** pp. 176–177.

¡El pastel se ve **riquísimo**!
The cake looks delicious!

Te doy un pedacito **chiquitísimo.**
I'll give you a teensy tiny little piece.

Práctica

TALLER DE CONSULTA

MANUAL DE GRAMÁTICA
Más práctica

7.3 Diminutives and augmentatives, p. A40

1 **La carta** Completa la carta con la forma indicada de cada palabra. Haz los cambios que creas necesarios.

Querido (1) _____ (Pablo, -ito):

Tu mamá me contó lo del (2) _____ (golpe, -tazo) que te dio Lucas en la escuela. Pues, cuando yo era (3) _____ (pequeño, -ito) como tú, jugaba siempre en la calle. Mi (4) _____ (abuela, -ita) me decía que no fuera con los (5) _____ (amigos, -ote) de mi hermano porque ellos eran mayores que yo y eran (6) _____ (hombres, -ón). Yo entonces era muy (7) _____ (cabeza, -ón) y nunca hacía lo que ella decía. Una tarde, estaba jugando al fútbol, y uno de ellos me dio un (8) _____ (rodilla, -azo) y me rompió la (9) _____ (nariz, -ota). Nunca más jugué con ellos y, desde entonces, sólo salí con mis (10) _____ (amigos, -ito). Espero que me vengas a visitar (11) _____ (pronto, -ito). Un (12) _____ (beso, -ito) de

Tu abuelo César

2 **Oraciones incompletas** Completa las oraciones con el aumentativo o diminutivo que corresponde a la definición entre paréntesis.

1. ¿Por qué no les gusta a los profesores que los estudiantes digan _____ (palabras feas y desagradables)?
2. El _____ (perro pequeño) de mi novia es muy lindo y simpático.
3. Mi hermana es una _____ (cabeza grande); ¡es imposible hacerla cambiar de opinión!
4. Mis abuelos viven en una _____ (casa grande) muy vieja.
5. La cantante Samantha siempre lleva una _____ (flor pequeña) en el cabello.
6. A mi _____ (hermana menor) le fascinan los libros de ciencia ficción.

3 **¿Qué palabra es?** Reemplaza cada una de estas frases con el aumentativo o diminutivo que exprese la misma idea.

1. muy grande _____
2. agujero pequeño _____
3. cuarto grande y amplio _____
4. sillas para niños _____
5. libro grande y grueso _____
6. estrella pequeña _____
7. hombre alto y fuerte _____
8. muy cerca _____
9. abuelo querido _____
10. hombres que piensan que siempre tienen la razón _____

S Practice more at **vhlcentral.com**.

Comunicación

4 **En el parque** Todas las mañanas el señor Escobar sale a correr al parque. En parejas, miren los dos dibujos y túrnense para describir las diferencias entre lo que vio ayer y lo que ha visto esta mañana. Utilicen oraciones completas con diminutivos y aumentativos.

MODELO —Ayer el señor Escobar vio un perrito lindo en el parque, pero esta mañana un perrazo feroz lo ha perseguido.

abuelo	galleta	nieto
alto	gordo	pan
avión	grande	pequeño
bajo	lejos	perro
delgado	libro	taza

5 **Síntesis**

A. Es el año 2500. Junto con dos amigos/as, has decidido pasar un semestre en el espacio. Han creado un blog para contar lo que han visto y han hecho cada día. Escriban cinco entradas del blog. Deben incluir por lo menos tres verbos en el pretérito perfecto, tres en el pluscuamperfecto, y tres diminutivos y/o aumentativos. Utilicen algunas frases y palabras de la lista y añadan sus propias ideas.

MODELO Lunes, 13 de marzo
Hemos pasado el día entero orbitando la Luna. De niños, siempre habíamos querido ser astronautas, y este viaje es un sueño hecho realidad. Desde aquí, la Tierra es sólo una pelotita, como el globo que habíamos estudiado de chiquitos...

Esta mañana hemos...
Aún no hemos...
Los astronautas nos han...

Antes del viaje, habíamos...
Cuando llegamos a la Luna,
el profesor ya había...
En el pasado,
los astrónomos habían...

cerquita	estrellita
chiquito	grandote
cohetazo	rapidito

B. Ahora, presenten las cinco entradas de su blog ante la clase.

Antes de ver el corto

LA MINA DE ORO

país México

duración 11 minutos

director Jacques Bonnavent

protagonistas Santiago, Betina, Olga, hermana, niña, sobrino

Vocabulario

adornado/a *embellished*

asustar *to scare*

las intenciones *intentions*

ir en serio *to mean it*

mi más sentido pésame *my deepest condolences*

la mina *mine*

ni siquiera *not even*

el oro *gold*

parpadear *to blink*

el/la prometido/a *fiancé(e)*

1 **Tragedia en Potosí** Completa la noticia con las palabras de vocabulario.

Un **hombre resultó muerto** al ser atacado por un elefante en un espectáculo de animales, cerca de la famosa (1) _____ de plata en Potosí. El elefante no parecía tener malas (2) _____, pero, de repente corrió hacia un grupo de personas. "No se (3) _____", dijo un testigo (*witness*). "(4) _____ corrieron pensando que aquello era parte de la celebración". El alcalde de Potosí, René Joaquino, envió un mensaje de apoyo a los familiares de las tres víctimas. "Les doy (5) _____", dijo.

2 **Amor ciego** En parejas, túrnense para hacerse las preguntas.

1. ¿Te consideras una persona valiente? ¿Por qué?
2. ¿Conoces a alguien que haya encontrado pareja por Internet? ¿Cómo fue su experiencia?
3. Y tú, ¿buscarías pareja en un sitio de Internet?
4. ¿Serías capaz de dejar todo lo que tienes por amor?

3 **Confiar o no confiar** Lee el siguiente diálogo. Luego, en grupos, decidan con cuál de los dos están de acuerdo.

ISABEL Yo siempre confío (*trust*) en las personas, incluso si no las conozco.

ÁLEX ¿De verdad? Para mí es difícil confiar en las personas. Pienso que la confianza es algo que toma tiempo.

ISABEL Es posible, aunque yo siempre he creído que las personas tienen buenas intenciones.

ÁLEX ¿Sí? Pues yo creo que deberías tener más cuidado. Podría ser peligroso.

 Practice more at **vhlcentral.com**.

Nominado a Mejor
cortometraje
de ficción
Premios Ariel 2010

LA MINA DE ORO

un cortometraje de JAQUES BONNAVENT

Una producción de GRAN ANGULAR FILMS / Guión y dirección de JACQUES BONNAVENT
con PALOMA WOOLRICH, ALFONSO DOSAL, CRISTINA MICHAUS
Director de fotografía RAMÓN OROZCO, Diseño de producción DENISE CAMARGO
Edición ALEXIS RODIL, Música MARC LEJEUNE

Escenas

ARGUMENTO Una mujer decide apostarlo todo° por una relación incierta.

BETINA Yo te mando más besos.
SANTIAGO Despierto y me acuesto pensando en ti.

BETINA La renuncia a la agencia… la venta del departamento… y mi boleto de autobús.

HERMANA Betina, le hice un té. Sólo quería decirle que aunque mi hermano ya no esté con nosotros, todos estamos muy contentos de recibirla en la familia.

NIÑA ¿Y tú también te vas a morir?
BETINA Todos nos vamos a morir algún día.
NIÑA Yo no.
BETINA ¿Qué le pasó al cuerpo de tu muñeca°, eh?

HERMANA La mina se dejó de trabajar a fines de los ochenta.
BETINA ¡Hay tanta paz en este lugar! No hay ruido°.
HERMANA Cuando se trabajaba la mina nuestra vida era muy distinta.
BETINA ¿Por qué se quedaron?

SOBRINO Mi tío me dejaba usar la computadora. ¿Le importaría prestármela?
BETINA Era de tu tío, no mía. No tienes que pedir permiso.

apostarlo todo *to bet everything* **muñeca** *doll* **ruido** *noise*

Después de ver el corto

1 **Comprensión** Contesta las preguntas con oraciones completas.

1. ¿Dónde trabaja Betina?
2. ¿Cuáles son las intenciones de Betina? ¿Qué opina Olga?
3. ¿Qué descubre Betina cuando llega a la casa de su prometido?
4. ¿Qué decide hacer Betina al conocer la noticia? ¿Por qué?
5. ¿Por qué se construyó esa casa en un lugar tan remoto?
6. ¿Era el prometido de Betina un pariente de la gente de la mina? ¿Quién era?
7. ¿De qué vive realmente la gente de la mina?

2 **Mirar atrás** Durante este cortometraje aparecen algunos detalles importantes. Contesta las preguntas relacionadas con esos detalles.

1. ¿Por qué invitan a Betina a hacerse una foto de familia?
2. ¿Por qué la gente de la mina quiere que Betina se quede?
3. ¿Por qué le pregunta la niña a Betina si ella también se va a morir?
4. ¿Por qué el joven intenta seducir a Betina?

3 **Interpretación** En parejas, contesten las preguntas.

1. ¿Qué significado tiene el anillo de diamantes en la película?
2. ¿Cómo evoluciona la relación de Betina con la gente de la mina? ¿En qué personaje confía primero Betina?
3. ¿Qué escribía el joven en la computadora? ¿Cómo lo saben?
4. ¿Qué opinión tenía Betina de la gente de la mina?
5. Al final de la película llega un hombre con una maleta. ¿Por qué creen que es un hombre y no una mujer?

4 **¡Pobre hombre!** Al final del cortometraje, llega un hombre a la mina. Basándose en la historia de Betina, cuenten qué pasará a continuación. ¿Tendrá el mismo final que Betina? ¿Conseguirá escapar?

5 **¿Y ahora qué?** Imagina la época en que la mina deja de ser una fuente de trabajo y los miembros de la familia traman (*plot*) su plan para seguir viviendo en la mina. ¿Empezó por accidente? ¿La familia lo planeó cuidadosamente? ¿Quién es el/la líder de la familia? ¿Están todos de acuerdo? Escribe un diálogo en el que tengas en cuenta estas preguntas. Usa el pretérito perfecto y el pretérito pluscuamperfecto.

 Practice more at **vhlcentral.com**.

"Ninguna ciencia, en cuanto a ciencia, engaña;
el engaño está en quien no sabe."

Miguel de Cervantes

Composición Constructiva, 1943
Joaquín Torres García, Uruguay

Interpretar En parejas, conversen sobre estas preguntas.

1. ¿Qué puede verse en el cuadro?
2. ¿Cuántos colores usa el pintor y por qué les parece que los ha elegido?
3. ¿Cuál es el elemento principal de esta pintura? ¿Por qué?
4. ¿Creen que el cuadro busca contar alguna historia? ¿Por qué?
5. ¿Se imaginan un título diferente para el cuadro? ¿Cuál? Sean creativos.

 Practice more at **vhlcentral.com**.

Antes de leer

Ese bobo del móvil

Sobre el autor

Arturo Pérez-Reverte nació en Cartagena (España) en 1951. Comenzó su carrera como corresponsal de guerra en prensa, radio y televisión, y durante veinte años vivió un gran número de conflictos internacionales. Comenzó a escribir ficción en 1986 y a partir de 1994 se dedicó de lleno (*fully*) a la literatura, especialmente a la novela de aventuras. Ha publicado gran cantidad de novelas que se tradujeron a varios idiomas, y algunas fueron llevadas al cine, como *La tabla de Flandes, El Club Dumas* (dirigida por Roman Polanski con el título de *La Novena Puerta*) y *Alatriste.* En 2013 publicó *El francotirador paciente* y en 2015, *Hombres buenos*. Desde 1991 escribe una página de opinión en la revista *El Semanal,* que se ha convertido en una de las más leídas de España. Además, desde el año 2003 es miembro de la Real Academia Española.

Vocabulario

ahorrarse *to save oneself*	**el/la bobo/a** *silly, stupid person*	**el/la navegante** *navigator*
apagado/a *turned off*	**la motosierra** *power saw*	**sonar (o:ue)** *to ring*
el auricular *telephone receiver*	**el móvil** *cell phone (Esp.)*	**el vagón** *carriage; train car*

1 Oraciones incompletas Completa las oraciones utilizando las palabras del vocabulario.

1. En España al teléfono celular lo llaman _____.

2. Antes, los aventureros eran _____ y viajaban de puerto a puerto.

3. Esperé durante horas una llamada, pero el teléfono nunca _____. Más tarde recordé que lo había dejado _____. ¡Qué _____ que soy!

4. Al llegar a la estación, el tren ya partía y apenas pude subir al último _____.

2 Conexión personal Responde estas preguntas: ¿Te gusta estar siempre conectado con tus amigos? ¿Tienes teléfono celular? ¿Lo usas mucho? Cuando hablas con alguien, ¿buscas tener un poco de privacidad, o no te importa que la gente te escuche?

3 Análisis literario: la ironía

La ironía consiste en un uso figurativo del lenguaje en el que se expresa lo contrario de lo que se piensa. Para eso se utiliza una palabra o frase que tiene la intención de sugerir el significado opuesto al enunciado. Por ejemplo, se puede señalar la avaricia (*greed*) de alguien con el comentario: "¡Qué generosidad!" Inventa el comentario irónico que podrías hacer en estas circunstancias.

- Regresas a tu casa y te encuentras con mucho ruido y problemas.
- Te das cuenta de que la fila en la que estás avanza lentamente.
- Tenías planes de pasar el día al aire libre y de repente empieza a llover.

Audio: Dramatic Reading

Ese bobo del móvil

Arturo Pérez-Reverte

Mira, Manolo, Paco, María Luisa o como te llames. Me vas a perdonar que te lo diga aquí, por escrito, de modo más o menos público; pero así me ahorro decírtelo a la cara el próximo día que nos encontremos en el aeropuerto, o en el AVE°, o en el café. Así evito coger yo el teléfono y decirle a quien sea, a grito pelado°, aquí estoy, y te llamo para contarte que tengo al lado a un imbécil que cuenta su vida y no me deja vivir. De esta manera soslayo° incidentes.

Spanish high-speed train
shouting at the top of one's voice

avoid

Y la próxima vez, cuando en mitad de tu impúdica° cháchara° te vuelvas casualmente hacia mí y veas que te estoy mirando, sabrás lo que tengo en la cabeza. Lo que pienso de ti y de tu teléfono parlanchín°. Que también puede ocurrir que, aparte de mí, haya más gente alrededor que piense lo mismo; lo que pasa es que la mayor parte de esa gente no puede despacharse a gusto° cada semana en una página como ésta, y yo tengo la suerte de que sí. Y les brindo el toro°.

immodest/ chit-chat; idle talk

chattering

to speak one's mind

make a dedication (Lit: Dedicate the bull in a bullfight.)

Estoy hasta la glotis° de tropezarme contigo y con tu teléfono. Te lo juro, chaval°. O chavala. El otro día te vi por la calle, y al principio creí que estabas majareta°, imagínate, un fulano° que camina hablando solo en voz muy alta y gesticulando furioso con una mano arriba y abajo. Ése está para los tigres, pensé. Hasta que vi el móvil que llevaba pegado a la oreja, y al pasar por tu lado me enteré, con pelos y señales, de que las piezas de PVC° no han llegado esta semana, como tú esperabas, y que el gestor° de Ciudad Real es un indeseable. A mí, francamente, el PVC y el gestor de Ciudad Real me importan un carajo°; pero conseguiste que, a mis propias preocupaciones, sumara las tuyas. Vaya a cuenta de la solidaridad, me dije. Ningún hombre es una isla. Y seguí camino.

A la media hora te encontré de nuevo en un café. Lo mismo° no eras tú, pero te juro que tenías la misma cara de bobo mientras le gritabas al móvil. Yo había comprado un libro maravilloso, un libro viejo que hablaba de costas lejanas y antiguos navegantes, e intentaba leer algunas páginas y sumergirme en su encanto. Pero ahí estabas tú, en la mesa contigua, para tenerme al corriente° de que te hallabas en Madrid y en un café, cosa que por otra parte yo sabía perfectamente porque te estaba viendo, y de que no volverías a Zaragoza hasta el martes por la noche. Por qué por la noche y no por la mañana, me dije, interrogando inútilmente a Alfonso el cerillero°, que se encogía de hombros° como diciendo: a mí que me registren°. Tal vez tiene motivos poderosos o inconfesables, deduje tras cavilar° un rato sobre el asunto: una amante, un desfalco°, un escaño° en el Parlamento. Al fin despejaste la incógnita diciéndole a quien fuera que Ordóñez llegaba de La Coruña a mediodía, y eso me tranquilizó

bastante. Estaba claro, tratándose de Ordóñez. Entonces decidí cambiar de mesa.

Al día siguiente estabas en el aeropuerto. Lo sé porque yo era el que se encontraba detrás en la cola de embarque, cuando le decías a tu hijo que la motosierra estaba estropeada°. No sé para qué diablos quería tu hijo, a su edad, usar la motosierra; pero durante un rato obtuve de ti una detallada relación° del uso de la motosierra y de su aceite lubricante. Me volví un experto en la maldita motosierra, en cipreses y arizónicas. El regreso lo hice en tren a los dos días, y allí estabas tú, claro, un par de asientos más lejos. Te reconocí por la musiquilla del móvil, que es la de Bonanza. Sonó quince veces y te juro que nunca he odiado tanto a la familia Cartwright. Para la ocasión te habías travestido de ejecutiva madura, eficiente y agresiva; pero te reconocí en el acto cuando informabas a todo el vagón sobre pormenores° diversos de tu vida profesional. Gritabas mucho, la verdad, tal vez para imponerte a las otras voces y musiquillas de tirurí tirurí que pugnaban° con la tuya a lo largo y ancho del vagón. Yo intentaba corregir las pruebas de una novela, y no podía concentrarme. Aquí hablabas del partido de fútbol del domingo, allá saludabas a la familia, acullá° comentabas lo mal que le iba a Olivares en Nueva York. Me sentí rodeado°, como checheno° en Grozni. Horroroso. Tal vez por eso, cuando me levanté, fui a la plataforma del vagón, encendí el móvil que siempre llevo apagado e hice una llamada, procurando° hablar bajito° y con una mano cubriendo la voz sobre el auricular, la azafata del vagón me miró de un modo extraño, con sospecha. Si habla así pensaría, tan disimulado° y clandestino, algo tiene que ocultar (...). ■

Publicado en *El Semanal*, 5 de marzo de 2000

I've had it
dude
loony
so-and-so

plastic

manager

I couldn't care less

Maybe

up-to-date

match-seller/ shrugged search

to ponder
embezzlement/ seat

damaged

account

details

struggled

over there
surrounded
Chechnyan

trying
softly

hidden; concealed

Después de leer

Ese bobo del móvil
Arturo Pérez-Reverte

1 **Comprensión** Responde a las preguntas con oraciones completas.

1. ¿Qué sentimientos le provocan al narrador los que hablan por teléfono?
2. ¿En qué lugares se encuentra con estas personas?
3. ¿La gente que habla por teléfono celular está loca?
4. ¿Qué "musiquillas" escucha el narrador en el tren?
5. Según el narrador, ¿qué tienen en común esas personas además del teléfono?

2 **Análisis** Vuelve a leer el relato y responde a las preguntas.

1. El narrador utiliza la segunda persona (tú) en este relato. ¿Se dirige sólo a personas que se llaman Manolo, Paco y María Luisa?
2. El autor comienza el artículo con: "Me vas a perdonar que te lo diga aquí". ¿Crees que el autor realmente se está disculpando?
3. Busca ejemplos de expresiones o palabras sobre la forma de hablar por teléfono de estas personas. ¿Cómo contribuyen estas expresiones al tono del relato? ¿Qué dicen acerca de la opinión del autor?

3 **Interpretación** Responde a las preguntas con oraciones completas.

1. ¿Por qué crees que al narrador le molestan tanto las personas que hablan por el móvil? ¿Te parece que su reacción es exagerada? ¿Por qué?
2. Las personas del relato, ¿hablan de cosas importantes por sus móviles? ¿Qué te parece que los motiva a utilizar el teléfono celular?
3. Tú también crees que todos los que hablan por su móvil tienen "la misma cara de bobo"? ¿Qué otras características encuentra el narrador en ellos?
4. ¿Te parece que el narrador se resiste a los avances tecnológicos? ¿Por qué?
5. El autor habla de "contaminación de ruido en un espacio público". ¿Crees que es legítimo protestar contra eso?

4 **Opiniones** En parejas, lean estas afirmaciones y digan si están de acuerdo o no, y por qué. Después, compartan su opinión con la clase.

• El teléfono celular nos ayuda a mantenernos en contacto.
• Nuestra sociedad está obsesionada con el teléfono celular, que puede llegar a ser una adicción.

5 **Escribir** Elige uno de los temas y redacta una carta de opinión para un periódico. Tu carta debe tener por lo menos diez oraciones. Elige un tono irónico marcadamente a favor o en contra y explica tus razones.

• Responde al artículo de Pérez-Reverte.
• Escribe sobre algún avance al servicio de la vida diaria.

 Practice more at **vhlcentral.com**.

Antes de leer

Vocabulario

a la vanguardia *at the forefront*	**el enlace** *link*
actualizar *to update*	**el/la novelista** *novelist*
la bitácora *travel log; weblog*	**el sitio web** *website*
la blogonovela *blog novel*	**el/la usuario/a** *user*
la blogosfera *blogosphere*	**la web** *the web*

1 **Mi amigo periodista** Completa las oraciones. No puedes usar la misma palabra más de una vez.

1. Mi amigo periodista entiende mucho de tecnología y prefiere utilizar la _____ para informarse y para publicar sus ideas.

2. Él no compra periódicos, sino que consulta varios _____ de noticias.

3. Después escribe sus comentarios sobre la política argentina en una _____ con _____ que conectan al lector a periódicos electrónicos.

4. Muchos _____ contemporáneos están interesados en participar en un nuevo fenómeno literario conocido como la _____.

2 **Conexión personal** Responde estas preguntas: ¿Con qué frecuencia te conectas a Internet? ¿Es fundamental para ti o podrías vivir sin estar conectado/a? ¿Para qué navegas por Internet?

	muchas veces	a veces	casi nunca	nunca
banca electrónica				
comunicación				
diversión				
estudios				
noticias				
trabajo				

Contexto cultural

"¿Qué hacía la gente antes de la existencia de Internet?" Muchos nos hacemos esta pregunta en situaciones cotidianas, como resolver un debate entre amigos con una búsqueda rápida en una base de datos (*database*), pagar una factura por medio de la banca electrónica o hablar con alguien a mil kilómetros de distancia con el mensajero instantáneo. Internet ha transformado la vida moderna, abriendo paso (*paving the way*) a múltiples posibilidades de comunicación, comercio, investigación y diversión. ¿Hay algo que sigue igual después de la revolución informática? ¿Qué ha pasado, por ejemplo, con el arte? ¿Cómo ha sido afectado por las innovaciones tecnológicas?

 Practice more at **vhlcentral.com**.

Hernán Casciari:
arte en la blogosfera

Si el medio artístico° del siglo XX fue el cine, ¿cuál será el nuevo   *artistic medium*
medio del siglo XXI? El trabajo innovador del argentino Hernán
Casciari sugiere la posibilidad de la blogonovela. Casciari ha
desarrollado el nuevo género con creatividad, humor y una buena
5 dosis de ironía. Las blogonovelas imitan el formato del blog —un
diario electrónico, también llamado bitácora—, pero los "autores"
son o personajes de ficción o versiones apócrifas° de individuos   *fictitious*
reales. El uso de Internet permite que Casciari incorpore imágenes

para que la lectura sea también una
10 experiencia visual. Explica el escritor:
"Vale más ilustrar un rostro con una
fotografía o un dibujo, en lugar de
hacer una descripción literaria". Sus
sitios web incluyen enlaces para que
15 la lectura sea activa. También invitan
a dejar comentarios para que lectura y
escritura sean interactivas.

alters various patterns
categorize 20
La blogonovela rompe con varios
esquemas° tradicionales y se hace
difícil de clasificar°. Si Casciari prefiere a
veces la fotografía a la descripción, ¿es la
blogonovela literatura o arte visual? ¿Aspira a
ser un arte serio o cultura popular? Si el autor
es argentino pero vive en España, ¿la obra se
25 debe considerar española o argentina? Por
otra parte, si aparece primero en Internet,
¿sería realmente un arte global?

Los blogs de Hernán Casciari

Juan Dámaso, vidente
Klikowsky. El día a día de un argentino en Euskadi
Orsai
Espoiler

rules
30
Además, las blogonovelas juegan con
niveles de realidad y con las reglas° de la
ficción. El diario falso seduce al lector, que
cree leer confesiones íntimas. Sin embargo,
el autor de una blogonovela mantiene una
relación inusual con su lector. La persona que
abre una novela tradicional recibe información
following 35 the order
según el orden° de las páginas de un libro.
Pero el usuario informado de un sitio web
beginning
crea su propio orden. ¿Cuál es el comienzo° y
cuál es el final de un blog? En *Weblog de una
mujer gorda*, Casciari incluye muchos enlaces,
40 que a veces introducen información antes de
la bitácora. Pero ¿qué pasa si un individuo
decide no abrir un enlace? El lector de una
blogonovela es autor de su propio camino en
zigzag, una lectura animada por ilustraciones
45 gráficas y fotos.

Weblog de una mujer gorda es la
blogonovela más célebre de Casciari.
La autora ficticia es Mirta Bertotti,
una mujer de poca educación pero
con aptitud tecnológica y facilidad 50
con las palabras. Esta madre sufrida°,   *long-suffering*
pero de actitud optimista, decide un
día crear un blog sobre su familia
desestructurada°. Mirta actualiza su   *dysfunctional*
bitácora frecuentemente, narrando las 55
particularidades de los Bertotti, los
problemas de los hijos adolescentes y otros
relatos° sobre los retos° de su vida. Mirta   *stories/ challenges*
parece quejarse de su mala suerte, pero
sus palabras revelan humor, cariño y fuerza 60
interior°, una resistencia a los problemas muy   *inner strength*
modernos que afectan su vida.

Casciari desafía nuestras expectativas,
pero más que reírse del lector, le provoca
risa y sorpresa. Sus experimentos de ficción 65
y realidad —como solicitar comentarios
auténticos en blogs de ficción— nos divierten,
pero además nos introducen a un nuevo
y amplio° mundo creativo, posible ahora   *wide*
debido al encuentro entre el arte e Internet. ■ 70

Datos biográficos

Hernán Casciari nació
en Buenos Aires en
1971. Además de estar
a la vanguardia de las
blogonovelas, Casciari
es también periodista. En 2005 creó la
blogonovela *El diario de Letizia Ortiz,* donde
inventaba los pensamientos íntimos de
la entonces futura reina de España.
También en 2005, la exitosa blogonovela
Weblog de una mujer gorda fue publicada en
España como libro con el título *Más respeto,
que soy tu madre*, que se adaptó al cine en
2010. Un año después, en 2011, publicó el
libro *Charlas con mi hemisferio derecho*.

Después de leer

Hernán Casciari: arte en la blogosfera

1 **Comprensión** Responde a las preguntas con oraciones completas.

1. ¿De dónde es Hernán Casciari?
2. ¿Qué es una blogonovela?
3. ¿Además de ser blogonovelista, que profesión tiene Casciari?
4. ¿Por qué el autor a veces prefiere usar una foto en vez de una descripción?
5. ¿Qué incluyen los sitios web de Casciari para que la lectura sea activa e interactiva?
6. ¿Cómo es la autora ficticia del *Weblog de una mujer gorda*?

2 **Interpretación** Contesta las preguntas utilizando oraciones completas.

1. ¿Cuáles son las diferencias entre un blog y una blogonovela? ¿Cuáles son las semejanzas?
2. ¿Cuáles son algunas de las novedades artísticas de la blogonovela?
3. ¿Cómo cambia la experiencia de un lector que lee una obra en Internet en vez de abrir un libro? ¿Qué prefieres tú? Explica tus razones.
4. ¿Estás de acuerdo con Casciari en que a veces es mejor "ilustrar un rostro con una fotografía o un dibujo"? ¿Por qué?

3 **Comunicación** En parejas, respondan a las preguntas y compartan sus respuestas con la clase.

1. Muchos de los problemas de la familia Bertotti son muy actuales, por ejemplo, las situaciones difíciles en las que se encuentran los adolescentes de hoy día. ¿Prefieren un arte que represente la realidad contemporánea? ¿O les gusta un arte que introduzca otras épocas o temas lejanos?
2. Cuando en 2005 salió *El diario de Letizia Ortiz*, algunos lectores pensaron que el blog era el diario auténtico de la entonces futura reina de España. ¿Qué piensan de esta situación? ¿Conoces otros ejemplos de este tipo de confusión entre la ficción y la realidad?
3. ¿De qué manera ha cambiado el arte con las innovaciones tecnológicas de las últimas décadas? ¿Pueden pensar en ejemplos del mundo de la música?
4. ¿Qué actividades hacen ustedes en Internet que sus padres de jóvenes hacían de otra manera? ¿Cómo reaccionan las generaciones mayores (como sus padres y abuelos) frente a los avances tecnológicos?
5. Cada vez hay más personas que tienen su propio blog. ¿Son autores de algún blog? ¿Qué opinan de este fenómeno? ¿Qué ventajas y desventajas tiene?

4 **Escribir** Elige un personaje público que aparezca frecuentemente en la prensa. Imagina los pensamientos íntimos de esta persona —las cosas que no pueden saber los periódicos o las revistas— y narra un día de su vida en forma de blogonovela. Escribe como mínimo diez oraciones.

 Practice more at **vhlcentral.com**.

Atando cabos

¡A conversar!

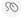 **Inventores de robots** En grupos pequeños, imaginen que son un grupo de científicos. Tienen que diseñar un robot que pueda realizar una tarea normalmente hecha por seres humanos. Preparen una presentación sobre su robot para compartir con la clase. Al finalizar, realicen una votación para elegir el mejor robot.

Elegir el tema: Reúnanse y elijan la tarea que realizará su robot. Pueden elegir una tarea de la lista u otra que deseen.

- Pasear el perro
- Sacar la basura todos los días
- Preparar el desayuno

- Jugar juegos de mesa con un ser humano
- Entrenar a niños para jugar al béisbol
- Hacer las compras en el supermercado

Preparar: Decidan cómo va a ser el robot. Usen las preguntas como guía. También pueden preparar un afiche con un dibujo del robot.

- ¿Qué nombre le pondrían? ¿Por qué?
- ¿Cómo va a ser el robot?

- ¿Cómo va a realizar la tarea elegida? Describan un día en la vida del robot.
- ¿Quién se va a beneficiar con la creación del robot?

Organizar: Organicen la información en un esquema. Asignen distintas partes de la presentación a cada integrante del grupo.

Presentación: Durante la presentación, inviten al resto de la clase a participar haciendo preguntas acerca del robot. Sean convincentes. Expliquen por qué su robot es un avance importante. Recuerden que la clase elegirá el mejor robot.

¡A escribir!

Robots futbolistas

Desde 1996, cada año se celebra la competencia internacional RoboCup, protagonizada por robots autónomos futbolistas. Este proyecto tiene como objetivo promover la investigación en el campo de la inteligencia artificial. Los organizadores de este mundial de fútbol de robots aspiran a desarrollar (*develop*) para el año 2050 "robots humanoides completamente autónomos que puedan ganarle al equipo de fútbol humano que sea campeón del mundo".

 El blog del robot Imagina que eres un robot participante de la RoboCup o el robot que diseñó tu grupo en la actividad anterior. Escribe una entrada en tu blog sobre el primer día en que trabajas para los seres humanos. Usa el pretérito perfecto y el pluscuamperfecto.

MODELO Hoy es el primer día que me toca acompañar a los niños a la escuela. Mi memoria y mis circuitos no han podido descansar de tantos nervios. Nunca había estado tan nervioso...

Vocabulary Tools

La tecnología

la arroba	@ symbol
el blog	blog
el buscador	search engine
la computadora portátil	laptop
la contraseña	password
el corrector ortográfico	spell-checker
la dirección de correo electrónico	e-mail address
la informática	computer science
el mensaje (de texto)	(text) message
la página web	web page
el programa (de computación)	software
el reproductor de CD/DVD/MP3	CD/DVD/MP3 player
el (teléfono) celular	cell phone
adjuntar (un archivo)	to attach (a file)
borrar	to erase
chatear	to chat
descargar	to download
guardar	to save
navegar en la red	to surf the web
tuitear	to tweet (in Twitter)
digital	digital
en línea	online
inalámbrico/a	wireless

La astronomía y el universo

el agujero negro	black hole
el cohete	rocket
el cometa	comet
el espacio	space
la estrella (fugaz)	(shooting) star
el/la extraterrestre	alien
la gravedad	gravity
el ovni	UFO
el planeta	planet
el telescopio	telescope
el transbordador espacial	space shuttle

Los científicos

el/la astronauta	astronaut
el/la astrónomo/a	astronomer
el/la biólogo/a	biologist
el/la científico/a	scientist
el/la físico/a	physicist
el/la ingeniero/a	engineer
el/la matemático/a	mathematician
el/la (bio)químico/a	(bio)chemist

La ciencia y los inventos

el ADN (ácido desoxirribonucleico)	DNA
el avance	advance
la célula	cell
el desafío	challenge
el descubrimiento	discovery
el experimento	experiment
el gen	gene
el invento	invention
la patente	patent
la teoría	theory
clonar	to clone
comprobar (o:ue)	to prove
crear	to create
fabricar	to manufacture
formular	to formulate
inventar	to invent
investigar	to investigate; to research
avanzado/a	advanced
(bio)químico/a	(bio)chemical
especializado/a	specialized
ético/a	ethical
innovador(a)	innovative
revolucionario/a	revolutionary

Más vocabulario

Expresiones útiles	Ver p. 249
Estructura	Ver pp. 256-257, 260 y 262-263

Cinemateca

las intenciones	intentions
la mina	mine
el oro	gold
el/la prometido/a	fiancé(e)
asustar	to scare
parpadear	to blink
adornado/a	embellished
ir en serio	to mean it
mi más sentido pésame	my deepest condolences
ni siquiera	not even

Literatura

el auricular	telephone receiver
el/la bobo/a	silly, stupid person
la motosierra	power saw
el móvil	cell phone
el/la navegante	navigator
el vagón	carriage; train car
ahorrarse	to save oneself
sonar (o:ue)	to ring
apagado/a	turned off

Cultura

la bitácora	travel log; weblog
la blogonovela	blog novel
la blogosfera	blogosphere
el enlace	link
el/la novelista	novelist
el sitio web	website
el/la usuario/a	user
la web	the web
actualizar	to update
a la vanguardia	at the forefront

La economía y el trabajo

Communicative Goals

You will expand your ability to…

- express what you or others would do
- express will, emotion, doubt, or denial in the past
- express uncertainty, indefiniteness, condition, and intent in the past
- discuss hypothetical situations and events that depend on other events

Vocabulary Tools

La economía y
el trabajo

El trabajo

el aumento de sueldo *pay raise*
la compañía *company*
la conferencia *conference*
el contrato *contract*
el currículum (vitae) *résumé*
el empleo *employment*
la entrevista de trabajo *job interview*

En la **entrevista de trabajo**, Eugenia presentó su **currículum vitae** e hizo preguntas sobre **la compañía**, las tareas del **puesto** y las condiciones de **empleo**.

el puesto *position*
la reunión *meeting*
el sueldo mínimo *minimum wage*

administrar *to manage; to run*
ascender (e:ie) *to rise; to be promoted*
contratar *to hire*
despedir (e:i) *to fire*
exigir *to demand*
ganar bien/mal *to be well/poorly paid*
ganarse la vida *to earn a living*
jubilarse *to retire*
renunciar *to quit*
solicitar *to apply for*

(des)empleado/a *(un)employed*
exitoso/a *successful*
(in)capaz *(in)competent*

Empleado del mes

José

Las finanzas

el ahorro *savings*
la bancarrota *bankruptcy*
el cajero automático *ATM*
la cuenta corriente *checking account*
la cuenta de ahorros *savings account*
la deuda *debt*
la hipoteca *mortgage*
el presupuesto *budget*

ahorrar *to save*
cobrar *to charge; to receive*
depositar *to deposit*
financiar *to finance*
gastar *to spend*
invertir (e:ie) *to invest*
pedir (e:i) prestado/a *to borrow*
prestar *to lend*

a corto/largo plazo *short/long-term*
fijo/a *permanent; fixed*
financiero/a *financial*

La economía

la bolsa (de valores) *stock market*
el comercio *trade*
el desempleo *unemployment*
la empresa multinacional *multinational company*
la huelga *strike*
el impuesto (de ventas) *(sales) tax*
la inversión (extranjera) *(foreign) investment*
el mercado *market*
la pobreza *poverty*
la riqueza *wealth*
el sindicato *labor union*

exportar *to export*
importar *to import*

La gente en el trabajo

La Sra. Bonilla comenzó su carrera profesional como **vendedora**, luego pasó a ser **gerente** y ahora es una alta **ejecutiva**. Espera que le ofrezcan ser **socia** este año.

el/la **asesor(a)** *consultant*

el/la **contador(a)** *accountant*

el/la **dueño/a** *owner*

el/la **ejecutivo/a** *executive*

el/la **empleado/a** *employee*

el/la **gerente** *manager*

el **hombre/la mujer de negocios**
    businessman/woman

el/la **socio/a** *partner; member*

el/la **vendedor(a)** *salesperson*

① **Escuchar**

A. Escucha el anuncio de *Creditinstant* y luego decide si las oraciones son **ciertas** o **falsas**. Corrige las falsas.

1. *Creditinstant* ofrece un puesto de trabajo con un buen sueldo.

2. *Creditinstant* ofrece tres mil dólares.

3. Los clientes de *Creditinstant* siempre tienen que devolver el dinero a corto plazo.

4. Los clientes pueden solicitar el dinero por teléfono.

5. *Creditinstant* deposita el dinero en la cuenta de ahorros en veinticuatro horas.

6. Los clientes pueden gastar el dinero en lo que quieran.

B. Escucha la conversación entre una clienta y un representante de *Creditinstant* y contesta las preguntas con oraciones completas.

1. ¿Qué necesita la clienta?

2. ¿En qué trabaja la clienta?

3. ¿Qué puesto de trabajo tiene su esposo?

4. ¿Para qué necesita la clienta el dinero?

② **No pertenece** Indica qué palabra no pertenece a cada grupo.

1. empleo–sindicato–sueldo–cajero automático

2. currículum–deuda–entrevista–contrato

3. entrevista–bolsa de valores–inversión–mercado

4. depositar–socio–cajero automático–cuenta corriente

5. asesor–ejecutivo–gerente–importar

6. renunciar–exportar–despedir–jubilarse

7. comercio–capaz–exitoso–ascender

8. gastar–prestar–exigir–ahorrar

Práctica

3 **¿Qué buscan?** Indica qué quiere cada una de estas personas.

_____ 1. un(a) contador(a) quiere

_____ 2. el/la ministro/a de economía quiere

_____ 3. un(a) empleado/a que lleva mucho tiempo en la empresa quiere

_____ 4. una persona desempleada quiere

_____ 5. el/la dueño/a de una empresa quiere

_____ 6. un(a) gerente que entrevista a un(a) solicitante quiere

a. conseguir un trabajo lo antes posible

b. que sus clientes paguen lo mínimo posible de impuestos

c. un aumento de sueldo

d. hacerle preguntas sobre el currículum vitae

e. que sus ejecutivos administren bien su dinero

f. que baje el desempleo y vengan inversiones del extranjero

4 **Cosas que dice la gente** Completa las oraciones con los términos de la lista.

administrar	depositar	incapaces	riqueza
ahorros	empleo	inversiones	sindicato
bolsa de valores	financieros	jubilar	vendedora

1. "Ya me quiero _____. Estoy cansado y quiero disfrutar de mis nietos."

2. "Si no mejoramos nuestra forma de _____, esta empresa fracasará."

3. "¿Quiere usted reducir sus deudas, invertir en la _____ y ahorrar para la jubilación? Nuestros asesores _____ lo pueden ayudar."

4. "He gastado todos mis _____. Necesito un _____."

5. "Hay que recibir más _____ para salvar la compañía."

6. "El _____ está en contra de los despidos de empleados."

5 **Definiciones**

A. En parejas, definan brevemente las palabras.

ascender	contrato	exigir	importar	riqueza
cobrar	despedir	huelga	mercado	socio

B. Improvisen una entrevista en la que uno/a de ustedes es el/la gerente y la otra persona solicita un puesto de trabajo. Usen al menos seis palabras de la lista. Después, representen su entrevista ante la clase.

MODELO **ENTREVISTADOR** ¿Por qué lo despidieron de su último empleo?
SOLICITANTE Bueno, todo empezó el día de la huelga de…

S Practice more at **vhlcentral.com**.

Comunicación

6 **¿Qué opinas?** En parejas, contesten las preguntas y después compartan su opinión con la clase.

1. ¿Piensas que el dinero es lo más importante en la vida? Explica tu respuesta.

2. ¿Sigues la información de la bolsa de valores? ¿Crees que es buena idea invertir todos los ahorros en la bolsa de valores? ¿Por qué?

3. ¿Crees que la economía del país afecta a tu vida personal? ¿De qué manera?

4. ¿Piensas que se podrá acabar con la pobreza?

5. ¿Qué sacrificarías para conseguir que no hubiera más pobreza en el mundo?

6. ¿Crees que la economía de tu país va a ser la más fuerte dentro de veinte años? Explica tu respuesta.

7. ¿Qué consecuencias piensas que tiene la globalización?

8. ¿La globalización es positiva para los países ricos? ¿Y para los pobres?

7 **El consejero de trabajo** En parejas, imaginen que uno/a de ustedes está a punto de graduarse y no sabe qué trabajo hacer. La otra persona es un(a) asesor/a de trabajo. Túrnense para hacerse preguntas y darse consejos sobre cuál sería el mejor trabajo para cada uno/a. Utilicen y amplíen las preguntas e ideas de la lista.

Preguntas	Debes trabajar en...
a. ¿Eres capaz de trabajar bajo presión?	• los negocios
b. ¿Te gusta administrar?	• las ciencias
c. ¿Qué te importa más: ganar mucho dinero o disfrutar del trabajo?	• la política
d. ¿Te gusta trabajar en equipo o prefieres trabajar solo/a?	• una empresa multinacional
e. ¿Qué clases te han gustado más?	• los transportes
f. ¿Te gusta viajar?	• la tecnología
g. ¿Es importante que tu trabajo sea creativo?	• las artes
h. ¿Esperas que tu empleo ayude a mejorar la sociedad?	• una organización humanitaria
i. ¿Quieres ser dueño/a de tu propia compañía?	• la educación
j. ¿Qué tipos de conferencias te interesan más: de tecnología, de música, de educación?	• el turismo
k. ¿En qué tipo de trabajo has tenido más éxito?	• un restaurante
l. ¿...?	• la medicina
	• el comercio
	• ...

Hasta ahora, en el video...

 Video

Lorenzo y Manu se pierden en un camino hasta que gente del lugar los ayuda.
Mientras tanto, Marcela le cuenta a Patricia lo que siente por Ricardo, y Ricardo, a su vez,
le cuenta a Chente lo que siente por Marcela. En este episodio verás cómo sigue la historia.

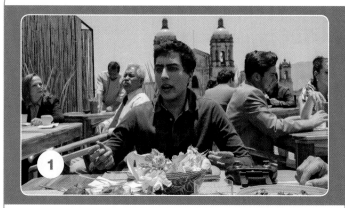

RICARDO Tengo total confianza en que mi compañía de diseño y construcción de drones será exitosa.

EJECUTIVO 2 Por lo tanto, creo que valdría la pena considerar esta oportunidad de inversión.

EJECUTIVO 1 De acuerdo, pero antes de hacerle una propuesta de inversión deberíamos ver el dron volando.

EJECUTIVO 2 Debe ser un experto piloteándolo, ¿no?

RICARDO Bueno, la experta es mi socia.

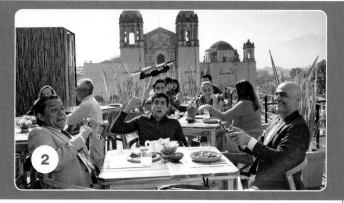

EJECUTIVO 1 ¡Entonces su socia tendría que venir a hacernos una presentación! Yo esperaba que pudiéramos ver el dron en acción hoy mismo.
El ejecutivo 1 toma el control remoto y estrella el dron en la cocina.

EJECUTIVO 2 (*sarcástico*) ¡Brindemos por nuestro éxito!

RICARDO Salud.

Rocío iba a salir, pero se gira.

ROCÍO Una pregunta... (*ve a la gerente echando el currículum a la basura.*) ¡Lo tiró a la basura!

GERENTE ¿Qué?

ROCÍO Mi currículum, lo tiró a la basura.

GERENTE ¡Ay! ¡Fue sin querer!
Mientras Rocío sale, tira ropa de los mostradores al piso.

ROCÍO ¡También fue sin querer!

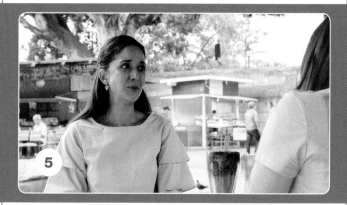

ROCÍO ¡Si la gerente no fuera una idiota, seguramente habría conseguido el trabajo!

MARCELA Pide una nieve para que te calmes.

ROCÍO Yo sólo quería tener un trabajo que me permitiera ganarme la vida igual que tú.

MANU Si te pones así, vas a llorar.

ROCÍO (*llorando*) No voy a llorar.
Ricardo llama al celular de Marcela.

Personajes

RICARDO

EJECUTIVO 1

EJECUTIVO 2

ROCÍO

GERENTE

MARCELA

MANU

En una tienda de ropa…

GERENTE Esperaba que tuviera más experiencia vendiendo ropa.

ROCÍO Aunque no tengo experiencia, soy una persona trabajadora. Además, soy muy rápida aprendiendo.

GERENTE Gracias por haber solicitado trabajo en nuestra empresa. Le avisaremos.

RICARDO Hola, Marcela. Te llamo porque… quisiera hacerte una propuesta.

ROCÍO (*en voz baja*) ¡Sabía que se te iba a declarar!

RICARDO Quisiera pedirte que seas…

MARCELA ¿Quisieras pedirme que sea qué?

RICARDO (*muy nervioso*) Quisiera pedirte que seas mi socia.

Expresiones útiles

Talking about what someone would or wouldn't do

Creo que valdría la pena considerar esta oportunidad de inversión.
I think it would be worthwhile to consider this investment opportunity.

¿Podría explicarme por qué piensa que sería capaz de hacer el trabajo?
Could you explain to me why you think you would be able to do the job?

Expressing will, influence, and emotion in the past

Esperaba que tuviera más experiencia vendiendo ropa.
I was hoping that you had more experience selling clothing.

Yo sólo quería tener un trabajo que me permitiera ganarme la vida igual que tú.
I only wanted to have a job that allowed me to make a living like you do.

Expressing condition

¡Si la gerente no fuera una idiota, seguramente habría conseguido el trabajo!
If the manager wasn't an idiot, most likely I would have gotten the job!

Si te pones así, vas a llorar.
If you get like that, you're going to cry.

Si ustedes pueden, nos gustaría hacerla en Monte Albán.
If you can, we would like to have it in Monte Albán.

Additional vocabulary

la basura *trash*
la confianza *confidence*
el/la empresario/a *entrepeneur*
No hace falta. *There is no need.*
la propuesta *proposal*
sin querer *unintentionally*
tirar *to throw*

Comprensión

1 **Identificar** Escribe en el espacio quién realizó cada acción.

EJECUTIVO 1   GERENTE   MARCELA   RICARDO   ROCÍO

_____ 1. Le dice a la gerente que aprende con facilidad.

_____ 2. Habla a los ejecutivos sobre la compañía de drones.

_____ 3. Tira el currículum a la basura.

_____ 4. Propone a Marcela que sea su socia.

_____ 5. Hace volar el dron en el restaurante.

2 **Unir** Une los elementos de las columnas para formar oraciones sobre lo que los personajes esperaban que ocurriera en el episodio o lo que no esperaban.

___ 1. Ricardo no esperaba que…

___ 2. La gerente esperaba que…

___ 3. Rocío no esperaba…

___ 4. La gerente no esperaba que…

___ 5. Marcela no esperaba que…

a. que la gerente tirara su currículum a la basura.

b. Rocío tirara toda la ropa al suelo (*floor*).

c. el ejecutivo estrellara el dron.

d. Ricardo le propusiera ser su socia.

e. Rocío tuviera más experiencia como vendedora.

3 **¿A quién le dirías…?** En parejas, túrnense para preguntarse a cuál de los personajes les dirían ustedes lo que aparece en cada frase de la lista.

MODELO **ESTUDIANTE 1** ¿A quién le dirías… que contrate a Rocío?
ESTUDIANTE 2 Se lo diría a la gerente.

| Ejecutivo 1 | Gerente | Manu | Ricardo |
| Ejecutivo 2 | Lorenzo | Marcela | Rocío |

• que no vuele el dron en el restaurante

• que acepte ser la socia

• que invierta en la compañía de drones

• que no se preocupe por lo ocurrido en la entrevista

• que Rocío es una persona trabajadora y rápida en aprender

• que no se ponga tan nervioso ni sea tan tímido

Ampliación

4 **Situaciones** En parejas, conversen sobre las preguntas. Después compartan sus respuestas con la clase.

1. ¿Han estado en una situación incómoda, como la de Ricardo con los ejecutivos, en la que no podían expresar su opinión? ¿Qué ocurrió?

2. Rocío tira toda la ropa al suelo. ¿Cómo les parece este comportamiento? ¿Por qué? ¿Qué harían en una situación similar?

3. En ocasiones, quienes entrevistan a los candidatos a un trabajo les dicen que los llamarán.¿Creen que cuando dicen "te llamaremos" lo dicen sinceramente? ¿Por qué?

4. Marcela intenta calmar a Rocío con una nieve. En situaciones difíciles, ¿han ofrecido o les han ofrecido algo de comer o de tomar? ¿Qué piensan de esa costumbre?

5 **El final** Al final del episodio, Ricardo le propone a Marcela que sea su socia. ¿Qué crees que contestará ella? Escribe un diálogo en el que Marcela hace preguntas sobre su rol en ese trabajo y Ricardo le explica con detalle.

6 **Apuntes culturales** En parejas, lean los párrafos y contesten las preguntas.

El currículum en los países hispanohablantes

En el episodio vemos a la gerente tirar el currículum de Rocío a la basura. En los países hispanohablantes, los solicitantes, además de incluir su información profesional, incluyen en el currículum (también conocido como hoja de vida, *currículum vitae* o CV) otros datos personales como la fecha de nacimiento, el estado civil (soltero/a, casado/a, etc.), sus aficiones, si tienen carro, e incluso una foto en color.

Emprendimiento y competitividad en México

Ricardo asiste a un almuerzo de trabajo con dos ejecutivos con el fin de que inviertan en su futura compañía de diseño y construcción de drones. La Universidad Nacional Autónoma de México (UNAM), en un trabajo conjunto entre las facultades de Contaduría y Administración, y de Economía, ofrece a los jóvenes cursos de capacitación para emprendedores. El objetivo de la UNAM es promover la formación de pequeñas empresas por medio de conferencias, cursos, talleres (*workshops*) y asesorías.

Biblioteca Central UNAM

1. ¿Tienes un currículum? ¿Cada cuánto tiempo lo actualizas? ¿Qué tipo de información incluyes en él?

2. ¿Qué consejos le darías a una persona que va a ir a una entrevista?

3. Si tuvieras un invento propio, ¿qué harías para promoverlo? ¿Por dónde empezarías?

4. Si necesitaras dinero para arrancar (*to start up*) tu negocio, ¿venderías un porcentaje a inversionistas? Argumenta tu respuesta.

En detalle

VENEZUELA

LAS TELENOVELAS

La novela en papel puede ser muchas cosas: en la pantalla, sólo puede ser telenovela. ¿Qué ingredientes conforman la telenovela? Una historia de amor en capítulos transmitidos de lunes a viernes; una pareja principal cuyo amor se enfrenta a múltiples obstáculos, uno o dos villanos y un montón de conflictos, intrigas, mentiras y misterios. Y, si de telenovelas se trata, hay que hablar de Latinoamérica.

Desde la década de 1950, el género desembarcó en los hogares y creció sin parar. En la década de 1960, cada país fue desarrollando su propio estilo y el mercado de exportación se extendió a Europa del Este, Medio Oriente y Asia. Históricamente, los mayores productores han sido Venezuela, México, Brasil y Argentina.

Como las telenovelas son un trabajo en equipo, su producción implica la creación de numerosos puestos de trabajo para actores, escritores, productores, directores, escenógrafos, maquilladores, etc. A eso se agrega la etapa de posproducción y finalmente la de exportación. En Venezuela, llegó un momento en que el mercado de exportación de telenovelas era mayor que el de la exportación nacional del mercado automotor, textil o de papel.

La mujer del vendaval

A pesar de su popularidad, estas producciones también tienen sus críticos. "Las telenovelas contribuyen a crear estereotipos", dice la socióloga mexicana Carmen Aquilani. "Las villanas suelen ser mujeres inteligentes, ricas y seguras de sí mismas, mientras que la mujer buena suele ser sumisa y pobre", dice. "Además, presentan unos cánones de belleza que no representan a la sociedad", asegura. Según ella, los personajes principales casi siempre son de origen europeo y las sirvientas son de origen africano. Pero no todo el mundo está de acuerdo con estas críticas. "Las telenovelas no son más que entretenimiento y a la gente les encantan", dice una aficionada a estos programas de televisión. ∎

El expresidente de Venezuela Hugo Chávez, fallecido en 2013, censuró muchas telenovelas por su contenido crítico con su gobierno. Además, Chávez financió series con ideología socialista donde los personajes representan, no a la élite blanca, sino a la mayoría mestiza del país.

Telenovelas al aire por país productor emitidas en 2017 en Latinoamérica y España

- México (Televisa) 20%
- Argentina (Netflix, El Trece, Telefe y TVP Argentina).............................16%
- España (Antena 3, La 1, La Sexta, Movistar+, Netflix y Telecinco)...........13%
- México (TV Azteca e Imagen Televisión).11%
- Otros productores.............................9%
- Brasil (TV Globo y Rede Record)...........8%
- Colombia (RCN y Caracol).....................7%
- Ecuador (Ecuavisa, TC Televisión, Gama TV, Teleamazonas).....................7%
- Venezuela (TVes, Televen y Venevisión)...5%
- Estados Unidos (Telemundo) 4%

Fuente: *sitios web de los productores de las telenovelas y de algunos premios de televisión, como: TV y Novelas, Iris, Tato, entre otros.*

El dinero

los chavos (P. R.) la lana (Méx.) las pelas, la pasta (Esp.)	*money*
la peseta (P. R.)	*quarter (American coin)*
comer cable (Ven.) estar pelado/a (Col., Esp.) no tener guano (Cu.)	*to have no money*
estar forrado/a tener una pila de dinero	*to be loaded*
ser gasolero/a (Arg.)	*to be stingy*
el/la mileurista (Esp.)	*a young, educated person who only makes a thousand euros a month*

Telenovelas en Latinoamérica

En México, el Grupo Televisa produce entre doce y quince telenovelas anuales. Uno de sus grandes éxitos fue *Corazón salvaje*, que filmó en cuatro ocasiones. La última versión (2009) sufrió un recorte de presupuesto del 40% por la crisis económica. En los últimos años, la productora mexicana ha actualizado sus temas y sus personajes; en *La doble vida de Estela Carrillo* (2017), una mujer cruza la frontera para salvar su vida.

Colombia brilla en el mundo de la telenovela gracias al escritor Fernando Gaitán, creador de *Yo soy Betty, la fea* (1999), que figura en el Libro Guinness por ser la serie más versionada° de la historia. Según datos de la Organización Mundial del Comercio, en 2016 las exportaciones del sector audiovisual colombiano llegaron a los 53 millones de dólares.

Telefe en Argentina hacía telenovelas controvertidas, como *Montecristo* (2006). Ahora, volvió al melodrama con telenovelas como *Amar después de amar* (2017), una trágica historia entre dos familias.

más versionada *with the most remakes*

CAROLINA HERRERA

Carolina Herrera siempre creyó en su buen gusto°. En 1979, cuando ya había nacido su primera nieta, esta aristócrata venezolana decidió probar suerte en el negocio de la moda. Creó su primera colección en 1981, y en 1987 entró en la rama° de los trajes de novia. En 2005 creó la línea CH Carolina Herrera, ampliando° su negocio a perfumes, bolsos°, ropa de hombre y zapatos: un imperio económico que genera unas ventas anuales de más de 200 millones de dólares. Su estilo sencillo y elegante conquistó a primeras damas estadounidenses, desde Jacqueline Onassis hasta Michelle Obama.

Aunque la gran dama de la moda venezolana sigue estando al frente del negocio, su hija, Carolina Herrera Jr., va asumiendo más y más control de la compañía familiar. Ella, sin embargo, quiere reafirmar su identidad y asegura que, a diferencia de su madre, no se considera modista°. "Sólo soy una persona creativa que sabe lo que le gusta", asegura.

Importantes diseñadores y empresarios° de origen latinoamericano han dejado su huella° en el mundo de la moda°: el dominicano Óscar de la Renta; el estadounidense de padres cubanos Narciso Rodríguez; el venezolano Ángel Sánchez; los colombianos Silvia Tcherassi y Esteban Cortázar; el mexicano César Galindo; el venezolano Nicolás Felizola; y la cubana Isabel Toledo, entre otros. Carolina Herrera es la diseñadora y empresaria latinoamericana más reconocida° del mundo.

> ❝ Mira si será malo el trabajo, que deben pagarte para que lo hagas. ❞
> (Facundo Cabral, cantautor argentino)

buen gusto *good taste* rama *branch* ampliando *expanding* bolsos *handbags*
modista *fashion designer* empresarios *business owners* dejar huella *to leave their mark*
mundo de la moda *world of fashion* reconocida *well-known*

¿Qué aprendiste?

1 **Comprensión** Indica si estas afirmaciones son **ciertas** o **falsas**. Corrige las falsas.

1. Las telenovelas sólo se transmiten los fines de semana.

2. Además de una historia de amor, la telenovela debe incluir conflictos, intrigas y mentiras.

3. En la década de 1960, en Europa del Este y Asia se producían muchas telenovelas.

4. El género de la telenovela comenzó en la década de 1920.

5. Perú es el país más importante en la producción de telenovelas.

6. Gracias a la producción y exportación de telenovelas, se generan muchos puestos de trabajo.

7. En Venezuela, la industria de las telenovelas llegó a superar en ganancias a otras industrias nacionales.

8. Algunas personas creen que las telenovelas presentan estereotipos.

9. Los personajes principales de las telenovelas suelen ser de origen africano.

10. Hugo Chávez influyó en el contenido de las telenovelas de Venezuela.

11. Hugo Chávez apoyó a la industria venezolana de la telenovela.

2 **Oraciones incompletas** Completa las oraciones con la información correcta.

1. La versión de 2009 de *Corazón salvaje* sufrió un ———————————.

2. *Yo soy Betty, la fea* aparece en el Libro Guiness como la telenovela ———————————.

3. Las últimas producciones de Telefe han vuelto al ———————————.

4. La diseñadora latinoamericana más reconocida en el mundo es ———————————.

5. Carolina Herrera Jr. se considera una persona ———————————.

3 **Opiniones** En parejas, contesten las preguntas.

1. ¿Qué opinas de las telenovelas producidas en tu país? ¿Qué características comparten con las latinoamericanas?

2. ¿Mirarías una telenovela para practicar español? ¿Por qué?

3. ¿Crees que las productoras de telenovelas deberían hacer un esfuerzo por representar mejor a las mujeres y a las minorías raciales? ¿Por qué?

4. ¿Por qué crees que las telenovelas tienen un gran número de fanáticos en Latinoamérica?

5. ¿Qué otro/a gran empresario/a de Hispanoamérica conoces? ¿Qué sabes de esa persona?

 Practice more at **vhlcentral.com**.

PROYECTO

Producción en Latinoamérica

Muchos productos latinoamericanos se cuentan entre los mejores del mundo. Investiga la industria de un producto típico latinoamericano y prepara una presentación para la clase. Puedes investigar productos como bebidas, miel, madera, café, flores, productos de cuero, ajo, peras y manzanas, soja, lana, carne, etc.

- ¿Cómo es su producción?
- ¿Qué alcance tiene su exportación?
- ¿Cuál es su impacto en la economía local?
- ¿Se consigue el producto en tu ciudad?

Las alpacas

 Video

¿Sabías que en la zona andina existen animales que hace cientos de años eran considerados dignos de la realeza? En este episodio de **Flash cultura**, podrás conocerlos y enterarte de cómo y por qué contribuyen a la economía regional.

VOCABULARIO ÚTIL

cariñoso/a *friendly*
esquilar *to shear*
la hebra de hilo *thread*
la manta *blanket*

la mascota *pet*
tejer *to weave*
la temporada *season*
teñir *to dye*

1 **Preparación** Responde estas preguntas: ¿Has comprado en alguna tienda de comercio justo? ¿Has comprado productos de comercio justo en el supermercado? ¿Te gustan los productos artesanales? ¿Por qué?

2 **Comprensión** Indica si estas afirmaciones son **ciertas** o **falsas**. Después, en parejas, corrijan las falsas.

1. La alpaca es un animal tan dócil y cariñoso que puede adoptarse como mascota.
2. Fueron los conquistadores españoles quienes la domesticaron en la antigüedad.
3. Las cuatro especies de camélidos sudamericanos son domésticas.
4. Las alpacas son esquiladas cada vez que llueve.
5. La fibra de la alpaca que se esquila se transforma a continuación en un hilo y después se tiñe de colores con elementos vegetales.
6. La tradición indica que las mujeres deben aprender a tejer con sus madres para ser admitidas plenamente en la comunidad.

3 **Expansión** En parejas, contesten estas preguntas.

- ¿Alguna vez tuvieron una mascota? ¿Qué características debe tener un animal para que lo dejen entrar en sus casas? ¿Tendrían una alpaca como mascota?
- En sus comunidades o familias, ¿existe alguna tradición que pase de madres a hijas o de padres a hijos?
- Si fueran de viaje a Lima, ¿comprarían regalos en las tiendas de productos de alpaca? ¿Por qué? ¿Qué comprarían?

Corresponsal: Omar Fuentes
País: Perú

La alpaca parece un pequeño camello sin joroba° y con las orejas más grandes.

La producción de telas y productos de fibra de alpaca le da empleo a miles de personas en esta región.

Esta preciosa fibra cuenta con la gama° de colores naturales más grande del mundo.

joroba *hump* **gama** *range*

 Practice more at **vhlcentral.com**.

S Tutorial

8.1 The conditional

- To express the idea of what *would* happen, use the conditional tense.

¡Entonces su socia tendría que venir a hacernos una presentación!

TALLER DE CONSULTA

MANUAL DE GRAMÁTICA
Más práctica

8.1 The conditional, p. A43

8.2 The past subjunctive, p. A44

8.3 **Si** clauses with simple tenses, p. A45

Más gramática

8.4 Transitional expressions, p. A46

- The conditional tense (**el condicional**) uses the same endings for all **-ar**, **-er**, and **-ir** verbs. For regular verbs, the endings are added to the infinitive.

The conditional		
dar	**ser**	**vivir**
daría	sería	viviría
darías	serías	vivirías
daría	sería	viviría
daríamos	seríamos	viviríamos
daríais	seríais	viviríais
darían	serían	vivirían

¡ATENCIÓN!

Note that all the conditional endings carry a written accent mark.

- Verbs with irregular future stems have the same irregular stem in the conditional.

Infinitive	stem	conditional
caber	cabr-	cabría, cabrías, cabría, cabríamos, cabríais, cabrían
haber	habr-	habría, habrías, habría, habríamos, habríais, habrían
poder	podr-	podría, podrías, podría, podríamos, podríais, podrían
querer	querr-	querría, querrías, querría, querríamos, querríais, querrían
saber	sabr-	sabría, sabrías, sabría, sabríamos, sabríais, sabrían
poner	pondr-	pondría, pondrías, pondría, pondríamos, pondríais, pondrían
salir	saldr-	saldría, saldrías, saldría, saldríamos, saldríais, saldrían
tener	tendr-	tendría, tendrías, tendría, tendríamos, tendríais, tendrían
valer	valdr-	valdría, valdrías, valdría, valdríamos, valdríais, valdrían
venir	vendr-	vendría, vendrías, vendría, vendríamos, vendríais, vendrían
decir	dir-	diría, dirías, diría, diríamos, diríais, dirían
hacer	har-	haría, harías, haría, haríamos, haríais, harían
satisfacer	satisfar-	satisfaría, satisfarías, satisfaría, satisfaríamos, satisfaríais, satisfarían

Uses of the conditional

- The conditional is used to express what *would* occur under certain circumstances.

> En Venezuela, ¿qué lugar **visitarías** primero?
> *In Venezuela, which place would you visit first?*

> **Iría** primero a Caracas y después a la Isla Margarita.
> *First I would go to Caracas and then to Margarita Island.*

¿No sería ahora el momento justo para ir de vacaciones a **la Isla Margarita?**

¡ATENCIÓN!

The English *would* is often used to express the conditional, but it can also express what *used to happen*. To express habitual past actions, Spanish uses the imperfect, not the conditional.

Cuando era pequeña, iba a la playa durante los veranos.
When I was young, I would go to the beach in the summer.

- The conditional is also used to make polite requests.

> Me **gustaría** cobrar este cheque.
> *I would like to cash this check.*

> ¿**Podría** firmar aquí, en el reverso?
> *Would you please sign here, on the back?*

- In subordinate clauses, the conditional is often used to express what *would happen* after another action took place. To express what *will happen* after another action takes place, the future tense is used instead.

CONDITIONAL	FUTURE
Creía que hoy **haría** mucho viento.	**Creo** que mañana **hará** mucho viento.
I thought it would be very windy today.	*I think it will be very windy tomorrow.*

- In Spanish, the conditional may be used to express conjecture or probability about a past condition or event. English expresses this sense with expressions such as *wondered*, *must have been*, and *was probably*.

> ¿Qué hora **era** cuando regresó?
> *What time was it when he returned?*

> **Serían** las ocho.
> *It must have been eight o'clock.*

> ¿Cuánta gente **había** en la fiesta?
> *How many people were at the party?*

> **Habría** como diez personas.
> *There were probably about ten people.*

TALLER DE CONSULTA

The conditional is also used in contrary-to-fact sentences. See **8.3**, pp. 302–303.

- The conditional is also used to report statements made in the future tense.

> **Iremos** a la fiesta.
> *We'll go to the party.*

> Dijeron que **irían** a la fiesta.
> *They said they'd go to the party.*

Práctica

TALLER DE CONSULTA

MANUAL DE GRAMÁTICA
Más práctica

8.1 The conditional, p. A43

1) La entrevista Alberto sueña con trabajar para una agencia medioambiental y estaría dispuesto a hacer cualquier cosa para que la directora lo contrate. Utiliza el condicional de los verbos entre paréntesis para completar la entrevista.

ALBERTO Si yo pudiera formar parte de esta organización, (1) _____ (estar) dispuesto (*ready*) a ayudar en todo lo posible.

ELENA Sí, lo sé, pero tú no (2) _____ (poder) hacer mucho. Para trabajar con nosotros (3) _____ (necesitar) estudios de biología.

ALBERTO Bueno, yo (4) _____ (ayudar) con las cosas menos difíciles. Por ejemplo, (5) _____ (hacer) el café para las reuniones.

ELENA Estoy segura de que todos (6) _____ (agradecer) tu colaboración. Les preguntaré para ver si necesitan ayuda.

ALBERTO Eres muy amable, Elena. (7) _____ (dar) cualquier cosa por trabajar con ustedes. Y (8) _____ (considerar) la posibilidad de volver a la universidad para estudiar biología. (9) _____ (tener) que trabajar duro, pero lo (10) _____ (hacer) porque no (11) _____ (saber) qué hacer sin un trabajo significativo. Sé que el esfuerzo (12) _____ (valer) la pena.

2) El primer día La agencia contrató a Alberto y hoy fue su primer día como asistente administrativo. Utiliza el condicional para cambiar estos mandatos informales por los mandatos formales que la directora le dio a Alberto. Sigue el modelo.

Mandatos informales	Mandatos formales
Hazme un café.	¿Me harías un café, por favor?
Saca estas fotocopias.	1.
Pon los mensajes en mi escritorio.	2.
Manda este fax.	3.
Diles a los voluntarios que vengan también.	4.
Sal a almorzar con nosotros.	5.

3) Lo que hizo Juan Utilizamos el condicional para expresar el futuro en el contexto de una acción pasada. Explica lo que quiso hacer Juan, usando las claves dadas. Agrega también por qué no lo pudo hacer.

MODELO pensar / llegar
Juan pensó que llegaría temprano a la oficina, pero el metro tardó media hora.

1. pensar / comer
2. decir / poner
3. imaginar / tener
4. escribir / venir
5. contarles / querer
6. suponer / hacer
7. explicar / salir
8. creer / terminar
9. decidir / viajar
10. opinar / ser

 Practice more at **vhlcentral.com**.

Comunicación

4 **¿Qué pasaría?** En parejas, completen estas oraciones utilizando verbos en condicional. Luego compartan sus oraciones con la clase.

TALLER DE CONSULTA

The first part of each sentence uses the past subjunctive, which is covered in **8.2**, pp. 298–299.

MODELO **Si yo trabajara para una empresa multinacional, …**
—Si yo trabajara para una empresa multinacional, viajaría por el mundo entero. Aprendería cinco idiomas y…

1. Si siguiera aumentando el desempleo en el país, …
2. Si yo ganara más dinero, …
3. Si mi novio/a decidiera trabajar en otro país, …
4. Si todos mis profesores estuvieran en huelga, …
5. Si mi jefe/a me despidiera, …
6. Si no tuviera que ganarme la vida, …

5 **¿Qué harías?** Explícales a tres compañeros/as lo que harías en cada una de estas situaciones. Usa el condicional.

6 **El trabajo de tus sueños** Imagina que puedes escoger cualquier profesión del mundo. Explícale a un(a) compañero/a cuál sería tu trabajo ideal, por qué te gustaría esa profesión y qué harías en tu empleo. Háganse preguntas y utilicen por lo menos cuatro verbos en el condicional.

MODELO Mi trabajo ideal sería jugar al baloncesto en la NBA. Me gustaría porque me encanta este deporte, pero también porque ganaría millones y podría…

Tutorial

8.2 The past subjunctive

Forms of the past subjunctive

- The past subjunctive (**el imperfecto del subjuntivo**) of all verbs is formed by dropping the **-ron** ending from the **ustedes/ellos/ellas** form of the preterite and adding the past subjunctive endings.

The past subjunctive		
caminar	**perder**	**vivir**
caminara	perdiera	viviera
caminaras	perdieras	vivieras
caminara	perdiera	viviera
camináramos	perdiéramos	viviéramos
caminarais	perdierais	vivierais
caminaran	perdieran	vivieran

TALLER DE CONSULTA

See **3.1**, pp. 94–95 for the preterite forms of regular, irregular, and stem-changing verbs.

¡ATENCIÓN!

The **nosotros/as** form of the past subjunctive always has a written accent.

Estela dudaba de que su madre la **ayudara** a pagar un carro nuevo.
Estela doubted that her mother would help her pay for a new car.

Me extrañó que Ana **renunciara** después de tantos años.
I was surprised that Ana quit after so many years.

El asesor nos recomendó que **financiáramos** la deuda a largo plazo
The consultant recommended that we financed the loan long-term.

- Verbs that have stem changes, spelling changes, or irregularities in the **ustedes/ellos/ellas** form of the preterite also have them in all forms of the past subjunctive.

infinitive	preterite form	past subjunctive forms
pedir	pidieron	pidiera, pidieras, pidiera, pidiéramos, pidierais, pidieran
sentir	sintieron	sintiera, sintieras, sintiera, sintiéramos, sintierais, sintieran
dormir	durmieron	durmiera, durmieras, durmiera, durmiéramos, durmierais, durmieran
influir	influyeron	influyera, influyeras, influyera, influyéramos, influyerais, influyeran
saber	supieron	supiera, supieras, supiera, supiéramos, supierais, supieran
ir/ser	fueron	fuera, fueras, fuera, fuéramos, fuerais, fueran

- In Spain and some other parts of the Spanish-speaking world, the past subjunctive is commonly used with another set of endings (**-se**, **-ses**, **-se**, **-semos**, **-seis**, **-sen**). You will also see these forms in literary selections.

La señora Medina exigió que le **mandásemos** el contrato para el viernes.
Ms. Medina demanded that we send her the contract by Friday.

La señora Medina exigió que le **mandáramos** el contrato para el viernes.
Ms. Medina demanded that we send her the contract by Friday.

Uses of the past subjunctive

- The past subjunctive is required in the same situations as the present subjunctive, except that the point of reference is always in the past. When the verb in the main clause is in the past, the verb in the subordinate clause is in the past subjunctive.

Esperaba que tuviera más experiencia vendiendo ropa.

PRESENT SUBJUNCTIVE	PAST SUBJUNCTIVE
El jefe sugiere que **vayas** a la reunión. *The boss suggests that you go to the meeting.*	El jefe sugirió que **fueras** a la reunión. *The boss suggested that you go to the meeting.*
Espero que ustedes no **tengan** problemas con el nuevo sistema. *I hope you won't have any problems with the new system.*	Esperaba que no **tuvieran** problemas con el nuevo sistema. *I was hoping you wouldn't have any problems with the new system.*
Buscamos a alguien que **conozca** bien la bolsa. *We are looking for someone who knows the stock market well.*	Buscábamos a alguien que **conociera** bien la bolsa. *We were looking for someone who knew the stock market well.*
Les mando mi currículum en caso de que **haya** un puesto disponible. *I'm sending them my résumé in case there is a position available.*	Les mandé mi currículum en caso de que **hubiera** un puesto disponible. *I sent them my résumé, in case there was a position available.*

- Use the past subjunctive after the expression **como si** (*as if*).

  Alfredo gasta dinero **como si fuera** millonario.
  Alfredo spends money as if he were a millionaire.

  El presidente habló de la economía **como si** no **hubiera** una recesión.
  The president talked about the economy as if there were no recession.

  Ella rechazó mi opinión **como si** no **importara**.
  She rejected my opinion as if it didn't matter.

- The past subjunctive is also commonly used with **querer** to make polite requests or to soften statements.

  Quisiera que me llames hoy.
  I would like you to call me today.

  Quisiera hablar con usted.
  I would like to speak with you.

> **TALLER DE CONSULTA**
>
> The past subjunctive is also frequently used in **si** clauses. See **8.3,** pp. 302–303.
>
> **Si pudiera, compraría más acciones.**
> *If I could, I would buy more shares.*

Práctica

TALLER DE CONSULTA

MANUAL DE GRAMÁTICA
Más práctica

8.2 The past subjunctive,
p. A44

1 **El peor día** Completa el mensaje que Jessica le mandó a su hermano después de su primer día como pasante (*intern*) de verano. Utiliza el imperfecto del subjuntivo.

De:	jessica8@email.com
Para:	luismiguel@email.com
Asunto:	el peor día de mi vida

Luis Miguel:

Sé que te pedí el otro día que no me (1) _____ (dar) más consejos sobre qué hacer este verano, pero ¡ahora sí los necesito! Hoy fue el peor día de mi vida, ¡te lo juro! Me aconsejaste que no (2) _____ (solicitar) un puesto en esta empresa, pero a mí no me importaba que ellos me (3) _____ (pagar) el sueldo mínimo. No creía que (4) _____ (existir) ninguna oportunidad mejor que ésta. ¡Pero hoy el jefe me trató como si yo (5) _____ (ser) su esclava! Primero exigió que yo (6) _____ (preparar) el café para toda la oficina. Después me dijo que (7) _____ (salir) a comprar más papel para la impresora. Luego, como si eso (8) _____ (ser) poco, insistió en que yo (9) _____ (ordenar) su escritorio. ¡Como si toda mi experiencia del verano pasado no (10) _____ (valer) ni un centavo! Hablando de dinero... cuando le pedí que (11) _____ (depositar) el sueldo en mi cuenta corriente, él me dijo: "¿Qué sueldo? Nuestros pasantes trabajan gratis". ¡Renuncié y punto!

2 **¿Qué le pidieron?** María Luisa Rodríguez es presidenta de una universidad. En parejas, usen la tabla y preparen una conversación entre María Luisa y un amigo sobre el primer día de clase.

MODELO
— ¿Qué te pidió tu secretaria?
— Mi secretaria me pidió que le diera menos trabajo.

Personajes	Verbo	Actividad
los profesores		construir un estadio nuevo
los estudiantes	me pidió que	hacer menos ruido
el club que protege el medio ambiente	me pidieron que	plantar más árboles
los vecinos de la universidad		dar más días de vacaciones
el entrenador del equipo de fútbol		comprar más computadoras

3 **Dueño** El dueño del apartamento donde vivías con tu compañero/a era muy estricto. Túrnense para comentar las reglas que tenían que seguir, usando el imperfecto del subjuntivo.

MODELO   El dueño nos pidió que no cocináramos coliflor.

1. no usar la calefacción en marzo
2. limpiar los pisos dos veces al día
3. no tener visitas en el apartamento después de las 7 de la tarde
4. hacer la cama todos los días
5. sacar la basura todos los días
6. no encender las luces antes de las 8 de la noche

 Practice more at **vhlcentral.com**.

Comunicación

4 **De niño** En parejas, háganse estas preguntas y contesten usando el imperfecto del subjuntivo. Luego, háganse cinco preguntas más sobre su niñez.

MODELO — ¿Esperabas que tus padres te compraran videojuegos?
— Sí, y también esperaba que me dieran más independencia./
No, pero esperaba que me llevaran al cine todos los sábados.

La imaginación ✳	Las relaciones ♡	⚑ La escuela ⚑
¿Esperabas que tus padres te compraran videojuegos?	¿Querías que tu primer amor durara toda la vida?	¿Soñabas con que el/la maestro/a cancelara la clase todos los días?
¿Dudabas que los superhéroes existieran?	¿Querías que tus padres te compraran todo lo que pedías?	¿Esperabas que tus amigos de la infancia siguieran siendo tus amigos para toda la vida?
¿Esperabas que Santa Claus te trajera los regalos que le pedías?	¿Querías que tus familiares pasaran menos o más tiempo contigo?	¿Deseabas que las vacaciones de verano se alargaran (*were longer*)?
¿Qué más esperabas?	¿Qué más querías?	¿Qué más deseabas?

5 **¡No soporto a mi compañero de cuarto!** Tu compañero/a de cuarto y tú no se llevaban bien. Por eso, la semana pasada se reunieron con el/la decano/a (*dean*) para pedir un cambio de compañero/a. El/La decano/a escuchó las quejas de ambos/as (*both*), les dio consejos y les pidió que volvieran la semana siguiente con ideas para resolver sus problemas.

A. Primero, escribe cinco oraciones para describir lo que le pediste a tu compañero/a de cuarto durante la reunión con el/la decano/a. Utiliza el imperfecto del subjuntivo.

B. Ahora, en grupos de tres, preparen una conversación entre el/la decano/a y los/las dos estudiantes. Cada persona debe utilizar por lo menos tres verbos en el imperfecto del subjuntivo. Luego, representen la conversación para la clase. ¿Habrá solución?

MODELO

DECANO/A Bueno, les pedí que trataran de resolver los problemas. ¿Cómo les fue?

ESTUDIANTE 1 Le dije a Isabel que no se pusiera mi ropa sin pedir permiso. ¡Pero llegó a una fiesta con mi mejor vestido!

ESTUDIANTE 2 Y yo le pedí a Celia que no escuchara música cuando estoy durmiendo. ¡Pero sigue poniendo la radio a todo volumen!

8.3 *Si* clauses with simple tenses

- **Si** (*if*) clauses express a condition or event upon which another condition or event depends. Sentences with **si** clauses are often hypothetical statements. They contain a subordinate clause (**si** clause) and a main clause (result clause).

Si te pones así, vas a llorar.

- The **si** clause may be the first or second clause in a sentence. Note that a comma is used only when the **si** clause comes first.

Si tienes tiempo, ven con nosotros.
If you have time, come with us.

Iré con ustedes **si** no llueve.
I'll go with you if it doesn't rain

Hypothetical statements about possible events

- In hypothetical statements about conditions or events that are possible or likely to occur, the **si** clause uses the present indicative. The main clause may use the present indicative, the future indicative, **ir a** + [*infinitive*], or a command.

Si clause: PRESENT INDICATIVE		Main clause
Si salgo temprano del trabajo, *If I leave work early,*	PRESENT TENSE	**voy** al cine con Andrés. *I'm going to the movies with Andrés.*
Si usted no mejora su currículum, *If you don't improve your résumé,*	FUTURE TENSE	nunca **conseguirá** empleo. *you'll never get a job.*
Si la jefa me pregunta, *If the boss asks me,*	IR A + [INFINITIVE]	no le **voy a mentir**. *I'm not going to lie to her.*
Si hay algún problema, *If there is a problem,*	COMMAND	**llámenos** de inmediato. *call us right away.*

Hypothetical statements about improbable situations

- In hypothetical statements about current conditions or events that are improbable or contrary-to-fact, the **si** clause uses the past subjunctive. The main clause uses the conditional.

Si clause: PAST SUBJUNCTIVE	Main clause: CONDITIONAL
¡Si ustedes no **fueran** tan inútiles, *If you all weren't so incapable,*	ya lo **tendrían** listo! *you'd already have this ready!*
Si sacaras un préstamo a largo plazo, *If you took out a long-term loan,*	**pagarías** menos al mes. *you'd pay less each month.*
Si no **estuviera** tan cansada, *If I weren't so tired,*	**saldría** a cenar contigo. *I'd go out to dinner with you.*

¡Si la gerente no fuera una idiota, seguramente habría conseguido el trabajo!

Habitual conditions and actions in the past

- In statements that express habitual past actions that are not contrary-to-fact, both the **si** clause and the main clause use the imperfect.

Si clause: IMPERFECT	Main clause: IMPERFECT
Si Milena **tenía** tiempo libre, *If Milena had free time,*	siempre **iba** a la playa. *she would always go to the beach.*
Si mi papá **salía** de viaje de negocios, *If my dad went on a business trip,*	siempre me **traía** un regalito. *he always brought me back a little present.*

Si a Rocío no le iba bien en las entrevistas, Manu y Marcela siempre le compraban una nieve.

Si Ricardo se entrevistaba con inversionistas, él los dejaba manejar el dron.

Práctica

TALLER DE CONSULTA

MANUAL DE GRAMÁTICA
Más práctica

8.3 **Si** clauses with simple tenses, p. A45

1 **Situaciones** Completa las oraciones con el tiempo verbal adecuado.

A. Situaciones probables o posibles

1. Si Teresa no viene pronto, nosotros _____ (tener) que ir sin ella.

2. Si tú no _____ (trabajar) hoy, vamos al cine.

B. Situaciones hipotéticas sobre eventos improbables

3. Si Carla tuviera más experiencia, yo la _____ (contratar).

4. Si Gabriel _____ (ganar) más, podría ir de viaje.

C. Situaciones habituales sobre el pasado

5. Si llegaba tarde a mi trabajo, la gerente me _____ (gritar).

6. Si nosotros no _____ (hacer) la tarea, el profesor Cortijo nos daba una prueba sorpresa.

2 **Si trabajara menos** Carolina y Leticia trabajan cuarenta horas por semana y se imaginan qué harían si trabajaran menos horas. Completa la conversación con el condicional o el imperfecto del subjuntivo.

CAROLINA Estoy todo el día en la oficina, pero si (1) _____ (trabajar) menos, tendría más tiempo para divertirme. Si sólo viniera a la oficina algunas horas por semana, (2) _____ (practicar) el alpinismo más a menudo.

LETICIA ¿Alpinismo? ¡Qué peligroso! Si yo tuviera más tiempo libre, (3) _____ (hacer) todas las noches lo mismo: (4) _____ (ir) al cine, luego (5) _____ (salir) a cenar y, para terminar la noche, (6) _____ (hacer) una fiesta para celebrar que ya no tengo que ir a trabajar por la mañana. Si nosotras (7) _____ (tener) la suerte de no tener que trabajar nunca más, nos pasaríamos todo el día sin hacer absolutamente nada.

CAROLINA ¿Te imaginas? Si la vida fuera así, nosotras (8) _____ (ser) mucho más felices, ¿no crees?

3 **Situaciones** Completa las oraciones.

1. Si salimos esta noche, …

2. Si me llama el jefe, …

3. Saldré contigo después del trabajo si …

4. Si mis padres no me prestan dinero, …

5. Si tuviera el coche este sábado, …

6. Tendría más dinero si …

7. Si íbamos de vacaciones, …

8. Si peleaba con mis hermanos, …

9. Te prestaría el libro si …

10. Si mis amigos no tienen otros planes, …

Practice more at **vhlcentral.com**.

Comunicación

 4 **Si yo fuera...** En parejas, háganse preguntas sobre quiénes serían y cómo serían sus vidas si fueran estas personas.

> **MODELO** **un(a) cantante famoso/a**
> — Si fueras una cantante famosa, ¿quién serías?
> — Si fuera una cantante famosa, sería Christina Aguilera. Pasaría el tiempo haciendo videos, dando conciertos...

1. un(a) cantante famoso/a
2. un personaje histórico
3. un personaje de un libro

4. un(a) actor/actriz famoso/a
5. un(a) empresario/a famoso/a
6. un(a) deportista exitoso/a

5 **¿Qué harías?** En parejas, miren los dibujos y túrnense para preguntarse qué harían si les ocurriera lo que muestra cada dibujo. Sigan el modelo y sean creativos/as.

> **MODELO** — ¿Qué harías si alguien te invitara a bailar tango?
> — Si alguien me invitara a bailar tango, seguramente yo me pondría muy nervioso/a y saldría corriendo.

1. Tu suegro viene de visita sin avisar.

2. Estás en una playa donde hay tiburones.

3. Tu carro se avería en el desierto.

4. Te quedas atrapado/a en un ascensor.

6 **Síntesis** En grupos de cuatro, conversen sobre lo que harían en estas situaciones. Luego, cada persona debe inventar una situación más y preguntarle al grupo qué haría. Utilicen oraciones con si, el condicional y el imperfecto del subjuntivo.

1. ver a alguien intentando robar un carro
2. quedar atrapado/a en una tormenta de nieve
3. tener ocho hijos

4. despertarse tarde la mañana del examen final
5. descubrir que tienes el poder de ser invisible
6. enamorarse de alguien a primera vista

Antes de ver el corto

CLOWN

país España

duración 11 minutos

director Stephen Lynch

protagonistas el payaso, Luisa, el jefe

Vocabulario

la amenaza *threat*

avergonzar *to embarrass*

el/la cobrador(a) *debt collector*

cumplir *to carry out*

deber *to owe*

dejar en paz *to leave alone*

la factura *bill*

humillar *to humiliate*

el/la moroso/a *debtor*

el/la payaso/a *clown*

el sueldo fijo *base salary*

tozudo/a *stubborn*

1 **Oraciones incompletas** Completa las oraciones con las palabras apropiadas.

1. Alguien que no paga sus deudas es un _____.
2. Además del _____, la empresa me paga comisiones.
3. Una persona _____ nunca quiere cambiar de opinión.
4. Un _____ trabaja en el circo.
5. Cuando alguien no paga, algunas empresas contratan a un _____.

2 **Preguntas** En parejas, contesten las preguntas.

1. ¿Has tenido alguna vez un trabajo que no te gustaba? ¿Cuál?
2. Imagina que necesitas trabajar con urgencia. ¿Dónde buscarías trabajo? ¿Por qué?
3. ¿Eres capaz de hacer cosas que no te gustan por dinero? Explica tu respuesta.
4. ¿Qué empleo crees que nunca harías? ¿Por qué?
5. Cuando eras niño/a, ¿qué trabajo soñabas con tener de grande?

3 **¿Qué sucederá?** En parejas, miren el fotograma e imaginen lo que va a ocurrir en la historia. Preparen una lista de adjetivos que podrían usarse para describir la personalidad del payaso. Compartan sus ideas con la clase.

 Practice more at **vhlcentral.com**.

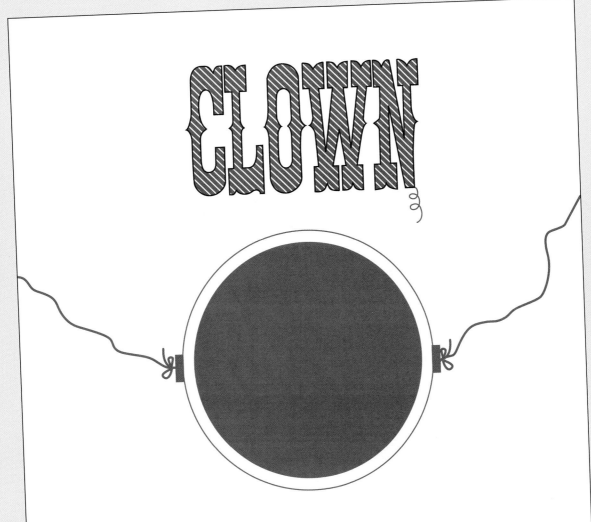

con **ROGER CASAMAJOR** y **LUCÍA DEL RÍO**
THE LIFT presenta una película de **STEPHEN LYNCH**
montaje **GABRIEL JORGES** • fotografía **PABLO CRUZ**
dirección de arte **ANJA MAYER** • diseño de vestuario **ANA LAURA SOLIS**
música **MARVIN PONTIAC / LOS CHICHOS**
guión **STEPHEN LYNCH** • producida por **JUAN CARLOS POLANCO**
dirigida por **STEPHEN LYNCH**

Escenas

ARGUMENTO Un hombre comienza su primer día como cobrador vestido de payaso.

PAYASO ¿Luisa River? ¿Luisa River?
LUISA Sí.
PAYASO Debe usted 771 euros a Telefónica. Vengo a cobrar.
LUISA ¿Y tú quién eres?
PAYASO Soy de los cobradores del circo.

LUISA No tengo teléfono. Ni trabajo. Así que les dices a tus clientes que o me encuentran trabajo o que me dejen en paz.
PAYASO Mire, Luisa, se lo voy a explicar para que lo entienda. Mi trabajo consiste en humillarla y seguirla hasta que nos pague.

LUISA Llega tarde tu amenaza. Debo tres meses de alquiler, y ya he vendido el coche, y la tele y todo, y tengo dos hijos y su padre no pasa un duro°. Así que tu factura me la suda° en este momento. Lo siento, payaso, me encantaría pagarte, pero esto es lo que hay°.

PAYASO ¿Estás orgullosa? ¿No te avergüenza? ¿No tienes vergüenza, Luisa? Yo llevo la nariz roja, ¿pero quién hace aquí el payaso?
LUISA ¿Quieres una respuesta? Pues sí, estoy orgullosa de no tener que ganarme la vida humillando a la gente.

PAYASO ¿Tú crees que yo me quería dedicar a esto? Pues no. Pero si tengo que hacerlo para mantener a mi mujer y a mi bebé, pues lo haré. Es patético, pero lo haré.
LUISA ¿Tienes un bebé?
PAYASO Una niña, de siete meses.

JEFE ¿Y cómo ha ido?
PAYASO Bueno, pues… bien.
JEFE ¿Pero cobraste o no?
PAYASO No, cobrar, cobrar no, pero…
JEFE ¿Fuiste tozudo?
PAYASO ¡Muy tozudo!

no pasa un duro *doesn't give us a penny* **me la suda**
I don't give a damn **esto es lo que hay** *this is what I have*

Después de ver el corto

1. **Comprensión** Contesta las preguntas con oraciones completas.

1. ¿En qué consiste el trabajo del payaso?
2. ¿Por qué sigue a Luisa?
3. ¿Qué razones le da Luisa al payaso para no pagar?
4. ¿Adónde van después de bajar del autobús?
5. ¿Tiene familia el payaso?
6. ¿Qué razones le da el payaso a su jefe para explicar que Luisa no puede pagar?
7. ¿Qué le dice el jefe al payaso?
8. ¿Por qué se enoja el payaso con Luisa?

2. **Ampliación** Contesta las preguntas con oraciones completas.

1. ¿Por qué está nervioso el payaso al principio?
2. ¿Piensas que le gusta su trabajo? ¿Por qué?
3. Explica qué ocurre al final del corto.
4. ¿Crees que Luisa actuó bien? ¿Por qué? Explica tu respuesta.
5. Imagina que no tienes dinero y te ofrecen este puesto de trabajo. ¿Lo tomarías? Justifica tu respuesta.

3. **Opiniones** En parejas, lean la cita. ¿Están de acuerdo con lo que se expresa en ella? Compartan su opinión con la clase.

❝Pues sí, estoy orgullosa de no tener que ganarme la vida humillando a la gente como haces tú. No tengo nada, muy bien, pero tengo mi dignidad.❞

4. **Entrevistas de trabajo** En parejas, imaginen la entrevista de trabajo entre el hombre y el jefe de la empresa de cobradores.

A. Contesten estas preguntas.

- ¿Qué preguntas le hizo el jefe antes de ofrecerle el trabajo?
- ¿Qué contestó el hombre?
- ¿Cómo reaccionó cuando le dijeron que tenía que vestirse de payaso?

B. Ensayen la entrevista de trabajo entre el hombre y el jefe. Luego, representen la entrevista frente a la clase.

"Si te llega la inspiración que
te encuentre trabajando."

Pablo Picasso

Mercado de flores, 1949
Diego Rivera, México

 Interpretar En parejas, conversen sobre estas preguntas.

1. ¿Qué puede verse en el cuadro?
2. ¿Quiénes son las personas y qué relación tendrán entre ellas?
3. ¿Dónde sucede esta escena? Describan lo que está ocurriendo.
4. ¿Para qué o para quién piensan que son las flores que aparecen en el cuadro? ¿Qué imaginan que harán las personas con ellas después?

S Practice more at vhlcentral.com.

Antes de leer

La abeja haragana

Sobre el autor

Horacio Quiroga nació en Salto, Uruguay, el 31 de diciembre de 1878. En su juventud, practicó ciclismo, fotografía, mecánica y carpintería. Fue un trabajador compulsivo y pionero de la escritura profesional. En 1898 se mudó a Argentina. Vivió en San Ignacio, Misiones, donde cultivaba orquídeas y vivía en estrecho (*close*) contacto con la naturaleza en la selva. Su interés por la literatura comenzó por la poesía y su primer libro fue *Los arrecifes de coral* (1901), al que siguieron, entre otros, *Cuentos de amor, de locura y de muerte* (1917), antología de relatos de estilo modernista, y la obra para niños *Cuentos de la selva* (1918), colección de relatos protagonizados por animales.

Vocabulario

la advertencia *warning*	**el descanso** *rest*	**la miel** *honey*
el aprendizaje *learning*	**la experiencia** *experience*	**el polen** *pollen*
la colmena *beehive*	**la fatiga** *weariness*	**trabajador(a)** *hard-working*
el deber *duty*	**haragán/haragana** *lazy*	**volar (o:ue)** *to fly*

---

(1) El valor del trabajo Un abuelo le da consejos a su nieto sobre el valor del trabajo. Completa el párrafo con las palabras correctas.

La persona (1) _____ no llega a ningún lado en este mundo: se necesita mucho esfuerzo para lograr algo en la vida, sin hacerle caso a la (2) _____ que uno pueda sentir. El (3) _____ llegará después. Esta (4) _____ proviene de mi propia (5) _____. Es un largo (6) _____ que se hace durante toda la vida, pero, al final, la persona (7) _____ puede estar satisfecha de haber cumplido con su (8) _____.

(2) Conexión personal Responde estas preguntas: ¿Crees que las cosas que se hacen con esfuerzo tienen más valor? ¿O es mejor cuando se obtienen por buena suerte o ingenio? ¿Qué te parece más justo? ¿Qué opinas de la expresión maquiavélica de que "el fin justifica los medios"?

(3) Análisis literario: la fábula

La fábula es un breve relato que suele incluir una moraleja (*moral*) extraída de los eventos. La conducta de las personas se compara con el comportamiento típico de ciertos animales, que son los protagonistas de las fábulas y encarnan (*embody*) vicios y virtudes humanas. Por ejemplo: la hormiga (*ant*) representa la laboriosidad (*hard work*) y la previsión (*foresight*). ¿Qué virtudes representan estos animales?

la serpiente   el perro   el gato   el caballo

Horacio Quiroga

La abeja haragana

Había una vez en una colmena una abeja que no quería trabajar, es decir, recorría los árboles uno por uno para tomar el jugo de las flores; pero en
5 vez de conservarlo para convertirlo en miel, se lo tomaba del todo.

Era, pues, una abeja haragana. Todas las mañanas, apenas el sol calentaba el aire, la abejita se asomaba° a la puerta de la colmena,
10 veía que hacía buen tiempo, se peinaba con las patas, como hacen las moscas, y echaba entonces a volar, muy contenta del lindo día. Zumbaba° muerta de gusto de flor en flor, entraba en la colmena, volvía a salir, y así se
15 lo pasaba todo el día mientras las otras abejas se mataban trabajando para llenar la colmena de miel, porque la miel es el alimento de las abejas recién nacidas°.

Como las abejas son muy serias, comenzaron a disgustarse con el proceder° 20 de la hermana haragana. En la puerta de las colmenas hay siempre unas cuantas abejas que están de guardia° para cuidar que no entren bichos° en la colmena. Estas abejas suelen ser muy viejas, con gran experiencia de la vida y 25 tienen el lomo° pelado° porque han perdido todos los pelos de rozar° contra la puerta de la colmena.

Un día, pues, detuvieron a la abeja haragana cuando iba a entrar, diciéndole: 30

—Compañera: es necesario que trabajes, porque todas las abejas debemos trabajar.

La abejita contestó:

—Yo ando todo el día volando, y me canso mucho. 35

—No es cuestión de que te canses mucho

stuck her head out

She buzzed

newborn

behavior 20

on duty

bugs

back / 25
hairless

brushing

—respondieron—, sino de que trabajes un poco. Es la primera advertencia que te hacemos.

Y diciendo así la dejaron pasar.

40 Pero la abeja haragana no se corregía. De modo que a la tarde siguiente las abejas que estaban de guardia le dijeron:

—Hay que trabajar, hermana.

Y ella respondió en seguida:

45 —¡Uno de estos días lo voy a hacer!

—No es cuestión de que lo hagas uno de estos días —le respondieron— sino mañana mismo.

Y la dejaron pasar.

50 Al anochecer siguiente se repitió la misma cosa. Antes de que le dijeran nada, la abejita exclamó:

—¡Sí, sí hermanas! ¡Ya me acuerdo de lo que he prometido!

55 —No es cuestión de que te acuerdes de lo prometido —le respondieron—, sino de que trabajes. Hoy es 19 de abril. Pues bien: trata *drop* de que mañana, 20, hayas traído una gota° siquiera de miel. Y ahora, pasa.

60 Y diciendo esto, se apartaron para dejarla entrar.

Pero el 20 de abril pasó en vano como todos los demás. Con la diferencia de que al caer el sol el tiempo se descompuso y *to blow* 65 comenzó a soplar° un viento frío.

in a hurry La abejita haragana voló apresurada° hacia su colmena, pensando en lo calentito que estaría allá dentro. Pero cuando quiso entrar, las abejas que estaban de guardia se 70 lo impidieron.

—¡No se entra! —le dijeron fríamente.

cried out —¡Yo quiero entrar! —clamó° la abejita—. Ésta es mi colmena.

—Ésta es la colmena de unas pobres 75 abejas trabajadoras —le contestaron las otras—. No hay entrada para las haraganas.

—¡Mañana sin falta voy a trabajar! —insistió la abejita.

—No hay mañana para las que no 80 trabajan —respondieron las abejas. Y esto *pushed* diciendo la empujaron° afuera.

La abejita, sin saber qué hacer, voló un rato aún; pero ya la noche caía y se veía *to hold on to/* apenas. Quiso cogerse° de una hoja°, y cayó al *leaf* suelo. Tenía el cuerpo entumecido° por el aire 85 *numb* frío, y no podía volar más.

Crawling Arrastrándose° entonces por el suelo, *climbing/* trepando° y bajando de los palitos° y *little sticks/* piedritas°, que le parecían montañas, llegó *little stones* a la puerta de la colmena, a tiempo que 90 comenzaban a caer frías gotas de lluvia.

groaned —¡Perdón!—gimió° la abeja—. ¡Déjenme entrar!

—Ya es tarde —le respondieron.

—¡Por favor, hermanas! ¡Tengo sueño! 95

—Es más tarde aún.

—¡Compañeras, por piedad! ¡Tengo frío!

—Imposible.

—¡Por última vez! ¡Me voy a morir!

Entonces le dijeron: 100

—No, no morirás. Aprenderás en una sola noche lo que es el descanso ganado con el trabajo. Vete.

Y la echaron.

Entonces, temblando de frío, con las alas 105 *wet/stumbling* mojadas° y tropezando°, la abeja se arrastró, *rolled* se arrastró hasta que de pronto rodó° por un *hole* agujero°; cayó rodando, mejor dicho, al fondo *cave* de una caverna°.

Creyó que no iba a concluir nunca 110 de bajar. Al fin llegó al fondo, y se halló° *found herself* bruscamente ante una víbora°, una culebra° *viper/snake* verde de lomo color ladrillo°, que la miraba *brick* enroscada° y presta a lanzarse sobre° ella. *curled up/ pounce on*

En verdad, aquella caverna era el hueco° 115 *hollow* de un árbol que habían trasplantado hacía tiempo, y que la culebra había elegido de guarida°. *lair*

Las culebras comen abejas, que les gustan mucho. Por esto la abejita, al encontrarse ante 120 su enemiga°, murmuró cerrando los ojos: *enemy*

—¡Adiós mi vida! Ésta es la última hora que yo veo la luz.

Pero con gran sorpresa suya, la culebra no solamente no la devoró sino que le dijo: 125

—¿Qué tal, abejita? No has de ser° muy *You must not be*

trabajadora para estar aquí a estas horas.

—Es cierto —murmuró la abejita—. No trabajo, y yo tengo la culpa°.

I'm to blame

—Siendo así —agregó° la culebra, burlona°—, voy a quitar del mundo a un mal bicho como tú. Te voy a comer, abeja.

added 130
mockingly

—¡No es justo eso, no es justo! No es justo que usted me coma porque es más fuerte que yo. Los hombres saben lo que es justicia.

135

—¡Ah, ah! —exclamó la culebra, enroscándose° ligero°—. ¿Tú conoces bien a los hombres? ¿Tú crees que los hombres, que les quitan la miel a ustedes, son más justos, grandísima tonta?

coiling up/
swiftly

140

—No, no es por eso que nos quitan la miel —respondió la abeja.

—¿Y por qué, entonces?

—Porque son más inteligentes.

145

Así dijo la abejita. Pero la culebra se echó a reír, exclamando:

—¡Bueno! Con justicia o sin ella, te voy a comer; apróntate°.

get ready

Y se echó atrás, para lanzarse sobre la abeja. Pero ésta exclamó:

150

—Usted hace eso porque es menos inteligente que yo.

—Pues bien —dijo la culebra—, vamos a verlo. Vamos a hacer dos pruebas. La que haga la prueba más rara, ésa gana. Si gano yo, te como.

155

—¿Y si gano yo? —preguntó la abejita.

—Si ganas tú —repuso su enemiga—, tienes el derecho de pasar la noche aquí, hasta que sea de día. ¿Te conviene°?

Does that 160
work for you?

—Aceptado —contestó la abeja.

La culebra se echó a reír de nuevo, porque se le había ocurrido una cosa que jamás podría hacer una abeja. Y he aquí lo que hizo:

165

Salió un instante afuera, tan velozmente que la abeja no tuvo tiempo de nada. Y volvió trayendo una cápsula de semillas° de eucalipto, de un eucalipto que estaba al lado de la colmena y que le daba sombra.

seed pod

170

Los muchachos hacen bailar como trompos° esas cápsulas, y les llaman trompitos de eucalipto.

spinning tops

—Esto es lo que voy a hacer —dijo la culebra—. ¡Fíjate bien, atención!

Y arrollando° vivamente la cola alrededor del trompito como un piolín° la desenvolvió a toda velocidad, con tanta rapidez que el trompito quedó bailando y zumbando como un loco.

175 *coiling up*
string

La culebra reía, y con mucha razón, porque jamás una abeja ha hecho ni podrá hacer bailar a un trompito. Pero cuando el trompito, que se había quedado dormido zumbando, como les pasa a los trompos de naranjo, cayó por fin al suelo, la abeja dijo:

180

185

—Esa prueba es muy linda, y yo nunca podré hacer eso.

—Entonces, te como —exclamó la culebra.

—¡Un momento! Yo no puedo hacer eso; pero hago una cosa que nadie hace.

190

—¿Qué es eso?

—Desaparecer.

—¿Cómo? —exclamó la culebra, dando un salto de sorpresa—. ¿Desaparecer sin salir de aquí?

195

—Sin salir de aquí.

—Pues bien, ¡hazlo! Y si no lo haces, te como en seguida —dijo la culebra.

El caso es que mientras el trompito bailaba, la abeja había tenido tiempo de examinar la caverna y había visto una plantita que crecía allí. Era un arbustillo°, casi un yuyito°, con grandes hojas del tamaño de una moneda de dos centavos.

200

shrub
weed

La abeja se arrimó° a la plantita, teniendo cuidado de no tocarla, y dijo así:

205 *came closer to*

—Ahora me toca a mí, señora Culebra. Me va a hacer el favor de darse vuelta, y contar hasta tres. Cuando diga "tres" búsqueme por todas partes, ¡ya no estaré más!

210

Y así pasó, en efecto. La culebra dijo rápidamente: "uno..., dos..., tres", y se volvió y abrió la boca cuan grande era, de sorpresa: allí no había nadie. Miró arriba, abajo, a todos lados, recorrió los rincones°, la plantita, tanteó° todo con la lengua. Inútil: la abeja había desaparecido.

215 *corners*
she felt out

La culebra comprendió entonces que si su

prueba del trompito era muy buena, la prueba de la abeja era simplemente extraordinaria. ¿Qué se había hecho? ¿Dónde estaba?

Una voz que apenas se oía —la voz de la abejita— salió del medio de la cueva.

—¿No me vas a hacer nada? —dijo la voz—. ¿Puedo contar con tu juramento?

—Sí —respondió la culebra—. Te lo juro. ¿Dónde estás?

—Aquí —respondió la abejita, apareciendo súbitamente° de entre una hoja cerrada de la plantita.

¿Qué había pasado? Una cosa muy sencilla: la plantita en cuestión era una sensitiva°, muy común también en Buenos Aires, y que tiene la particularidad de que sus hojas se cierran al menor contacto. Solamente que esta aventura pasaba en Misiones°, donde la vegetación es muy rica, y por lo tanto muy grandes las hojas de las sensitivas. De aquí que al contacto de la abeja, las hojas se cerraron, ocultando° completamente al insecto.

La inteligencia de la culebra no había alcanzado nunca a darse cuenta de este fenómeno; pero la abeja lo había observado, y se aprovechaba de él para salvar su vida.

La culebra no dijo nada, pero quedó muy irritada con su derrota°, tanto que la abeja pasó toda la noche recordando a su enemiga la promesa que había hecho de respetarla.

Fue una noche larga, interminable, que las dos pasaron arrimadas contra° la pared más alta de la caverna, porque la tormenta se había desencadenado°, y el agua entraba como un río adentro.

Hacía mucho frío, además, y adentro reinaba la oscuridad más completa. De cuando en cuando la culebra sentía impulsos de lanzarse sobre la abeja, y ésta creía entonces llegado el término de su vida.

Nunca jamás creyó la abejita que una noche podría ser tan fría, tan larga, tan horrible. Recordaba su vida anterior, durmiendo noche tras noche en la colmena, bien calentita, y lloraba entonces en silencio.

Cuando llegó el día, y salió el sol, porque el tiempo se había compuesto, la abejita voló y lloró otra vez en silencio ante la puerta de la colmena hecha por el esfuerzo° de la familia. Las abejas de guardia la dejaron pasar sin decirle nada, porque comprendieron que la que volvía no era la paseandera° haragana, sino una abeja que había hecho en sólo una noche un duro aprendizaje de la vida.

Así fue, en efecto. En adelante, ninguna como ella recogió tanto polen ni fabricó tanta miel. Y cuando el otoño llegó, y llegó también el término de sus días, tuvo aún tiempo de dar una última lección antes de morir a las jóvenes abejas que la rodeaban°:

—No es nuestra inteligencia, sino nuestro trabajo quien nos hace tan fuertes. Yo usé una sola vez mi inteligencia, y fue para salvar mi vida. No habría necesitado de ese esfuerzo, si hubiera trabajado como todas. Me he cansado tanto volando de aquí para allá, como trabajando. Lo que me faltaba era la noción del deber, que adquirí aquella noche.

Trabajen, compañeras, pensando que el fin a que tienden° nuestros esfuerzos —la felicidad de todos— es muy superior a la fatiga de cada uno. A esto los hombres llaman ideal, y tienen razón. No hay otra filosofía en la vida de un hombre y de una abeja. ■

Marginal glosses:
220
225 suddenly
230
mimosa pudica or sensitive plant 235
province in Argentina 240
hiding 245
250
defeat
255 pushed up against
had broken out
260

265
270 effort
275 wanderer
285 surrounded her
290
295 work towards

Después de leer

La abeja haragana
Horacio Quiroga

1 **Comprensión** Enumera los acontecimientos en el orden en que aparecen en el cuento.

____ a. La abeja haragana gana la prueba.

__1__ b. Las guardianas dejan que la abeja haragana entre en la colmena, pero le advierten que será la última vez.

____ c. Una culebra le anuncia que la va a devorar.

____ d. Las guardianas dejan pasar a la abeja que ya no es haragana.

____ e. La abeja promete cambiar, pero no lo cumple.

____ f. La culebra hace su prueba con éxito.

____ g. La abeja regresa a la colmena después de pasar la noche fuera.

____ h. Las guardianas le prohíben entrar en la colmena.

____ i. La culebra le propone hacer dos pruebas.

____ j. La abeja cae por un hueco dentro de una caverna.

2 **Análisis** Lee el relato nuevamente y responde las preguntas.

1. ¿Qué características podrías señalar de la abeja haragana? ¿En qué se diferenciaba de las otras abejas?

2. ¿Qué te parece que puede representar la víbora?

3. En el relato, ¿qué es lo que salva a la abeja de la víbora?

4. ¿Cuál es la moraleja de la fábula?

3 **Interpretación** En parejas, respondan las preguntas.

1. En el relato se contraponen claramente dos lugares: la colmena y el exterior. ¿Puedes encontrar una palabra que caracterice a cada uno?

2. Las guardianas advierten a la abeja varias veces antes de impedirle la entrada. ¿Te parece bien lo que hacen? ¿Crees que tienen razón?

3. ¿Por qué es tan importante que todas colaboren con la tarea de recoger el polen? ¿Para qué sirve la miel que hacen las abejas? ¿Qué sentido tiene eso para la comunidad?

4. ¿Qué crees que hizo recapacitar a la abeja haragana?

5. ¿Estás de acuerdo con la moraleja de la fábula?

6. ¿Te parece que la abeja fue feliz al aceptar las reglas de la colmena?

4 **Tu propia fábula** Elige una de las comparaciones de la lista y escribe una fábula breve sobre el animal y la cualidad o vicio. Si lo prefieres, puedes elegir otro animal y otra cualidad o vicio. No olvides concluir el relato con una moraleja.

- inocente como un cordero (*lamb*)
- astuto (*sly*) como un zorro (*fox*)
- fuerte como un león
- terco (*stubborn*) como una mula

S Practice more at **vhlcentral.com**.

Antes de leer

Vocabulario

apoyar *to support*

los bajos recursos *low-income*

la belleza *beauty*

la clave *key*

conseguir *to obtain*

cumplir *to fulfill*

la instrucción *education*

luchar *to fight*

la red *network*

tocar *to play*

1 **Oraciones incompletas** Completa las oraciones con las palabras adecuadas.

1. Las personas de _____ tienen dificultades económicas.

2. Es necesario _____ a los niños que quieren aprender música.

3. La _____ musical es muy importante para desarrollar la inteligencia.

4. Los idealistas creen que se puede _____ lo imposible.

5. La _____ para cumplir los sueños es la perseverancia.

6. Se sabe que _____ un instrumento musical mejora la memoria.

2 **Conexión personal** En parejas, comenten las siguientes preguntas.

1. ¿A qué jugabas cuando eras niño/a?

2. ¿Qué querías ser de mayor cuando eras pequeño/a?

3. ¿Crees que cuando eras niño/a tuviste todas las oportunidades que necesitabas?¿Por qué?

4. ¿Alguna vez hiciste algo especial para ayudar a los demás? ¿Qué hiciste?

5. ¿Hay alguna persona que haya influido en tu educación? ¿Quién fue? ¿Qué aprendiste de esa persona?

6. ¿Qué sueño te gustaría alcanzar en los próximos diez años?

Contexto cultural

José Antonio Abreu

"¿Por qué concentrar en una clase [social] el privilegio de tocar a Mozart o a Beethoven?" pregunta el filántropo venezolano **José Antonio Abreu**. Su experiencia como músico y como economista, y su energía vital han sido claves para el desarrollo de "El Sistema", un programa de instrucción musical especialmente pensado para niños de bajos recursos. Desde 1975 ha habido una docena de gobiernos en Venezuela y todos ellos han apoyado este proyecto. Hay cientos de orquestas infantiles y juveniles, además de coros y escuelas de música en todo el país, que admiten más de 400.000 niños de entre 2 y 18 años. En un país polarizado por la política y las diferencias socioeconómicas, todo el mundo apoya "El Sistema".

Practice more at **vhlcentral.com**.

Gustavo Dudamel:
la estrella de "El Sistema"

Al director de la Orquesta Filarmónica de Los Ángeles, Gustavo Dudamel, se le iluminan los ojos cuando recuerda el momento en que la música dejó de ser sólo un juego. "De pronto se convierte en algo mucho más profundo", dice este venezolano alegre y carismático. La
5 experiencia que marcó su vida y su carrera fue su paso por "El Sistema", un programa de instrucción musical para niños desfavorecidos°   *disadvantaged* fundado en Venezuela en 1975, y que se extiende por todo el mundo. Su fundador, José Antonio Abreu, considera a Dudamel "un ejemplo insuperable para la juventud musical de América Latina y del mundo".
10 Él es la estrella de "El Sistema".

De niño, Gustavo Dudamel quería tocar el trombón en una banda de salsa, como su padre. "Tenía los brazos muy cortos para el trombón", dice. "Así que empecé a tocar el violín". Lo aprendió a tocar en una de las escuelas de "El Sistema", dónde se convirtió en un auténtico virtuoso de este instrumento. Pero todavía no había descubierto su verdadera vocación musical. Su oportunidad no tardaría en llegar. Cuando sólo tenía 12 años, el retraso° del director de un ensayo en la orquesta juvenil de Barquisimeto le dio la oportunidad de dejar su violín y tomar la batuta° para hacer reír a sus compañeros con imitaciones de directores conocidos; lo hizo tan bien que meses después se convirtió en el director asistente de la orquesta. A los 16 años dirigía la Orquesta Sinfónica Simón Bolívar y la Orquesta Nacional de la Juventud de Venezuela, y a los 23 ganó el concurso Gustav Mahler para directores menores de 35 años. "Siempre supe que Gustavo era un talento superlativo", afirma José Antonio Abreu, su mentor.

Por su estilo exuberante y su energía en el escenario se le comparó con Leonard Bernstein. Su fama y su talento lo llevaron, con tan sólo 26 años, a ser nombrado Director de la Orquesta Filarmónica de Los Ángeles. Hoy viaja por todo el mundo y se ha convertido en el director joven más famoso del escenario internacional, pero afirma que no puede imaginar su vida sin "El Sistema". ¿La razón? Hay mucho más que música en lo que hace. Para Dudamel, en sintonía con° la idea de Abreu y el lema° de "El Sistema", "Tocar, cantar y luchar", una orquesta es una metáfora de una sociedad ideal en la que todos sus miembros ocupan un lugar único.

delay — *baton* — *in tune with* — *motto*

"El talento musical no sirve° sin disciplina, y los músicos deben sentir pasión por lo que hacen", dice Dudamel.

Los niños comienzan desde muy pequeños su instrucción en "El Sistema", y allí aprenden todo junto con la música, buscando la armonía común. La gran mayoría de esos niños proviene° de zonas de bajos recursos. El programa no sólo consigue mantenerlos alejados° de la calle, también genera en ellos sentido de autoestima y trabajo en equipo°. Se estima° que cada niño que participa en el programa influye en la vida de tres adultos. Considerando que más de dos millones de niños han pasado por las orquestas de "El Sistema", la red formada por la música resulta verdaderamente "milagrosa", como muchos la califican. Esa es la clave que Dudamel encontró para poder cumplir los sueños. "No hay nada más importante que tener acceso a la belleza", afirma con una gran sonrisa. Porque la inspiración es contagiosa. ∎

has little value — *comes from* — *far from* — *teamwork* — *It's estimated*

Muchos de los graduados de "El Sistema" se han convertido en músicos de fama internacional; otros son hoy abogados, maestros, ingenieros. Para todos ha sido fundamental compartir algo tan poderoso como la música, en la red iniciada por Abreu.

El éxito ha hecho de "El Sistema" un modelo imitado en más de 35 países, desde Canadá y Reino Unido, hasta India, El Salvador y muchos otros. Apoyados por el trabajo de voluntarios y con aportes de organizaciones nacionales, donantes privados, fundaciones y programas de becas, estos proyectos continúan la idea original de Abreu: "El Sistema" es, siempre y en primer lugar, una organización social, y la música, su medio para unir, incluir y educar.

Después de leer

Gustavo Dudamel: la estrella de "El Sistema"

(1) Comprensión Contesta las preguntas con oraciones completas.

1. ¿Por qué Gustavo Dudamel quería tocar el trombón?
2. ¿Cuál fue el primer instrumento que tocó Gustavo Dudamel?
3. ¿De qué trabaja actualmente Dudamel?
4. Según Dudamel, ¿qué debe tener un músico además de talento?
5. Además de la instrucción musical, ¿qué otras cosas aprenden los niños en "El Sistema"?
6. ¿Qué es lo más importante para Dudamel?

(2) Interpretación En parejas, contesten las preguntas con oraciones completas.

1. ¿De qué manera ayuda "El Sistema" a los niños que participan en él?
2. ¿En qué sentido piensas que Dudamel puede ser un "talento superlativo"?
3. ¿Qué clase de beneficios genera "El Sistema"?
4. ¿Por qué piensas que se ha calificado a "El Sistema" como "milagroso"?
5. ¿Con qué compara la orquesta Dudamel? ¿Te parece apropiada la comparación? ¿Por qué?
6. ¿Qué significa para ti el lema "tocar, cantar y luchar"?

(3) Proyecto social En grupos, creen un proyecto social. Desarrollen una propuesta para que una empresa privada les ayude a financiarlo teniendo en cuenta los puntos sugeridos. Después, presenten las propuestas a la clase.

- breve definición del problema
- personas u organizaciones a las que van a ayudar
- propuesta de actividad; cómo van a ayudar
- empresa o institución a la que dirigen la propuesta y razones de la elección
- elementos necesarios para llevarla a cabo
- un lema que identifique el objetivo y el espíritu de la propuesta

(4) Debate Para Gustavo Dudamel, el aprendizaje de la música ayuda a crear valores. En grupos, comenten si están de acuerdo con esta idea y si creen que el arte contribuye a crear mejores ciudadanos.

(5) Ampliación El modelo de instrucción creado por José Antonio Abreu utiliza la enseñanza y la práctica de la música como instrumentos de transformación social y de desarrollo humano. En grupos, comenten cuáles creen qué serían las transformaciones que puede producir la música en las sociedades.

(6) Un poco de música Busca información en Internet sobre Gustavo Dudamel. Después, escucha alguna de las obras musicales que dirige y prepara una presentación para la clase.

S Practice more at **vhlcentral.com**.

Atando cabos

¡A conversar!

Proyecto publicitario

A. Formen grupos de cuatro. Imaginen que deben presentar un proyecto publicitario al directorio de una empresa. Elijan uno de estos proyectos.

- camisas que nunca se arrugan
- un programa para aprender a hablar español mientras duermes
- un servicio para encontrar compañeros de estudio por Internet
- una peluquería (*hair salon*) para personas y animales

B. Para preparar el proyecto, respondan a estas preguntas.

1. ¿Qué quieren vender con su publicidad?
2. ¿Cómo son las personas que comprarían el producto o servicio? ¿Qué edad tienen? ¿De qué sexo son? ¿Qué cosas les gustan?
3. ¿Qué tipo(s) de publicidad harían (afiches, en radio, en televisión, en Internet)?
4. ¿Qué necesitarían para hacer la publicidad?
5. ¿Cuál será el eslogan del producto o servicio?

C. Preparen la presentación de su proyecto para el resto de la clase. Decidan quién presentará cada punto. Practiquen la presentación varias veces. Pueden usar elementos visuales como ayuda (afiches, etc.). Para ordenar su presentación, pueden utilizar estas expresiones:

- Este proyecto es para...
- En primer / segundo lugar...
- Sabemos que el público...
- Además / También / Igualmente...
- Por eso hemos decidido...
- Finalmente / Por último...

D. Presenten el proyecto. Expongan las razones de lo que han decidido hacer. Sus compañeros pueden hacerles preguntas sobre el proyecto.

E. Cuando cada grupo haya terminado su presentación, voten para elegir la mejor idea publicitaria.

¡A escribir!

Pasantía de verano Imagina que quieres solicitar un puesto para una pasantía (*internship*) de verano en una de las empresas de la actividad anterior. Escribe una carta de tres párrafos para solicitar un puesto como pasante de verano. Usa cláusulas con **si** en tu carta.

- Primer párrafo: explica por qué estás escribiendo.
- Segundo párrafo: da detalles sobre tus estudios y experiencia laboral.
- Tercer párrafo: explica por qué crees que eres el/la mejor candidato/a para el puesto.

Vocabulary Tools

El trabajo

el aumento de sueldo	pay raise
la compañía	company
la conferencia	conference
el contrato	contract
el currículum (vitae)	résumé
el empleo	employment
la entrevista de trabajo	job interview
el puesto	position
la reunión	meeting
el sueldo mínimo	minimum wage
administrar	to manage; to run
ascender (e:ie)	to rise; to be promoted
contratar	to hire
despedir (e:i)	to fire
exigir	to demand
ganar bien/mal	to be well/poorly paid
ganarse la vida	to earn a living
jubilarse	to retire
renunciar	to quit
solicitar	to apply for
(des)empleado/a	(un) employed
exitoso/a	successful
(in)capaz	(in) competent

Las finanzas

el ahorro	savings
la bancarrota	bankruptcy
el cajero automático	ATM
la cuenta corriente	checking account
la cuenta de ahorros	savings account
la deuda	debt
la hipoteca	mortgage
el presupuesto	budget
ahorrar	to save
cobrar	to charge; to receive
depositar	to deposit
financiar	to finance
gastar	to spend

invertir (e:ie)	to invest
pedir (e:i) prestado/a	to borrow
prestar	to lend
a corto/largo plazo	short/long-term
fijo/a	permanent; fixed
financiero/a	financial

La economía

la bolsa (de valores)	stock market
el comercio	trade
el desempleo	unemployment
la empresa multinacional	multinational company
la huelga	strike
el impuesto (de ventas)	(sales) tax
la inversión (extranjera)	(foreign) investment
el mercado	market
la pobreza	poverty
la riqueza	wealth
el sindicato	labor union
exportar	to export
importar	to import

La gente en el trabajo

el/la asesor(a)	consultant
el/la contador(a)	accountant
el/la dueño/a	owner
el/la ejecutivo/a	executive
el/la empleado/a	employee
el/la gerente	manager
el hombre/la mujer de negocios	businessman/woman
el/la socio/a	partner; member
el/la vendedor(a)	salesperson

Más vocabulario

Expresiones útiles	Ver p. 287
Estructura	Ver pp. 294-295, 298-299 y 302-303

Cinemateca

la amenaza	threat
el/la cobrador(a)	debt collector
la factura	bill
el/la moroso/a	debtor
el/la payaso/a	clown
el sueldo fijo	base salary
avergonzar	to embarrass
cumplir	to carry out
deber	to owe
dejar en paz	to leave alone
humillar	to humiliate
tozudo/a	stubborn

Literatura

la advertencia	warning
el aprendizaje	learning
la colmena	beehive
el deber	duty
el descanso	rest
la experiencia	experience
la fatiga	weariness
la miel	honey
el polen	pollen
volar (o:ue)	to fly
haragán/haragana	lazy
trabajador(a)	hard-working

Cultura

los bajos recursos	low-income
la belleza	beauty
la clave	key
la instrucción	education
la red	network
apoyar	to support
conseguir	to obtain
cumplir	to fulfill
luchar	to fight
tocar	to play

La cultura popular y los medios de comunicación

Communicative Goals

You will expand your ability to...

- express will, emotion, doubt, or denial in the past
- express uncertainty, indefiniteness, condition, and intent in the past
- create longer, more informative sentences
- reference general ideas

Vocabulary Tools

La cultura popular y los medios de comunicación

La televisión, la radio y el cine

La **locutora** anunció a los **oyentes** de la **radioemisora** que iba a presentar una canción de la **banda sonora** del nuevo éxito de Almodóvar.

la banda sonora *soundtrack*
la cadena *network*
el canal *channel*
el/la corresponsal *correspondent*
el/la crítico/a de cine *film critic*
el documental *documentary*
los efectos especiales *special effects*
el episodio (final) *(final) episode*
el/la locutor(a) de radio *radio announcer*
el/la oyente *listener*
la (radio)emisora *radio station*
el reportaje *news report*
el/la reportero/a *reporter*
los subtítulos *subtitles*
la telenovela *soap opera*
el/la televidente *television viewer*

 la temporada *season*
el video musical *music video*

grabar *to record*
rodar (o:ue) *to film*
transmitir *to broadcast*

doblado/a *dubbed*
en directo/vivo *live*

La cultura popular

la celebridad *celebrity*
el chisme *gossip*
la estrella (pop) *(pop) star [m/f]*
la fama *fame*
la moda pasajera *fad*
la tendencia/la moda *trend*

hacerse famoso/a *to become famous*
tener buena/mala fama *to have a good/bad reputation*

actual *current*
de moda *popular; in fashion*
influyente *influential*
pasado/a de moda *unfashionable; outdated*

Los medios de comunicación

el acontecimiento *event*
la actualidad *current events*
el anuncio *advertisement; commercial*
la censura *censorship*
la libertad de prensa *freedom of the press*
los medios de comunicación *media*
la parcialidad *bias*
la publicidad *advertising*
el público *public; audience*

enterarse (de) *to become informed (about)*
estar al tanto/al día *to be informed; to be up-to-date*

actualizado/a *updated*
controvertido/a *controversial*
de último momento *up-to-the-minute*
destacado/a *prominent*
(im)parcial *(un)biased*

María lee el **periódico** todas las mañanas. Prefiere leer primero los **titulares** de la **portada** y las **tiras cómicas**. Después lee las **noticias internacionales**.

el/la lector(a) *reader*
las noticias locales/nacionales/internacionales *local/national/international news*
el periódico/el diario *newspaper*
el/la periodista *journalist*

la portada *front page; cover*

El Mundo

| El Presidente denuncia terrorismo | Ex líder robó fondos secretos |

la prensa *press*
la prensa sensacionalista *tabloid(s)*
el/la redactor(a) *editor*
la revista (electrónica) *(online) magazine*
la sección de sociedad *lifestyle section*
la sección deportiva *sports section*
la tira cómica *comic strip*
el titular *headline*

imprimir *to print*
publicar *to publish*
suscribirse (a) *to subscribe (to)*

Práctica

Escuchar

1

A. La famosa periodista Laura Arcos está esperando la llegada de famosos al Teatro Nacional, donde se van a entregar unos premios. Escucha lo que dice Laura y después elige la opción correcta.

1. a. Es un programa de radio.
   b. Es un programa de televisión.
2. a. Se van a entregar premios al mejor teatro hispano.
   b. Se van a entregar premios al mejor cine hispano.
3. a. El programa se grabó la noche anterior.
   b. El programa se transmite en directo.
4. a. Augusto Ríos es un reportero de la sección de sociedad.
   b. Augusto Ríos es un famoso crítico de cine.
5. a. Augusto Ríos no sabe mucho de moda.
   b. Augusto Ríos está al tanto de la última moda.

B. Laura Arcos entrevista a la actriz Ángela Vera. Escucha su conversación y después contesta las preguntas.

1. ¿Es importante para la actriz Ángela Vera seguir las tendencias de la moda?
2. ¿Ha tenido buenas críticas su última película?
3. ¿Es el director de la película una celebridad?
4. ¿A qué género pertenecía la primera película de Juan Izaguirre y de qué se trataba?

2 **Analogías** Completa cada analogía.

actual	destacado	imprimir
chisme	emisora	lector

1. radio: oyente :: revista : _____
2. televisión : cadena :: radio : _____
3. parcialidad : parcial :: actualidad : _____
4. periódico : noticia :: prensa sensacionalista : _____
5. cine : rodar :: prensa : _____
6. influyente : importante :: prominente : _____

Práctica

(3) Definiciones Indica qué palabras corresponden a cada definición.

___ 1. Dice si una película es buena o no.   a. crítico de cine

___ 2. Escucha la radio.   b. estrella pop

___ 3. Habla en la radio.   c. lector

___ 4. Se suscribe a sus revistas y periódicos favoritos.   d. locutor

___ 5. Aparece en videos musicales y en conciertos.   e. oyente

___ 6. Revisa artículos y mejora la calidad de la revista.   f. redactor

(4) El acontecimiento del año Completa el texto con las palabras correctas de la lista.

acontecimiento	destacado	mala fama	sensacionalista
anuncios	enterarme	periodista	tira cómica
cadena	estrella	público	transmitieron

No quise perderme el (1) _____ del año y al final me lo perdí. La
(2) _____ de cine asistió al estreno de su última película y una
(3) _____ famosa la entrevistó. Fotógrafos de buena y (4) _____
sacaban fotos para venderlas a las revistas de prensa (5) _____. Algunos
reporteros entrevistaban a un (6) _____ crítico de cine. El (7) _____
se entretenía viendo escenas de la película en una pantalla gigante. Varios canales de
televisión (8) _____ el acontecimiento en directo. Al final, no sé qué pasó.
Cambié de canal durante los (9) _____ y me dormí. Mañana voy a leer la
sección de sociedad para (10) _____ de todos los detalles.

(5) Los medios de comunicación Di si estás de acuerdo o no con cada afirmación. Después,
comparte tus opiniones con la clase.

	Sí	No
1. Hoy día es más fácil enterarse de lo que pasa en el mundo.	☐	☐
2. Gracias a los medios de comunicación, la gente tiene menos prejuicios que antes.	☐	☐
3. La libertad de prensa es un mito.	☐	☐
4. La publicidad quiere entretener al público.	☐	☐
5. El único objetivo de la prensa sensacionalista es informar.	☐	☐
6. Gracias a Internet, es fácil encontrar información imparcial.	☐	☐
7. La imagen tiene mucho poder en el mundo de la comunicación.	☐	☐
8. Hoy día los reporteros son vendedores de opiniones.	☐	☐
9. Tenemos demasiada información. Es imposible asimilarla.	☐	☐
10. El mundo ha mejorado gracias a los medios de comunicación.	☐	☐

(S) Practice more at **vhlcentral.com**.

Comunicación

6) Preguntas En parejas, háganse las preguntas y comparen sus intereses y opiniones.

1. Si pudieras, ¿trabajarías en una serie de televisión?

2. Si fueras corresponsal político/a, ¿crees que serías imparcial?

3. ¿Crees que la censura de la prensa es necesaria en algunas ocasiones? ¿Por qué?

4. ¿Qué periodista piensas que crea más polémica? ¿Por qué?

5. ¿Te interesa leer noticias de actualidad? ¿Por qué?

6. ¿Qué secciones del periódico te interesan más? ¿Cuáles son tus programas favoritos de radio y televisión?

7. ¿Cuáles son las características de un buen locutor? ¿Es mejor si entretiene al público o si habla lo mínimo posible?

8. ¿Te interesan más las noticias locales, nacionales o internacionales? ¿Por qué?

9. Cuando ves una película, ¿qué te importa más: la trama (*plot*), la actuación, los efectos especiales o la banda sonora?

10. Si pudieras suscribirte gratis a cinco revistas, ¿cuáles escogerías? ¿Por qué?

7) Escritores

A. En parejas, escriban por lo menos tres oraciones que podrían aparecer en cada uno de estos medios.

- la portada de un periódico
- el episodio final de una comedia
- un documental
- un controvertido *talk show* de radio
- un artículo de una revista sensacionalista
- una tira cómica

B. Ahora, lean sus oraciones a otra pareja y traten de adivinar el medio en el que aparece cada oración.

8) Nueva revista En grupos de tres, imaginen que trabajan en una agencia de publicidad y los han contratado para anunciar una revista que va a salir al mercado. Hagan el anuncio y después compártanlo con la clase. Usen las preguntas como guía.

- ¿Cuál es el nombre?
- ¿Qué tiene de especial?
- ¿Qué secciones va a tener?
- ¿A qué tipo de lectores se dirige?
- ¿Cómo son los periodistas y reporteros que van a trabajar en ella?
- ¿Cada cuánto tiempo sale un nuevo número?
- ¿Cuánto cuesta?

Video

Hasta ahora, en el video…

Ricardo se reúne con dos ejecutivos en un restaurante para pedirles que inviertan dinero en su dron y organizar una demostración. Mientras tanto, Rocío busca trabajo en una tienda de ropa y se entrevista con una gerente muy especial. En este episodio verás cómo sigue la historia.

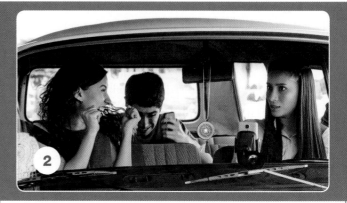

Hoy Chente tiene competencia de mariachi.

MANU Ya me imagino el titular en el periódico y en la tele: "¡Mariachi Chente, ganador del Canta Oaxaca!"

MARCELA ¡Van a hacerse famosos!

CHENTE ¡Chicas! ¡Tenemos un problema!

PATRICIA ¿Qué pasa?

CHENTE ¡Nos hemos quedado sin cantante!

PATRICIA Tú cantas, ¿no?

MARCELA ¿Están locos? ¡Nunca he cantado en público!

CHENTE ¿No te das cuenta de lo importante que es esto para nosotros?

PATRICIA El dron lo pueden volar otro día.

MARCELA Dudo que funcione. Pero si ustedes insisten, lo haré.

Marcela, Manu y Patricia entran corriendo al teatro. Un ujier los detiene.

UJIER ¡Cómo es posible que los hayan dejado pasar sin identificación!

MARCELA Necesitamos que nos presten un traje de mariachi.

UJIER Tienen que ir a vestuario. Por allá.

PATRICIA ¡No puedo creer lo bien que te queda!

MARCELA ¡Espero que hayan tomado la decisión correcta!

CHENTE ¿Cuál de estas canciones prefieres?

MARCELA ¡La que quieras!

PATRICIA ¡Pues pónganse de acuerdo, que les toca después de los punks!

Personajes

MANU **MARCELA** **CHENTE** **PATRICIA** **RICARDO** **UJIER** **AMIGO DE CHENTE**

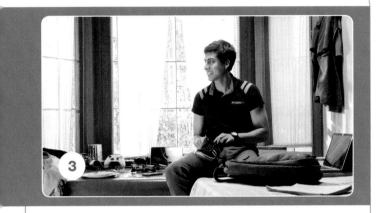

Ricardo espera a Marcela en su casa, pensando lo que les va a decir a los inversionistas.

RICARDO Señores inversionistas: les presento a Marcela Solís, quien, además de tener fama como piloto de drones, es una destacada estudiante de historia y es mi socia. ¡Perfecto!

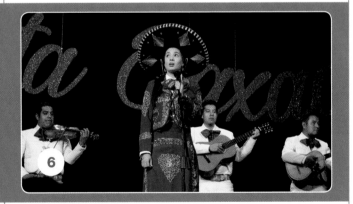

Mientras Ricardo espera en su casa, Marcela canta con los mariachis.

MARCELA "Ay, ay, ay, ay, canta y no llores..."

Comienza a llover.

RICARDO ¡Bueno, al menos la presentación se cancelará por lluvia! ¡Qué suerte!

Expresiones útiles

Talking about past actions still relevant now

¡Cómo es posible que los hayan dejado pasar sin identificación!
How is it possible that they let you in without identification!

¡No puedo creer que se haya olvidado de la presentación!
I cannot believe that she has forgotten about the presentation!

Connecting clauses

¡Fernando no puede venir! Nos hemos quedado sin cantante.
Fernando cannot come! We have been left without a singer!

Los ganadores grabarán un video musical que será transmitido en todo México.
The winners will record a music video that will be broadcast all over Mexico.

Les presento a Marcela Solís, quien es una destacada estudiante de Historia...
I introduce Marcela Solís, who is an outstanding History student...

Referring to general ideas or concepts

¿No te das cuenta de lo importante que es esto para nosotros?
Don't you realize how important this is for us?

Quiero que le digas al Chente que le deseo lo mejor.
I want you to tell Chente that I wish him the best.

Additional vocabulary

el canto *singing*
la competencia *competition*
el/la concursante *contestant*
ensayar *to rehearse*
lucir *to shine, to show to advantage*
el traje de mariachi *Mariachi suit*
el ujier *doorman*
el vestuario *dressing room*

Comprensión

① **Es falso** Cada una de estas oraciones es falsa. Con la información disponible, escribe una que sea cierta según la fotonovela.

> **MODELO** El mariachi de Chente es el único en el teatro.
> **ESTUDIANTE** Es falso. Hay otros mariachis y solistas en el teatro.

1. Fernando llega después de escribirle a Chente un mensaje de texto.

   _____

2. El programa de la competencia es grabado antes de transmitirlo.

   _____

3. Marcela tiene mucha experiencia cantando en público.

   _____

4. Marcela quiere cantar en la competencia para convertirse en una celebridad.

   _____

② **Preguntas** Contesta las preguntas con oraciones completas.

1. ¿Quién es Fernando?
2. ¿Por qué Marcela no quiere cantar?
3. ¿Cómo convencen a Marcela para que cante?
4. ¿Para qué está Ricardo ensayando?
5. ¿Por qué Marcela no contesta la llamada de Ricardo?

③ **¿A quién se refiere?** Indica a qué personaje de la fotonovela se refiere cada una de las oraciones.

CHENTE MARCELA PATRICIA RICARDO

1. Es la persona de la banda de mariachi que le pide a Marcela que cante.
2. Es la persona a quien espera Ricardo.
3. Es la persona cuyo novio tiene una banda de mariachi.
4. Es la persona con la que Marcela tenía que hacer una presentación.

④ **Lo más...** Túrnense para preguntarse qué opinión tienen sobre estos aspectos del episodio.

> **MODELO** lo más emocionante
> **ESTUDIANTE 1** ¿Qué fue lo más emocionante del episodio?
> **ESTUDIANTE 2** Lo más emocionante fue cuando Marcela comenzó a cantar.

- lo más sorprendente
- lo más triste
- lo más divertido
- lo más injusto

Ampliación

5 **Gustos musicales** Selecciona las casillas adecuadas según si estás de acuerdo o en desacuerdo con cada enunciado. Después, en grupos pequeños, reúnanse y comparen sus respuestas. ¿En qué coinciden?

De acuerdo En desacuerdo

☐	☐	1. La música de los punks es mejor que la de los mariachis.
☐	☐	2. La actuación de Marcela estuvo fenomenal.
☐	☐	3. La música tradicional es mejor que la música moderna.
☐	☐	4. Prefiero escuchar reggaetón que música clásica.

6 **El dilema** Marcela al final decide ayudar a Chente. ¿Crees que Marcela hizo lo correcto? ¿Qué harías tú si estuvieras en la misma situación? Escribe un párrafo al respecto.

7 **Apuntes culturales** En parejas, lean los párrafos y contesten las preguntas.

**Teatro
Macedonio Alcalá**

Macedonio Alcalá

El mariachi de Chente va a competir en el Teatro Macedonio Alcalá, llamado así en honor al músico oaxaqueño Macedonio Alcalá Prieto (1831-1869), quien compuso un exitoso vals titulado "Dios nunca muere", considerado de manera no oficial como el himno de Oaxaca.

Los mariachis

Chente toca en una banda musical de mariachis. El mariachi es un género tradicional de México, reconocido mundialmente. La variedad tradicional nace en el siglo XVI, conserva el atuendo (*attire*) campesino (*rural*) y usa instrumentos de cuerda (*string*). La variedad moderna le añade la trompeta y surge en la década de 1930. Algunos de los intérpretes más famosos son Jorge Negrete, Antonio Aguilar y Pedro Infante (pág. 9).

La Voz... México

Chente y su mariachi participan en la competencia *Canta Oaxaca*. También podrían presentarse a *La Voz... México*, un concurso televisivo de talentos basado en *The Voice*, originado en Holanda. México fue el primer país hispano en adaptar este formato de programa.

1. ¿Qué consideras más importante: dedicarte a lo que de verdad te gusta, aunque no ganes mucho dinero, o elegir una profesión bien remunerada (*paid*), aunque no sea tu pasión? Explica tu respuesta.

2. ¿Te gusta la música de los mariachis? ¿Has escuchado alguna vez a una banda mariachi en vivo? ¿Qué te pareció?

3. ¿Cuál es tu tipo de música preferida? ¿Y la que menos te gusta? ¿Por qué no te gusta?

4. ¿Te gustan los programas de concursos de canto? ¿Y los de telerrealidad (*reality shows*)? ¿Cuál de este tipo de programas te gusta más (o menos)? ¿Por qué?

URUGUAY Y
PARAGUAY

En detalle

EL MATE

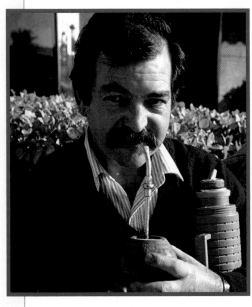

Si visitas Montevideo, vas a presenciar° una escena cotidiana° muy llamativa°: gente bebiendo de un extraño recipiente° con un tubito de metal. Dentro del curioso recipiente (el mate), generalmente hecho de calabaza° seca, está la famosa **yerba mate**. Aunque Argentina es el principal productor de yerba mate del mundo, Uruguay es el mayor consumidor per cápita. Millones de personas consumen esta infusión, que se ha convertido en el distintivo° cultural de Uruguay, Paraguay y Argentina. También se consume en el sur de Brasil y en Chile.

Una leyenda cuenta que el dios Tupá bajó del cielo y les enseñó a los guaraníes° cómo preparar y tomar la yerba mate. En tiempos de la Conquista, los jesuitas cultivaban yerba mate, pero preparaban la bebida como té. Creían que la forma tradicional (usando una calabaza y un tubito, la bombilla) era obra del demonio. Sin embargo, los intentos de prohibición no tuvieron éxito y la bebida se expandió rápidamente entre los gauchos° y los esclavos° africanos.

Tal vez el mate se haya convertido en un ritual debido a su efecto energético. La yerba contiene **mateína,** una sustancia similar a la cafeína, pero que no tiene los mismos efectos negativos sobre los patrones° de sueño. Además de ser antioxidante, aporta vitaminas y minerales importantes, como potasio, fósforo y magnesio.

Sin embargo, el mate se toma más por tradición que por sus propiedades. La bebida se ha arraigado° tanto en la rutina diaria de Uruguay y Paraguay que ya forma parte de la identidad popular. Según el renombrado antropólogo Daniel Vidart, el mate "empareja° las clases sociales", y en su preparación y consumo "hay una concepción del mundo y de la vida". ∎

El mate en Norteamérica

Poco a poco, el mate está adquiriendo popularidad en Norteamérica. Pocas personas lo toman de la manera tradicional sino que lo preparan como té. Sin embargo, se puede comprar yerba mate en muchos supermercados y también se venden botellas de yerba mate para tomar como té helado. ¡En algunos cafés también puedes pedir un *mate latte*!

Cómo preparar o "cebar" mate

- Calentar agua (¡No tan caliente como para el té!)
- Llenar ¾ del mate con yerba
- Verter° agua caliente
- Colocar la bombilla
- ¡Comenzar la mateada!

La "mateada"

- Todos toman del mismo mate.
- La persona que ceba el mate —el cebador— va pasando el mate lleno a cada persona y toma último.

---

presenciar *witness* **cotidiana** *everyday* **llamativa** *striking* **recipiente** *container* **calabaza** *gourd* **distintivo** *symbol* **guaraníes** *Guarani (indigenous group)* **gauchos** *inhabitants of the flatlands of Uruguay and Argentina* **esclavos** *slaves* **patrones** *patterns* **arraigado** *rooted deeply* **empareja** *evens up* **Verter** *To pour*

El mate y otras bebidas

jugo (Amér. L.) | *juice*
zumo (Esp.)

refresco (Esp. y Méx.) | *soft drink*
fresco (Hon.)

infusión *herbal tea*
mate (Bol.) *any kind of tea*
tereré (Par. y Arg.) *cold* **mate**
ser un(a) matero/a *(of a person) to drink a lot of* **mate**
ser un mate amargo (Arg. y Uru.) *to be moody*

Bebidas y bailes

Otras bebidas típicas

Introducida en 1910, **Inca Kola** es la gaseosa° más popular del Perú. Es de color amarillo brillante y se hace con **hierba luisa**. Eslóganes como "El sabor del Perú" la convirtieron en un símbolo nacional capaz de imponerse ante la Coca-Cola.

La **horchata** es una bebida típica salvadoreña y de otros países de Centroamérica, elaborada a base de arroz y agua. Se puede saborear con azúcar, canela°, vainilla o lima.

Otros bailes típicos

Hoy la **cumbia** se escucha por toda Latinoamérica. Su origen proviene de ritmos bailados por esclavos africanos llevados a Colombia. Este ritmo contagioso se baila en discotecas, bailes y fiestas.

Comúnmente, se asocia la **salsa** con el Caribe y Centroamérica, pero este género nació en barrios hispanos neoyorquinos como resultado de una mezcla de influencias puertorriqueñas, cubanas, africanas, españolas y estadounidenses.

gaseosa *soda* **canela** *cinnamon*

LAS MURGAS Y EL CANDOMBE

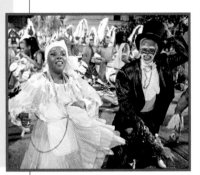

La fusión de tradiciones españolas, africanas y americanas se convierte en protagonista del Carnaval de Montevideo por medio de las **murgas**. La murga uruguaya, un género músico-teatral de finales del siglo XIX, es el principal atractivo del carnaval. Sus representaciones, en las que participan normalmente unas quince personas, suelen centrarse en dos temas: el propio carnaval y la crítica social. Hoy, es una de las expresiones con mayor poder de identidad uruguaya, pues combina un fuerte mensaje político con la influencia de las músicas populares más antiguas, como el **candombe.** Éste es un estilo musical, nacido en Uruguay, que proviene de los ritmos africanos traídos por los esclavos en la época colonial. Los grupos que tocan candombe se llaman **comparsas** y durante el carnaval toman las calles de Montevideo en el conocido **desfile de llamadas**, una celebración de la herencia mestiza y mulata de Uruguay. El Carnaval de Montevideo se inicia en enero y termina a principios de marzo.

En 2009, la UNESCO reconoció el candombe como Patrimonio Cultural Inmaterial de la Humanidad°. Su valor e influencia van más allá del Carnaval de Montevideo y la cultura afrodescendiente del Río de la Plata: es uno de los ritmos originales del tango y ha sido utilizado por músicos de jazz, rock, salsa, rap y reggae.

❝ Un pueblo sin tradición es un pueblo sin porvenir. ❞
(Alberto Lleras Camargo, político colombiano)

Patrimonio Cultural Inmaterial de la Humanidad
Intangible Cultural Heritage of Humanity

¿Qué aprendiste?

1 **Comprensión** Indica si estas afirmaciones sobre el mate son **ciertas** o **falsas**. Corrige las falsas.

1. Es muy frecuente ver gente bebiendo mate en Uruguay.

2. El recipiente para el mate suele ser de metal.

3. La bombilla es el tubo que se utiliza para beber el mate.

4. El mate se bebe principalmente en Argentina, Uruguay y Paraguay.

5. Los primeros en consumir mate como infusión fueron los indígenas guaraníes.

6. La bebida se hizo popular entre la población no indígena.

7. Los jesuitas intentaron prohibir todo tipo de infusiones hechas con yerba mate.

8. La mateína altera los patrones del sueño más que la cafeína.

9. Cuando un grupo de personas toma mate, cada persona toma de un recipiente distinto.

10. El mate tiene minerales, pero no vitaminas.

11. La persona que sirve el mate se llama "cebador".

12. El mate es más popular por su larga tradición que por sus propiedades para la salud.

2 **Oraciones incompletas** Completa las oraciones.

1. La murga uruguaya es _____.
   a. un grupo de teatro clásico   b. un ritmo africano   c. un género músico-teatral

2. Uno de los ritmos del tango es el _____.
   a. candombe   b. carnaval   c. jazz

3. La horchata se prepara con _____.
   a. trigo   b. café   c. arroz

4. En España, le dicen *zumo* al _____.
   a. té frío   b. tereré   c. jugo

3 **Preguntas** Contesta las preguntas.

1. ¿Hay radioemisoras o discotecas en tu comunidad donde pongan salsa? ¿Qué bailes son populares en tu ciudad?

2. En tu opinión, ¿cuál es el mensaje del eslogan "El sabor del Perú", usado para promocionar Inca Kola?

3. ¿Alguna vez tomaste mate? ¿Lo harías? ¿Lo volverías a tomar?

4. En tu cultura, ¿es común que varias personas tomen del mismo recipiente?

4 **Opiniones** El candombe y la murga forman parte de la identidad cultural de Uruguay. En parejas, hagan una lista de cinco tradiciones norteamericanas que sean parte imprescindible de su cultura popular. Después, compartan su lista con la clase.

 Practice more at **vhlcentral.com**.

PROYECTO

Raíces africanas

El candombe uruguayo tiene sus raíces en los ritmos que tocaban los esclavos africanos. Muchos otros ritmos populares de Latinoamérica también provienen de África o tienen una fuerte influencia africana. La lista incluye la cumbia, el merengue, la salsa, el mambo y hasta el tango. Elige e investiga uno de estos ritmos y prepara un afiche informativo y preséntalo.

Tu investigación debe incluir:

• el nombre del ritmo, su origen e historia

• dónde es popular y cuáles son sus características

• qué importancia/papel tiene el ritmo que elegiste en la cultura popular local

• otros datos importantes

Lo mejor de Argentina

 Video

Ya conoces el mate, una verdadera pasión en Argentina. Este episodio de **Flash cultura** te llevará a descubrir otros aspectos que también son esenciales en este país para relacionarse, comunicarse y disfrutar.

Corresponsal: Silvina Márquez
País: Argentina

La capital argentina tiene una de las culturas de café más famosas del mundo.

VOCABULARIO ÚTIL

a las apuradas *in a hurry*	**intercambiar** *to exchange*
ajetreado/a *hectic*	**la parrilla** *grill*
chupar *to suck*	**reconocido/a** *renowned*
la caña *straw*	**la tertulia** *gathering; literary roundtable*

1 Preparación Responde estas preguntas: ¿Te gusta bailar? ¿Alguna vez tomaste clases para aprender algún ritmo latinoamericano? ¿Te gustaría bailar tango?

2 Comprensión Indica si estas afirmaciones son **ciertas** o **falsas**. Después, en parejas, corrijan las falsas.

1. El Café Tortoni se encuentra en el centro de Buenos Aires.

2. Las tertulias del Tortoni se hacían por las mañanas para conversar e intercambiar ideas.

3. Carlos Gardel fue un reconocido escritor argentino.

4. El instrumento más importante del tango es el bandoneón.

5. Actualmente, sólo los ancianos bailan en las milongas.

6. El mate es una bebida para compartir.

En la Plaza Dorrego… todos los domingos hay un mercado al aire libre° donde venden antigüedades… también se puede disfrutar… del tango.

3 Expansión En parejas, contesten estas preguntas.

• Si fueran al Tortoni, ¿pedirían un café, un submarino o un agua tónica, como hacía Borges?

• ¿Se animarían a aprender a bailar tango en la Plaza Dorrego delante de todos? ¿Les gustaría probar el mate?

• Si viajaran a Argentina y tuvieran poco tiempo, ¿cuál de estas actividades preferirían hacer: visitar los cafés porteños, comprar antigüedades en San Telmo, ir a una milonga o comer un asado en una estancia? ¿Por qué?

 Practice more at **vhlcentral.com**.

En una estancia°… podemos… disfrutar un asado°… y… andar a caballo°.

mercado al aire libre *open-air market* **estancia** *ranch*
asado *barbecue* **andar a caballo** *ride horses*

Me sorprende que no haya llegado.

¡Espero que hayan tomado la decisión correcta!

9.1 The present perfect subjunctive

TALLER DE CONSULTA

Manual de gramática
Más práctica

9.1 The present perfect subjunctive, p. A48
9.2 Relative pronouns, p. A49
9.3 The neuter **lo**, p. A50

Más gramática

9.4 **Qué** vs. **cuál**, p. A51

• • • •

To review the present and past subjunctive, see **4.1**, **5.2**, and **6.2**. The past perfect subjunctive is covered in **10.3**.

- The present perfect subjunctive (**el pretérito perfecto de subjuntivo**) is formed with the present subjunctive of **haber** and a past participle.

The present perfect subjunctive		
cerrar	**perder**	**asistir**
haya cerrado	haya perdido	haya asistido
hayas cerrado	hayas perdido	hayas asistido
haya cerrado	haya perdido	haya asistido
hayamos cerrado	hayamos perdido	hayamos asistido
hayáis cerrado	hayáis perdido	hayáis asistido
hayan cerrado	hayan perdido	hayan asistido

- The present perfect subjunctive is used to refer to recently completed actions or past actions that still bear relevance in the present. It is used mainly in the subordinate clause of a sentence whose main clause expresses will, emotion, doubt, or uncertainty.

PRESENT PERFECT INDICATIVE	PRESENT PERFECT SUBJUNCTIVE
Luis me dijo que **ha dejado** de ver ese programa.	Me alegro de que Luis **haya dejado** de ver ese programa.
Luis told me that he has stopped watching that show.	*I'm glad that Luis has stopped watching that show.*

- Note the difference in meaning between the three subjunctive tenses you have learned so far.

¡ATENCIÓN!

In a multiple-clause sentence, the choice of tense for the verb in the subjunctive depends on when the action takes place in each clause. The present perfect subjunctive is used primarily when the action of the main clause is in the present tense, but the action in the subordinate clause is in the past.

PRESENT SUBJUNCTIVE	PRESENT PERFECT SUBJUNCTIVE	PAST SUBJUNCTIVE
Las cadenas nacionales **buscan** corresponsales que **hablen** varios idiomas.	**Prefieren** contratar a los que **hayan trabajado** en el extranjero.	Antes, **insistían** en que los solicitantes **tuvieran** cinco años de experiencia.
The national networks are looking for correspondents who speak several languages.	*They prefer to hire those who have worked abroad.*	*In the past, they insisted that applicants have five years of experience.*

Práctica y comunicación

1 **¿Indicativo o subjuntivo?** Elige entre el pretérito perfecto del indicativo y el pretérito perfecto del subjuntivo para completar las oraciones.

1. Necesito contratar un corresponsal que (ha / haya) estado en Paraguay.
2. Quiero conocer al actor que (ha / haya) trabajado en *Eclipse*.
3. Hasta que no (has / hayas) conocido a las personas que leen la prensa sensacionalista, no sabrás por qué la leen.
4. Estoy seguro de que todos los actores (han / hayan) estudiado el guión.
5. Cuando ustedes (han / hayan) leído esta noticia, estarán de acuerdo conmigo.
6. No creo que (has / hayas) escrito ese artículo sin la ayuda de Miguel.

2 **Opuestas** Escribe la oración que expresa lo opuesto en cada ocasión. En algunos casos debes usar el pretérito perfecto del subjuntivo y en otros el pretérito perfecto del indicativo.

> **MODELO** No creo que ese actor haya aprendido a actuar bien.
> Creo que ese actor ha aprendido a actuar bien.

1. El corresponsal cree que los periodistas han hablado con el crítico.
2. No creo que el director les haya dado pocas órdenes a sus actores.
3. Estoy seguro de que la mayoría del público ha leído la noticia.
4. No es seguro que la prensa sensacionalista haya publicado esa noticia.
5. Pienso que ese actor ha sido el protagonista de *El hombre lobo*.

3 **Competencia** Julieta y Marcela han estado juntas en una audición y Julieta ha conseguido el papel de la protagonista. En parejas, combinen los elementos de la lista y añadan detalles para escribir cinco quejas (*complaints*) de Marcela. Utilicen el pretérito perfecto del subjuntivo. Luego, dramaticen una conversación entre las dos actrices.

dudo que	darme explicaciones
me molesta que	conseguir el papel
me sorprende que	tener suficiente experiencia
no creo que	trabajar con ese director
no es justo que	(no) darme otra oportunidad
quiero que	escoger la mejor actriz

4 **¡Despedido!** Hoy el dueño de la emisora ha despedido a Eduardo Storni, el famoso y controvertido locutor del programa *Storni, ¡sin censura!* En parejas, escriban su conversación. Utilicen por lo menos cinco oraciones con el pretérito perfecto del indicativo y del subjuntivo. Luego, represéntenla para la clase.

> **MODELO** **DUEÑO** Es una lástima que usted no haya escuchado nuestras advertencias. Usted ha violado casi todas las reglas de la cadena.
>
> **STORNI** Pero mi público siempre me ha apoyado. Mis oyentes estarán furiosos de que usted no haya respetado la libertad de prensa.

Practice more at **vhlcentral.com**.

TALLER DE CONSULTA

MANUAL DE GRAMÁTICA
Más práctica

9.1 The present perfect subjunctive, p. A48

ESTRUCTURA

9.2 Relative pronouns

Señores inversionistas: les presento a Marcela Solís, quien, además de tener fama como piloto de drones, es...

¿Cuál de estas canciones prefieres?

TALLER DE CONSULTA

See **Manual de gramática 9.4**, p. A51 to review the uses of **qué** and **cuál** in asking questions.

¡ATENCIÓN!

Relative pronouns are used to connect short sentences or clauses in order to create longer, smoother sentences. Unlike the interrogative words **qué, quién(es),** and **cuál(es),** relative pronouns never carry accent marks.

¡ATENCIÓN!

In colloquial Spanish, **en que** and **en el/la cual** are often replaced by **donde.**

La casa **donde** vivo es muy grande.

La universidad **donde** estudio es muy prestigiosa.

The relative pronoun *que*

- **Que** (*that, which, who*) is the most frequently used relative pronoun (**pronombre relativo**). It can refer to people or things, subjects or objects, and can be used in restrictive clauses (no commas) or nonrestrictive clauses (with commas). Note that although some relative pronouns may be omitted in English, they must always be used in Spanish.

  El reportaje **que** vi ayer me hizo cambiar de opinión sobre la guerra.
  The report (that) I saw last night made me change my opinion on the war.

  Las primeras diez personas **que** respondan correctamente ganarán una suscripción gratuita.
  The first ten people who respond correctly will win a free subscription.

  El desastre fue causado por la lluvia, **que** ha durado más de dos semanas.
  The disaster was caused by the rain, which has lasted over two weeks.

El/La que

- After prepositions, **que** follows the definite article: **el que, la que, los que,** or **las que.** The article must agree in gender and number with the antecedent (the noun or pronoun it refers to). When referring to *things* (but not *people*), the article may be omitted after short prepositions, such as **en, de,** and **con.**

  Los periódicos **para los que** escribo son independientes.
  The newspapers I write for are independent. (Lit: for which I write)

  El edificio **en** (**el**) **que** viven es viejo.
  The building they live in is old. (Lit: in which they live)

- **El que, la que, los que,** and **las que** are also used for clarification in nonrestrictive clauses (with commas) when it might be unclear to *what* or *whom* the clause refers.

  Hablé con los periodistas de la revista, **los que** entrevistaron a Juanes.
  I spoke with the reporters from the magazine, the ones who interviewed Juanes.

  Hablé con los periodistas de la revista, **la que** entrevistó a Juanes.
  I spoke with the reporters from the magazine, (the one) that interviewed Juanes.

El/La cual

- **El cual, la cual, los cuales**, and **las cuales** are generally interchangeable with **el que, la que, los que**, and **las que** after prepositions. They are often used in more formal speech or writing. Note that when **el cual** and its forms are used, the definite article is never omitted.

    Esa es la calle **por la cual** se va al teatro.
    That is the street through which you can get to the theater.

    La revista **para la cual** trabajo es muy influyente.
    The magazine for which I work is very influential.

Quien/Quienes

- **Quien** (*singular*) and **quienes** (*plural*) only refer to people. **Quien(es)** can generally be replaced by forms of **el que** and **el cual**, although the reverse is not always true.

    Las periodistas de **quienes** te hablé son de Caracas.
    The journalists (who) I told you about are from Caracas.

    El investigador de **quien** (**del que/del cual**) hablaron era mi profesor.
    The researcher (whom) they spoke about was my professor.

- Although **que** and **quien(es)** may both refer to people, their use depends on the structure of the sentence.

- In restrictive clauses (no commas) that refer to people, **que** is used if no preposition or a personal **a** is present. If a preposition or the personal **a** is present, **quien** (or **el que/el cual**) is used instead. Below, **que** is equivalent to *who*, while **quien** expresses *whom*.

    La gente **que** quiere informarse lee la prensa.
    People who want to be informed read the news.

    Los políticos **a quienes** (**a los que/a los cuales**) queremos entrevistar creen en la libertad de prensa.
    The politicians (who/that) we want to interview believe in the freedom of the press.

- In nonrestrictive clauses (with commas) that refer to people, **quien** (or el **que/el cual**) is used. However, in spoken Spanish, **que** can also be used.

    Juan y María, **quienes** trabajan conmigo, escriben la sección deportiva.
    Juan and María, who work with me, write the sports section.

The relative adjective *cuyo*

- The relative adjective **cuyo (cuya, cuyos, cuyas)** means *whose* and agrees in number and gender with the noun it precedes. Remember that **de quién(es)**, not **cuyo**, is used in questions to express *whose*.

    El reportero, **cuyo** artículo ganó el premio Pullitzer, viajará a Chiapas.
    The reporter, whose article won the Pullitzer prize, will travel to Chiapas.

    La fotógrafa Daniela Pérez, **cuyas** fotos de Medellín fueron publicadas en El País, viajará con él.
    Photographer Daniela Pérez, whose photos of Medellín were published in El País, will travel with him.

TALLER DE CONSULTA

The neuter forms **lo que** and **lo cual** are used when referring to a whole situation or idea. See **9.3**, p. 342.

¿Qué es lo que te molesta?
What is it that's bothering you?

Ella habla sin parar, lo cual me enoja mucho.
She won't stop talking, which is making me really angry.

¡ATENCIÓN!

When used with **a** or **de**, the contractions **al que/cual** and **del que/cual** are formed.

¡ATENCIÓN!

In colloquial Spanish, the formal rules for using relative pronouns are not always followed.

Formal:
La mujer a quien conocí ayer...

Informal:
La mujer que conocí ayer...

Práctica

TALLER DE CONSULTA

MANUAL DE GRAMÁTICA
Más práctica

9.2 Relative pronouns, p. A49

1 Oraciones incompletas Selecciona la palabra o expresión adecuada para completar las oraciones.

1. El señor Castillo, _____ revista se dedica a la moda, se fue de viaje a París.
   a. cuya   b. cuyo   c. cuyos

2. Los músicos _____ conociste ayer han grabado la banda sonora de la película.
   a. a quien   b. a quienes   c. quien

3. El corto _____ te hablé no está doblado.
   a. del que   b. de quien   c. el cual

4. El reportaje de anoche, _____ se transmitió en el canal 7, me pareció muy sensacionalista.
   a. el cual   b. la cual   c. los que

5. Los artículos _____ se publican en esa revista son puro chisme.
   a. los cuales   b. los que   c. que

2 El tereré Completa este artículo sobre el tereré con los pronombres relativos de la lista. Algunos pronombres pueden repetirse.

EL TERERÉ

que

en el que

con quien

cuyo

en la que

Existe un país (1) _____ el mate tuvo (2) _____ adaptarse a su clima: Paraguay. En este país, (3) _____ clima subtropical presenta calurosos veranos, el tradicional mate caliente debió convertirse en una bebida fría y refrescante (4) _____ ayudara a atenuar el calor. Así, el tereré, (5) _____ nombre proviene del guaraní, es la bebida más popular de los paraguayos.

Para prepararlo, se coloca yerba en el recipiente llamado mate. En lugar de agua caliente en un termo o pava (*kettle*), se usa una jarra (6) _____ se coloca agua y/o jugo de limón con mucho hielo. La bebida se bebe con una bombilla (*straw*), (7) _____ generalmente es de metal. En Paraguay, se dice (8) _____ el tereré es como un amigo (9) _____ se comparten alegrías y tristezas, momentos cotidianos y toda una vida.

3 Definiciones Escribe una definición para cada término. Usa pronombres relativos.

MODELO   **el redactor**
              Es la persona cuyo trabajo es preparar artículos para publicar.

1. la prensa sensacionalista _____

2. los subtítulos _____

3. la portada _____

4. el titular _____

5. los televidentes _____

6. la fama _____

S Practice more at **vhlcentral.com**.

Comunicación

4 **Tendencias** Piensa en las tendencias actuales y completa el recuadro con tus preferencias. En parejas, compartan esta información. Luego, informen a sus compañeros/as de lo que hayan aprendido sobre la otra persona, usando pronombres relativos. Sigan el modelo.

MODELO Ana Sofía mira todo el tiempo videos musicales en su iPod. Es una persona a quien le encanta llevar su iPod a todos lados.

	Sí	No	Depende
1. Me aburren los videos musicales en la tele. Prefiero verlos en un iPod.	☐	☐	☐
2. Siempre escucho música alternativa y pienso que el *hip-hop* no es arte.	☐	☐	☐
3. Yo sólo compro ropa cara a la que se le ve el logotipo impreso en grande.	☐	☐	☐
4. ¿Documentales? ¿Qué es eso? Sólo miro los éxitos de taquilla de Hollywood.	☐	☐	☐
5. ¡Puaj! Los *reality shows* son horribles y deberían prohibirse.	☐	☐	☐
6. Me puedo pasar horas leyendo revistas de moda y de chismes sobre famosos.	☐	☐	☐
7. ¡Qué chévere (*How cool*)! ¡Un restaurante con platos innovadores! Los restaurantes de comidas tradicionales ya pasaron de moda.	☐	☐	☐
8. ¡Nada de salsa! No me gusta la música latina. Prefiero escuchar los 40 principales (*top 40*) de la radio.	☐	☐	☐

5 **¿Quién es quién?** La clase se divide en dos equipos. Un integrante del equipo A piensa en un(a) compañero/a y da tres pistas. El equipo B tiene que adivinar de quién se trata. Si lo adivina con la primera pista, obtiene 3 puntos; con la segunda, obtiene 2 puntos; y con la tercera, obtiene 1 punto.

MODELO Estoy pensando en alguien con quien almorzamos.
Estoy pensando en alguien cuyos ojos son marrones.
Estoy pensando en alguien que lleva pantalones azules.

6 **Fama** En parejas, preparen una entrevista entre un reportero y una estrella de televisión. Utilicen por lo menos seis pronombres relativos.

MODELO **REPORTERO** Díganos, ¿dónde encontró este vestido tan divino?
ESTRELLA Gracias, me lo regaló un amigo muy talentoso, cuya tienda siempre tiene lo mejor de la moda.
REPORTERO Y me he enterado de que está usted con un nuevo amor, quien trabajó con usted en su última telenovela…

Tutorial

9.3 The neuter *lo*

- The definite articles **el, la, los**, and **las** modify masculine or feminine nouns. The neuter article **lo** is used to refer to concepts that have no gender.

> ¿No te das cuenta de lo importante que es esto para nosotros?

- In Spanish, the construction **lo** + [*masculine singular adjective*] is used to express general characteristics and abstract ideas. The English equivalent of this construction is *the* + [*adjective*] + *thing*.

> Cuando leo las noticias, **lo difícil** es diferenciar entre el hecho y la opinión.
> *When I read the news, the difficult thing is differentiating between fact and opinion.*

> **Lo bueno** de ser periodista es que te pagan por decir la verdad.
> *The good thing about being a journalist is that you get paid to tell the truth.*

- To express the idea of *the most* or *the least*, **más** and **menos** can be added after **lo**. **Lo mejor** and **lo peor** mean *the best/worst* (thing).

> Para ser un buen reportero, **lo más importante** es ser imparcial.
> *The most important thing about being a good reporter is to be unbiased.*

> ¡Aún no te he contado **lo peor**!
> *I still haven't told you the worst part!*

- The construction **lo** + [*adjective or adverb*] + **que** is used to express the English *how* + [*adjective*]. In these cases, the adjective agrees in number and gender with the noun it modifies.

lo + [*adjective*] + **que**	**lo** + [*adverb*] + **que**
¿No te das cuenta de **lo bella que** eres, María Fernanda?	Recuerda **lo bien que** te fue el año pasado en su clase.
María Fernanda, don't you realize how beautiful you are?	*Remember how well you did last year in his class.*

- **Lo que** is equivalent to the English *what, that,* or *which*. It is used to refer to an idea, or to a previously mentioned situation or concept.

> ¿Qué fue **lo que** más te gustó de tu viaje a Uruguay?
> *What was the thing that you enjoyed most about your trip to Uruguay?*

> **Lo que** más me gustó fue el Carnaval de Montevideo.
> *What I liked best was the Montevideo Carnival.*

¡ATENCIÓN!

The phrase **lo** + [*adjective or adverb*] + **que** may be replaced by **qué** + [*adjective or adverb*].

No sabes qué difícil es hablar con él.
You don't know how difficult it is to talk to him.

Fíjense en qué pronto se entera la prensa.
Pay attention to how quickly the press finds out.

Práctica y comunicación

(1) Chisme La gran estrella pop, Estela Moreno, responde a las críticas que han aparecido en medios periodísticos sobre su súbita (*sudden*) boda con Ricardo Rubio. Completa las oraciones con **lo**, **lo que** o **qué**.

TALLER DE CONSULTA

Manual de gramática
Más práctica

9.3 The neuter **lo**, p. A50

"Repito que es completamente falso (1) _____ ha salido en la prensa sensacionalista. Siempre habíamos querido una ceremonia pequeña y privada para mantener (2) _____ romántico de la ocasión. El lugar, la fecha, los pocos invitados... pues todo (3) _____ tuvimos planeado desde hace meses. ¡Ay, (4) _____ difícil fue guardar el secreto para que el público no se diera cuenta de (5) _____ estábamos planeando! (6) _____ más me molesta es que la prensa nos acuse de un romance súbito. (7) _____ nuestro es un amor que comenzó hace dos años y que durará para toda la vida. ¡Ya (8) _____ verán con el tiempo!"

(2) Reacciones Combina las frases para formar oraciones con **lo** + [*adjetivo/adverbio*] + **que.**

MODELO   parecer mentira / qué poco Juan se preocupa por el chisme
Parece mentira lo poco que Juan se preocupa por el chisme.

1. asombrarme / qué lejos está el centro comercial
2. sorprenderme / qué obediente es tu gato
3. no poder creer / qué influyente es la publicidad
4. ser una sorpresa / qué bien se vive en este pueblo
5. ser increíble / qué rápido se hizo famoso aquel cantante

(3) Ser o no ser En parejas, conversen sobre las ventajas y desventajas de cada una de estas profesiones. Luego escriban oraciones completas para describir **lo bueno**, **lo malo**, **lo mejor** o **lo peor** de cada profesión. Compartan sus ideas con la clase.

actor/actriz	crítico/a de cine	redactor(a)
cantante	locutor(a) de radio	reportero/a

(4) Síntesis En parejas, escriban una carta al periódico universitario dando su opinión sobre un tema de actualidad. Usen por lo menos tres verbos en pretérito perfecto de subjuntivo, tres oraciones con **lo** o **lo que** y tres oraciones con pronombres relativos. Usen algunas frases de la lista o inventen otras. Lean su carta a la clase y debatan el tema.

me molesta que...	lo importante...	que
me alegra que...	lo que más/menos...	el/la cual
no puedo creer que...	lo que pienso sobre...	quien(es)

Ⓢ Practice more at **vhlcentral.com**.

Antes de ver el corto

país España

duración 9 minutos

director Jose Mari Goenaga

protagonistas el hombre, la mujer, el locutor

Vocabulario

aclarar *to clarify*

dar la gana *to feel like*

darse cuenta (de) *to realize*

darse por aludido/a *to assume that one is being referred to*

embalarse *to get carried away*

fijarse en *to notice*

el maletero *trunk*

la nuca *back of the neck*

parar el carro *to hold one's horses*

pillar(se) *to catch*

la sintonía *synchronization; tuning; connection*

1 Definiciones Escribe la palabra adecuada para cada definición.

1. la parte del carro en la que guardas las compras: _____
2. la parte de atrás de la cabeza: _____
3. el hecho de explicar algo para evitar confusiones: _____
4. comprender o entender algo: _____
5. dejarse llevar por un impulso _____

2 Preguntas Contesta las preguntas.

1. ¿Prefieres escuchar programas de radio o sólo música cuando vas en autobús o en carro?
2. Si tuvieras un problema que no supieras solucionar, ¿llamarías a un programa de radio o de televisión? ¿Por qué?
3. Imagina que te sientes atraído/a por alguien que ves en la calle. ¿Le pedirías una cita?
4. Si escuchas a dos personas que parecen hablar de ti sin decir tu nombre, ¿te das por aludido/a enseguida o tardas en darte cuenta?

3 ¿Qué sucederá? En parejas, miren los fotogramas e imaginen lo que va a ocurrir en la historia. ¿Cuál es la relación entre el locutor y las personas que esperan para pagar el peaje (*toll*)? Compartan sus ideas con la clase. Incluyan tres o cuatro datos o conjeturas sobre cada fotograma.

 Practice more at **vhlcentral.com**.

Video

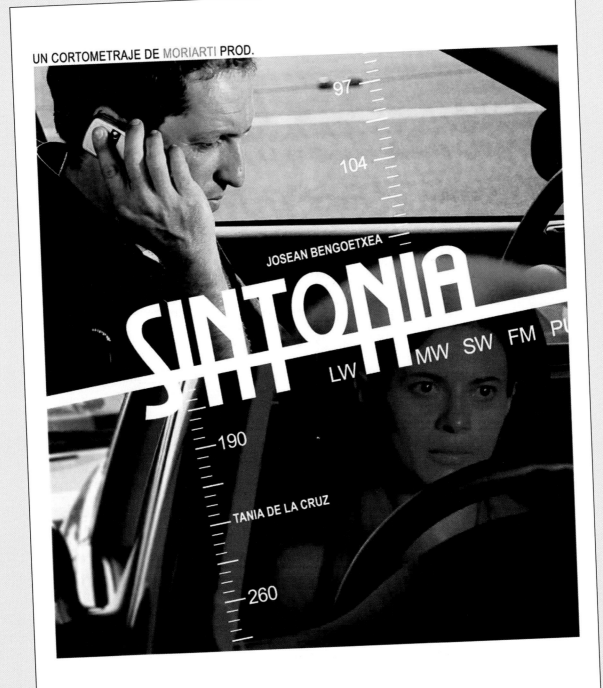

UN CORTOMETRAJE DE MORIARTI PROD.

JOSEAN BENGOETXEA

SINTONIA

97

104

LW MW SW FM PL

190

TANIA DE LA CRUZ

260

moriarti produkzioak PRESENTA A JOSEAN BENGOETXEA TANIA DE LA CRUZ UNAI GARCÍA
FOTOGRAFÍA **RITA NORIEGA** MÚSICA **PASCAL GAIGNE** SONIDO **IÑAKI DÍEZ** MEZCLAS **AURELIO MARTÍNEZ** MONTAJE **RAÚL LÓPEZ** DIRECCIÓN ARTÍSTICA **MENÓ** VESTUARIO **LEIRE ORELLA** MAQUILLAJE **MARI RODRÍGUEZ**
PRODUCCIÓN **AITOR ARREGI** GUIÓN Y DIRECCIÓN **JOSE MARI GOENAGA**

  MONTEHERMOSO DOLBY IN SELECTED THEATRES moriarti prod.

Ayuntamiento de Vitoria-Gasteiz Vitoria-Gasteizko Udala

Después de ver el corto

1 **Comprensión** Contesta las preguntas con oraciones completas.

1. ¿Dónde está el hombre?
2. ¿A quién llama por teléfono?
3. ¿Qué tipo de programa de radio es?
4. ¿Por qué llama el hombre al programa de radio?
5. ¿Cómo sabe que la mujer está oyendo ese programa de radio?
6. ¿Por qué le dice el locutor al hombre que la mujer a lo mejor no quiere salir con él?
7. ¿Dónde se conocen el hombre y la mujer en persona?
8. ¿Qué le dice la mujer al hombre?

2 **Ampliación** Contesta las preguntas con oraciones completas.

1. ¿El hombre le habla siempre al locutor o le habla también a la mujer directamente? Explica tu respuesta.
2. ¿Qué harías tú si vieras que alguien en el carro de al lado se ha pillado la ropa en la puerta?
3. La mujer apaga la radio, pero después la vuelve a encender. ¿Qué crees que está pensando en ese momento?
4. ¿Por qué crees que para la mujer en la gasolinera?

3 **Imagina**

A. En parejas, preparen la conversación entre el hombre y la mujer en la gasolinera. Cada uno debe tener por lo menos tres intervenciones en la conversación. Luego, representen la conversación frente a la clase.

B. Imaginen qué ocurre después. ¿Siguen en contacto? ¿Tienen una cita? ¿Qué ocurre en sus vidas? Compartan su final con la clase.

4 **Relaciones mediáticas** Escribe una historia de amor sobre dos personas que se conocen a través de uno de los medios de la lista. Incluye detalles sobre cómo se conoció la pareja, por qué fue a través de ese medio específico y cuál fue el desenlace (*outcome*) de la historia.

una revista	un programa de radio
un programa de televisión	Internet

 Practice more at **vhlcentral.com**.

"Modestamente, la televisión no es culpable de nada. Es un espejo en el que nos miramos todos, y al mirarnos nos reflejamos."

Manuel Campo Vidal

Automóviles vestidos, 1941
Salvador Dalí, España

 Interpretar En parejas, contesten estas preguntas.

 1. ¿Qué ven en el cuadro? Describan las dos imágenes.

2. ¿Adónde imaginan que se dirige cada auto?

3. ¿Cuál de los dos automóviles prefieren? ¿Por qué?

4. Si tuvieran estos autos, ¿para qué usarían cada uno?

5. ¿Piensan que los dos automóviles están relacionados? Expliquen sus respuestas.

 Practice more at **vhlcentral.com**.

Antes de leer

Dos palabras (fragmento)
Isabel Allende

Sobre la autora

Isabel Allende nació en 1942, en Lima, Perú, aunque es de nacionalidad chilena. Inició su carrera como periodista en la televisión y la prensa de Chile. En 1975 se exilió con su familia en Venezuela cuando el general Pinochet llegó al poder. En 1981, al saber que su abuelo estaba por morir, comenzó a escribirle una carta que luego se convertiría en la novela *La casa de los espíritus*, de enorme éxito internacional. Continuó publicando libros de gran popularidad como *Eva Luna*, *De Amor y de sombra*, *El plan infinito*, *El juego de Ripper* y *Más allá del invierno*. Dos de sus novelas fueron llevadas al cine. Desde 1987 vive en California y en 2003 obtuvo la ciudadanía estadounidense.

Vocabulario

atónito/a *astonished*	**comerciar** *to trade*	**el/la fulano/a** *so-and-so*
el bautismo *baptism*	**de corrido** *fluently*	**el oficio** *trade*
burlar *to trick*	**descarado/a** *rude*	**pregonar** *to hawk*

(1) Vocabulario Completa las oraciones.

1. El _____ es un rito religioso de los cristianos.
2. No sé cómo se llama ese _____, pero no me cae bien.
3. El _____ del vendedor consiste en _____ con productos.
4. Espero que Juan no piense que soy _____ por contestarle así.
5. El actor no pudo recitar _____ su monólogo; se le olvidó.

(2) Conexión personal ¿Qué poder crees que tienen las palabras en la sociedad actual? ¿Piensas que pueden suceder cosas prodigiosas en la vida real o que todo tiene una explicación racional?

(3) Análisis literario: Desarrollo del personaje

La acción de una novela depende de la capacidad de sus personajes para llevarla a cabo. Por ejemplo, para contar una historia sobre un viaje a la Luna, es necesario desarrollar personajes valientes y aventureros; y para escribir una historia de amor, es necesario crear personajes sensibles, capaces de enamorarse y de tener sentimientos sublimes. En el fragmento de *Cuentos de Eva Luna* que vas a leer, la autora desarrolla un misterioso personaje llamado Belisa Crepusculario. Mientras lees el fragmento, fíjate en las claves que da la autora sobre ese personaje para determinar qué tipo de acción tendrá lugar en el resto de la narración.

 Practice more at **vhlcentral.com**.

Dos palabras

(fragmento)

Isabel Allende

Tenía el nombre de Belisa Crepusculario, pero no por fe de bautismo o acierto de su madre, sino porque ella misma lo buscó hasta encontrarlo y se vistió con él. Su oficio
5 era vender palabras. Recorría el país, desde las regiones más altas y frías hasta las costas calientes, instalándose° en las ferias y en los mercados

donde montaba cuatro palos con un toldo° de   canopy
lienzo, bajo el cual se protegía del sol y de la lluvia
para atender a su clientela. No necesitaba pregonar   10
su mercadería, porque de tanto caminar por aquí
y por allá, todos la conocían. Había quienes la
aguardaban de un año para otro, y cuando aparecía
por la aldea con su atado° bajo el brazo hacían cola   bundle

setting up

market stall 15 frente a su tenderete°. Vendía a precios justos. Por cinco centavos entregaba versos de memoria, por siete mejoraba la calidad de los sueños, por nueve escribía cartas de enamorados, por doce inventaba insultos para enemigos irreconciliables. También 20 vendía cuentos, pero no eran cuentos de fantasía, sino largas historias verdaderas que recitaba de corrido, sin saltarse nada. Así llevaba las nuevas de un pueblo a otro. La gente le pagaba por agregar una o dos líneas: nació un niño, murió fulano, se *harvests* 25 casaron nuestros hijos, se quemaron las cosechas°. En cada lugar se juntaba una pequeña multitud a su alrededor para oírla cuando comenzaba a hablar y así se enteraban de las vidas de otros, de los parientes lejanos, de los pormenores° de *details* 30 la Guerra Civil. A quien le comprara cincuenta centavos, ella le regalaba una palabra secreta para *to scare off* espantar° la melancolía. No era la misma para todos, por supuesto, porque eso habría sido un engaño colectivo. Cada uno recibía la suya con la 35 certeza de que nadie más la empleaba para ese fin en el universo y más allá.

Belisa Crepusculario había nacido en una *poor* familia tan mísera°, que ni siquiera poseía nombres para llamar a sus hijos. Vino al mundo y creció en 40 la región más inhóspita, donde algunos años las lluvias se convierten en avalanchas de agua que se llevan todo, y en otros no cae ni una gota del cielo, el sol se agranda hasta ocupar el horizonte entero y el mundo se convierte en un desierto. 45 Hasta que cumplió doce años no tuvo otra ocupación ni virtud que sobrevivir al hambre y la fatiga de siglos. Durante una interminable *drought* sequía° le tocó enterrar a cuatro hermanos menores y cuando comprendió que llegaba su *prairies* 50 turno, decidió echar a andar por las llanuras° en dirección al mar, a ver si en el viaje lograba burlar a la muerte. La tierra estaba erosionada, partida en *cracks* profundas grietas°, sembrada de piedras, fósiles *prickly* de árboles y de arbustos espinudos°, esqueletos 55 de animales blanqueados por el calor. De vez en cuando tropezaba con familias que, como ella, iban hacia el sur siguiendo el espejismo° del agua. *mirage* Algunos habían iniciado la marcha llevando sus pertenencias al hombro o en carretillas, pero 60 apenas podían mover sus propios huesos y a poco *dragged* andar debían abandonar sus cosas. Se arrastraban° *themselves* penosamente, con la piel convertida en cuero de lagarto y los ojos quemados por la reverberación

de la luz. Belisa los saludaba con un gesto al pasar, pero no se detenía, porque no podía gastar 65 sus fuerzas en ejercicios de compasión. Muchos cayeron por el camino, pero ella era tan tozuda° *stubborn* que consiguió atravesar el infierno y arribó por fin a los primeros manantiales°, finos hilos de agua, *springs* casi invisibles, que alimentaban una vegetación 70 raquítica°, y que más adelante se convertían en *stunted* riachuelos y esteros°. *estuaries*

Belisa Crepusculario salvó la vida y además descubrió por casualidad la escritura. Al llegar a una aldea en las proximidades de la costa, el viento 75 colocó a sus pies una hoja de periódico. Ella tomó aquel papel amarillo y quebradizo° y estuvo largo *brittle* rato observándolo sin adivinar su uso, hasta que la curiosidad pudo más que su timidez. Se acercó a un hombre que lavaba un caballo en el mismo 80 charco turbio° donde ella saciara su sed. *muddy puddle*

—¿Qué es esto? —preguntó.

—La página deportiva del periódico — replicó el hombre sin dar muestras de asombro ante su ignorancia. 85

La respuesta dejó atónita a la muchacha, pero no quiso parecer descarada y se limitó a inquirir el significado de las patitas de mosca dibujadas sobre el papel.

—Son palabras, niña. Allí dice que 90 Fulgencio Barba noqueó° al Negro Tiznao en el *knocked-out* tercer round.

Ese día Belisa Crepusculario se enteró que las palabras andan sueltas sin dueño y cualquiera con un poco de maña° puede apoderárselas para 95 *skill* comerciar con ellas. Consideró su situación y concluyó que aparte de prostituirse o emplearse como sirvienta en las cocinas de los ricos, eran pocas las ocupaciones que podía desempeñar. Vender palabras le pareció una alternativa decente. 100 A partir de ese momento ejerció esa profesión y nunca le interesó otra. Al principio ofrecía su mercancía sin sospechar que las palabras podían también escribirse fuera de los periódicos. Cuando lo supo calculó las infinitas proyecciones 105 de su negocio, con sus ahorros le pagó veinte pesos a un cura para que le enseñara a leer y escribir y con los tres que le sobraron se compró un diccionario. Lo revisó desde la A hasta la Z y luego lo lanzó° al mar, porque no 110 *threw* era su intención estafar° a los clientes con *to swindle* palabras envasadas°. [...] ■ *canned*

Después de leer

Dos palabras (fragmento)
Isabel Allende

(1) Comprensión Indica si las oraciones son **ciertas** o **falsas**. Corrige las falsas.

1. La familia de Belisa Crepusculario era muy pobre.
2. Ella se marchó de su pueblo con cuatro de sus hermanos.
3. La protagonista aprendió a leer y a escribir en su casa.
4. A Belisa no le gustaba engañar ni estafar a la gente.
5. Belisa anunciaba sus servicios en los periódicos.
6. La gente le pagaba a Belisa por contar lo que pasaba en el pueblo.

(2) Interpretación Contesta las preguntas.

1. ¿En qué trabaja Belisa Crepusculario?
2. ¿La autora dice que Belisa se "vistió con su nombre". ¿Qué quiere decir eso?
3. ¿Qué hizo Belisa para "burlar a la muerte"?
4. ¿Cómo descubrió las palabras Belisa?
5. ¿Por qué crees que Belisa arrojó el diccionario al mar?

(3) Análisis En parejas, digan si están de acuerdo o no con estas afirmaciones sobre Belisa Crepusculario. Justifiquen sus respuestas con ejemplos del texto.

1. Le cobraba demasiado dinero a la gente.
2. Era una mujer valiente.
3. Era muy popular y la gente creía en ella.
4. Nació en una familia de clase media.
5. Era inteligente y tenía un interés natural por todo.

(4) La autora y su personaje En parejas, busquen en Internet información adicional sobre la vida de Isabel Allende. Después, discutan sobre el tipo de relación que puede existir entre la autora y Belisa Crepusculario. Usen las siguientes preguntas a modo de guía.

1. ¿Qué semejanzas creen que existen entre Belisa Crepusculario e Isabel Allende?
2. ¿En qué aspectos creen que la autora se identifica con su personaje?

(5) Ampliación En parejas, creen su propia descripción de Belisa Crepusculario. Puede ser una descripción de su personalidad o de su apariencia física. Después, preséntenla ante la clase.

(6) Perspectiva En grupos, imaginen que son periodistas y escriban una entrevista a Belisa Crepusculario.

• determinen el tipo de publicación donde aparecerá la entrevista
• determinen si Belisa será un personaje realista o si tendrá elementos fantásticos
• describan los gestos y la comunicación no verbal de la entrevista
• la entrevista puede incluir preguntas personales

 Practice more at **vhlcentral.com**.

Antes de leer

Vocabulario

aislar *to isolate*

bilingüe *bilingual*

el guaraní *Guarani*

el/la hablante *speaker*

el idioma *language*

la lengua *language; tongue*

monolingüe *monolingual*

vencer *to conquer*

(1) Idiomas de Bolivia Completa las oraciones con el vocabulario de la tabla.

1. Gran parte de los ciudadanos de Bolivia son _____ de español.
2. Aunque los conquistadores españoles trataron de imponer el _____ de su tierra, no se puede decir que los habitantes de Bolivia son _____.
3. La _____ materna de muchos bolivianos viene de los indígenas.
4. Hay muchos bolivianos _____ que se comunican en español y quechua o en español y aymara.
5. El _____ se habla en Paraguay y en partes de Bolivia, Argentina y Brasil.

(2) Conexión personal Responde estas preguntas: ¿De dónde vienen tus antepasados? ¿Han preservado algo de otra cultura? ¿Qué? ¿Te identificas con esa(s) cultura(s)?

(3) Contexto cultural

Los ríos, las montañas y la historia se han juntado (*come together*) para aislar a algunos pueblos de Latinoamérica y, en el proceso, permitir la supervivencia (*survival*) de cientos de idiomas indígenas. Suramérica manifiesta una diversidad lingüística casi incomparable. De hecho, en la época anterior a la conquista europea, existían más de 1.500 idiomas. En la actualidad, suramericanos bilingües y monolingües conversan en más de 350 lenguas de raíces (*roots*) no relacionadas. Entre las más de 500 lenguas que se calcula que existen en Latinoamérica, se encuentran 56 familias lingüísticas y 73 idiomas aislados, es decir, idiomas sin relación aparente. En comparación, los idiomas de Europa provienen de (*come from*) tres familias lingüísticas y hay sólo un idioma aislado, el vasco.

Algunas lenguas indígenas disponen de pocos hablantes y están en peligro de extinción, pero muchas otras prosperan y mantienen un papel central. Por ejemplo, el quechua, idioma de los incas, tiene diez millones de hablantes, sobre todo en Perú y Bolivia, y también en zonas de Colombia, Ecuador, Argentina y Chile. En Bolivia, Paraguay y Perú, por lo menos una lengua indígena comparte con el español el rango de lengua oficial del país.

 Practice more at **vhlcentral.com**.

Guaraní:
la lengua vencedora

Es más probable que un habitante de Asunción, capital del Paraguay, salude a un amigo con las palabras **Mba'éichapa reiko?** que con la pregunta *¿Qué tal?* Lo más lógico es que el compañero responda **Iporânte ha nde?** en vez de *Bien, ¿y tú?* También es más
5 probable que un niño paraguayo comience la escuela (o **mbo'ehao**) sin hablar español que sin saber comunicarse en guaraní.

Hay cientos de idiomas en Latinoamérica, pero el caso del guaraní en el Paraguay es único. Más que una lengua oficial, el guaraní es la lengua del pueblo paraguayo. Cuando los españoles invadieron lo que ahora se conoce como Hispanoamérica, trajeron e impusieron° su lengua como parte de la conquista cultural. Aunque muchas personas se resistieron a aprenderlo, el español se convirtió° en lengua del gobierno y de las instituciones oficiales en casi todas partes. En la actualidad, el hecho de conversar en español o en uno de los múltiples idiomas indígenas depende frecuentemente del origen de un individuo, de su contexto social y de sus raíces familiares, entre otras cosas. El uso de una lengua autóctona° típicamente se limita a las poblaciones indígenas, sobre todo a las que viven aisladas. En el Paraguay, aunque la mayoría de la población es mestiza°, actualmente las comunidades indígenas de origen guaraní son una minoría sumamente° pequeña. Sin embargo, el guaraní se ha adoptado universalmente como lengua oral de todas las personas y en todos los lugares.

El conocido escritor uruguayo Eduardo Galeano afirma que no hay otro país más que el Paraguay en el que "la lengua de los vencidos se haya convertido en lengua de los vencedores". Las estadísticas cuentan una historia impresionante: según el último censo de 2012, el 34% de la población paraguaya es monolingüe en guaraní, más del 46% es bilingüe y sólo el 15% es monolingüe en español. Es decir, la lengua de la minoría nativa ha conquistado el país. Casi todos los hablantes del guaraní se expresan en *jopara*, una versión híbrida del idioma que toma prestadas palabras del español.

Aunque la predominancia° del guaraní es innegable°, los defensores de la lengua han observado que el español ha mantenido hasta hace poco una posición privilegiada en el gobierno y en la educación. La falta de equilibrio se debe a una variedad de razones complejas, incluyendo algunos factores sociales, diferentes oportunidades económicas

imposed

became

indigenous

of Spanish and Native American descent

extremely

prevalence

undeniable

y el uso del español para comunicarse con la comunidad global. No obstante, en las últimas décadas se reconoce cada vez más la importancia del guaraní y su prestigio aumenta°. En 1992 se cambió la constitución paraguaya para incluir la declaración: "El Paraguay es un país pluricultural y bilingüe. Son idiomas oficiales el castellano y el guaraní." El guaraní prospera también en las artes y en los medios de comunicación. Existe una larga tradición popular de narrativa oral que en las últimas décadas se ha incorporado a la escritura y ha inspirado a jóvenes poetas. El célebre novelista paraguayo Augusto Roa Bastos (1917-2005) introdujo expresiones y sonidos del guaraní en sus cuentos. Aunque la presencia en los medios escritos aún es escasa°, los nuevos medios de comunicación del siglo XX y XXI contribuyen a la promoción del idioma y permiten, por ejemplo, que se estudie guaraní y que se publiquen narrativas en Internet.

¿Cómo logró una lengua indígena superar al español y convertirse en el idioma más hablado del Paraguay? ¿Se debe a alguna particularidad del lenguaje? ¿O es la consecuencia de factores históricos, como la decisión de los jesuitas de predicar° el catolicismo en guaraní? ¿Qué papel tiene el aislamiento del Paraguay, ubicado en el corazón del continente y sin salida al mar? Nunca se podrá identificar una sola razón, pero es evidente que con su capacidad de supervivencia y adaptación a los nuevos tiempos, el guaraní comienza a conquistar el futuro. ■

is growing

limited

preach

El guaraní

- En Paraguay, más del 80% de la población se comunica en guaraní. Junto con el español, es lengua oficial del país.
- También se habla guaraní en partes de Brasil, Bolivia y Argentina.
- La moneda de Paraguay se llama guaraní.

Después de leer

Guaraní: la lengua vencedora

1 **Comprensión** Decide si las oraciones son **ciertas** o **falsas**. Corrige las falsas.

Cierto	Falso	
☐	☐	1. Suramérica manifiesta poca variedad lingüística.
☐	☐	2. Por lo general, en Suramérica sólo las poblaciones indígenas hablan una lengua indígena.
☐	☐	3. La mayoría de la población paraguaya es de origen guaraní.
☐	☐	4. El 50% de la población de Paraguay es monolingüe en español.
☐	☐	5. La Constitución de 1992 declaró que Paraguay es un país pluricultural y bilingüe.
☐	☐	6. Existe una larga tradición popular de narrativa oral en guaraní.
☐	☐	7. Augusto Roa Bastos escribió sus cuentos completamente en español.
☐	☐	8. La moneda de Paraguay se llama asunción.

2 **Análisis** Contesta las preguntas utilizando oraciones completas.

1. ¿Cuáles son algunas de las señales de que una lengua prospera?
2. ¿De qué manera es especial el caso del guaraní?
3. ¿Por qué se dice que el guaraní es el lenguaje del pueblo paraguayo?
4. ¿A quiénes se refiere Eduardo Galeano cuando habla de los "vencedores" y los "vencidos"?
5. ¿Qué es el *jopara* y quién lo utiliza?

3 **Reflexión** En grupos de tres, expliquen el significado y el posible contexto de los tres dichos populares del recuadro. ¿Hay algún dicho en español o en inglés que tenga un mensaje similar? ¿Qué elementos característicos de la cultura local se hacen evidentes en los dichos?

> ### Dichos populares en guaraní
>
> *Hetárõ machu kuéra, mbaipy jepe nahatãi.*
> Si hay muchas cocineras, ni la polenta se puede hacer.
>
> *Ñande rógape mante japytu'upa.*
> Sólo descansamos bien en nuestra casa.
>
> *Ani rerovase nde ajaka ava ambue akã ári.*
> No pongas tu canasto en la cabeza de otra persona.

4 **Ensayo** ¿Por qué crees que el gobierno de Paraguay cambió su constitución en 1992? ¿El cambio protege a una minoría o refleja la realidad de la mayoría? ¿Cuáles son las ventajas de vivir en un país pluricultural y bilingüe? ¿Hay alguna complicación? Escribe una composición de por lo menos tres párrafos dando tu opinión sobre estas preguntas.

S Practice more at **vhlcentral.com**.

Atando cabos

¡A conversar!

¿Telenovelas educativas?

A. Lean la cita y, en grupos de tres, compartan sus respuestas a estas preguntas.

> "Todo programa [de televisión] educa, sólo que —lo mismo que la escuela, lo mismo que el hogar— puede educar bien o mal." (Mario Kaplún, periodista)

1. ¿Están de acuerdo con esta cita? ¿O creen que sólo los programas propiamente educativos pueden enseñar algo al público?
2. Si "educar" significa "aumentar los conocimientos", ¿de qué manera un programa de televisión puede educar "mal"? ¿Están de acuerdo con esa definición?

B. Los participantes de un debate tuvieron que dar su opinión sobre el valor de las telenovelas teniendo en cuenta lo dicho por Mario Kaplún. Lean las dos opiniones y decidan con cuál están de acuerdo. Agreguen más argumentos para defender sus posturas. Usen **que**, **cual** y **cuyo**.

El debate de hoy: las telenovelas

En la cita, Mario Kaplún se refiere a la televisión en general. ¿Qué pasa en el caso particular de las telenovelas? ¿Creen que las telenovelas educan "bien" o "mal"?

Carlos Moreira (52)
Colonia, Uruguay
¡Estoy de acuerdo! Incluso las peores telenovelas pueden educar "bien". En primer lugar, siempre educan indirectamente. Los personajes suelen ser estereotipos, lo cual es importante porque permite que los televidentes se identifiquen con los deseos y los temores de personajes que se muestran como modelos positivos. Además, en países como México se producen telenovelas con fines específicamente educativos, los cuales incluyen enseñar al público acerca de enfermedades, problemas sociales, etc.

Sonia Ferrero (37)
Ciudad del Este, Paraguay
Las telenovelas siempre educan mal, lo que es igual que decir que no educan. ¿Qué puede tener de educativo un melodrama exagerado con personajes que se engañan constantemente? ¿Qué pueden tener de positivo historias que muestran relaciones personales retorcidas (*twisted*)? Yo no veo nada educativo en melodramas que perpetúan estereotipos sobre buenos, malos, ricos y pobres. Me gustaría ver telenovelas más realistas, cuyos personajes sean personas comunes.

¡A escribir!

Televisión en guaraní Imagina que vives en Paraguay y tu telenovela favorita sólo se transmite en español. Escribe una carta al periódico pidiendo que se haga una versión doblada o subtitulada al guaraní. Incluye tu opinión sobre estas preguntas:

- ¿Quiénes se beneficiarían? ¿Por qué?
- ¿Quién debería cubrir el costo de la versión en guaraní: los productores de la telenovela o el gobierno?
- ¿Debería ser obligatorio ofrecer versiones de programas en los dos idiomas?

Vocabulary Tools

La televisión, la radio y el cine

la banda sonora	soundtrack
la cadena	network
el canal	channel
el/la corresponsal	correspondent
el/la crítico/a de cine	film critic
el documental	documentary
los efectos especiales	special effects
el episodio (final)	(final) episode
el/la locutor(a) de radio	radio announcer
el/la oyente	listener
la (radio)emisora	radio station
el reportaje	news report
el/la reportero/a	reporter
los subtítulos	subtitles
la telenovela	soap opera
el/la televidente	television viewer
la temporada	season
el video musical	music video
grabar	to record
rodar (o:ue)	to film
transmitir	to broadcast
doblado/a	dubbed
en directo/vivo	live

La cultura popular

la celebridad	celebrity
el chisme	gossip
la estrella (pop)	(pop) star [m/f]
la fama	fame
la moda pasajera	fad
la tendencia/ la moda	trend
hacerse famoso/a	to become famous
tener buena/ mala fama	to have a good/ bad reputation
actual	current
de moda	popular; in fashion
influyente	influential
pasado/a de moda	unfashionable; outdated

Los medios de comunicación

el acontecimiento	event
la actualidad	current events
el anuncio	advertisement; commercial
la censura	censorship
la libertad de prensa	freedom of the press
los medios de comunicación	media
la parcialidad	bias
la publicidad	advertising
el público	public; audience
enterarse (de)	to become informed (about)
estar al tanto/al día	to be informed, to be up-to-date
actualizado/a	updated
controvertido/a	controversial
de último momento	up-to-the-minute
destacado/a	prominent
(im)parcial	(un)biased

La prensa

el/la lector(a)	reader
las noticias locales/ nacionales/ internacionales	local/national/ international news
el periódico/ el diario	newspaper
el/la periodista	journalist
la portada	front page; cover
la prensa	press
la prensa sensacionalista	tabloid(s)
el/la redactor(a)	editor
la revista (electrónica)	(online) magazine
la sección de sociedad	lifestyle section
la sección deportiva	sports section
la tira cómica	comic strip
el titular	headline
imprimir	to print
publicar	to publish
suscribirse (a)	to subscribe (to)

Cinemateca

el maletero	trunk
la nuca	back of the neck
la sintonía	synchronization; tuning; connection
aclarar	to clarify
dar la gana	to feel like
darse cuenta (de)	to realize
darse por aludido/a	to assume that one is being referred to
embalarse	to get carried away
fijarse en	to notice
parar el carro	to hold one's horses
pillar(se)	to catch

Literatura

el bautismo	baptism
el/la fulano/a	so-and-so
el oficio	trade
burlar	to trick
comerciar	to trade
pregonar	to hawk
atónito/a	astonished
descarado/a	rude
de corrido	fluently

Cultura

el guaraní	Guarani
el/la hablante	speaker
el idioma	language
la lengua	language; tongue
aislar	to isolate
vencer	to conquer
bilingüe	bilingual
monolingüe	monolingual

Más vocabulario

Expresiones útiles	Ver p. 329
Estructura	Ver pp. 336, 338-339 y 342

La literatura y el arte

Communicative Goals

You will expand your ability to...

- say what will have happened
- say what would have happened
- make contrary-to-fact statements about the past

Vocabulary Tools

La literatura y el arte

La literatura

Carolina está terminando su segunda novela, que **narra** la historia de una divertida familia de actores en Chile. La historia está narrada desde el **punto de vista** del hijo mayor, **protagonista** de esta **obra literaria.**

el argumento *plot*
la caracterización *characterization*
la estrofa *stanza*
el/la lector(a) *reader*
el/la narrador(a) *narrator*
la obra literaria *literary work*
el personaje *character*
el/la protagonista *protagonist*
el punto de vista *point of view*
la rima *rhyme*
el verso *line (of poetry)*
———
desarrollarse *to develop*
hojear *to skim*
narrar *to narrate*
tratarse de *to be about*

Los géneros literarios

la (auto)biografía *(auto)biography*
la ciencia ficción *science fiction*
la literatura infantil/juvenil
 children's literature
la novela rosa *romance novel*
la poesía *poetry*
la prosa *prose*
———
clásico/a *classic*
de terror *horror (story/novel)*
didáctico/a *educational*
histórico/a *historical*
humorístico/a *humorous*
policíaco/a *detective (story/novel)*
satírico/a *satirical*
trágico/a *tragic*

Los artistas

el/la artesano/a *artisan*
el/la dramaturgo/a *playwright*
el/la ensayista *essayist*
el/la escultor(a) *sculptor*
el/la muralista *muralist*
el/la novelista *novelist*
el/la pintor(a) *painter*
el/la poeta/poetisa *poet*

El arte

En la clase de **bellas artes**, Mario y Lucía tienen que pintar una **naturaleza muerta**. Mario eligió usar **óleo** y Lucía **acuarela**.

la acuarela *watercolor*
el autorretrato *self-portrait*
las bellas artes *fine arts*
el cuadro *painting*
la escultura *sculpture*
la naturaleza muerta *still life*
la obra (de arte) *work (of art)*
el óleo *oil painting*
el pincel *paintbrush*
la pintura *paint; painting*
la tela *canvas*
_____

dibujar *to draw*
diseñar *to design*
esculpir *to sculpt*
reflejar *to reflect; to depict*
_____

abstracto/a *abstract*
contemporáneo/a *contemporary*
inquietante *disturbing*
intrigante *intriguing*
llamativo/a *striking*
luminoso/a *bright*
realista *realistic; realist*
_____

al estilo de *in the style of*
de buen/mal gusto *in good/bad taste*

Las corrientes artísticas

la corriente/el movimiento *movement*
el cubismo *Cubism*
el expresionismo *Expressionism*
el impresionismo *Impressionism*
el realismo *Realism*
el romanticismo *Romanticism*
el surrealismo *Surrealism*

Práctica

1 Escuchar

A. Escucha el programa de televisión y después completa las oraciones con la opción correcta.

1. Se ha organizado una exposición en el Museo de Arte (Contemporáneo / Moderno).

2. La exposición trata de los movimientos artísticos desde el (romanticismo / realismo).

3. En la exposición se pueden ver las obras de escultores y (muralistas / pintores) del país.

4. Muchos creen que la obra de José Ortiz es de (buen / mal) gusto.

5. Al presentador, la obra de José Ortiz le parece muy (intrigante / abstracta).

B. Escucha la entrevista del programa *ArteDifusión* y contesta las preguntas.

1. ¿A qué género literario pertenece la novela *El viento?*

2. ¿De qué otros géneros tiene elementos?

3. ¿Desde qué punto de vista se ha escrito esta novela?

4. ¿Qué personajes son los más frecuentes en la obra de Mayka Ledesma?

5. ¿Qué tienen que hacer los lectores para darse cuenta de que es una obra divertida?

C. En parejas, inventen una entrevista a un(a) escritor(a) o artista famoso/a y represéntenla para la clase.

2 Relaciones Conecta las palabras de forma lógica.

____ 1. estrofa   a. corriente artística
____ 2. cubismo   b. obra de teatro
____ 3. tela   c. pincel
____ 4. esculpir   d. artesano
____ 5. dramaturgo   e. escultor
____ 6. novela policíaca f. verso
____ 7. artesanía   g. realismo
____ 8. realista   h. género literario

Práctica

(3) Un crítico sin inspiración Completa las oraciones de un crítico con las palabras y expresiones de la lista.

acuarela	de mal gusto
al estilo de	inquietante
argumento	llamativo

1. Sus obras son muy _____; en todas usa muchos colores brillantes.

2. La _____ escena en la que aparece el fantasma del padre está inspirada en su novela anterior.

3. Vi un par de óleos interesantes en su nueva exhibición, pero lo que más impresiona son las _____.

4. El _____ de la novela es tan complicado que confunde al lector.

5. La joven artista pinta _____ Mario Toral, un pintor chileno.

(4) Géneros En parejas, lean los fragmentos de estas obras e indiquen a qué género literario pertenecen. Luego, elijan uno de los fragmentos y desarrollen un breve argumento.

1. María Fernanda del Olmo estaba locamente enamorada de Roberto Castro, pero vivía su amor en silencio. _____

2. Una intensísima luz lo despertó. Al mirar por la ventana vio cientos de robots caminando por la calle. _____

3. El detective Mora estaba seguro de que el criminal que buscaba estaba muy cerca. _____

4. Sólo tenía doce años cuando nos fuimos a vivir a Chile. Todavía lo recuerdo como uno de los momentos más importantes de mi vida. _____

(5) Preferencias Contesta las preguntas con oraciones completas. Después, comparte tus respuestas con un(a) compañero/a.

1. ¿Cuál es tu género literario favorito? ¿Y tu personaje favorito? ¿Por qué?

2. ¿Crees que hay arte de mal gusto? Justifica tu respuesta.

3. Imagina que eres artista. ¿Qué serías: muralista, poeta, escultor(a), otro? ¿Por qué?

4. ¿Qué tipo de arte te interesa más, el realista o el abstracto?

5. ¿Qué influye más en la sociedad, la literatura o el arte? ¿Por qué?

6. ¿Qué corriente artística te parece más interesante? ¿Por qué?

7. Imagina que eres novelista. ¿Prefieres vender muchos libros o ser respetado por la crítica?

Practice more at **vhlcentral.com**.

Comunicación

6 Corrientes artísticas En grupos de tres, describan estos cuadros y respondan las preguntas. Utilicen términos de la lista en sus respuestas.

- ¿A qué corriente artística pertenece la obra?
- ¿Cómo es el estilo del pintor?
- ¿Qué adjetivos usarías para describir el cuadro?
- ¿Hay otras obras u otros artistas que sean comparables?

abstracto	llamativo
contemporáneo	luminoso
cubismo	realismo
expresionismo	realista
impresionismo	romanticismo
intrigante	surrealismo

Pop Monalisa
Margarita María Vélez Cuervo

Rostros
Juan Manrique

Montón de heno,
Claude Monet

7 Críticas literarias En parejas, escriban una breve crítica de una obra literaria que hayan leído. Utilicen los puntos de análisis de la lista como guía. Luego, presenten su crítica a la clase y ofrezcan su opinión sobre el valor artístico de la obra. ¿La recomendarían?

Género	¿A qué género literario pertenece la obra?
Tema	¿Cuál es el tema de la obra?
Punto de vista	¿Quién narra la historia: uno de los personajes o un narrador omnisciente?
Caracterización	¿Están bien desarrollados los personajes? ¿Te sentiste identificado/a con el/la protagonista?
Argumento	¿Tiene un argumento interesante y entretenido? ¿Se hace lento el desarrollo?
Ambiente	¿En qué época se desarrolla la historia? ¿En qué lugar? ¿Son realistas las descripciones?
Tono	¿Cuál es el tono de la obra? ¿Es humorística? ¿Trágica? ¿Qué quiere expresar el/la autor(a)?

Hasta ahora, en el video…

Ricardo espera a Marcela para ir juntos a ver a los inversionistas. Mientras tanto, Marcela decide cantar en el mariachi de Chente para participar en un concurso de música. En este episodio verás cómo sigue la historia.

 Video

Marcela y Patricia salen de clase.

PATRICIA ¿No almorzamos juntas?

MARCELA Me habría gustado, pero voy con mi papá y mi hermano a la tienda de artesanías.

PATRICIA ¿Al fin se decidió a llevar los últimos alebrijes que hizo tu mamá?

MARCELA Si fuera por él, los habría guardado en la casa para siempre, pero lo convencimos.

MARCELA Te pareces a un protagonista de telenovela con esa cara de tragedia.

MANU ¡Lo mismo digo yo!

LORENZO Llevémoslos. Es muy duro, pero es lo que su madre hubiera querido.

DOCTORA ¿Trabajan aquí en la tienda?

LORENZO No, sólo vinimos a traer los alebrijes que hizo mi esposa. Murió hace un año.

DOCTORA ¡Habrá sido una gran artista! ¡Sus alebrijes están bellísimos!

RICARDO Mamá, ya tengo la vasija, sólo habría que...

DOCTORA Él es Ricardo, mi hijo.

Ricardo, al ver a Marcela, sale de la tienda molesto. Marcela lo sigue.

MARCELA ¿Qué habré hecho para que no me contestes las llamadas?

RICARDO ¡Te olvidaste de nuestra cita con los inversionistas! Si no hubieran cancelado, habríamos quedado muy mal. ¡Así no se puede montar una empresa!

Personajes

PROFESOR

MARCELA

PATRICIA

MANU

LORENZO

DEPENDIENTE

DOCTORA

RICARDO

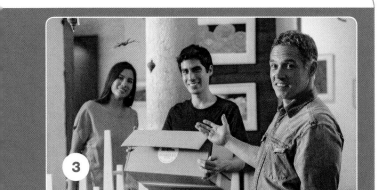

3

En la tienda se encuentran con la doctora.

LORENZO ¿Doctora? ¡Qué gusto verla!

DOCTORA ¿Nos conocemos?

LORENZO Usted atendió a Lupita en el hospital.

DOCTORA ¿Cómo le va?

LORENZO Muy bien, gracias. Le presento a mis hijos, Manuel y Marcela.

6

DOCTORA ¿Qué empresa?

RICARDO La empresa de diseño y construcción de drones, Mamá.

DOCTORA ¿Finalmente la vas a crear?

MARCELA Sí, y yo soy su socia.

DOCTORA ¡Tomémonos una foto! ¡Venga a celebrar, Lorenzo!

MANU ¿Me podrían explicar qué celebramos?

Expresiones útiles

Expressing speculation

¡Habrá sido una gran artista!
She must have been a great artist!

¿Qué habré hecho para que no me contestes las llamadas?
What did I do, for you not to answer my calls.

Talking about what *might have occurred*, but did not

La habríamos bajado, pero nos dio miedo de que se nos cayera.
We would have brought it down, but we were afraid it would fall.

Me habría gustado, pero voy con mi papá y mi hermano a la tienda de artesanías.
I would have liked to, but I am going with my father and brother to the crafts store.

Talking about actions that had taken place before another past event

Llevémoslos. Es muy duro, pero es lo que su madre hubiera querido.
Let's take them. It's very hard, but it's what your mother would have wanted.

Si no hubieran cancelado, habríamos quedado muy mal, y habría sido tu culpa.
If they hadn't cancelled, we would have looked very bad, and it would have been your fault.

Additional vocabulary

el/la amante *lover, fan*
el barro *mud, clay*
la culpa *fault*
¡No me diga! *You must be kidding!*
la obra clave *key work*
el recibo *receipt*
regalar *to give (as a present)*
sostener *to hold; support*
la vasija *vessel, pot*

Comprensión

1 **Opciones** Completa cada oración con la opción correcta.

1. Marcela y Patricia están en clase de _____.
   a. literatura   b. arte   c. física

2. Marcela, Manu y Lorenzo llevan _____ a la tienda de artesanías.
   a. los alebrijes   b. las vasijas   c. las máscaras

3. En la tienda de artesanías, Lorenzo se encuentra con _____.
   a. Patricia   b. el profesor de Marcela   c. la doctora de Lupita

4. Ricardo está enojado con Marcela porque ella olvidó _____.
   a. ir a cenar con él   b. la cita con los inversionistas c. la excursión a Hierve el Agua

5. La doctora hace un selfi para celebrar que Ricardo va a _____.
   a. estudiar Medicina b. crear una empresa   c. casarse con Marcela

2 **Preguntas** Contesta las preguntas con oraciones completas.

1. ¿Por qué es tan duro para Lorenzo llevar los alebrijes a la tienda?

2. ¿Por qué dice la doctora que la mamá de Marcela habrá sido una gran artista?

3. ¿De qué se sorprende Marcela en la tienda?

4. ¿Qué están comprando Ricardo y su mamá en la tienda?

5. ¿Por qué Ricardo no ha contestado las llamadas de Marcela?

3 **¿Quién lo habría hecho?**

A. Indica qué personaje habría hecho cada actividad si se hubieran dado las siguientes situaciones.

EL DEPENDIENTE   **LA DOCTORA**   **LORENZO**   **MARCELA**   **EL PROFESOR**

1. Si no hubiera quedado de verse con su padre, _____ habría almorzado con Patricia.

2. Si Marcela no lo hubiera convencido, _____ habría guardado los alebrijes para siempre.

3. Si Ricardo no hubiera llevado los alebrijes a la tienda, _____ no los habría vendido.

4. Si Lupita no hubiera estado en el hospital, _____ no habría reconocido a Lorenzo.

5. Si no hubiera sido amante de los cuadros y las esculturas, _____ no se habría dedicado a la enseñanza (*teaching*) del arte.

B. Ahora, en parejas, túrnense para hacerse preguntas sobre los personajes. Sigan el modelo.

MODELO   ESTUDIANTE 1 ¿Quién habría almorzado con Patricia si no tuviera otro plan con el papá?
ESTUDIANTE 2 Marcela habría ido a almorzar con Patricia. Ahora, ¿quién...?

Practice more at **vhlcentral.com**.

Ampliación

 4 **El arte** En parejas, conversen sobre las siguientes preguntas. Compartan su opinión con la clase.

1. ¿Te parecieron artísticos los alebrijes que hizo la mamá de Marcela? ¿Y la vasija? ¿Por qué?

2. ¿Qué debe tener una obra para ser artística?

3. ¿Puede todo objeto considerarse arte? ¿Por qué?

4. ¿Cuál es la importancia del arte en la sociedad? ¿Se puede vivir sin arte? Explica.

5 **Una decisión difícil** Marcela y Manu convencen a Ricardo para que lleve los alebrijes a la tienda. Si hubieras estado en su situación, ¿qué habrías hecho tú? ¿Te cuesta deshacerte de (*to get rid of*) objetos? ¿Les atribuyes valor sentimental? Escribe un párrafo al respecto.

6 **Apuntes culturales** En parejas, lean los párrafos y contesten las preguntas.

Leopoldo Méndez

Taller de Gráfica Popular

El profesor de Marcela y Patricia les habla sobre José Guadalupe Posada (p. 129). Guadalupe Posada (1852-1913) fue un grabador (*engraver*), ilustrador y caricaturista mexicano cuyo legado (*legacy*) fue el punto de partida para los fundadores del Taller de Gráfica Popular. Creado en 1937 por los artistas Leopoldo Méndez, Luis Arenal Bastar y Pablo O'Higgins, entre otros, el Taller de Gráfica Popular es un colectivo de grabadores que utiliza el arte para apoyar (*to support*) causas sociales como el antimilitarismo o la unión obrera mediante pósters, banderas y panfletos.

El Museo de los Pintores Oaxaqueños

La mamá de Marcela podría haber exhibido sus alebrijes en el Museo de los Pintores Oaxaqueños (MUPO). El MUPO se creó en 2003 para exponer obras de artistas mexicanos e internacionales. Está ubicado en el Centro histórico de Oaxaca de Juárez en un edificio colonial del siglo XVII con un patio rodeado de columnas y cuatro salas de exhibiciones temporales, en las que también se ofrecen clases de danza, conferencias y visitas guiadas.

El barro negro

Ricardo y la doctora compran una vasija de barro. El barro negro es un estilo de alfarería (*pottery*) que se originó en Oaxaca sobre el año 500 a. C. Originalmente, el barro era de un color grisáceo (*grayish*) mate, pero la alfarera Rosa Real Mateo de Nieto (doña Rosa) inventó en la década de 1950 una técnica para dar el color negro metálico a las piezas que las hace famosas hoy en día. La técnica consiste en pulir (*to polish*) las piezas antes de ser cocidas (*fired*).

1. ¿Crees que el arte es una forma efectiva de apoyar causas sociales? ¿Por qué?

2. ¿Te gusta visitar museos? ¿Cuál te gustó más? ¿Qué tipo de obras viste?

3. ¿Te gustaría dedicar tu vida al arte? ¿Qué tipo de obras de arte crearías?

4. ¿Consideras que tienen el mismo valor artístico una vasija de barro negro, un panfleto de Taller de Gráfica Popular o el *Guernica* de Picasso? Explica tu respuesta.

En detalle

LAS CASAS DE NERUDA

CHILE

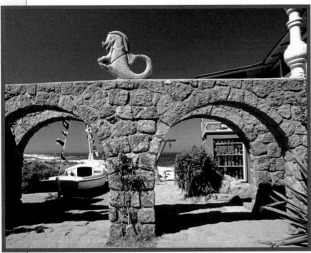

Isla Negra

Pablo Neruda, además de poeta, fue un asiduo° viajero. Sus continuos viajes como cónsul y su posterior exilio político lo llevaron a una veintena de países. La distancia marcó, sin duda, su eterno deseo de crear refugios personales en sus casas de Chile, y le dio la oportunidad de coleccionar una gran variedad de objetos curiosos.

A lo largo de los años, Neruda compró y luego mandó construir y remodelar tres casas en su país natal: "La Sebastiana", en Valparaíso; "La Chascona", en Santiago; y la "Isla Negra", en la ciudad costera del mismo nombre. Para él, estas construcciones eran mucho más que simples casas; eran, como su poesía, creaciones personales y, muchas veces, una proyección de sus universos poéticos. Las iba construyendo sin prisa, con gran dedicación y eligiendo hasta el más mínimo detalle.

Isla Negra era la favorita del poeta, y allí fue enterrado° junto a Matilde Urrutia, su gran amor. Hoy día, las tres residencias son casas-museo y reciben más de cien mil visitantes al año. La Fundación Pablo Neruda, creada por voluntad° expresa del poeta, las administra. Aparte de conservar su patrimonio artístico y encargarse del mantenimiento° de las casas, la fundación también organiza actividades culturales y exposiciones.

Actualmente, gracias al deseo de Neruda de mantener las casas como legado° para el pueblo chileno, todos sus admiradores pueden visitarlas y sentir, por un momento, que forman parte del particular mundo creativo del escritor. ■

Isla Negra
Neruda compró una pequeña cabaña en 1939 y la fue ampliando a lo largo de los años. La reconstruyó de tal manera que pareciera el interior de un barco. En su interior se destacan las colecciones de conchas marinas, botellas y mascarones de proa°.

La Chascona
Está situada en un terreno empinado° en Santiago de Chile. Se inició su construcción en 1953 y fue bautizada "La Chascona" en honor a Matilde Urrutia. *Chascona*, en Chile, significa "despeinada°".

La Sebastiana
La casa, llamada así en honor al arquitecto Sebastián Collado, está en la ciudad de Valparaíso. Se inauguró el 18 de septiembre de 1961. Decorada también con motivos marinos, y con una vista panorámica de la ciudad y la bahía, era el lugar favorito de Neruda para pasar la Nochevieja°.

asiduo *frequent* **enterrado** *buried* **voluntad** *wish* **mantenimiento** *maintenance* **legado** *legacy* **mascarones de proa** *figureheads* **empinado** *steep* **despeinada** *with tousled hair* **Nochevieja** *New Year's Eve*

Artes visuales

el arte digital	*digital art*
el arte gráfico	*graphic art*
el videoarte	*video art*
la cerámica **la alfarería (Esp.)**	*pottery*
el dibujo	*drawing*
el grabado	*engraving*
el grafiti	*graffiti*
la orfebrería	*goldwork*
el tapiz	*tapestry*

Otros creadores

Frida Kahlo es una de las figuras más representativas de la pintura introspectiva mexicana del siglo XX. Su vida estuvo marcada por enfermedades y un matrimonio tortuoso con el muralista Diego Rivera. Es conocida principalmente por sus autorretratos, en los que expresa el dolor de su vida personal (ver **p. 232**).

Santiago Calatrava es el arquitecto español más famoso en la actualidad. En sus creaciones predomina el color blanco. El Museo de las Artes y las Ciencias y el Hemisfèric de Valencia (España) son algunas de sus obras más destacadas.

Ariel Lacayo Argueñal es un famoso chef nicaragüense. Estudió administración y cursó una maestría en enología en los Estados Unidos. En el restaurante neoyorquino Patria cocinó para celebridades como los Clinton, Nicole Kidman y los príncipes de Mónaco. Hoy, junto a su padre, deleita paladares° en un restaurante criollo en Nicaragua.

deleita paladares *pleases the palate*

NERUDA EN EL CINE

Manuel Basoalto, director de *Neruda* (2014)

Se ha dicho muchas veces que Pablo Neruda tuvo una vida de cine. Sin embargo, durante décadas nadie filmó películas sobre el poeta más universal del Nuevo Mundo. Un día el sobrino de Neruda, Manuel Basoalto, se dio cuenta de esta deuda del cine chileno. Tres años más tarde, en 2014, Basoalto estrenó *Neruda* la primera película de ficción sobre su vida. El filme se centra en los meses después de que Neruda criticara al presidente de Chile, Gabriel González Videla. Por esto, el poeta tiene que cambiar de identidad y huir a Argentina. El guión° está basado en entrevistas, cartas y otros documentos inéditos° sobre el poeta. "Es una película de suspenso", dice el director. El actor chileno, José Secall, es quien interpreta al poeta. Basoalto lo eligió porque quería un actor bueno y poco conocido. "Finalmente vi que José podía ser un Neruda muy creíble", aseguró. En 2016 Pablo Larraín dirigió *Neruda*, una nueva película sobre el poeta, también relacionada con la persecución que sufrió Neruda durante el gobierno de González Videla. Esta vez, el encargado de dar vida al poeta chileno es el actor Luis Gnecco. La versión de Larraín tiene un enfoque° fantástico, y su narrador es el policía que persigue° a Neruda, Óscar Peluchonneau, interpretado° por el actor mexicano Gael García Bernal.

Gael García Bernal interpreta a Óscar Peluchonneau en *Neruda* (2016).

❝ La eternidad es una de las raras virtudes de la literatura. ❞
(Adolfo Bioy Casares, escritor argentino)

guion *script* **inéditos** *unpublished* **enfoque** *approach* **persigue** *chases* **interpretado** *played*

¿Qué aprendiste?

1 **¿Cierto o falso?** Indica si estas afirmaciones son **ciertas** o **falsas**. Corrige las falsas.

1. Neruda no salió nunca de Chile.
2. Neruda coleccionó una gran variedad de objetos curiosos.
3. Neruda tenía dos casas en Chile: Isla Negra y La Chascona.
4. La casa La Chascona se llama así porque está ubicada en un pueblo que también tiene ese nombre.
5. Neruda intervenía muy activamente en la construcción y decoración de sus casas.
6. El poeta está enterrado junto a su esposa en La Sebastiana.
7. Hoy día, las tres casas más famosas del poeta son museos.
8. La Fundación Pablo Neruda se creó por deseo e iniciativa de los admiradores del poeta.
9. La casa Isla Negra está decorada como si fuera un barco.
10. A Pablo Neruda le gustaba pasar la Nochevieja en la casa La Sebastiana.
11. En la Chascona se destaca una colección de conchas marinas.
12. La Sebastiana tiene una vista privilegiada de la ciudad de Santiago.

2 **Oraciones incompletas** Completa las oraciones con la información correcta.

1. El sobrino del poeta y director de la primera película *Neruda* se llama _____.
2. La película *Neruda* de 2016 la dirigió _____.
3. En las creaciones de Santiago Calatrava predomina _____.
4. Frida Kahlo se casó con el artista mexicano _____.

3 **Preguntas** Contesta las preguntas.

1. ¿Qué forma de artes visuales preferirías hacer, la alfarería, la orfebrería o el grabado? ¿Por qué?
2. ¿Has practicado alguna vez alguna de las técnicas de **Así lo decimos**? ¿Qué hiciste? ¿Te gustó? ¿Por qué?
3. ¿Crees que la gastronomía se puede considerar una forma de arte? Explica tu respuesta.

4 **Opiniones** En parejas, elijan otro artista o creador hispano que no haya sido mencionado en esta lección. Expliquen por qué les interesa ese artista o sus obras.

MODELO Hemos elegido al pintor y escultor colombiano Fernando Botero. Nos interesan sus esculturas voluminosas porque...

 Practice more at **vhlcentral.com**.

PROYECTO

Artistas

Elige una obra en particular de uno de los artistas que se han presentado en **El mundo hispanohablante**. Busca información y prepara una presentación breve para la clase. No olvides mostrar una fotografía o ilustración de la obra. Usa las preguntas como guía.

- ¿Quién es el/la artista?
- ¿Cómo se llama la obra?
- ¿Cuáles son las características de la obra?
- ¿Por qué es famosa la obra y por qué la elegiste?

Arquitectura modernista

Ahora que ya sabes acerca de las casas de Pablo Neruda en Chile, mira este episodio de **Flash cultura**. Conocerás los diferentes tipos de la singular arquitectura modernista en Barcelona y a sus máximos representantes.

Corresponsal: Mari Carmen Ortiz
País: España

Entre 1880 y 1930, surge° el modernismo en Cataluña de forma radicalmente diferente al resto de Europa.

VOCABULARIO ÚTIL

brillar *to shine*	**el hierro forjado** *wrought iron*
la calavera *skull*	**el tejado** *tile roof*
el encargo *job*	**el tranvía** *streetcar*
la fachada *front of building*	**redondeado/a** *rounded*

1. **Preparación** Responde estas preguntas: ¿Qué tipo de arquitectura te gusta? ¿Prefieres los edificios modernos o los edificios más tradicionales? ¿Cuál es tu monumento favorito? ¿Por qué es especial para ti?

2. **Comprensión** Indica si estas afirmaciones son **ciertas** o **falsas**. Después, en parejas, corrijan las falsas.

1. La zona de Barcelona donde está la Casa Batlló se conoce como La Gran Manzana.

2. En el Paseo de Gracia hay casas con estilos muy diferentes y contrastantes.

3. Los arquitectos modernistas catalanes dieron poca importancia a la estética y a los materiales.

4. Lluís Domènech i Montaner fue el creador de la Sagrada Familia.

5. Puig i Cadafalch tuvo influencia de las arquitecturas holandesa y flamenca.

6. La sala de las cien columnas está en el Parque Güell.

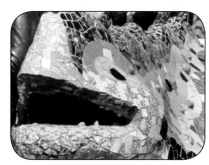

El Parque Güell posee los toques y detalles característicos de Gaudí. El uso de baldosines° irregulares… formas curvas… contrastes sorpresivos…

3. **Expansión** En parejas, contesten estas preguntas.

- ¿Qué obra del video les ha gustado más? ¿Por qué?

- ¿Dónde preferirían vivir: en la Casa Amatller, en la Casa Batlló o en una de las casas de Neruda? ¿Por qué?

- ¿Conocen otros monumentos que contengan algunas de las características del modernismo? ¿Cuáles?

Desgraciadamente, su inesperada muerte paralizó las obras, y el edificio sigue todavía inacabado a pesar de los muchos esfuerzos de continuación.

surge *emerges* **baldosines** *ceramic tiles*

Practice more at **vhlcentral.com**.

Tutorial

10.1 The future perfect

- The future perfect tense (**el futuro perfecto**) is formed with the future of **haber** and a past participle.

The future perfect		
pintar	**vender**	**salir**
habré pintado	habré vendido	habré salido
habrás pintado	habrás vendido	habrás salido
habrá pintado	habrá vendido	habrá salido
habremos pintado	habremos vendido	habremos salido
habréis pintado	habréis vendido	habréis salido
habrán pintado	habrán vendido	habrán salido

TALLER DE CONSULTA

MANUAL DE GRAMÁTICA
Más práctica

10.1 The future perfect, p. A53

10.2 The conditional perfect, p. A54

10.3 The past perfect subjunctive, p. A55

Más gramática

10.4 **Si** clauses with compound tenses, p. A56

- The future perfect is used to express what *will have happened* at a certain point. The phrase **para** + [*time expression*] is often used with the future perfect.

  Ya **habré leído** la novela para el lunes.
  I will have already read the novel by Monday.

  Para el año que viene, los arquitectos **habrán diseñado** el nuevo museo.
  By next year, the architects will have designed the new museum.

- **Antes de (que), (para) cuando, dentro de**, and **hasta (que)** are also used with time expressions or other verb forms to indicate when the action in the future perfect will have happened.

  Cuando lleguemos al teatro, ya **habrá empezado** la obra.
  When we get to the theater, the play will have already started.

  Lo **habré terminado dentro de** dos horas.
  I will have finished it within two hours.

TALLER DE CONSULTA

To review irregular past participles, see 7.1, pp. 256–257.

To review the subjunctive after conjunctions of time or concession, see 6.2, pp. 220–221.

To express probability regarding present or future occurrences, use the future tense. See 6.1, pp. 216–217.

- The future perfect may also express speculation regarding a past action.

  ¿**Habrá tenido** éxito la exposición de este fin de semana?
  I wonder if this weekend's exhibition was a success.

  No lo sé, pero **habrá ido** mucha gente a verla.
  I don't know, but a lot of people will have gone to see it.

¡Habrá sido una gran artista!

¿Qué habré hecho para que no me contestes las llamadas?

Práctica y comunicación

TALLER DE CONSULTA

MANUAL DE GRAMÁTICA
Más práctica

10.1 The future perfect, p. A53

1 Artes y letras Completa las oraciones con el futuro perfecto.

1. Me imagino que ustedes ya _____ (leer) el poema para mañana.

2. ¿ _____ (conocer) Juan a la famosa autora?

3. Para la próxima semana, Ana y yo _____ (terminar) de leer el cuento.

4. El pintor dice que _____ (conseguir) la modelo que busca para el jueves.

5. Me imagino que las obras ya se _____ (vender).

2 Planes Tus amigos no han llegado a una cita contigo y tú no sabes por qué.
Escribe suposiciones con la información del cuadro. Sigue el modelo.

MODELO Entendí mal los planes.
Habré entendido mal los planes.

Me dejaron un mensaje telefónico.	1.
Uno de mis amigos tuvo un accidente.	2.
Me equivoqué de día.	3.
Fue una broma.	4.
Lo soñé.	5.

3 Excusas Mónica siempre responde con excusas a su profesora. En parejas, utilicen el futuro perfecto para completar la conversación. Después, inventen un final.

| devolver | entregar | escribir | ir | pedir | ver |

PROFESORA Buenos días. ¿Todos (1) _____ el ensayo para el final del día?

MÓNICA Yo lo (2) _____ para el viernes, profesora.

PROFESORA Pero me imagino que tú ya (3) _____ la exposición del escultor, ¿verdad?

MÓNICA Pues... estuve con fiebre... todo el fin de semana. Pero voy mañana.

PROFESORA Por lo menos (4) _____ a la biblioteca a hacer las investigaciones necesarias, ¿no?

MÓNICA Pues, fui, pero otro estudiante ya había sacado los libros sobre el escultor. Según la bibliotecaria, él los (5) _____ para mañana.

4 El futuro Hazles estas preguntas a tres de tus compañeros/as.

• Cuando terminen las próximas vacaciones de verano, ¿qué habrás hecho?

• Antes de terminar tus estudios universitarios, ¿qué aventuras habrás tenido?

• Dentro de diez años, ¿dónde habrás estado y a quién habrás conocido?

• Cuando tengas cuarenta años, ¿qué decisiones importantes habrás tomado?

• Cuando seas anciano/a, ¿qué lecciones habrás aprendido de la vida?

Practice more at **vhlcentral.com**.

Tutorial

10.2 The conditional perfect

Me habría gustado, pero voy con mi papá y mi hermano a la tienda de artesanías.

TALLER DE CONSULTA

To review irregular past participles, see 7.1, pp. 256–257.

The conditional perfect is frequently used after **si** clauses that contain the past perfect subjunctive. See **Manual de gramática, 10.4**, p. A56.

- The conditional perfect tense (**el condicional perfecto**) is formed with the conditional of **haber** and a past participle.

The conditional perfect		
pensar	**tener**	**sentir**
habría pensado	habría tenido	habría sentido
habrías pensado	habrías tenido	habrías sentido
habría pensado	habría tenido	habría sentido
habríamos pensado	habríamos tenido	habríamos sentido
habríais pensado	habríais tenido	habríais sentido
habrían pensado	habrían tenido	habrían sentido

- The conditional perfect tense is used to express what *might have occurred* but did not.

Habría ido al museo, pero mi novia tenía otros planes.
I would have gone to the museum, but my girlfriend had other plans.

Seguramente tú no **habrías vendido** la acuarela de papá.
In all likelihood, you wouldn't have sold Dad's watercolor.

Salma Hayek **habría representado** mejor el rol de la madre.
Salma Hayek would have played the part of the mother much better.

Creo que Andrés **habría sido** un gran pintor.
I think Andrés would have been a great painter.

La habríamos bajado, pero nos dio miedo de que se nos cayera.

- The conditional perfect may also express probability or conjecture about the past.

¿Crees que los críticos **habrían apreciado** su talento?
Do you think the critics would have appreciated his talent?

Seguro que los **habría sorprendido** con su técnica.
I'm sure his technique would have surprised them.

Práctica y comunicación

1 Lo que habrían hecho Completa las oraciones con el condicional perfecto.

1. No me gustó la obra de teatro. Incluso yo mismo _____ (imaginar) un protagonista más interesante.

2. Yo, en su lugar, lo _____ (dibujar) de modo más abstracto.

3. A la autora le _____ (gustar) escribir ficción histórica, pero el público sólo quería más novelas rosas.

4. Nosotros _____ (escribir) ese cuento desde otro punto de vista.

5. ¿Tú _____ (hacer) lo mismo en esa situación?

2 Otro final En parejas, conecten las historias con sus finales. Luego, utilicen el condicional perfecto para inventar otros finales. Sigan el modelo.

> **MODELO** *Titanic* / **El barco se hunde (*sinks*).**
> En nuestra historia, el barco no se habría hundido. Los novios se habrían casado y...

La Bella y la Bestia	El monstruo mata a su creador.
Frankenstein	Se casa con el príncipe.
El Señor de los Anillos	Frodo destruye el anillo.
Romeo y Julieta	Regresa a su hogar en Kansas.
El Mago de Oz	Los novios se mueren.

3 ¿Y ustedes? En parejas, miren los dibujos y túrnense para decir lo que habrían hecho en cada situación. Utilicen el condicional perfecto y sean creativos/as.

1.

2.

3.

4.

5.

6.

4 Autobiografías Utiliza el condicional perfecto para escribir un párrafo de tu autobiografía. Menciona tres cosas que no cambiarías de tu vida y tres cosas que habrías hecho de forma diferente.

Practice more at **vhlcentral.com**.

TALLER DE CONSULTA

**MANUAL DE GRAMÁTICA
Más práctica**

10.2 The conditional perfect, p. A54

Tutorial

10.3 The past perfect subjunctive

Es muy duro, pero es lo que tu madre hubiera querido.

Nunca hubiéramos imaginado que los alebrijes se venderían tan bien.

TALLER DE CONSULTA

The alternative past subjunctive forms of **haber** may also be used with the past participle to form the past perfect subjunctive. See 8.2, pp. 298–299.

Ojalá hubieras/hubieses participado más en el proyecto.
I wish you had participated more in the project.

• • • •

The past perfect subjunctive is also frequently used in **si** clauses. See **Manual de gramática, 10.4,** p. A56.

Si me hubieran invitado, habría ido a la exposición.
If they had invited me, I would have gone to the exhibition.

- The past perfect subjunctive (**el pluscuamperfecto del subjuntivo**) is formed with the past subjunctive of **haber** and a past participle.

The past perfect subjunctive		
cambiar	**poder**	**influir**
hubiera cambiado	hubiera podido	hubiera influido
hubieras cambiado	hubieras podido	hubieras influido
hubiera cambiado	hubiera podido	hubiera influido
hubiéramos cambiado	hubiéramos podido	hubiéramos influido
hubierais cambiado	hubierais podido	hubierais influido
hubieran cambiado	hubieran podido	hubieran influido

- The past perfect subjunctive is used in subordinate clauses under the same conditions for other subjunctive forms. It refers to actions or conditions that had taken place before another past occurrence.

Le molestó que los escritores no **hubieran asistido** a su conferencia.
It annoyed her that the writers hadn't attended her lecture.

No era cierto que la galería **hubiera cerrado** sus puertas definitivamente.
It was not true that the gallery had closed its doors permanently.

- When the action in the main clause is in the past, both the past subjunctive and the past perfect subjunctive can be used in the subordinate clause. However, the meaning of each sentence may be different.

PAST SUBJUNCTIVE	PAST PERFECT SUBJUNCTIVE

Esperaba que me **compraras** esta novela. ¡Qué bien!
I was hoping you would get me this novel. It's great!

Esperaba que me **hubieras comprado** una novela, no una biografía.
I wished that you would have bought me a novel, not a biography.

Deseaba que me **ayudaras**.
I wished that you would help me.

Deseaba que me **hubieras ayudado**.
I wished that you would have helped me.

Práctica y comunicación

1 **Hubiera...** Completa las oraciones con el pluscuamperfecto del subjuntivo.

1. Habría ido al teatro si no _____ (llover).
2. Si yo _____ (lograr) publicar mi libro, habría sido un superventas.
3. Me molestó que ellos no le _____ (dar) el premio al otro poeta.
4. Si nosotros _____ (pensar) eso, lo habríamos dicho.
5. Si ella _____ (pedir) más por sus cuadros, habría ganado millones.
6. ¡Qué lástima que sus padres no _____ (apoyar) su interés por las artes!

TALLER DE CONSULTA

MANUAL DE GRAMÁTICA
Más práctica

10.3 The past perfect subjunctive, p. A55

2 **Oraciones** Une los elementos de las columnas para crear cinco oraciones con el pluscuamperfecto del subjuntivo.

Dudaba de que	yo	escribir cuentos policíacos
Esperábamos que	tú	ganar un premio literario
Me sorprendió que	el artista	tener talento
Ellos querían que	nosotros	venir a la exposición
No creías que	los poetas	vender ese autorretrato

3 **¡A quejarse!** Daniel es escritor y Graciela es pintora. En parejas, utilicen el pluscuamperfecto del subjuntivo para escribir una conversación en la que se quejan de las oportunidades que perdieron.

MODELO   **GRACIELA** No fue justo que le hubieran dado ese premio literario a García Márquez. Tienes mucho más talento que él..

> No fue justo que....
> No podía creer que...
> Si hubiera logrado...
> Si tú sólo hubieras...

4 **Síntesis** En grupos de tres, interpreten esta situación: una universidad en Sevilla, España, invita a uno de ustedes a estudiar bellas artes durante un año, pero no sabe si aceptar. Sus amigos/as intentan persuadirlo de que es buena idea. Utilicen el futuro perfecto, el condicional perfecto y el pluscuamperfecto del subjuntivo.

MODELO   **INVITADO** Un año es demasiado tiempo. Cuando vuelva todos ustedes se habrán olvidado de mí.

ESTUDIANTE 1 Por supuesto que no nos habremos olvidado de ti.

ESTUDIANTE 2 Yo en tu lugar habría aceptado ya.

INVITADO Yo esperaba que me hubieran invitado el año que viene, no éste.

S Practice more at **vhlcentral.com**.

Antes de ver el corto

LAS VIANDAS

país España
duración 19 minutos
director José Antonio Bonet

protagonistas Papandreu (chef), el comensal, empleados del restaurante, otros comensales

Vocabulario

acompañar *to come with*
la barbaridad *outrageous thing*
el cochinillo *suckling pig*
el/la comensal *dinner guest*

el compromiso *awkward situation*
contundente *filling*
el jabalí *wild boar*
la ofensa *insult*

---

(1) Definiciones Completa las oraciones con las palabras apropiadas.

1. Cuando un plato es muy caro, podemos decir que cuesta una _____.
2. Si un plato te llena inmediatamente, significa que es un plato _____.
3. Alguien que está sentado en una mesa para comer es un _____.
4. Un _____ es una especie de cerdo salvaje.
5. En algunas culturas, rechazar la comida es una _____.
6. Meter a alguien en un _____ significa ponerlo en una situación incómoda.
7. Yo nunca probaré _____, porque es muy pequeño y me da lástima.
8. ¿Me puedes _____ al médico?

(2) Preguntas En parejas, contesten las preguntas.

1. ¿Te gusta cocinar? ¿Por qué?
2. ¿Qué profesiones consideras que son arte? ¿Por qué?
3. ¿Conoces a alguien que sea o que se considere artista? ¿Cómo es?
4. Según tu opinión, ¿tienen los artistas una personalidad especial? Explica tu respuesta.

(3) ¿Qué sucederá? En parejas, miren los fotogramas e imaginen lo que va a ocurrir en la historia. Compartan sus ideas con la clase.

 Practice more at **vhlcentral.com**.

master cluster

presenta

ROBERTO ÁLVAREZ   JOSÉ MARÍA POU

Las Viandas

(Viands)

un film de/a film by
JOSE ANTONIO BONET

PEDRO CASABLANC   MIGUEL DEL ARCO   JOSÉ RAMÓN PARDO   SARA ILLÁN

LOLA LEMOS MARGARITA LASCOITI JORGE SUQUET ANNE CAILLON JEAN–MARIE MONDINI JOSE TORIJA ISABEL GALVEZ ANDREA RAMIREZ CLAUDIA ALVAREZ

Productor Ejecutivo/Executive Producer PEDRO PALACIOS Productor Asociado/Associate Producer CHRISTOPHE BOUFFIL-CANTONI Fotografía/Director of Photography ALFONSO POSTIGO
Casting JOSÉ CARLOS RUIZ Director de Arte/Art Director HÉCTOR G. BERTRAND Música/Music NACHO CABELLO Montaje/Editing ADORACIÓN G. ELIPE
Vestuario/Costumes JOSÉ MARÍA DE COSSÍO Sonido Directo/Sound Recording SOUNDERS CREACIÓN SONORA Postproducción de Sonido/Sound Postproduction DAVID RODRIGUEZ
basado en un argumento de/based on a story by SANTIAGO G. AGULLÓ & JOSÉ ANTONIO BONET con la participación de/with the collaboration of JAVIER F. VALLADO
Escrita y Dirigida por/Written and Directed by JOSÉ ANTONIO BONET

Escenas

ARGUMENTO Un hombre va a un restaurante perdido en las montañas, donde probará los platos de un chef extranjero muy especial.

COMENSAL Buenas tardes. ¿Todavía se puede comer?
MAITRE Por supuesto. Leonora, el abrigo del señor… ¿Me acompaña, por favor?

MAITRE El primer plato del menú: sopa de judiones° con tocino° y salchicha vienesa°. El señor Papandreu, nuestro chef, ganó un premio con este plato.
COMENSAL ¿No le parece un poco contundente?

(Murmullos)
CHEF ¿El nuevo devuelve [la] comida?
CAMARERO Sí, sí, sí.
CHEF ¡Esto es una ofensa! ¡Nadie devuelve nunca [la] comida a Papandreu! ¡Papandreu es un artista! ¡Papandreu es [el] número uno! *(gritos)* Un artista.

MAITRE Señor, nos está poniendo a todos en un serio compromiso. Debe comerse el cochinillo de inmediato.
COMENSAL ¿Pero es que no lo entiende? ¡No puedo más!

COMENSAL Perdóneme, señor, pero ¡tengo que pedirle ayuda! Bueno, usted mismo lo está viendo. ¡Quieren que me coma un cochinillo! ¿Pero están locos?
HOMBRE No se preocupe. Lo he visto todo y tiene razón. Le comprendo. Confíe en mí. Hablaré con Papandreu.

COMENSAL *(gritando)* ¡No quiero comer más! ¡No quiero comer este jabalí!
CHEF ¡Quieto! ¡Vas a comer jabalí como [un] niño bueno! ¡Come!
(Después de que el cliente come el jabalí.)
CHEF ¡El postre! ¡Papandreu, artista genial!

judiones *butter beans* **tocino** *bacon* **salchicha vienesa** *Viennese sausage*

Después de ver el corto

① **Comprensión** Contesta las preguntas con oraciones completas.

1. ¿Dónde está el restaurante?
2. ¿Qué ocurre cuando el cliente dice que no puede comer más sopa?
3. ¿Por qué se enoja el chef cuando regresa el camarero a la cocina?
4. ¿Para qué va el comensal al baño?
5. En el baño, ¿qué le promete el otro comensal al protagonista?
6. ¿Qué hace el protagonista al ver que el otro comensal no lo ha ayudado?
7. ¿Qué hacen los camareros y el chef cuando lo detienen?

② **Ampliación** Contesta las preguntas con oraciones completas.

1. ¿Por qué dice el chef que todo el mundo debe probar su comida?
2. ¿Por qué crees que los otros clientes no ayudan al protagonista?
3. ¿Qué temas se tratan en *Las viandas*, además de la cocina?
4. ¿Crees que Papandreu es un artista? ¿Por qué?
5. ¿Es común que los artistas se comporten de una forma tan extravagante?
6. ¿Qué sucede al final de la historia? ¿Podrá el protagonista irse del restaurante? ¿Y los demás comensales?
7. ¿Qué habrías hecho tú si fueras el protagonista?

③ **Los comensales** En parejas, elijan un fotograma y describan la vida del personaje o los personajes que aparecen en cada uno de ellos. Usen las preguntas como guía y escriban por lo menos cinco oraciones.

- ¿Cómo son?
- ¿Por qué están en el restaurante?
- ¿Cómo son sus vidas?
- ¿Qué opinan de Papandreu?

④ **¡Soy un artista!** Escribe una historia surreal, similiar a *Las viandas*. Puedes utilizar alguno de los personajes y lugares elegidos.

- un hospital y un cirujano de gran renombre
- una pasarela (*runway*) y una supermodelo
- un estudio de diseño y un diseñador premiado
- una peluquería y un estilista famoso

 Practice more at **vhlcentral.com**.

"La literatura nace del paso entre lo que el hombre es y lo que quisiera ser."

Mario Vargas Llosa

Dos mujeres leyendo, 1934
Pablo Picasso, España

 Interpretar En parejas, contesten estas preguntas.

1. ¿Qué ven en el cuadro? Descríbanlo brevemente.

2. ¿Dónde creen que están los personajes de la pintura?

3. ¿Qué estarán leyendo y por qué lo hacen juntos?

4. A ustedes, ¿qué es lo que más les gusta leer? ¿En qué lugar lo hacen?

Ⓢ Practice more at **vhlcentral.com**.

Antes de leer

Continuidad de los parques

Sobre el autor

Julio Cortázar nació en Bruselas, Bélgica, en 1914. Llegó a Argentina cuando tenía cuatro años. En 1932 se graduó como maestro de escuela y luego comenzó sus estudios en la Universidad de Buenos Aires, los cuales no pudo terminar por motivos económicos. Desde 1951 hasta su muerte en 1984 vivió en París. A pesar de vivir muchos años fuera de Argentina, Cortázar siempre se mostró interesado en la realidad sociopolítica de América Latina. En sus textos, representa al mundo como un gran laberinto del que el ser humano debería escapar. Su obra se caracteriza por el uso magistral (*masterful*) del lenguaje y el juego constante entre la realidad y la fantasía. Por esta última característica se lo considera uno de los creadores del "realismo fantástico". Sus obras más conocidas son la novela *Rayuela* (1963) y libros de cuentos como *Historias de cronopios y de famas* (1962).

Vocabulario

acariciar *to caress*	**la mejilla** *cheek*
al alcance *within reach*	**el pecho** *chest*
el arroyo *stream*	**el/la testigo** *witness*
la coartada *alibi*	**la trama** *plot*

---

(1) Oraciones incompletas Completa las oraciones.

1. Esa película tiene una _____ muy complicada.
2. La niña _____ la cara del bebé; tiene la _____ muy suave.
3. Decidimos acampar junto al _____.
4. El otro día fui _____ de un hecho extraordinario.

(2) Conexión personal Responde estas preguntas: ¿Leíste alguna vez un libro tan fascinante que no podías dejar de leerlo? ¿Cuál? ¿Tuviste una experiencia similar con una película o serie de televisión?

(3) Análisis literario: el realismo fantástico

Entretejer (*Weaving*) la ficción y la realidad se ha convertido en un recurso frecuente en la literatura latinoamericana. Este recurso es particularmente común en la obra de escritores argentinos como Jorge Luis Borges y Julio Cortázar. A diferencia del realismo mágico, que se caracteriza por mostrar lo maravilloso como normal, en el realismo fantástico se confunden realidad y fantasía. Se presenta un hecho real y se le agrega un elemento ilusorio o fantástico sin nunca marcar claramente los límites entre uno y otro. Esto lleva a historias dentro de historias y el lector debe darse cuenta, o a veces elegir conscientemente, en qué historia está o qué está sucediendo. A medida que leas *Continuidad de los parques,* busca elementos del realismo fantástico.

 Practice more at **vhlcentral.com**.

Continuidad

Julio Cortázar

de los parques

Había empezado a leer la novela unos días antes. La abandonó por negocios urgentes, volvió a abrirla cuando regresaba en tren a la finca°; se dejaba interesar lentamente por la trama, por el dibujo de los personajes. Esa tarde, después de escribir una carta a su apoderado° y discutir con el mayordomo° una cuestión de aparcerías°, volvió al libro en la tranquilidad del estudio que miraba hacia el parque de los robles°. Arrellanado° en su sillón favorito, de espaldas a la puerta que lo hubiera molestado como una irritante posibilidad de intrusiones, dejó que su mano izquierda acariciara una y otra vez el terciopelo° verde y se puso a leer los últimos capítulos. Su memoria retenía sin esfuerzo los nombres y las imágenes de los protagonistas; la ilusión novelesca lo ganó casi enseguida. Gozaba del placer casi perverso de irse desgajando° línea a línea de lo que lo rodeaba, y sentir a la vez que su cabeza descansaba cómodamente en el terciopelo del alto respaldo°, que los cigarrillos seguían al alcance de la mano, que más allá de los ventanales danzaba el aire del atardecer bajo los robles. Palabra a palabra, absorbido por la sórdida disyuntiva° de los héroes, dejándose ir hacia las imágenes que se concertaban y adquirían color y movimiento, fue testigo del último encuentro en la cabaña del monte°.

Primero entraba la mujer, recelosa°; ahora llegaba el amante, lastimada la cara por el chicotazo° de una rama°. Admirablemente restañaba° ella la sangre con sus besos, pero él rechazaba sus caricias, no había venido para repetir las ceremonias de una pasión secreta, protegida por un mundo de hojas secas y senderos furtivos. El puñal° se entibiaba° contra su pecho y debajo latía° la libertad agazapada°. Un diálogo anhelante° corría por las páginas como un arroyo de serpientes, y se sentía que todo estaba decidido desde siempre. Hasta esas caricias que enredaban° el cuerpo del amante como queriendo retenerlo y disuadirlo, dibujaban abominablemente la figura de otro cuerpo que era necesario destruir. Nada había sido olvidado: coartadas, azares, posibles errores. A partir de esa hora cada instante tenía su empleo minuciosamente atribuido. El doble repaso despiadado° se interrumpía apenas para que una mano acariciara una mejilla. Empezaba a anochecer.

Sin mirarse ya, atados rígidamente a la tarea que los esperaba, se separaron en la puerta de la cabaña. Ella debía seguir por la senda° que iba al norte. Desde la senda opuesta él se volvió un instante para verla correr con el pelo suelto. Corrió a su vez, parapetándose° en los árboles y los setos°, hasta distinguir en la bruma malva° del crepúsculo° la alameda° que llevaba a la casa. Los perros no debían ladrar°, y no ladraron. El mayordomo no estaría a esa hora, y no estaba. Subió los tres peldaños° del porche y entró. Desde la sangre galopando° en sus oídos le llegaban las palabras de la mujer: primero una sala azul, después una galería, una escalera alfombrada°. En lo alto, dos puertas. Nadie en la primera habitación, nadie en la segunda. La puerta del salón, y entonces el puñal en la mano, la luz de los ventanales, el alto respaldo de un sillón de terciopelo verde, la cabeza del hombre en el sillón leyendo una novela. ∎

Marginal glosses (left column):
- country house
- agent
- butler
- sharecropping
- oak trees / Settled
- velvet
- tearing off
- back (of chair or sofa)
- dilemma
- the cabin in the woods
- suspicious(ly)
- lash / branch
- stopped the flow of

Marginal glosses (right column):
- dagger / was becoming warm
- was beating
- crouched (in wait) / wistful
- were entangling
- ruthless
- trail
- taking cover
- hedges / mauve mist
- twilight / tree-lined path
- bark
- steps
- pounding
- carpeted

Después de leer

Continuidad de los parques
Julio Cortázar

1 Comprensión Ordena los hechos que suceden en el cuento.

____ a. Sentado en su sillón de terciopelo verde, volvió al libro en la tranquilidad del estudio.

____ b. Finalmente, ella se fue hacia el norte y él llegó hasta la casa del bosque.

____ c. Un hombre regresó a su finca después de haber terminado unos negocios urgentes.

____ d. Llegó hasta el salón y se dirigió hacia el hombre que, sentado en el sillón de terciopelo verde, estaba leyendo una novela.

____ e. Ese día los perros no ladraron y el mayordomo no estaba.

____ f. En la novela, una mujer y su amante se encontraban en una cabaña.

____ g. Él subió los tres peldaños del porche y entró en la casa.

____ h. Se habían reunido allí para terminar de planear un asesinato.

2 Interpretación Contesta las preguntas.

1. Según se deduce de sus costumbres, ¿cómo crees que es la personalidad del hombre que estaba sentado en el sillón? Presenta ejemplos del cuento.

2. ¿Por qué crees que el mayordomo no trabajaba ese día?

3. ¿Qué relación hay entre la pareja de la cabaña y el hombre que está leyendo la novela?

4. ¿Quién crees que es la víctima? Haz una lista de las claves que hay en el cuento.

5. ¿Qué elementos visuales del cuento son propios de la novela de misterio?

6. ¿Cómo logra el escritor mantener la atención de sus lectores?

3 Análisis En parejas, conversen sobre estas preguntas.

1. ¿Qué habría pasado si el hombre del sillón hubiera cerrado el libro antes?

2. Imaginen que la novela que está leyendo el hombre es de otro género: humor, romance, ciencia ficción, etc. ¿Cuál habría sido el final en ese caso? Escríbanlo y, luego, compártanlo con la clase.

3. Expliquen por qué creen que este cuento se titula "Continuidad de los parques".

4. ¿Por qué dirías que esta obra de Julio Cortázar es un cuento imposible?

4 Un nuevo final Escribe un párrafo que describa lo que sucede después del final del cuento. Decide si el final será sobre el hombre que lee la novela o sobre la segunda historia que parece estar dentro de la primera.

Practice more at **vhlcentral.com**.

Antes de leer

Vocabulario

ampliar *to enlarge*	**entregar (un premio)** *to award*
aumentar *to increase*	**ir de la mano (de)** *to go hand*
construir *to build*	*in hand (with)*
cubrirse *to cover*	**el recurso** *mean*
encargar *to commission*	

1 **Artistas** Completa cada oración con la palabra más adecuada del vocabulario.

1. La Academia Sueca _____ el premio Nobel de Literatura la próxima semana.

2. La obra poética del español Rafael Alberti _____ de su obra pictórica.

3. Día a día _____ la lectura de libros en español.

4. El artista terminó la pintura que le _____ hacer.

5. El teatro no tiene los _____ suficientes para presentar la obra.

2 **Conexión personal** ¿Qué disciplinas artísticas conoces? En cada disciplina, ¿cuáles son tus artistas favoritos? ¿Crees que la arquitectura es una forma de arte? ¿Tienes alguna pintura o escultura favorita? ¿Cuál? Explica tus respuestas.

Contexto cultural

La arquitectura brutalista se desarrolló entre 1950 y 1970, después de la Segunda Guerra Mundial, y como expresión artística del socialismo utópico. Fue un estilo arquitectónico dirigido a la sociedad de masas que se consolidó durante la Guerra Fría. El término *brutalismo* proviene de la expresión francesa *béton brut*, que significa hormigón crudo o concreto en bruto. La arquitectura brutalista pone énfasis en el carácter expresivo de los materiales de construcción, por lo cual prefiere las formas geométricas angulares y las superficies ásperas de gran extensión. Estos elementos hacen que los edificios tengan una apariencia primitiva. Además del hormigón, el brutalismo utiliza otros materiales de bajo costo, como el ladrillo, el acero, el vidrio y la piedra rústica. Este movimiento se inspiró en los trabajos del arquitecto suizo Le Corbusier (1887-1965), especialmente su edificio *Unité d'Habitation* (foto). Otros famosos edificios de estilo brutalista son: la Biblioteca Geisel de la Universidad de California, en San Diego; la Torre del Complejo Cuzco, en Madrid; y el Centro de Innovación de la Pontificia Universidad Católica de Chile, obra de Alejandro Aravena.

 Practice more at **vhlcentral.com**.

La **nueva cara** de la arquitectura latinoamericana

La arquitectura en Latinoamérica se caracteriza por sus grandes contrastes. En algunos sectores de las grandes ciudades se conservan edificios° llenos de historia, pero también se construyen diseños homogéneos y poco innovadores como respuesta al rápido crecimiento poblacional. Y, aunque en algunos lugares son comunes los megaproyectos arquitectónicos, son incontables° las construcciones pequeñas e improvisadas o en condiciones precarias que se encuentran en terrenos ocupados ilegalmente. El arquitecto Alejandro Aravena (Santiago de Chile, 1967) decidió enfrentar° esta realidad.

buildings

countless

to face

houses

Este chileno estudió Arquitectura en su país y en Italia. Su idea de viviendas° "expansibles", es decir, viviendas sociales con posibilidad de crecimiento, es la pieza clave de su propuesta arquitectónica. Según Aravena, si el presupuesto de construcción es limitado, la solución es construir "media casa grande" en lugar de una casa pequeña, esto con el fin de que las familias puedan realizar mejoras° en el futuro con sus propios recursos económicos. Así, sus propuestas se muestran como un verdadero cambio de paradigma en la manera de pensar las viviendas para las personas más pobres. La vivienda es vista por Aravena como una inversión y no como un gasto° social, pues su valor puede aumentar con el paso de los años.

(home) improvements

spending

En el año 2003, el Gobierno de Chile le encargó a este arquitecto un proyecto que pudiera acoger° a cien familias de la ciudad de Iquique (en la costa norte chilena), que vivían ilegalmente en campamentos y construcciones improvisadas y peligrosas hacía más de tres décadas. Con un presupuesto de sólo 7.500 dólares por familia, debían cubrirse todos los gastos de construcción, incluyendo terreno, diseño, materiales, etc. La solución de Aravena consistió en construir un edificio de 750.000 dólares para cien familias, en lugar de cien casas individuales. Cada unidad del edificio fue pensada de manera estratégica: contaba con cocina, baño, escaleras, etc., pero, además, estaba proyectada para que las familias ampliaran los demás espacios habitacionales° en el futuro con medios propios. Este proyecto, llamado Quintas Monroy, fue el primero de sus "viviendas sociales". Hasta la fecha, desde su empresa de diseño Elemental, Aravena ha logrado innovar y construir cientos de viviendas de muy bajo costo.

take in

habitable

Sin embargo, su obra arquitectónica también incluye otro tipo de construcciones, como centros de enseñanza, edificios institucionales, museos, bibliotecas, etc., en las que un diseño innovador es la clave. Las Torres Siamesas, diseñadas para el Centro de Innovación Tecnológica de la Universidad Católica de Chile, por ejemplo, son un único edificio de vidrio°, con forma de torre, que presenta en la parte superior un quiebre° que genera la sensación de estar frente a dos torres siamesas. Este es un edificio imponente° pero amigable con el entorno. La torre está cubierta por una doble piel (vidrio por fuera y fibrocemento por dentro) que crea una cámara de aire° ventilada para aislar la temperatura.

glass

break

air chamber

El Premio Pritzker de arquitectura es entregado cada año por la fundación estadounidense Hyatt al mejor arquitecto del mundo. Se conoce comúnmente como el "Nobel de Arquitectura", y se concede al arquitecto que exprese su talento y creatividad a través de obras funcionales que contribuyan al desarrollo y progreso de la sociedad. El primer arquitecto latinoamericano en ganar este premio fue el mexicano Luis Barragán.

Esta doble perspectiva, social e innovadora, llevó a Aravena a recibir el Premio Pritzker en 2016, otorgado al mejor arquitecto del mundo. Con sólo 48 años, fue el segundo arquitecto más joven en recibir este reconocimiento. Es claro que para este chileno la innovación debe ir de la mano del compromiso con la sociedad; la arquitectura no es un fin en sí mismo, sino un vehículo para mejorar las condiciones sociales. ■

Después de leer

La nueva cara de la arquitectura latinoamericana

1 Comprensión Responde las preguntas con oraciones completas.

1. ¿Cuál es la idea más importante de la propuesta arquitectónica de Alejandro Aravena?
2. ¿Por qué Aravena piensa que la vivienda social no es un gasto?
3. ¿Dónde está ubicado el proyecto arquitectónico Quinta Monroy?
4. ¿Qué tipo de construcciones incluye la obra arquitectónica de Aravena?
5. ¿Qué premio de arquitectura ganó Aravena en 2016?

2 Reflexión En parejas, respondan estas preguntas.

1. Aravena llamó "Elemental" a su empresa de diseño. ¿Por qué creen que lo hizo?
2. ¿Qué caracteriza la arquitectura de su ciudad?
3. Mencionen tres construcciones históricas importantes de su ciudad. ¿Cuáles les gustan más? ¿Por qué?
4. ¿Creen que la arquitectura es un medio para mejorar las condiciones sociales de las personas? Expliquen su respuesta.

3 Comparación En grupos de tres, comparen el Museo Nacional de Bellas Artes de Chile, en Santiago, y el Centro Cultural de la ciudad de Constitución, diseñados por Alejandro Aravena.

1. ¿Qué diferencias pueden observar en el diseño de las construcciones?
2. ¿Cuál de las dos prefieren? ¿Por qué?
3. ¿Cómo creen que estas edificaciones contribuyen al desarrollo de sus comunidades?

4 Estudio de arquitectura En grupos de cuatro, ideen una firma de arquitectos. Piensen en un nombre para la empresa y en dos proyectos arquitectónicos que les gustaría realizar en su comunidad. Expongan sus propuestas a la clase.

Ⓢ Practice more at **vhlcentral.com**.

Atando cabos

¡A conversar!

Literatura y arte En grupos de cuatro, preparen una presentación sobre un(a) artista que les interese.

> **Tema:** Preparen una presentación sobre alguno de los artistas famosos de esta lección o elijan otro.
>
> **Preparación:** Investiguen en Internet o en la biblioteca. Una vez tengan la información sobre el/la artista, elijan los puntos más importantes que van a tratar. Busquen o preparen material audiovisual para ofrecer una visión más amplia del tema.
>
> **Organización:** Escriban un esquema que les ayude a organizar su presentación. Pueden guiarse respondiendo las siguientes preguntas.
>
> 1. ¿Dónde nació el/la artista?
> 2. ¿A qué se dedicó o dedica?
> 3. ¿Cómo llegó a ser conocido/a?
> 4. ¿Qué logros alcanzó con su obra?

Estrategia de comunicación

Cómo hablar de arte

1. No habríamos elegido a este/a artista si su obra no fuera...

2. Se hizo famoso/a gracias a...

3. Uno de los rasgos que caracteriza a este/a artista es...

4. A veces, los temas que trata son...

5. En esta obra podemos ver ciertos rasgos del movimiento cubista/ surrealista/indigenista...

6. Actualmente, sus obras...

¡A escribir!

Obras maestras culinarias Imagina que eres un chef que, al igual que el chef de *Las viandas*, se considera un(a) verdadero/a artista. Todas las semanas escribes una columna con críticas de restaurantes para una revista de arte. Elige un plato que te guste cocinar o que siempre comas en tu restaurante favorito y escribe un párrafo en el que describes el plato como si fuera una obra de arte. Usa el vocabulario que aprendiste en esta lección.

MODELO Hoy quiero presentarles una obra radical: empanadillas de cochinillo con salsa Dalí. Es un verdadero festival de los sentidos.

Vocabulary Tools

La literatura

el argumento	plot
la caracterización	characterization
la estrofa	stanza
el/la lector(a)	reader
el/la narrador(a)	narrator
la obra literaria	literary work
el personaje	character
el/la protagonista	protagonist
el punto de vista	point of view
la rima	rhyme
el verso	line (of poetry)
desarrollarse	to develop
hojear	to skim
narrar	to narrate
tratarse de	to be about

Los géneros literarios

la (auto)biografía	(auto)biography
la ciencia ficción	science fiction
la literatura infantil/juvenil	children's literature
la novela rosa	romance novel
la poesía	poetry
la prosa	prose
clásico/a	classic
de terror	horror (story/novel)
didáctico/a	educational
histórico/a	historical
humorístico/a	humorous
policíaco/a	detective (story/novel)
satírico/a	satirical
trágico/a	tragic

Los artistas

el/la artesano/a	artisan
el/la dramaturgo/a	playwright
el/la ensayista	essayist
el/la escultor(a)	sculptor
el/la muralista	muralist
el/la novelista	novelist
el/la pintor(a)	painter
el/la poeta/poetisa	poet

El arte

la acuarela	watercolor
el autorretrato	self-portrait
las bellas artes	fine arts
el cuadro	painting
la escultura	sculpture
la naturaleza muerta	still life
la obra (de arte)	work (of art)
el óleo	oil painting
el pincel	paintbrush
la pintura	paint; painting
la tela	canvas
dibujar	to draw
diseñar	to design
esculpir	to sculpt
reflejar	to reflect; to depict
abstracto/a	abstract
contemporáneo/a	contemporary
inquietante	disturbing
intrigante	intriguing
llamativo/a	striking
luminoso/a	bright
realista	realistic; realist
al estilo de	in the style of
de buen/mal gusto	in good/bad taste

Las corrientes artísticas

la corriente/el movimiento	movement
el cubismo	cubism
el expresionismo	expressionism
el impresionismo	impressionism
el realismo	realism
el romanticismo	romanticism
el surrealismo	surrealism

Más vocabulario

Expresiones útiles	Ver p. 365
Estructura	Ver pp. 372, 374 y 376

Cinemateca

la barbaridad	outrageous thing
el cochinillo	suckling pig
el/la comensal	dinner guest
el compromiso	awkward situation
el jabalí	wild boar
la ofensa	insult
acompañar	to come with
contundente	filling

Literatura

el arroyo	stream
la coartada	alibi
la mejilla	cheek
el pecho	chest
el/la testigo	witness
la trama	plot
acariciar	to caress
al alcance	within reach

Cultura

el recurso	mean
ampliar	to enlarge
aumentar	to increase
construir	to build
cubrirse	to cover
encargar	to commission
entregar (un premio)	to award
ir de la mano (de)	to go hand in hand (with)

La política y la religión

Communicative Goals
You will expand your ability to...
- describe actions in the passive voice
- make impersonal or generalized statements
- talk about unexpected or accidental events
- describe time and space relationships

La política y la religión

La religión

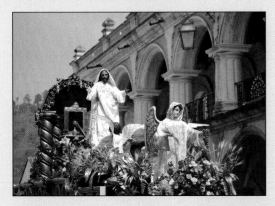

Durante la Semana Santa en Antigua, Guatemala, los **creyentes** muestran su **fe** en **Dios** y sus tradiciones con coloridas procesiones en las que cargan imágenes **religiosas.**

la creencia *belief*
el/la creyente *believer*
Dios *God*
la fe *faith*
la iglesia *church*
la mezquita *mosque*
la sinagoga *synagogue*
el templo *temple*

bendecir (e:i) *to bless*
creer en *to believe in*
meditar *to meditate*
rechazar *to reject*
rezar *to pray*

espiritual *spiritual*
(in)moral *(im)moral*
religioso/a *religious*
sagrado/a *sacred; holy*

Las creencias religiosas

agnóstico/a *agnostic*
ateo/a *atheist*
budista *Buddhist*
católico/a *Catholic*

cristiano/a *Christian*
hindú *Hindu*
judío/a *Jewish*
musulmán/musulmana *Muslim*

Los cargos públicos

el alcalde/la alcaldesa *mayor*

el/la diputado/a *representative*
el/la embajador(a) *ambassador*
el/la gobernador(a) *governor*
el/la juez(a) *judge*
el/la primer(a) ministro/a *prime minister*
el/la senador(a) *senator*

La política

Rosario Dawson, actriz y **activista**, fundó la organización Voto Latino, que realiza una **campaña** para aumentar el número de **ciudadanos** latinos que **se inscriben** para **votar** y participan en las **elecciones** estadounidenses.

el/la activista *activist*

la campaña *campaign*

el/la candidato/a *candidate*

el/la ciudadano/a *citizen*

los derechos (humanos/civiles) *(human/civil) rights*

el exilio político *political exile*

la guerra (civil/mundial) *(civil/world) war*

la ideología *ideology*

la inmigración *immigration*

la libertad *freedom*

el/la líder *leader*

la manifestación *protest*

la mayoría *majority*

la minoría *minority*

el partido político *political party*

la polémica *controversy*

el/la político/a *politician*

el proyecto de ley *bill*

el terrorismo *terrorism*

aprobar (o:ue) una ley *to pass a law*

elegir (e:i) *to elect*

emigrar *to emigrate*

ganar/perder (e:ie) las elecciones *to win/lose an election*

gobernar (e:ie) *to govern*

inscribirse *to register*

luchar *to fight*

pronunciar un discurso *to give a speech*

protestar *to protest*

votar *to vote*

conservador(a) *conservative*

(des)igual *(un)equal*

(in)justo/a *(un)just*

liberal *liberal*

Práctica

1 Escuchar

A. Escucha la presentación y después completa las oraciones con la opción correcta.

1. Los asistentes a la reunión son _____.
   a. compañeros de oficina
   b. miembros de un partido

2. Ana Lozano es _____.
   a. una candidata   b. la presidenta del país

3. El partido piensa que _____ están en peligro.
   a. las leyes   b. los derechos civiles

4. Según el presentador, el proyecto de ley es _____.
   a. inmoral   b. obsoleto

5. El partido tiene planes para luchar contra _____.
   a. la corrupción   b. el terrorismo y la injusticia

B. Escucha la conversación entre Tony y José Manuel, y contesta las preguntas.

1. ¿Por qué está tan ocupado José Manuel?
2. ¿Qué piensa Tony de Ana Lozano?
3. ¿Qué opina José Manuel de la candidata?
4. ¿Qué va a hacer Tony en las elecciones?
5. ¿Adónde va José Manuel?
6. ¿Qué decide hacer Tony al final?

C. En parejas, conversen sobre estas preguntas.

1. ¿Te pareces más a Tony o a José Manuel? Justifica tu respuesta.
2. ¿Has votado en unas elecciones? ¿Cuáles? ¿Ganó tu candidato/a?
3. ¿Alguna vez participaste en una campaña política o manifestación? ¿Por qué?

2 No pertenece Identifica la palabra que no pertenece.

1. mezquita–iglesia–sinagoga–budista
2. ciudadano–sagrado–religioso–espiritual
3. meditar–rezar–emigrar–creer
4. desigual–discurso–injusto–inmoral
5. creyente–campaña–elecciones–candidato
6. luchar–protestar–bendecir–rechazar

Práctica

3 **Los políticos** Empareja las personas de la primera columna con sus funciones políticas.

_____ 1. activistas
_____ 2. alcaldes
_____ 3. candidatos
_____ 4. embajadores
_____ 5. jueces
_____ 6. senadores

a. Representan estados o provincias y aprueban leyes.
b. Son responsables de los asuntos del pueblo o ciudad.
c. Trabajan en un tribunal (*court*) y dictan sentencias.
d. Representan un país ante otros países.
e. Hacen campañas porque quieren asumir un cargo público.
f. Organizan manifestaciones y luchan por sus ideales.

4 **¿Quién es?**

A. Identifica a qué personaje se refieren estas situaciones.

| activista | agnóstico/a | ateo/a | creyente |

_____ 1. Va al templo siempre que puede. Eso lo/la ayuda a encontrar la paz espiritual. Una vez allí, reza y medita sobre los temas que le preocupan.

_____ 2. Él/Ella y un grupo de amigos/as se manifestaron delante de la residencia presidencial para pedir el fin de la guerra. No tiene miedo de crear polémica, con tal de conseguir su objetivo.

_____ 3. Sus padres van mucho a la iglesia, pero él/ella no tiene ninguna creencia religiosa. Durante las fiestas religiosas, siempre terminan peleándose.

_____ 4. No tiene fe, pero no niega la existencia de un ser superior. Nunca habla de religión, pero no le importa tener amigos religiosos.

B. Escribe tres situaciones más sobre otros personajes de **Contextos** e intercámbialas con un(a) compañero/a para que adivine a qué personaje se refiere cada situación.

5 **Antónimos** Identifica ocho palabras de **Contextos** que sean antónimos de estas palabras.

1. conservador: _____
2. igual: _____
3. ateo: _____
4. creer: _____
5. justo: _____
6. paz: _____
7. mayoría: _____
8. moral: _____

6 **Oraciones** En parejas, utilicen las palabras de la lista para escribir seis titulares (*headlines*) sobre la religión y la política para el periódico *El País*. ¡Sean creativos/as!

espiritual	(in)moral	ministro
fe	libertad	polémica
gobernador	luchar	religioso
ideología	meditar	sagrado

Practice more at **vhlcentral.com**.

Comunicación

(7) Estereotipos Lee estos estereotipos sobre la política. Luego, en grupos de tres, cada persona debe añadir otro estereotipo a la lista. Conversen sobre todas las oraciones. ¿Están de acuerdo? ¿Por qué? Den ejemplos de la actualidad para defender sus opiniones.

> **"Las personas que no votan no tienen derecho a quejarse."**

> **"Los senadores y diputados prometen mucho y hacen poco."**

> **"Los conservadores no se preocupan por el medio ambiente."**

> **"Los liberales no se preocupan por la defensa del país."**

> **"La política no es más que polémica y escándalo."**

(8) Elecciones

A. En parejas, miren los carteles electorales y decidan por cuál de los dos candidatos votarían en las elecciones. ¿Por qué? Compartan sus opiniones con la clase.

B. Ahora, imaginen que ustedes quieren presentarse como candidatos/as a presidente/a y vicepresidente/a de su gobierno estudiantil. Diseñen su propio cartel y preparen un discurso para la clase utilizando por lo menos ocho palabras de **Contextos**. Luego, la clase votará por los/las mejores candidatos/as.

(9) Creencias religiosas Muchas religiones tienen aspectos en común. En parejas, escriban un párrafo breve sobre aspectos en común de las religiones que conocen. Utilicen por lo menos seis palabras de la lista y añadan sus propias ideas.

creencia	líder
creyente	meditar
Dios	moral
espiritual	rezar
fe	sagrado

Hasta ahora, en el video...

Lorenzo va con Marcela y Manu a vender los alebrijes que hizo su esposa. En la tienda se encuentran con la doctora Hernández y descubren que es la mamá de Ricardo. Allí, Marcela y Ricardo discuten hasta que la mamá decide hacer un selfi con las dos familias. En este episodio verás cómo sigue la historia.

 Video

RICARDO ¿Viste las caras de los inversionistas cuando te vieron volando el dron? ¡Van a apoyar el proyecto! Gracias a ti.

MARCELA La presentación fue exitosa porque el dron fue perfectamente diseñado por ti. (*Ricardo y Marcela se dirigen hacia la iglesia.*) ¿Dónde estará el padre? Espero que recuerde que venimos para que nos bendiga el dron.

MARCELA (*al teléfono*) Padre Osvaldo, es Marcela, vine para que nos bendiga el dron.
El padre Osvaldo va a buscar a Marcela.

PADRE OSVALDO Dios, Padre nuestro, bendice este dron, para que el proyecto de estos jóvenes transcurra felizmente.
Marcela y Ricardo salen con prisa porque tienen que votar.

MARCELA El proyecto político de Carmen Vargas es el más justo.

ROCÍO Luis González es quien merecía ganar, es un gran líder.

LORENZO Es un activista de derechos humanos.

MARCELA ¿En realidad creen eso?

RICARDO ¡Por supuesto!

MARCELA ¡Mi madre diría que estás políticamente equivocado!

MARCELA Voy a ver la tele. Vargas fue electa por la mayoría. ¡Qué malo es estar entre perdedores!

RICARDO Este perdedor está cansado. Me voy.

MARCELA ¿Te llevo hasta tu casa?

RICARDO No hace falta. Voy caminando.

MARCELA Bueno, de paso procesas la derrota.

Personajes

RICARDO

MARCELA

PADRE OSVALDO

LORENZO

ROCÍO

LUPITA

MANU

3

Marcela y Ricardo ven a Lorenzo y Rocío pintando los carteles de un candidato.

LORENZO Hola, hija.

MARCELA ¿Se les olvidó que dañar los carteles de un candidato constituye una infracción electoral?

LORENZO *(señalando a Rocío)* ¡Le dije que no lo hiciéramos!

MARCELA Ya me imagino el titular del diario: "Opositores de Vargas encarcelados por dañar carteles."

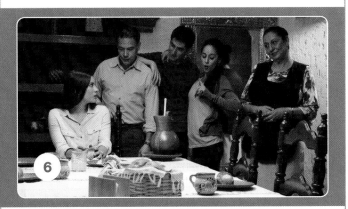

6

LORENZO *(imitando a Marcela)* ¡De paso procesas la derrota!

ROCÍO *(imitando a Marcela)* Como diría mi madre, ¡estás políticamente equivocado!

LUPITA ¡Deja la política, Marcelita!

MARCELA ¿Por qué? ¿Qué pasó?

MANU ¿No ves que se muere por ti?
Marcela sale corriendo de la casa.

Expresiones útiles

Making positive comments

¡Esta iglesia es increíble!
This church is unbelievable!

¡Estuvo de maravilla!
It was awesome!

Me gustan los chicos que saben perder.
I like guys who know how to lose.

Telling someone that something is not right

Como diría mi madre, ¡estás políticamente equivocado!
As mom would say, you are being politically incorrect!

¿Qué haces? ¡No debes gritar en una iglesia!
What are you doing? You shouldn't yell in a church!

¿Se les olvidó que dañar los carteles de un candidato constituye una infracción electoral?
Did you forget that damaging a candidate's posters constitutes an electoral offense?

Expressing possession

El proyecto político de Carmen Vargas es el más justo.
Carmen Vargas's political plan is the fairest.

Va a mejorar la educación y los servicios de salud de la ciudad.
She is going to improve education and the city's health services.

Additional vocabulary

la alcaldía *mayorship*
de ninguna manera *No way!*
la derrota *defeat*
ejercer *to exercise*
encarcelado/a *imprisoned*
olvidadizo/a *forgetful*
reñido/a *hard-fought*
¡Sin duda! *Definitely!*

Comprensión

1 **¿Cierto o falso?** Decide si estas oraciones son **ciertas** o **falsas**. Corrige las falsas.

Cierto **Falso**

☐ ☐ 1. Los inversionistas invertirán en la empresa de diseño y construcción de drones.

☐ ☐ 2. Marcela y Ricardo van a la iglesia para que el padre Osvaldo les bendiga el dron.

☐ ☐ 3. Marcela y Ricardo tienen prisa porque tienen que reunirse con los inversionistas.

☐ ☐ 4. Lorenzo y Rocío son descubiertos cuando pintan carteles de la candidata.

☐ ☐ 5. A Marcela y a Rocío les gusta la candidata Carmen Vargas.

☐ ☐ 6. Marcela sale corriendo de casa y le da un beso a Ricardo en la calle.

2 **Oraciones** Une los elementos de cada columna para formar oraciones sobre este episodio de la fotonovela. Después, completa la oración fijándote en las fotos para identifificicaa quién realiza cada acción.

LORENZO **MARCELA** **LUPITA** **PADRE OSVALDO** **RICARDO** **ROCÍO**

——— 1. El dron   a. fueron recibidos en la iglesia por ———.

——— 2. Marcela y Ricardo   b. fue perfectamente diseñado por ———.

——— 3. El cartel de la candidata   c. fue votado por ———.

——— 4. Ricardo   d. fueron recogidos por ———.

——— 5. Luis González   e. fue pintado por ———.

——— 6. Los platos   f. fue besado por ———.

3 **Oraciones incompletas**

A. Completa las oraciones con la información correcta.

1. La mujer que está en la iglesia mira mal a Ricardo porque…

2. Cuando Marcela llama al padre Osvaldo por teléfono, él…

3. El reportero del programa de radio que escucha el padre Osvaldo habla sobre…

4. El padre Osvaldo no quería que Ricardo y Marcela se fueran tan rápido porque quería…

5. A Marcela le gusta Carmen Vargas porque…

6. Manu le dice a Marcela que Ricardo…

B. Ahora, en parejas, túrnense para preguntarse cómo termina cada oración. Sigan el modelo. ¿Coinciden en sus respuestas?

MODELO

ESTUDIANTE 1 ¿Por qué mira mal a Ricardo la mujer que está en la iglesia?

ESTUDIANTE 2 Lo mira mal porque Ricardo grita. ¿Qué hace el padre Osvaldo cuando…?

Ampliación

(4) **Opiniones** En grupos de tres, compartan sus opiniones acerca de estos eventos del episodio.

1. Ricardo levanta la voz en la iglesia y una mujer lo mira mal.

2. Ricardo y Marcela llevan el dron a bendecir para que el proyecto salga bien.

3. Lorenzo y Rocío pintan carteles de una candidata a la alcaldía.

(5) **Un(a) político/a ideal** Marcela y Rocío no se ponen de acuerdo sobre quién es el mejor candidato. ¿Qué características crees que debe tener un(a) buen(a) político/a? Escribe un párrafo en el que menciones cuatro características.

(6) **Apuntes culturales** En parejas, lean los párrafos y contesten las preguntas.

Templo de Santo Domingo de Guzmán, Oaxaca

Marcela y Ricardo llevan el dron al Templo de Santo Domingo de Guzmán (p. 49), en Oaxaca, para que sea bendecido. Este templo de estilo barroco se comenzó a construir en el año 1551, cuando El Ayuntamiento de la Antequera de Oaxaca donó el terreno a la orden de los dominicos. La construcción total no acabó hasta finales del siglo XVII. En 1979 fue visitado por el papa Juan Pablo II. Hoy día, es uno de los lugares más vistos por los turistas en Oaxaca.

Elecciones federales en México

Carmen Vargas ha ganado las elecciones a la alcaldía de Oaxaca en este episodio de la fotonovela. Las elecciones de México se celebran cada seis años y son organizadas por el Instituto Nacional Electoral, organismo público y autónomo encargado de la elección del presidente de la República, de los gobernadores de cada uno de los 31 estados y del jefe de Gobierno del Distrito Federal, además de las elecciones locales. A diferencia de otros países latinoamericanos, en México no es obligatorio votar y los presidentes no pueden ser reelectos.

La tradición de bendecir

Ricardo y Marcela piden al padre Osvaldo que les bendiga el dron. Este ritual es muy frecuente entre quienes practican la fe católica, religión predominante en Latinoamérica. Consiste en hacer la señal de la cruz con las manos sobre objetos o personas. Esta tradición también se observa en muchas otras religiones y puede tener diferentes objetivos, entre otros, agradecer a Dios, depositar la esperanza en que un objeto o una persona tendrá un futuro o un viaje exitoso o, simplemente, pedir protección divina. Viviendas, vehículos, locales comerciales, o pequeños objetos religiosos, como estampas de santos, rosarios, etc., son algunos de los objetos más bendecidos.

1. ¿Qué edificios religiosos has visitado? ¿Cuál te pareció el más atractivo? ¿Por qué?

2. ¿Sueles ir a la iglesia, mezquita, templo, etc.? ¿Cómo te sientes cuando estás allí?

3. ¿Qué te parece el sistema electoral de los Estados Unidos?

4. ¿Crees que es mejor votar cada seis años o cada cuatro? ¿Prefieres un sistema en el que el/la presidente/a puede reelegirse o no? ¿Por qué?

5. ¿Crees que votar tendría que ser obligatorio? Explica tu respuesta.

BOLIVIA

EL CARNAVAL
DE ORURO

Durante los cuarenta días de fiesta del Carnaval de Oruro, generalmente a fines de febrero, los grupos folclóricos llenan las calles de música y baile. Los espectáculos cuentan las historias de la Conquista y honran a la Virgen del Socavón, protectora de la ciudad. Los habitantes les dan gran importancia a las coreografías y a la confección° de los disfraces° que preparan a lo largo de todo el año. Uno de los elementos más famosos de este carnaval son las máscaras° de diablo. Estas piezas de artesanía son originales y contienen símbolos de la mitología andina, como la serpiente o el cóndor. Hoy día, son consideradas verdaderas creaciones artísticas y se han convertido en objetos de colección.

El desfile° más celebrado, y el que muestra la fusión de tradiciones católicas e indígenas, es el de las *diabladas*. En él, los participantes se visten con elaboradísimos disfraces de diablos y realizan bailes en honor de la Virgen. Tanto la figura del diablo como la de la Virgen del Socavón tienen elementos de la tradición indígena. El Tío Supay es una figura ancestral andina que con el tiempo pasó a identificarse con el diablo de la tradición cristiana. Otro personaje de la mitología andina, la diosa benefactora de los urus°, se integró plenamente con la Virgen del Socavón.

Con el paso de los años el Carnaval de Oruro se ha convertido también en visita obligada para los turistas. En 2001 fue proclamado "Obra maestra del patrimonio oral e inmaterial de la humanidad" por la UNESCO. ∎

Otros desfiles del Carnaval de Oruro

- **Morenadas** Desfile de personajes que representan a los esclavos africanos, a los indígenas y a los conquistadores españoles
- **Caporales** Desfile que representa la brutalidad de los capataces° que vigilaban° a los trabajadores indígenas y africanos

Leyendas
Según la leyenda, el Tío Supay, dios de las minas° bolivianas, protege las riquezas que se esconden bajo la tierra. Esta divinidad andina no tiene clemencia y, por siglos, se ha cobrado° la vida de los mineros° que no reconocen su poder. Según cuenta la mitología andina, una deidad femenina bajó del cielo a proteger a los urus del Tío Supay, y éste, tras la derrota°, tuvo que irse a vivir bajo tierra.

confección *making* **disfraces** *costumes* **máscaras** *masks* **desfile** *parade* **urus** *indigenous people* **minas** *mines* **se ha cobrado** *he has claimed* **mineros** *miners* **derrota** *defeat* **capataces** *foremen* **vigilaban** *watched over*

ASÍ LO DECIMOS

La religión y la política

cada muerte de obispo° *once in a blue moon*

estar en capilla° *to be punished*

mano de santo° (Esp.) *miracle cure*

ojalá° *I hope so*

ser más viejo/a que Matusalén° *to be very old*

ajustarse el cinturón *to tighten one's belt*

medir con doble vara *to have double standards*

un(a) ñoqui (Arg.) *a person getting paid for a government position he/she doesn't hold*

un(a) politiquillo/a (Esp. y Méx.) *(pej.) minor politician*

EL MUNDO HISPANOHABLANTE

Campañas y elecciones

La ley seca, común en varios países de Latinoamérica, prohíbe la venta de bebidas alcohólicas el día de las elecciones, que generalmente es un domingo. En Costa Rica, esta ley, introducida en 1952, rige° desde el viernes a la medianoche hasta el lunes siguiente.

Las escuelas son los lugares comunes para votar en Argentina. Los votantes van a las escuelas y realizan la votación en las aulas°, llamadas *cuartos oscuros* porque las ventanas se cubren para que nadie pueda observar al votante. Las elecciones son el domingo y, generalmente, el lunes siguiente no hay clases.

El cierre de campaña ocurre unos días previos al día de la votación, según la ley de algunos países. En Ecuador, por ejemplo, los candidatos y los medios de comunicación no pueden hacer propaganda ni expresar opiniones políticas dos días antes de las elecciones.

cada muerte... *(lit.) every time a bishop dies* **estar en...** *(lit.) to be in a chapel* **mano de santo** *(lit.) saint's hand* **ojalá** *(from Arabic law šá lláh) God willing* **ser más viejo...** *(lit.) to be older than Methuselah* **rige** *is in effect* **aulas** *classrooms*

PERFIL

EVO MORALES

Evo Morales ganó las elecciones presidenciales de Bolivia por tercera vez en octubre de 2014. Nació en 1959, en un pequeño pueblo marcado por la pobreza. Su familia, de ascendencia aymara, vivía en condiciones tan precarias que cuatro de sus hermanos murieron antes de los dos años. De muy joven, el presidente indígena comenzó a trabajar en el campo y se inscribió en un sindicato de campesinos, donde no tardó en demostrar sus dotes° de líder. Su carrera política dio un gran salto en 1997, cuando ganó las elecciones para la Cámara de los Diputados con un setenta por ciento de los votos. A partir de allí, y no libre de controversia por sus posturas políticas, se transformó en uno de los mayores protagonistas del panorama político de Latinoamérica. Su discurso político se centra en la nacionalización de los recursos mineros del país y en la lucha por los derechos de los campesinos.

Evo Morales no ha sido el único líder indígena de América Latina. Entre otros, se destacan Benito Juárez, Luis Macas y Rigoberta Menchú. Juárez (1806-1872) fue descendiente de la etnia zapoteca y presidente de México entre 1858 y 1872; Macas (1950), de la comunidad kichwa, fue el primer legislador nacional indígena de Ecuador y ha sido candidato presidencial; y Menchú (1959), de origen maya quiché, ganó el Premio Nobel de la Paz en 1992 por su defensa y reivindicación° de los derechos de los indígenas.

❝ No vivir tan deprisa, valorar lo que tenemos y dedicarnos más a los demás ❞
(Evo Morales, presidente de Bolivia)

dotes *skills* **reivindicación** *assertion*

¿Qué aprendiste?

1 **¿Cierto o falso?** Indica si las oraciones son **ciertas** o **falsas**. Corrige las falsas.

1. El Carnaval de Oruro combina historias de la Conquista con elementos religiosos.
2. La Virgen del Socavón es la protectora de la ciudad.
3. Las máscaras de diablo tienen símbolos de la mitología indígena.
4. Las máscaras son todas iguales.
5. El desfile más famoso es el de las morenadas.
6. El diablo de los carnavales tiene elementos del Tío Supay de la mitología andina.
7. El desfile de las morenadas se realiza en conmemoración a la Virgen del Socavón.
8. El Carnaval de Oruro ha sido declarado "Obra maestra del patrimonio oral e inmaterial de la humanidad".

2 **Oraciones** Completa las oraciones con la información correcta.

1. En octubre de 2014, Evo Morales _____.
2. La familia de Morales era _____.
3. De joven, Morales se inscribió en _____.
4. Uno de los temas principales de su discurso político es _____.

3 **Las elecciones** Contesta las preguntas con oraciones completas.

1. ¿En qué situación se usa el dicho "cada muerte de obispo"? ¿Existen en tu cultura otros dichos con referencias religiosas?
2. ¿Crees que debería ser obligatorio votar? ¿Por qué?
3. ¿Qué día se suelen celebrar las elecciones en Latinoamérica? ¿Qué opinas de que las elecciones sean un día no laborable?
4. ¿Por qué se llaman "cuartos oscuros" las salas usadas en Argentina para votar?
5. ¿Qué harías para promover la participación en las elecciones en tu comunidad?

4 **Opiniones** En parejas, den su opinión sobre la importancia del dinero en la política. Usen las preguntas como guía.

- ¿Es positivo o negativo que un(a) político/a tenga dinero antes de llegar al poder? Justifiquen su respuesta.
- ¿Cómo deben ser los salarios de los políticos?
- ¿Creen que está bien que los políticos reciban donaciones de empresas?
- ¿De qué manera el origen y el nivel social de un gobernante pueden marcar su ideología?

 Practice more at **vhlcentral.com**.

PROYECTO

Carnaval en República Dominicana

Carnavales

Muchos lugares de Latinoamérica tienen celebraciones de carnaval. Elige una región o ciudad latinoamericana —aparte de Oruro y Montevideo (**Lección 9**)— que tenga celebraciones especiales de carnaval. Describe la celebración y explica las similitudes y diferencias con el Carnaval de Oruro.

Puedes elegir una región o ciudad de la lista o investigar otra que desees.

- Carnaval de San Miguel, El Salvador
- Carnaval de Barranquilla, Colombia
- Carnaval de Gualeguaychú, Argentina
- Carnaval Cimarrón, República Dominicana

Puerto Rico: ¿nación o estado?

 Video

Ya has leído sobre la importancia de la política y los gobiernos en la historia de los países y la vida de sus ciudadanos. En este episodio de **Flash cultura**, conocerás la situación actual de Puerto Rico y las distintas opiniones que tienen sobre el tema sus habitantes.

Corresponsal: Diego Palacios
País: Puerto Rico

Cuando estás aquí, no sabes si estás en un país latinoamericano o si estás en los Estados Unidos.

VOCABULARIO ÚTIL

la aduana customs	**permanecer** to remain
el buzón mailbox	**los recursos** resources
el comercio trade	**las relaciones exteriores** foreign relations
los impuestos taxes	**la tarjeta postal** postcard

(1) **Preparación** Responde estas preguntas: ¿Hablas de política con tus amigos? ¿Lees el periódico o escuchas las noticias? ¿Te interesa conocer la situación política de tu país? ¿Y la de otros países? ¿Qué sabes de la política de Puerto Rico?

(2) **Comprensión** Indica si estas afirmaciones son **ciertas** o **falsas**. Después, en parejas, corrijan las falsas.

1. Los ciudadanos de Puerto Rico son estadounidenses.
2. La moneda de Puerto Rico es el peso.
3. En Puerto Rico se pagan impuestos federales y locales.
4. El gobierno de Estados Unidos se ocupa de las relaciones exteriores, el comercio y la aduana de Puerto Rico.
5. A los puertorriqueños también se les dice *boricuas*.
6. Los puertorriqueños quieren que su país sea independiente.

En Puerto Rico, puedes tomar el sol en la playa, beber agua de coco y enviarles tarjetas postales a tus amigos.

(3) **Expansión** En parejas, contesten estas preguntas.

- ¿Te gusta enviar tarjetas postales cuando viajas? ¿Por qué? ¿A quién le enviarías una desde Puerto Rico?

- ¿Piensas que el debate sobre política puede convertirse realmente en un deporte nacional? ¿Podría pasar algo parecido en tu país con algún tema? ¿Con cuál?

- De las tres opciones planteadas en el video (que Puerto Rico permanezca como estado asociado, que se convierta en un estado o que sea un país independiente), ¿cuál te parece a ti la más acertada? ¿Por qué?

El debate se ha convertido en el deporte nacional de Puerto Rico.

 Practice more at **vhlcentral.com**.

11.1 The passive voice

La presentación fue exitosa porque el dron fue perfectamente diseñado por ti.

Vargas fue electa por la mayoría.

TALLER DE CONSULTA

Manual de gramática
Más práctica

11.1 The passive voice,
p. A58
11.2 Uses of **se**, p. A59
11.3 Prepositions: **de, desde,
en, entre, hasta, sin**, p. A60

Más gramática

11.4 Past participles used as
adjectives, p. A61

• • • •

To review irregular past
participles, see **7.1**,
pp. 256–257.

• • • •

Passive statements may
also be expressed with the
passive **se**. See **11.2**,
pp. 408–409.

- In the active voice (**la voz activa**), a person or thing (agent) performs an action on an object (recipient). The agent is emphasized as the subject of the sentence. Statements in the active voice usually follow the pattern [*agent*] + [*verb*] + [*recipient*].

AGENT = SUBJECT	VERB	RECIPIENT
Los senadores	**discutieron**	el proyecto de ley.
The senators	*discussed*	*the bill.*
El presidente	**ha nombrado**	a los miembros del comité.
The president	*has nominated*	*the members of the committee.*

¡ATENCIÓN!

The person performing the
action (the agent) is not
always explicit.

**La ciudad fue fundada
en 1883.**

*The city was founded
in 1883.*

- In the passive voice (**la voz pasiva**), the recipient of the action becomes the subject of the sentence. Passive statements emphasize the thing that was done or the person that was acted upon. They follow the pattern [*recipient*] + **ser** + [*past participle*] + **por** + [*agent*].

RECIPIENT = SUBJECT	SER + PAST PARTICIPLE	POR + AGENT
El proyecto de ley	**fue discutido**	por los senadores.
The bill	*was discussed*	*by the senators.*
Los miembros del comité	**han sido nombrados**	por el presidente.
The members of the committee	*have been nominated*	*by the president.*

- Note that singular forms of **ser** (**es, ha sido, fue**, etc.) are used with singular subjects and plural forms (**son, han sido, fueron**, etc.) are used with plural subjects.

La manifestación **fue organizada** por
un grupo de activistas.
*The protest was organized by
a group of activists.*

Los dos candidatos **fueron rechazados**
por el comité.
*Both candidates were rejected by
the committee.*

- In addition, the past participle must agree in number and gender with the subject.

El discurso fue **escrito** por el
presidente mismo.
*The speech was written by the
president himself.*

Tres **nuevas leyes** serán **aprobadas** por
el senado este año.
*Three new laws will be passed by the
senate this year.*

Dos **tratados** han sido **firmados**
por la primera ministra.
*Two treaties have been signed by
the prime minister.*

La disminución de empleos fue **prevista**
por el ministro de Economía.
*The decline in jobs was predicted by
the Secretary of the Treasury.*

TALLER DE CONSULTA

Past participles used as
adjectives also agree in
gender and number. See
**Manual de gramática
11.4**, p. A61.

Práctica y comunicación

TALLER DE CONSULTA

MANUAL DE GRAMÁTICA
Más práctica

11.1 The passive voice,
p. A58

1 **Oraciones** Completa las oraciones con la forma adecuada del participio pasado.

1. La presidenta es _____ (querer) por todos los ciudadanos.
2. El discurso fue _____ (pronunciar) por la ministra.
3. La seguridad de las ciudades va a ser _____ (discutir) por los senadores.
4. Las leyes van a ser _____ (revisar) por el nuevo gobierno.
5. Aquellos dos senadores fueron _____ (elegir) el mes pasado.
6. La ley fue _____ (defender) por todos.
7. El nuevo proyecto de ley fue _____ (aceptar) por todos los líderes sindicales.
8. Ni los derechos humanos ni los civiles son _____ (respetar) por las dictaduras.

2 **Decirlo de otra manera** Cambia cada oración de voz activa a voz pasiva siguiendo el modelo. ¡Presta atención a los tiempos verbales!

MODELO **El líder sindical va a proponer una huelga.**
Una huelga va a ser propuesta por el líder sindical.

1. El general ya ha recibido las órdenes.
2. El juez suspendió la sentencia.
3. Los ciudadanos elegirán a dos senadores.
4. La diputada recibe al embajador.
5. El secretario organizó la campaña electoral.
6. La candidata promete cambios drásticos.
7. El ejército ha mandado a tres mil soldados a la zona del conflicto.
8. Los manifestantes no apoyan las nuevas leyes de inmigración.

3 **Concurso**

Primer paso: Escribir oraciones en voz activa y pasiva

Formen grupos de tres o cuatro. Cada grupo escribe cinco oraciones en voz activa y cinco oraciones en voz pasiva en papelitos. Luego, mezclen los papelitos con las oraciones de todos los grupos.

Segundo paso: Cambiar la oración

Dividan la clase en dos equipos. Primero, un miembro de un equipo toma un papelito con una oración y el equipo contrario debe cambiar la oración de activa a pasiva o de pasiva a activa en diez segundos y sin cometer errores. Luego, le toca hacer lo mismo al otro equipo.

Tercer paso: ¿Cuál es el equipo ganador?

Cuando hayan usado todos los papelitos que escribieron, cuenten las oraciones correctas de cada equipo. Gana el equipo con más oraciones correctas.

 Practice more at **vhlcentral.com**.

Tutorial

11.2 Uses of *se*

Perdona, pero se hace tarde.

Se espera que la alcaldesa electa pronuncie su discurso de aceptación en cualquier momento.

The impersonal *se*

- **Se** is used with third-person singular verbs in impersonal constructions where the subject of the sentence is indefinite. In English, the words *one*, *people*, *you*, or *they* are often used instead. The impersonal **se** is used with intransitive verbs (verbs that can't take a direct object).

Se habla mucho de la crisis.
They're talking a lot about the crisis.

Se dice que es mejor prestar que pedir prestado.
They say it is better to lend than to borrow.

Se está muy bien aquí.
It's pretty good here.

No **se debe** votar sin informarse sobre los candidatos.
One shouldn't vote without becoming informed about the candidates.

- However, the impersonal **se** can also be used with transitive verbs when it refers to a specific person or persons. In this case, the personal **a** is used and the verb is always singular.

En las elecciones pasadas, **se eligió al** alcalde casi por unanimidad.
In the last election, the mayor was elected almost unanimously.

Se eligió a los ganadores del concurso.
The winners of the contest were chosen.

The passive *se*

- In Spanish, the reflexive pronoun **se** is often used as a substitute for the passive voice when the person performing the action is not stated. The third-person singular verb form is used with singular nouns, and the third-person plural form is used with plural nouns. The passive **se** is only used with transitive verbs (verbs that can take a direct object in the active voice).

Se necesitan más policías en Madrid.
More police officers are needed in Madrid.

Se ve el monumento desde la catedral.
The monument is visible from the cathedral.

- When referring to an indefinite person or persons, the passive **se** is used and the verb needs to agree with the object.

Se busca contador.
Accountant wanted.

Se aprobaron dos propuestas de ley.
Two law proposals were approved.

TALLER DE CONSULTA

In passive constructions with **se**, just like in the passive voice, the object of a verb becomes the subject of the sentence.

Active: **La compañía necesita más fondos.**
The company needs more funds.

Passive: **Se necesitan más fondos.**
More funds are needed.

For more on the passive voice, see **11.1,** p. 406.

¡ATENCIÓN!

The passive **se** is commonly used on signs and warnings.

Se buscan camareros con experiencia.

Se prohíbe fumar en los baños.

Se to express unexpected events

¿*Se les olvidó que dañar los carteles de un candidato constituye una infracción electoral?*

- **Se** is also used in statements that describe accidental or unplanned incidents. In this construction, the person who performs the action is de-emphasized, so as to imply that the incident is not his or her direct responsibility.

INDIRECT OBJECT PRONOUN	VERB	SUBJECT
Se **me**	**perdió**	**el reloj.**

- These verbs are frequently used with **se** to describe unplanned events.

acabar *to run out of*	**olvidar** *to forget*
caer *to fall; to drop*	**perder (e:ie)** *to lose*
dañar *to damage; to break*	**quedar** *to leave (behind)*
lastimar *to hurt*	**romper** *to break*

¡**Se nos quedaron** las bolsas en la tienda!
We left our bags at the store!

Se me rompió el celular.
My cell phone broke.

- In this construction, the person *to whom the event happened* is expressed as an indirect object. The thing that would normally be the direct object of the sentence becomes the subject.

	INDIRECT OBJECT PRONOUN		VERB		SUBJECT
Se	me		acabó		el dinero.
	te		cayeron		las gafas.
	le		ocurrió		una idea.
	nos		dañó		la radio.
	os		olvidaron		las llaves.
	les		perdió		el documento.

- To clarify or emphasize the person to whom the unexpected occurrence happened, the construction commonly begins with **a** + [*noun*] or **a** + [*prepositional pronoun*].

A María siempre se le olvida inscribirse para votar.
María always forgets to register to vote.

A mí se me cayeron todos los documentos en medio de la calle.
I dropped all the documents in the middle of the street.

Práctica

TALLER DE CONSULTA

MANUAL DE GRAMÁTICA
Más práctica

11.2 Uses of **se**, p. A59

1 **¿Cuál corresponde?** Une las frases para formar oraciones lógicas.

_____ 1. A mí	a. se te rompieron los vasos.
_____ 2. A nosotros	b. se les pidió una explicación.
_____ 3. A ti	c. se me olvidó la dirección de la embajadora.
_____ 4. A la ministra	d. se nos pidió que leyéramos el proyecto de ley.
_____ 5. A los diputados	e. se le cayeron los papeles.

2 **Opciones**

A. Selecciona la opción correcta para completar cada oración.

1. A Carmen se le cayó _____.
   a. la cartera   b. los libros   c. los lentes
2. Se me quemaron _____.
   a. la comida   b. las papas   c. el documento
3. Siempre se te rompe _____.
   a. los platos   b. la computadora   c. las sillas
4. Nunca se nos olvida _____.
   a. ir a votar   b. los informes   c. las leyes
5. A mis padres nunca se les pierden _____.
   a. las llaves   b. la memoria   c. el reloj
6. Se me acabó _____.
   a. los libros   b. la sal   c. las pizzas

B. Utiliza las oraciones que acabas de completar como modelo para escribir tres cosas inesperadas que te hayan pasado.

3 **Titulares** Completa las oraciones con el pretérito del verbo.

1. Se _____ (criticar) duramente el discurso del presidente.
2. Se _____ (prohibir) las reuniones públicas.
3. Se _____ (aprobar) las nuevas leyes.
4. Se _____ (informar) al pueblo sobre la difícil situación.
5. Se _____ (llamar) a los líderes para hablar del conflicto.
6. Se _____ (pedir) a los candidatos evitar los ataques personales.

4 **Decisiones** Hoy el jefe informó a los empleados de algunas decisiones importantes. Forma cinco oraciones con los elementos de la lista y añade tus propios detalles.

se decidió	contratar	llamadas personales
se me acabó	tres candidatos	para los sueldos
se despidió	el dinero	dos recepcionistas
se necesitan	hacer	perezosos
no se puede	dos empleados	para el puesto

 Practice more at **vhlcentral.com**.

Comunicación

5 **La escuela** Al terminar su primer día de clase, Marcos y Marta vuelven a su casa y les cuentan a sus padres qué se hace en la escuela. En parejas, describan lo que se hace, usando el pronombre **se** y las notas de Marcos y Marta.

> **MODELO** —¿Qué deportes se practican en tu nueva escuela?
> —Se practica fútbol y baloncesto.

Aprender a escribir	Hablar con los amigos
Comer en la cafetería	Jugar fútbol
Estudiar español	Usar la computadora
Hacer excursiones	Practicar deportes
Compartir experiencias	Tocar instrumentos

6 **Leyes** En grupos de cuatro, imaginen que gobiernan un nuevo país. ¿Qué leyes aprobarían? Utilicen los elementos de la lista para escribir seis oraciones completas con el **se** impersonal. Luego, escriban sus leyes en la pizarra. La clase votará por las diez leyes más importantes del país.

> **MODELO** En nuestro país, se permite manejar un carro a los quince años de edad.

(no) se puede	(no) se permite
(no) se debe	(no) se prohíbe
(no) se necesita	(no) se tiene que

7 **Carteles** En parejas, lean los carteles e imaginen una historia para cada uno. Utilicen el pronombre **se** en sus historias. Después, presenten su mejor historia frente a la clase.

Se necesitan estudiantes de español.

Se prohíbe hablar.

Se venden insectos.

Se leen las manos.

11.3 Prepositions: *de, desde, en, entre, hasta, sin*

The prepositions *de*, *desde*, and *hasta*

Es que pensé que habría un chancecito de volar el dron.

¿Te llevo hasta tu casa?

- **De** often corresponds to *of* or the possessive endings *'s/s'* in English.

Uses of *de*					
Possession	**Description**	**Material**	**Position**	**Origin**	**Contents**
las leyes del gobierno	el hombre de cuarenta años	el recipiente de vidrio	la torre de atrás	La embajadora es de España.	el vaso de agua
the government's laws	*the forty-year-old man*	*the glass container*	*the tower at the back*	*The ambassador is from Spain.*	*the glass of water*

- **De** is also used frequently in idioms and adverbial phrases.

de cierta manera *in a certain way*	**de repente** *suddenly*
de nuevo *again*	**de todos modos** *in any case*
de paso *on the way*	**de vacaciones** *on vacation*
de pie *standing up*	**de vuelta** *back*

De repente, la jueza entró en el tribunal, y todos se pusieron **de pie**.
Suddenly, the judge entered the courtroom, and everyone stood up.

¿Es verdad que Miguel se va **de vacaciones** a La Paz? ¡Qué envidia!
Is Miguel really going to La Paz on vacation? I am so jealous!

- **Desde** expresses direction (*from*) and time (*since*).

La candidata viajó **desde** Florida hasta Alaska.
The candidate traveled from Florida to Alaska.

No hay novedades **desde** el martes.
There hasn't been any news since Tuesday.

- **Hasta** corresponds to *as far as* in spatial relationships, *until* in time relationships, and *up to* for quantities. It can also be used as an adverb to mean *even*, *as much/many as,* or *including*.

El ejército ruso avanzó **hasta** la frontera con Ucrania.
The Russian army advanced to the Ukrainian border.

Pilar tiene que estudiar **hasta** cuatro horas al día.
Pilar has to study up to four hours a day.

Hasta 1898, Cuba fue una colonia de España.
Until 1898, Cuba was a colony of Spain.

Hasta el presidente quedó sorprendido.
Even the president was surprised.

The prepositions *en*, *entre*, and *sin*

- **En** corresponds to several English prepositions, such as *in*, *on*, *into*, *onto*, *by*, and *at*.

El libro está **en** la mesa.
The book is on the table.

El profesor entró **en** la clase.
The professor went into the classroom.

Escribí todo **en** mi cuaderno.
I wrote it all down in my notebook.

Se encontraron **en** el museo.
They met at the museum.

- **En** is also used frequently in idioms and adverbial phrases.

en cambio *on the other hand*	**en realidad** *actually*
en contra de *against*	**en serio** *seriously*
en cuanto a *regarding*	**en tren/bicicleta/avión** *by train/bicycle/plane*
en fila *in a row*	**en vano** *in vain*

En realidad, yo nunca he estado **en contra de** ese partido.
Actually, I've never been against that political party.

Tres mil activistas llegaron **en tren** y marcharon **en fila** hasta el parlamento.
Three thousand activists arrived by train and marched in rows to the parliament.

- **Entre** generally corresponds to the English prepositions *between* and *among*.

Entre tú y yo, es medio olvidadizo.

Entre 2012 y 2014, tomé cursos de arte e historia, **entre** otros.
Between 2012 and 2014, I took art and history courses, among others.

No debemos entrar en el conflicto; es mejor que lo resuelvan **entre** ellos.
We shouldn't enter the conflict; it is better that they resolve it among themselves.

Las cataratas del Niágara están **entre** Canadá y los Estados Unidos.
Niagara Falls is located between Canada and the United States.

- **Entre** is not followed by **ti** and **mí**, the usual pronouns that serve as objects of prepositions. Instead, the subject pronouns **tú** and **yo** are used.

Entre tú y **yo**, creo que la mayoría de las religiones comparten los mismos valores.
Between you and me, I think the majority of religions share the same values.

- **Sin** corresponds to *without* in English. It is often followed by a noun, but it can also be followed by the infinitive form of a verb.

No veo nada **sin** los lentes.
I can't see a thing without glasses.

Lo hice **sin** pensar.
I did it without thinking.

¡Sin duda!

Práctica

TALLER DE CONSULTA

MANUAL DE GRAMÁTICA
Más práctica

11.3 Prepositions: **de**,
desde, **en**, **entre**, **hasta**,
sin, p. A60

(1) **Oraciones** Completa cada oración con la opción correcta.

1. _____ el apoyo de los diputados, el presidente no logrará hacer las reformas.
   a. En   b. Hasta   c. Sin

2. Una computadora como ésta puede costar _____ tres mil dólares.
   a. hasta   b. sin   c. en

3. El avión va a aterrizar _____ el aeropuerto de Lima.
   a. de   b. en   c. sin

4. Nos vemos a las once en la oficina _____ la senadora.
   a. entre   b. de   c. desde

5. _____ mi ventana veo el mar.
   a. Desde   b. En   c. Hasta

6. Este secreto debe quedar sólo _____ tú y yo.
   a. entre   b. de   c. desde

(2) **El poder del Sol** Completa este artículo con las preposiciones **de(l)**, **desde** o **en**.

(1) _____ la Tierra se pueden ver hasta 3.000 estrellas. La estrella que está más cerca
(2) _____ la Tierra es el Sol. (3) _____ el Sol hasta la Tierra hay 149 millones (4) _____
kilómetros.

¿Sabías que (5) _____ los inicios de la humanidad los hombres creen que el Sol es una
pelota (6) _____ fuego? Los chinos, por ejemplo, pensaban que el Sol había salido
(7) _____ la boca (8) _____ un dragón. Además, el Sol fue descrito (9) _____ los antiguos
textos sagrados (10) _____ varias civilizaciones como un dios, con el poder (11) _____ influir
(12) _____ la vida humana.

(13) _____ cierta manera, tenían razón, pues hoy (14) _____ día, los agujeros (15) _____
la capa (16) _____ ozono y el calentamiento global se estudian con el mismo fervor.
¿Las civilizaciones (17) _____ hoy serán capaces de hacer los sacrificios necesarios para
protegernos (18) _____ poder (19) _____ Sol?

(3) **Viajero perdido**

A. Juan ha ido a Jerusalén a visitar los templos más importantes de la ciudad, pero se ha
perdido. Completa las oraciones con las preposiciones **entre**, **hasta** o **sin**.

1. Perdón, estoy _____ mapa. ¿Me podría explicar cómo llegar al templo?

2. Sé que la sinagoga está _____ una avenida y un parque, pero no la encuentro...

3. Disculpe, señora... un señor me dijo que caminara _____ la próxima cuadra, y aquí
   estoy, pero no veo ninguna mezquita por aquí...

4. ¿Usted también anda perdida? Pues, _____ los dos encontraremos la iglesia.

5. Pensé que por lo menos podría encontrar una pirámide _____ pedir ayuda, pero ¡ando
   más perdido que nunca!

6. Gracias por la ayuda, pero mejor busco un mapa. ¡_____ luego!

B. En parejas, elijan una de las oraciones y dramaticen la conversación completa entre Juan y
el/la residente local. Utilicen las preposiciones **de**, **desde**, **en**, **entre**, **hasta** y **sin**.

 Practice more at **vhlcentral.com**.

Comunicación

4 **A contar historias** En parejas, elijan una de las frases e inventen una historia con ella. Utilicen por lo menos cuatro de estas preposiciones: **de, desde, en, entre, hasta, sin.**

1. Juan está esperando en su jardín...
2. El libro de cocina estaba abierto...
3. Estaba observándolo desde la ventana...
4. Hasta ese momento, nunca me había dado cuenta de que...
5. Sin ella, su vida no tenía sentido...
6. Entre las sombras, veía la figura de...

5 **Síntesis**

A. Cada vez que quería tomar decisiones importantes, el rey Arturo se reunía con los Caballeros de la Mesa Redonda. En parejas, estudien las pistas (*clues*) para descubrir quién es quién.

Datos:

- Parsifal caminó hasta la puerta. Le prohíbe pasar a la reina Ginebra.
- Galahad tiene entre 18 y 20 años. Es el caballero más joven del grupo.
- Bedivere se hizo caballero entre los años 450 y 452. Es el caballero más viejo de la mesa.

- Kay es un típico guerrero. Lleva su espada hasta a las reuniones con el rey.
- Erec está sentado entre Kay y Lancelot.
- El rey Arturo está entre Gawain y la silla vacía de Parsifal.

B. Ahora, escriban un resumen de su reunión. ¿Qué cosas fueron decididas? ¿Discutieron entre ellos? ¿De qué se habló en la reunión? Utilicen por los menos tres oraciones en voz pasiva, tres construcciones con **se** y cinco preposiciones de **Estructura 11.3.** Compartan su historia con la clase.

Antes de ver el corto

LA AUTORIDAD

país España

duración 10 minutos

director Xavi Sala

protagonistas padre, madre, niños, policías

Vocabulario

el carné de conducir *driver's license*

denunciar *to report*

descargar *to unload*

jurar *to swear*

¡Menuda paliza! *What a beating! (fig.)*

¿Me permite? *May I?*

ni se le ocurra *don't even think about it*

el permiso de circulación *car registration*

sin novedad *no news*

---

1 **Un largo viaje** Completa el diálogo entre Juan y Andrea con las palabras y expresiones del vocabulario.

JUAN Andrea, ¿me ayudas a (1) _____ el coche? Acabo de hacer las compras para mi viaje en coche a Nuevo México.

ANDREA ¡Vaya! (2) _____ Esos son casi dos mil kilómetros. Oye, ¿pero tú tienes (3) _____?

JUAN Claro, lo tengo desde hace dos años. No tendré problemas, te lo (4) _____. El que no tiene carné es Javier.

ANDREA ¿Ah, no? Oye, ¡pues espero que (5) _____ ponerse detrás del volante!

JUAN ¡No te preocupes! Él es muy responsable.

2 **Respeto a la autoridad** En parejas, túrnense para hacerse estas preguntas.

1. Los ciudadanos están obligados a obedecer a la policía. ¿Por qué?

2. ¿Cómo debe actuar la policía con los ciudadanos?

3. ¿En qué circunstancias sería legítimo no obedecer a la autoridad? ¿Por qué?

4. ¿Conoces algún caso en que la policía haya abusado de los derechos de los ciudadanos?

5. Si un ciudadano y un policía van a un juicio, ¿quién tiene más probabilidades de ganarlo? ¿Por qué?

3 **¿Qué está pasando?** En parejas, miren la escena del cortometraje e imaginen quién está dentro del vehículo y qué pasará a continuación.

 Practice more at **vhlcentral.com**.

Primer Premio
Festival Internacional
20 min. max Ingolstadt,
(Alemania) 2010

LA AUTORIDAD

Un cortometraje de Xavi Sala

Una producción de XAVI SALA P.C.
Guión y dirección de XAVI SALA con HWIDAR,
BELÉN LÓPEZ, ADOLFO FERNÁNDEZ,
ESTHER ORTEGA, BADAR BENNAJI,
PRISCILLA DELGADO
Director de fotografía PERE PUEYO
Sonido directo ÓSCAR SEGOVIA
Dirección artística SONIA CASTRO

Escenas

ARGUMENTO Una familia se enfrenta a los prejuicios y agravios° de dos policías al regresar de sus vacaciones en Marruecos.

NIÑOS *Mon pare no té nas, mon pare no té nas, ma mare és xata.°*

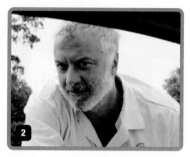

POLICÍA El permiso de circulación, por favor.
PADRE Sí.
POLICÍA Y el carné de conducir.
PADRE Sí. Ahí tiene.
POLICÍA ¿Sois españoles?

PADRE Venimos de Marruecos, de visitar a la familia.

POLICÍA Le agradecería que lo sacara todo. Pura rutina, ya sabe.
PADRE ¿Todo?
POLICÍA Mejor.

PADRE Le juro que no llevo nada.

MADRE No hay derecho a que nos traten así.
PADRE ¡Sara!
POLICÍA Entiendo que se sienta así pero, ¿qué quiere? ¿Que nos echen?

agravios *insults* **Mon pare...** *Mi padre no tiene nariz, mi padre no tiene nariz, mi madre es chata.*

Después de ver el corto

(1) Comprensión Contesta las preguntas con oraciones completas.

1. ¿Quiénes son las personas que van en el coche?
2. ¿Adónde van?
3. ¿Por qué paran el coche en la carretera?
4. ¿De dónde es la familia?
5. ¿Cómo lo sabes?
6. Según el padre, ¿qué llevan encima del coche?
7. ¿Qué le pide que haga el policía al padre de la familia?
8. ¿Qué le sugiere la mujer policía a la madre? ¿Por qué?
9. ¿Qué busca la policía en el coche de la familia?
10. ¿Qué pasa cuando la familia continúa su viaje hacia Alicante?

(2) Interpretación Responde las siguientes preguntas sobre el cortometraje.

1. ¿Por qué crees que los policías hacen parar a la familia?
2. El policía se sorprende al comprobar que es una familia española. ¿Por qué?
3. ¿Crees que la familia se sentía segura durante el incidente con la policía? ¿Por qué?
4. En un momento del cortometraje el policía dice: "¿qué quiere?, ¿que nos echen?". ¿A qué se refiere?
5. Después del incidente con la policía, vemos a la familia comiendo en silencio. ¿Por qué crees que no hablan?

(3) Ampliación En parejas, contesten las preguntas.

1. ¿Creen que este tipo de incidentes pasan con frecuencia en la vida real? ¿Por qué?
2. ¿Cómo es el trato hacia las personas, según su raza o su religión, en el lugar en donde viven?
3. ¿Cómo se hubieran sentido si los trataran de manera diferente a como se trata a otras personas por su raza o religión?
4. ¿Han tenido alguna vez un prejuicio hacia otra persona? ¿Cómo se sintieron?

(4) Reacciones En el cortometraje la familia debe enfrentarse a los prejuicios y al maltrato de los dos policías. En grupos de tres, discutan sobre los siguientes temas. Luego, compartan sus ideas con la clase.

- ¿Cómo describirían las reacciones de la madre y del padre ante esta situación?
- ¿Son similares o diferentes sus reacciones?
- ¿Qué creen que sintió cada uno?

(5) ¿Qué harías tú? Al final del cortometraje el padre de la familia se queda paralizado sin saber qué hacer. Escribe un párrafo en el que cuentes qué habrías hecho tú en su situación y por qué.

Practice more at **vhlcentral.com**.

"Yo no sé si Dios existe, pero si existe, sé que
no le va a molestar mi duda."

Mario Benedetti

San Antonio de Oriente, 1957
José Antonio Velásquez, Honduras

Interpretar En parejas, contesten estas preguntas.

1. ¿Qué ven en el cuadro?
2. ¿Qué es lo que más les llama la atención en la pintura?
3. ¿Qué impresión les dan las personas que aparecen en la imagen?
4. ¿Cómo describirían la ciudad de San Antonio de Oriente, según el cuadro?
5. ¿Dirían que el cuadro refleja un momento particular o la vida cotidiana? ¿Por qué?

 Practice more at **vhlcentral.com**.

Antes de leer

La noche de Tlatelolco (fragmento)

Sobre la autora

Elena Poniatowska nació en París en 1932. Su padre era un aristócrata polaco y su madre era mexicana. Llegó a los nueve años a México, país donde ha vivido la mayor parte de su vida dedicada al periodismo y a la literatura, dos disciplinas que con frecuencia se mezclan en su obra. *La noche de Tlatelolco*, por ejemplo, es una recreación literaria de lo ocurrido el 2 de octubre de 1968, cuando el ejército mexicano abrió fuego contra estudiantes, profesores, obreros, padres y madres de familia que se manifestaban pacíficamente en la Plaza de las Tres Culturas. En 2013 recibe el Premio Cervantes, el mayor reconocimiento literario en español.

Vocabulario

la alegría *joy*	despreocupado/a *carefree*	el fusil *rifle*
apuntar *to aim*	disparar *to shoot*	la sangre *blood*
boquiabierto/a *openmouthed; stunned*	el ejército *army*	unirse *to join*
	el estallido *explosion*	

(1) Vocabulario Completa las oraciones.

1. El general Zapata fue un líder histórico del _____ mexicano.
2. Amelia estaba en la playa, tranquila y _____.
3. ¡Qué _____! Por fin llegaron las vacaciones.
4. José quiere _____ a la organización que cuida el medio ambiente.
5. Alejandro se quedó _____; ¡nunca había visto nada igual!
6. Se escuchó un fuerte _____, pero todo fue una falsa alarma.

(2) Conexión personal ¿Cómo vives tú la política? ¿Participas de alguna manera en la política de tu ciudad, de tu estado o de tu país? ¿Qué piensas de las manifestaciones pacíficas? ¿Participarías en una? ¿Lo has hecho alguna vez? ¿Cómo fue la experiencia?

Análisis literario: El nuevo periodismo

En la década de 1960 se cuestionó la capacidad de la prensa tradicional, neutral y objetiva, para retratar las dictaduras y los abusos contra los derechos humanos. Inspirado en la obra de Truman Capote *In Cold Blood,* nació el llamado **nuevo periodismo** hispanoamericano. En el fragmento de *La noche de Tlatelolco* que vas a leer, Elena Poniatowska utiliza este nuevo enfoque de la realidad para denunciar la brutalidad del gobierno mexicano de la época. En esta obra, la autora describe la matanza de estudiantes en una manifestación pacífica como una barraca de tiro al blanco (*shooting stall*) en una feria. Por medio de esta metáfora extendida, Poniatowska representa una idea con otra y mantiene la comparación a lo largo del texto.

 Practice more at **vhlcentral.com**.

La noche de Tlatelolco

(fragmento)

Elena Poniatowska

Son muchos. Vienen a pie, vienen riendo. Bajaron por Melchor Ocampo, la Reforma, Juárez, Cinco de Mayo, muchachos y muchachas estudiantes que van del brazo° en la manifestación con la misma alegría con que hace apenas unos días iban a la feria; jóvenes despreocupados que no saben que mañana, dentro de dos días, dentro de cuatro estarán allí hinchándose° bajo la lluvia, después de una feria en donde el centro del

tiro al blanco° lo serán ellos, niños-blanco, niños que todo lo maravillan, niños para quienes todos los días son día-de-fiesta, hasta que el dueño de la barraca del tiro al blanco les dijo que se formaran así el uno junto al otro como la tira de pollitos plateados° que avanza en los juegos, click, click, click, click y pasa a la altura de los ojos, ¡Apunten, fuego!, y se doblan para atrás rozando la cortina de satén rojo.

arm in arm 5

becoming bloated

target shooting

silver 15

El dueño de la barraca les dio los fusiles
a los cuícos°, a los del ejército, y les ordenó
que dispararan, que dieran en el blanco y allí
estaban los monitos plateados con el azoro°
en los ojos, boquiabiertos ante el cañón de los
fusiles. ¡Fuego! El relámpago verde de una
luz de bengala°. ¡Fuego! Cayeron pero ya no
se levantaban de golpe impulsados° por un
resorte° para que los volvieran a tirar al turno
siguiente; la mecánica de la feria era otra; los
resortes no eran de alambre sino de sangre;
una sangre lenta y espesa° que se encharcaba°,
sangre joven pisoteada°
en este reventar de vidas
por toda la Plaza de las
Tres Culturas.

Aquí vienen los
muchachos, vienen
hacia mí, son muchos,
ninguno lleva las manos
en alto, ninguno trae
los pantalones caídos
entre los pies mientras
los desnudan para
cachearlos°, no hay
puñetazos° sorpresivos
ni macanazos°, ni
vejaciones°, ni vómitos
por las torturas, ni
zapatos amontonados°,
respiran hondo, caminan
seguros, pisando fuerte,
obstinados; vienen cercando la Plaza de las
Tres Culturas y se detienen junto al borde
donde la Plaza cae a pico dos o tres metros
para que se vean las ruinas prehispánicas;
reanudan° la marcha, son muchos, vienen
hacia mí con sus manos que levantan la
pancarta°, manos aniñadas° porque la
muerte aniña las manos; todos vienen en filas
apretadas, felices, andan felices, pálidos, sí,
y un poco borroneados° pero felices; ya no
hay muros de bayonetas que los rechacen

violentamente, ya no hay violencia; los miro
a través de una cortina de lluvia, o será de
lágrimas, igual a la de Tlatelolco; no alcanzo
a distinguir sus heridas, qué bueno, ya no
hay orificios°, ni bayonetazos, ni balas°
expansivas; los veo nublados° pero sí oigo
sus voces, oigo sus pasos, pas, pas, pas,
paaaaas, paaaaaas, como en la manifestación
del silencio, toda la vida oiré esos pasos
que avanzan; muchachas de mini° con
sus jóvenes piernas quemadas por el sol,
maestros sin corbata, muchachos con
el suéter amarrado° a la
cintura, al cuello, vienen
a pie, vienen riendo, son
muchos, vienen con esa
loca alegría que se siente
al caminar juntos en esta
calle, nuestra calle, rumbo°
al Zócalo, nuestro Zócalo;
aquí vienen; 5 de agosto,
13 de agosto, 27 de
agosto, 13 de septiembre,
el padre Jesús Pérez echó
a vuelo las campanas
de la catedral para
recibirlos, toda la Plaza
de la Constitución está
iluminada; constelada°
con millares de
cempazúchitl°, millares
de veladoras; los
muchachos están en el corazón de una
naranja, son el estallido más alto del fuego
de artificio°, ¿no que México era triste? Yo
lo veo alegre, qué loca alegría; suben por
Cinco de Mayo, Juárez, cuántos aplausos, la
Reforma, se les unen trescientas mil personas
que nadie acarrea°, Melchor Ocampo, Las
Lomas, se remontan a la sierra, los bosques,
las montañas, Mé-xi-co, Li-ber-tad, Mé-xi-co,
Li-ber-tad, Mé-xi-co, Li-bertad, Mé-xi-co,
Li-ber-tad, Mé-xi-co, Li-ber-tad. ∎

---

**Glosses (left margin):**
police (Mex.)
fear
flare
propelled
spring
thick / puddled
stepped on
to frisk them
punches
blows
humilliations
piled up
resume
sign / childlike
smudged

**Glosses (right margin):**
holes / bullets
blurry
mini skirt
tied
in the direction of
starry
marigolds (náhuatl)
fireworks
carries

> **"... reanudan la marcha, son muchos, vienen hacia mí con sus manos que levantan la pancarta, manos aniñadas porque la muerte aniña las manos; todos vienen en filas apretadas, felices, andan felices, pálidos, sí, y un poco borroneados pero felices... "**

Después de leer

La noche de Tlatelolco (fragmento)
Elena Poniatowska

1 Comprensión Indica si las oraciones son **ciertas** o **falsas**. Corrige las falsas.

1. La manifestación empezó siendo alegre y acabó en tragedia.
2. Los estudiantes se manifestaron en una feria.
3. Los soldados dispararon contra los estudiantes.
4. Los estudiantes pudieron esconderse y no hubo víctimas.
5. Los estudiantes se manifestaban por la calle pacíficamente.
6. Muy pocas personas participaron en la manifestación.
7. En la manifestación participaron solamente ancianos y madres de estudiantes.

2 Interpretación Contesta las preguntas con oraciones completas.

1. Según el texto, ¿qué pasó en la Plaza de las Tres Culturas?
2. ¿Por qué crees que los jóvenes llegan felices a la marcha?
3. ¿A quién se refiere la autora con "el dueño de la barraca"?
4. ¿Cómo describirías la reacción de los estudiantes ante los disparos de los soldados?
5. ¿A qué crees que se refiere la autora cuando dice que los manifestantes andan "pálidos y un poco borroneados"?
6. ¿Qué crees que evoca la repetición "Mé-xi-co, Li-ber-tad" que finaliza el texto?
7. ¿Cómo interpretas tú el final del texto? ¿Te parece realidad o ficción? ¿Por qué?

3 Análisis En parejas, respondan a las preguntas.

1. ¿Cuál es la "mecánica de la feria"? ¿A qué hace alusión?
2. ¿Por qué crees que la autora decide comparar a los estudiantes con figuras en una barraca de tiro al blanco?
3. ¿Qué elementos de periodismo tiene este texto? ¿Qué elementos tiene de ficción literaria?

4 Ampliación Diez días después de los hechos narrados en *La noche de Tlatelolco*, se inauguraron los Juegos Olímpicos en México. Un periódico citó a un atleta italiano que dijo: "Ninguna Olimpiada, ni todas juntas, valen la vida de un estudiante". En grupos, comenten si los Juegos Olímpicos de México debieron haberse realizado o no.

5 Información y opinión En parejas, hagan una investigación en Internet sobre la famosa matanza de Tlatelolco. Escriban un breve informe que responda a las siguientes preguntas. Luego compartan el informe con la clase.

- ¿quién?
- ¿cuándo?
- ¿dónde?

 Practice more at **vhlcentral.com**.

Antes de leer

Vocabulario

el altiplano *high plateau*	**el límite** *border*
árido/a *arid*	**la pérdida** *loss*
la armada *navy*	**reclamar** *to claim; to demand*
ceder *to give up*	**el territorio** *territory*

1 **El salar de Uyuni** Completa el párrafo con el vocabulario de la tabla.

El salar de Uyuni, uno de los lugares más impresionantes de Bolivia, se encuentra a una altura de 3.650 metros (11.975 pies) en un (1) _____ en el suroeste de Bolivia, no muy lejos del (2) _____ con Chile. Es un lugar (3) _____, de poca lluvia, donde se secó un lago prehistórico. Este (4) _____ tan blanco impresiona a los turistas porque parece nieve. El salar de Uyuni es un desierto de sal, en vez de arena.

2 **Conexión personal** Responde estas preguntas: ¿Has perdido alguna vez una cosa que significaba muchísimo para ti? Explica lo que ocurrió y cómo reaccionaste.

Contexto cultural

El **desierto de Atacama** está ubicado en un altiplano al borde del océano Pacífico. Es uno de los desiertos más áridos del mundo: sólo recibe tres milímetros de lluvia al año. El paisaje de Atacama es tan impresionante y peculiar que la revista estadounidense *Science* lo ha comparado con el planeta Marte. Parece vacío (*empty*), pero Atacama es muy rico en algunos minerales que dependen de la sequía. En el siglo XIX se descubrió que en el territorio había abundante salitre y guano. El salitre (o nitrato de sodio) es un tipo de sal, y el guano (del quechua *wanu*) consiste en excrementos de pájaros marinos y murciélagos (*bats*). Ambos comparten la característica principal de ser ingredientes para fertilizantes y explosivos. Estos recursos naturales, tan atractivos por su precio en el mercado internacional de la época, hicieron del desierto un oasis económico.

 Practice more at **vhlcentral.com**.

Cómo Bolivia perdió su mar

Mapa antiguo de Bolivia.

Lago Titicaca, Bolivia

Hay países que se asocian indiscutiblemente° con un paisaje natural.   *indisputably*
Algunos son Nepal con las montañas blancas del Himalaya, Arabia
Saudita con el desierto, y Bolivia con... ¿el mar? Así debería ser,
piensan muchos bolivianos con nostalgia y mucho anhelo° desde   *longing*
5   que Bolivia —durante la Guerra del Pacífico (1879-1883)— cedió
a Chile el desierto de Atacama con su costa, el único acceso al
océano que tenían los bolivianos.

didn't arise   La guerra no surgió° por el acceso al mar, sino por cuestiones económicas y por

10 el control de los depósitos de minerales en el desierto de Atacama. Sin embargo, es la desaparición de la salida al mar lo que ha dejado

scar   una cicatriz° profunda. Cuenta el escritor peruano Mario Vargas Llosa, quien vivió de

15 niño en la ciudad boliviana de Cochabamba, que todas las semanas los estudiantes de su escuela cantaban un himno reclamando el mar. Muchos bolivianos siguen sin aceptar la pérdida de hace más de cien años. Se

20 sienten mutilados porque se creen legítimamente un país marítimo. Así lo había decidido su fundador, Simón Bolívar, al fijar los límites

25 del país en 1825.

    Cuando Simón Bolívar estableció las fronteras de Bolivia, incluyó parte del desierto de Atacama, que

30 llegaba hasta el mar. Chile tenía ya el control económico de la región y, a pesar de los deseos de Bolívar, lo siguió manteniendo. Cuando se descubrieron los ricos recursos naturales del desierto de Atacama, Chile

35 comenzó a explotar las minas de salitre y guano. La tensión sobre las exportaciones chilenas y los impuestos que Bolivia quería cobrar por la extracción de estos productos provocó un conflicto inevitable en 1878.

40 Las fuerzas armadas de Bolivia —inclusive

> "Se sienten mutilados porque se creen legítimamente un país marítimo. Así lo había decidido su fundador, Simón Bolívar..."

La batalla de Arica

La batalla de Arica de 1880 fue una de las más duras para los dos bandos. Las tropas chilenas subieron a una colina escarpada (*steep hill*), el Morro de Arica, para atacar al enemigo que esperaba. Los dos lados perdieron muchas vidas, incluyendo un coronel peruano que se tiró al mar desde un acantilado (*cliff*) con su caballo en un intento fallido (*failed*) de engañar a las tropas chilenas, invitándolas a caer al Pacífico.

con ayuda de su aliado, el Perú— no pudieron contender ni en tierra ni en mar con la moderna armada chilena. La guerra terminó

45 en 1883 con la concesión de varios territorios a Chile. En 1904, Bolivia abandonó permanentemente el control del desierto de Atacama, con sus depósitos de minerales y

50 su única salida al Pacífico. A cambio, Chile construyó un

railroad   ferrocarril° para que Bolivia tuviera acceso al mar.

    No obstante, Bolivia no dio por finalizada

did not think that the matter was over   55 la cuestión°. En el año 2013, el Gobierno boliviano, presidido por Evo Morales, presentó una nueva demanda contra Chile ante la Corte

The Hague   Internacional de Justicia de La Haya°. Morales solicitó a la Corte que declare la obligación del gobierno chileno de negociar para llegar a un

to come to an agreement   60 acuerdo° sobre la salida de Bolivia al océano Pacífico. Sea cual sea el resultado de las negociaciones, algo está claro: los bolivianos quieren su mar y su costa, no un viaje en tren.■

¿Una armada en Bolivia?

A pesar de su distancia con el Pacífico, Bolivia mantiene una armada desde 1963 a la espera del día en que vuelvan a tener salida al mar. La Fuerza Naval Boliviana cuenta con doscientas embarcaciones (*boats*) y un buque de guerra (*warship*). Se entrena en el agua dulce del inmenso lago Titicaca.

Después de leer

Cómo Bolivia perdió su mar

(1) Comprensión Después de leer el texto, decide si las oraciones son **ciertas** o **falsas**. Corrige las falsas.

1. No hay ningún recurso natural de valor en el desierto de Atacama.
2. Bolivia no ha tenido nunca acceso al mar.
3. La causa de la guerra fue el conflicto económico relacionado con el control de los depósitos de minerales.
4. La armada chilena era más potente que las fuerzas de Bolivia y su aliado, Perú.
5. Después de la guerra, Bolivia construyó un ferrocarril para tener acceso al mar.
6. Bolivia ya no tiene armada.
7. Cuando Simón Bolívar estableció sus planes para las fronteras de Bolivia, había incluido acceso al mar.
8. La armada boliviana hoy en día entrena en el lago Titicaca.

(2) Interpretación Contesta las preguntas con oraciones completas.

1. ¿Qué valor tenía el desierto de Atacama para Chile? ¿Y para Bolivia?
2. ¿Por qué sienten muchos ciudadanos que Bolivia es legítimamente un país marítimo? ¿Crees que tienen razón?
3. ¿De qué maneras muestran algunos bolivianos su deseo de volver a tener salida al mar?
4. ¿Crees que es importante tener salida directa al mar? ¿Por qué?
5. ¿Ha traído el ferrocarril tranquilidad a los bolivianos?

(3) Discurso En parejas, preparen un discurso para ser leído por una de estas personas. Luego, represéntenlo ante la clase.

- Un descendiente de una tribu indígena quiere reclamar la tierra de sus antepasados, ahora convertida en un centro comercial.
- Una anciana mexicana reclama el terreno donde nacieron sus abuelos. El terreno se encuentra ahora en tierras estadounidenses.
- Un excéntrico historiador asegura ser descendiente de un rey inca y reclama que le entreguen Machu Picchu.

(4) Opiniones Imagina que recientemente los periódicos han publicado artículos acerca de las negociaciones entre Chile y Bolivia sobre una salida al Pacífico para Bolivia. Elige una de las dos situaciones y escribe una carta a un periódico para dar tu opinión. Usa la voz pasiva.

1. Eres boliviano/a, pero crees que, como Bolivia perdió la guerra, ya no tiene derecho a la salida al mar. En tu opinión, Chile es el dueño legítimo del desierto de Atacama.
2. Eres chileno/a, pero crees que Chile se está apoderando de tierras que no le corresponden. Crees que la decisión de Simón Bolívar debe respetarse y que parte del desierto de Atacama, con salida al mar, debe pertenecer a Bolivia.

 Practice more at **vhlcentral.com**.

Atando cabos

Vocabulary Tools

La religión

la creencia	belief
el/la creyente	believer
Dios	God
la fe	faith
la iglesia	church
la mezquita	mosque
la sinagoga	synagogue
el templo	temple
bendecir (e:i)	to bless
creer en	to believe in
meditar	to meditate
rechazar	to reject
rezar	to pray
espiritual	spiritual
(in)moral	(im)moral
religioso/a	religious
sagrado/a	sacred; holy

Las creencias religiosas

agnóstico/a	agnostic
ateo/a	atheist
budista	Buddhist
católico/a	Catholic
cristiano/a	Christian
hindú	Hindu
judío/a	Jewish
musulmán/ musulmana	Muslim

Los cargos públicos

el alcalde/ la alcaldesa	mayor
el/la diputado/a	representative
el/la embajador(a)	ambassador
el/la gobernador(a)	governor
el/la juez(a)	judge
el/la primer(a) ministro/a	prime minister
el/la senador(a)	senator

La política

el/la activista	activist
la campaña	campaign
el/la candidato/a	candidate
el/la ciudadano/a	citizen
los derechos (humanos/civiles)	(human/civil) rights
el exilio político	political exile
la guerra (civil/mundial)	(civil/world) war
la ideología	ideology
la inmigración	immigration
la libertad	freedom
el/la líder	leader
la manifestación	protest
la mayoría	majority
la minoría	minority
el partido político	political party
la polémica	controversy
el/la político/a	politician
el proyecto de ley	bill
el terrorismo	terrorism
aprobar (o:ue) una ley	to pass a law
elegir (e:i)	to elect
emigrar	to emigrate
ganar/perder (e:ie) las elecciones	to win/lose an election
gobernar (e:ie)	to govern
inscribirse	to register
luchar	to fight
pronunciar un discurso	to give a speech
protestar	to protest
votar	to vote
conservador(a)	conservative
(des)igual	(un)equal
(in)justo/a	(un)just
liberal	liberal

Cinemateca

el carné de conducir	driver's license
el permiso de circulación	car registration
denunciar	to report
descargar	to unload
jurar	to swear
¡Menuda paliza!	What a beating! (fig.)
¿Me permite?	May I?
ni se le ocurra	don't even think about it
sin novedad	no news

Literatura

la alegría	joy
el ejército	army
el estallido	explosion
el fusil	rifle
la sangre	blood
apuntar	to aim
disparar	to shoot
unirse	to join
boquiabierto/a	openmouthed; stunned
despreocupado/a	carefree

Cultura

el altiplano	high plateau
la armada	navy
el límite	border
la pérdida	loss
el territorio	territory
ceder	to give up
reclamar	to claim; to demand
árido/a	arid

Más vocabulario

Expresiones útiles	Ver p. 399
Estructura	Ver pp. 406, 408-409 y 412-413

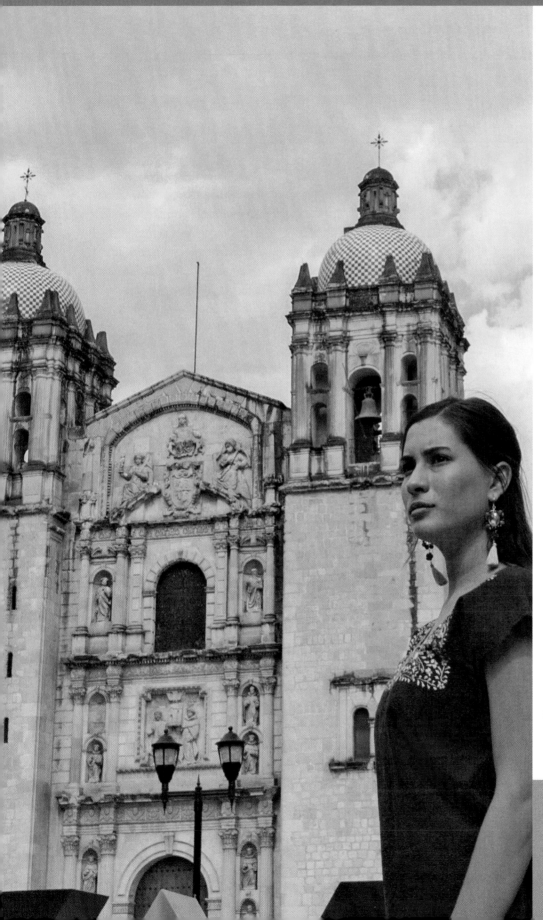

La historia y la civilización

12

Communicative Goals

You will expand your ability to...

- use verbs in their infinitive forms
- express ideas about the past, the present, and the future
- determine when and how to use the indicative and the subjunctive

Vocabulary Tools

La historia y la civilización

La historia y la civilización

De la **antigua** ciudad de Quilmes, en el norte de Argentina, sólo quedan ruinas. En el **siglo** XVII, los **habitantes** fueron obligados a **establecerse** cerca de Buenos Aires.

la civilización *civilization*
la década *decade*
la época *era*
el/la habitante *inhabitant*
la historia *history*
el/la historiador(a) *historian*
la humanidad *humankind*
el imperio *empire*
el reino *kingdom*
el siglo *century*

establecer(se) *to establish (oneself)*
habitar *to inhabit*
integrarse (a) *to become part (of)*
pertenecer (a) *to belong (to)*
poblar (o:ue) *to settle; to populate*

antiguo/a *ancient*
(pre)histórico/a *(pre)historic*

Los conceptos

el aprendizaje *learning*
el conocimiento *knowledge*
la enseñanza *teaching*
la herencia (cultural) *(cultural) heritage*
la (in)certidumbre *(un)certainty*
la (in)estabilidad *(in)stability*
la sabiduría *wisdom*

Las características

adelantado/a *advanced*
culto/a *cultured; educated*
derrotado/a *defeated*
desarrollado/a *developed*
forzado/a *forced*

pacífico/a *peaceful*
poderoso/a *powerful*
victorioso/a *victorious*

Los gobernantes

el/la cacique *tribal chief*
el/la conquistador(a) *conqueror*
el/la dictador(a) *dictator*
el emperador/la emperatriz *emperor/empress*
el/la gobernante *ruler*
el/la monarca *monarch*
el rey/la reina *king/queen*
el/la soberano/a *sovereign; ruler*

La conquista y la independencia

Con la abolición de la **esclavitud** en 1810 por decisión de Miguel Hidalgo, México **encabeza** la lista de naciones americanas que **suprimieron** esta práctica y **liberaron** a los **esclavos**.

la batalla *battle*
la colonia *colony*
la conquista *conquest*
el ejército *army*
la esclavitud *slavery*
el/la esclavo/a *slave*
las fuerzas armadas *armed forces*
el/la guerrero/a *warrior*
la independencia *independence*
la soberanía *sovereignty*
el/la soldado *soldier*
la tribu *tribe*

colonizar *to colonize*
conquistar *to conquer*
derribar/derrocar *to overthrow*
derrotar *to defeat*
encabezar *to lead*
explotar *to exploit*
expulsar *to expel*
invadir *to invade*
liberar *to liberate*
oprimir *to oppress*
rendirse (e:i) *to surrender*
suprimir *to abolish; to suppress*

Práctica

1 **Escuchar**

A. Escucha la conversación entre dos historiadores y completa las oraciones con la opción correcta.

1. La especialidad de Mónica es ____.
   a. la época colonial de Hispanoamérica
   b. la guerra de la Independencia

2. A Mónica le interesa mucho ____.
   a. la conquista   b. la monarquía

3. El artículo que le gustó a Franco trataba de ____.
   a. civilizaciones prehistóricas
   b. antiguas colonias

4. Franco, en sus clases, cuenta historias personales de ____.
   a. reyes y guerreros   b. reyes y gobernantes

B. Escucha parte de una de las clases de Mónica y después contesta las preguntas.

1. ¿Quién era Álvar Núñez Cabeza de Vaca?

2. ¿A qué lugar lo llevaron las tormentas?

3. ¿Qué ocurrió durante los años que Cabeza de Vaca vivió con los indígenas?

4. ¿En qué se tranformó Cabeza de Vaca después de ser soldado?

5. ¿Qué hizo después de habitar diez años en América?

6. ¿En qué se basaba el gobierno que intentó establecer en el Paraguay?

2 **Definiciones** Escribe la palabra adecuada para cada definición.

1. pensamiento expresado con palabras _____

2. persona que sube al poder y elimina los derechos democráticos de los ciudadanos _____

3. gobernante de un imperio _____

4. cien años _____

5. persona que forma parte de las fuerzas armadas _____

6. tranquilo; que busca la paz _____

7. vivir en un lugar _____

8. conocimiento profundo _____

Práctica

3 **Sinónimos y antónimos** Completa cada cuadro con las palabras de la lista.

adelantado	derrotado	liberar
antiguo	esclavitud	poderoso
culto	habitar	rey

Sinónimos

1. fuerte: _____

2. avanzado: _____

3. monarca: _____

4. educado: _____

Antónimos

5. libertad: _____

6. victorioso: _____

7. moderno: _____

8. oprimir: _____

4 **Latinoamérica** Completa la conversación con las palabras de la lista.

batallas	emperadores	herencia cultural
colonias	época	independencia
conquista	habitantes	reyes

IGNACIO Después de que Cristóbal Colón llegara a América, ¿ordenaron los (1) _____ de España la colonización de "Las Indias"?

PROFESORA Sí, y así se inició la (2) _____ de los pueblos indígenas, los (3) _____ nativos de los territorios.

IGNACIO Siglos más tarde, las (4) _____ lucharon contra España por su (5) _____. ¿Correcto?

PROFESORA Sí, Ignacio. Hoy en día, la (6) _____ de Latinoamérica refleja la mezcla de costumbres españolas e indígenas.

5 **Preguntas** Responde a las preguntas con oraciones completas. Luego, comparte tus opiniones con las de un(a) compañero/a.

1. ¿Te interesa la historia mundial? ¿Qué época te interesa más? ¿Por qué?

2. ¿Es posible contar la historia sin expresar una opinión? ¿Por qué?

3. Según tu opinión, ¿cuáles fueron las civilizaciones antiguas más adelantadas?

4. ¿Qué gobernante famoso te hubiera gustado ser? ¿Por qué?

5. Espartaco, un esclavo y gladiador del Imperio romano, supuestamente dijo: "No hay peor esclavo que el que ignora que lo es." ¿Qué quiere decir esta cita?

6. ¿Qué papel deben tener los ejércitos en las sociedades modernas?

7. ¿A qué das más valor de tu herencia cultural?

8. ¿Crees que la humanidad ha progresado en el transcurso de la historia? ¿Estamos más adelantados que nuestros antepasados? ¿Somos más cultos? ¿Más pacíficos?

 Practice more at **vhlcentral.com**.

Comunicación

6 **De historia**

A. En parejas, escojan una novela o película histórica que conozcan y escriban un breve resumen de la obra. Incluyan una descripción del período histórico, los personajes y el argumento.

B. Ahora, imaginen que tienen la oportunidad de rodar su propia película histórica. ¿De qué tema tratará? Escriban una descripción de la película. Pueden escoger entre los elementos de la lista o inventar sus propios detalles.

Contexto	• período de la conquista • lucha por la independencia • dictadura	la historia tiene lugar en una época de inestabilidad política
Protagonistas	• soberano/a • esclavo/a • soldado	deben tener un papel importante en el desarrollo del conflicto
Argumento	• derrotar • encabezar • integrarse	la historia tiene que ver con una de estas acciones

7 **Discusión** En grupos de tres, lean las citas y comenten su significado. ¿Están de acuerdo con lo que dicen?

> **"En la pelea, se conoce al soldado; sólo en la victoria, se conoce al caballero."** *Jacinto Benavente*

> **"Puede juzgarse el grado de civilización de un pueblo por la posición social de la mujer."** *Domingo Faustino Sarmiento*

> **"No hay hombre tan cobarde a quien el amor no haga valiente y transforme en héroe."** *Platón*

> **"Así como de la noche nace el claro del día, de la opresión nace la libertad."** *Benito Pérez Galdós*

8 **La reacción de los indígenas** En parejas, imaginen que son dos de los indígenas que vieron llegar a los conquistadores a América. ¿Qué habrían pensado de aquellos hombres? ¿Cómo habrían reaccionado? Compartan sus opiniones utilizando el vocabulario de **Contextos**.

Video

Hasta ahora, en el video...

Los inversionistas aprueban el proyecto, y Marcela y Ricardo llevan el dron a bendecir. Es día de elecciones y en la familia hay algunas diferencias de opiniones políticas. En este episodio verás cómo termina la historia.

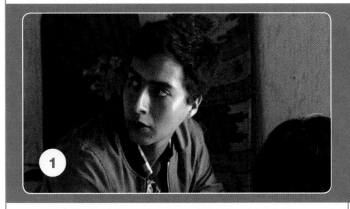

Un año después, en el patio de los Solís...

RICARDO Te está llamando Rocío.

MANU Las fiestas sorpresa la ponen nerviosa.

ROCÍO ¡Manu! ¿Por qué no la llamas y le preguntas dónde está?

RICARDO Tranquila, Rocío. A menos que tenga un problema, Marcela no debe tardar en llegar.

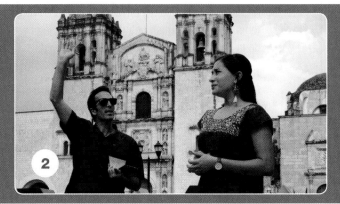

En el centro histórico...

MARCELA ...la ciudad de Oaxaca fue declarada Patrimonio Cultural de la Humanidad por la UNESCO.

TURISTA IMPERTINENTE ¿Y por qué fue declarada patrimonio de la humanidad?

MARCELA Por la belleza y el valor arquitectónico de su centro histórico. ¿Algo más?

TURISTA IMPERTINENTE Queremos ir al Tule.

MARCELA Este árbol es considerado uno de los más antiguos del mundo. Se calcula que tiene más de dos mil años.

TURISTA IMPERTINENTE ¿Y cómo lo saben?

MARCELA Señor, ¡la excursión debió terminar hace una hora! Hemos venido al Tule porque usted lo pidió, pero hoy es mi cumpleaños y voy a celebrar con mi novio.

Lupita y la doctora sacan el pastel.

LORENZO Lupita, ¡qué hermoso pastel!
Ricardo le da una patada al balón y éste cae al pastel.

CHENTE ¡Mira lo que hiciste!

RICARDO ¡Fue sin querer!

MANU ¡Es increíble que lo hayas hecho otra vez!

Personajes

| MARCELA | TURISTA IMPERTINENTE | RICARDO | MANU | ROCÍO | PATRICIA | LORENZO | CHENTE | DOCTORA | LUPITA |

3

La familia y los amigos de Marcela siguen esperándola.

ROCÍO ¿Habré escuchado bien? ¿No dijiste que habías hablado con Marcela?

RICARDO ¡Sí hablamos! La felicité por su cumpleaños y quedamos en encontrarnos en el restaurante.

PATRICIA ¡Ya llevamos dos horas esperando!

LORENZO Si me hubieran dicho que tendría que esperar tanto, me habría tomado una siesta.

6

Suena el celular de Ricardo.

RICARDO (*habla con Marcela*) Sí, sé que tienes que ir a cambiarte. No hay problema, te espero en el restaurante... (*a la familia*) ¡Viene en camino!

DOCTORA ¡Tendremos que conseguir otro pastel!

LORENZO ¡No hay tiempo, arreglemos éste!

Llega Marcela.

TODOS ¡Sorpresa!

Comprensión

1 **Oraciones** Completa las oraciones con la información correcta.

1. Hoy es el _____ de Marcela.

2. Marcela le habla a un grupo de _____ sobre la catedral.

3. En el patio de los Solís están los amigos y familiares de Marcela para darle una _____ sorpresa.

4. El turista impertinente no para de hacer _____.

5. Después de visitar la catedral, Marcela lleva a los turistas a ver el _____ del Tule.

6. Ricardo le da una patada a la pelota y ésta cae sobre el _____.

2 **¿Quién lo dijo?** Indica qué personaje de la fotonovela dijo cada oración.

DOCTORA	LORENZO	MANU	RICARDO	ROCÍO	TURISTA IMPERTINENTE

1. Tranquila, Rocío. A menos que tenga un problema, Marcela no debe tardar en llegar.

2. ¡Es increíble que lo hayas hecho otra vez!

3. ¿Habré escuchado bien? ¿No dijiste que habías hablado con Marcela?

4. ¿Y por qué fue declarada Patrimonio de la Humanidad?

5. ¡Debiste tener más cuidado, hijo!

6. Si me hubieran dicho que tendría que esperar tanto, me habría tomado una siesta.

3 **Presente o pasado**

A. Indica si cada uno de los eventos pertenece al cumpleaños de Marcela de este año o al del año pasado (pp. 6-7).

Presente Pasado

☐ ☐ 1. Marcela cree que va a celebrar su cumpleaños en un restaurante.

☐ ☐ 2. Es el primer cumpleaños de Marcela desde la muerte de su mamá.

☐ ☐ 3. Cae un dron sobre el pastel de Marcela.

☐ ☐ 4. Marcela cumple veinte años.

☐ ☐ 5. Los Solís quedan cubiertos de pastel.

☐ ☐ 6. El pastel de Marcela tiene forma de Kombi.

B. Ahora, en parejas, escriban eventos comunes a las dos fiestas de cumpleaños. Traten de encontrar el mayor número de eventos.

MODELO Rocío está nerviosa en las dos fiestas.

Ampliación

4 **Preguntas** En grupos, conversen sobre las siguientes preguntas. Después, compartan sus opiniones con el resto de la clase. ¿Tienen opiniones similares?

1. El turista anota todas las fechas y datos que Marcela le dice. ¿Crees que hoy en día es importante memorizar fechas y datos históricos cuando se puede acceder a ellos fácilmente por Internet?

2. Marcela ofrece un recorrido por Oaxaca para turistas. ¿Piensas que es imprescindible hacer una visita guiada cuando se viaja a un nuevo lugar? ¿Por qué?

3. El turista impertinente no para de hacer preguntas a Marcela. ¿Crees que ella hace bien en decirle que la excursión ha terminado? ¿Qué harías tú en su lugar?

5 **El futuro de los Solís** Elige tres personajes de la fotonovela y escribe cómo imaginas que serán sus vidas en el futuro.

> **MODELO** Creo que dentro de diez años Marcela y Ricardo se habrán casado y habrán creado una compañía de drones muy exitosa. Tendrán tres hijos y visitarán Hierve el Agua cada verano…

6 **Apuntes culturales** En parejas, lean los párrafos y contesten las preguntas.

La Catedral de Oaxaca

Marcela lleva a los turistas a visitar la Catedral de Nuestra Señora de la Asunción. Esta catedral, ubicada en el centro histórico de Oaxaca de Juárez, pasó por varias fases de construcción. Se comenzó a edificar en 1535 y se inauguró en 1733. Además, algunas partes se tuvieron que reconstruir, ya que fueron dañadas por un terremoto. La fachada de estilo barroco contiene la escultura de la Virgen de la Asunción, a la cual está dedicada la catedral.

El Árbol del Tule

El turista impertinente le pide a Marcela que los lleve a ver el Árbol del Tule. Como Marcela explica, es el árbol con el tronco más grande del mundo. Se estima que se necesitarían al menos 30 personas para rodear este ahuehuete (*Montezuma cypress*), y en su sombra (*shadow*) cabrían unas 500 personas. Los oaxaqueños han encontrado diferentes formas en el tronco, como un cocodrilo, un delfín, un duende (*elf*), etc. Cada segundo lunes de octubre, se celebra el día del Árbol del Tule con fuegos artificiales (*fireworks*).

1. ¿Qué aspectos de la Catedral de Oaxaca te interesan más? ¿Sus características arquitectónicas? ¿Su historia? ¿El aspecto religioso? Explica tu respuesta.

2. Si tuvieras que elegir entre visitar la Catedral de Oaxaca o el Árbol del Tule, ¿cuál elegirías? ¿Por qué?

3. ¿Has visitado algún lugar declarado Patrimonio de la Humanidad? ¿Cuál? ¿Qué te pareció? Si no, ¿cuál te gustaría visitar?

4. ¿Qué personas u objetos conoces que tengan el récord mundial en alguna categoría determinada? ¿Has consultado alguna vez el *Libro Guinness de los Récords*?

5. Cuando visitas un nuevo lugar, ¿te interesas por conocer su historia?

PERÚ Y ECUADOR

En detalle

La herencia de los incas

El Imperio inca duró sólo trescientos años (del siglo XIII al XVI). Esta civilización nunca conoció la rueda°, el hierro° o el caballo, elementos que en otras culturas estuvieron directamente relacionados con el progreso. Sin embargo, los incas dejaron huellas° indelebles° en la lengua, la cultura, la agricultura, la ingeniería, la planificación urbana y la industria textil en Perú, Ecuador y el resto de la región andina.

El centro del Imperio inca era la ciudad de Cuzco, en el actual Perú. La red° de caminos establecida por los incas tenía una extensión de aproximadamente 20.000 kilómetros (12.500 millas), y recorría el territorio que ahora ocupan seis países: Argentina, Bolivia, Chile, Colombia, Ecuador y Perú. La ruta principal, de unos 5.000 kilómetros de extensión, recorría los Andes desde el norte de Ecuador hasta el centro de Chile. No se trataba de simples caminos de tierra°: muchos eran caminos empedrados° y a veces incluían puentes colgantes° o flotantes°, puentes de piedra o terraplenes°. Miles de turistas de todo el mundo recorren el tramo más conocido de este sistema de rutas: el Camino del Inca, que llega a Machu Picchu; mientras que millones de suramericanos recorren —quizás sin saberlo— viejos caminos incas, ya que muchas rutas de Suramérica siguen el mismo trazado° marcado por los incas hace seiscientos años.

Los incas se destacaron por el uso de la ingeniería agrícola°. Convirtieron zonas montañosas en áreas productivas a través de la construcción de sistemas de terrazas de cultivo. También construyeron canales que llevaban agua para regar° plantaciones en zonas desérticas. Algunas de estas innovaciones tecnológicas siguen en uso actualmente.

El principal legado° cultural del Imperio inca son sus dos lenguas: el aymara y el quechua. La presencia inca también se percibe en la vida cotidiana: costumbres y tradiciones que pasan de generación en generación. Su expresión más visible es la industria textil tradicional, que sigue usando las mismas técnicas de antaño°. ■

El correo inca

Un avanzado sistema de rutas no sería de mucha utilidad sin un sistema de comunicación eficiente. Los incas usaban un sistema de **chasquis**, o mensajeros, para llevar órdenes y noticias por todo el imperio. El sistema utilizado por los chasquis era similar al de las carreras de relevos°. Se dice que fue el sistema de mensajería más rápido hasta la invención del telégrafo. Los chasquis podían llevar un mensaje de Quito a Cuzco (aproximadamente 2.000 kilómetros) en unos cinco o seis días.

rueda *wheel* **hierro** *iron* **huellas** *marks* **indelebles** *permanent* **red** *network* **caminos de tierra** *dirt roads* **empedrados** *cobbled* **colgantes** *suspension* **flotantes** *floating* **terraplenes** *embankments* **trazado** *route* **agrícola** *agricultural* **regar** *to water* **legado** *legacy* **de antaño** *from the past* **carreras de relevos** *relay races*

Palabras de lenguas indígenas

el cacao (náhuatl) *cacao; cocoa*

el charqui (quechua) *jerky*

el chicle (náhuatl) *gum*

el chocolate (náhuatl) *chocolate*

el cóndor (quechua) *condor*

el coyote (náhuatl) *coyote*

la guagua (quechua) *baby boy/girl*

el huracán (taíno) *hurricane*

la llama (quechua) *llama*

el poncho (mapuche) *poncho*

el puma (quechua) *cougar*

EL MUNDO HISPANOHABLANTE
Curiosidades

Situada en el istmo de Tehuantepec, en México, **Juchitán** es una comunidad mayoritariamente indígena cuyos mitos y creencias resisten la influencia del exterior. Se dice que aquí todavía subsiste el **matriarcado°** porque las mujeres tienen una presencia vital en la economía y en la sociedad.

La **Catedral de Sal** en Zipaquirá, cerca de Bogotá, Colombia, es una obra única de ingeniería y arte. Esta construcción subterránea fue realizada en una mina de sal que los **indígenas muiscas** de esa zona ya explotaban° antes de la llegada de los españoles al continente americano.

La sociedad **Rapa Nui**, desarrollada en condiciones de aislamiento° extremo en la Isla de Pascua, Chile, presenta numerosos interrogantes° que se resisten a ser descifrados. Sus famosas esculturas monolíticas, o moáis, sus altares megalíticos y su escritura jeroglífica siguen siendo un misterio para los investigadores.

matriarcado *matriarchy* **explotaban** *operated* **aislamiento** *isolation* **interrogantes** *mysteries*

PERFIL
MACHU PICCHU

La ciudad de Machu Picchu es el ejemplo más famoso de las sofisticadas técnicas arquitectónicas de la civilización inca. Las ruinas están a unos 112 kilómetros (70 millas) de Cuzco, Perú, en una zona montañosa desde la que se pueden disfrutar unas vistas espectaculares del valle del Urubamba. En el corazón de Machu Picchu está la plaza central, en la que se pueden ver los templos y los edificios del gobierno. Uno de los monumentos más famosos es el *intihuatana*, un observatorio astronómico inca, utilizado para observar el Sol, y para medir° las estaciones del año y el transcurso del tiempo. También se realizaban allí ceremonias en honor al Sol, y la elevación del terreno permitía que todos los habitantes las presenciaran.

El Santuario Histórico de Machu Picchu fue elegido como la mejor atracción turística del mundo en los World Travel Awards de 2017. Según la Comisión de Promoción del Perú para la Exportación y el Turismo (Promperú), visitar Machu Picchu es lo que más motiva a los extranjeros a viajar a Perú; la segunda motivación es la gastronomía. Esta entidad gubernamental ha especificado que 1,4 millones de personas visitaron Machu Picchu en 2016.

❝Una cosa es continuar la historia y otra repetirla.❞ (Jacinto Benavente, dramaturgo español)

medir *to measure*

¿Qué aprendiste?

1 **¿Cierto o falso?** Indica si las oraciones son **ciertas** o **falsas**. Corrige las falsas.

1. El Imperio inca alcanzó su auge después de la llegada de los españoles.
2. El Imperio inca se extendía hasta Panamá.
3. La principal ruta inca recorría la costa atlántica de Suramérica.
4. Los incas cultivaban los desiertos con un sistema de terrazas.
5. Todavía se siguen utilizando algunas de las técnicas agrícolas de los incas.
6. Un solo chasqui se encargaba de llevar los mensajes de Quito a Cuzco.

2 **Oraciones incompletas** Elige la opción correcta.

1. Machu Picchu es (el templo inca más famoso / el ejemplo más famoso de arquitectura inca).
2. El *intihuatana* era un (templo / observatorio).
3. El charqui es (una comida / un tipo de poncho).
4. La palabra *llama* viene de la lengua (mapuche / quechua).
5. En 2017, Machu Picchu (fue elegida como la mejor atracción turística del mundo. / fue visitada por 1,4 millones de turistas.)

3 **Preguntas** Contesta las preguntas con oraciones completas.

1. ¿Dónde está Juchitán?
2. ¿Por qué se dice que en Juchitán subsiste el matriarcado?
3. ¿Dónde se construyó la Catedral de Sal de Zipaquirá?
4. ¿Qué grupo indígena explotaba la mina de sal de Zipaquirá?
5. ¿Qué isla chilena tiene esculturas monolíticas?

4 **Opiniones** En parejas, hablen de la importancia de mantener los usos y las costumbres tradicionales, y del posible efecto de las tradiciones en el desarrollo económico de las sociedades. Usen las preguntas como guía:

- ¿Es importante mantener las tradiciones? ¿Por qué?
- ¿Qué tradiciones conocen que tengan un impacto económico positivo para la comunidad?
- ¿Creen que las tradiciones pierden su significado si se explota su potencial económico?
- ¿Hay tradiciones que sea mejor no mantener? ¿Cuáles?

Contesten las preguntas, den ejemplos de sus puntos de vista y, después, compartan su opinión con la clase.

 Practice more at **vhlcentral.com**.

PROYECTO

Monolitos, Isla de Pascua

Monumentos antiguos

Elige uno de los lugares de la lista u otra construcción antigua importante en un país de habla hispana. Busca información sobre el lugar y prepara una presentación para tus compañeros. No olvides incluir información sobre la época en la que se construyó, quién lo hizo y, si se sabe, con qué objetivo. Incluye una fotografía o una ilustración de la obra o construcción.

- Monolitos de la Isla de Pascua
- Líneas de Nazca
- Catedral de Sal
- Monte Albán

Video

Machu Picchu: encanto y misterio

Ya has leído sobre la maravillosa herencia de los incas en Suramérica. Este episodio de **Flash cultura** te lleva a conocer las ruinas de Machu Picchu en Perú para descubrir sus misterios y saber qué piensan de ellas los visitantes de todo el mundo.

Corresponsal: Omar Fuentes
País: Perú

Un lugar remoto, sagrado y misterioso que fue descubierto apenas hace cien años.

VOCABULARIO ÚTIL

el borde *edge*	**el depósito** *warehouse*
la bruma *mist*	**evitar** *to prevent*
la ciudadela *citadel*	**la intrepidez** *fearlessness*
la cordillera *mountain range*	**tallado/a** *carved*

(1) **Preparación** Responde estas preguntas: ¿Te interesan las antiguas civilizaciones? ¿Te parece que es mejor visitar un lugar histórico que leer sobre él? ¿Estarías dispuesto/a a hacer un viaje de aventura a un país lejano?

(2) **Comprensión** Indica si estas afirmaciones son **ciertas** o **falsas**. Después, en parejas, corrijan las falsas.

1. Machu Picchu se encuentra en un lugar muy accesible a los turistas.
2. Se sabe que Miguel Ángel vivió en la ciudadela.
3. Las ruinas fueron descubiertas por un explorador estadounidense.
4. Cada una de las piedras de Machu Picchu fue cuidadosamente tallada.
5. Las terrazas servían como almacén de alimentos.
6. La ubicación geográfica de Machu Picchu evitó que la ciudadela fuera invadida por la conquista española.

(3) **Expansión** En parejas, contesten estas preguntas.

- Si visitaran las ruinas, ¿contratarían un(a) guía local? ¿Les parece que sería importante conversar con un(a) heredero/a de la cultura andina? ¿Por qué?
- A Machu Picchu se puede llegar a pie o, en mucho menos tiempo, en tren. ¿Qué opción elegirían? ¿Por qué?
- ¿Qué les atrae más de Machu Picchu: el misterio, el entorno de la naturaleza, la maravilla de su construcción o su importancia histórica? Expliquen su elección.

Para cuando los españoles obtuvieron el control del Perú en 1532, todos los habitantes de Machu Picchu habían desaparecido.

Esta cultura quechua hizo muchas grandes obras y, actualmente, podemos ver esta maravilla del mundo que es Machu Picchu.

Practice more at **vhlcentral.com**.

Tutorial

12.1 Uses of the infinitive

Queremos
ir al Tule.

¿Y ahora qué
vamos a hacer?

TALLER DE CONSULTA

MANUAL DE GRAMÁTICA
Más práctica

12.1 Uses of the infinitive,
p. A63
12.2 Summary of the
indicative, p. A64
12.3 Summary of the
subjunctive, p. A65

Más gramática

12.4 **Pedir/preguntar** and
conocer/saber, p. A66

¡ATENCIÓN!

An infinitive is the
unconjugated form of a verb
and ends in **-ar**, **-er**, or **-ir**.

¡ATENCIÓN!

The gerund form may also
be used after verbs of
perception.

**Te escuché hablando
con él.**
I heard you talking to him.

- The infinitive (**el infinitivo**) is commonly used after other conjugated verbs, especially when there is no change of subject. **Deber**, **decidir**, **desear**, **necesitar**, **pensar**, **poder**, **preferir**, **querer**, and **saber** are all frequently followed by infinitives.

Después de tres décadas de guerra,
el rey **decidió rendirse**.
*After three decades of war, the king
decided to surrender.*

No **quisimos viajar** a esa región
durante este período de inestabilidad.
*We did not want to travel to that region
during this period of instability.*

- Use the infinitive after verbs of perception, such as **escuchar**, **mirar**, **oír**, **sentir**, and **ver**, even if there is a change of subject. The use of an object pronoun with the conjugated verb distinguishes the two subjects and eliminates the need for a subordinate clause.

Te **oigo hablar**, ¡pero no
entiendo nada!
*I hear you speaking, but I don't
understand anything!*

Si la **ven salir**, avísenme enseguida,
por favor.
*If you see her leave, please let me
know immediately.*

- Many verbs of influence, such as **dejar**, **hacer**, **mandar**, **pedir**, **permitir**, and **prohibir**, may also be followed by the infinitive. As with verbs of perception, the object pronoun makes a subordinate clause unnecessary.

La profesora **nos hizo leer** artículos
sobre la conquista.
*The teacher made us read articles
about the conquest.*

El comité **me ha dejado continuar**
con las investigaciones.
*The committee has allowed me to
continue with my research.*

- The infinitive may be used with impersonal expressions, such as **es importante**, **es fácil**, and **es bueno**. It is required after **hay que** and **tener que**.

Es importante celebrar nuestra
herencia cultural.
*It's important to celebrate
our cultural heritage.*

Hay que hacer todo lo posible
para lograr una solución pacífica.
*We must do everything possible to
reach a peaceful solution.*

Sí, sé que tienes
que ir a cambiarte.

- After prepositions, the infinitive is used.

Se cree que las estatuas fueron construidas **para proteger** el templo.
It is believed that the statues were built in order to protect the temple.

El arqueólogo las miró con cuidado, **sin decir** nada.
The archeologist looked at them carefully, without saying a word.

- Many Spanish verbs follow the pattern of [*conjugated verb*] + [*preposition*] + [*infinitive*]. The prepositions for this pattern are **de**, **a**, **con**, or **en**.

Hoy es mi cumpleaños y voy a celebrar con mi novio.

acabar de *to have just (done something)*	**enseñar a** *to teach (to)*
aprender a *to learn (to)*	**quedar en** *to agree (to)*
contentarse con *to be happy with*	**tardar en** *to take time (to)*
dejar de *to stop (doing something)*	**tratar de** *to try (to)*

Acabo de hablar con el profesor López.
I have just spoken with Professor López.

Su computadora **tarda mucho en encenderse.**
His computer takes a while to start.

Trato de estudiar todos los días.
I try to study every day.

Quedamos en hacerlo.
We agreed to do it.

- While **deber** + [*infinitive*] suggests obligation, **deber** + **de** + [*infinitive*] suggests probability.

El pueblo **debe saber** la verdad.
The people need to know the truth.

El pueblo **debe de saber** la verdad.
The people probably know the truth.

- In Spanish, unlike in English, the gerund form of a verb (*talking, working,* etc.) may not be used as a noun or in giving instructions. The infinitive form is used instead.

Ver es creer.
Seeing is believing.

No **fumar**.
No smoking.

El arte de **mirar**.
The art of seeing.

- The perfect infinitive is formed by combining the infinitive **haber** and a past participle. It expresses an action completed before the action of the main verb.

Después de **haber terminado** sus negociaciones con Austria, Napoleón regresó a París.
After having concluded his negotiations with Austria, Napoleon returned to Paris.

Los mexicanos estaban orgullosos de **haber conseguido** la independencia de España.
Mexicans were proud of having gained their independence from Spain.

Práctica

TALLER DE CONSULTA

MANUAL DE GRAMÁTICA
Más práctica

12.1 Uses of the infinitive,
p. A63

1 **Oraciones** Forma oraciones completas con los elementos dados. Sigue el modelo y añade preposiciones cuando sea necesario.

> **MODELO** la arqueóloga / esperar / descubrir / tesoros antiguos
> La arqueóloga espera descubrir tesoros antiguos.

1. Luis / pensar / ser / historiador
2. él / querer / especializarse / la historia suramericana
3. el profesor Sánchez / le /enseñar / hablar / lenguas indígenas
4. sus padres / le / aconsejar / estudiar / extranjero
5. Luis / acabar / pedir información / programa en el Ecuador

2 **Mi abuelo** Completa las oraciones con el infinitivo perfecto.

1. Después de _____ (luchar) en la guerra, mi abuelo emigró a Argentina.
2. Tras _____ (cruzar) el Atlántico, llegó al puerto de Buenos Aires.
3. Cansado de _____ (vivir) siempre en el campo, se instaló en la ciudad.
4. A los pocos días de _____ (llegar) a Buenos Aires, conoció a su futura esposa, mi abuela.
5. Al poco tiempo de _____ (nacer) mi padre, mi abuelo construyó una casa más grande.
6. A pesar de _____ (tener) que trabajar mucho, mi abuelo siempre tuvo tiempo para dedicarse a su pasatiempo favorito: la pintura.
7. Con el tiempo, se convirtió en un pintor famoso a pesar de no _____ (realizar) estudios formales de arte.
8. Con el dinero que ganó en Argentina, mi abuelo podría _____ (volver) a España, pero prefirió quedarse en Buenos Aires.

3 **Una profesora exigente** Hay una nueva profesora de historia en el departamento. Lee las instrucciones que ella dio a su clase. Luego, escribe oraciones completas desde el punto de vista de los estudiantes, y describe lo que ella les pidió. Sigue el modelo.

> **MODELO** Lean cien páginas del texto para mañana. (hacer)
> Nos hizo leer cien páginas del texto para mañana.

1. Escriban un trabajo de cincuenta páginas. (obligar a)
2. No coman en clase. (prohibir)
3. Busquen diez libros sobre el tema. (hacer)
4. Vayan hoy mismo al museo para ver la exhibición africana. (mandar)
5. No vengan a clase sin leer el material. (no permitir)
6. Utilicen el libro para hacer su examen. (dejar)

 Practice more at **vhlcentral.com**.

Comunicación

4 **Documental** En parejas, lean las preguntas de esta entrevista con Fabián Mateos, director del documental histórico *Bolívar*. Luego, inventen sus respuestas. Contesten con oraciones completas y utilicen verbos en infinitivo (simple o perfecto). Después, representen la entrevista frente a la clase.

REPORTERO Me dijeron que la filmación acaba de terminar. ¿Es así?

FABIÁN (1) _____

REPORTERO ¿Te acostumbraste a vivir en Suramérica? ¿Piensas volver?

FABIÁN (2) _____

REPORTERO ¿Crees que el documental nos hará cambiar de idea sobre los héroes de la independencia suramericana?

FABIÁN (3) _____

REPORTERO ¿Fue difícil escoger al actor que representa a Simón Bolívar?

FABIÁN (4) _____

REPORTERO ¿Piensas hacer otro documental histórico? ¿Hay otro tema histórico que te gustaría explorar?

FABIAN (5) _____

5 **Recomendaciones** En parejas, háganse estas preguntas sobre sus planes para el futuro. Luego, túrnense para hacerse cinco recomendaciones para lograr sus metas. Utilicen las frases de la lista y el infinitivo, y añadan sus propias ideas.

1. ¿Qué clases quieres tomar?
2. ¿Qué profesión deseas tener?
3. ¿Esperas viajar a otros países? ¿Cuáles?
4. ¿Qué cosas nuevas quieres aprender a hacer?
5. ¿Qué metas deseas alcanzar?

es bueno	tener que
es fácil	estudiar
es importante	explorar
hay que	viajar

6 **Viajes maravillosos**

A. En grupos de cuatro, imaginen que ustedes son científicos/as y han creado una máquina para viajar en el tiempo. Quieren comenzar un negocio con su invento, vendiendo pasajes y siendo guías históricos. Escriban un anuncio breve, utilizando por lo menos seis frases de la lista.

acabar de	quedar en
aprender a	querer
es fácil	tardar en
es increíble	tratar de

B. Ahora, imaginen que son los/las turistas que compraron pasajes y que acaban de volver de su primer viaje al pasado. Escojan un período histórico y luego escriban una descripción de lo que vieron e hicieron, utilizando por lo menos seis verbos en infinitivo. Sigan el modelo.

MODELO Acabamos de regresar de nuestro primer viaje al pasado. ¡Aún no podemos creer que anduviéramos con los dinosaurios! El primer día...

Tutorial

12.2 Summary of the indicative

Indicative verb forms

- This chart provides a summary of indicative verb forms for regular **-ar**, **-er**, and **-ir** verbs.

TALLER DE CONSULTA

To review indicative verb forms, see:

The present tense
1.1, pp. 14-15

The preterite
3.1, pp. 94-95

The imperfect
3.2, pp. 98-99

The future
6.1, pp. 216-217

The conditional
8.1, pp. 294-295

The present perfect
7.1, pp. 256-257

The past perfect
7.2, p. 260

The future perfect
10.1, p. 372

The conditional perfect
10.2, p. 374

Indicative verb forms					
-ar verbs		**-er verbs**		**-ir verbs**	
PRESENT					
canto	cantamos	bebo	bebemos	recibo	recibimos
cantas	cantáis	bebes	bebéis	recibes	recibís
canta	cantan	bebe	beben	recibe	reciben
PRETERITE					
canté	cantamos	bebí	bebimos	recibí	recibimos
cantaste	cantasteis	bebiste	bebisteis	recibiste	recibisteis
cantó	cantaron	bebió	bebieron	recibió	recibieron
IMPERFECT					
cantaba	cantábamos	bebía	bebíamos	recibía	recibíamos
cantabas	cantabais	bebías	bebíais	recibías	recibíais
cantaba	cantaban	bebía	bebían	recibía	recibían
FUTURE					
cantaré	cantaremos	beberé	beberemos	recibiré	recibiremos
cantarás	cantaréis	beberás	beberéis	recibirás	recibiréis
cantará	cantarán	beberá	beberán	recibirá	recibirán
CONDITIONAL					
cantaría	cantaríamos	bebería	beberíamos	recibiría	recibiríamos
cantarías	cantaríais	beberías	beberíais	recibirías	recibiríais
cantaría	cantarían	bebería	beberían	recibiría	recibirían

PRESENT PERFECT		**PAST PERFECT**		**FUTURE PERFECT**		**CONDITIONAL PERFECT**	
he		había		habré		habría	
has		habías		habrás		habrías	
ha	+ [cantado	había	+ [cantado	habrá	+ [cantado	habría	+ [cantado
hemos	bebido	habíamos	bebido	habremos	bebido	habríamos	bebido
habéis	recibido	habíais	recibido	habréis	recibido	habríais	recibido
han		habían		habrán		habrían	

Uses of indicative verb tenses

¡Ya llevamos dos horas esperando!

¡Mira lo que hiciste!

- This chart explains when each of the indicative verb tenses is appropriate.

Uses of indicative verb tenses

PRESENT

• timeless events:	La gente **quiere** vivir en paz.
• habitual events that still occur:	Mi madre **sale** del trabajo a las cinco.
• events happening right now:	Ellos **están** enojados.
• future events expected to happen:	Te **llamo** este fin de semana.

PRETERITE

• actions or states beginning/ending at a definite point in the past:	Ayer **firmamos** el contrato.

IMPERFECT

• past events without focus on beginning, end, or completeness:	Yo **leía** mientras ella **estudiaba**.
• habitual past actions:	Ana siempre **iba** a ese restaurante.
• mental, physical, and emotional states:	Mi abuelo **era** alto y fuerte.

FUTURE

• future events:	**Iré** a Madrid en dos semanas.
• probability about the present:	¿**Estará** en su oficina ahora?

CONDITIONAL

• what would happen:	Él **lucharía** por sus ideales.
• future events in past-tense narration:	Me dijo que lo **haría** él mismo.
• conjecture about the past:	¿Qué hora **sería** cuando regresaron?

PRESENT PERFECT

• what has occurred:	**Han cruzado** la frontera.

PAST PERFECT

• what had occurred:	Lo **habían hablado** hace tiempo.

FUTURE PERFECT

• what will have occurred:	Para la próxima semana, ya **se habrá estrenado** la película.

CONDITIONAL PERFECT

• what would have occurred:	Juan **habría sido** un gran atleta.

¡ATENCIÓN!

Use the progressive forms to narrate an action in progress. These are the main progressive forms.

PRESENT
Emilia **está estudiando** historia.

PAST (IMPERFECT)
Emilia **estaba estudiando** historia cuando sonó el teléfono.

PAST (PRETERITE)
Ayer Emilia **estuvo estudiando** historia.

FUTURE
Cuando regreses a casa, Emilia **estará estudiando** historia.

CONDITIONAL
Si no estuviera de vacaciones, **estaría estudiando** historia.

La historia y la civilización

cuatrocientos cuarenta y nueve **449**

Práctica

TALLER DE CONSULTA

**Manual de gramática
Más práctica**

12.2 Summary of the indicative, p. A64

1 **Declaración** En 1948, la ONU (Organización de las Naciones Unidas) aprobó la *Declaración Universal de los Derechos Humanos*. A continuación se presentan algunos de los derechos básicos del hombre. Selecciona la forma adecuada del verbo entre paréntesis.

1. Todas las personas (nacen / nacían) libres e iguales.
2. No se (discriminó / discriminará) por ninguna razón: ni nacionalidad, ni raza, ni ideas políticas, ni sexo, ni edad, ni otras.
3. Todas las personas (tendrían / tendrán) derecho a la vida y a la libertad.
4. No (habría / habrá) esclavos.
5. Toda persona (tiene / tendría) derecho a una nacionalidad.
6. Nadie (sufre / sufrirá) torturas ni tratos crueles.
7. Todos (son / eran) iguales ante la ley y (tienen / tuvieron) los mismos derechos legales.
8. La discriminación (era / será) castigada.
9. Nadie (va / irá) a la cárcel sin motivo.
10. Se (juzga / juzgará) de una manera justa a todos los presos.

2 **Pasado, presente y futuro** David y Sandra son novios. Antes de conocerse tenían vidas muy distintas. Escribe diez oraciones completas sobre el pasado, el presente y el futuro de esta pareja. Utiliza las ideas de la lista o inventa tus propios detalles.

PASADO	PRESENTE	FUTURO
vivir en la ciudad/campo	estudiar en la universidad	trabajar
viajar con la familia	salir con amigos	casarse
hacer deportes	ir al cine	tener hijos
divertirse	viajar	vivir en los suburbios

3 **Rey por un día** Hoy, por un sólo día, te has convertido en rey/reina de un dominio extenso. Primero, lee la descripción e identifica el tiempo verbal de cada verbo en indicativo. Luego, contesta las preguntas con oraciones completas.

8:00 Te despiertas en el palacio. ¿Qué te gustaría hacer? ¿Disfrutarás del lujo?

12:00 Tus asesores te dicen que las fuerzas armadas del enemigo han invadido y que habrán llegado hasta el palacio antes de las cuatro. ¿Qué haces?

4:00 Cuando tus soldados por fin llegaron al palacio, las fuerzas enemigas ya habían entrado. Te han secuestrado y están exigiendo la mitad de tu reino. ¿Qué les dices?

6:00 ¿Lograste resolver el conflicto? ¿Habrías preferido convertirte en otra cosa?

 Practice more at **vhlcentral.com**.

Comunicación

4 La historia En parejas, háganse estas preguntas sobre la historia.

1. ¿Crees que la vida era mejor hace cincuenta años? ¿Crees que será mejor o peor en el futuro?

2. ¿Cuál fue el acontecimiento más importante de toda la historia de la humanidad?

3. ¿Qué suceso histórico te habría gustado cambiar?

4. ¿Qué habrá pasado en el mundo en cincuenta años?

5. ¿Crees que hemos aprendido de los errores humanos del pasado?

5 ¿Quién es? En parejas, escojan una persona famosa. Escriban una lista de los acontecimientos de su vida (pasados, presentes y los que puedan ocurrir en el futuro). Cuando hayan terminado, lean en voz alta la lista y el resto de la clase tendrá que adivinar de quién se trata.

6 Historias extrañas En grupos de tres, lean las historias y contesten las preguntas. Luego, compartan sus respuestas con la clase.

1. Un rey regresó victorioso a su reino. Había conquistado enormes territorios y había traído muchas riquezas. Dos días después, desapareció.

   • ¿Qué le pasó?

2. Un emperador guerrero y poderoso derrotó a los integrantes de una tribu indígena. Durante años los explotó cruelmente como esclavos. Un buen día, les dio a todos la libertad.

   • ¿Por qué habrá liberado el emperador a los esclavos?

7 Acontecimientos Lee la lista de acontecimientos históricos y ordénalos según su importancia. Luego, en parejas, expliquen por qué ordenaron los acontecimientos de esa manera. Compartan sus ideas con la clase.

> _____ la independencia de los Estados Unidos
> _____ la llegada de Cristóbal Colón al continente americano
> _____ la invención del automóvil
> _____ la invención del teléfono
> _____ la Segunda Guerra Mundial
> _____ la llegada del hombre a la Luna
> _____ la caída del muro de Berlín
> _____ la invención de Internet
> _____ el descubrimiento de la penicilina
> _____ la invención de la computadora

Tutorial

12.3 Summary of the subjunctive

Subjunctive verb forms

- This chart provides a summary of subjunctive verb forms for regular **-ar**, **-er**, and **-ir** verbs.

Es importante que sepan que la ciudad de Oaxaca fue declarada Patrimonio Cultural de la Humanidad.

A menos que tenga un problema, Marcela no debe tardar en llegar.

TALLER DE CONSULTA

To review subjunctive verb forms, see:

The subjunctive in noun clauses 4.1, pp. 134-136

The past subjunctive 8.2, pp. 298-299

The present perfect subjunctive 9.1, p. 336

The past perfect subjunctive 10.3, p. 376

Subjunctive verb forms					
-ar verbs		**-er verbs**		**-ir verbs**	

PRESENT SUBJUNCTIVE

hable	hablemos	beba	bebamos	viva	vivamos
hables	habléis	bebas	bebáis	vivas	viváis
hable	hablen	beba	beban	viva	vivan

PAST SUBJUNCTIVE

hablara	habláramos	bebiera	bebiéramos	viviera	viviéramos
hablaras	hablarais	bebieras	bebierais	vivieras	vivierais
hablara	hablaran	bebiera	bebieran	viviera	vivieran

PRESENT PERFECT SUBJUNCTIVE

haya hablado	haya bebido	haya vivido
hayas hablado	hayas bebido	hayas vivido
haya hablado	haya bebido	haya vivido
hayamos hablado	hayamos bebido	hayamos vivido
hayáis hablado	hayáis bebido	hayáis vivido
hayan hablado	hayan bebido	hayan vivido

PAST PERFECT SUBJUNCTIVE

hubiera hablado	hubiera bebido	hubiera vivido
hubieras hablado	hubieras bebido	hubieras vivido
hubiera hablado	hubiera bebido	hubiera vivido
hubiéramos hablado	hubiéramos bebido	hubiéramos vivido
hubierais hablado	hubierais bebido	hubierais vivido
hubieran hablado	hubieran bebido	hubieran vivido

Uses of subjunctive verb tenses

¡Es increíble que lo hayas hecho otra vez!

Espero que hayan disfrutado la excursión.

● The subjunctive is used mainly in multiple clause sentences. This chart explains when each of the subjunctive verb tenses is appropriate.

Uses of subjunctive verb tenses	
PRESENT	
• main clause is in the present:	Quiero que **hagas** un esfuerzo.
• main clause is in the future:	Ganará las elecciones a menos que **cometa** algún error.
PAST	
• main clause is in the past:	Esperaba que **vinieras**.
• hypothetical statements about the present:	Si **tuviéramos** boletos, iríamos al concierto.
PRESENT PERFECT	
• main clause is in the present while subordinate clause is in the past:	¡Es imposible que te **hayan despedido** de tu trabajo!
PAST PERFECT	
• main clause is in the past and subordinate clause refers to earlier event:	Me molestó que mi madre me **hubiera despertado** tan temprano.
• hypothetical statements about the past:	Si me **hubieras llamado**, habría salido contigo anoche.

Es importante que **estudiemos** nuestra propia historia.
It is important that we study our own history.

Los indígenas querían que los conquistadores **abandonaran** sus tierras.
The indigenous people wanted the conquistadors to abandon their lands.

Cristóbal Colón no **hubiera llegado** a América sin el apoyo de la reina.
Christopher Columbus wouldn't have arrived in America without the queen's support.

Es increíble que el arqueólogo **haya descubierto** tantas ruinas.
It's incredible that the archeologist has discovered so many ruins.

TALLER DE CONSULTA

To review the uses of the subjunctive, see:

The subjunctive in noun clauses
4.1 pp. 134-136

The subjunctive in adjective clauses
5.3 pp. 184-185

The subjunctive in adverbial clauses
6.2 pp. 220-221

¡ATENCIÓN!

Ojalá (que) is always followed by the subjunctive.

Ojalá (que) se mejore pronto.

Impersonal expressions of will, emotion, or uncertainty are followed by the subjunctive unless there is no change of subject.

**Es terrible que tú fumes.
Es terrible fumar.**

The subjunctive vs. the indicative and the infinitive

- This chart contrasts the uses of the subjunctive with those of the indicative or infinitive.

Subjunctive	Indicative or infinitive
• after expressions of will and influence when there are two different subjects: Quieren que **vuelvas** temprano.	• after expressions of will and influence when there is only one subject (infinitive): Quieren **volver** temprano.
• after expressions of emotion when there are two different subjects: La profesora temía que sus estudiantes no **aprobaran** el examen.	• after expressions of emotion when there is only one subject (infinitive): Los estudiantes temían no **aprobar** el examen.
• after expressions of doubt, disbelief, or denial when there are two different subjects: Es imposible que Javier **haya salido** por esa puerta.	• after expressions of doubt, disbelief, or denial when there is only one subject (infinitive): Es imposible **salir** por esa puerta; siempre está cerrada.
• when the person or thing in the main clause is uncertain or indefinite: Buscan un empleado que **haya estudiado** administración de empresas.	• when the person or thing in the main clause is certain or definite (indicative): Contrataron a un empleado que **estudió** administración de empresas.
• after **a menos que, antes (de) que, con tal (de) que, en caso (de) que, para que,** and **sin que**: El abogado hizo todo lo posible para que su cliente no **fuera** a la cárcel.	• after **a menos de, antes de, con tal de, en caso de, para**, and **sin** when there is no change in subject (infinitive): El abogado hizo todo lo posible para **defender** a su cliente.
• after the conjunctions **cuando, después (de) que, en cuanto, hasta que,** and **tan pronto como** when they refer to future actions: Compraré otro teléfono celular cuando me **ofrezcan** un plan adecuado a mis necesidades.	• after the conjunctions **cuando, después (de) que, en cuanto, hasta que,** and **tan pronto como** when they do not refer to future actions (indicative): Compré otro teléfono celular en cuanto me **ofrecieron** un plan adecuado a mis necesidades.
• after **si** in hypothetical or contrary-to-fact statements about the present: Si **tuviera** tiempo, iría al cine.	• after **si** in hypothetical statements about possible or probable future events (indicative): Si **tengo** tiempo, iré al cine.
• after **si** in hypothetical or contrary-to-fact statements about the past: Si **hubiera tenido** tiempo, habría ido al cine.	• after **si** in statements that express habitual past actions (indicative): Si **tenía tiempo**, siempre iba al cine.

Práctica

(1) Oraciones incompletas Empareja las frases para formar oraciones lógicas.

_____ 1. Gabi no irá a la fiesta a menos que...

_____ 2. Habríamos llegado antes si...

_____ 3. Hoy es mi cumpleaños. Espero que mis padres...

_____ 4. Iría a Europa si...

_____ 5. Mis padres siempre exigían que...

a. limpiara mi cuarto.

b. me hayan comprado algo bonito.

c. no hubieras manejado tan lento.

d. termine de hacer su tarea.

e. tuviera más tiempo.

TALLER DE CONSULTA

**Manual de gramática
Más práctica**

12.3 Summary of the subjunctive, p. A65

(2) Cita perdida Selecciona la forma adecuada del verbo entre paréntesis para completar la conversación.

ROSA Viajes Albatros, ¿en qué le puedo ayudar?

EMA Buenos días. Me gustaría hablar con Miguel Pérez. Tengo una entrevista telefónica con él.

ROSA Qué lástima que ya (1) _____ (salga / haya salido / hubiera salido). No creo que (2) _____ (vuelva / volviera / haya vuelto) hasta las cuatro.

EMA Le había dicho que yo llamaría el martes, pero él me dijo que lo (3) _____ (llamara / haya llamado / hubiera llamado) hoy.

ROSA No veo nada en su agenda. Y no creo que al señor Pérez se le (4) _____ (olvide / haya olvidado / hubiera olvidado) la entrevista. Si él le (5) _____ (pida / haya pedido / hubiera pedido) una entrevista, me lo habría mencionado. Si quiere, le digo que la (6) _____ (llame / llamara / haya llamado) tan pronto como (7) _____ (llegue / llegara / hubiera llegado). A menos que usted (8) _____ (quiera / haya querido / hubiera querido) llamarlo al celular...

(3) ¿En qué tiempo? Completa las oraciones con el subjuntivo (presente, imperfecto, pretérito perfecto o pluscuamperfecto) de los verbos entre paréntesis.

1. Antes de que los primeros españoles _____ (pisar) suelo americano, los vikingos ya habían viajado a América.

2. El profesor Gómez viajará al Amazonas. Cuando _____ (llegar) allí, investigará algunas tribus aisladas.

3. Siempre que _____ (haber) democracia, habrá libertad de prensa.

4. No habrá progreso hasta que _____ (terminar) la guerra civil.

5. El cacique les habló a sus guerreros para que _____ (luchar) sin miedo.

6. La historia del país habría sido muy distinta si la monarquía no _____ (caer).

7. La fundación humanitaria prefiere contratar a personas que ya _____ (viajar) al país donde trabajarán.

8. Si el general lo _____ (saber) antes, no habría empezado la batalla.

Ⓢ Practice more at **vhlcentral.com**.

Práctica

4 **Los pueblos americanos** Selecciona la forma adecuada de los verbos entre paréntesis.

1. La ley venezolana les prohibía a los militares que (votaron / votaran / votar) en las elecciones presidenciales.

2. Te recomiendo que (estudias / estudies / estudiar) los cambios políticos en el Perú.

3. Me gustaría (lucho / luche / luchar) por los derechos de los indígenas.

4. Los primeros hombres que (poblaron / poblaran / poblar) América llegaron desde Asia.

5. Es una lástima que los conquistadores (destruyeron / destruyeran / destruir) algunas culturas americanas.

6. No es cierto que todos los indígenas americanos (se han rendido / se hayan rendido / rendirse) pacíficamente.

7. Sé que la dictadura (es / sea / ser) la peor forma de gobierno.

8. ¡Ojalá los pueblos americanos (habían luchado / hubieran luchado / luchar) más por sus derechos!

5 **Las formas verbales** Conecta las frases de las columnas. Usa las formas y los tiempos verbales apropiados.

A. 1. El historiador busca el libro que
    2. El historiador busca un libro que
    3. El historiador buscó un libro que

    a. explicara los últimos cambios políticos.
    b. explique los últimos cambios políticos.
    c. explica los últimos cambios políticos.

B. 1. En su viaje, el historiador no conoció a ningún indígena que
    2. En su viaje, el historiador había conocido a un solo indígena que
    3. En su viaje, el historiador conoció a un solo indígena que

    a. tenía contacto con tribus vecinas.
    b. había tenido contacto con tribus vecinas.
    c. tuviera contacto con tribus vecinas.

C. 1. Eva no conocía a nadie que
    2. Eva conocía a un solo profesor que
    3. Eva conoce a un solo profesor que

    a. había estudiado la cultura china.
    b. ha estudiado la cultura china.
    c. hubiera estudiado la cultura china.

6 **¿Indicativo o subjuntivo?** Completa las oraciones con verbos en subjuntivo o en indicativo.

1. Me gustaría que mis hijos _____ (tener) más tiempo para leer los diarios que escribió mi abuelo al emigrar.

2. El profesor me recomendó que yo _____ (preservar) mi herencia cultural.

3. Me molestaba que ella _____ (hablar) de esa manera sobre los inmigrantes.

4. Mi abuela hizo todo lo posible para que todos nosotros _____ (visitar) su país de origen.

5. Cada día _____ (llegar) al país nuevos inmigrantes llenos de sueños.

6. La situación _____ (cambiar) en los últimos años porque los habitantes de mi país ya no emigran tanto como en el pasado.

Practice more at **vhlcentral.com**.

Comunicación

7 La historia

A. En parejas, inventen una conversación entre dos personas de una de estas épocas, utilizando todos los tiempos verbales del indicativo y subjuntivo que sean apropiados. Recuerden que la conversación debe reflejar el contexto sociopolítico de aquella época.

Períodos históricos	
La Prehistoria	La guerra de la Independencia
La Edad Media	La primera mitad del siglo XX
La época de la colonia	El nuevo milenio

B. Ahora, representen su conversación a otra pareja para que adivine el período histórico en que viven los personajes.

8 Personajes históricos
En parejas, escriban diez oraciones sobre un personaje histórico famoso, sin decir el nombre. Cinco oraciones deben usar el indicativo y cinco el subjuntivo. Luego, lean las oraciones a la clase para que sus compañeros/as adivinen quién es esa persona. Utilicen las expresiones de la lista u otras.

A menos que...	Tan pronto como...
Después de que...	Para...
Leí que...	Si...
No sabía que...	Sin...

9 Síntesis

A. En grupos de cuatro, lean la lista de temas. ¿Cuáles eran sus pensamientos, deseos y opiniones acerca de estos temas cuando eran niños/as? ¿Qué piensan ahora? Después de esta clase, ¿siguen teniendo las mismas ideas y opiniones? ¿Creen que sus pensamientos cambiarán en el futuro?

la historia y la civilización	la naturaleza
la política y la religión	los viajes
la literatura y el arte	la salud y el bienestar
la cultura popular y los medios de comunicación	la vida diaria
la economía y el trabajo	las diversiones
la tecnología y la ciencia	las relaciones personales

B. Ahora, escojan uno de los temas de la lista y escriban un breve resumen de sus respuestas a las preguntas de la parte A. Utilicen por lo menos tres tiempos verbales en indicativo, tres en subjuntivo y tres verbos en infinitivo. Compartan sus pensamientos con la clase.

Practice more at **vhlcentral.com**.

Antes de ver el corto

UN PEDAZO DE TIERRA

país Arg./Méx./EE.UU.
duración 24 minutos
director Jorge Gaggero

protagonistas don Aurelio (tatarabuelo), Irene (madre), Ramiro y Agustín (hijos), Pedro

Vocabulario

el cura *priest*	**el rancho** *ranch*
engañar *to betray*	**reconocer** *to recognize*
enterrar (e:ie)/sepultar *to bury*	**el/la tatarabuelo/a** *great-great-grandfather/*
jurar *to promise*	*great-great-grandmother*

1 **Mis antepasados** Completa el párrafo con las palabras apropiadas.

Mi (1) _____ está enterrado cerca del (2) _____ donde nació. Antes de morir, le hizo (3) _____ a mi (4) _____ que lo iban a (5) _____ allí. Tuvieron dos hijos en esa vieja casa de campo. El mayor fue mi bisabuelo. El menor, que era muy religioso, decidió ser (6) _____.

2 **Preguntas** En parejas, contesten las preguntas.

1. ¿Dónde pasaron la infancia y la juventud tus abuelos y tus padres?
2. ¿Recuerdas algún lugar de tu infancia que haya cambiado o ya no exista? ¿Cómo te sentiste al ver que el lugar había cambiado?
3. ¿Escribirías un testamento (*will*)? ¿Qué instrucciones dejarías en él?
4. ¿Alguna vez ayudaste a alguien a cumplir un deseo? ¿Qué hiciste?

3 **Otros países** En parejas, imaginen que tienen que ir a vivir a otro país. Hagan una lista de tres países donde les gustaría vivir. Expliquen por qué han elegido esos países y digan qué aspectos positivos y negativos tiene vivir allí. Compartan su lista con la clase.

4 **Personajes** En parejas, observen los fotogramas y respondan a las preguntas.

- ¿Quiénes podrían ser esos personajes?
- ¿Qué relación podría haber entre ellos?
- ¿De qué crees que trata el cortometraje?

 Practice more at **vhlcentral.com**.

UN PEDAZO DE TIERRA

PRIMER PREMIO: *Academy of Television Arts & Sciences College Television Awards*
MEJOR CORTO: *Festival Internacional de Cortometrajes de Bilbao*
PREMIO AL MEJOR CORTOMETRAJE: *San Francisco Latino Film Fest*

Una producción de KOO KOO PRODUCTIONS Guión y Dirección JORGE GAGGERO Fotografía HILDA MERCADO
Montaje JOSÉ PULIDO Música XAVIER ASALI/MARCELO BERESTOVOY
Actores RUBÉN MORENO/ROBERTO ENTIQUE/ERICK CARRILLO/ART BONILLA

Escenas

ARGUMENTO Don Aurelio, muy enfermo, le pide a su familia que lo entierren en el mismo lugar donde está enterrada su esposa.

DON AURELIO Palos Verdes...
IRENE Sí.
DON AURELIO ... quiero que me entierren en Palos Verdes.
IRENE Se lo juramos. Tranquilo, tranquilo, abuelo. Ya viene el cura.

RAMIRO Oye, ¿tú crees que llegue? Son como 400 kilómetros.
AGUSTÍN Sí, le cambié las bujías°, los cables, tapa del distribuidor. Sí, quedó como nuevo.
RAMIRO ¿Y el abuelo?
AGUSTÍN Sólo Dios sabe.

DON AURELIO Esto no es Palos Verdes, no. Ustedes me quieren engañar.
RAMIRO Sí, es Palos Verdes, abuelo.
DON AURELIO No hay ranchos. Aquí no hay ranchos.

DON AURELIO Aquí mismo me casé con tu tatarabuela. Fue una linda ceremonia. Merceditas bajó del carro con su largo vestido blanco. Dos meses tardaron con las puntillas° y esas bobadas°.

PEDRO No reconozco ningún lugar.
AGUSTÍN ¿No?
PEDRO No, nada. A ver, a ver, a ver, espérenme tantito... ¡este lugar yo lo conozco! Digo, conozco el árbol. Sí, es de los más viejos de acá.
RAMIRO Ahí nació el abuelo y está sepultada la abuela Mercedes.

(Ramiro se acerca por el pasillo° al cuarto que está con la puerta abierta. Puede ver a su hermano de espaldas°. Al entrar, encuentra al abuelo recostado° con los ojos entreabiertos° y una sonrisa.)
AGUSTÍN Está muerto.

bujías *spark plugs* **puntillas** *lace trim* **bobadas** *nonsense*
pasillo *hallway* **de espaldas** *from behind* **recostado** *lying down*
entreabiertos *half-open*

Después de ver el corto

(1) **Comprensión** Contesta las preguntas con oraciones completas.

1. ¿Por qué está en la cama don Aurelio?
2. ¿Adónde van en el carro? ¿Por qué?
3. ¿Dónde está enterrada Merceditas, la esposa de don Aurelio?
4. ¿En qué trabaja Pedro?
5. ¿Qué le ocurre al abuelo mientras duerme?
6. ¿Dónde lo entierran?

(2) **Interpretación** Contesta las preguntas y explica tus respuestas.

1. ¿Cuál es la actitud de Irene hacia don Aurelio al comienzo del corto?
2. ¿Crees que la actitud inicial de los jóvenes está influenciada por Irene?
3. ¿Cambia la actitud de los jóvenes hacia su abuelo?
4. ¿Por qué crees que Ramiro se quiere quedar en Palos Verdes?
5. En tu opinión, ¿por qué se titula el corto *Un pedazo de tierra*?

(3) **El pasado y el futuro** En parejas, hablen de estas citas. Expliquen la importancia que tienen dentro de la historia. ¿Cuál es la actitud de cada uno de los personajes hacia el pasado? ¿Y hacia el futuro?

> "Ándele, don Aurelio, déjese ir... déjese ir..." *Irene*

> "Si se nos va antes, pues lo dejamos acá y con la platita que nos dieron pues disfrutamos de las playas de California." *Ramiro*

> "Mire, don Aurelio, Palos Verdes cambió. Ya no es territorio mexicano y su rancho ya no existe. Mírese usted en las fotos, no es igual. Ya nada es igual." *Agustín*

> "¡Quién hubiera dicho que le arreglaría la tumba en cada cambio de estación!" *Agustín*

(4) **Mensaje** Imagina que eres Ramiro. Tu hermano regresó a México y tú te quedaste en Palos Verdes. Escribe un mensaje de correo electrónico a un amigo contándole cómo es tu experiencia en Palos Verdes. Cuéntale qué te gusta de los Estados Unidos, qué extrañas de la vida en México y cómo va tu trabajo, y háblale sobre las personas que estás conociendo en California. Explica cómo te sientes con respecto a tu decisión de no volver a México con tu hermano.

(S): Practice more at vhlcentral.com.

"Los que no creen en la inmortalidad
creen en la historia."

José Martí

El indio alcalde de Chincheros: Varayoc, 1925
José Sabogal, Perú

Interpretar En parejas, contesten estas preguntas.

1. ¿Qué ven en el cuadro?
2. ¿Cómo describirían al protagonista?
3. ¿A quién les parece que está mirando y qué sensación produce?
4. ¿Agregarían o cambiarían algo a la pintura para resaltar que el protagonista es un alcalde? ¿Por qué?
5. ¿El Varayoc les da impresión de ser una persona fuerte o débil? ¿Habrá sido un buen alcalde? Expliquen.

 Practice more at **vhlcentral.com**.

Antes de leer

El milagro secreto

Sobre el autor

Jorge Luis Borges nació en Buenos Aires en 1899. En 1923 publicó su libro de poemas *Fervor de Buenos Aires*, al que seguiría una importante obra de cuentos y ensayos breves; nunca escribió una novela. Alguna vez afirmó: "El hecho central de mi vida ha sido la existencia de las palabras y la posibilidad de entretejer *(interweave)* y transformar las palabras en poesía". Sus obras fundamentales son *Ficciones* (1944) y *El Aleph* (1949), que le ganaron fama mundial. Sus temas principales son la muerte, el tiempo, el "yo", el mundo como sueño y Buenos Aires. Sus símbolos recurrentes son el laberinto, la biblioteca, los libros, los espejos, el azar y el ajedrez. En 1961 compartió el Premio del Congreso Internacional de Escritores con Samuel Beckett y, en 1980, recibió el prestigioso Premio Cervantes. Viajó extensamente por Europa y murió en Ginebra en 1986. Es considerado uno de los escritores más importantes del siglo XX.

Vocabulario

el ajedrez *chess*	**disputar** *to play against*	**la jugada** *move*
el azar *chance*	**fusilar** *to execute by firing squad*	**la partida** *game*
la biblioteca *library*	**impostergable** *impossible to postpone*	**el reloj** *clock*
la demora *delay*	**inconcluso/a** *unfinished*	**el tablero** *chessboard*

(1) Completar Completa las oraciones con el vocabulario.

1. Cuando el campeón ruso inició la _____, las miradas de todos los espectadores quedaron fijas en el _____. El _____ que marcaba el tiempo mientras la _____ que habían _____ durante muchas horas se acercaba a su fin. El que ganara, sería el nuevo campeón del mundo de _____.

2. El terrible incendio significó la pérdida de muchos libros valiosos. Los diarios le echaron la culpa a la _____ de los bomberos. Otras personas, más poéticas o más trágicas, culparon al _____ de haber jugado en contra de la _____.

(2) Conexión personal Responde estas preguntas: ¿Alguna vez soñaste algo que luego te ocurrió en la vida real? ¿Crees que los sueños tienen el poder para revelarnos cosas? ¿Por qué?

(3) Análisis literario: la metáfora

La metáfora consiste en nombrar una cosa con el nombre de otra, más expresiva, con la que tiene semejanza real o ficticia. En la metáfora, una cosa se equipara con otra sin usar la palabra **como**: "tus labios son como rubíes" es una comparación, pero "tus labios son rubíes" es una metáfora. Éste es un recurso que Borges usa a menudo; sus metáforas a veces tienen connotaciones religiosas y mágicas. Cuando leas el cuento, presta atención y busca ejemplos de metáforas.

El milagro *secreto*

Jorge Luis Borges

Y Dios lo hizo morir durante cien años
y luego lo animó y le dijo:
—¿Cuánto tiempo has estado aquí?
—Un día o parte de un día, respondió.
Alcorán, II, 261

La noche del catorce de marzo de 1939, en un departamento de la Zeltnergasse de Praga, Jaromir Hladík, autor de la inconclusa tragedia *Los enemigos*, de una *Vindicación de la eternidad* y de un examen de las indirectas fuentes° judías de Jakob Boehme, soñó con un largo ajedrez. No lo disputaban dos individuos sino dos familias ilustres; la partida había sido entablada° hace muchos siglos; nadie era capaz de nombrar el olvidado premio, pero se murmuraba que era enorme y quizá infinito; las piezas y el tablero estaban en una torre secreta; Jaromir (en el sueño) era el primogénito° de una de las familias hostiles; en los relojes resonaba la hora de la impostergable jugada; el soñador corría por las arenas de un desierto lluvioso y no lograba recordar las figuras ni las leyes del ajedrez. En ese punto, se despertó. Cesaron los estruendos° de la lluvia y de los terribles relojes. Un ruido acompasado° y unánime, cortado por algunas voces de mando, subía de la Zeltnergasse. Era el amanecer, las blindadas° vanguardias del Tercer Reich entraban en Praga.

El diecinueve, las autoridades recibieron una denuncia°; el mismo diecinueve, al atardecer, Jaromir Hladík fue arrestado. Lo condujeron a un cuartel° aséptico y blanco, en la ribera° opuesta del Moldau. No pudo levantar uno solo de los cargos de la Gestapo: su apellido materno era Jaroslavski, su sangre era judía, su estudio sobre Boehme era judaizante, su firma delataba el censo final de una protesta contra el Anschluss. En 1928, había traducido el *Sepher Yezirah* para la editorial Hermann Barsdorf; el efusivo catálogo de esa casa había exagerado comercialmente el renombre del traductor; ese catálogo fue hojeado° por Julius Rothe, uno de los jefes en cuyas manos estaba la suerte de Hladík. No hay hombre que, fuera de su especialidad, no sea crédulo; dos o tres adjetivos en letra gótica bastaron para que Julius Rothe admitiera la preeminencia de Hladík y dispusiera que lo condenaran a

sources (line 6)
set up (line 9)
firstborn child (line 14)
thunder (line 20)
rhythmic (line 21)
armored (line 24)
official complaint (line 27)
barracks (line 29)
riverside (line 30)
leafed through (line 40)

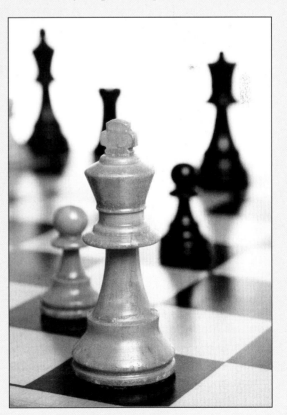

muerte, *pour encourager les autres*°. Se fijó el día veintinueve de marzo, a las nueve a.m. Esa demora (cuya importancia apreciará después el lector) se debía al deseo administrativo de obrar impersonal y pausadamente, como los vegetales y los planetas.

El primer sentimiento de Hladík fue de mero terror. Pensó que no lo hubieran arredrado° la horca°, la decapitación o el degüello°, pero que morir fusilado era intolerable. En vano se redijo que el acto puro y general de morir era lo temible, no las circunstancias concretas. No se cansaba de imaginar esas circunstancias: absurdamente procuraba agotar° todas las variaciones. Anticipaba infinitamente el proceso, desde el insomne amanecer hasta la misteriosa descarga. Antes del día prefijado por Julius Rothe, murió centenares de muertes, en patios cuyas formas y cuyos ángulos fatigaban la geometría, ametrallado° por soldados variables, en número cambiante, que a veces lo ultimaban° desde lejos; otras, desde muy cerca. Afrontaba con verdadero temor (quizá con verdadero coraje) esas ejecuciones imaginarias; cada simulacro° duraba unos pocos segundos; cerrado el círculo, Jaromir interminablemente volvía a las trémulas° vísperas de su muerte. Luego reflexionó que la realidad no suele coincidir con las previsiones°; con lógica perversa infirió que prever° un detalle circunstancial es impedir que éste suceda. Fiel a esa débil magia, inventaba, *para que no sucedieran*, rasgos atroces; naturalmente, acabó por temer

que esos rasgos fueran proféticos. Miserable en la noche, procuraba afirmarse de algún modo en la sustancia fugitiva del tiempo. Sabía que éste se precipitaba hacia el alba del día veintinueve; razonaba en voz alta: *Ahora estoy en la noche del veintidós; mientras dure esta noche (y seis noches más) soy invulnerable, inmortal.* Pensaba que las noches de sueño eran piletas° hondas y oscuras en las que podía sumergirse. A veces anhelaba° con impaciencia la definitiva descarga, que lo redimiría, mal o bien, de su vana tarea de imaginar. El veintiocho, cuando el último ocaso° reverberaba en los altos barrotes°, lo desvió de esas consideraciones abyectas la imagen de su drama *Los enemigos*.

Hladík había rebasado° los cuarenta años. Fuera de algunas amistades y de muchas costumbres, el problemático ejercicio de la literatura constituía su vida; como todo escritor, medía las virtudes de los otros por lo ejecutado por ellos y pedía que los otros lo midieran por lo que vislumbraba o planeaba. Todos los libros que había dado a la estampa° le infundían un complejo arrepentimiento°. En sus exámenes de la obra de Boehme, de Abnesra y de Flood, había intervenido esencialmente la mera aplicación; en su traducción del *Sepher Yezirah*, la negligencia, la fatiga y la conjetura. Juzgaba menos deficiente, tal vez, la *Vindicación de la eternidad*: el primer volumen historia las diversas eternidades que han ideado los hombres, desde el inmóvil Ser de Parménides hasta el pasado modificable de Hinton; el

> **" Miserable en la noche, procuraba afirmarse de algún modo en la sustancia fugitiva del tiempo. "**

(French) to encourage others

frightened/gallows
throat slitting

to exhaust

executed by machine gun

they killed him

simulation

trembling

predictions
to foresee

swimming pools
he yearned (for)

sunset/ bars (of a cell)

surpassed

printer

regret

segundo niega (con Francis Bradley) que todos los hechos del universo integran una serie temporal. Arguye que no es infinita la cifra de las posibles experiencias del hombre y que basta una sola "repetición" para demostrar que el tiempo es una falacia... Desdichadamente, no son menos falaces los argumentos que demuestran esa falacia; Hladík solía recorrerlos con cierta desdeñosa° perplejidad. También había redactado una serie de poemas expresionistas; éstos, para confusión del poeta, figuraron en una antología de 1924 y no hubo antología posterior que no los heredara. De todo ese pasado equívoco y lánguido quería redimirse Hladík con el drama en verso *Los enemigos*. (Hladík preconizaba el verso, porque impide que los espectadores olviden la irrealidad, que es condición del arte.)

Este drama observaba las unidades de tiempo, de lugar y de acción; transcurría en Hradcany, en la biblioteca del barón de Roemerstadt, en una de las últimas tardes del siglo diecinueve. En la primera escena del primer acto, un desconocido visita a Roemerstadt. (Un reloj da las siete, una vehemencia de último sol exalta los cristales, el aire trae una arrebatada y reconocible música húngara.) A esta visita siguen otras; Roemerstadt no conoce las personas que lo importunan, pero tiene la incómoda impresión de haberlos visto ya, tal vez en un sueño. Todos exageradamente

> **Para llevar a término ese drama, que puede justificarme y justificarte, requiero un año más. Otórgame esos días, Tú de Quien son los siglos y el tiempo.**

lo halagan°, pero es notorio —primero para los espectadores del drama, luego para el mismo barón— que son enemigos secretos, conjurados° para perderlo. Roemerstadt logra detener o burlar sus complejas intrigas; en el diálogo, aluden a su novia, Julia de Weidenau, y a un tal Jaroslav Kubin, que alguna vez la importunó° con su amor. Éste, ahora, se ha enloquecido y cree ser Roemerstadt... Los peligros arrecian°; Roemerstadt, al cabo del segundo acto, se ve en la obligación de matar a un conspirador. Empieza el tercer acto, el último. Crecen gradualmente las incoherencias: vuelven actores que parecían descartados° ya de la trama; vuelve, por un instante, el hombre matado por Roemerstadt. Alguien hace notar que no ha atardecido: el reloj da las siete, en los altos cristales reverbera el sol occidental, el aire trae la arrebatada música húngara. Aparece el primer interlocutor° y repite las palabras que pronunció en la primera escena del primer acto. Roemerstadt le habla sin asombro; el espectador entiende que Roemerstadt es el miserable Jaroslav Kubin. El drama no ha ocurrido: es el delirio circular que interminablemente vive y revive Kubin.

Nunca se había preguntado Hladík si esa tragicomedia de errores era baladí° o admirable, rigurosa o casual. En el argumento que he bosquejado° intuía la invención más apta para disimular sus defectos y para ejercitar sus felicidades, la posibilidad de

flatter

conspired

bothered

get worse

eliminated

speaker

trivial

outlined

rescatar° (de manera simbólica) lo fundamental *to salvage*
de su vida. Había terminado ya el primer
acto y alguna escena del tercero; el carácter
métrico de la obra le permitía examinarla
continuamente, rectificando los hexámetros,
sin el manuscrito a la vista. Pensó que aun
le faltaban dos actos y que muy pronto iba
a morir. Habló con Dios en la oscuridad.
*Si de algún modo existo, si no soy una de tus
repeticiones y erratas, existo como autor de* Los
enemigos. *Para llevar a término ese drama, que
puede justificarme y justificarte, requiero un año
más. Otórgame esos días, Tú de Quien son los
siglos y el tiempo.* Era la última noche, la más
atroz, pero diez minutos después el sueño lo
anegó como un agua oscura.

Hacia el alba, soñó que se había ocultado
en una de las naves de la biblioteca del
Clementinum. Un
bibliotecario de gafas
negras le preguntó:
¿Qué busca? Hladík le
replicó: *Busco a Dios.*
El bibliotecario le
dijo: *Dios está en una
de las letras de una de las páginas de uno de
los cuatrocientos mil tomos del Clementinum.
Mis padres y los padres de mis padres han
buscado esa letra; yo me he quedado ciego,
buscándola.* Se quitó las gafas y Hladík vio los
ojos, que estaban muertos. Un lector entró a
devolver un atlas. Este atlas es inútil, dijo, y se
lo dio a Hladík. Éste lo abrió al azar. Vio un
mapa de la India, vertiginoso. Bruscamente
seguro, tocó una de las mínimas letras. Una
voz ubicua le dijo: *El tiempo de tu labor ha
sido otorgado.* Aquí Hladík se despertó.

Recordó que los sueños de los hombres
pertenecen a Dios y que Maimónides ha
escrito que son divinas las palabras de un

> **" Una voz ubicua le dijo:
> *El tiempo de tu labor
> ha sido otorgado.* "**

sueño, cuando son distintas y claras y no
se puede ver quien las dijo. Se vistió; dos
soldados entraron en la celda y le ordenaron
que los siguiera.

Del otro lado de la puerta, Hladík había
previsto un laberinto de galerías, escaleras
y pabellones°. La realidad fue menos rica: *pavilions*
bajaron a un traspatio por una sola escalera de
fierro°. Varios soldados —alguno de uniforme *iron*
desabrochado°— revisaban una motocicleta *undone*
y la discutían. El sargento miró el reloj: eran
las ocho y cuarenta y cuatro minutos. Había
que esperar que dieran las nueve. Hladík, más
insignificante que desdichado°, se sentó en *unhappy*
un montón de leña. Advirtió° que los ojos de *He noticed*
los soldados rehuían° los suyos. Para aliviar *avoided*
la espera, el sargento le entregó un cigarrillo.
Hladík no fumaba; lo aceptó por cortesía
o por humildad. Al
encenderlo, vio que le
temblaban las manos.
El día se nubló; los
soldados hablaban
en voz baja como si él
ya estuviera muerto.
Vanamente, procuró recordar a la mujer cuyo
símbolo era Julia de Weidenau...

El piquete° se formó, se cuadró. Hladík, *squad*
de pie contra la pared del cuartel, esperó la
descarga. Alguien temió que la pared quedara
maculada° de sangre; entonces le ordenaron *stained*
al reo° que avanzara unos pasos. Hladík, *convict*
absurdamente, recordó las vacilaciones
preliminares de los fotógrafos. Una pesada
gota de lluvia rozó° una de las sienes° de *grazed/temples*
Hladík y rodó lentamente por su mejilla; el
sargento vociferó la orden final.

El universo físico se detuvo.

Las armas convergían sobre Hladík,
pero los hombres que iban a matarlo estaban

inmóviles. El brazo del sargento eternizaba un ademán° inconcluso. En una baldosa del patio una abeja proyectaba una sombra° fija. El viento había cesado, como en un cuadro. Hladík ensayó un grito, una sílaba, la torsión de una mano. Comprendió que estaba paralizado. No le llegaba ni el más tenue rumor del impedido mundo. Pensó *estoy en el infierno, estoy muerto.* Pensó *estoy loco.* Pensó *el tiempo se ha detenido.* Luego reflexionó que en tal caso, también se hubiera detenido su pensamiento. Quiso ponerlo a prueba: repitió (sin mover los labios) la misteriosa cuarta égloga de Virgilio. Imaginó que los ya remotos soldados compartían su angustia°: anheló comunicarse con ellos. Le asombró no sentir ninguna fatiga, ni siquiera el vértigo de su larga inmovilidad. Durmió, al cabo de un plazo indeterminado. Al despertar, el mundo seguía inmóvil y sordo. En su mejilla perduraba la gota de agua; en el patio, la sombra de la abeja; el humo° del cigarrillo que había tirado no acababa nunca de dispersarse. Otro "día" pasó, antes que Hladík entendiera.

Un año entero había solicitado de Dios para terminar su labor: un año le otorgaba su omnipotencia. Dios operaba para él un milagro secreto: lo mataría el plomo° alemán, en la hora determinada, pero en su mente un año transcurría entre la orden y la ejecución de la orden. De la perplejidad pasó al estupor, del estupor a la resignación, de la resignación a la súbita° gratitud.

No disponía de otro documento que la memoria; el aprendizaje de cada hexámetro que agregaba le impuso un afortunado rigor que no sospechan quienes aventuran y olvidan párrafos interinos y vagos. No trabajó para la posteridad ni aun para

Dios, de cuyas preferencias literarias poco sabía. Minucioso°, inmóvil, secreto, urdió° en el tiempo su alto laberinto invisible. Rehizo el tercer acto dos veces. Borró algún símbolo demasiado evidente: las repetidas campanadas, la música. Ninguna circunstancia lo importunaba. Omitió, abrevió, amplificó; en algún caso, optó por la versión primitiva. Llegó a querer el patio, el cuartel; uno de los rostros que lo enfrentaban modificó su concepción del carácter de Roemerstadt. Descubrió que las arduas cacofonías que alarmaron tanto a Flaubert son meras supersticiones visuales: debilidades y molestias de la palabra escrita, no de la palabra sonora... Dio término a su drama: no le faltaba ya resolver sino un solo epíteto. Lo encontró; la gota de agua resbaló° en su mejilla. Inició un grito enloquecido, movió la cara, la cuádruple descarga lo derribó.

Jaromir Hladík murió el veintinueve de marzo, a las nueve y dos minutos de la mañana. ∎

---

gesture (290)
shadow

anguish (300)

smoke (305, 310)

lead (315)

sudden (320, 325)

Meticulous/ he devised

(330, 335, 340)

slid (345, 350)

Después de leer

El milagro secreto
Jorge Luis Borges

1 Comprensión Ordena los acontecimientos del cuento.

_____ a. Hladík es arrestado por la Gestapo y condenado a muerte.

_____ b. El tiempo se detiene.

_____ c. Hladík sueña que encuentra la letra donde está Dios, quien le dice que su deseo le será concedido.

_____ d. Hladík es ejecutado.

_____ e. Hladík es llevado al patio del cuartel para ser fusilado.

_____ f. Hladík termina de componer su obra.

_____ g. El ejército del Tercer Reich entra en Praga.

_____ h. Hladík imagina muchas veces su muerte.

_____ i. Hladík sueña con una enorme partida de ajedrez entre dos familias.

_____ j. Hladík le pide a Dios que le conceda el tiempo para terminar su obra _Los enemigos_.

2 Análisis Responde a las preguntas.

1. ¿Qué sabemos sobre Jaromir Hladík por el relato? ¿A qué le teme más? ¿Por qué?

2. ¿Cuáles son las razones para condenarlo a muerte? ¿Ha cometido algún crimen contra la ley?

3. ¿Qué intenta hacer Hladík con cada simulacro imaginado de su ejecución? ¿Lo logra? ¿Por qué?

4. Para Borges la literatura es "uno de los muchos destinos del ser humano". ¿Cómo representa esto su personaje?

5. ¿Por qué es secreto el milagro del título? ¿Sirve ese milagro para salvar a Hladík?

3 Interpretación En parejas, respondan a las preguntas.

1. ¿Cuántos de los temas recurrentes de Borges se pueden encontrar en _El milagro secreto_?

2. La frase final del segundo párrafo dice: "Esa demora se debía al deseo administrativo de obrar impersonal y pausadamente, como los vegetales o los planetas". ¿Por qué dirías que los vegetales y los planetas actúan de esa manera?

3. ¿Qué piensas que significa la metáfora "las noches de sueño eran piletas hondas y oscuras en las que podía sumergirse"? ¿Reaparece la misma imagen en alguna otra parte del cuento?

4. En el cuento hay muchas referencias al tiempo, como relojes, fechas, etc. ¿Qué indican? ¿Por qué son importantes?

4 Escribir Escribe un obituario de Jaromir Hladík para un periódico; incluye una breve biografía.

Practice more at **vhlcentral.com**.

Antes de leer

Vocabulario

aristocrático/a *aristocratic*

el/la descendiente *descendant*

el dominio *rule*

erudito/a *scholarly*

heroico/a *heroic*

la lealtad *loyalty*

el/la mestizo/a *person of mixed ethnicity (part indigenous)*

el puente *bridge*

la traición *betrayal*

el/la traidor(a) *traitor*

1 Un viaje épico Completa el párrafo con el vocabulario de la tabla.

Álvar Núñez Cabeza de Vaca era un español (1) _____ de una familia
(2) _____ de la nobleza española. Demostró su (3) _____ al Rey luchando con
el ejército español contra Francia y otros enemigos de la Corona. Según los
(4) _____ de la Conquista, la aventura de Cabeza de Vaca al sur de Norteamérica
fue verdaderamente (5) _____. Cabeza de Vaca salió para América en 1527,
pero su barco se hundió en las costas de Florida. El conquistador y los demás
sobrevivientes entraron en territorios bajo el (6) _____ de reinos indígenas.
Durante ocho años sufrieron hambre, sed y una terrible soledad. Finalmente,
Cabeza de Vaca entró en contacto con los españoles en el norte de México. Cuando
desapareció, algunos lo acusaron de (7) _____, pero regresó a España con valiosa
información, demostrando así su lealtad.

2 Conexión personal Responde estas preguntas: ¿Cuáles son las mayores influencias en tu vida?
¿Tus padres, tus amigos/as, tu comunidad? ¿Un(a) político/a o alguien de la cultura popular? ¿Qué
efecto han tenido otras personas en tus grandes decisiones y en tu forma de ver la vida?

Contexto cultural

En 1532, el conquistador español **Francisco Pizarro** llegó a
Cajamarca, en el norte de Perú, con unos veinticinco caballos y
menos de 200 soldados para reunirse con Atahualpa, el emperador
inca. Hijo del anterior emperador Huayna Cápac, Atahualpa había
alcanzado el poder del Imperio inca tras una guerra civil contra su
hermano Huáscar. Pizarro y los españoles trataron de convertir al
nuevo emperador al cristianismo, pero cuando Atahualpa se negó,
tirando una Biblia al suelo, Pizarro le declaró la guerra. Pizarro
condenó a Atahualpa a muerte. Luego, Atahualpa quiso comprar su libertad: le
prometió a Pizarro que si lo dejaba libre llenaría dos habitaciones de oro y plata. Pizarro
aceptó y el emperador mandó traer oro de todo el imperio. Después de cumplir su
palabra, Pizarro lo mandó ejecutar. Muchos poetas han escrito sobre la terrible traición
de Pizarro al emperador de los incas. Según los eruditos, es uno de los episodios más
oscuros de la Conquista.

 Practice more at **vhlcentral.com**.

El Inca Garcilaso: un puente entre dos imperios

Durante esta época de conquista y choque de culturas, existía una persona con un pie en cada mundo, un miembro de dos familias aristocráticas pero muy distintas, una figura dividida. Brillante escritor, el Inca Garcilaso de la Vega nació en 1539 con
5 el nombre de Gómez Suárez de Figueroa. Era hijo ilegítimo del capitán Sebastián Garcilaso de la Vega, conquistador español de sangre noble de la facción de Pizarro, y de la princesa inca Isabel Chimpu Ocllo.

El Inca Garcilaso de la Vega, como quiso llamarse más tarde, combinando en su nombre sus dos vínculos°, fue miembro de la primera generación de mestizos del Perú. Aprendió a hablar primero en quechua y después en español. Sintió un gran amor por la cultura y la herencia de los incas, ya que se crio entre descendientes de los emperadores, escuchando sus relatos y fábulas°. Su madre era nieta del emperador Huayna Cápac.

family ties

tales and legends

Su libro más famoso, los *Comentarios reales*, tiene la intención de corregir a los historiadores españoles en muchos puntos. Desde su posición privilegiada, el Inca Garcilaso aprovechó° su conocimiento íntimo para aclarar° cuestiones sobre la lengua y cultura de los incas. El orgullo°

used
to clarify
pride

> **"El Inca Garcilaso sirvió de puente entre las dos culturas, la materna y la paterna, y de modelo para gran parte de la generación que le siguió."**

forma sólo una parte, muy significativa por cierto, de la identidad compleja del hombre, que también sentía una enorme lealtad hacia su padre. A pesar de describir y explicar las creencias de los incas cuidadosamente, el Inca Garcilaso fue un ferviente católico que llamaba "vana religión" a aquellas creencias. También consideraba a los conquistadores españoles valientes y heroicos. A los veintiún años, salió para España para continuar sus estudios y se hizo° militar. Participó en la guerra de las Alpujarras contra los musulmanes y llegó a ser capitán como su padre. En España escribió obras literarias de gran mérito. También se presentó en la Corte del Rey para defender el nombre y el honor de su padre ante las acusaciones de que era un traidor.

he became

Sus puntos de vista y acciones hacen del Inca un sujeto contradictorio e inusual en su época. Comprendía muy bien que los incas habían perdido su dominio y que padecían° profunda nostalgia. Cuenta que algunos de sus parientes decían con lágrimas° en los ojos: "trocósenos el reinar en vasallaje"°. Sin embargo, el Inca Garcilaso también aceptaba como suya la cultura española. La segunda parte de los *Comentarios reales*, conocida como *Historia general del Perú*, está dedicada a la Virgen María.

they suffered

tears
our dominance has turned into servitude

No ha quedado evidencia de las dificultades personales que su doble lealtad le pudo costar o de una preferencia íntima por una de ellas. El Inca Garcilaso sirvió de puente entre las dos culturas, la materna y la paterna, y de modelo para gran parte de la generación que le siguió. Vivió, como él mismo declaró, "obligado a ambas° naciones". ■

both

Figura literaria

La obra del Inca es diversa y enormemente erudita. Consiste en tres libros mayores: una traducción de los *Diálogos de amor* de León Hebreo, que el Inca tradujo del italiano al español (1590); *La Florida* (1605), que relata las exploraciones españolas en el sureste de América del Norte, principalmente la expedición de Hernando de Soto; y los *Comentarios reales,* una descripción minuciosa del imperio y de la cultura de los incas, y también de la conquista española del Perú (1609, 1617).

y la inteligencia del Inca, y su identificación cultural, se revelan abiertamente en esta obra, donde hace referencia a sí mismo diciendo "como indio que soy".

No obstante, el Inca fue marcado° por no una, sino dos familias. La cultura de su madre

marked

Después de leer

El Inca Garcilaso: un puente entre dos imperios

(1) Comprensión Responde a las preguntas con oraciones completas.

1. ¿Quiénes eran los padres del Inca Garcilaso de la Vega?
2. ¿Cómo aprendió tanto el Inca Garcilaso sobre la cultura de su madre?
3. ¿Qué opinaba el Inca sobre los conquistadores españoles?
4. ¿Cuál es la intención del libro *Comentarios reales*?
5. ¿Qué temas trata el libro *Comentarios reales*?

(2) Interpretación En parejas, respondan a las preguntas. Luego, compartan sus respuestas con la clase.

1. ¿Por qué Pizarro es considerado un traidor en la historia de la Conquista?
2. ¿Por qué prefirió Gómez Suárez de Figueroa llamarse el Inca Garcilaso de la Vega?
3. ¿Qué evidencia sugiere que el Inca se sentía miembro de dos culturas?
4. ¿Por qué es la obra literaria del Inca inusual y muy importante?
5. ¿Qué significa la frase "trocósenos el reinar en vasallaje"?

(3) Entre dos culturas En parejas, elijan una de las dos situaciones. Imaginen que uno/a de ustedes es el Inca Garcilaso cuando tenía veintiún años y partió rumbo a (*headed for*) España para estudiar y la otra persona es la madre o la tía paterna. Preparen la conversación entre los dos personajes y represéntenla delante de la clase.

- El Inca habla con su madre para explicarle su decisión de ir a España y su lealtad a la Corte, religión y cultura españolas. Al principio, la madre no está muy segura de la decisión de su hijo y le hace muchas preguntas.
- El Inca habla con una tía paterna en España y le explica su deseo de llamarse "Inca" y su orgullo hacia la cultura de su madre. La tía no sabe nada sobre los incas y tiene muchas preguntas.

(4) Multiculturalismo El Inca Garcilaso de la Vega vivió inmerso en dos culturas. Hoy, más que nunca, ésa es la realidad de muchas personas.

A. Prepara un borrador escrito con tus opiniones sobre las ventajas y las desventajas del multiculturalismo.

B. En parejas, debatan sus opiniones. Después del debate, resuman los puntos que tienen en común y compártanlos con la clase.

> **MODELO**
> **ESTUDIANTE 1** El multiculturalismo es bueno, pero también puede tener efectos negativos. Si se mezclan demasiado las culturas, terminan desapareciendo.
> **ESTUDIANTE 2** No estoy totalmente de acuerdo. Cuando las culturas se mezclan, la cultura en general se enriquece.

C. Utiliza las ideas surgidas en el debate para escribir un breve artículo para el periódico estudiantil en el que describas tu experiencia personal con el multiculturalismo.

 Practice more at **vhlcentral.com**.

Atando cabos

¡A conversar!

La escritura y la civilización

A. ¿Qué pasaría si no hubiera escritura? En grupos, intercambien opiniones sobre estas preguntas.

- ¿Qué efecto ha tenido la escritura en la humanidad?
- ¿Qué cosas no podríamos hacer sin escritura?

B. Imaginen que la siguiente situación ocurre en la Edad Media. Coméntenla con sus compañeros/as y contesten las preguntas.

Un hombre tiene una vaca y un vecino se la pide por un mes. Cuando el primer hombre le pide que se la devuelva, el vecino no quiere, e insiste en que él se la había regalado.

- ¿Cómo solucionarían ustedes el problema?
- ¿Cómo habría sido la situación si el acuerdo (*agreement*) se hubiera hecho por escrito?

C. En grupos pequeños, imaginen otras dos situaciones en las que no se pueda solucionar un problema por la falta de escritura. Intercambien las nuevas situaciones con otros grupos y compartan las soluciones a los problemas planteados.

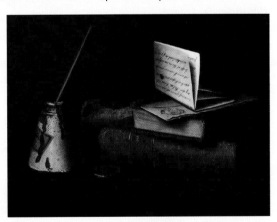

¡A escribir!

Testamento cultural Imagina que debes escribir un testamento (*will*) en el que dejas cinco elementos de tu cultura para las futuras generaciones. Usa las preguntas como guía:

- ¿Qué características de tu cultura y de tu comunidad vale la pena preservar?
- ¿Qué elementos prefieres no dejar como legado?

Para cada elemento, explica por qué has decidido dejarlo como legado.

> **MODELO**   Les dejo la tradición de mi barrio de hacer fiestas en la calle una vez por año. Esta tradición ayuda a que los vecinos se conozcan...

Vocabulary Tools

La historia y la civilización

la civilización	civilization
la década	decade
la época	era; epoch
el/la habitante	inhabitant
la historia	history
el/la historiador(a)	historian
la humanidad	humankind
el imperio	empire
el reino	kingdom
el siglo	century
establecer(se)	to establish (oneself)
habitar	to inhabit
integrarse (a)	to become part (of)
pertenecer (a)	to belong (to)
poblar (o:ue)	to settle; to populate
antiguo/a	ancient
(pre)histórico/a	(pre)historic

Los conceptos

el aprendizaje	learning
el conocimiento	knowledge
la enseñanza	teaching
la herencia (cultural)	(cultural) heritage
la (in)certidumbre	(un)certainty
la (in)estabilidad	(in)stability
la sabiduría	wisdom

Las características

adelantado/a	advanced
culto/a	cultured; educated
derrotado/a	defeated
desarrollado/a	developed
forzado/a	forced
pacífico/a	peaceful
poderoso/a	powerful
victorioso/a	victorious

Los gobernantes

el/la cacique	tribal chief
el/la conquistador(a)	conqueror
el/la dictador(a)	dictator
el emperador/ la emperatriz	emperor/empress
el/la gobernante	ruler
el/la monarca	monarch
el rey/la reina	king/queen
el/la soberano/a	sovereign; ruler

La conquista y la independencia

la batalla	battle
la colonia	colony
la conquista	conquest
el ejército	army
la esclavitud	slavery
el/la esclavo/a	slave
las fuerzas armadas	armed forces
el/la guerrero/a	warrior
la independencia	independence
la soberanía	sovereignty
el/la soldado	soldier
la tribu	tribe
colonizar	to colonize
conquistar	to conquer
derribar/derrocar	to overthrow
derrotar	to defeat
encabezar	to lead
explotar	to exploit
expulsar	to expel
invadir	to invade
liberar	to liberate
oprimir	to oppress
rendirse (e:i)	to surrender
suprimir	to abolish; to suppress

Más vocabulario

Expresiones útiles	Ver p. 437
Estructura	Ver pp. 444-445, 448-449 y 452-454

Cinemateca

el cura	priest
el rancho	ranch
el/la tatarabuelo/a	great-great-grandfather/mother
engañar	to betray
enterrar (e:ie)/ sepultar	to bury
jurar	to promise
reconocer	to recognize

Literatura

el ajedrez	chess
el azar	chance
la biblioteca	library
la demora	delay
la jugada	move
la partida	game
el reloj	clock
el tablero	chessboard
disputar	to play against
fusilar	to execute by firing squad
impostergable	impossible to postpone
inconcluso/a	unfinished

Cultura

el/la descendiente	descendant
el dominio	rule
la lealtad	loyalty
el/la mestizo/a	person of mixed ethnicity (part indigenous)
el puente	bridge
la traición	betrayal
el/la traidor(a)	traitor
aristocrático/a	aristocratic
erudito/a	scholarly
heroico/a	heroic

Manual de gramática

The **Manual de gramática** is an invaluable tool for both students and instructors of Intermediate Spanish. For each lesson of **ENFOQUES**, the **Manual** provides additional practice of the three core grammar concepts, as well as supplementary grammar instruction and practice.

The **Más práctica** pages of the **Manual** contain additional practice activities for every grammar point in **ENFOQUES.** The **Más gramática** pages present supplementary grammar concepts and practice. Both sections of the **Manual** are correlated to the core grammar points in **Estructura** by means of notes at the bottom of the page, which provide the exact page numbers for additional practice and supplementary coverage.

This special supplement allows for great flexibility in planning and tailoring courses to suit the needs of whole classes and/or individual students. It also serves as a useful and convenient reference tool for students who wish to review previously learned material.

Contenido

Más práctica

1.1 The present tense*

1 **Mi nuevo compañero de cuarto** Completa el párrafo con la forma apropiada de los verbos entre paréntesis.

¿Cómo es mi nuevo compañero de cuarto? (1) _____ (Ser) muy simpático. Siempre que (2) _____ (salir), me invita a salir con él, por lo que yo ya (3) _____ (conocer) a mucha gente en la universidad. Él siempre (4) _____ (parecer) pasarlo bien, hasta cuando nosotros (5) _____ (estar) en la clase de matemáticas. Por la tarde, después de clase, él (6) _____ (proponer) actividades —por ejemplo, a veces (7) _____ (ir) al parque a jugar al fútbol— así que nunca nos aburrimos. Yo ya (8) _____ (saber) que nos vamos a llevar bien durante todo el año. (9) _____ (Pensar) invitarlo a mi casa para las fiestas, así mis padres lo (10) _____ (poder) conocer también.

2 **Tus actividades** Escribe cuatro actividades que realizas normalmente en cada uno de estos momentos del día: la mañana, la tarde y la noche.

Mañana:

Tarde:

Noche:

3 **Diez preguntas** Trabaja con un(a) compañero/a a quien no conozcas muy bien. Primero, cada persona debe escribir diez preguntas para conocer a su compañero/a. Luego, háganse las preguntas. Por último, intercambien sus listas y háganse las preguntas de la otra persona. Compartan sus respuestas con la clase.

*To see the explanation corresponding to this additional practice, see p. 14.

Más práctica

1.2 *Ser* and *estar**

1 Correo Completa el mensaje de correo electrónico con la forma adecuada de **ser** o **estar**.

De: Susana <susana_cruz@estudiantil.es>
Para: Carlos <carlos_cano@estudiantil.es>
Asunto: Novedades

¡Hola, Carlos!

Yo (1) _____ muy preocupada porque mañana tenemos un examen en la clase de español y el profesor (2) _____ muy exigente. Ahora mismo mi amiga Ana (3) _____ estudiando en la biblioteca y voy a encontrarme con ella para que me ayude. Ella (4) _____ una estudiante muy buena y sus notas siempre (5) _____ excelentes.

Este fin de semana hay un concierto en la universidad. Mis amigos y yo (6) _____ muy contentos porque el grupo que toca (7) _____ muy famoso. Elena también quería ir al concierto, pero no puede porque (8) _____ enferma y debe quedarse en cama.

Bueno, antes de ir a la biblioteca voy a almorzar en la cafetería porque (9) _____ muerta de hambre.

¡Hasta pronto!

Susana

2 En el parque Mira la ilustración y contesta las preguntas usando **ser** y **estar**. Puedes inventar las respuestas para algunas de las preguntas.

1. ¿Quién es cada una de estas personas?
2. ¿Qué están haciendo?
3. ¿Cómo están?
4. ¿Cómo son?

3 Una cita Mañana vas a tener una cita con una persona maravillosa. Quieres contárselo a tu mejor amigo/a y pedirle consejos. Tu amigo/a es muy curioso/a y te va a hacer muchas preguntas. En parejas, representen la conversación. Éstos son algunos de los aspectos que pueden incluir.

Tu amigo/a quiere saber:
- cómo te sientes antes de la cita
- qué crees que va a pasar
- cómo es el lugar adonde van a ir
- cómo es la persona con quien vas a tener la cita

Tú quieres consejos sobre:
- qué ropa ponerte
- los temas de los que hablar
- adónde ir
- quién debe pagar la cuenta

*To see the explanation corresponding to this additional practice, see p. 18.

Más práctica

1.3 Progressive forms*

1 **¿Qué están haciendo?** Escribe cinco oraciones explicando qué está haciendo cada persona. Usa elementos de las tres columnas.

> **MODELO**   David Ortiz está jugando al béisbol.

tú		divertirse
el presidente de los EE.UU.		viajar en avión
tus padres		comer en un restaurante
tu mejor amigo/a	(no) estar	asistir a un estreno (*premiere*)
Penélope Cruz		bailar en una discoteca
nosotros		hablar por teléfono
yo		estudiar física

2 **Seguimos escribiendo** Vuelve a escribir las oraciones usando los verbos **andar, continuar, ir, llevar, seguir** o **venir**. La oración resultante debe expresar la misma idea.

1. José siempre dice que es tímido, pero no deja de coquetear con las chicas del trabajo.
   _____

2. Mi esposa y yo llevamos diez años de casados, pero nuestro amor es tan intenso como siempre.
   _____

3. Hace cinco meses que Carlos se pelea con su novia todos los días y todavía habla de ella como si fuera la única mujer del planeta.
   _____

4. Daniel siempre se queja de que los estudios lo agobian y hace meses que su mamá le dice que tiene que relajarse.
   _____

5. Mis padres repiten todos los días que pronto van a mudarse a una casa más pequeña que han visto en otro pueblo.
   _____

6. Conversamos todo el tiempo mientras ellos se marchaban.
   _____

3 **Adivina qué estoy haciendo** En grupos de cuatro, jueguen a las adivinanzas con mímica (*charades*). Túrnense para hacer gestos que representen una acción sencilla. Adivinen cada acción usando el presente progresivo. Sigan el modelo.

> **MODELO**   **ESTUDIANTE 1** *(Sin decir nada, hace gestos para mostrar que está manejando un carro.)*
> **ESTUDIANTE 2** ¿Estás peleando con alguien?
> **ESTUDIANTE 3** ¿Estás manejando un carro?
> **ESTUDIANTE 1** ¡Sí! Estoy manejando un carro.

*To see the explanation corresponding to this additional practice, see p. 22.

Presentation

(1.4) Nouns and articles*

Nouns

- In Spanish, nouns (**sustantivos**) ending in **-o, -or, -l,** and **-s** are usually masculine, and nouns ending in **-a, -ora, -ión, -d,** and **-z** are usually feminine.

Masculine nouns	Feminine nouns
el amigo, el cuaderno	la amiga, la palabra
el escritor, el color	la escritora, la computadora
el control, el papel	la relación, la ilusión
el autobús, el paraguas	la amistad, la fidelidad
el problema, el tema	la luz, la paz

- Most nouns form the plural by adding **-s** to nouns ending in a vowel, and **-es** to nouns ending in a consonant. Nouns that end in **-z** change to **-c** before adding **-es.**

  el hombre → los hombres   la mujer → las mujeres

  la novia → las novias   el lápiz → los lápices

- If a singular noun ends in a stressed vowel, the plural form ends in **-es.** If the last syllable of a singular noun ending in **-s** is unstressed, the plural form does not change.

  el tabú → los tabúes   el lunes → los lunes

  el israelí → los israelíes   la crisis → las crisis

Articles

- Spanish definite and indefinite articles (**artículos definidos** e **indefinidos**) agree in gender and number with the nouns they modify.

	Definite articles		Indefinite articles	
	singular	plural	singular	plural
MASCULINE	el compañero	los compañeros	un compañero	unos compañeros
FEMININE	la compañera	las compañeras	una compañera	unas compañeras

- When an abstract noun is the subject of a sentence, a definite article is always used.

  El amor es eterno.   but   Para ser modelo, necesitas belleza y altura.
  Love is eternal.   *In order to be a model, you need beauty and height.*

- An indefinite article is not used before nouns that indicate profession or place of origin, unless they are followed by an adjective.

  Juan García es profesor.   Juan García es **un** profesor excelente.
  Juan García is a professor.   *Juan García is an excellent professor.*

  Ana María es neoyorquina.   Ana María es **una** neoyorquina orgullosa.
  Ana María is a New Yorker.   *Ana María is a proud New Yorker.*

*This is an additional grammar point for Lección 1 Estructura. You may use it for review or as required by your instructor.

¡ATENCIÓN!

Some nouns ending in **-ma** are masculine.

el problema *problem*
el tema *topic*

¡ATENCIÓN!

Some nouns may be either masculine or feminine, depending on whether they refer to a male or a female.

el/la artista *artist*
el/la estudiante *student*

Occasionally, the masculine and feminine forms have different meanings.

el capital *capital (money)*
la capital *capital (city)*

¡ATENCIÓN

Accent marks are sometimes dropped or added to maintain the stress in the singular and plural forms.

canción → canciones
margen → márgenes

¡ATENCIÓN!

The prepositions **de** and **a** contract with the article **el.**

de + el = del

a + el = al

¡ATENCIÓN

Singular feminine nouns that begin with a stressed **a** take **el.**

el alma → las almas
el área → las áreas

Práctica

① **Cambiar** Escribe en plural las palabras que están en singular y viceversa.

1. la compañera _____
2. unos amigos _____
3. el novio _____
4. una crisis _____
5. unas parejas _____
6. un corazón _____
7. las amistades _____
8. el tabú _____

② **Un chiste** Completa el chiste con los artículos apropiados. Recuerda que en algunos casos no debes poner ningún artículo.

(1) _____ pareja se va a casar. Él tiene 90 años. Ella tiene 85. Entran en (2) _____ farmacia y (3) _____ novio le pregunta al farmacéutico (*pharmacist*):
—¿Tiene (4) _____ remedios para (5) _____ corazón?
—Sí —contesta (6) _____ farmacéutico.
—¿Tiene (7) _____ remedios para (8) _____ presión y (9) _____ colesterol?
—Sí —contesta nuevamente (10) _____ farmacéutico.
—¿Y (11) _____ remedios para (12) _____ artritis? y (13) _____ reumatismo?
—Sí. Ésta es (14) _____ farmacia completa. Tenemos de todo.
Entonces (15) _____ novio mira a (16) _____ novia y le dice:
—Querida, ¿qué te parece si hacemos aquí (17) _____ lista de regalos para (18) _____ boda?

③ **La cita** Completa el párrafo con la forma correcta de los artículos definidos e indefinidos.

Ayer tuve (1) _____ cita con Leonardo. Fuimos a (2) _____ restaurante muy romántico que está junto a (3) _____ bonito lago. Desde nuestra mesa, podíamos ver (4) _____ lago y (5) _____ barcos que navegaban por allí. Comimos (6) _____ platos muy originales. (7) _____ pescado que yo pedí estaba delicioso. Nos divertimos mucho, pero al salir tuvimos (8) _____ problema. Una de (9) _____ ruedas (*tires*) del carro estaba pinchada (*flat*). ¿Puedes creer que tuve que cambiar (10) _____ rueda yo porque Leonardo no sabía hacerlo?

④ **Escribir** Escribe oraciones completas con las siguientes palabras; utiliza los artículos definidos e indefinidos que correspondan y haz los cambios necesarios.

> **MODELO** Elisa - ser - buena periodista
> Elisa es una buena periodista.

1. revistas del corazón - afirmar - amor -ser - eterno
2. ayer - astrólogo - predecir - desgracia
3. lunes pasado - comprar - flores - tía juanita
4. capital - venezuela - ser - caracas
5. personas optimistas - soñar - mundo mejor
6. Rodrigo - ser - alma - fiesta

Presentation

(1.5) Adjectives*

- Spanish adjectives (**adjetivos**) agree in gender and number with the nouns they modify. Most adjectives ending in **-e** or a consonant have the same masculine and feminine forms.

Adjectives						
	singular	**plural**	**singular**	**plural**	**singular**	**plural**
MASCULINE	rojo	rojos	inteligente	inteligentes	difícil	difíciles
FEMININE	roja	rojas	inteligente	inteligentes	difícil	difíciles

- Descriptive adjectives generally follow the noun they modify. If a single adjective modifies more than one noun, the plural form is used. If at least one of the nouns is masculine, then the adjective is masculine.

un libro **apasionante**
a great book

las parejas **contentas**
the happy couples

un carro y una casa **nuevos**
a new car and house

la literatura y la cultura **ecuatorianas**
Ecuadorean literature and culture

- A few adjectives have shortened forms when they precede a masculine singular noun.

bueno → buen	alguno → algún	primero → primer
malo → mal	ninguno → ningún	tercero → tercer

- Some adjectives change their meaning depending on their position. When the adjective follows the noun, the meaning is more literal. When it precedes the noun, the meaning is more figurative.

	after the noun	**before the noun**
antiguo/a	el edificio **antiguo** *the ancient building*	mi **antiguo** novio *my old/former boyfriend*
cierto/a	una respuesta **cierta** *a right answer*	una **cierta** actitud *a certain attitude*
grande	una ciudad **grande** *a big city*	un **gran** país *a great country*
mismo/a	el artículo **mismo** *the article itself*	el **mismo** problema *the same problem*
nuevo/a	un carro **nuevo** *a (brand) new car*	un **nuevo** profesor *a new/different professor*
pobre	los estudiantes **pobres** *the students who are poor*	los **pobres** estudiantes *the unfortunate students*
viejo/a	un libro **viejo** *an old book*	una **vieja** amiga *a long-time friend*

¡ATENCIÓN!

Adjectives ending in **-án, -ín, -ón**, and **-or**, like most others, vary in both gender and number.

dormilón → dormilona
dormilones → dormilonas

Adjectives ending in **-ior** and the comparatives **mayor, menor, mejor**, and **peor** do not vary in gender.

el **niño** mayor
la **niña** mayor

Adjectives indicating nationality vary in both gender and number (except those ending in **-a, -í**, and **-e**, which vary only in number).

español → española
españoles → españolas
marroquí → marroquí
marroquíes → marroquíes

¡ATENCIÓN!

Before any singular noun (masculine or feminine), **grande** changes to **gran**.

un gran esfuerzo
a great effort

una gran autora
a great author

*This is an additional grammar point for Lección 1 Estructura. You may use it for review or as required by your instructor.

Práctica

(1) Descripciones Completa cada oración con la forma correcta de los adjetivos.

1. Mi mejor amiga es _____ (guapo) y muy _____ (gracioso).

2. Los novios de mis hermanas son _____ (alto) y _____ (moreno).

3. Javier es _____ (bueno) compañero, pero es bastante _____ (antipático).

4. Mi prima Susana es _____ (sincero), pero mi primo Luis es _____ (falso).

5. Sandra es una _____ (grande) amiga, pero ayer tuvimos una pelea muy _____ (fuerte).

6. No sé por qué Marcos y María son tan _____ (inseguro) y _____ (tímido).

(2) La vida de Marina Completa cada oración con los cuatro adjetivos.

1. Marina busca una compañera de cuarto _____.
   (tranquilo, ordenado, honesto, puntual)

2. Se lleva bien con las personas _____.
   (sincero, serio, alegre, trabajador)

3. Los padres de Marina son _____.
   (maduro, simpático, inteligente, conservador)

4. Marina quiere ver programas de televisión más _____.
   (emocionante, divertido, dramático, didáctico)

5. Marina tiene un novio _____.
   (talentoso, simpático, creativo, sensible)

Marina

(3) Correo sentimental La revista *Ellas y ellos* tiene una sección de anuncios personales. Completa este anuncio con la forma corta o larga de los adjetivos de la lista. Puedes usar los adjetivos más de una vez.

buen	gran	mal	ningún	tercer
bueno/a	grande	malo/a	ninguno/a	tercero/a

Mi perrito y yo buscamos amor

Tengo 43 años y estoy viudo desde hace tres años. Soy un (1) _____ hombre: tranquilo y trabajador. Me gustan las plantas y no tengo (2) _____ problema con mis vecinos. Cocino y plancho. Me gusta ir al cine y no me gusta el fútbol. Tengo (3) _____ humor por las mañanas y mejor humor por las noches. Vivo en un apartamento (4) _____ en el (5) _____ piso de un edificio de Montevideo. Sólo tengo un pequeño problema: mi perro. Algunos dicen que tiene (6) _____ carácter. Otros dicen que es un (7) _____ animal. Yo creo que es (8) _____, pero se siente solo, como su dueño, y nos hacemos compañía. Busco una señora viuda o soltera que también se sienta sola. ¡Si tiene un perrito, mejor!

Más práctica

2.1 Object pronouns*

1 La televisión Completa la conversación con el pronombre adecuado.

JUANITO Mamá, ¿puedo ver televisión?

MAMÁ ¿Y la tarea? ¿Ya (1) _____ hiciste?

JUANITO Ya casi (2) _____ termino. ¿Puedo ver el programa de dibujos animados (*cartoons*)?

MAMÁ (3) _____ puedes ver hasta las siete.

JUANITO De acuerdo.

MAMÁ Pero antes de que te pongas a ver televisión, tengo algunas preguntas. ¿(4) _____ vas a entregar mi carta a tu profesora?

JUANITO Sí mamá, (5) _____ (6) _____ voy a entregar mañana.

MAMÁ ¿Quién va a trabajar contigo en el proyecto de historia?

JUANITO No sé; nadie (7) _____ quiere hacer conmigo.

MAMÁ Bueno, y antes de ver la tele, ¿me puedes ayudar a poner la mesa?

JUANITO ¡Cómo no, mamá! (8) _____ ayudo ahora mismo.

2 Confundido Tu compañero/a de cuarto va a dar una fiesta este fin de semana, pero no recuerda bien algunos detalles. Contesta sus preguntas con la información que está entre paréntesis. Utiliza pronombres en tus respuestas.

MODELO ¿Quién va a traer las sillas? (Carlos y Pedro)
Carlos y Pedro las van a traer.

1. ¿Cuándo vamos a comprar la comida? (mañana)

   _____

2. ¿Quién nos prepara el pastel (*cake*)? (la pastelería de la Plaza Mayor)

   _____

3. ¿Ya enviamos todas las invitaciones? (sí)

   _____

4. ¿Quién trae los discos compactos de música latina? (Lourdes y Sara)

   _____

5. ¿Vamos a decorar el salón? (sí)

   _____

3 Tres deseos En parejas, imaginen que encuentran a un genio (*genie*) en una botella. Él les va a hacer realidad tres deseos a cada uno. Haz una lista de los deseos que le vas a pedir. Después, díselos a tu compañero/a. Háganse preguntas sobre por qué quieren estos deseos. Utilicen por lo menos seis pronombres de complemento directo e indirecto.

MODELO —Yo quiero un jeep cuatro por cuatro.
—¿Para qué lo quieres?
—Lo quiero para manejar en cualquier tipo de terreno.

*To see the explanation corresponding to this additional practice, see p. 54.

Más práctica

2.2 *Gustar* and similar verbs*

1 **En otras palabras** Vuelve a escribir las frases subrayadas usando los verbos de la lista.

MODELO **Mis padres adoran las novelas de García Márquez, especialmente *Cien años de soledad*.**

A mis padres les encantan las novelas de García Márquez, especialmente *Cien años de soledad*.

aburrir	(no) gustar
caer bien/mal	(no) interesar
(no) doler	molestar
encantar	quedar
faltar	

1. <u>Estoy muy interesado en el cine</u> y por eso veo el programa de espectáculos todas las noches.
2. Necesito ir al médico porque <u>tengo dolor de cabeza desde hace dos días.</u>
3. <u>Pablo y Roberto son muy antipáticos.</u> No soporto hablar con ellos.
4. <u>Nos aburrimos cuando vemos películas románticas.</u>
5. <u>Detesto el boliche.</u>
6. Has gastado casi todo tu dinero. <u>Sólo tienes diez dólares.</u>
7. Carlos está a punto de completar su colección de monedas españolas anteriores al euro. <u>Necesita conseguir tres más.</u>
8. <u>No soporto escuchar música cuando estudio.</u> No puedo concentrarme.

2 **El fin de semana** Escribe ocho oraciones sobre qué te gusta y qué te molesta hacer el fin de semana. Utiliza **gustar** y otros verbos parecidos, como **interesar, importar** y **molestar.**

estar en casa	hacer ejercicio	ir al circo
festejar	hacer un picnic	jugar al billar
hacer cola	ir al cine	salir a comer

3 **Gustos** Utiliza la información suministrada y los verbos parecidos a **gustar** para investigar los gustos de tus compañeros/as de clase. Toma nota de las respuestas de cada compañero/a que entrevistes y comparte la información con la clase.

MODELO molestar / tener clase a las ocho de la mañana

—A Juan y a Marcela no les molesta tener clase a las ocho de la mañana. En cambio, a Carlos le molesta porque...

1. encantar / fiestas de cumpleaños
2. fascinar / el mundo de Hollywood
3. disgustar / leer las noticias
4. molestar / conocer a personas nuevas
5. interesar / saber lo que mis amigos piensan de mí
6. aburrir / escuchar música todo el día

*To see the explanation corresponding to this additional practice, see p. 58.

Más práctica

2.3 **Reflexive verbs***

1 **¿Qué hacen estas personas?** Escribe cinco oraciones combinando elementos de las tres columnas.

> **MODELO** Yo me acuesto a las once de la noche.

mis padres	aburrirse	a las 6 de la mañana
yo	acostarse	a las 9 de la mañana
mis amigos y yo	afeitarse	a las 3 de la tarde
tú	divertirse	por la tarde
mi compañero/a de cuarto	dormirse	el viernes por la noche
ustedes	levantarse	a las once de la noche
mi hermano/a	maquillarse	todos los días

2 **Reflexivos** Algunos verbos cambian de significado cuando se usan en forma reflexiva. Completa las oraciones con la forma adecuada del verbo indicado.

> **MODELO** Yo me acuesto a las once de la noche.

1. Yo siempre _____ (dormir/dormirse) bien cuando estoy en mi casa de verano.
2. Carlos, ¿_____ (acordar/acordarse) de cuando fuimos de vacaciones a Cancún hace dos años?
3. Si estamos tan cansados de la ciudad, ¿por qué no _____ (mudar/mudarse) a una casa junto al lago?
4. No me gusta esta fiesta. Quiero _____ (ir/irse) cuanto antes.
5. Cristina y Miguel _____ (llevar/llevarse) tortillas a la fiesta.
6. Mi abuela va a _____ (poner/ponerse) una foto de todos sus nietos en el salón.

3 **Los sábados** Sigue los pasos para determinar si tú y tus compañeros/as participan en actividades parecidas (*similar*) los sábados. Comparte tus conclusiones con el resto de la clase. Usa verbos reflexivos en las preguntas y respuestas.

- **Paso 1** Haz una lista detallada de las cosas que normalmente haces los sábados.
- **Paso 2** Entrevista a un(a) compañero/a para ver si comparten alguna actividad.
- **Paso 3** Compara la información con el resto de la clase. ¿Siguen los estudiantes la misma rutina durante los fines de semana?

*To see the explanation corresponding to this additional practice, see p. 62.

(2.4) Demonstrative adjectives and pronouns*

- Demonstrative adjectives (**adjetivos demostrativos**) specify to which noun a speaker is referring. They precede the nouns they modify and agree in gender and number.

este torneo	**esa** entrenadora	**aquellos** deportistas
this tournament	*that coach*	*those athletes (over there)*

Demonstrative adjectives				
singular		plural		
masculine	**feminine**	**masculine**	**feminine**	
este	esta	estos	estas	*this; these*
ese	esa	esos	esas	*that; those*
aquel	aquella	aquellos	aquellas	*that; those (over there)*

- Spanish has three sets of demonstrative adjectives. Forms of **este** are used to point out nouns that are close to the speaker and the listener. Forms of **ese** modify nouns that are not close to the speaker, though they may be close to the listener. Forms of **aquel** refer to nouns that are far away from both the speaker and the listener.

No me gustan **estos** zapatos.	Prefiero **esos** zapatos.	**Aquel** carro es de Ana.

- Demonstrative pronouns (**pronombres demostrativos**) are identical to demonstrative adjectives, except that they traditionally carry an accent mark on the stressed vowel. They agree in gender and number with the nouns they replace.

¿Quieres comprar esta **radio**?	No, no quiero **ésta**. Quiero **ésa**.
Do you want to buy this radio?	*No, I don't want this one. I want that one.*
¿Leíste estos **libros**?	No leí **éstos**, pero sí leí **aquéllos**.
Did you read these books?	*I didn't read these, but I did read those (over there).*

- There are three neuter demonstrative pronouns: **esto, eso,** and **aquello**. These forms refer to unidentified or unspecified things, situations, or ideas. They do not vary in gender or number and they never carry an accent mark.

¿Qué es **esto**?	**Eso** es interesante.	**Aquello** es bonito.
What is this?	*That's interesting.*	*That's pretty.*

*This is an additional grammar point for Lección 2 Estructura. You may use it for review or as required by your instructor.

Práctica

(1) En el centro comercial Completa las oraciones con la forma correcta de los adjetivos entre paréntesis.

1. Quiero comprar _____ (*that*) videojuego.
2. Nosotros queremos comprar _____ (*that over there*) computadora.
3. _____ (*These*) pantalones son muy baratos.
4. Yo voy a escoger _____ (*this*) falda que está a mitad de precio.
5. También quiero comprar alguna de _____ (*those*) películas en DVD.
6. Antes de irnos, vamos a comer algo en _____ (*that over there*) restaurante.

(2) Pronombres Completa cada oración con la forma correcta de los pronombres demostrativos de acuerdo con la traducción que aparece entre paréntesis.

1. Esta campeona es muy humilde, pero _____ (*that one*) es muy arrogante.
2. Este deportista juega bien, no como _____ (*those*) del otro equipo.
3. Esos dardos no tienen punta; usa _____ (*the ones over there*).
4. No conozco a esta entrenadora, pero sí conozco a _____ (*that one over there*).
5. Aquellos asientos son muy buenos, pero de todas formas, yo prefiero sentarme en _____ (*this one*).
6. Esta cancha de fútbol está muy mojada. ¿Podemos jugar en _____ (*that one*)?

(3) ¿Adjetivos o pronombres?

A. Elige los adjetivos o los pronombres apropiados.

   A mi hermano Esteban no le gustan las películas de acción y a mí, sí. (1) _____ (Ese / Ése) es el problema que siempre tenemos cuando queremos ir al cine. (2) _____ (Este / Éste) fin de semana, por ejemplo, estrenan la película *Persecución sin fin* en (3) _____ (ese / ése) cine nuevo que abrió enfrente de (4) _____ (ese / ése) restaurante que tanto me gusta. Cuando le mandé un mensaje por correo electrónico a mi hermano, enseguida respondió: "(5) _____ (Esa / Ésa) no la veo ni loco. (6) _____ (Esas / Ésas) películas de acción son siempre iguales. El bueno y el malo pelean y el bueno siempre gana. Por (7) _____ (ese / ése / eso), yo prefiero las películas históricas o los dramas. Por lo menos en (8) _____ (esas / ésas) suele haber diálogos inteligentes y no persecuciones tontas y peleas exageradas". ¡Cómo cambiaron los gustos de mi hermano desde (9) _____ (aquella / aquélla) época en la que íbamos a ver todas las películas de superhéroes!

B. En parejas, imaginen que los dos hermanos hablan por teléfono. El hermano de Esteban todavía tiene esperanzas de convencerlo para ir a ver *Persecución sin fin*. Improvisen la conversación entre los dos hermanos. Usen por lo menos cinco adjetivos o pronombres demostrativos.

(2.5) Possessive adjectives and pronouns*

- Possessive adjectives (**adjetivos posesivos**) are used to express ownership or possession. Spanish has two types: the short, or unstressed, forms and the long, or stressed, forms. Both forms agree in gender, when applicable, and number with the object owned, and not with the owner.

Possessive adjectives			
short forms (unstressed)		**long forms (stressed)**	
mi(s)	*my*	**mío/a(s)**	*my; (of) mine*
tu(s)	*your*	**tuyo/a(s)**	*your; (of) yours*
su(s)	*your; his; her; its*	**suyo/a(s)**	*your; (of) yours; his; (of) his; hers; (of) hers; its; (of) its*
nuestro/a(s)	*our*	**nuestro/a(s)**	*our; (of) ours*
vuestro/a(s)	*your*	**vuestro/a(s)**	*your; (of) yours*
su(s)	*your; their*	**suyo/a(s)**	*your; (of) yours; their; (of) theirs*

- Short possessive adjectives precede the nouns they modify.

En **mi** opinión, esa película
  es pésima.
*In my opinion, that movie
  is awful.*

Nuestras revistas favoritas son
  Vanidades y *Latina*.
*Our favorite magazines are
  Vanidades and Latina.*

- Stressed possessive adjectives follow the nouns they modify. They are used for emphasis or to express the phrases *of mine, of yours*, etc. The nouns are usually preceded by a definite or indefinite article.

mi amigo → **el** amigo **mío**
my friend   friend of mine

tus amigas → **las** amigas **tuyas**
your friends   friends of yours

- Because **su(s)** and **suyo/a(s)** have multiple meanings (*your, his, her, its, their*), the construction [article] + [noun] + **de** + [subject pronoun] is commonly used to clarify meaning.

su casa	▶	la casa de él/ella	*his/her house*
la casa suya		la casa de usted/ustedes	*your house*
		la casa de ellos/ellas	*their house*

- Possessive pronouns (**pronombres posesivos**) have the same forms as stressed possessive adjectives and are preceded by a definite article. Possessive pronouns agree in gender and number with the nouns they replace.

No encuentro mi **libro**.
  ¿Me prestas **el tuyo**?
*I can't find my book.
  Can I borrow yours?*

Si la **fotógrafa** suya no llega,
  la nuestra está disponible.
*If your photographer doesn't arrive,
  ours is available.*

---

*This is an additional grammar point for Lección 2 Estructura. You may use it for review or as required by your instructor.

¡ATENCIÓN!

After the verb **ser**, stressed possessives are used without articles.

¿Es tuya la calculadora?
Is the calculator yours?

No, no es mía.
No, it is not mine.

¡ATENCIÓN!

The neuter form **lo** + [*singular stressed possessive*] is used to refer to abstract ideas or concepts such as *what is mine* and *what belongs to you.*

Quiero lo mío.
I want what is mine.

Práctica

1 **¿De quién hablan?** Completa los espacios con adjetivos posesivos.

1. La actriz Fernanda Lora habla sobre su esposo: "_____ esposo siempre me acompaña a los estrenos, aunque _____ trabajo le exija estar en otro sitio".

2. Los integrantes del famoso dúo Maite y Antonio hablan sobre su hijo: "_____ hijo empezó a cantar a los dos años".

3. El actor Saúl Mar habla de su ex esposa, la modelo Serafina: "_____ ex ya no es tan guapa como antes, aunque _____ *fans* piensen lo contrario".

2 **¿Es tuyo...?** Escribe preguntas con **ser** y contéstalas usando el pronombre posesivo que corresponde a la(s) persona(s) indicada(s). Sigue el modelo.

> **MODELO** **tú / libro / yo**
> —¿Es tuyo este libro?
> —Sí, es mío.

1. ustedes / cartas / nosotros
   _____
   _____

2. ella / bicicleta / ella
   _____
   _____

3. yo / café / tú
   _____
   _____

4. nosotros / periódicos / yo
   _____
   _____

5. tú / disco compacto / ellos
   _____
   _____

6. él / ideas / nosotros
   _____
   _____

3 **Durante el almuerzo** Completa la conversación con los posesivos adecuados. Cuando sea necesario, añade también el artículo definido correspondiente.

MANUEL (1) _____ películas favoritas son las de acción. ¿Y (2) _____?

JUAN A mí no me gusta el cine.

AGUSTÍN A mí tampoco, pero a (3) _____ esposa le gustan las películas clásicas. Lo mío es el deporte.

JUAN Yo detesto el deporte. (4) _____ pasatiempo favorito es la música.

MANUEL ¡Ahh! ¿Es (5) _____ la guitarra que vi en la oficina?

JUAN Sí, es (6) _____. Después del trabajo, nos reunimos en la casa de un amigo (7) _____ y tocamos un poco. A (8) _____ amigos y a mí nos gusta el rock. (9) _____ músicos preferidos son...

AGUSTÍN ¡No te molestes en nombrarlos! No sé nada de música.

MANUEL Parece que (10) _____ gustos son muy distintos.

Más práctica

3.1 The preterite*

1 Conversación telefónica La mamá de Andrés lo llama para saber cómo fue su semana. Completa la conversación con el pretérito de los verbos de la lista. Algunos verbos se repiten.

andar	dar	ir	ser
barrer	hacer	quitar	tener

MAMÁ Hola, Andrés, ¿cómo te va?

ANDRÉS Bien, mamá. ¿Y a ti?

MAMÁ También estoy bien. ¿Qué tal las clases?

ANDRÉS En la clase de historia (1) _____ un examen el lunes. En la clase de química, el profesor nos (2) _____ una demostración en el laboratorio.

MAMÁ ¿Y el resto de las clases?

ANDRÉS (3) _____ muy fáciles, pero los profesores nos (4) _____ mucha tarea.

MAMÁ ¿Cómo está tu apartamento? ¿Está muy sucio (*dirty*)?

ANDRÉS ¡Está perfecto! Ayer (5) _____ la limpieza: (6) _____ el piso y (7) _____ el polvo de los muebles.

MAMÁ ¿Qué hiciste con tus amigos el sábado por la noche?

ANDRÉS Nosotros (8) _____ por el centro de la ciudad y (9) _____ a un restaurante. (10) _____ una noche muy divertida.

2 Vienen los abuelitos Tus abuelos vienen a tu casa para pasar el fin de semana. Tu mamá quiere saber si ya hiciste todo lo que te pidió, pero tú ya sabes lo que te va a preguntar. Completa sus preguntas y después contéstalas.

> **MODELO** ¿Ya... (conseguir las entradas para el concierto)?
> —¿Ya conseguiste las entradas para el concierto?
> —Sí, mamá, ya conseguí las entradas para el concierto.

1. ¿Ya... (lavar los platos)? _____
2. ¿Ya... (ir al supermercado)? _____
3. ¿Ya... (pasar la aspiradora)? _____
4. ¿Ya... (quitar tus cosas de la mesa)? _____
5. ¿Ya... (hacer las reservaciones en el restaurante)? _____
6. ¿Ya... (limpiar el baño)? _____

3 Un problema Quieres devolver unos zapatos que te compraste hace dos semanas y pedir un reembolso, pero la zapatería no acepta cambios después de una semana. En parejas, improvisen una conversación en la que el/la cliente trata de convencer al/a la gerente (*manager*) de que le devuelva el dinero.

*To see the explanation corresponding to this additional practice, see p. 94.

Más práctica

3.2 **The imperfect***

1 **Antes** Forma oraciones con estos elementos para explicar qué hacían antes estas personas.

> **MODELO** mi tía / siempre / cocinar / una sopa deliciosa
> Antes, mi tía siempre cocinaba una sopa deliciosa.

1. yo / barrer / la escalera de mi casa / a menudo

   _____

2. mi hermano pequeño / casi nunca / apagar / la luz de su habitación

   _____

3. la ropa / ser / más barata

   _____

4. mis amigas / apenas / ir / al centro comercial.

   _____

5. tú / quitar / el polvo de los muebles / a veces

   _____

2 **Oraciones incompletas** Termina las oraciones con el imperfecto.

1. Cuando yo era niño/a, _____.
2. Todos los veranos mi familia y yo _____.
3. En la escuela primaria mis maestros nunca _____.
4. Mis hermanos y yo siempre _____.
5. Mi abuela siempre _____.

3 **Un robo** El sábado unos jóvenes le robaron el bolso a una anciana en el parque. Tú eres uno de los testigos. Contesta las preguntas de la policía usando el imperfecto.

1. ¿Dónde estabas alrededor de las dos de la tarde?

   _____

2. ¿Qué llevabas puesto (*were you wearing*)?

   _____

3. ¿Qué hacías en el parque?

   _____

4. ¿Quiénes estaban contigo?

   _____

5. ¿Qué otras personas había en el parque? ¿Qué hacían estas personas?

   _____

4 **¿Cómo ha cambiado tu vida?** En parejas, comparen la escuela secundaria con la universidad. Escriban una lista de las responsabilidades que tienen ahora y las que tenían antes.

> **MODELO** Cuando estaba en la escuela secundaria no tenía mucha tarea, pero ahora tengo muchísima. Me paso el día entero en la biblioteca.

*To see the explanation corresponding to this additional practice, see p. 98.

Más práctica

3.3 The preterite vs. the imperfect*

1 **¿Pretérito o imperfecto?** Indica si normalmente debes usar el pretérito (P) o el imperfecto (I) con estas expresiones de tiempo. Después, escribe cinco oraciones completas que contengan estas expresiones.

___ el año pasado   ___ ayer por la noche

___ todos los días   ___ el domingo pasado

___ siempre   ___ todas las tardes

___ mientras   ___ una vez

2 **Distintos significados** Completa las oraciones con el pretérito o el imperfecto de los verbos entre paréntesis. Recuerda que cuando se usan estos verbos en el pretérito tienen un significado distinto al del imperfecto.

1. Cuando yo era niño, nunca _____ (querer) limpiar mi habitación, pero mis padres me obligaban a hacerlo.

2. Mi amigo ya _____ (poder) hablar chino y japonés cuando tenía siete años.

3. Finalmente, después de preguntar por todos lados, Ana _____ (saber) cómo solicitar una tarjeta de crédito.

4. Mis padres _____ (querer) comprarse una aspiradora. Estaban cansados de barrer.

5. Se rompió el timbre. Por suerte, mi amigo Juan Carlos _____ (poder) venir enseguida a arreglarlo.

6. Mi hermano _____ (conocer) a su novia en el centro comercial.

7. Mi abuela _____ (saber) cocinar muy bien.

8. Miguel y Roberto completaron el formulario, pero no _____ (querer) contestar la última pregunta.

3 **Mi mejor año** ¿Cuál fue tu mejor año en la escuela? Escribe una historia breve sobre ese año especial. Recuerda que para narrar series de acciones completas debes usar el pretérito y para describir el contexto o acciones habituales en el pasado debes usar el imperfecto. Comparte tu historia con la clase.

MODELO Creo que mi mejor año fue el segundo grado. Yo vivía con mi familia en Toronto, pero ese año nos mudamos a Vancouver.

4 **Cuentos populares** En grupos de tres, escojan un cuento popular que conozcan. Escríbanlo cambiando completamente el papel (*role*) de los personajes y los hechos. Utilicen el pretérito y el imperfecto. Después, representen una escena de su cuento para la clase.

MODELO Había una vez tres cerditos muy malos que querían atacar a un lobito muy bueno…

*To see the explanation corresponding to this additional practice, see p. 102.

Presentation

(3.4) Telling time*

- The verb **ser** is used to tell time in Spanish. The construction **es + la** is used with **una,** and **son + las** is used with all other hours.

¿Qué hora es?

What time is it?

> Es la **una.**
> *It is one o'clock.*
>
> Son las **tres.**
> *It is three o'clock.*

- The phrase **y** + [*minutes*] is used to tell time from the hour to the half-hour. The phrase **menos** + [*minutes*] is used to tell time from the half-hour to the hour, and is expressed by subtracting minutes from the next hour.

Son las once **y veinte.**

Es la una **menos cuarto.**

Son las doce **menos diez.**

- To ask at what time an event takes place, the phrase **¿A qué hora (...)?** is used. To state at what time something takes place, use the construction **a la(s) +** [*time*].

¿A qué hora es la fiesta?
(*At*) *what time is the party?*

La fiesta es **a las ocho.**
The party is at eight.

- The following expressions are used frequently for telling time.

Son las siete **en punto.**
It's seven o'clock on the dot/sharp.

Son las nueve **de la mañana.**
It's 9 a.m./in the morning.

Son **las doce del mediodía.**/Es **(el) mediodía.**
It's 12 p.m./It's noon.

Son las cuatro y cuarto **de la tarde.**
It's 4:15 p.m./in the afternoon.

Son **las doce de la noche.** /Es **(la) medianoche.**
It's 12 a.m./It's midnight.

Son las once y media **de la noche.**
It's 11:30 p.m./at night.

- The imperfect is generally used to tell time in the past. However, the preterite may be used to describe an action that occurred at a particular time.

¿Qué hora **era** cuando llegaste?
What time was it when you arrived?

Eran las cuatro de la mañana.
It was four o'clock in the morning.

¿A qué hora **fueron** al cine?
At what time did you go to the movies?

Fuimos a las nueve.
We went at nine o'clock.

*This is an additional grammar point for Lección 3 Estructura. You may use it for review or as required by your instructor.

Práctica

1 **La hora** Escribe la hora que aparece en cada reloj usando oraciones completas.

1. _____   2. _____   3. _____

4. _____   5. _____   6. _____

2 **¿Qué hora es?** Da la hora usando oraciones completas.

1. 1:10 p.m. _____
2. 6:30 a.m. _____
3. 8:45 p.m. _____
4. 11:00 a.m. _____
5. 2:55 p.m. _____
6. 12:00 a.m. _____

3 **Retraso** Hoy tienes un mal día y estás atrasado/a en todo. Usa la información para explicar a qué hora hiciste cada cosa y por qué te retrasaste. Sigue el modelo.

MODELO **ir al centro comercial – 9 a.m. (15 minutos)**
Tenía que ir al centro comercial a las nueve de la mañana, pero llegué a las nueve y cuarto porque el autobús se retrasó.

1. levantarme – 7 a.m. (30 minutos)
2. desayunar – 8 a.m. (2 horas y media)
3. reunirme con la profesora de química – 11 a.m. (1 hora)
4. escribir el ensayo para la clase de literatura – 3 p.m. (2 horas y cuarto)
5. llamar a mis padres – 5 p.m. (3 horas y media)
6. limpiar mi casa – 3 p.m. (¡Todavía no has empezado!)

Más práctica

4.1 ## The subjunctive in noun clauses*

1 **El doctor** El doctor González escribe informes con el diagnóstico y las recomendaciones para cada paciente. Completa los informes con el indicativo o el subjuntivo de los verbos entre paréntesis.

Informe 1

Don José, creo que usted (1) _____ (sufrir) de mucho estrés. Usted (2) _____ (trabajar) demasiado y no (3) _____ (cuidarse) lo suficiente. Es necesario que usted (4) _____ (dormir) más horas. No creo que usted (5) _____ (necesitar) tomar medicinas, pero es importante que (6) _____ (controlar) su alimentación y (7) _____ (mantener) una dieta más equilibrada.

Informe 2

Carlitos, no hay duda de que tú (8) _____ (tener) varicela (*chicken pox*). Es una enfermedad muy contagiosa y por eso es necesario que (9) _____ (quedarse) en casa una semana. Como no podrás asistir a la escuela, te recomiendo que (10) _____ (hablar) con uno de tus compañeros y que (11) _____ (hacer) la tarea regularmente. Quiero que (12) _____ (aplicarse) (*to apply*) esta crema si te pica (*itches*) mucho la piel.

Informe 3

Susana y Pedro, es obvio que ustedes (13) _____ (tener) gripe. Para aliviar la tos, les recomiendo que (14) _____ (tomar) este jarabe por la mañana y estas pastillas por la noche. No creo que (15) _____ (necesitar) quedarse en cama. Les recomiendo que (16) _____ (beber) mucho líquido y que (17) _____ (comer) muchas frutas y verduras. Estoy seguro de que en unos días (18) _____ (ir) a sentirse mejor.

2 **¿Cómo terminan?** Escribe un final original para cada oración. Recuerda usar el subjuntivo cuando sea necesario.

1. Es imposible que hoy...
2. Dudo mucho que el profesor...
3. No es cierto que mis amigos y yo...
4. Es muy probable que yo...
5. Es evidente que en el hospital...
6. Los médicos recomiendan que...

3 **Reacciones** En grupos de cinco, digan cómo reaccionarían ante estas situaciones. Deben usar el subjuntivo en sus respuestas para mostrar emoción, incredulidad, alegría, rechazo, insatisfacción, etc.

MODELO Acabas de ganar un millón de dólares.
¡Es imposible que sea verdad! No puedo creer que...

1. Un día vas al banco y te dicen que ya no te queda ni un centavo. No vas a poder comer esta semana.
2. Oyes que el agua que tomas del grifo (*tap*) está contaminada y que todos los habitantes de la ciudad se van a enfermar.
3. Llegas a la universidad el primer día y te dicen que no hay espacio para ti en la residencia estudiantil. Vas a tener que dormir en un hotel.
4. Tu novio/a te declara su amor e insiste en que se casen este mismo mes.
5. Tu nuevo/a compañero/a de cuarto te dice que tiene la gripe aviar (*bird flu*). Es muy contagiosa.
6. Acabas de ver a tu ex hablando mal de ti enfrente de millones de televidentes.

*To see the explanation corresponding to this additional practice, see p. 134.

Más práctica

4.2 Commands*

1 **Las indicaciones del médico** Lee los problemas de estos pacientes. Luego, completa las órdenes y recomendaciones que su médico les da.

Don Mariano y doña Teresa no duermen bien y sufren de mucha presión en el trabajo.	1. _____ (tomar) té de manzanilla y _____ (acostarse) siempre a la misma hora. 2. No _____ (trabajar) los domingos.
La señora Ortenzo se lastimó jugando al tenis. Le duele el pie derecho.	3. (Tú) _____ (cepillarse) los dientes dos veces por día. 4. No _____ (comer) más dulces.
Juan come muchos dulces y tiene caries (*cavities*).	5. (Usted) _____ (quedarse) en cama dos días. 6. No _____ (mover) el pie y no _____ (caminar) sin muletas (*crutches*).
Carlos y Antonio trasnochan con frecuencia y no llevan una dieta sana.	7. _____ (dormir) por lo menos ocho horas cada noche. 8. No _____ (ir) a clase sin antes comer un desayuno saludable.

2 **Antes y ahora** ¿Te daban órdenes tus padres cuando eras niño/a? ¿Te siguen dando órdenes? Escribe cinco mandatos que te daban cuando eras niño/a y cinco que te dan ahora. Utiliza mandatos informales afirmativos y negativos.

Los mandatos de antes

_____
_____
_____
_____
_____

Los mandatos de ahora

_____
_____
_____
_____
_____

3 **El viernes por la noche** Tú y tus amigos están pensando en qué hacer este viernes. Tú sugieres actividades (usa mandatos con **nosotros/as**), pero tus compañeros/as rechazan (*reject*) tus ideas y sugieren otras. En grupos de tres, representen la conversación.

MODELO **ESTUDIANTE 1** Vayamos al cine esta noche.
ESTUDIANTE 2 No quiero porque no tengo dinero. Quedémonos en casa y veamos la tele.
ESTUDIANTE 3 Pues, alquilemos una película entonces...

*To see the explanation corresponding to this additional practice, see p. 140.

Más práctica

4.3 *Por* and *para**

1 **El viaje de Carla** Carla está planeando pasar el verano en Bogotá para tomar cursos en la Universidad Nacional de Colombia. Une las frases para completar sus comentarios sobre el viaje.

_____ 1. Este verano viajaré a Bogotá

_____ 2. Es un programa de intercambio organizado

_____ 3. Estudiantes de varias universidades nos reuniremos en Miami y de allí saldremos

_____ 4. Extrañaré a mi familia, pero prometen llamarme

_____ 5. Quisiera pasar un año allá, pero sólo puedo ir

_____ 6. Antes de volver a Nueva York, espero viajar

_____ 7. Quiero perfeccionar el español

_____ 8. En el futuro, espero trabajar

a. para Bogotá.

b. para estudiar español.

c. para la embajada (*embassy*).

d. para trabajar en Latinoamérica después de graduarme.

e. por mi universidad en Nueva York.

f. por teléfono una vez por semana.

g. por todo el país.

h. por tres meses.

2 **Instrucciones para cuidar al perro** Este fin de semana te toca cuidar al perro de tus vecinos y ellos están muy preocupados. Completa su lista de instrucciones con **por** o **para**.

1. Si el perro está muy deprimido, llama al veterinario _____ teléfono.

2. Si está un poco triste, haz todo lo que puedas _____ darle ánimo.

3. Últimamente tiene problemas de digestión y debe tomar una medicina _____ el estómago.

4. _____ ver si el perro tiene fiebre, usa este termómetro.

5. No es _____ tanto si no te saluda cuando entras en la casa; cuando te conozca mejor y te tenga más confianza comenzará a saludarte.

6. Sácalo a pasear todos los días de la semana: el ejercicio es bueno _____ los perros.

7. Nuestra rutina es caminar media hora _____ el parque.

8. Dale su medicina tres veces _____ día.

3 **Un acontecimiento increíble** ¿Alguna vez te ha ocurrido algo inusual o difícil de creer? Cuéntale a tu compañero/a un acontecimiento increíble que te haya ocurrido, o inventa uno. Incluye al menos cuatro expresiones de la lista.

para colmo	no estar para bromas	por casualidad	por más/mucho que
para que sepas	no ser para tanto	por fin	por supuesto

*To see the explanation corresponding to this additional practice, see p. 144.

Presentation

4.4 The subjunctive with impersonal expressions*

- The subjunctive is frequently used in subordinate clauses following impersonal expressions.

IMPERSONAL EXPRESSION	CONNECTOR	SUBORDINATE CLAUSE
Es urgente	**que**	**vayas** al hospital.

- Impersonal expressions that indicate will, desire, or emotion are usually followed by the subjunctive.

es bueno *it's good*	**es necesario** *it's necessary*
es extraño *it's strange*	**es ridículo** *it's ridiculous*
es importante *it's important*	**es terrible** *it's terrible*
es imposible *it's impossible*	**es una lástima** *it's a shame*
es malo *it's bad*	**es una pena** *it's a pity*
es mejor *it's better*	**es urgente** *it's urgent*

Es una lástima que **estés** con gripe.
It's a shame you have the flu.

Es mejor que te **acompañen.**
It's better that they go with you.

- Impersonal expressions that indicate certainty trigger the indicative in the subordinate clause. When they express doubt about the action or condition in the subordinate clause, the subjunctive is used.

indicative	subjunctive
es cierto *it's true*	**no es cierto** *it's untrue*
es obvio *it's obvious*	**no es obvio** *it's not obvious*
es seguro *it's certain*	**no es seguro** *it's not certain*
es verdad *it's true*	**no es verdad** *it's not true*

Es verdad que Juan está triste, pero
no es cierto que **esté** deprimido.
*It's true that Juan is sad, but it's
not true that he is depressed.*

Es obvio que usted tiene una infección, pero
es improbable que **sea** contagiosa.
*It's obvious that you have an infection, but
it's unlikely that it's contagious.*

- When an impersonal expression is used to make a general statement or suggestion, the infinitive is used in the subordinate clause. When a new subject is introduced, the subjunctive is used instead.

Es importante hacer ejercicio.
It's important to exercise.

Es importante que los niños **hagan** ejercicio.
It's important for children to exercise.

No es seguro caminar solo
por la noche.
*It's not safe to walk around alone
at night.*

No es seguro que **camines** solo
por la noche.
*It's not safe for you to walk around
alone at night.*

*This is an additional grammar point for Lección 4 Estructura. You may use it for review or as required by your instructor.

Práctica

(1) Pórtate bien Los padres de Álvaro se van de viaje y le dejan una nota a su hijo con algunas cosas que tiene que hacer. Completa la nota con el presente del subjuntivo de los verbos entre paréntesis.

> ¡No te olvides!
>
> Sabemos que es imposible que (1) _____ (acostarse) temprano, pero es importante que (2) _____ (levantarse) antes de las 8:00 y que (3) _____ (llevar) el carro al mecánico. El martes es necesario que (4) _____ (ir) a casa de tu tía Julia y le (5) _____ (llevar) nuestro regalo. Como la pastelería queda cerca del mecánico, es mejor que (6) _____ (pasar) a recoger el pastel de cumpleaños cuando vayas a recoger el carro el lunes por la tarde. Y, bueno, hijo, es una lástima que no (7) _____ (poder) venir con nosotros.
>
> ¡Cuídate mucho!
> Mamá y papá

(2) Obligaciones Piensa en las obligaciones de los padres para con los hijos y viceversa. Completa el cuadro con frases impersonales que requieran el subjuntivo.

Las obligaciones de los padres y de los hijos

padres	hijos
Es importante que los padres escuchen a sus hijos.	

(3) Pareja ideal En grupos de cuatro, piensen en su pareja ideal y comenten cómo debe ser. Cada uno/a de ustedes debe escribir por lo menos cinco oraciones con frases impersonales.

es bueno	es mejor
es importante	es necesario
es malo	es ridículo

Más práctica

5.1 Comparatives and superlatives*

1 **Los medios de transporte** Escribe seis oraciones completas para comparar los medios de transporte de la lista. Utiliza por lo menos tres comparativos y tres superlativos. Debes hacer comparaciones con respecto a estos aspectos:

- la rapidez
- la comodidad
- la diversión
- el precio

> **medios de transporte**
> autobús, avión, bicicleta, carro, metro, taxi, tren

MODELO Para viajar por la ciudad, el taxi es más caro que el autobús. /
El avión es el medio más rápido de todos.

2 **El absoluto** Utiliza el superlativo absoluto (**-ísimo/a**) para escribir oraciones completas. Sigue el modelo.

MODELO **elefantes / animales / grande**
Los elefantes son unos animales grandísimos.

1. diamantes / joyas / caro
2. avión / medio de transporte / rápido
3. Bill Gates / persona / rico
4. el puente de Brooklyn / largo
5. la clase de inglés / fácil
6. Elle Fanning / actriz / joven
7. El F.C. Barcelona / equipo de fútbol español / famoso
8. el Río de la Plata / ancho

3 **Un pariente especial** ¿Hay alguien en tu familia que consideras especial? ¿Te pareces a esa persona? ¿Es mayor o menor que tú? ¿Qué similitudes y diferencias tienen? Trabaja con un(a) compañero/a: dile quién es tu pariente favorito y cuéntale en qué se parecen y en qué se diferencian. Usa comparativos en tu descripción. Incluye algunos de estos aspectos:

> altura   gustos
> apariencia física   personalidad
> edad   vida académica

MODELO Mi primo Juan es mi primo favorito. Es mayor que yo, pero yo soy mucho más alto que él...

*To see the explanation corresponding to this additional practice, see p. 176

Más práctica

5.2 ## Negative, affirmative, and indefinite expressions*

1 **De compras** Has desembarcado de un crucero en una isla remota. Quieres comprar algo típico para tus amigos, pero el empleado te hace mil preguntas sobre lo que quieres. Elige las opciones correctas para completar la conversación.

EMPLEADO ¡Hola! ¿Quieres (1) _____ (algo / nada) extraordinario para tus amigos?

TÚ No, no quiero (2) _____ (algo / nada) extraordinario, quiero (3) _____ (algo / nada) típico de la isla.

EMPLEADO Tenemos unos recuerdos muy especiales por aquí. (4) _____ (Siempre / Nunca) es mejor regalar (5) _____ (algo / nada) que llegar con las manos vacías (empty)…

TÚ Sí, pero (6) _____ (también / tampoco) es bueno comprar cosas que no quepan en la maleta. Necesito un recuerdo que no sea muy grande, pero (7) _____ (también / tampoco) muy pequeño, por favor.

EMPLEADO Es que no tenemos (8) _____ (algo / nada) así. Todo lo que tenemos (9) _____ (o / ni) es muy chiquito (10) _____ (o / ni) es muy grande. No tenemos (11) _____ (algo / nada) de tamaño mediano.

TÚ Bueno, señor, el barco ya se va… Si usted no tiene (12) _____ (algo / nada) que yo pueda comprar ahora mismo, me tendré que ir.

EMPLEADO Lo siento. (13) _____ (Alguien / Nadie) compra recuerdos aquí (14) _____ (siempre / jamás). No entiendo por qué será.

2 **En el avión** Marcos, un viajero, es un poco caprichoso; nada le viene bien. Escribe **o… o, ni… ni, o ni siquiera** para completar sus quejas.

1. Le pedí una bebida al asistente de vuelo, pero no me trajo _____ café _____ agua.
2. ¡Qué día fatal! No pude _____ empacar la última maleta _____ despedirme de mis amigos.
3. Por favor, _____ sean puntuales _____ avisen si van a llegar tarde.
4. Hoy me siento enfermo. No puedo _____ dormir _____ hablar. _____ puedo moverme.
5. Me duele la cabeza. No quiero _____ escuchar música _____ ver la tele.

3 **Opiniones** En grupos de cuatro, hablen sobre estas opiniones y digan si están de acuerdo. Por turnos, expliquen sus razones. Usen expresiones negativas, afirmativas e indefinidas.

1. Es más costoso viajar en primera clase, pero vale la pena.
2. Conocer otros países y culturas es más importante que aprender de un libro.
3. Hacer un intercambio te abre más a otras maneras de pensar.
4. Es mejor ir de vacaciones durante el verano que durante el invierno.
5. Ir de viaje es la mejor manera de gastar los ahorros.
6. Es más peligroso viajar hoy en día. Antes era muchísimo más seguro.

*To see the explanation corresponding to this additional practice, see p. 180.

Más práctica

5.3 The subjunctive in adjective clauses*

1 **Unir los elementos** Escribe cinco oraciones lógicas combinando elementos de las tres columnas.

> **MODELO** Juan busca un libro que esté escrito en español.

Juan (estudiante de español)	buscar un tutor	pagar bien
Pedro (tiene un carro viejo)	buscar un libro	ser divertida
Ana (tiene muy poco dinero)	necesitar un carro	ayudarme
mis amigos (están aburridos)	tener que ir a una fiesta	ser nuevo y rápido
yo (tengo problemas con la clase de cálculo)	querer un trabajo	poder ayudarnos
nosotros (no sabemos qué clases tomar el próximo semestre)	necesitar hablar con un consejero	estar escrito en español

2 **En el aeropuerto** Mientras esperas en el aeropuerto, escuchas todo lo que dicen los empleados de la aerolínea y los agentes de seguridad. Usa el subjuntivo para completar las oraciones de manera lógica.

1. Deben pasar por aquí las personas que _____.
2. ¿Tiene usted algo en su bolsa que _____?
3. Debe sacar del bolsillo todo lo que _____.
4. No cuente chistes que _____.
5. Pueden pasar los viajeros que _____.
6. No se pueden llevar maletas que _____.

3 **Anuncios personales** En grupos de tres, escriban anuncios personales para una persona que busca novio/a. Los anuncios deben ser detallados y creativos, y deben usar el subjuntivo y el indicativo. Después, compartan el anuncio con la clase para ver si encuentran a alguien que se parezca a la persona de su anuncio.

*To see the explanation corresponding to this additional practice, see p. 184.

Presentation

5.4 *Pero* and *sino**

Estoy bien, pero, ¿no es recomendable ir un poco más despacio?

No sólo eres un pesado, sino que también eres un llorón!

- In Spanish, both **pero** and **sino** are used to introduce a contrast or a clarification, but the two words are not interchangeable.

- **Pero** means *but* (in the sense of *however*). It may be used after either affirmative or negative clauses.

    Iré contigo a ver las ruinas, **pero** mañana quiero pasar el día entero en la playa.
    I'll go with you to see the ruins, but tomorrow I want to spend the whole day on the beach.

    La habitación del hotel es pequeña, **pero** cómoda.
    The hotel room is small, but comfortable.

- **Sino** also means *but* (in the sense of *but rather* or *on the contrary*). It is used only after negative clauses. **Sino** introduces an idea that clarifies, corrects, or excludes the previous information.

    No me gustan estos zapatos, **sino** los de la otra tienda.
    I don't like these shoes, but rather the ones from the other store.

    La casa **no** está en el centro de la ciudad, **sino** en las afueras.
    The house is not in the center of the city, but rather in the outskirts.

- When **sino** is used before a conjugated verb, the conjunction **que** is added.

    No quiero que vayas a la fiesta, **sino que** hagas tu tarea.
    I want you to do your homework rather than go to the party.

    No iba a casa, **sino que** se quedaba en la capital.
    She was not going home, but instead staying in the capital.

- *Not only… but also* is expressed with the phrase **no sólo… sino (que) también/además**.

    Quiero **no sólo** pastel, **sino también** helado.
    I want not only cake but also icecream.

    No sólo disfruté del viaje, **sino que además** hice nuevos amigos.
    Not only did I enjoy the trip; I also made new friends.

- The phrase **pero tampoco** means *but neither* or *but not either*.

    A Celia no le interesaba la excursión, **pero tampoco** quería quedarse en el crucero.
    Celia wasn't interested in the excursion, but she didn't want to stay on the cruise ship either.

¡ATENCIÓN!

To express surprise or admiration, use **pero qué** at the beginning of a sentence.

¡Pero qué turista tan amable!
What a nice tourist!

¡ATENCIÓN!

Pero también (*But also*) is used after affirmative clauses.

Pedro es inteligente, pero también es cabezón.
Pedro is smart, but he is also stubborn.

*This is an additional grammar point for Lección 5 Estructura. You may use it for review or as required by your instructor.

Práctica

1 **Columnas** Completa cada oración con la opción correcta.

1. Sofía no quiere viajar mañana y Marta, _____.
2. Mi compañero de cuarto no es de Madrid, _____ de Barcelona.
3. Mis padres quieren que yo trabaje este verano, _____ yo prefiero irme de viaje a Europa.
4. No fui al partido de fútbol, _____ fui al concierto de rock. Tuve que estudiar para un examen.
5. No queremos que usted nos cancele la reservación, _____ nos cambie la fecha de salida.

a. pero
b. pero tampoco
c. sino
d. sino que
e. tampoco

2 **Completar** Completa cada oración con **no sólo, pero, sino (que)** o **tampoco**.

1. Las cartas no llegaron el miércoles, _____ el jueves.
2. Mis amigos no quieren alojarse en el albergue y yo _____.
3. No me gusta manejar por la noche, _____ iré a la fiesta si tú manejas.
4. Carlos no me llamaba por teléfono, _____ me enviaba mensajes de texto.
5. Yo _____ esperaba aprobar el examen, _____ también sacar una A.
6. Quiero aclarar que Juan no llegó temprano, _____ muy tarde.

3 **Oraciones incompletas** Cuando tú y tu familia llegan al lugar donde pasarán sus vacaciones, se dan cuenta de que han dejado en casa a Juan José, tu hermano menor. Utiliza frases con **pero** y **sino** para completar las oraciones.

1. Yo no hablé con Juan José esta mañana _____.
2. No vamos a poder regresar para buscarlo _____.
3. No es aconsejable que regresemos _____.
4. Me gusta la idea de llamar a un vecino _____.
5. Creo que no debemos _____.
6. Juan José no tiene cinco años _____.
7. Si tiene algún problema no va a poder avisarnos _____.
8. Está claro que Juan José _____.

4 **Opiniones contrarias** En parejas, imaginen que son dos personas totalmente diferentes. Nunca están de acuerdo en nada. Túrnense para hacer afirmaciones. Uno/a de ustedes debe usar **pero, sino, sino que** y **no sólo... sino** para contradecir lo que dice el/la otro/a. Sigan el modelo.

MODELO
— Creo que hoy hace un día estupendo.
— ¡Estás equivocado! No hace un día estupendo, sino que hace mucho frío. Y no sólo hace frío, sino que también...

Más práctica

6.1 The future*

1 **¿Qué pasará?** Usa el futuro para explicar qué puede estar ocurriendo en cada una de las situaciones. Puedes utilizar las ideas de la lista o inventar otras.

> **MODELO** **Hoy tu carro no arranca (*doesn't start*). Hay algo que no funciona.**
> El carro no tendrá gasolina. / La batería estará descargada.

(su gato/su conejo) estar perdido	tener otros planes
(él/ella/su perro) estar enfermo/a	no tener ganas
haber un huracán	doler la pierna

1. María siempre llega a la clase de español puntualmente, pero la clase ya empezó y ella no está.
2. Carlos es el presidente del club ecologista, pero hoy no vino a la reunión.
3. Sara y María son dos personas muy alegres y optimistas, pero hoy están tristes y no quieren hablar con nadie.
4. He invitado a Juan a ir al cine con nosotros, pero no quiere ir.
5. Mañana vas a viajar a una zona tropical. Te acaban de avisar que se canceló tu vuelo.
6. Cristina tiene un partido de fútbol hoy, pero todavía no está aquí.

2 **Campaña informativa** En parejas, imaginen que trabajan para una organización que se dedica a proteger el medio ambiente. Les han pedido que preparen una campaña informativa para concienciar a la gente sobre (*make people aware of*) los problemas ecológicos. Contesten las preguntas y después compartan la información con la clase.

1. ¿Cómo se llamará la campaña?
2. ¿Qué problemas del medio ambiente tratará?
3. ¿Qué actividades harán?
4. ¿Qué consejos darán?
5. ¿Qué harán para distribuir la información?
6. ¿Creen que su campaña tendrá éxito? ¿Por qué?

3 **Horóscopo** En parejas, escriban el horóscopo de su compañero/a para el mes que viene. Utilicen verbos en futuro y algunas frases de la lista. Luego, compártanlo con sus compañeros/as.

decir secretos	haber sorpresa	recibir una visita
empezar una relación	hacer daño	tener suerte
festejar	hacer un viaje	venir amigos
ganar/perder dinero	poder solucionar problemas	viajar al extranjero

*To see the explanation corresponding to this additional practice, see p. 216.

Más práctica

6.2 The subjunctive in adverbial clauses*

1 **En el parque** Javier quiere leer los carteles (*signs*) del parque nacional, pero Sol no cree que sean importantes. Completa la conversación con el subjuntivo del verbo indicado.

JAVIER Espera, Sol, quiero leer los carteles.

SOL Es que son muy obvios. No dicen nada que yo no (1) _____ (saber). "Tan pronto como usted (2) _____ (escuchar) un trueno, aléjese de las zonas altas." ¡Qué tontería! ¡Eso es obvio!

JAVIER Sí, pero son importantes para que los visitantes (3) _____ (ser) conscientes de la seguridad.

SOL ¿Y qué tiene que ver este otro cartel con la seguridad? "Para que no (4) _____ (haber) erosión, camine sólo por el sendero."

JAVIER Bueno, es que algunos carteles son para que la gente (5) _____ (ayudar) a cuidar el parque. Por ejemplo, este otro...

SOL Basta, Javier, estoy harta de estos carteles tan obvios. Si realmente quieren cuidar el parque, ¿por qué no ponen cestos (*bins*) para la basura?

JAVIER Bueno, justamente el cartel dice: "No tenemos cestos para la basura para que los visitantes nos (6) _____ (ayudar) llevándose su propia basura del parque."

SOL Bueno, yo no he dicho que todos los carteles (7) _____ (ser) inútiles.

2 **En casa** Tu hermana insiste en que tu familia colabore para proteger el medio ambiente. Tiene una lista de órdenes que quiere que ustedes cumplan. Escribe cada orden de otra forma, usando el subjuntivo y las palabras que están entre paréntesis. Haz los cambios necesarios.

> **MODELO** Usen el aire acondicionado lo mínimo posible. (siempre que)
> Siempre que sea posible, no usen el aire acondicionado.

1. Cierren bien el grifo (*faucet*) y no dejen escapar ni una gota de agua. (para que)
2. Apaguen las luces al salir de un cuarto. (tan pronto como)
3. No boten las botellas. Hay que averiguar primero si se pueden reciclar. (antes de que)
4. Vayan a la escuela en bicicleta. Usen el carro sólo si hace mal tiempo. (a menos que)
5. En lugar de encender la calefacción (*heating*), pónganse otro suéter. (siempre que)

3 **Conversaciones** En parejas, representen estas dos conversaciones. Usen conjunciones de la lista y recuerden que algunas de estas construcciones exigen un verbo en subjuntivo.

a menos que	aunque	cuando	hasta que	sin (que)
antes de (que)	con tal de (que)	en caso de (que)	para (que)	tan pronto como

1. Una pareja de recién casados está planeando su luna de miel (*honeymoon*): Ella quiere ir a una isla remota. Él quiere ir a París.
2. Una madre y su hijo: Él tiene su licencia de conducir y quiere una motocicleta.

*To see the explanation corresponding to this additional practice, see p. 220.

Más práctica

6.3 **Prepositions:** *a, hacia,* **and** *con**

1 **Un día horrible** Completa el texto con las preposiciones **a, hacia** o **con**.

Hola, Miguel:

Ayer tuve un día horrible. Casi prefiero no acordarme. Puse el despertador para que sonara (1) _____ las seis de la mañana, pero me dormí y me levanté (2) _____ las siete. Mi clase de ecología empezaba a las ocho, así que iba a llegar tarde. El profesor es bastante estricto y siempre se enoja (3) _____ los estudiantes que no llegan a tiempo.

Mi día había comenzado mal e iba a seguir peor. Salí de casa y comencé (4) _____ correr (5) _____ la universidad. Cuando estaba (6) _____ mitad de camino, algo terrible ocurrió. Una señora que estaba (7) _____ mi izquierda no vio la farola (*streetlight*) y chocó (8) _____ ella. Fue un golpe tremendo. Fui (9) _____ ayudarla, pues se había caído. Tuve que levantarla (10) _____ mucho cuidado porque estaba mareada. Cuando llegó la policía, yo comencé (11) _____ correr otra vez. Entré a clase muy tarde, (12) _____ las ocho y media. ¡Qué locura!

Un abrazo,
Lupe

2 **Carta** Imagina que estás de vacaciones en otro país y le escribes una carta a tu familia contándoles los detalles de tu viaje. Puedes incluir información sobre el horario de las actividades, los lugares que has visitado, las cosas que has hecho y los planes para el resto del viaje. Utiliza por lo menos seis expresiones de la lista.

MODELO Al llegar a San Juan, fui al hotel con Marta.

al llegar	estaba(n) conmigo	con un guía turístico
a veinte (millas)	con cuidado/anticipación	hacia/a las (nueve y media)
ayudar a	con mi cámara	hacia la playa/el bosque

3 **El guardaparques** Trabajen en grupos de cuatro. Una persona es el/la guardaparques (*park ranger*) y las otras tres son turistas. Algunos turistas no respetaron las reglas del parque y el/la guardaparques quiere saber quiénes fueron. Representen la situación usando la información de la lista y las preposiciones **a, hacia** y **con**.

estar / las dos de la tarde	hablar / otras personas
ir / tanta prisa	contaminar / combustible
dar de comer / los animales salvajes	ir / sacar plantas
envenenar / una sustancia tóxica	ir / otra gente
dirigir / la salida	ver / alguien sospechoso

*To see the explanation corresponding to this additional practice, see p. 224.

Presentation

(6.4) Adverbs*

- Adverbs (**adverbios**) describe *how*, *when*, and *where* actions take place. They usually follow the verbs they modify and precede adjectives or other adverbs.

Habla **bien.**

Ana es **muy** interesante.

¡Escribe **tan** bien!

Te lo digo **fácilmente.**

Eso es **absolutamente** cierto.

Lo hizo **completamente** mal.

- Many Spanish adverbs are formed by adding the suffix **-mente** to the feminine singular form of an adjective. The **-mente** ending is equivalent to the English *–ly*.

ADJECTIVE		FEMININE FORM	SUFFIX		ADVERB
básico		básica	-mente		**básicamente** *basically*
cuidadoso		cuidadosa	-mente		**cuidadosamente** *carefully*
enorme		enorme	-mente		**enormemente** *enormously*
hábil		hábil	-mente		**hábilmente** *cleverly; skillfully*

- If two or more adverbs modify the same verb, only the final adverb uses the suffix **-mente**.

  Se marchó **lenta** y **silenciosamente**.
  He left slowly and silently.

- The construction **con** + [*noun*] is often used instead of long adverbs that end in **-mente**.

  cuidadosamente → **con cuidado**   frecuentemente → **con frecuencia**

- Here are some common adverbs and adverbial phrases:

a menudo *frequently; often*	**así** *like this; so*	**mañana** *tomorrow*
a tiempo *on time*	**ayer** *yesterday*	**más** *more*
a veces *sometimes*	**casi** *almost*	**menos** *less*
adentro *inside*	**de costumbre** *usually*	**muy** *very*
afuera *outside*	**de repente** *suddenly*	**por fin** *finally*
apenas *hardly; scarcely*	**de vez en cuando** *now and then*	**pronto** *soon*
aquí *here*		**tan** *so*

A veces salimos a tomar un café.
Sometimes we go out for coffee.

Casi terminé el libro.
I almost finished the book.

- The adverbs **poco** and **bien** frequently modify adjectives. In these cases, **poco** is often the equivalent of the English prefix *un–*, while **bien** means *well*, *very*, *rather*, or *quite*.

  La situación está **poco** clara.
  The situation is unclear.

  La cena estuvo **bien** rica.
  Dinner was very tasty.

*This is an additional grammar point for Lección 6 Estructura. You may use it for review or as required by your instructor.

¡ATENCIÓN!

If an adjective has a written accent, it is kept when the suffix **-mente** is added.

If an adjective does not have a written accent, no accent is added to the adverb ending in **-mente**.

¡ATENCIÓN!

Some adverbs and adjectives have the same forms.

ADJ: **bastante dinero**
enough money
ADV: **bastante difícil**
rather difficult

ADJ: **poco tiempo**
little time
ADV: **habla poco**
speaks very little

Práctica

1 **Adverbios** Escribe el adverbio que deriva de cada adjetivo.

1. básico _____
2. feliz _____
3. fácil _____
4. inteligente _____
5. alegre _____

6. común _____
7. injusto _____
8. asombroso _____
9. insistente _____
10. silencioso _____

2 **Instrucciones para ser feliz** Elige el adjetivo apropiado para cada ocasión y después completa la oración, convirtiendo ese adjetivo en el adverbio correspondiente. Hay tres adjetivos que no se usan.

claro	frecuente	malo	triste
cuidadoso	inmediato	tranquilo	último

1. Expresa tus opiniones _____.
2. Tienes que salir por la noche _____.
3. Debes gastar el dinero _____.
4. Si eres injusto/a con alguien, debes pedir perdón _____.
5. Después de almorzar, disfruta _____ de la siesta.

3 **Recomendaciones** Los padres de Mario y Paola salieron de viaje por dos semanas. Completa las instrucciones que les dejaron pegadas en el refrigerador.

a menudo	adentro	así	mañana
a tiempo	afuera	de vez en cuando	tan

lunes, 19 de octubre

1. Pasar la aspiradora _____. (¡Todos los días!)
2. Llegar a la escuela _____.
3. _____, llevar a Botitas al veterinario para su cita.
4. Dejar que el gato juegue _____ todos los días si no llueve.
5. Si llueve, meter los muebles del jardín _____.
6. Sólo ir _____ al centro comercial.

Más práctica

7.1 **The present perfect***

1. **Oraciones** Cambia las oraciones del pretérito al pretérito perfecto.

   1. Juan y yo vimos una estrella fugaz.
   2. Yo hice la tarea en el laboratorio.
   3. La científica le dijo la verdad a su colega.
   4. El astronauta volvió de su viaje.
   5. Ustedes encontraron la solución al problema.
   6. Nosotros clonamos unas células.
   7. Vendiste tu computadora portátil.
   8. Comprobaron la teoría.

2. **Primer día** Es el primer día de la clase de informática y la profesora expone las reglas del curso. Contéstale usando el pretérito perfecto.

   MODELO Abran el sitio web de la clase.
   Ya lo hemos abierto.

   1. Apaguen los teléfonos celulares.
   2. Inventen una contraseña para su trabajo.
   3. Descarguen el programa de Internet que vamos a usar.
   4. Guarden todo su trabajo en su archivo personal.
   5. Añadan sus direcciones de correo electrónico a la lista de la clase.
   6. Antes de entregar su trabajo, revísenlo con el corrector ortográfico.

3. **Viaje** Imaginen que uno/a de ustedes es un(a) astronauta que acaba de volver de su primer viaje a otro planeta. El/La otro/a es reportero/a y hace preguntas sobre lo que ha visto y lo que ha hecho el/la astronauta en el viaje. Utilicen el pretérito perfecto de los verbos del recuadro.

   MODELO **REPORTERO/A** ¿Que ha aprendido de la cultura de los extraterrestres?
   ASTRONAUTA He aprendido que…

aprender	explorar
comer	hacer
descubrir	ver

4. **Extraterrestres** En grupos de tres, imaginen que son unos extraterrestres que acaban de visitar el planeta Tierra. Escriban lo que han descubierto sobre los seres humanos y sus teorías sobre esta especie. Usen el pretérito perfecto y sean creativos.

   MODELO Hemos averiguado que los seres humanos se sientan enfrente de pantallas gigantes todo el día. Pensamos que es una forma de comunicarse con los espíritus de otro mundo…

*To see the explanation corresponding to this additional practice, see p. 256. To review direct object pronouns, see p. 54.

Más práctica

7.2 The past perfect*

1 **Blog del futuro** Ésta es la entrada de un blog que Rubén escribe en el año 4000. Completa su blog usando el pluscuamperfecto y escribe dos datos adicionales.

> Hola, queridos amigos:
>
> Soy Rubén, un apasionado historiador. He descubierto que antes del año 2050, los científicos ya (1) _____ (clonar) al ser humano. Antes de 2060, los inventores ya (2) _____ (fabricar) un automóvil volador. Antes de 2070, los investigadores ya (3) _____ (descubrir) una cura para todo tipo de enfermedad. Antes de 2080, un biólogo extraordinario ya (4) _____ (inventar) una semilla (*seed*) resistente a todo tipo de insecto y que no necesita ni agua ni tierra para crecer. Antes de 2090, nuestro presidente ya (5) _____ (crear) un sistema de gobierno justo que funciona para el bien de todos. Antes del año 3000, ya (nosotros) (6) _____ (investigar) los orígenes del universo. Antes de 3005, ya (nosotros) (7) _____ (terminar) con las guerras en la Tierra. Antes de 3010, ya (nosotros) (8) _____ (comprobar) que sí hay vida en otros planetas…

2 **¿Qué hiciste ayer?** Seguro que tienes una vida muy ocupada. Escribe oraciones completas para contar lo que ya habías hecho ayer antes de las situaciones indicadas. Utiliza el pluscuamperfecto.

> **MODELO** antes del desayuno
> Antes del desayuno, ya me había afeitado.

1. antes del desayuno
2. antes de ir a clase
3. antes del almuerzo
4. antes de la cena
5. antes de acostarte

3 **Tus logros** Piensa en cuatro cosas que ya habías logrado antes de ir a la universidad y cuéntaselas a tu compañero/a. También debes preguntarle por sus logros (*achievements*).

> **MODELO** Antes de ir a la universidad, ya había conseguido mi licencia de conducir. ¿Y tú?

*To see the explanation corresponding to this additional practice, see p. 260.

Más práctica

7.3 Diminutives and augmentatives*

(1) Diminutivos Carlos siempre habla usando diminutivos. Completa sus descripciones con el diminutivo (**-ito/a**) de las palabras entre paréntesis.

Ayer fui al (1) _____ (mercado) de antigüedades que está muy (2) _____ (cerca) de mi (3) _____ (casa) y compré algunas (4) _____ (cosas) muy valiosas. En el primer puesto, un (5) _____ (hombre) muy simpático me aconsejó comprar un (6) _____ (libro) viejo y muy bonito. Cuando regresé a casa, tenía mucho frío y me tomé un (7) _____ (café) para calentarme. Me senté en mi (8) _____ (silla) favorita y empecé a leer. Fue una mañana muy divertida.

(2) Los cuentos infantiles

A. El señor Ordóñez odia los diminutivos. Por eso ha cambiado todos los títulos en el libro de cuentos infantiles que le lee a su hijo. Lee el índice y escribe los títulos en su forma original. Usa el diminutivo (**-ito/a**).

～ Cuentos Infantiles ～

1. Blancanieves (*Snow White*) y los siete ~~enanos~~ (*dwarves*)........2
2. ~~Caperuza~~ (*Little Hood*) Roja 8
3. La ~~gallina~~ (*little hen*) colorada..16
4. El ~~pato~~ (*duckling*) feo..22
5. La ~~sirena~~ (*little mermaid*) 26
6. Los tres ~~cerdos~~ (*little pigs*) 34
7. El ~~soldado~~ de plomo (*tin soldier*)..40
8. ~~Pulgar~~ (*Thumb*) 46

1. _____   3. _____   5. _____   7. _____

2. _____   4. _____   6. _____   8. _____

B. Ahora, en parejas, escriban las primeras diez oraciones de un cuento infantil. Pueden narrar alguno de los cuentos tradicionales o inventar uno. Incluyan el mayor número posible de aumentativos y diminutivos.

(3) Opiniones En parejas, imaginen que uno/a de ustedes cree en los ovnis. Discutan el tema. Usen aumentativos y diminutivos.

MODELO —Sé que los ovnis existen porque una noche vi unas lucecitas extrañas...
—Estás un poco loquito. Seguramente viste lucecitas en tu cabezota.

*To see the explanation corresponding to this additional practice, see p. 262.

Presentation

(7.4) Expressions of time with *hacer**

- In Spanish, the verb **hacer** is used to describe how long something has been happening or how long ago an event occurred.

Time expressions with *hacer*	
present	**hace + [***period of time***] + que + [***verb in present tense***]** **Hace tres semanas que busco otro apartamento.** *I've been looking for another apartment for three weeks.*
preterite	**Hace + [***period of time***] + que + [***verb in the preterite***]** **Hace seis meses que fueron a Buenos Aires.** *They went to Buenos Aires six months ago.*
imperfect	**hacía + [***period of time***] + que + [***verb in the imperfect***]** **Hacía treinta años que trabajaba con nosotros cuando por fin se jubiló.** *He had been working with us for thirty years when he finally retired.*

- To express the duration of an event that continues into the present, Spanish uses the construction **hace** + [*period of time*] + **que** + [*present tense verb*]. Note that **hace** does not change form.

¿Cuánto tiempo **hace que vives** en Buenos Aires?
How long have you lived in Buenos Aires?

Hace siete años **que vivo** en Buenos Aires.
I've lived in Buenos Aires for seven years.

- To make a sentence negative, add **no** before the conjugated verb. Negative time expressions with **hacer** often translate as *since* in English.

¿**Hace** mucho tiempo que **no** actualiza su página web?
Has it been a long time since you updated your web page?

¡Uy, **hace** años que **no** consulto mi página web!
It's been years since I checked my web page!

- To tell how long ago an event occurred, use **hace** + [*period of time*] + **que** + [*preterite tense verb*].

¿Cuánto tiempo **hace** que me **mandaste** el mensaje de texto?
How long ago did you send me the text message?

Hace cuatro días que te **mandé** el mensaje.
I sent you the message four days ago.

- **Hacer** is occasionally used in the imperfect to describe how long an event had been happening before another event occurred. Note that both **hacer** and the conjugated verb in the **hacer** construction use the imperfect.

Hacía dos años que no **estudiaba** español cuando decidió tomar otra clase.
She hadn't studied Spanish for two years when she decided to take another class.

¡ATENCIÓN!

The construction [*present tense verb*] + **desde hace** + [*period of time*] may also be used. **Desde** can be omitted.

Estudia español (desde) hace un año.
He's been studying Spanish for a year.

No come chocolate (desde) hace un mes.
It's been a month since he ate chocolate.

¡ATENCIÓN!

Expressions of time with **hacer** can also be used without **que**.

¿Hace cuánto (tiempo) me llamó Carlos?

Te llamó hace dos horas.

---

*This is an additional grammar point for Lección 7 Estructura. You may use it for review or as required by your instructor.

Práctica

(1) Oraciones Escribe oraciones utilizando expresiones de tiempo con **hacer**. Usa el presente en las oraciones 1 a 3 y el pretérito en las oraciones 4 y 5.

> **MODELO** **Ana / hablar por teléfono / veinte minutos**
> Hace veinte minutos que Ana habla por teléfono. /
> Ana habla por teléfono (desde) hace veinte minutos.

1. Roberto y Miguel / estudiar / tres horas

   _____

2. nosotros / estar enfermos / una semana

   _____

3. tú / trabajar en el centro / seis meses

   _____

4. Sergio / visitar a sus abuelos / un mes

   _____

5. yo / ir a la Patagonia / un año

   _____

(2) Conversaciones Completa las conversaciones con las palabras adecuadas.

1. **GRACIELA** ¿_____ tiempo hace que vives en esta ciudad?

   SUSANA Mmm... _____ dos años que _____ aquí.

2. **GUSTAVO** Hacía veinte años que _____ con nosotros cuando Miguel decidió jubilarse (*to retire*), ¿verdad?

   ARMANDO No, _____ quince años que trabajaba con nosotros cuando se jubiló.

3. **MARÍA** _____ a visitar a tu novia hace dos meses, ¿no?

   PEDRO Sí, _____ dos meses que fui a visitar a mi novia. ¡La extraño mucho!

4. **PACO** ¿Cuánto tiempo _____ que _____ español?

   ANA Estudio español _____ hace tres años.

(3) Preguntas Responde a las preguntas con oraciones completas. Utiliza las palabras entre paréntesis.

1. ¿Cuánto tiempo hace que fuiste de vacaciones a la playa? (cinco años)

   _____

2. ¿Hace cuánto tiempo que estudias economía? (dos semanas)

   _____

3. ¿Cuánto tiempo hace que rompiste con Nicolás? (un mes)

   _____

4. ¿Cuánto tiempo hace que Irene y Natalia llegaron? (una hora)

   _____

5. ¿Hace cuánto tiempo que ustedes viven aquí? (cuatro días)

   _____

Más práctica

8.1 **The conditional***

(1) **Oraciones incompletas** Completa las oraciones con el condicional del verbo entre paréntesis.

1. María _____ (salir) con Juan porque le cae muy bien.
2. Si no llevara tantos libros, todo _____ (caber) en una sola maleta.
3. La comida no tiene sabor. Nosotros le _____ (poner) un poco más de sal.
4. No sé cuál _____ (ser) el mejor momento para llamar al gerente.
5. Le pregunté al médico cuánto _____ (valer) los medicamentos para la tos que él me recetó la semana pasada.

(2) **El futuro en el pasado** Usa el condicional para expresar el pasado de cada oración. Usa el pretérito o el imperfecto en las cláusulas principales. Sigue el modelo.

> **MODELO** **Juan dice que llegará pronto.**
> Juan dijo que llegaría pronto.

1. Los empleados creen que recibirán un aumento el mes que viene.
2. El gerente afirma que la reunión será muy breve.
3. Carlos dice que nevará mañana y que suspenderán el viaje de negocios.
4. María nos cuenta que ella se jubilará dentro de cinco años.
5. Muchas personas piensan que la globalización crecerá en el futuro próximo.
6. Los vendedores están seguros de que venderán el doble este año.

(3) **Bien educado** ¿Cómo pedirías algo de manera educada en estas situaciones? Escribe una pregunta apropiada para cada situación usando el condicional.

1. Estás en un restaurante y te das cuenta de que no tienes servilleta.
2. Eres un(a) turista en Caracas y no sabes cómo llegar a la Plaza Venezuela.
3. Quieres que tu profesor(a) te diga cuál es tu nota en su clase.
4. Tienes un billete de $5 y necesitas monedas para hacer una llamada telefónica.
5. Estás en la biblioteca y no puedes encontrar el libro que necesitas. Le pides ayuda al bibliotecario.

(4) **Profesiones misteriosas** Elige tres profesiones interesantes. Luego, reúnete con tres compañeros/as y, sin mencionar cuáles son, diles lo que harías hoy si trabajaras en cada una de esas profesiones. Tus compañeros/as deben adivinar cuáles elegiste.

> **MODELO** **ESTUDIANTE 1** Hoy me levantaría temprano y después desayunaría con mi esposa. Por la mañana trabajaría en mi oficina y almorzaría con el presidente de Francia. Por la tarde asistiría a una sesión de la Cámara de Representantes... ¿Quién soy?
> **ESTUDIANTE 2** Eres el presidente de los Estados Unidos.

*To see the explanation corresponding to this additional practice, see p. 294.

Más práctica

8.2 The past subjunctive*

1 **Un robo** Tu amiga Francisca acaba de volver del banco y te cuenta lo que le pasó: ¡alguien intentó atracar el banco! Completa su historia con el imperfecto del subjuntivo de los verbos entre paréntesis.

Un hombre que llevaba una máscara entró al banco y nos dijo a todos que (1) _____ (ponerse) las manos sobre la cabeza. Después les ordenó a todos los empleados que (2) _____ (sacar) todo el dinero de la caja y que lo (3) _____ (meter) en una mochila. El gerente vino en ese momento y le pidió al ladrón que (4) _____ (irse) del banco sin hacerle daño a nadie. El hombre empezó a gritar e insistió en que todos nosotros le (5) _____ (prestar) atención. Nos prohibió que (6) _____ (hablar) entre nosotros. Empezó a quitarnos los relojes y las joyas, y nos exigió que (7) _____ (quedarse) en el piso. De repente, una mujer se paró y regañó (*scolded*) al ladrón como si él (8) _____ (ser) su propio hijo. El hombre dejó caer todo lo que tenía en la mochila y se fue para la salida. Nos sorprendió que esa mujer (9) _____ (tener) tanto valor. ¡Ella dijo que dudaba que su hijo (10) _____ (volver) a robar de nuevo y que ella misma se encargaría de llevarlo ante un juez!

2 **Oraciones** Completa las oraciones de manera lógica. En algunos casos, tendrás que usar el imperfecto del subjuntivo.

1. Yo sabía que el gerente _____.
2. Era imposible que yo _____.
3. María y Penélope hicieron todo para que la reunión _____.
4. La empresa buscaba una persona que _____.
5. El vendedor estaba seguro de que el cliente _____.
6. En la conferencia, conociste a alguien que _____.
7. Sentí mucho que ustedes _____.
8. La empresa prohibió que sus empleados _____.

3 **La reunión** En parejas, imaginen que trabajan para la misma empresa. Uno/a de sus colegas no estuvo ayer y no asistió a una reunión muy importante. Túrnense para contarle lo que se dijo en la reunión. Utilicen los verbos de la lista y el imperfecto del subjuntivo.

aconsejar	pedir
estar seguro/a	proponer
exigir	recomendar
insistir en	sugerir

*To see the explanation corresponding to this additional practice, see p. 298.

Más práctica

8.3 *Si* **clauses with simple tenses***

1 **Muy mandona** Tu jefa es muy mandona (*bossy*). Elige el tiempo verbal correcto para completar sus órdenes.

1. Si usted no _____ (termina / terminaría) este reportaje antes de las dos, no va a cobrar su sueldo este mes.

2. Si yo no tengo en mis manos el archivo hoy mismo, usted _____ (quedará / quedaría) despedido/a.

3. Si usted _____ (trabajara / trabajaría) un poco más y _____ (hablara / hablaría) menos, terminaría su trabajo antes de Año Nuevo.

4. Si no _____ (estaba / estuviera) tan atrasado/a, tendría más tiempo para salir a festejar su cumpleaños esta noche.

5. Si usted no _____ (limpia / limpiara) su oficina, va a trabajar en el pasillo.

6. Si usted tiene algún problema con alguien en la oficina, no me _____ (dice / diga) nada, pues no tengo tiempo.

2 **Volver a vivir** Imagina que puedes volver a vivir un año de tu vida. Decide qué año quieres repetir y contesta las preguntas con oraciones completas.

1. Si pudieras elegir un año para vivirlo de nuevo, ¿qué año elegirías?

2. Si tuvieras que cambiar algo de ese año, ¿qué cambios harías?

3. Si pudieras llevar a alguien contigo, ¿a quién llevarías?

4. Si pudieras hacer algo que antes no pudiste hacer, ¿qué te gustaría hacer?

5. Si pudieras decirle a alguien lo que pasaría en el futuro, ¿qué le dirías?

3 **Consejos** Trabajen en grupos de cuatro. Cada uno debe escoger una de estas difíciles situaciones y luego explicar su problema al grupo. Los demás deben darle al menos cinco consejos para solucionar el problema. Utilicen oraciones con **si**.

"No tengo trabajo, pero sí tengo muchas deudas. Soy muy joven para tener tantos problemas. Estoy dispuesto/a a aceptar cualquier puesto. ¿Qué puedo hacer?"

"Estoy cansado/a de trabajar más horas que un reloj y cobrar el sueldo mínimo. Tengo tres hijos pequeños. Mi esposo/a es ejecutivo/a y gana mucho dinero, pero siempre está fuera de casa. ¡Estoy muy agotado/a!"

"Soy un(a) vendedor(a) exitoso/a, pero mi trabajo consiste en vender un producto defectuoso. Odio tener que mentir a los clientes. Quiero renunciar, pero temo no poder ganarme la vida en otro trabajo."

"Ayer fui al cajero automático y me di cuenta de que todos mis ahorros habían desaparecido. Creo que alguien robó mi identidad. ¡Me iré a la bancarrota!"

*To see the explanation corresponding to this additional practice, see p. 302.

Presentation

8.4 Transitional expressions*

- Transitional words and phrases express the connections between ideas and details.

Hola, Marcela. Te llamo porque... quisiera hacerte una propuesta.

Aunque no tengo experiencia, soy una persona trabajadora.

- Many transitional expressions function to narrate time and sequence.

al final *at the end; in the end*	**hoy** *today*
al mismo tiempo *at the same time*	**luego** *then; next*
al principio *in the beginning*	**mañana** *tomorrow*
anteayer *the day before yesterday*	**mientras** *while*
antes (de) *before*	**pasado mañana** *the day after tomorrow*
ayer *yesterday*	**por fin** *finally*
después (de) *after; afterward*	**primero** *first*
entonces *then; at that time*	**segundo** *second*
finalmente *finally*	**siempre** *always*

- Several other transitional expressions compare or contrast ideas and details.

además *furthermore*	**ni... ni** *neither... nor*
al contrario *on the contrary*	**o... o** *either... or*
al mismo tiempo *at the same time*	**por otra parte / otro lado** *on the other hand*
aunque *although*	
con excepción de *with the exception of*	**por un lado... por el otro...** *on one hand. . . on the other. . .*
de la misma manera *similarly*	
del mismo modo *similarly*	**por una parte... por la otra...** *on one hand. . . on the other. . .*
igualmente *likewise*	**sin embargo** *however; yet*
mientras que *meanwhile; whereas*	**también** *also*

- Transitional expressions are also used to express cause and effect relationships.

así que *so; therefore*	**por consiguiente** *therefore*
como *since*	**por eso** *therefore*
como resultado (de) *as a result (of)*	**por esta razón** *for this reason*
dado que *since*	**por lo tanto** *therefore*
debido a *due to*	**porque** *because*

*This is an additional grammar point for Lección 8 Estructura. You may use it for review or as required by your instructor.

Práctica

1 Ordena los hechos Ordena cronológicamente estas seis acciones. Escribe el número correspondiente al lado de cada una. Ten en cuenta las expresiones de transición.

_____ a. Primero envié mi currículum por correo.

_____ b. Después de la entrevista, el gerente se despidió muy contento.

_____ c. Antes de la entrevista, tuve que escribir una carta de presentación.

_____ d. Durante la entrevista, él leyó la carta.

_____ e. Mañana empiezo a trabajar.

_____ f. Dos semanas después, me citaron para una entrevista con el gerente.

2 Escoger Completa las oraciones con una de las opciones entre paréntesis.

1. Tenía una entrevista de trabajo hoy, pero no llegué a la hora indicada y _____ (sin embargo / por eso) no me escogieron.

2. Eres muy trabajador y, _____, (por esta razón / por otra parte) no te importa quedarte en la oficina hasta las once de la noche.

3. Yo prefiero poder jubilarme antes de los cincuenta años; _____ (mientras que / por consiguiente) mi padre quiere seguir trabajando hasta los ochenta.

4. Me despidieron _____ (como resultado / con excepción) de mi actitud.

5. Después de dos años, _____ (como / por fin) conseguí un buen puesto.

6. Nunca terminé mis estudios y, _____, (mientras que / por consiguiente) sólo gano el sueldo mínimo.

7. No me gusta cómo trabaja. _____, (Además / Tampoco) no me gusta su actitud.

3 El viaje Marcos acaba de regresar de un viaje por Venezuela. Completa su relato con las expresiones de la lista. Puedes usar algunas expresiones más de una vez.

además	del mismo modo	por eso
al contrario	mientras que	por un lado
debido a eso	por el otro	sin embargo

Hoy estoy muy contento; (1) _____, ven en mi cara una sonrisa. ¡Hice un viaje maravilloso por Venezuela! (2) _____, no fue estresante; (3) _____, descansé mucho. Mi viaje fue muy variado; (4) _____, pasé varios días en los Andes, y (5) _____ recorrí la costa caribeña, donde hice muchos amigos. Caracas es una ciudad llena de historia, (6) _____ su carácter contemporáneo la mantiene entre las capitales más activas de Suramérica. (7) _____, todo lo que empieza tiene que acabar, y mi viaje terminó antes de lo que esperaba; (8) _____, pienso volver el próximo año.

Más práctica

9.1 **The present perfect subjunctive***

1 **La prensa sensacionalista** Completa las oraciones con la forma adecuada del verbo entre paréntesis: el presente del subjuntivo o el pretérito perfecto del subjuntivo.

1. Dudo que los actores _____ (casarse) anoche como anuncian las revistas.
2. No es posible que _____ (ser) un error; todo lo que se publica es verdad.
3. Estoy seguro de que muy pronto los actores negarán que _____ (separarse).
4. No puedo creer que ustedes _____ (comprar) esas revistas llenas de mentiras.
5. Es necesario que nosotros _____ (mantenerse) al tanto de las noticias.
6. No pienso que las revistas _____ (publicar) información verdadera.
7. Es poco probable que lo que sale en las revistas _____ (pasar) en la vida real.
8. Es muy importante que todos _____ (tener) la oportunidad de saber cómo vive la gente famosa.
9. No me gusta que ya _____ (mostrar) fotos de los bebés de los actores.
10. Todavía no puedo creer que Bullock y James _____ (divorciarse).

2 **Deseos** Escribe tres deseos para el presente o el futuro utilizando el presente del subjuntivo, y tres deseos de que algo ya haya ocurrido utilizando el pretérito perfecto del subjuntivo. Comienza tus oraciones con **Ojalá**.

> **MODELO**   Ojalá mis padres disfruten de sus vacaciones el mes que viene.
> Ojalá mi cheque haya llegado ya, pues necesito el dinero cuanto antes.

3 **Noticias increíbles** En parejas, inventen cuatro noticias increíbles. Luego, léanselas a otra pareja y túrnense para expresar su sorpresa o incredulidad. Utilicen el pretérito perfecto del subjuntivo.

> **MODELO**   **PAREJA 1** En California han conseguido que un mono lea revistas.
> **PAREJA 2** No creemos que hayan logrado eso. Es imposible que los monos lean.

4 **Un día fatal** Piensa en el peor día que has tenido este mes. Luego, en grupos de tres, túrnense para compartir lo que les ha pasado. Deben responder a sus compañeros/as con el pretérito perfecto del subjuntivo. Utilicen frases de la lista.

Es una lástima que...	No puedo creer que...
Es una pena que...	Qué terrible que...
Espero que...	No me digas que...
Siento que...	No puede ser que...

> **MODELO**   **ESTUDIANTE 1** Hace una semana fui al dentista y me dijo que tenía que sacarme tres dientes.
> **ESTUDIANTE 2** ¡Qué horrible que te haya pasado eso!
> **ESTUDIANTE 3** Espero que no te haya dolido mucho.

*To see the explanation corresponding to this additional practice, see p. 336.

Más práctica

9.2 **Relative pronouns***

(1) En la radio Completa este informe con las palabras apropiadas.

¡Hola a todos mis radioyentes! Soy yo, Pancho, el hombre (1) _____ (el que / que) siempre está listo para ayudarlos a festejar el fin de semana. A ver... (2) _____ (El que / Los que) no conozcan a este cantante (3) _____ (cuyo / que) les voy a presentar ahora, escuchen bien. Se llama Matías Ruiz y apareció hace dos días en la revista *Moda*, en (4) _____ (la cual / el cual) supimos que es soltero y que está buscando... Chicas, ¡apúrense, que este guapo soltero no va a estar disponible para siempre! Matías, (5) _____ (el cual / cuyo) nuevo álbum se titula *Rayas*, va a actuar en vivo en la plaza central el mes que viene. No se lo pierdan. (6) _____ (Los que / Quien) no puedan ir, no se preocupen, porque sin duda este cantante volverá. Y ahora, vamos a escuchar la canción *Azul* de su nuevo álbum, (7) _____ (quienes / del cual) ya se han vendido ¡un millón de copias!

(2) Conexiones Escribe cinco oraciones combinando elementos de las tres columnas y los pronombres relativos necesarios.

el periodista	que	hablar conmigo
el lector	en la que	es ciego
el público	el cual	no tiene mucha información
la sección deportiva	en el que	no sabe nada
la crítica de cine	la cual	me molesta

(3) Adivinanzas Piensa en una persona famosa y descríbela para que tu compañero/a adivine de quién se trata. Usa pronombres relativos en tu descripción.

MODELO —Es una mujer que es muy popular en el mundo de los deportes. Su hermana, con quien ella practica un deporte, es también muy famosa. Ella es la mayor de las dos. Su padre, quien es su entrenador (*coach*), es un hombre bastante controvertido. Los torneos que ella ha ganado son muy importantes. ¿Quién es?
—Es Venus Williams.

(4) Encuesta Entrevista a tus compañeros/as de clase y anota los nombres de los que respondan que sí a estas preguntas. Introduce cada pregunta con una oración que incluya pronombres relativos. Sigue el modelo. Al finalizar, presenta los resultados a la clase.

MODELO **¿Tus padres son extranjeros?**
Estoy buscando a alguien cuyos padres sean extranjeros/que tenga padres extranjeros. ¿Tus padres son extranjeros?

- ¿Viajaste al extranjero recientemente?
- ¿Te gusta el cine en español?
- ¿Te gustan las películas de terror?

- ¿Te gustan los documentales?
- ¿Conoces a alguna persona famosa?
- ¿Tus hermanos/as escuchan hip hop?

*To see the explanation corresponding to this additional practice, see p. 338.

Más práctica

9.3 **The neuter *lo*** *

1 **Chisme** Dos fanáticas de Fabio, un famoso actor de telenovelas, hablan de su nuevo corte de pelo. Completa la conversación usando expresiones con **lo**. Puedes usar las opciones más de una vez.

lo bonito	lo peor
lo difícil	lo que
lo feo	lo ridículo

INÉS ¿Has leído las noticias hoy? No vas a creer (1) _____ hizo Fabio.

ANGELINA Bueno, ¡cuéntame! (2) _____ es ser la última en saber.

INÉS ¿Recuerdas (3) _____ que tenía el pelo? Ahora…

ANGELINA ¿Qué hizo? (4) _____ no soporto es un hombre rapado (*shaved*)…

INÉS Sí, lo adivinaste. Y, para colmo, ahora no sabes (5) _____ que es reconocerlo en las fotos.

ANGELINA Su pelo era (6) _____ más me gustaba.

INÉS (7) _____ dicen en las noticias es que va a perder todos sus contratos por este corte de pelo. El pobre se va a quedar sin trabajo.

ANGELINA El mundo del espectáculo… Siempre me asombra (8) _____ que es. ¿No saben acaso que el pelo crece enseguida?

INÉS Me pregunto si (9) _____ esto significa es que nosotras también somos unas ridículas por preocuparnos por estas cosas.

2 **Positivo y negativo** Escribe un aspecto positivo y otro negativo de cada uno de los elementos de la lista. Usa expresiones con **lo**.

la vida estudiantil	mi mejor amigo/a
el trabajo	la comida de la cafetería
mis padres	mis clases

MODELO Lo mejor de la vida estudiantil es que los estudiantes son muy simpáticos, pero lo peor es la tarea.

3 **Comentarios** En grupos de tres, preparen una lista de seis situaciones o acontecimientos que ustedes consideran extraordinarios o increíbles. Después, cada compañero/a debe reaccionar a esa situación o acontecimiento. Expresen sus opiniones usando **lo** + [*adjetivo*]. Sigan el modelo.

MODELO —El precio de la gasolina ha subido otra vez.
—Es increíble lo cara que está la gasolina. Voy a tener que dejar de usar el carro.

*To see the explanation corresponding to this additional practice, see p. 342.

9.4 *Qué* vs. *cuál**

- The interrogative words **¿qué?** and **¿cuál(es)?** can both mean *what/which*, but they are not interchangeable.

- **Qué** is used to ask for general information, explanations, or definitions.

  ¿Qué es la censura?
  What is censorship?

  ¿Qué dijo?
  What did she say?

- **Cuál(es)** is used to ask for specific information or to choose from a limited set of possibilities. When referring to more than one item, the plural form **cuáles** is used.

  ¿Cuál es el problema?
  What is the problem?

  ¿Cuáles son tus revistas favoritas?
  What are your favorite magazines?

  ¿Cuál de las dos prefieres,
  la radio o la televisión?
  *Which of these (two) do you
  prefer, radio or television?*

  ¿Cuáles escogieron, los rojos o
  los azules?
  *Which ones did they choose,
  the red or the blue?*

- Often, either **qué** or **cuál(es)** may be used in the same sentence, but the meaning is different.

  Es hora de cenar. **¿Qué** quieres
  comer primero?
  *It's dinner time. What would
  you like as a first course?*

  Esta noche dan *CSI* y *Law & Order.*
  ¿Cuál quieres ver?
  CSI and *Law & Order are on tonight.
  Which one do you want to watch?*

- **Qué** may be used before any noun, regardless of the type of information requested.

  ¿Qué ideas tienen ustedes?
  What ideas do you have?

  ¿Peligro? **¿Qué** peligro?
  Danger? What danger?

  ¿Qué regalo te gusta más?
  Which gift do you like better?

  ¿Qué revistas son tus favoritas?
  What are your favorite magazines?

- **Qué** and **cuál(es)** are sometimes used in declarative sentences that imply a question or unknown information.

¿Qué vas a hacer?

¿Cuál de estas canciones prefieres?

  Elena se pregunta **qué** pasó
  esta mañana.
  *Elena wonders what happened
  this morning.*

  Juan me preguntó **cuál** de las dos
  películas prefería.
  *Juan asked me which of the two
  movies I preferred.*

- **Qué** is also used frequently in exclamations. In this case it means *What...!* or *How...!*

  ¡Qué niño más irresponsable!
  What an irresponsible child!

  ¡Qué triste te ves!
  How sad you look!

*This is an additional grammar point for Lección 9 Estructura. You may use it for review or as required by your instructor..

Práctica

1 **¿Qué o cuál?** Completa las preguntas con **¿qué?** o **¿cuál(es)?**, según el contexto.

1. ¿_____ de las dos revistas es tu favorita?

2. ¿_____ piensas de la prensa sensacionalista?

3. ¿_____ son tus canales de televisión preferidos?

4. ¿_____ haces para estar a la moda?

5. ¿_____ sección del periódico es más importante para ti?

6. ¿_____ son tus videos, los musicales o los documentales?

7. ¿_____ es tu opinión sobre la censura?

8. ¿_____ tiras cómicas lees?

2 **Completar** Completa estos anuncios de radio con **qué** o **cuál(es)**.

¿No sabe (1) _____ hacer este fin de semana? ¿Tiene que elegir entre una cena elegante y un concierto? ¿(2) _____ de los dos prefiere? La buena noticia es que no tiene que elegir. Lo invitamos a participar en una cena y un concierto inolvidables este viernes en la Sinfónica de San José.

Si tuviera que elegir entre el mar o la montaña, ¿con (3) _____ se quedaría? Visite el nuevo complejo Costa Brava, que le ofrece playas tranquilas y verdes montañas. ¡(4) _____ más se puede pedir para disfrutar de unas vacaciones inolvidables!

¿(5) _____ son sus películas favoritas? ¿Las de acción? ¿Las de misterio? ¿Las románticas? ¡Hágase socio de *La casa de las pelis* y por sólo veinte pesos al mes podrá alquilar todas las películas que quiera! ¿Y (6) _____ le parece la idea de recibir las películas a domicilio? Sólo tiene que llamarnos. ¡Garantizamos la entrega en sólo treinta minutos!

3 **Preguntas** Usa **¿qué?** o **¿cuál(es)?** para escribir la pregunta correspondiente a cada respuesta.

1. ¿_____?
   El programa que más me gusta es *American Idol*.

2. ¿_____?
   Este fin de semana quiero ir al cine.

3. ¿_____?
   Mis pasatiempos favoritos son nadar, leer revistas y salir con amigos.

4. ¿_____?
   Opino que la prensa sensacionalista no informa a los lectores.

5. ¿_____?
   Mi clase de historia es la más difícil.

6. ¿_____?
   Éstos son los libros que nos tenemos que comprar.

Más práctica

The future perfect*

(1) Oraciones Combina los elementos y haz los cambios necesarios para formar oraciones con el futuro perfecto. Sigue el modelo.

> **MODELO** septiembre / autora / publicar / novela
> Para septiembre, la autora habrá publicado su novela.

1. el año que viene / los directores / seleccionar / actor principal
2. el próximo semestre / yo / estudiar / estilo realista
3. mañana / el poeta y yo / terminar / estrofa final
4. dentro de cinco años / tú / pintar / autorretrato famoso
5. finales de este año / la escultora / esculpir / obra maestra

(2) Probabilidad Escribe oraciones para indicar lo que pudo haber pasado en estas situaciones. Usa el futuro perfecto y la información indicada.

> **MODELO** Hoy cancelaron la obra de teatro. (actriz principal / sentirse enferma)
> La actriz principal se habrá sentido enferma.

1. El novelista no pudo llegar a la conferencia. (su avión / retrasarse)
2. El escultor decidió no vender la escultura. (ellos / no ofrecerle suficiente dinero)
3. La pintora estaba muy contenta. (ella / vender un cuadro)
4. Juan no quiso seguir leyendo la novela. (no interesarle el argumento)
5. Ellas se marcharon antes de que terminara la obra de teatro. (tener un problema)
6. La gente aplaudió cuando inauguraron la exposición. (gustarles la exposición)

(3) ¿Qué habrás hecho? Imagina todo lo que harás entre este año y el año 2040. ¿Qué habrá sido de tu vida? ¿Qué habrás hecho? Escribe un párrafo describiendo lo que habrás hecho para entonces. Usa el futuro perfecto de seis verbos de la lista.

> **MODELO** Para el año 2040, habré vivido en el extranjero y habré aprendido cinco idiomas.

aprender	estar	publicar	trabajar
celebrar	ganar	ser	ver
conocer	poder	tener	vivir

(4) Predicciones En parejas, túrnense para hacer predicciones sobre lo que su compañero/a habrá logrado en cada década (*decade*) de su vida. Luego, respondan a las predicciones. ¿Quién de los dos conoce mejor a su compañero/a?

> **MODELO** —Para cuando cumplas treinta años, habrás recibido un doctorado en español.
> —No creo. Habré recibido un doctorado, pero en bioquímica.

*To see the explanation corresponding to this additional practice, see p. 372.

Más práctica

10.2 The conditional perfect*

1 **Oraciones relacionadas** Escribe los verbos de la segunda columna en el condicional perfecto para completar cada oración. Luego, empareja las oraciones de manera lógica.

_____ 1. Carmen no logró vender ni un solo cuadro.

_____ 2. Miguel ya se había ido cuando se anunció que él era el ganador del premio de poesía.

_____ 3. En la fiesta, Julia puso una música muy aburrida.

_____ 4. El videojuego era muy violento.

_____ 5. Por fin se estrenó la película.

a. El director se preguntaba si le _____ (gustar) al público.

b. De saberlo, Bárbara no se lo _____ (comprar) a su nieto.

c. Yo, en su lugar, no _____ (pedir) tanto por los cuadros.

d. Yo _____ (poner) música bailable.

e. ¡Miguel no lo _____ (creer)!

2 **Pues yo...** Eres una persona muy crítica. Escribe oraciones con el condicional perfecto explicando qué habrías hecho tú en cada situación. Sigue el modelo.

> **MODELO** **El final de la novela es demasiado cómico.**
> Yo habría escrito un final trágico.

1. El pintor usó colores muy oscuros. Yo...

2. La escultura es demasiado grande. Yo...

3. El cuadro no tiene mucha luz. Yo...

4. El argumento de la novela es demasiado complicado. Yo...

5. No entiendo por qué la artista pintó con acuarela. Yo...

6. Estas esculturas son surrealistas. Yo...

3 **Cuidar a los niños** Tu vecina te pide que cuides a sus hijos, pero primero quiere saber qué habrías hecho tú en cada una de las situaciones que tuvieron lugar con el niñero anterior. En parejas, representen una conversación. Utilicen el condicional perfecto.

> **MODELO** **dejar / los platos sucios**
> — El chico que cuidaba a los niños dejó todos los platos sucios en la cocina.
> — Pues, yo los habría lavado antes de irme.

1. no darle de comer / el perro

2. perder / las llaves de la casa

3. mirar / la televisión toda la noche

4. escuchar / música muy fuerte

5. no jugar / los niños

6. cobrar / demasiado

*To see the explanation corresponding to this additional practice, see p. 374.

Más práctica

10.3 **The past perfect subjunctive***

1 **Completar** Ignacio y Teresa acaban de salir de un museo. Completa su conversación con el pluscuamperfecto del subjuntivo.

IGNACIO Nunca me habría imaginado que Picasso (1) _____ (pintar) algo tan impresionista.

TERESA Esa obra no la hizo Picasso, Ignacio. Si (2) _____ (fijarse) con más cuidado, te habrías dado cuenta de que la pintó Monet.

IGNACIO Pues, también me sorprendió que Velázquez (3) _____ (hacer) algo tan contemporáneo.

TERESA Te equivocas de nuevo, Ignacio. Si (4) _____ (escuchar) con atención al guía del museo, habrías aprendido un poco más sobre el arte.

IGNACIO Y si tú (5) _____ (prestar) atención (*pay attention*) cuando ayer te dije que odio los museos, no estaríamos teniendo esta discusión.

TERESA Si me lo (6) _____ (decir) otra vez, me habría enterado. Ya sabes que soy muy distraída.

2 **Preocupados** Termina las oraciones de forma lógica. Utiliza el pluscuamperfecto del subjuntivo.

1. El escultor tenía miedo de que sus esculturas _____.
2. A la novelista le molestó que los críticos _____.
3. El escritor no estaba seguro de que su obra _____.
4. El ensayista dudaba que el manuscrito _____.
5. La poetisa temía que el público _____.
6. La artista no quería que _____.

3 **En otro ambiente** ¿Qué habría pasado si en vez de asistir a esta universidad hubieras escogido otra? ¿Qué cosas habrían sido diferentes? En parejas, háganse preguntas sobre este tema. Después, compartan sus ideas con la clase. Utilicen el pluscuamperfecto del subjuntivo y el condicional perfecto.

> **MODELO** —¿Qué habría sido distinto si no hubieras estudiado aquí?
> —Si hubiera escogido otra universidad, no habría conocido a mi mejor amigo y no me habría divertido tanto...

*To see the explanation corresponding to this additional practice, see p. 376.

Presentation

(10.4) *Si* clauses with compound tenses*

- **Si** clauses are used with compound tenses to describe what *would have happened* if another event or condition *had occurred*. In hypothetical statements about contrary-to-fact situations in the past, the **si** clause uses the past perfect subjunctive and the main clause uses the conditional perfect.

Si no hubieran cancelado, habríamos quedado muy mal, y habría sido tu culpa.

Si hubiera sido por él, los habría guardado en la casa para siempre, pero lo convencimos.

¡ATENCIÓN!

Simple tenses include present, preterite, imperfect, imperative (commands), future, conditional, and present and past subjunctive. Compound ("perfect") tenses make use of the auxiliary verb **haber**. For detailed information about **si** clauses with simple tenses, see **Estructura 8.3**, p. 302.

Si Clause (Past Perfect Subjunctive)		Main Clause (Conditional Perfect)
Si ella no hubiera restaurado la pintura,		**no la habríamos comprado.**
If she had not restored the painting,	▶	*we wouldn't have bought it.*
Si ellos hubieran conocido al autor,		**la historia les habría parecido más interesante.**
If they had known the author,		*they would have found the story more interesting.*

- The chart below is a summary of the **si** clauses you learned in **Lección 8** and in this grammar point.

¡ATENCIÓN!

The **si** clause may be the first or second clause in a sentence. A comma is used only when the **si** clause comes first.

No habríamos comprado la pintura si ella no la hubiera restaurado.

Review of *si* clauses		
Condition	**Main clause**	***Si* clause**
Possible or likely Ella compra el cuadro si no es caro.	**Present**	Si + present
Possible or likely Voy a comprar el cuadro si no es caro.	**Near future** (*ir* + a)	Si + present
Possible or likely Comprará el cuadro si no es caro.	**Future**	Si + present
Possible or likely Por favor, compra el cuadro si no es caro.	**Command**	Si + present
Habitual in the past Compraba cuadros si no eran caros.	**Imperfect**	Si + imperfect
Hypothetical Compraría el cuadro si no fuera caro.	**Conditional**	Si + past subjunctive
Hypothetical / Contrary-to-fact Habría comprado el cuadro si hubiera tenido dinero.	**Conditional perfect**	Si + past perfect subjunctive

*This is an additional grammar point for Lección 10 Estructura. You may use it for review or as required by your instructor.

Práctica

(1) **La actriz** Dos amigas conversan sobre la vida de una actriz famosa. Completa la conversación con el pluscuamperfecto del subjuntivo o el condicional perfecto de los verbos entre paréntesis.

> **MATILDE** Si Ana Colmenar no (1) _____ (casarse) tan joven, (2) _____ (comenzar) a actuar mucho antes.
>
> **ANDREA** Ella (3) _____ (comenzar) a actuar antes si sus padres (4) _____ (descubrir) su talento para el teatro.
>
> **MATILDE** Si sus padres lo (5) _____ (querer), ella (6) _____ (ser) una estrella a los quince años.
>
> **ANDREA** Ana nunca (7) _____ (tener) éxito si le (8) _____ (permitir) empezar tan joven. Actuar en el teatro requiere mucha experiencia y madurez.
>
> **MATILDE** Si tú (9) _____ (estar) en su lugar, quizá también (10) _____ (tener) mucho éxito.

(2) **Si el poeta...** Unos amigos se reunieron en un café después de una recepción en honor de un poeta famoso. Utiliza el pluscuamperfecto del subjuntivo o el condicional perfecto para completar sus oraciones.

1. Si Juan Carlos hubiera sabido que iban a servir comida en la recepción, ...
2. El poeta habría recitado más poemas si...
3. Si el poeta hubiera hablado más fuerte, ...
4. Yo me habría ido de la recepción antes si...
5. Si esos dos señores no hubieran hablado tanto mientras el poeta recitaba el poema, ...
6. Habría invitado a mi compañera de cuarto si...
7. Si hubiera sabido que la recepción era tan larga, ...
8. Si Juan Carlos hubiera venido antes, ...

(3) **¿Qué habrías hecho tú?** En parejas, túrnense para hacerse preguntas sobre lo que habrían hecho si hubieran sido las personas en estos dibujos. Utilicen frases con **si**.

> **MODELO** Si hubiera visto al ladrón huir con el dinero, le habría sacado una foto con mi celular y se la habría entregado a la policía.

Más práctica

11.1 The passive voice*

1 **La edición de mañana** Imagina que trabajas para un periódico. Uno/a de tus colegas tenía que escribir los titulares de la edición de mañana, pero no los terminó. Completa los titulares con la voz pasiva de cada verbo entre paréntesis.

> **El próximo presupuesto _____ (anunciar) mañana por el ministro de economía**

> **Una nueva ley de inmigración _____ (debatir) muy pronto**

> **Un nuevo récord de los 800 metros _____ (establecer) el domingo pasado**

> **La iglesia Santa María _____ (renovar) el año pasado y ahora se está derrumbando**

> **Dos vacunas nuevas _____ (descubrir) ayer en Japón**

2 **Ayer, hoy y mañana** Escribe nueve oraciones en voz pasiva. Debes añadir artículos y preposiciones en algunos casos. Debes usar distintos tiempos verbales para las oraciones en pasado, presente y futuro.

> **MODELO** la nueva ley / aprobar / el senado
> La nueva ley fue aprobada por el senado.

Ayer

1. el proyecto de ley / rechazar / senado
2. los informes / enviar / secretario
3. el gobernador / elegir / ciudadanos

Hoy

4. los programas / presentar / candidatos
5. el asunto / debatir / parlamento
6. el acusado / interrogar / juez

Mañana

7. la nueva iglesia / inaugurar / cura
8. las fiestas religiosas / celebrar / creyentes
9. el discurso / pronunciar / candidato a senador

3 **Periodistas** En parejas, imaginen que trabajan para un periódico local y tienen que redactar los titulares para la edición de mañana. Utilicen la voz pasiva para escribir un titular para cada sección del periódico.

1. sección internacional
2. sección nacional
3. sección local
4. sección de espectáculos
5. sección deportiva
6. sección política

*To see the explanation corresponding to this additional practice, see p. 406.

Más práctica

11.2 Uses of *se* *

1 *Se* **pasivo y** *se* **impersonal** Elige la forma apropiada del verbo.

1. Se (estudia / estudian) varias propuestas para la reforma de la ley de empleo.
2. Se (enviará / enviarán) a un nuevo embajador a Guatemala.
3. Se (cree / creen) que la crisis económica se solucionará pronto.
4. Se (debatirá / debatirán) varias enmiendas (*amendments*) en el Senado.
5. Se (estipuló / estipularon) que no se podía fumar en edificios públicos.
6. Se (eligió / eligieron) al nuevo gobernador la semana pasada.
7. Se (vive / viven) bien en España.
8. Se (vio / vieron) que era necesario tomar medidas urgentes.

2 **Oraciones** Termina cada frase de la columna A con la frase más lógica de la columna B.

A	B
_____ 1. Se me cayó	a. las llaves de casa.
_____ 2. Se me rompieron	b. el bolígrafo que tenía en la bolsa.
_____ 3. A Juan se le perdieron	c. los anteojos.
_____ 4. Se me dañó	d. el dinero para ir a cenar.
_____ 5. Se te borraron	e. los archivos para tu reunión.
_____ 6. Se te olvidó	f. el carro nuevo.

3 **Lo que me ocurrió**

A. Escribe seis oraciones —tres verdaderas y tres ficticias— sobre sucesos inesperados que te han ocurrido. Utiliza expresiones con **se**.

> **MODELO** Ayer se me perdieron las llaves y tuve que romper una ventana para entrar en mi casa.

B. Ahora, comparte tus oraciones con tres compañeros/as. El grupo debe adivinar cuáles son las oraciones verdaderas.

4 **Anuncios de trabajo** Estas personas e instituciones necesitan contratar personal (*personnel*). En parejas, escriban los anuncios de trabajo. Recuerden que en estos casos es muy frecuente usar tanto el **se** impersonal como el **se** pasivo.

> **MODELO** Se buscan ingenieros industriales. Se espera que los candidatos tengan experiencia previa. Se debe enviar currículum y solicitud a…

1. El partido político *Progreso ahora* busca empleados de relaciones públicas para trabajar con la campaña de su candidato a gobernador del estado.
2. La escuela *Cervantes* busca dos profesores de ciencias políticas.
3. La señora Solís busca una persona que pueda cuidar a sus hijos por las tardes.

---

*To see the explanation corresponding to this additional practice, see p. 408.

Más práctica

11.3 Prepositions: *de, desde, en, entre, hasta, sin**

1 **La política** Termina cada frase de la columna A con la frase más lógica de la columna B.

A	B
_____ 1. La guerra civil continuaba	a. de los obreros para protestar contra la reducción de los salarios.
_____ 2. El terrorismo seguirá	b. en voz alta durante la manifestación.
_____ 3. Los ciudadanos hablaron	c. sin parar entre el norte y el sur.
_____ 4. Hubo una manifestación	d. hasta que todos los países decidan colaborar.
_____ 5. El país ha tenido autonomía y libertad	e. desde que logró la independencia en 1955.

2 **Campaña** Eres un(a) estudiante nuevo/a, pero quieres ser presidente/a de tu clase. Escribe ocho oraciones completas con tus ideas para la campaña. Usa las preposiciones **de, desde, en, entre, hasta** y **sin**.

1. Creo que es buena idea no empezar las clases _____.
2. Necesitamos más variedad en la comida _____.
3. Deben contratar a profesores _____.
4. No hay que tomar clases _____.
5. Los carros se deben estacionar _____.
6. Si llegas tarde, puedes entrar a clase _____.
7. Debe haber un recreo de media hora _____.
8. Se debe permitir comida _____.

3 **Adivinanzas** En grupos de tres, cada estudiante debe escribir una descripción de tres miembros de la clase sin mencionar sus nombres. Una vez que hayan terminado, compartan las descripciones y los demás deben intentar adivinar de quiénes se tratan. Usen las preposiciones **de, desde, en, entre, hasta** y **sin**.

> **MODELO** Esta persona siempre se sienta entre dos chicas. Le gusta sentarse cerca de la profesora y a veces hasta se sienta en primera fila. Entre los demás estudiantes tiene fama de ser una persona muy inteligente y simpática. ¿Quién es?

4 **Acontecimientos importantes** Conversa con un(a) compañero/a sobre algunos acontecimientos importantes de tu vida. Haz una lista de cinco acontecimientos que quieres compartir y trata de usar por lo menos diez preposiciones en tu conversación.

> **MODELO** —El semestre pasado fui a Granada y me quedé en la residencia estudiantil.
> —¿Y hasta cuándo te quedaste ahí?
> —Me quedé desde enero hasta abril.

*To see the explanation corresponding to this additional practice, see p. 412.

Presentation

(11.4) Past participles used as adjectives*

- Past participles are used with **haber** to form compound tenses, such as the present perfect and the past perfect, and with **ser** to express the passive voice. They are also frequently used as adjectives.

aburrido/a	confundido/a	enojado/a	muerto/a
(des)cansado/a	enamorado/a	estresado/a	sorprendido/a

- When a past participle is used as an adjective, it agrees in number and gender with the noun it modifies.

un proceso **complicado**
a complicated process

una campaña bien **organizada**
a well-organized campaign

los políticos **destacados**
the prominent politicians

las reuniones **aburridas**
the boring meetings

¡ATENCIÓN!

With verbs that have two participles, such as **atender** (**atento, atendido**), the irregular forms are the ones used as adjectives. With the verbs **freír**, **imprimir,** and **proveer**, both the regular form (**freído, imprimido, proveído**) and the irregular form (**frito, impreso, provisto**) can be used as adjectives. However, the latter is more common.

- Past participles are often used with the verb **estar** to express a state or condition that results from the action of another verb. They frequently express physical or emotional states.

Este perdedor está cansado. Me voy.

¡Mi madre diría que estás políticamente equivocado!

¿Felicia, **estás despierta**?
Felicia, are you awake?

No, **estoy dormida**.
No, I'm asleep.

Marco, **estoy enojado**. ¿Por qué no depositaste los cheques?
Marco, I'm furious. Why didn't you deposit the checks?

Perdón, don Humberto. Es que el banco ya **estaba cerrado**.
I'm sorry, Don Humberto. The bank was already closed.

- Past participles may be used as adjectives with other verbs, as well.

Empezó a llover y **llegué empapada** a la reunión.
It started to rain and I arrived at the meeting soaking wet.

Ese libro **es** tan **aburrido**.
That book is so boring.

Después de las vacaciones, **nos sentimos descansados**.
After the vacation, we felt rested.

¿Los documentos? Ya los **tengo corregidos**.
The documents? I already have them corrected.

*This is an additional grammar point for Lección 11 Estructura. You may use it for review or as required by your instructor.

Práctica

(1) Entrevista de trabajo Julieta está preparando preguntas para los candidatos que va a entrevistar para un puesto en la empresa. Completa cada pregunta de Julieta con el participio pasado del verbo entre paréntesis.

1. ¿Por qué crees que estás _____ (preparar) para este puesto?
2. ¿Estás _____ (informar) sobre nuestros productos?
3. ¿Estás _____ (sorprender) de todos los beneficios que ofrecemos?
4. ¿Por qué estás _____ (interesar) en este puesto en particular?
5. ¿Trajiste tu currículum _____ (escribir) en español y en inglés?
6. ¿Cómo manejarás el estrés cuando ya estés _____ (contratar)?

(2) ¿Cómo están ellos? Mira las imágenes y relaciónalas con los verbos de la lista. Después, completa cada oración usando **estar** + [*participio pasado*].

cansar	enojar	sorprender
enamorar	esconder	

1. Ellos _____ .   2. Juanito _____ .   3. Eva _____ .

4. Ellos _____ .   5. Marta _____ .

(3) De otra forma Transforma las oraciones usando **estar** y el participio pasado del verbo correspondiente. Sigue el modelo.

MODELO Los estudiantes abrieron los libros.
Los libros están abiertos.

1. El paciente murió ayer.
2. No abren la tienda los domingos.
3. Este pasaporte venció el mes pasado.
4. Los estudiantes escribieron las composiciones.
5. Ya resolvieron los problemas.
6. Hicieron los planes.
7. Ellos imprimieron sus trabajos.
8. El niño se curó de su enfermedad.

Más práctica

Uses of the infinitive*

1 **La investigación** Completa la conversación con el infinitivo o con el presente del indicativo de los verbos entre paréntesis.

ANTONIO ¿Cómo estás, Leopoldo? Tengo muchas ganas de (1) _____ (saber) cómo va todo.

LEOPOLDO No muy bien. No sé si podremos terminar de (2) _____ (preparar) todo.

ANTONIO ¿No (3) _____ (haber) suficiente tiempo para terminar la investigación?

LEOPOLDO El problema lo (4) _____ (tener) con Amelia.

ANTONIO Dicen que ella (5) _____ (ser) muy profesional y tiene buen conocimiento de las civilizaciones antiguas.

LEOPOLDO Es muy buena en su especialidad y creo que puede llegar a (6) _____ (ser) muy importante para este proyecto. Pero no (7) _____ (tener) una buena comunicación con ella.

ANTONIO ¿Cómo puede (8) _____ (ser)? ¿Le has ofrecido tu ayuda con el proyecto?

LEOPOLDO Sí, la (9) _____ (ayudar) en todo. Le (10) _____ (dar) consejos y trato de (11) _____ (tener) una buena relación con ella, pero a ella le (12) _____ (molestar) todo lo que digo.

ANTONIO ¿Por qué no la invitas a (13) _____ (almorzar)? Quizás hablando en un ambiente informal puedan (14) _____ (encontrar) una solución.

LEOPOLDO Podría ser. Esta tarde la (15) _____ (llamar).

ANTONIO ¡Perfecto! Verás cómo se solucionan los problemas.

2 **Tu opinión** Completa las oraciones. Utiliza verbos en infinitivo y añade tus propios detalles.

> **MODELO** Cuando tengo tiempo libre, prefiero...
> Cuando tengo tiempo libre, prefiero leer el periódico.

1. Mi hermano/a siempre tarda en…
2. Ahora mismo, quiero…
3. En mi opinión, nunca es bueno…
4. No sé…
5. Para mí es fácil…
6. No me gusta…

3 **Historiadores** En parejas, escriban oraciones sobre los acontecimientos del año pasado en su universidad. Usen el infinitivo.

> **MODELO** el club de ajedrez / querer
> El club de ajedrez quería participar en el torneo de Florida, pero no pudo reunir el dinero suficiente para viajar.

1. los profesores / mandar
2. los estudiantes / querer
3. el equipo de fútbol / lograr
4. el departamento de ciencia / pedir
5. las nuevas reglas / obligar

*To see the explanation corresponding to this additional practice, see p. 444

Más práctica

12.2 Summary of the indicative*

1 La narración histórica

A. Para narrar acontecimientos históricos es frecuente usar el presente del indicativo. Completa el párrafo usando el presente del indicativo de los verbos entre paréntesis.

Cuando los primeros conquistadores españoles (1) _____ (llegar) al Nuevo Mundo, (2) _____ (encontrarse) con numerosos problemas. La realidad del Nuevo Mundo (3) _____ (ser) muy distinta a la realidad que ellos (4) _____ (conocer) y pronto (5) _____ (descubrir) que no (6) _____ (tener) las palabras necesarias para designar (*to name*) esa nueva realidad. Para solucionar el problema, los españoles (7) _____ (decidir) tomar prestadas palabras que (8) _____ (escuchar) de las lenguas nativas. Es por eso que muchas de las palabras del español actual vienen del taíno, del náhuatl o del quechua.

B. Ahora, vuelve a completar el párrafo anterior, pero esta vez con el tiempo adecuado del pasado, ya sea el pretérito o el imperfecto.

2 Los verbos perfectos Elige la forma apropiada (pretérito perfecto, pluscuamperfecto, futuro perfecto o condicional perfecto) para conjugar los verbos entre paréntesis.

1. Los conquistadores _____ (aprender) mucho de los nativos, pero todavía tenían problemas de comunicación.

2. El rey le _____ (construir) un palacio a la reina, pero ella no lo quiso.

3. Para el año 2050, la mayoría de los gobiernos de Asia y África _____ (convertir) en gobiernos democráticos.

4. El pueblo _____ (derrocar) al emperador y ahora hay otro gobernante que tiene el apoyo de la gente.

5. El joven _____ (ser) un gran guerrero si no hubiera sido por su falta de disciplina.

6. Para el mes entrante, ya _____ (expulsar) al soldado de las fuerzas armadas.

7. ¡_____ (Liberar) al pueblo! ¡Salgamos a celebrar!

8. _____ (Establecerse) en la costa si no fuera porque odian el calor.

3 Pasado, presente y futuro Cuéntale a un(a) compañero/a cuáles han sido los tres acontecimientos que han marcado tu pasado, los tres que están marcando tu presente y los tres acontecimientos que tú crees serán más importantes en tu futuro.

MODELO **(pasado)** Fui al Perú para las vacaciones de primavera hace dos años.
(presente) Salgo con un chico de Salamanca, España.
(futuro) Trabajaré en la Ciudad de México por un año para mejorar mi español.

4 Las noticias más importantes En grupos de cuatro, decidan cuáles han sido las tres noticias más importantes de los últimos 50 años. Piensen en otras tres noticias que creen que ocurrirán en los próximos 50 años. Escriban estas noticias en forma de titulares. Utilicen todos los tiempos verbales que sean apropiados.

*To see the explanation corresponding to this additional practice, see p. 448.

Más práctica

1 **La clase de historia** Escoge la forma adecuada del subjuntivo (presente, pretérito perfecto, imperfecto o pluscuamperfecto) o del infinitivo para completar las oraciones.

1. Los estudiantes querían que el profesor les _____ más sobre los Incas.
   a. explicara   b. explique   c. hubiera explicado

2. A los chicos les gustaba _____ las historias de los conquistadores.
   a. escuchen   b. escuchar   c. hayan escuchado

3. Dudaba que los españoles _____ interesados únicamente en el oro de los Aztecas.
   a. estén   b. estar   c. hubieran estado

4. A los españoles les sorprendió que los Aztecas _____ ciudades tan sofisticadas.
   a. hubieran construido   b. construyan   c. construyen

5. A algunas personas les parece sorprendente que el ser humano _____ a la Luna.
   a. llegara   b. llegar   c. haya llegado

6. Algunas personas dudan que el ser humano _____ vivir en otros planetas.
   a. pudiera   b. pueda   c. haya podido

7. Era improbable que esas piedras _____ restos de una antigua civilización.
   a. sean   b. fueran   c. ser

8. En el futuro, será posible que algunos turistas _____ al espacio.
   a. hubieran viajado   b. viajaran   c. viajen

9. Carlos espera _____ a ser historiador algún día.
   a. llegar   b. llegue   c. llegara

10. Si el rey _____ eso, lo habría dicho.
    a. hubiera pensado   b. haya pensado   c. piense

2 **El mono en el espacio** Es el año 3000. Completa esta carta que un mono escribió durante su primer viaje por el espacio. Utiliza las formas apropiadas del subjuntivo.

No puedo creer que el espacio (1) _____ (tener) tantos planetas. Ahora voy a buscarme uno para establecer el planeta de los monos. Nadie pensaba que (2) _____ (ser) posible, pero, ahora, libres de los seres humanos, podemos desarrollar nuestra cultura. Antes, los seres humanos siempre exigían que (3) _____ (quedarse) en jaulas (*cages*). Si (4) _____ (saber) que somos criaturas pacíficas, no lo habrían hecho. Prefiero poblar un planeta nuevo con monos que ya (5) _____ (ser) vacunados porque no se sabe lo que vamos a encontrar, y quiero que nosotros (6) _____ (estar) listos para todo.

3 **Inventos y descubrimientos** Algunos inventos y descubrimientos han sido esenciales para el desarrollo de la humanidad. En parejas, hagan una lista de los cinco inventos y descubrimientos más importantes. Después, escriban oraciones para decir qué habría ocurrido si tales inventos no se hubieran producido.

MODELO Alexander Graham Bell inventó el teléfono. Si no hubiera inventado el teléfono, las comunicaciones serían/habrían sido mucho más complicadas.

*To see the explanation corresponding to this additional practice, see p. 452.

Presentation

(12.4) *Pedir/preguntar* and *conocer/saber**

- **Pedir** and **preguntar** both mean *to ask*, while **conocer** and **saber** mean *to know*. Since these verbs are frequently used in Spanish, it is important to know the circumstances in which to use them.

Hemos venido al Tule porque usted lo pidió.

¿Todavía no la conoces?

Pedir vs. preguntar

- **Pedir** means *to ask for/to request (something)* or *to ask (someone to do something)*.

El profesor **pidió** los resultados.
The professor asked for the results.

El director le **pide** que lo investigue.
The director asks him/her to investigate it.

- **Preguntar** means *to ask (a question)*.

Los estudiantes **preguntaron** acerca de la esclavitud.
The students asked about slavery.

Le **preguntaré** a Miguel si quiere venir.
I'll ask Miguel if he wants to come.

- **Preguntar por** means *to ask about (someone)* or *to inquire (about something)*.

¿**Preguntaste por** el historiador famoso?
Did you ask about the famous historian?

Pregunté por el anuncio.
I inquired about the ad.

Saber vs. conocer

- **Saber** means *to know (a fact or piece of information)*.

¿**Sabías** que el Primer Ministro fue derrocado ayer?
Did you know that the Prime Minister was overthrown yesterday?

No **sé** quién es el rey de España.
¿Lo **sabes** tú?
I don't know who the king of Spain is. Do you know?

- **Saber** + [*infinitive*] means *to know how (to do something)*.

Para el examen, lo importante es que **sepan analizar** las causas y efectos de la guerra.
For the exam, the important thing is that you know how to analyze the causes and effects of the war.

María Luisa sabe hacer investigaciones, pero aún no **sabe organizar** toda la información.
María Luisa knows how to do research, but she still doesn't know how to organize all the information.

- **Conocer** means *to know, to meet,* or *to be familiar/acquainted with (a person, place, or thing)*.

Conocen los riesgos.
They know the risks.

Conocí al científico famoso.
I met the famous scientist.

*This is an additional grammar point for Lección 12 Estructura. You may use it for review or as required by your instructor..

Práctica

1 **Juan y la universidad** Completa el párrafo con la forma adecuada de **saber y conocer.**
Presta atención a los tiempos verbales.

Juan es un estudiante de primer año de la universidad y por eso todavía no
(1) _____ muy bien el campus. Sólo (2) _____ dónde están su residencia
y la cafetería. Ayer (3) _____ a su compañero de cuarto y le cayó bien, pero aún
(*still*) no (4) _____ mucho de él. Como no lleva mucho tiempo en la universidad,
aún no (5) _____ a mucha gente. Juan ya (6) _____ qué clases va a tomar este
semestre, pero no (7) _____ si serán muy difíciles. Ayer (8) _____ al profesor
de historia y piensa que no tendrá problemas con esa clase.

2 **Alejandra en su nuevo trabajo** Completa el párrafo con la forma adecuada de **pedir,**
preguntar y preguntar por. Presta atención a los tiempos verbales.

Alejandra Ruiz es licenciada en bioquímica y hoy fue su primer día de trabajo en un
laboratorio farmacéutico. No conocía muy bien el camino al laboratorio, y por eso tuvo
que parar para (1) _____ indicaciones sobre cómo llegar. Cuando finalmente llegó,
(2) _____ el doctor Santos, el director. Alejandra le (3) _____ muchísimas cosas
sobre el laboratorio y él le respondió amablemente. Finalmente, el doctor Santos
le (4) _____ que comenzara a trabajar en un experimento. Después de varias horas,
ella (5) _____ si podía tener un rato de descanso. Cuando salió del trabajo y su novio
le (6) _____ su día, ella le respondió que le fue muy bien.

3 **Entrevista** Lee la lista y escribe tres oraciones más utilizando los verbos **saber, conocer,**
pedir y preguntar. Luego, entrevista a tus compañeros/as de clase hasta que encuentres
a ocho personas diferentes que respondan afirmativamente a tus preguntas. Comparte la
información con la clase.

	Nombres
1. Sabe tocar el piano.	_____
2. Conoció a su novio/a recientemente.	_____
3. Nunca les pide dinero a sus padres.	_____
4. Le ha preguntado al/a la profesor(a) sobre el examen final.	_____
5. Sabe cocinar tacos.	_____
6. _____	_____
7. _____	_____
8. _____	_____

Glossary of Grammatical Terms

ADJECTIVE A word that modifies, or describes, a noun or pronoun.

muchos libros
many books

un hombre **rico**
a rich man

Demonstrative adjective An adjective that specifies which noun a speaker is referring to.

esta fiesta
this party

ese chico
that boy

aquellas flores
those flowers

Possessive adjective An adjective that indicates ownership or possession.

su mejor vestido
her best dress

Éste es **mi** hermano.
*This is **my** brother.*

Stressed possessive adjective A possessive adjective that emphasizes the owner or possessor.

un libro **mío**
*a **book of mine***

una amiga **tuya**
*a friend **of yours***

ADVERB A word that modifies, or describes, a verb, adjective, or other adverb.

Pancho escribe **rápidamente**.
*Pancho writes **quickly**.*

Este cuadro es **muy** bonito.
*This picture is **very** pretty.*

ANTECEDENT The noun to which a pronoun or dependent clause refers.

El **libro** que compré es interesante.
The book that I bought is interesting.

Le presté cinco dólares a **Diego**.
I loaned Diego five dollars.

ARTICLE A word that points out a noun in either a specific or a non-specific way.

Definite article An article that points out a noun in a specific way.

el libro
the book

la maleta
the suitcase

los diccionarios
the dictionaries

las palabras
the words

Indefinite article An article that points out a noun in a general, non-specific way.

un lápiz
a pencil

una computadora
a computer

unos pájaros
some birds

unas escuelas
some schools

CLAUSE A group of words that contains both a conjugated verb and a subject, either expressed or implied.

Main (or Independent) clause A clause that can stand alone as a complete sentence.

Pienso ir a cenar pronto.
I plan to go to dinner soon.

Subordinate (or Dependent) clause A clause that does not express a complete thought and therefore cannot stand alone as a sentence.

Trabajo en la cafetería **porque necesito dinero para la escuela.**
*I work in the cafeteria **because I need money for school.***

Adjective clause A dependent clause that functions to modify or describe the noun or direct object in the main clause. When the antecedent is uncertain or indefinite, the verb in the adjective clause is in the subjunctive.

Queremos contratar al candidato **que mandó su currículum ayer.**
*We want to hire the candidate **who sent his résumé yesterday.***

¿Conoce un buen restaurante **que esté cerca del teatro?**
*Do you know of a good restaurant **that's near the theater?***

Adverbial clause A dependent clause that functions to modify or describe a verb, an adjective, or another adverb. When the adverbial clause describes an action that has not yet happened or is uncertain, the verb in the adverbial clause is usually in the subjunctive.

Llamé a mi mamá **cuando me dieron la noticia.**
*I called my mom **when they gave me the news.***

El ejército está preparado **en caso de que haya un ataque.**
*The army is prepared **in case there is an attack.***

Noun clause A dependent clause that functions as a noun, often as the object of the main clause. When the main clause expresses will, emotion, doubt, or uncertainty, the verb in the noun clause is in the subjunctive (unless there is no change of subject).

José sabe **que mañana habrá un examen.**
*José knows **that tomorrow there will be an exam.***

Luisa dudaba **que la acompañáramos.**
*Luisa doubted **that we would go with her.***

COMPARATIVE A grammatical construction used with nouns, adjectives, verbs, or adverbs to compare people, objects, actions, or characteristics.

Tus clases son **menos interesantes** que las mías.
*Your classes are **less interesting** than mine.*

Como **más frutas** que verduras.
*I eat **more fruits** than vegetables.*

CONJUGATION A set of the forms of a verb for a specific tense or mood or the process by which these verb forms are presented.

PRETERITE CONJUGATION OF **CANTAR**:

cant**é**	cant**amos**
cant**aste**	cant**asteis**
cant**ó**	cant**aron**

CONJUNCTION A word used to connect words, clauses, or phrases.

Susana es de Cuba **y** Pedro es de España.
*Susana is from Cuba **and** Pedro is from Spain.*

No quiero estudiar, **pero** tengo que hacerlo.
*I don't want to study, **but** I have to.*

CONTRACTION The joining of two words into one. The only contractions in Spanish are **al** and **del**.

Mi hermano fue **al** concierto ayer.
*My brother went **to the** concert yesterday.*

Saqué dinero **del** banco.
*I took money **from the** bank.*

DIRECT OBJECT A noun or pronoun that directly receives the action of the verb.

Tomás lee **el libro**.   **La** pagó ayer.
*Tomás reads **the book**.   She paid **it** yesterday.*

GENDER The grammatical categorizing of certain kinds of words, such as nouns and pronouns, as masculine, feminine, or neuter.

MASCULINE
articles **el, un**
pronouns **él, lo, mío, éste, ése, aquél**
adjective **simpático**

FEMININE
articles **la, una**
pronouns **ella, la, mía, ésta, ésa, aquélla**
adjective **simpática**

IMPERSONAL EXPRESSION A third-person expression with no expressed or specific subject.

Es muy importante.   **Llueve** mucho.
***It's very important**.   **It's raining** hard.*

Aquí **se habla** español.
*Spanish **is spoken** here.*

INDIRECT OBJECT A noun or pronoun that receives the action of the verb indirectly; the object, often a living being, to or for whom an action is performed.

Eduardo **le** dio un libro **a Linda**.
*Eduardo gave a book **to Linda**.*

La profesora **me** puso una C en el examen.
*The professor gave **me** a C on the test.*

INFINITIVE The basic form of a verb. Infinitives in Spanish end in **-ar**, **-er**, or **-ir**.

hablar	**correr**	**abrir**
to speak	*to run*	*to open*

INTERROGATIVE An adjective or pronoun used to ask a question.

¿Quién habla?   **¿Cuántos** compraste?
***Who** is speaking?   **How many** did you buy?*

¿Qué piensas hacer hoy?
***What** do you plan to do today?*

MOOD A grammatical distinction of verbs that indicates whether the verb is intended to make a statement or command, or to express doubt, emotion, or condition contrary to fact.

Imperative mood Verb forms used to make commands.

Di la verdad.   **Caminen** ustedes conmigo.
***Tell** the truth.   **Walk** with me.*

¡Comamos ahora!   ¡No lo **hagas**!
Let's eat** now!   **Don't do it!

Indicative mood Verb forms used to state facts, actions, and states considered to be real.

Sé que **tienes** el dinero.
***I know** that **you have** the money.*

Subjunctive mood Verb forms used principally in subordinate (dependent) clauses to express wishes, desires, emotions, doubts, and certain conditions, such as contrary-to-fact situations.

Prefieren que **hables** en español.
*They prefer that **you speak** in Spanish.*

NOUN A word that identifies people, animals, places, things, and ideas.

hombre	**gato**
man	*cat*
México	**casa**
Mexico	*house*
libertad	**libro**
freedom	*book*

Glossary of Grammatical Terms

NUMBER A grammatical term that refers to singular or plural. Nouns in Spanish and English have number. Other parts of a sentence, such as adjectives, articles, and verbs, can also have number.

SINGULAR	PLURAL
una cosa	**unas** cosas
a thing	*some things*
el profesor	**los** profesor**es**
the professor	*the professors*

PASSIVE VOICE A sentence construction in which the recipient of the action becomes the subject of the sentence. Passive statements emphasize the thing that was done or the person that was acted upon. They follow the pattern [*recipient*] + **ser** + [*past participle*] + **por** + [*agent*].

ACTIVE VOICE:
Juan **entregó** la tarea.
*Juan **turned in** the assignment.*

PASSIVE VOICE:
La tarea **fue entregada por** Juan.
*The assignment **was turned in by** Juan.*

PAST PARTICIPLE A past form of the verb used in compound tenses. The past participle may also be used as an adjective, but it must then agree in number and gender with the word it modifies.

Han **buscado** por todas partes.
*They have **searched** everywhere.*

Yo no había **estudiado** para el examen.
*I hadn't **studied** for the exam.*

Hay una ventana **abierta** en la sala.
*There is an **open** window in the living room.*

PERSON The form of the verb or pronoun that indicates the speaker, the one spoken to, or the one spoken about. In Spanish, as in English, there are three persons: first, second, and third.

PERSON	SINGULAR	PLURAL
1st	**yo** *I*	**nosotros/as** *we*
2nd	**tú, Ud.** *you*	**vosotros/as, Uds.** *you*
3rd	**él, ella** *he, she*	**ellos, ellas** *they*

PREPOSITION A word or words that describe(s) the relationship, most often in time or space, between two other words.

Anita es **de** California.
*Anita is **from** California.*

La chaqueta está **en** el carro.
*The jacket is **in** the car.*

PRESENT PARTICIPLE In English, a verb form that ends in *-ing*. In Spanish, the present participle ends in **-ndo**, and is often used with **estar** to form a progressive tense.

Está **hablando** por teléfono ahora mismo.
*He is **talking** on the phone right now.*

PRONOUN A word that takes the place of a noun or nouns.

Demonstrative pronoun A pronoun that takes the place of a specific noun.

Quiero **ésta**.
*I want **this one**.*

¿Vas a comprar **ése**?
*Are you going to buy **that one**?*

Juan prefirió **aquéllos**.
*Juan preferred **those** (over there).*

Object pronoun A pronoun that functions as a direct or indirect object of the verb.

Te digo la verdad.
*I'm telling **you** the truth.*

Me lo trajo Juan.
*Juan brought **it to me**.*

Possessive pronoun A pronoun that functions to show ownership or possession. Possessive pronouns are preceded by a definite article and agree in gender and number with the nouns they replace.

Perdí mi libro. ¿Me prestas el **tuyo**?
*I lost my book. Will you loan me **yours**?*

Las clases suyas son aburridas, pero **las nuestras** son buenísimas.
*Their classes are boring, but **ours** are great.*

Prepositional pronoun A pronoun that functions as the object of a preposition. Except for **mí, ti,** and **sí**, these pronouns are the same as subject pronouns. The adjective **mismo/a** may be added to express *myself, himself,* etc. After the preposition **con**, the forms **conmigo, contigo,** and **consigo** are used.

¿Es **para mí**?	Juan habló **de ella**.
*Is this **for me**?*	*Juan spoke **about her**.*
Iré **contigo**.	Se lo regaló **a sí mismo**.
*I will go **with you**.*	*He gave it **to himself**.*

Reflexive pronoun A pronoun that indicates that the action of a verb is performed by the subject on itself. These pronouns are often expressed in English with *-self: myself, yourself,* etc.

Yo **me bañé**.	Elena **se acostó**.
*I **took a bath**.*	*Elena **went to bed**.*

Relative pronoun A pronoun that connects a subordinate clause to a main clause.

El edificio **en el cual** vivimos es antiguo.
*The building **that** we live in is ancient.*

La mujer **de quien** te hablé acaba de renunciar.
*The woman **(whom)** I told you about just quit.*

Subject pronoun A pronoun that replaces the name or title of a person or thing, and acts as the subject of a verb.

Tú debes estudiar más.
***You** should study more.*

Él llegó primero.
***He** arrived first.*

SUBJECT A noun or pronoun that performs the action of a verb and is often implied by the verb.

María va al supermercado.
***María** goes to the supermarket.*

(Ellos) Trabajan mucho.
***They** work hard.*

Esos libros son muy caros.
***Those books** are very expensive.*

SUPERLATIVE A grammatical construction used to describe the most or the least of a quality when comparing a group of people, places, or objects.

Tina es **la menos simpática** de las chicas.
*Tina is **the least pleasant** of the girls.*

Tu coche es **el más rápido** de todos.
*Your car is **the fastest** one of all.*

Los restaurantes en Calle Ocho son **los mejores** de todo Miami.
*The restaurants on Calle Ocho are **the best** in all of Miami.*

Absolute superlatives Adjectives or adverbs combined with forms of the suffix **ísimo/a** in order to express the idea of extremely or very.

¡Lo hice **facilísimo**!
*I did it **so easily**!*

Ella es **jovencísima**.
*She is **very, very young**.*

TENSE A set of verb forms that indicates the time of an action or state: past, present, or future.

Compound tense A two-word tense made up of an auxiliary verb and a present or past participle. In Spanish, there are two auxiliary verbs: **estar** and **haber**.

En este momento, **estoy estudiando**.
*At this time, **I am studying**.*

El paquete no **ha llegado** todavía.
*The package **has** not **arrived** yet.*

Simple tense A tense expressed by a single verb form.

María **estaba** mal anoche.
*María **was** ill last night.*

Juana **hablará** con su mamá mañana.
*Juana **will speak** with her mom tomorrow.*

VERB A word that expresses actions or states of being.

Auxiliary verb A verb used with a present or past participle to form a compound tense. **Haber** is the most commonly used auxiliary verb in Spanish.

Los chicos **han** visto los elefantes.
*The children **have** seen the elephants.*

Espero que **hayas** comido.
*I hope you **have** eaten.*

Reflexive verb A verb that describes an action performed by the subject on itself and is always used with a reflexive pronoun.

Me compré un carro nuevo.
***I bought myself** a new car.*

Pedro y Adela **se levantan** muy temprano.
*Pedro and Adela **get (themselves) up** very early.*

Spelling-change verb A verb that undergoes a predictable change in spelling, in order to reflect its actual pronunciation in the various conjugations.

practicar	c→qu	practico	practiqué
dirigir	g→j	dirigí	dirijo
almorzar	z→c	almorzó	almorcé

Stem-changing verb A verb whose stem vowel undergoes one or more predictable changes in the various conjugations.

entender	(e:ie)	entiendo
pedir	(e:i)	piden
dormir	(o:ue, u)	duermo, durmieron

Verb conjugation tables

Guide to the Verb List and Tables

Below you will find the infinitive of the verbs introduced as active vocabulary in **Enfoques**, as well as other common verbs. Each verb is followed by a model verb conjugated on the same pattern. The number in parentheses indicates where in the verb tables, pages A74–A81, you can find the conjugated forms of the model verb.

abrazar (z:c) like cruzar (37)
abrochar like hablar (1)
aburrir like vivir (3)
acabar like hablar (1)
acariciar like hablar (1)
acercar (c:qu) like tocar (43)
aclarar like hablar (1)
acompañar like hablar (1)
aconsejar like hablar (1)
acordar (o:ue) like contar (24)
acostar (o:ue) like contar (24)
acostumbrar like hablar (1)
actualizar (z:c) like cruzar (37)
adelgazar (z:c) like cruzar (37)
adjuntar like hablar (1)
adorar like hablar (1)
afeitar like hablar (1)
afincar (c:qu) like tocar (43)
agotar like hablar (1)
ahorrar like hablar (1)
aislar (aíslo) like enviar (39)
alargar (g:gu) like llegar (41)
alojar like hablar (1)
amar like hablar (1)
amenazar (z:c) like cruzar (37)
ampliar (amplío) like enviar (39)
anotar like hablar (1)
apagar (g:gu) like llegar (41)
aparecer (c:zc) like conocer (35)
aplaudir like vivir (3)
apoyar like hablar (1)
apreciar like hablar (1)
apuntar like hablar (1)
arrancar (c:qu) like tocar (43)
arreglar like hablar (1)
arrepentir (e:ie) like sentir (33)
arruinar like hablar (1)
ascender (e:ie) like entender (27)
asustar like hablar (1)
aterrizar (z:c) like cruzar (37)
atraer like traer (21)
atrapar like hablar (1)
atrever like comer (2)

aumentar like hablar (1)
averiguar like hablar (1)
bailar like hablar (1)
bajar like hablar (1)
bañar like hablar (1)
barrer like comer (2)
beber like comer (2)
bendecir (e:i) like decir (8)
besar like hablar (1)
borrar like hablar (1)
botar like hablar (1)
brindar like hablar (1)
burlar like hablar (1)
caber (4)
caer (y) (5)
calentar (e:ie) like pensar (30)
cancelar like hablar (1)
cazar (z:c) like cruzar (37)
celebrar like hablar (1)
cepillar like hablar (1)
clonar like hablar (1)
cobrar like hablar (1)
cocinar like hablar (1)
coger (g:j) like proteger (42)
colocar (c:qu) like tocar (43)
colonizar (z:c) like cruzar (37)
comer (2)
comerciar like hablar (1)
componer like poner (15)
comprobar (o:ue) like contar (24)
conducir (c:zc) (6)
conocer (c:zc) (35)
conquistar like hablar (1)
conseguir (e:i) like seguir (32)
conservar like hablar (1)
construir (y) like destruir (38)
contagiar like hablar (1)
contaminar like hablar (1)
contar (o:ue) (24)
contentar like hablar (1)
contraer like traer (21)
contratar like hablar (1)
contribuir (y) like destruir (38)

convertir (e:ie) like sentir (33)
coquetear like hablar (1)
correr like comer (2)
crear like hablar (1)
crecer (c:zc) like conocer (35)
creer (y) (36)
cruzar (z:c) (37)
cubrir like vivir (3) except past participle is cubierto
cuidar like hablar (1)
cumplir like vivir (3)
curar like hablar (1)
dar (7)
deber like comer (2)
decir (e:i) (8)
delatar like hablar (1)
denunciar like hablar (1)
depositar like hablar (1)
derribar like hablar (1)
derrocar (c:qu) like tocar (43)
derrotar like hablar (1)
desafiar (desafío) like enviar (39)
desaparecer (c:zc) like conocer (35)
desarrollar like hablar (1)
descansar like hablar (1)
descargar (g:gu) like llegar (41)
descubrir like vivir (3) except past participle is descubierto
desear like hablar (1)
deshacer like hacer (11)
deshojar like hablar (1)
despedir (e:i) like pedir (29)
despegar (g:gu) like llegar (41)
despertar (e:ie) like pensar (30)
destruir (y) (38)
detener (e:ie) like tener (20)
devolver (o:ue) like volver (34)
dibujar like hablar (1)
dirigir (g:j) like proteger (42) for endings only
disculpar like hablar (1)
discutir like vivir (3)
diseñar like hablar (1)

disfrutar like hablar (1)
disgustar like hablar (1)
disparar like hablar (1)
disponer like poner (15)
disputar like hablar (1)
distinguir (gu:g) like seguir (32) for endings only
distraer like traer (21)
divertir (e:ie) like sentir (33)
doler (o:ue) like volver (34) except past participle is regular
dormir (o:ue) (25)
duchar like hablar (1)
echar like hablar (1)
educar (c:qu) like tocar (43)
ejercer (c:z) like vencer (44)
elegir (e:i) (g:j) like proteger (42) for endings only
embalar like hablar (1)
emigrar like hablar (1)
empatar like hablar (1)
empeorar like hablar (1)
empezar (e:ie) (z:c) (26)
enamorar like hablar (1)
encabezar (z:c) like cruzar (37)
encantar like hablar (1)
encargar (g:gu) like llegar (41)
encender (e:ie) like entender (27)
enfermar like hablar (1)
engañar like hablar (1)
engordar like hablar (1)
ensayar like hablar (1)
entender (e:ie) (27)
enterar like hablar (1)
enterrar (e:ie) like pensar (30)
entregar (g:gu) like llegar (41)
entretener (e:ie) like tener (20)
enviar (envío) (39)
envolver (o:ue) like volver (34)
equivocar like tocar (43)
esclavizar (z:c) like cruzar (37)
escoger (g:j) like proteger (42)
esculpir like vivir (3)

espiar (espío) like enviar (39)

establecer (c:zc) like conocer (35)

estar (9)

estrellar like hablar (1)

exigir (g:j) like proteger (42) for endings only

explotar like hablar (1)

exportar like hablar (1)

expulsar like hablar (1)

extinguir like destruir (38)

fabricar (c:qu) like tocar (43)

faltar like hablar (1)

fascinar like hablar (1)

festejar like hablar (1)

fijar like hablar (1)

financiar like hablar (1)

florecer (c:zc) like conocer (35)

formular like hablar (1)

freír (e:i) (frío) like reír (31)

funcionar like hablar (1)

fusilar like hablar (1)

gastar like hablar (1)

gobernar (e:ie) like pensar (30)

grabar like hablar (1)

graduar (gradúo) (40)

guardar like hablar (1)

gustar like hablar (1)

haber (10)

habitar like hablar (1)

hablar (1)

hacer (11)

herir (e: ie) like sentir (33)

hervir (e:ie) like sentir (33)

hojear like hablar (1)

huir (y) like destruir (38)

humillar like hablar (1)

hundir like vivir (3)

importar like hablar (1)

impresionar like hablar (1)

imprimir like vivir (3)

inscribir like vivir (3)

insistir like vivir (3)

integrar like hablar (1)

interesar like hablar (1)

invadir like vivir (3)

inventar like hablar (1)

invertir (e:ie) like sentir (33)

investigar (g:gu) like llegar (41)

ir (12)

jubilar like hablar (1)

jugar (u:ue) (g:gu) (28)

jurar like hablar (1)

lastimar like hablar (1)

latir like vivir (3)

lavar like hablar (1)

levantar like hablar (1)

liberar like hablar (1)

lidiar like hablar (1)

limpiar like hablar (1)

llegar (g:gu) (41)

llevar like hablar (1)

llorar like hablar (1)

lograr like hablar (1)

luchar like hablar (1)

lucir (c:sz) like conducir (6)

malgastar like hablar (1)

manipular like hablar (1)

maquillar like hablar (1)

medir (e:i) like pedir (29)

meditar like hablar (1)

mejorar like hablar (1)

merecer (c:zc) like conocer (35)

meter like comer (2)

molar like hablar (1)

molestar like hablar (1)

morder (o:ue) like volver (34)

morir (o:ue) like dormir (25) *except* past participle is muerto

mudar like hablar (1)

narrar like hablar (1)

navegar (g:gu) like llegar (41)

necesitar like hablar (1)

obedecer (c:zc) like conocer (35)

ocultar like hablar (1)

odiar like hablar (1)

oír (y) (13)

olvidar like hablar (1)

opinar like hablar (1)

oponer like poner (15)

oprimir like vivir (3)

oscurecer (c:zc) like conocer (35)

parar like hablar (1)

parecer (c:zc) like conocer (35)

parpadear like hablar (1)

pedir (e:i) (29)

peinar like hablar (1)

pensar (e:ie) (30)

permanecer (c:zc) like conocer (35)

pertenecer (c:zc) like conocer (35)

pillar like hablar (1)

pintar like hablar (1)

poblar (o:ue) like contar (24)

poder (o:ue) (14)

poner (15)

preferir (e:ie) like sentir (33)

pregonar like hablar (1)

preocupar like hablar (1)

prestar like hablar (1)

prevenir (e:ie) like venir (22)

prever like ver (23)

probar (o:ue) like contar (24)

producir (c:sz) like conducir (6)

prohibir (prohíbo) like enviar (39) for endings only

proponer like poner (15)

proteger (g:j) (42)

protestar like hablar (1)

publicar (c:qu) like tocar (43)

quedar like hablar (1)

quejar like hablar (1)

querer (e:ie) (16)

quitar like hablar (1)

rascar like hablar (1)

recetar like hablar (1)

rechazar (z:c) like cruzar (37)

reciclar like hablar (1)

reclamar like hablar (1)

recomendar (e:ie) like pensar (30)

reconocer (c:zc) like conocer (35)

recorrer like comer (2)

recuperar like hablar (1)

reducir (c:zc) like conducir (6)

reflejar like hablar (1)

regalar like hablar (1)

regañar like hablar (1)

regresar like hablar (1)

rehacer like hacer (11)

reír (e:i) (31)

relajar like hablar (1)

rendir (e:i) like pedir (29)

renunciar like hablar (1)

reservar like hablar (1)

resolver (o:ue) like volver (34)

respirar like hablar (1)

retar like hablar (1)

retrasar like hablar (1)

retratar like hablar (1)

reunir like vivir (3)

rezar (z:c) like cruzar (37)

rodar (o:ue) like contar (24)

rogar (o:ue) like contar (24) for stem changes; (g:gu) like llegar (41) for endings

romper like comer (2) except past participle is roto

saber (17)

sacrificar (c:qu) like tocar (43)

salir (18)

salvar like hablar (1)

sanar like hablar (1)

secar (c:qu) like tocar (43)

seguir (e:i) (gu:g) (32)

seleccionar like hablar (1)

sentir (e:ie) (33)

señalar like hablar (1)

sepultar like hablar (1)

ser (19)

soler (o:ue) like volver (34)

solicitar like hablar (1)

sonar (o:ue) like contar (24)

soñar (o:ue) like contar (24)

sorprender like comer (2)

sostener (e:ie) like tener (20)

subir like vivir (3)

suceder like comer (2)

sufrir like vivir (3)

sugerir (e:ie) like sentir (33)

superar like hablar (1)

suponer like poner (15)

suprimir like vivir (3)

suscribir like vivir (3)

tardar like hablar (1)

tejer like comer (2)

tener (e:ie) (20)

tirar like hablar (1)

titular like hablar (1)

tocar (c:qu) (43)

tomar like hablar (1)

torear like hablar (1)

toser like comer (2)

traducir (c:zc) like conducir (6)

traer (21)

transmitir like vivir (3)

trasnochar like hablar (1)

tratar like hablar (1)

unir like vivir (3)

vacunar like hablar (1)

valer like salir (18) only for endings; imperative is vale

vencer (c:z) (44)

venir (e:ie) (22)

ver (23)

vestir (e:i) like pedir (29)

vivir (3)

volar (o:ue) like contar (24)

volver (o:ue) (34)

votar like hablar (1)

Verb conjugation tables

Regular verbs: simple tenses

Infinitive	INDICATIVE					SUBJUNCTIVE		IMPERATIVE
	Present	Imperfect	Preterite	Future	Conditional	Present	Past	
1 hablar	hablo	hablaba	hablé	hablaré	hablaría	hable	hablara	
Participles:	hablas	hablabas	hablaste	hablarás	hablarías	hables	hablaras	habla tú (no hables)
hablando	habla	hablaba	habló	hablará	hablaría	hable	hablara	hable Ud.
hablado	hablamos	hablábamos	hablamos	hablaremos	hablaríamos	hablemos	habláramos	hablemos
	habláis	hablabais	hablasteis	hablaréis	hablaríais	habléis	hablarais	hablad (no habléis)
	hablan	hablaban	hablaron	hablarán	hablarían	hablen	hablaran	hablen Uds.
2 comer	como	comía	comí	comeré	comería	coma	comiera	
Participles:	comes	comías	comiste	comerás	comerías	comas	comieras	come tú (no comas)
comiendo	come	comía	comió	comerá	comería	coma	comiera	coma Ud.
comido	comemos	comíamos	comimos	comeremos	comeríamos	comamos	comiéramos	comamos
	coméis	comíais	comisteis	comeréis	comeríais	comáis	comierais	comed (no comáis)
	comen	comían	comieron	comerán	comerían	coman	comieran	coman Uds.
3 vivir	vivo	vivía	viví	viviré	viviría	viva	viviera	
Participles:	vives	vivías	viviste	vivirás	vivirías	vivas	vivieras	vive tú (no vivas)
viviendo	vive	vivía	vivió	vivirá	viviría	viva	viviera	viva Ud.
vivido	vivimos	vivíamos	vivimos	viviremos	viviríamos	vivamos	viviéramos	vivamos
	vivís	vivíais	vivisteis	viviréis	viviríais	viváis	vivierais	vivid (no viváis)
	viven	vivían	vivieron	vivirán	vivirían	vivan	vivieran	vivan Uds.

All verbs: compound tenses

PERFECT TENSES

INDICATIVE				SUBJUNCTIVE	
Present Perfect	Past Perfect	Future Perfect	Conditional Perfect	Present Perfect	Past Perfect
he	había	habré	habría	haya	hubiera
has hablado	habías hablado	habrás hablado	habrías hablado	hayas hablado	hubieras hablado
ha comido	había comido	habrá comido	habría comido	haya comido	hubiera comido
hemos vivido	habíamos vivido	habremos vivido	habríamos vivido	hayamos vivido	hubiéramos vivido
habéis	habíais	habréis	habríais	hayáis	hubierais
han	habían	habrán	habrían	hayan	hubieran

PROGRESSIVE TENSES

INDICATIVE				SUBJUNCTIVE	
Present Progressive	Past Progressive	Future Progressive	Conditional Progressive	Present Progressive	Past Progressive
estoy	estaba	estaré	estaría	esté	estuviera
estás	estabas	estarás	estarías	estés	estuvieras
está hablando	estaba hablando	estará hablando	estaría hablando	esté hablando	estuviera hablando
estamos comiendo	estábamos comiendo	estaremos comiendo	estaríamos comiendo	estemos comiendo	estuviéramos comiendo
estáis viviendo	estabais viviendo	estaréis viviendo	estaríais viviendo	estéis viviendo	estuvierais viviendo
están	estaban	estarán	estarían	estén	estuvieran

Irregular verbs

Infinitive	INDICATIVE					SUBJUNCTIVE		IMPERATIVE
	Present	Imperfect	Preterite	Future	Conditional	Present	Past	
4 caber	**quepo**	cabía	**cupe**	**cabré**	**cabría**	**quepa**	**cupiera**	
	cabes	cabías	**cupiste**	**cabrás**	**cabrías**	**quepas**	**cupieras**	cabe tú (no **quepas**)
Participles:	cabe	cabía	**cupo**	**cabrá**	**cabría**	**quepa**	**cupiera**	**quepa** Ud.
cabiendo	cabemos	cabíamos	**cupimos**	**cabremos**	**cabríamos**	**quepamos**	**cupiéramos**	**quepamos**
cabido	cabéis	cabíais	**cupisteis**	**cabréis**	**cabríais**	**quepáis**	**cupierais**	cabed (no **quepáis**)
	caben	cabían	**cupieron**	**cabrán**	**cabrían**	quepan	**cupieran**	**quepan** Uds.
5 caer	**caigo**	caía	caí	caeré	caería	**caiga**	**cayera**	
	caes	caías	**caíste**	caerás	caerías	**caigas**	**cayeras**	cae tú (no **caigas**)
Participles:	cae	caía	**cayó**	caerá	caería	**caiga**	**cayera**	**caiga** Ud. (no **caiga**)
cayendo	caemos	caíamos	**caímos**	caeremos	caeríamos	**caigamos**	**cayéramos**	**caigamos**
caído	caéis	caíais	**caísteis**	caeréis	caeríais	**caigáis**	**cayerais**	caed (no **caigáis**)
	caen	caían	**cayeron**	caerán	caerían	**caigan**	**cayeran**	**caigan** Uds.
6 conducir	**conduzco**	conducía	**conduje**	conduciré	conduciría	**conduzca**	**condujera**	
(c:zc)	conduces	conducías	**condujiste**	conducirás	conducirías	**conduzcas**	**condujeras**	conduce tú (no **conduzcas**)
Participles:	conduce	conducía	**condujo**	conducirá	conduciría	**conduzca**	**condujera**	**conduzca** Ud. (no **conduzca**)
conduciendo	conducimos	conducíamos	**condujimos**	conduciremos	conduciríamos	**conduzcamos**	**condujéramos**	**conduzcamos**
conducido	conducís	conducíais	**condujisteis**	conduciréis	conduciríais	**conduzcáis**	**condujerais**	conducid (no **conduzcáis**)
	conducen	conducían	**condujeron**	conducirán	conducirían	**conduzcan**	**condujeran**	**conduzcan** Uds.

Verb conjugation tables

Infinitive	INDICATIVE					SUBJUNCTIVE		IMPERATIVE
	Present	Imperfect	Preterite	Future	Conditional	Present	Past	
7 dar	doy	daba	di	daré	daría	dé	diera	
	das	dabas	diste	darás	darías	des	dieras	da tú (no des)
Participles:	da	daba	dio	dará	daría	dé	diera	dé Ud.
dando	damos	dábamos	dimos	daremos	daríamos	demos	diéramos	demos
dado	dais	dabais	disteis	daréis	daríais	deis	dierais	dad (no deis)
	dan	daban	dieron	darán	darían	den	dieran	den Uds.
8 decir (e:i)	digo	decía	dije	diré	diría	diga	dijera	
	dices	decías	dijiste	dirás	dirías	digas	dijeras	di tú (no digas)
Participles:	dice	decía	dijo	dirá	diría	diga	dijera	diga Ud.
diciendo	decimos	decíamos	dijimos	diremos	diríamos	digamos	dijéramos	digamos
dicho	decís	decíais	dijisteis	diréis	diríais	digáis	dijerais	decid (no digáis)
	dicen	decían	dijeron	dirán	dirían	digan	dijeran	digan Uds.
9 estar	estoy	estaba	estuve	estaré	estaría	esté	estuviera	
	estás	estabas	estuviste	estarás	estarías	estés	estuvieras	está tú (no estés)
Participles:	está	estaba	estuvo	estará	estaría	esté	estuviera	esté Ud.
estando	estamos	estábamos	estuvimos	estaremos	estaríamos	estemos	estuviéramos	estemos
estado	estáis	estabais	estuvisteis	estaréis	estaríais	estéis	estuvierais	estad (no estéis)
	están	estaban	estuvieron	estarán	estarían	estén	estuvieran	estén Uds.
10 haber	he	había	hube	habré	habría	haya	hubiera	
	has	habías	hubiste	habrás	habrías	hayas	hubieras	
Participles:	ha	había	hubo	habrá	habría	haya	hubiera	
habiendo	hemos	habíamos	hubimos	habremos	habríamos	hayamos	hubiéramos	
habido	habéis	habíais	hubisteis	habréis	habríais	hayáis	hubierais	
	han	habían	hubieron	habrán	habrían	hayan	hubieran	
11 hacer	hago	hacía	hice	haré	haría	haga	hiciera	
	haces	hacías	hiciste	harás	harías	hagas	hicieras	haz tú (no hagas)
Participles:	hace	hacía	hizo	hará	haría	haga	hiciera	haga Ud.
haciendo	hacemos	hacíamos	hicimos	haremos	haríamos	hagamos	hiciéramos	hagamos
hecho	hacéis	hacíais	hicisteis	haréis	haríais	hagáis	hicierais	haced (no hagáis)
	hacen	hacían	hicieron	harán	harían	hagan	hicieran	hagan Uds.
12 ir	voy	iba	fui	iré	iría	vaya	fuera	
	vas	ibas	fuiste	irás	irías	vayas	fueras	ve tú (no vayas)
Participles:	va	iba	fue	irá	iría	vaya	fuera	vaya Ud.
yendo	vamos	íbamos	fuimos	iremos	iríamos	vayamos	fuéramos	vamos (no vayamos)
ido	vais	ibais	fuisteis	iréis	iríais	vayáis	fuerais	id (no vayáis)
	van	iban	fueron	irán	irían	vayan	fueran	vayan Uds.
13 oír (y)	oigo	oía	oí	oiré	oiría	oiga	oyera	
	oyes	oías	oíste	oirás	oirías	oigas	oyeras	oye tú (no oigas)
Participles:	oye	oía	oyó	oirá	oiría	oiga	oyera	oiga Ud.
oyendo	oímos	oíamos	oímos	oiremos	oiríamos	oigamos	oyéramos	oigamos
oído	oís	oíais	oísteis	oiréis	oiríais	oigáis	oyerais	oíd (no oigáis)
	oyen	oían	oyeron	oirán	oirían	oigan	oyeran	oigan Uds.

Infinitive	INDICATIVE					SUBJUNCTIVE		IMPERATIVE
	Present	Imperfect	Preterite	Future	Conditional	Present	Past	
14 poder (o:ue) **Participles:** **pudiendo** podido	**puedo** **puedes** **puede** podemos podéis **pueden**	podía podías podía podíamos podíais podían	**pude** **pudiste** **pudo** **pudimos** **pudisteis** **pudieron**	**podré** **podrás** **podrá** **podremos** **podréis** **podrán**	**podría** **podrías** **podría** **podríamos** **podríais** **podrían**	**pueda** **puedas** **pueda** podamos podáis **puedan**	**pudiera** **pudieras** **pudiera** **pudiéramos** **pudierais** **pudieran**	**puede** tú (no **puedas**) **pueda** Ud. podamos poded (no podáis) **puedan** Uds.
15 poner **Participles:** poniendo **puesto**	**pongo** pones pone ponemos ponéis ponen	ponía ponías ponía poníamos poníais ponían	**puse** **pusiste** **puso** **pusimos** **pusisteis** **pusieron**	**pondré** **pondrás** **pondrá** **pondremos** **pondréis** **pondrán**	**pondría** **pondrías** **pondría** **pondríamos** **pondríais** **pondrían**	**ponga** **pongas** **ponga** **pongamos** **pongáis** **pongan**	**pusiera** **pusieras** **pusiera** **pusiéramos** **pusierais** **pusieran**	**pon** tú (no **pongas**) **ponga** Ud. **pongamos** poned (no **pongáis**) **pongan** Uds.
16 querer (e:ie) **Participles:** queriendo querido	**quiero** **quieres** **quiere** queremos queréis **quieren**	quería querías quería queríamos queríais querían	**quise** **quisiste** **quiso** **quisimos** **quisisteis** **quisieron**	**querré** **querrás** **querrá** **querremos** **querréis** **querrán**	**querría** **querrías** **querría** **querríamos** **querríais** **querrían**	**quiera** **quieras** **quiera** queramos queráis **quieran**	**quisiera** **quisieras** **quisiera** **quisiéramos** **quisierais** **quisieran**	**quiere** tú (no **quieras**) **quiera** Ud. queramos quered (no queráis) **quieran** Uds.
17 saber **Participles:** sabiendo sabido	**sé** sabes sabe sabemos sabéis saben	sabía sabías sabía sabíamos sabíais sabían	**supe** **supiste** **supo** **supimos** **supisteis** **supieron**	**sabré** **sabrás** **sabrá** **sabremos** **sabréis** **sabrán**	**sabría** **sabrías** **sabría** **sabríamos** **sabríais** **sabrían**	**sepa** **sepas** **sepa** **sepamos** **sepáis** **sepan**	**supiera** **supieras** **supiera** **supiéramos** **supierais** **supieran**	sabe tú (no **sepas**) **sepa** Ud. **sepamos** sabed (no **sepáis**) **sepan** Uds.
18 salir **Participles:** saliendo salido	**salgo** sales sale salimos salís salen	salía salías salía salíamos salíais salían	salí saliste salió salimos salisteis salieron	**saldré** **saldrás** **saldrá** **saldremos** **saldréis** **saldrán**	**saldría** **saldrías** **saldría** **saldríamos** **saldríais** **saldrían**	**salga** **salgas** **salga** **salgamos** **salgáis** **salgan**	saliera salieras saliera saliéramos salierais salieran	**sal** tú (no **salgas**) **salga** Ud. **salgamos** salid (no **salgáis**) **salgan** Uds.
19 ser **Participles:** siendo sido	**soy** **eres** **es** **somos** **sois** **son**	**era** **eras** **era** **éramos** **erais** **eran**	**fui** **fuiste** **fue** **fuimos** **fuisteis** **fueron**	seré serás será seremos seréis serán	sería serías sería seríamos seríais serían	**sea** **seas** **sea** **seamos** **seáis** **sean**	**fuera** **fueras** **fuera** **fuéramos** **fuerais** **fueran**	**sé** tú (no **seas**) **sea** Ud. **seamos** sed (no **seáis**) **sean** Uds.
20 tener (e:ie) **Participles:** teniendo tenido	**tengo** **tienes** **tiene** tenemos tenéis **tienen**	tenía tenías tenía teníamos teníais tenían	**tuve** **tuviste** **tuvo** **tuvimos** **tuvisteis** **tuvieron**	**tendré** **tendrás** **tendrá** **tendremos** **tendréis** **tendrán**	**tendría** **tendrías** **tendría** **tendríamos** **tendríais** **tendrían**	**tenga** **tengas** **tenga** **tengamos** **tengáis** **tengan**	**tuviera** **tuvieras** **tuviera** **tuviéramos** **tuvierais** **tuvieran**	**ten** tú (no **tengas**) **tenga** Ud. **tengamos** tened (no **tengáis**) **tengan** Uds.

21 — traer
Participles: **trayendo**, **traído**

	INDICATIVE					SUBJUNCTIVE		IMPERATIVE
Infinitive	Present	Imperfect	Preterite	Future	Conditional	Present	Past	
traer	**traigo**	traía	**traje**	traeré	traería	**traiga**	**trajera**	
	traes	traías	**trajiste**	traerás	traerías	**traigas**	**trajeras**	trae tú (no **traigas**)
	trae	traía	**trajo**	traerá	traería	**traiga**	**trajera**	**traiga** Ud.
	traemos	traíamos	**trajimos**	traeremos	traeríamos	**traigamos**	**trajéramos**	**traigamos**
	traéis	traíais	**trajisteis**	traeréis	traeríais	**traigáis**	**trajerais**	traed (no **traigáis**)
	traen	traían	**trajeron**	traerán	traerían	**traigan**	**trajeran**	**traigan** Uds.

22 — venir (e:ie)
Participles: **viniendo**, venido

	INDICATIVE					SUBJUNCTIVE		IMPERATIVE
Infinitive	Present	Imperfect	Preterite	Future	Conditional	Present	Past	
venir (e:ie)	**vengo**	venía	**vine**	**vendré**	**vendría**	**venga**	**viniera**	
	vienes	venías	**viniste**	**vendrás**	**vendrías**	**vengas**	**vinieras**	**ven** tú (no **vengas**)
	viene	venía	**vino**	**vendrá**	**vendría**	**venga**	**viniera**	**venga** Ud.
	venimos	veníamos	**vinimos**	**vendremos**	**vendríamos**	**vengamos**	**viniéramos**	**vengamos**
	venís	veníais	**vinisteis**	**vendréis**	**vendríais**	**vengáis**	**vinierais**	venid (no **vengáis**)
	vienen	venían	**vinieron**	**vendrán**	**vendrían**	**vengan**	**vinieran**	**vengan** Uds.

23 — ver
Participles: viendo, **visto**

	INDICATIVE					SUBJUNCTIVE		IMPERATIVE
Infinitive	Present	Imperfect	Preterite	Future	Conditional	Present	Past	
ver	**veo**	**veía**	**vi**	veré	vería	**vea**	viera	
	ves	**veías**	viste	verás	verías	**veas**	vieras	ve tú (no **veas**)
	ve	**veía**	**vio**	verá	vería	**vea**	viera	**vea** Ud.
	vemos	**veíamos**	vimos	veremos	veríamos	**veamos**	viéramos	**veamos**
	veis	**veíais**	visteis	veréis	veríais	**veáis**	vierais	ved (no **veáis**)
	ven	**veían**	vieron	verán	verían	**vean**	vieran	**vean** Uds.

Stem-changing verbs

24 — contar (o:ue)
Participles: contando, contado

	INDICATIVE					SUBJUNCTIVE		IMPERATIVE
Infinitive	Present	Imperfect	Preterite	Future	Conditional	Present	Past	
contar (o:ue)	**cuento**	contaba	conté	contaré	contaría	**cuente**	contara	
	cuentas	contabas	contaste	contarás	contarías	**cuentes**	contaras	**cuenta** tú (no **cuentes**)
	cuenta	contaba	contó	contará	contaría	**cuente**	contara	**cuente** Ud.
	contamos	contábamos	contamos	contaremos	contaríamos	contemos	contáramos	contemos
	contáis	contabais	contasteis	contaréis	contaríais	contéis	contarais	contad (no contéis)
	cuentan	contaban	contaron	contarán	contarían	**cuenten**	contaran	**cuenten** Uds.

25 — dormir (o:ue)
Participles: **durmiendo**, dormido

	INDICATIVE					SUBJUNCTIVE		IMPERATIVE
Infinitive	Present	Imperfect	Preterite	Future	Conditional	Present	Past	
dormir (o:ue)	**duermo**	dormía	dormí	dormiré	dormiría	**duerma**	**durmiera**	
	duermes	dormías	dormiste	dormirás	dormirías	**duermas**	**durmieras**	**duerme** tú (no **duermas**)
	duerme	dormía	**durmió**	dormirá	dormiría	**duerma**	**durmiera**	**duerma** Ud.
	dormimos	dormíamos	dormimos	dormiremos	dormiríamos	**durmamos**	**durmiéramos**	**durmamos**
	dormís	dormíais	dormisteis	dormiréis	dormiríais	**durmáis**	**durmierais**	dormid (no **durmáis**)
	duermen	dormían	**durmieron**	dormirán	dormirían	**duerman**	**durmieran**	**duerman** Uds.

26 — empezar (e:ie) (z:c)
Participles: empezando, empezado

	INDICATIVE					SUBJUNCTIVE		IMPERATIVE
Infinitive	Present	Imperfect	Preterite	Future	Conditional	Present	Past	
empezar (e:ie) (z:c)	**empiezo**	empezaba	**empecé**	empezaré	empezaría	**empiece**	empezara	
	empiezas	empezabas	empezaste	empezarás	empezarías	**empieces**	empezaras	**empieza** tú (no **empieces**)
	empieza	empezaba	empezó	empezará	empezaría	**empiece**	empezara	**empiece** Ud.
	empezamos	empezábamos	empezamos	empezaremos	empezaríamos	**empecemos**	empezáramos	**empecemos**
	empezáis	empezabais	empezasteis	empezaréis	empezaríais	**empecéis**	empezarais	empezad (no **empecéis**)
	empiezan	empezaban	empezaron	empezarán	empezarían	**empiecen**	empezaran	**empiecen** Uds.

27. entender (e:ie)
Participles: entendiendo, entendido

Infinitive	Present	Imperfect	Preterite	Future	Conditional	Subj. Present	Subj. Past	Imperative
entender (e:ie)	entiendo	entendía	entendí	entenderé	entendería	entienda	entendiera	
	entiendes	entendías	entendiste	entenderás	entenderías	entiendas	entendieras	entiende tú (no entiendas)
	entiende	entendía	entendió	entenderá	entendería	entienda	entendiera	entienda Ud.
Participles:	entendemos	entendíamos	entendimos	entenderemos	entenderíamos	entendamos	entendiéramos	entendamos
entendiendo	entendéis	entendíais	entendisteis	entenderéis	entenderíais	entendáis	entendierais	entended (no entendáis)
entendido	entienden	entendían	entendieron	entenderán	entenderían	entiendan	entendieran	entiendan Uds.

28. jugar (u:ue) (g:gu)
Participles: jugando, jugado

Infinitive	Present	Imperfect	Preterite	Future	Conditional	Subj. Present	Subj. Past	Imperative
jugar (u:ue) (g:gu)	juego	jugaba	jugué	jugaré	jugaría	juegue	jugara	
	juegas	jugabas	jugaste	jugarás	jugarías	juegues	jugaras	juega tú (no juegues)
	juega	jugaba	jugó	jugará	jugaría	juegue	jugara	juegue Ud.
Participles:	jugamos	jugábamos	jugamos	jugaremos	jugaríamos	juguemos	jugáramos	juguemos
jugando	jugáis	jugabais	jugasteis	jugaréis	jugaríais	juguéis	jugarais	jugad (no juguéis)
jugado	juegan	jugaban	jugaron	jugarán	jugarían	jueguen	jugaran	jueguen Uds.

29. pedir (e:i)
Participles: pidiendo, pedido

Infinitive	Present	Imperfect	Preterite	Future	Conditional	Subj. Present	Subj. Past	Imperative
pedir (e:i)	pido	pedía	pedí	pediré	pediría	pida	pidiera	
	pides	pedías	pediste	pedirás	pedirías	pidas	pidieras	pide tú (no pidas)
	pide	pedía	pidió	pedirá	pediría	pida	pidiera	pida Ud.
Participles:	pedimos	pedíamos	pedimos	pediremos	pediríamos	pidamos	pidiéramos	pidamos
pidiendo	pedís	pedíais	pedisteis	pediréis	pediríais	pidáis	pidierais	pedid (no pidáis)
pedido	piden	pedían	pidieron	pedirán	pedirían	pidan	pidieran	pidan Uds.

30. pensar (e:ie)
Participles: pensando, pensado

Infinitive	Present	Imperfect	Preterite	Future	Conditional	Subj. Present	Subj. Past	Imperative
pensar (e:ie)	pienso	pensaba	pensé	pensaré	pensaría	piense	pensara	
	piensas	pensabas	pensaste	pensarás	pensarías	pienses	pensaras	piensa tú (no pienses)
	piensa	pensaba	pensó	pensará	pensaría	piense	pensara	piense Ud.
Participles:	pensamos	pensábamos	pensamos	pensaremos	pensaríamos	pensemos	pensáramos	pensemos
pensando	pensáis	pensabais	pensasteis	pensaréis	pensaríais	penséis	pensarais	pensad (no penséis)
pensado	piensan	pensaban	pensaron	pensarán	pensarían	piensen	pensaran	piensen Uds.

31. reír (e:i)
Participles: riendo, reído

Infinitive	Present	Imperfect	Preterite	Future	Conditional	Subj. Present	Subj. Past	Imperative
reír (e:i)	río	reía	reí	reiré	reiría	ría	riera	
	ríes	reías	reíste	reirás	reirías	rías	rieras	ríe tú (no rías)
	ríe	reía	rio	reirá	reiría	ría	riera	ría Ud.
Participles:	reímos	reíamos	reímos	reiremos	reiríamos	riamos	riéramos	riamos
riendo	reís	reíais	reísteis	reiréis	reiríais	riáis	rierais	reíd (no riáis)
reído	ríen	reían	rieron	reirán	reirían	rían	rieran	rían Uds.

32. seguir (e:i) (gu:g)
Participles: siguiendo, seguido

Infinitive	Present	Imperfect	Preterite	Future	Conditional	Subj. Present	Subj. Past	Imperative
seguir (e:i) (gu:g)	sigo	seguía	seguí	seguiré	seguiría	siga	siguiera	
	sigues	seguías	seguiste	seguirás	seguirías	sigas	siguieras	sigue tú (no sigas)
	sigue	seguía	siguió	seguirá	seguiría	siga	siguiera	siga Ud.
Participles:	seguimos	seguíamos	seguimos	seguiremos	seguiríamos	sigamos	siguiéramos	sigamos
siguiendo	seguís	seguíais	seguisteis	seguiréis	seguiríais	sigáis	siguierais	seguid (no sigáis)
seguido	siguen	seguían	siguieron	seguirán	seguirían	sigan	siguieran	sigan Uds.

33. sentir (e:ie)
Participles: sintiendo, sentido

Infinitive	Present	Imperfect	Preterite	Future	Conditional	Subj. Present	Subj. Past	Imperative
sentir (e:ie)	siento	sentía	sentí	sentiré	sentiría	sienta	sintiera	
	sientes	sentías	sentiste	sentirás	sentirías	sientas	sintieras	siente tú (no sientas)
	siente	sentía	sintió	sentirá	sentiría	sienta	sintiera	sienta Ud.
Participles:	sentimos	sentíamos	sentimos	sentiremos	sentiríamos	sintamos	sintiéramos	sintamos
sintiendo	sentís	sentíais	sentisteis	sentiréis	sentiríais	sintáis	sintierais	sentid (no sintáis)
sentido	sienten	sentían	sintieron	sentirán	sentirían	sientan	sintieran	sientan Uds.

34 volver (o:ue)
Participles: volviendo, vuelto

	INDICATIVE					SUBJUNCTIVE		IMPERATIVE
Infinitive	Present	Imperfect	Preterite	Future	Conditional	Present	Past	
volver (o:ue)	vuelvo	volvía	volví	volveré	volvería	vuelva	volviera	
	vuelves	volvías	volviste	volverás	volverías	vuelvas	volvieras	vuelve tú (no vuelvas)
	vuelve	volvía	volvió	volverá	volvería	vuelva	volviera	vuelva Ud.
Participles:	volvemos	volvíamos	volvimos	volveremos	volveríamos	volvamos	volviéramos	volvamos
volviendo	volvéis	volvíais	volvisteis	volveréis	volveríais	volváis	volvierais	volved (no volváis)
vuelto	vuelven	volvían	volvieron	volverán	volverían	vuelvan	volvieran	vuelvan Uds.

Verbs with spelling changes only

35 conocer (c:zc)
Participles: conociendo, conocido

	INDICATIVE					SUBJUNCTIVE		IMPERATIVE
Infinitive	Present	Imperfect	Preterite	Future	Conditional	Present	Past	
conocer (c:zc)	conozco	conocía	conocí	conoceré	conocería	conozca	conociera	
	conoces	conocías	conociste	conocerás	conocerías	conozcas	conocieras	conoce tú (no conozcas)
	conoce	conocía	conoció	conocerá	conocería	conozca	conociera	conozca Ud.
Participles:	conocemos	conocíamos	conocimos	conoceremos	conoceríamos	conozcamos	conociéramos	conozcamos
conociendo	conocéis	conocíais	conocisteis	conoceréis	conoceríais	conozcáis	conocierais	conoced (no conozcáis)
conocido	conocen	conocían	conocieron	conocerán	conocerían	conozcan	conocieran	conozcan Uds.

36 creer (y)
Participles: creyendo, creído

	INDICATIVE					SUBJUNCTIVE		IMPERATIVE
Infinitive	Present	Imperfect	Preterite	Future	Conditional	Present	Past	
creer (y)	creo	creía	creí	creeré	creería	crea	creyera	
	crees	creías	creíste	creerás	creerías	creas	creyeras	cree tú (no creas)
	cree	creía	creyó	creerá	creería	crea	creyera	crea Ud.
Participles:	creemos	creíamos	creímos	creeremos	creeríamos	creamos	creyéramos	creamos
creyendo	creéis	creíais	creísteis	creeréis	creeríais	creáis	creyerais	creed (no creáis)
creído	creen	creían	creyeron	creerán	creerían	crean	creyeran	crean Uds.

37 cruzar (z:c)
Participles: cruzando, cruzado

	INDICATIVE					SUBJUNCTIVE		IMPERATIVE
Infinitive	Present	Imperfect	Preterite	Future	Conditional	Present	Past	
cruzar (z:c)	cruzo	cruzaba	crucé	cruzaré	cruzaría	cruce	cruzara	
	cruzas	cruzabas	cruzaste	cruzarás	cruzarías	cruces	cruzaras	cruza tú (no cruces)
	cruza	cruzaba	cruzó	cruzará	cruzaría	cruce	cruzara	cruce Ud.
Participles:	cruzamos	cruzábamos	cruzamos	cruzaremos	cruzaríamos	crucemos	cruzáramos	crucemos
cruzando	cruzáis	cruzabais	cruzasteis	cruzaréis	cruzaríais	crucéis	cruzarais	cruzad (no crucéis)
cruzado	cruzan	cruzaban	cruzaron	cruzarán	cruzarían	crucen	cruzaran	crucen Uds.

38 destruir (y)
Participles: destruyendo, destruido

	INDICATIVE					SUBJUNCTIVE		IMPERATIVE
Infinitive	Present	Imperfect	Preterite	Future	Conditional	Present	Past	
destruir (y)	destruyo	destruía	destruí	destruiré	destruiría	destruya	destruyera	
	destruyes	destruías	destruiste	destruirás	destruirías	destruyas	destruyeras	destruye tú (no destruyas)
	destruye	destruía	destruyó	destruirá	destruiría	destruya	destruyera	destruya Ud.
Participles:	destruimos	destruíamos	destruimos	destruiremos	destruiríamos	destruyamos	destruyéramos	destruyamos
destruyendo	destruís	destruíais	destruisteis	destruiréis	destruiríais	destruyáis	destruyerais	destruid (no destruyáis)
destruido	destruyen	destruían	destruyeron	destruirán	destruirían	destruyan	destruyeran	destruyan Uds.

39 enviar
Participles: enviando, enviado

	INDICATIVE					SUBJUNCTIVE		IMPERATIVE
Infinitive	Present	Imperfect	Preterite	Future	Conditional	Present	Past	
enviar	envío	enviaba	envié	enviaré	enviaría	envíe	enviara	
	envías	enviabas	enviaste	enviarás	enviarías	envíes	enviaras	envía tú (no envíes)
	envía	enviaba	envió	enviará	enviaría	envíe	enviara	envíe Ud.
Participles:	enviamos	enviábamos	enviamos	enviaremos	enviaríamos	enviemos	enviáramos	enviemos
enviando	enviáis	enviabais	enviasteis	enviaréis	enviaríais	enviéis	enviarais	enviad (no enviéis)
enviado	envían	enviaban	enviaron	enviarán	enviarían	envíen	enviaran	envíen Uds.

		INDICATIVE					SUBJUNCTIVE		IMPERATIVE
Infinitive	Present	Imperfect	Preterite	Future	Conditional	Present	Past	
40 graduar	**gradúo**	graduaba	gradué	graduaré	graduaría	**gradúe**	graduara	
	gradúas	graduabas	graduaste	graduarás	graduarías	**gradúes**	graduaras	**gradúa** tú (no **gradúes**)
	gradúa	graduaba	graduó	graduará	graduaría	**gradúe**	graduara	**gradúe** Ud.
Participles:	graduamos	graduábamos	graduamos	graduaremos	graduaríamos	graduemos	graduáramos	graduemos
graduando	graduáis	graduabais	graduasteis	graduaréis	graduaríais	graduéis	graduarais	graduad (no graduéis)
graduado	**gradúan**	graduaban	graduaron	graduarán	graduarían	**gradúen**	graduaran	**gradúen** Uds.
41 llegar (g:gu)	llego	llegaba	**llegué**	llegaré	llegaría	**llegue**	llegara	
	llegas	llegabas	llegaste	llegarás	llegarías	**llegues**	llegaras	llega tú (no **llegues**)
	llega	llegaba	llegó	llegará	llegaría	**llegue**	llegara	**llegue** Ud.
Participles:	llegamos	llegábamos	llegamos	llegaremos	llegaríamos	**lleguemos**	llegáramos	**lleguemos**
llegando	llegáis	llegabais	llegasteis	llegaréis	llegaríais	**lleguéis**	llegarais	llegad (no **lleguéis**)
llegado	llegan	llegaban	llegaron	llegarán	llegarían	**lleguen**	llegaran	**lleguen** Uds.
42 proteger (g:j)	**protejo**	protegía	protegí	protegeré	protegería	**proteja**	protegiera	
	proteges	protegías	protegiste	protegerás	protegerías	**protejas**	protegieras	protege tú (no **protejas**)
	protege	protegía	protegió	protegerá	protegería	**proteja**	protegiera	**proteja** Ud.
Participles:	protegemos	protegíamos	protegimos	protegeremos	protegeríamos	**protejamos**	protegiéramos	**protejamos**
protegiendo	protegéis	protegíais	protegisteis	protegeréis	protegeríais	**protejáis**	protegierais	proteged (no **protejáis**)
protegido	protegen	protegían	protegieron	protegerán	protegerían	**protejan**	protegieran	**protejan** Uds.
43 tocar (c:qu)	toco	tocaba	**toqué**	tocaré	tocaría	**toque**	tocara	
	tocas	tocabas	tocaste	tocarás	tocarías	**toques**	tocaras	toca tú (no **toques**)
	toca	tocaba	tocó	tocará	tocaría	**toque**	tocara	**toque** Ud.
Participles:	tocamos	tocábamos	tocamos	tocaremos	tocaríamos	**toquemos**	tocáramos	**toquemos**
tocando	tocáis	tocabais	tocasteis	tocaréis	tocaríais	**toquéis**	tocarais	tocad (no **toquéis**)
tocado	tocan	tocaban	tocaron	tocarán	tocarían	**toquen**	tocaran	**toquen** Uds.
44 vencer (c:z)	**venzo**	vencía	vencí	venceré	vencería	**venza**	venciera	
	vences	vencías	venciste	vencerás	vencerías	**venzas**	vencieras	vence tú (no **venzas**)
	vence	vencía	venció	vencerá	vencería	**venza**	venciera	**venza** Ud.
Participles:	vencemos	vencíamos	vencimos	venceremos	venceríamos	**venzamos**	venciéramos	**venzamos**
venciendo	vencéis	vencíais	vencisteis	venceréis	venceríais	**venzáis**	vencierais	venced (no **venzáis**)
vencido	vencen	vencían	vencieron	vencerán	vencerían	**venzan**	vencieran	**venzan** Uds.
45 esparcir (c:z)	esparzo	esparcía	esparcí	esparciré	esparciría	**esparza**	esparciera	
	esparces	esparcías	esparciste	esparcirás	esparcirías	**esparzas**	esparcieras	esparce tú (no **esparzas**)
	esparce	esparcía	esparció	esparcirá	esparciría	**esparza**	esparciera	**esparza** Ud.
Participles:	esparcimos	esparcíamos	esparcimos	esparciremos	esparciríamos	**esparzamos**	esparciéramos	**esparzamos**
esparciendo	esparcís	esparcíais	esparcisteis	esparciréis	esparciríais	**esparzáis**	esparcierais	esparcid (no **esparzáis**)
esparcido	esparcen	esparcían	esparcieron	esparcirán	esparcirían	**esparzan**	esparcieran	**esparzan** Uds.
46 extinguir (gu:g)	**extingo**	extinguía	extinguí	extinguiré	extinguiría	**extinga**	extinguiera	
	extingues	extinguías	extinguiste	extinguirás	extinguirías	**extingas**	extinguieras	extingue tú (no **extingas**)
	extingue	extinguía	extinguió	extinguirá	extinguiría	**extinga**	extinguiera	**extinga** Ud.
Participles:	extinguimos	extinguíamos	extinguimos	extinguiremos	extinguiríamos	**extingamos**	extinguiéramos	**extingamos**
extinguiendo	extinguís	extinguíais	extinguisteis	extinguiréis	extinguiríais	**extingáis**	extinguierais	extinguid (no **extingáis**)
extinguido	extinguen	extinguían	extinguieron	extinguirán	extinguirían	**extingan**	extinguieran	**extingan** Uds.

Guide to Vocabulary

This glossary contains the words and expressions listed on the **Vocabulario** page found at the end of each lesson in **Enfoques**, as well as other useful vocabulary. A numeral following an entry indicates the lesson where the word or expression was introduced. Check the **Estructura** sections of each lesson for words and expressions related to those grammar topics.

Abbreviations used in this glossary

adj.	adjective	*f.*	feminine	*interj.*	interjection	*p.p.*	past participle	*sing.*	singular
adv.	adverb	*fam.*	familiar	*m.*	masculine	*prep.*	preposition	*v.*	verb
conj.	conjunction	*form.*	formal	*pl.*	plural	*pron.*	pronoun		

Note on alphabetization

For purposes of alphabetization, **ch** and **ll** are not treated as separate letters, but **ñ** follows **n**.

Español-Inglés

A

abogado/a *m., f.* lawyer
abrazar *v.* to hug; to hold **1**
abrir(se) *v.* to open; **abrirse paso** to make one's way
abrocharse *v.* to fasten; **abrocharse el cinturón de seguridad** to fasten one's seatbelt **5**
abstracto/a *adj.* abstract **10**
aburrir *v.* to bore **2**
aburrirse *v.* to get bored **2**
acantilado *m.* cliff
acariciar *v.* to caress **10**
acaso *adv.* perhaps
accidente *m.* accident; **accidente automovilístico** *m.* car accident **5**
aceituna *f.* olive **6**
acercarse (a) *v.* to approach **2**
aclarar *v.* to clarify **9**
acoger *v.* to welcome; to take in; to receive
acompañar *v.* to come with **10**
aconsejar *v.* to advise; to suggest **4**
acontecimiento *m.* event **9**
acordar (o:ue) *v.* to agree
acordarse (o:ue) **(de)** *v.* to remember **2**
acostarse (o:ue) *v.* to go to bed **2**
acostumbrado/a *adj.* accustomed to; **estar acostumbrado/a a** *v.* to be used to
acostumbrarse (a) *v.* to get used to; to grow accustomed (to) **3**
activista *m., f.* activist **11**
acto: en el acto immediately; on the spot **3**
actual *adj.* current **9**
actualidad *f.* current events **9**
actualizado/a *adj.* up-to-date **9**
actualizar *v.* to update **7**
actualmente *adv.* currently
acuarela *f.* watercolor **10**
adelantado/a *adj.* advanced **12**
adelanto *m.* improvement **4**
adelgazar *v.* to lose weight **4**
adinerado/a *adj.* wealthy
adivinar *v.* to guess
adjuntar *v.* to attach **7**; **adjuntar un archivo** to attach a file **7**
administrar *v.* to manage; to run **8**

ADN (ácido desoxirribonucleico) *m.* DNA **7**
adorar *v.* to adore **1**
adornado/a *adj.* embellished **7**
aduana *f.* customs; **agente de aduanas** customs agent **5**
advertencia *f.* warning **8**
afeitarse *v.* to shave **2**
aficionado/a (a) *adj.* fond of; a fan (of) **2**; **ser aficionado/a de** to be a fan of
afincarse *v.* to settle down **5**
afligirse *v.* to get upset **3**
afortunado/a *adj.* lucky
agenda *f.* datebook **3**
agente *m., f.* agent; officer; **agente de aduanas** *m., f.* customs agent **5**
agnóstico/a *adj.* agnostic **11**
agobiado/a *adj.* overwhelmed **1**
agotado/a *adj.* exhausted **4**
agotar *v.* to use up **4**
agradecimiento *m.* gratitude
¡Aguas! *interj.* Watch out! *(Méx.)*
aguja *f.* needle **4**
agujero *m.* hole; **agujero en la capa de ozono** *m.* hole in the ozone layer; **agujero negro** *m.* black hole **7**
ahogarse *v.* to smother; to drown
ahorrar *v.* to save **8**
ahorrarse *v.* to save oneself **7**
ahorro *m.* savings **8**
aislado/a *adj.* isolated **6**
aislar *v.* to isolate **9**
ajedrez *m.* chess **2, 12**
ala *m.* wing
alargar *v.* to drag out **1**
alba *f.* dawn; daybreak
albergue *m.* hostel **5**
álbum *m.* album **2**
alcalde/alcaldesa *m., f.* mayor **11**
alcaldía *f.* mayorship **11**
alcance *m.* reach **7**; **al alcance** within reach **10**; **al alcance de la mano** within reach
alcanzar *v.* to reach; to achieve; to succeed in
aldea *f.* village **4, 12**
alegría *f.* joy **11**
alimentación *f.* diet (nutrition) **4**
allá *adv.* there
alma (el) *f.* soul **1**
almohada *f.* pillow **5**

alojamiento *m.* lodging **5**
alojarse *v.* to stay **5**
alquilar *v.* to rent; **alquilar una película** to rent a movie **2**
alterar *v.* to modify; to alter
alternativas *f. pl.* options **3**
altiplano *m.* high plateau **11**
altoparlante *m.* loudspeaker
amable *adj.* nice; kind
amado/a *m., f.* loved one; sweetheart **1**
amanecer *m.* sunrise; morning
amante *m., f.* lover, fan **10**
amar *v.* to love **1**
ambiental *adj.* environmental **6**
ambos/as *pron., adj.* both
amenaza *f.* threat **8**
amenazar *v.* to threaten **3**
amor *m.* love; **amor (no) correspondido** (un)requited love
ampliar *v.* to enlarge **10**
amueblado/a *adj.* furnished
analgésico *m.* painkiller **2**
anciano/a *adj.* elderly
anciano/a *m., f.* elderly gentleman/lady
anfitrión/anfitriona *m., f.* host(ess)
anillo *m.* ring
animado/a *adj.* lively **2**
animar *v.* to cheer up; to encourage; **¡Anímate!** Cheer up! *(sing.)* **2**; **¡Anímense!** Cheer up! *(pl.)* **2**
ánimo *m.* spirit **1**
anotar (un gol/un punto) *v.* to score (a goal/a point) **2**
ansia *f.* anxiety **1**
ansioso/a *adj.* anxious **1**
antemano: de antemano *beforehand*
antena *f.* antenna; **antena parabólica** satellite dish
antes que nada first and foremost
antigüedad *f.* antiquity
antiguo/a *adj.* ancient **12**
antipático/a *adj.* mean; unpleasant
anuncio *m.* advertisement; commercial **9**
añadir *v.* to add
apagado/a *adj.* turned off **7**
apagar *v.* to turn off **3**
aparecer *v.* to appear **1**
apenas *adv.* hardly; scarcely **3**
aplaudir *v.* to applaud **2**
apogeo *m.* height; highest level **5**

aportación *f.* contribution **11**
apostar (o:ue) *v.* to bet
apoyar *v.* to support **8**
apoyarse (en) *v.* to lean (on)
apuntar *v.* to aim **11**
apreciado/a *adj.* appreciated
apreciar *v.* to appreciate **1**
aprendizaje *m.* learning **12**
aprobación *f.* approval **9**
aprobar (o:ue) *v.* to approve; to pass (*a class*); **aprobar una ley** to pass a law **11**
aprovechar *v.* to make good use of; to take advantage of
apuesta *f.* bet
apuro: tener apuro to be in a hurry; to be in a rush
árbitro/a *m., f.* referee **2**
árbol *m.* tree **6**
archivo *m.* file; **bajar un archivo** to download a file
arduo *adj.* hard
arepa *f.* cornmeal cake
argumento *m.* plot **10**
árido/a *adj.* arid **11**
aristocrático/a *adj.* aristocratic **12**
arma *f.* weapon **5**
armada *f.* navy **11**
armado/a *adj.* armed
arqueología *f.* archaeology
arqueólogo/a *m., f.* archaeologist
arrancar *v.* to start (*a car/race*)
arrastrar *v.* to drag
arrecife *m.* reef **6**
arreglar *v.* to fix **7**
arreglarse *v.* to get ready **3**
arreglárselas (para) *v.* to manage to **4**
arrepentirse (de) (e:ie) *v.* to repent **2**
arriesgar *v.* to risk
arriesgarse *v.* to risk; to take a risk
arroba *f.* @ symbol **7**
arroyo *m.* stream **10**
arruga *f.* wrinkle
arruinar *v.* to ruin **3**
artefacto *m.* artifact **5**
artesanía *f.* handicraft **3**
artesano/a *m., f.* artisan **10**
asaltar *v.* to rob **10**
ascender (e:ie) *v.* to rise; to be promoted **8**
ascensor *m.* elevator **5**
asco *m.* revulsion; **dar asco** to be disgusting
asegurar *v.* to assure; to guarantee
asegurarse *v.* to make sure
aseo *m.* cleanliness; hygiene; **aseo personal** *m.* personal care
asesor(a) *m., f.* consultant; advisor **8**
así *adv.* like this; so **3**
asiento *m.* seat **2**
asombrar *v.* to amaze
asombrarse *v.* to be astonished
asombro *m.* amazement; astonishment
asombroso/a *adj.* astonishing
aspecto *m.* appearance; look; **tener buen/mal aspecto** to look healthy/sick **4**
aspirina *f.* aspirin **4**
astronauta *m., f.* astronaut **7**
astrónomo/a *m., f.* astronomer **7**
asunto *m.* matter; topic
asustado/a *adj.* frightened; scared
asustar *v.* to scare **7**
ataque cardíaco *m.* heart attack **4**

atar *v.* to tie (up)
ataúd *m.* casket
ateísmo *m.* atheism
ateo/a *adj.* atheist **11**
aterrizar *v.* to land (an airplane) **5**
atletismo *m.* track-and-field events
atónito/a *adj.* astonished **9**
atracción *f.* attraction
atraer *v.* to attract **1**
atrapar *v.* to trap; to catch **6**
atrasado/a *adj.* late **3**
atrasar *v.* to delay
atreverse (a) *v.* to dare (to) **2**
atropellar *v.* to run over
audiencia *f.* audience
aumentar *v.* to increase **10**
aumento *m.* increase; raise; **aumento de sueldo** *m.* raise in salary **8**
auricular *m.* telephone receiver **7**
ausente *adj.* absent
auténtico/a *adj.* real; genuine **3**
autobiografía *f.* autobiography **10**
autoestima *f.* self-esteem **4**
autoritario/a *adj.* strict; authoritarian **1**
autorretrato *m.* self-portrait **10**
auxiliar de vuelo *m., f.* flight attendant
auxilio *m.* help; aid; **primeros auxilios** *m. pl.* first aid **4**
avance *m.* advance; breakthrough **7**
avanzado/a *adj.* advanced **7**
avaro/a *m., f.* miser
ave *f.* bird **6**
aventura *f.* adventure **5**
aventurero/a *m., f.* adventurer **5**
avergonzado/a *adj.* ashamed; embarrassed
avergonzar *v.* to embarrass **8**
averiguar *v.* to find out **1**
avisar *v.* to inform; to warn
aviso *m.* notice; warning **5**
ayer (el) *m.* past **3**
azar *m.* chance **12**

B

bailar *v.* to dance **1**
bailarín/bailarina *m., f.* dancer
bajar *v.* to lower
bajarse *v.* to get down/out **5**
bajos recursos *m., pl.* low-income **8**
balcón *m.* balcony **3**
balón *m.* ball
bancario/a *adj.* banking
bancarrota *f.* bankruptcy **8**
banda sonora *f.* soundtrack **9**
bandera *f.* flag
bañarse *v.* to take a bath **2**
barato/a *adj.* cheap; inexpensive **3**
barbaridad *f.* outrageous thing **10**
barrer *v.* to sweep **3**
barrio *m.* neighborhood
barro *m.* mud, clay **10**
bastante *adv.* quite; enough **3**
basura *f.* trash **8**
batalla *f.* battle **4, 12**
bautismo *m.* baptism **9**
beber *v.* to drink **1**
bellas artes *f., pl* fine arts **10**
belleza *f.* beauty **8**
bendecir (e:i) *v.* to bless **11**
bendito/a *adj.* blessed **2**

beneficios *m. pl.* benefits
besar *v.* to kiss **1**
biblioteca *f.* library **12**
bienestar *m.* well-being **4**
bienvenida *f.* welcome **5**
bilingüe *adj.* bilingual **9**
billar *m.* billiards **2**
biografía *f.* biography **10**
biólogo/a *m., f.* biologist **7**
bioquímico/a *adj.* biochemical **7**
bitácora *f.* travel log; weblog **7**
blog *m.* blog **7**
blogonovela *f.* blognovel **7**
blogosfera *f.* blogosphere **7**
bobo/a *m., f.* silly, stupid person **7**
boleto *m.* ticket
boliche *m.* bowling **2**
bolsa *f.* bag; sack; stock market; **bolsa de valores** *f.* stock market **8**
bombardeo *m.* bombing **6**
bondad *f.* goodness; **¿Tendría usted la bondad de** + *inf.*... ? Could you please ...? (*form.*)
boquiabierto/a *adj.* openmouthed **11**
bordo: a bordo *adv.* on board **5**
borrar *v.* to erase **7**
bosque *m.* forest; **bosque lluvioso** *m.* rain forest **6**
bostezar *v.* to yawn
botar *v.* to throw... out
botarse *v.* to outdo oneself (*P. Rico; Cuba*)
brindar *v.* to make a toast **2**
brindis *m.* toast **3**
broma *f.* joke
bromear *v* to joke
brújula *f.* compass **5**
buceo *m.* scuba diving **5**
budista *adj.* Buddhist **11**
bueno/a *adj.* good; **estar bueno/a** *v.* to (still) be good (i.e., *fresh*); **ser bueno/a** *v.* to be good (*by nature*); **¡Buen fin de semana!** Have a nice weekend!
búfalo *m.* buffalo
burla *f.* mockery
burlar *v.* to outsmart **9**
burlarse (de) *v.* to make fun (of)
burocracia *f.* bureaucracy
buscador *m.* search engine **7**
búsqueda *f.* search
buzón *m.* mailbox

C

caber *v.* to fit; **no caber duda** to be no doubt
cabina *f.* cockpit **5**
cabo *m.* cape; end (*rope, string*); **al fin y al cabo** sooner or later, after all; **llevar a cabo** to carry out (*an activity*)
cabra *f.* goat
cacique *m.* tribal chief **12**
cadena *f.* network **9**; **cadena de televisión** *f.* television network
caducar *v* to expire
caer(se) *v.* to fall **1**; **caer bien/mal** to get along well/badly with **2**
caja *f.* box
cajero/a *m., f.* cashier; **cajero automático** *m.* ATM
calentamiento global *m.* global warming **6**
calentar (e:ie) *v.* to warm up **3**

calidad *f.* quality

callado/a *adj.* quiet/silent

callarse *v.* to be quiet, silent

calmante *m.* tranquilizer 4

calmarse *v.* to calm down; to relax

calzoncillos *m. pl.* underwear (men's)

camarero/a *m., f.* waiter; waitress

cambiar *v* to change

cambio *m.* change; **a cambio de** in exchange for

camilla *f.* stretcher 4

camino de vuelta *m.* way back 5

camioneta *f.* pickup truck 7

campamento *m.* campground 5

campaña *f.* campaign 11

campeón/campeona *m., f.* champion 2

campeonato *m.* championship

campo *m.* ball field 5

campo *m.* countryside; field 6

canal *m.* channel 9; **canal de televisión** *m.* television channel

cancelar *v.* to cancel 5

cáncer *m.* cancer

cancha *f.* field

candidato/a *m., f.* candidate 11

cansancio *m.* exhaustion 3

cansarse *v.* to become tired

cantante *m., f.* singer 2

canto *m.* singing 9

capa *f.* layer; **capa de ozono** *f.* ozone layer 6

capaz *adj.* competent; capable 8

capilla *f.* chapel

capitán *m.* captain

capítulo *m.* chapter

caracterización *f.* characterization 10

cargo *m.* position; **estar a cargo de** to be in charge of 1

cariño *m.* affection 1

cariñoso/a *adj.* affectionate 1

carne *f.* meat; flesh

carné de conducir *m.* driver's license 11

carrera *f.* race 2

caro/a *adj.* expensive 3

cartas *f. pl.* (playing) cards 2

casado/a *adj.* married 1

cascada *f.* waterfall 6

casi *adv.* almost 3
casi nunca *adv.* rarely 3

castigo *m.* punishment

casualidad *f.* chance; coincidence; **por casualidad** by chance 3

catástrofe *f.* catastrophe; disaster; **catástrofe natural** *f.* natural disaster

categoría *f.* category 5; **de buena categoría** *adj.* high quality 5

católico/a *adj.* Catholic 11

cazar *v.* to hunt 6

ceder *v.* give up 11

ceguera *f.* blindness 4

celda *f.* cell

celebrar *v.* to celebrate 2

celebridad *f.* celebrity 9

celos *m. pl.* jealousy; **tener celos de** to be jealous of 1

celoso/a *adj.* jealous 1

célula *f.* cell 7

cementerio *m.* cemetery 12

censura *f.* censorship 9

centavo *m.* cent

centro comercial *m.* mall 3

cepillarse *v.* to brush 2

cerdo *m.* pig 6

cerro *m.* hill

certeza *f.* certainty

certidumbre *f.* certainty 12

chiripazo *m.* coincidence (*Col.*) 4

chisme *m.* gossip 9

chiste *m.* joke 1

choque *m.* crash 3

choza *f.* hut 12

cicatriz *f.* scar

ciclo vital *m.* life cycle 4

cielorraso *m.* ceiling 4

ciencia ficción *f.* science fiction 10

científico/a *adj.* scientific

científico/a *m., f.* scientist 7

cierto/a *adj.* certain, sure; **¡Cierto!** Sure!; **No es cierto.** That's not so.

cima *f.* height 1

cine *m.* movie theater; cinema 2

cinta *f.* tape 1

cinturón *m.* belt; **cinturón de seguridad** *m.* seatbelt 5; **abrocharse el cinturón de seguridad** *v.* to fasten one's seatbelt; **ponerse (el cinturón)** *v.* to fasten (the seatbelt) 5; **quitarse (el cinturón)** *v.* to unfasten (the seatbelt) 5

circo *m.* circus 2

cirugía *f.* surgery 4

cirujano/a *m., f.* surgeon 4

cita *f.* date; quotation; **cita a ciegas** *f.* blind date 1

ciudadano/a *m., f.* citizen 11

civilización *f.* civilization 12

civilizado/a *adj.* civilized

claro *interj.* of course 3; **¡Claro que no!** *interj.* Of course not! 5

clásico/a *adj.* classic 10

claustro *m.* cloister

clave *f.* key 8

clima *m.* climate

clonar *v.* to clone 7

club *m.* club; **club deportivo** *m.* sports club 2

coartada *f.* alibi 10

cobertura *f.* (cell phone) service 5

cobrador(a) *m., f.* debt collector 8

cobrar *v.* to charge; to receive 8

cochinillo *m.* suckling pig 10

cocinar *v.* to cook 3

cocinero/a *m., f.* chef; cook

codo *m.* elbow

coger la caña *v.* to accept (*Col.*) 2

cohete *m.* rocket 7

cola *f.* line; tail; **hacer cola** to wait in line 2

coleccionar *v.* to collect

coleccionista *m., f.* collector

colgar (o:ue) *v.* to hang (up)

colina *f.* hill

colmena *f.* beehive 8

colocar *v.* to place (*an object*) 2

colonia *f.* colony 12

colonizar *v.* to colonize 12

columnista *m., f.* columnist

combatiente *m., f.* combatant

combustible *m.* fuel 6

comediante *m., f.* comedian 1

comensal *m., f.* dinner guest 10

comer *v.* to eat 1, 2

comerciar *v.* to trade 9

comerciante *m., f.* storekeeper; trader

comercio *m.* commerce; trade 8

comerse *v.* to eat up 2

comestible *adj.* edible; **planta comestible** *f.* edible plant

cometa *m.* comet 7

cómo *adv.* how; **¿Cómo así?** *expr.* How come? 2; **¡Cómo no!** Of course!; **¿Cómo que son...?** What do you mean they are...?

compañía *f.* company 8

competencia *f.* competition 9

completo/a *adj.* complete; filled up; **El hotel está completo.** The hotel is filled.

componer *v.* to compose 1

compositor(a) *m., f.* composer

comprobar (o:ue) *v.* to prove 7

compromiso *m.* awkward situation 10

compromiso *m.* commitment; responsibility 1

computación *f.* computer science

computadora portátil *f.* laptop 7

comunidad *f.* community 4

conciencia *f.* conscience

concierto *m.* concert 2

concursante *m., f.* contestant 9

conducir *v.* to drive 1

conductor(a) *m., f.* announcer

conejo *m.* rabbit 6

conferencia *f.* conference 8

confesar (e:ie) *v.* to confess

confianza *f.* trust; confidence 1

confundido/a *adj.* confused

confundir (con) *v.* to confuse (with)

confuso/a *adj.* blurred 1

congelado/a *adj.* frozen

congeniar *v.* to get along

congestionado/a *adj.* congested

congestionamiento *m.* traffic jam 5

conjunto *m.* collection; **conjunto (musical)** *m.* (musical) group, band

conmovedor(a) *adj.* moving

conocer *v.* to know 1

conocimiento *m.* knowledge 12

conquista *f.* conquest 12

conquistador(a) *m., f.* conquistador; conqueror 12

conquistar *v.* to conquer 12

conseguir (e:) *v.* to obtain 8; **conseguir boletos/entradas** *v.* to get tickets 2

conservador(a) *adj.* conservative 11

conservador(a) *m., f.* curator

conservar *v.* to conserve; to preserve 6

considerar *v.* to consider; **Considero que...** In my opinion, ...

consiguiente *adj.* resulting; consequent; **por consiguiente** consequently; as a result

construir *v.* to build 10

consulado *m.* consulate

consulta *f.* doctor's appointment 4

consultorio *m.* doctor's office 4

consumo *m.* consumption; **consumo de energía** *m.* energy consumption

contador(a) *m., f.* accountant 8

contagiarse *v.* to become infected **4**
contaminación *f.* pollution; contamination **6**
contaminar *v.* to pollute; to contaminate **6**
contemporáneo/a *adj.* contemporary **10**
contentarse con *v.* to be contented/satisfied with **1**
continuación *f.* sequel
contra *prep.* against; **en contra** *prep.* against
contraer *v.* to contract **1**
contraseña *f.* password **7**
contratar *v.* to hire **5, 8**
contrato *m.* contract **8**
contribuir (a) *v.* to contribute **6**
control remoto *m.* remote control
controvertido/a *adj.* controversial **9**
contundente *adj.* filling; heavy **10**
convertirse (en) (e:ie) *v.* to become **2**
copa *f.* (drinking) glass **3**; **Copa del mundo** World Cup
coquetear *v.* to flirt **1**
coraje *m.* courage
corazón *m.* heart **1**
cordillera *f.* mountain range **6**
cordura *f.* sanity **4**
coro *m.* choir; chorus
corrector ortográfico *m.* spell-checker **7**
correr a cargo de *v.* to be paid by **5**
corresponsal *m., f.* correspondent **9**
corrida *f.* bullfight **2**
corrido (de) *adv.* non-stop **9**
corriente *f.* movement **10**
corrupción *f.* corruption
corte *m.* cut; **de corte ejecutivo** of an executive nature
corto *m.* short film
cortometraje *m.* short film
cosecha *f.* harvest
costa *f.* coast **6**
costoso/a *adj.* costly; expensive
costumbre *f.* custom; habit **3**
cotidiano/a *adj.* everyday **3**; **vida cotidiana** *f.* everyday life
crear *v.* to create **7**
creatividad *f.* creativity
crecer *v.* to grow **1**
crecimiento *m.* growth
creencia *f.* belief **11**
creer (en) *v.* to believe (in) **11**; **No creas.** Don't you believe it.
cretino/a *adj.* idiot **5**
creyente *m., f.* believer **11**
cristiano/a *adj.* Christian **11**
crítico/a *m., f.* critic; *adj.* critical **crítico/a de cine** movie critic **9**
crucero *m.* cruise (ship) **5**
cruzar *v.* to cross
cuadro *m.* painting **3, 10**
cubismo *m.* cubism **10**
cubrirse *v.* to cover **10**
cuenta *f.* calculation, sum; bill; account; **a final de cuentas** after all; **cuenta corriente** *f.* checking account **8**; **cuenta de ahorros** *f.* savings account **8**; **tener en cuenta** to keep in mind
cuento *m.* short story
cuerpo *m.* body; **cuerpo y alma** heart and soul
cueva *f.* cave
cuidado *m.* care **1**; **bien cuidado/a** well-kept

cuidadoso/a *adj.* careful **1**
cuidar *v.* to take care of **1**
cuidarse *v.* to take care of oneself
culpa *f.* guilt/fault **10**
culpable *adj.* guilty
cultivar *v.* to grow
culto *m.* worship
culto/a *adj.* cultured; educated; refined **12**
cultura *f.* culture; **cultura popular** *f.* pop culture
cumbre *f.* summit; peak
cumpleañero/a *m., f.* birthday boy/girl **1**
cumplir *v.* to carry out, to fulfill **8**
cura *m.* priest **12**
curarse *v.* to heal; to be cured **4**
curativo/a *adj.* healing **4**
currículum vitae *m.* résumé **8**

D

dañino/a *adj.* harmful **6**
dar *v.* to give; **dar a** to look out upon; **dar asco** to be disgusting; **dar de comer** to feed **6**; **dar el alta** to discharge (from the hospital) **5**; **dar el primer paso** to take the first step; **dar la gana** to feel like **9**; **dar la vuelta (al mundo)** to go around (the world); **dar paso a** to give way to; **dar un paseo** to take a stroll/walk **2**; **dar una vuelta** to take a walk/stroll; **darse cuenta** to realize **2, 9**; **darse por aludido/a** to realize/assume that one is being referred to **9**; **darse por vencido** to give up; **dar(le) vueltas a un asunto** to beat around the bush **4**
dardos *m. pl.* darts **2**
dato *m.* piece of data
de repente *adv.* suddenly **3**
de terror *adj.* horror (*story/novel*) **10**
deber *m.* duty **8**
deber *v.* to owe **2, 8**; **deber dinero** to owe money
deber + inf. *v.* ought + *inf.*
década *f.* decade **12**
decir (e:i) *v.* to say **1**; **¡No me diga!** You must be kidding! **10**
deforestación *f.* deforestation **6**
dejar *v.* to leave; to allow; **dejar a alguien** to leave someone **1**; **dejar de fumar** quit smoking **4**; **dejar en paz** to leave alone **8**
delatar *v.* to denounce **3**
demás: los/las demás *pron.* others; other people
demasiado/a *adj., adv.* too; too much
demora *f.* delay **12**
demorar *v.* to delay
denunciar *v.* to denounce **11**
deportista *m., f.* athlete **2**
depositar *v.* to deposit **8**
depresión *f.* depression **4**
deprimido/a *adj.* depressed **1**
derecho *m.* law; right; **derechos civiles** *m.* civil rights **11**; **derechos humanos** *m.* human rights **11**
derramar *v.* to spill
derribar *v.* to bring down; to overthrow **12**
derrocar *v.* to overthrow **12**
derrota *f.* defeat **11**
derrotado/a *adj.* defeated **12**
derrotar *v.* to defeat **12**
desafiante *adj.* challenging **4**

desafiar *v.* to challenge **2**
desafío *m.* challenge **7**
desanimado/a *adj.* discouraged
desanimarse *v.* to get discouraged
desánimo *m.* the state of being discouraged **1**
desaparecer *v.* to disappear **1, 6**
desarrollado/a *adj.* developed **12**
desarrollarse *v.* to take place **10**
desarrollo *m.* development **6**; **país en vías de desarrollo** *m.* developing country
desasosiego *m.* (feeling of) unease **5**
desatar *v.* to untie
descansar *v.* to rest **4**
descanso *m.* rest **8**
descarado/a *adj.* rude **9**
descargar *v.* to download **7**; to unload **11**
descendiente *m., f.* descendent **12**
desconocido/a *m., f.* stranger; *adj.* unknown
descubridor(a) *m., f.* discoverer
descubrimiento *m.* discovery **7**
descubrir *v.* discover
desear *v.* to desire; to wish **4**
desechable *adj.* disposable **6**
desempleado/a *adj.* unemployed **8**
desempleo *m.* unemployment **8**
desenlace *m.* ending
deseo *m.* wish **1**
deshacer *v.* to undo **1**
deshecho/a *adj.* devastated
deshojar *v.* to pull out petals **3**
desierto *m.* desert **6**
desigual *adj.* unequal **11**
desilusión *f.* disappointment
desmayarse *v.* to faint **4**
despacho *m.* office
despedida *f.* farewell **5**
despedido/a *adj.* fired
despedir (e:i) *v.* to fire **8**
despedirse (e:i) *v.* to say goodbye **3**
despegar *v.* to take off **5**
despertarse (e:ie) *v.* to wake up **2**
despreocupado/a *adj.* carefree **11**
destacado/a *adj.* prominent **9**
destacar *v.* to emphasize; to point out
destino *m.* destination **5**
destrozar *v.* to destroy
destruir *v.* to destroy **6**
detallito *m.* a little something **6**
detener(se) *v.* to stop **4**
detestar *v.* to detest
deuda *f.* debt **8**
devolver (o:ue) *v.* to return (*items*) **3**
devoto/a *adj.* pious
de ninguna manera *expr.* No way! **11**
día *m.* day; **estar al día con las noticias** to keep up with the news
diamante *m.* diamond
diario *m.* newspaper **9**
diario/a *adj.* daily **3**
dibujar *v.* to draw **10**
dictador(a) *m., f.* dictator **12**
dictadura *f.* dictatorship
didáctico/a *adj.* educational **10**
dieta *f.* diet; **estar a dieta** to be on a diet **4**
digestión *f.* digestion
digital *adj.* digital **7**
digno/a *adj.* worthy **6**

diluvio *m.* heavy rain

dinero *m.* money; **dinero en efectivo** cash 3

Dios *m.* God 11; **¡Por Dios!** For God's sake! 4

dios(a) *m., f.* god/goddess 5

diputado/a *m., f.* representative 11

disculpa *f.* apology 3

disparar *v.* to shoot 11

disputar *v.* to play 12

dirección de correo electrónico *f.* e-mail address 7

directo/a *adj.* direct; **en directo** *adj.* live 9

director(a) *m., f.* director

dirigir *v.* to direct; to manage 1

discoteca *f.* discotheque; dance club 2

discriminación *f.* discrimination

discriminado/a *adj.* discriminated

disculpar *v.* to excuse

discurso *m.* speech; **pronunciar un discurso** to give a speech 11

discutir *v.* to argue 1

diseñar *v.* to design 10

disfraz *m.* costume

disfrazado/a *adj.* disguised; in costume

disfrutar (de) *v.* to enjoy 2

disgustado/a *adj.* upset 1

disgustar *v.* to upset 2

disminuir *v* to decrease

disponer (de) *v.* to have; to make use of 3

disponerse a *v.* to be about to 6

disponible *adj.* available

distinguido/a *adj.* honored

distinguir *v.* to distinguish 1

distraer *v.* to distract 1

distraído/a *adj.* distracted

disturbio *m.* riot 8

diversidad *f.* diversity 4

divertido/a *adj.* fun 2

divertirse (e:ie) *v.* to have fun 2

divorciado/a *adj.* divorced 1

divorcio *m.* divorce 1

doblado/a *adj.* dubbed 9

doblaje *m.* dubbing (film)

doblar *v.* to dub (film); to fold; to turn (*a corner*)

documental *m.* documentary 9

dolencia *f.* illness; condition

doler (o:ue) *v.* to hurt; to ache 2

dominio *m.* rule 12

dominó *m.* dominoes

dormir (o:ue) *v.* to sleep 2

dormirse (o:ue) *v.* to go to sleep, to fall asleep 2

dramaturgo/a *m., f.* playwright 10

ducharse *v.* to take a shower 2

duda *f.* doubt; **¡Sin duda!** Definitely! 11

dueño/a *m., f.* owner 8

duro/a *adj.* hard; difficult

E

echar *v.* to throw away; **echar un vistazo** to take a look; **echar a correr** to take off running

ecosistema *m.* ecosystem 6

ecoturismo *m.* ecotourism 5

Edad Media *f.* Middle Ages

educar *v.* to raise; to bring up 1

efectivo *m.* cash

---

efectos especiales *m., pl.* special effects 9

efectos secundarios *m., pl.* side effects 4

eficiente *adj.* efficient

ejecutivo/a *m., f.* executive 8; **de corte ejecutivo** of an executive nature 8

ejercer *v.* to exercise 11

ejército *m.* army 11, 12

electoral *adj.* electoral

electrónico/a *adj.* electronic

elegido/a *adj.* chosen; elected

elegir (e:i) *v.* to elect; to choose 11

embajada *f.* embassy

embajador(a) *m., f.* ambassador 11

embalarse *v.* to go too fast 9

embarazo *m.* pregnancy 4

embarcar *v.* to board

emigrar *v.* to emigrate 11

emisión *f.* broadcast; **emisión en vivo/ directo** *f.* live broadcast

emisora *f.* (radio) station

emocionado/a *adj.* excited 1

empatar *v.* to tie (*games*) 2

empate *m.* tie (*game*) 2

empeorar *v.* to deteriorate; to get worse 4

emperador *m* emperor 12

emperatriz *f.* empress 12

empezar (e:ie) *v.* to begin

empleado/a *adj.* employed 8

empleado/a *m., f.* employee 8

empleo *m.* employment; job 8

empresa *f.* company; **empresa multinacional** *f.* multinational company 8

empresario/a *m., f.* entrepeneur 8

empujar *v.* to push

en línea *adj.* online 7

enamorado/a (de) *adj.* in love (with) 1

enamorarse (de) *v.* to fall in love (with) 1

encabezar *v.* to lead 12

encantar *v.* to like very much 2

encarcelado/a *adj.* imprisoned/ incarcerated 11

encargado/a *m., f.* person in charge; **estar encargado/a de** to be in charge of 1

encargar *v.* to commission 10; **encargarse de** to be in charge of 1

encender (e:ie) *v.* to turn on 3

encogerse *v.* shrink; **encogerse de hombros** to shrug

energía *f.* energy; **energía eólica** *f.* wind energy; wind power; **energía nuclear** *f.* nuclear energy

enérgico/a *adj.* energetic

enfermarse *v.* to get sick 4

enfermedad *f.* disease; illness 4

enfermero/a *m., f.* nurse 4

engañar *v.* to betray 12

engordar *v.* to gain weight 4

enlace *m.* link 7

enojo *m.* anger

enrojecer *v.* to turn red; to blush

ensayar *v.* to rehearse 9

ensayista *m., f.* essayist 10

ensayo *m.* essay; rehearsal

enseguida *adv.* right away 3

enseñanza *f.* teaching; lesson 12

entender (e:ie) *v.* to understand

enterarse (de) *v.* to become informed (about) 9

enterrado/a *adj.* buried

enterrar (e:ie) *v.* to bury 12

---

entonces *adv.* then; **en aquel entonces** at that time 3

entrada *f.* admission ticket

entrega *f.* delivery

entregar un premio *v.* to award 10

entrenador(a) *m., f.* coach; trainer 2

entretener(se) (e:ie) *v.* to entertain, to amuse (oneself); to be held up 1, 2

entretenido/a *adj.* entertaining 2

entrevista *f.* interview; **entrevista de trabajo** *f.* job interview 8

enviar *v.* to send

envolver *v.* to wrap 6

eólico/a *adj.* related to the wind; **energía eólica** *f.* wind energy; wind power

episodio *m.* episode 9; **episodio final** *m.* final episode 9

época *f.* era; epoch; historical period 12

equipaje *m.* luggage 5

equipo *m.* team 2

equivocarse *v.* to be mistaken; to make a mistake 2

erosión *f.* erosion 6

erudito/a *adj.* learned 12

esbozar *v.* to sketch

esbozo *m.* outline; sketch

escalada *f.* climb (*mountain*)

escalador(a) *m., f.* climber

escalera *f.* staircase 3

escena *f.* scene

escenario *m.* scenery; stage 2

esclavitud *f.* slavery 12

esclavizar *v.* enslave 12

esclavo/a *m., f.* slave 12

escoba *f.* broom

escoger *v.* to choose 1

escritura *f.* writing 9

esculpir *v.* to sculpt 10

escultor(a) *m., f.* sculptor 10

escultura *f.* sculpture 10

esfuerzo *m.* effort

espacial *adj.* related to space; **transbordador espacial** *m.* space shuttle 7

espacio *m.* space 7

espacioso/a *adj.* spacious

espalda *f.* back; **a mis espaldas** behind my back 9; **estar de espaldas a** to have one's back to

espantar *v.* to scare

especialista *m., f.* specialist

especializado/a *adj.* specialized 7

especie *f.* species 6; **especie en peligro de extinción** *f.* endangered species

espectáculo *m.* show 2

espectador(a) *m., f.* spectator 2

espejo retrovisor *m.* rearview mirror

espera *f.* wait

esperanza *f.* hope 6

espía *m., f.* spy 1

espiar *v.* to spy 1

espuma *f.* foam 5

espiritual *adj.* spiritual 11

estabilidad *f.* stability 12

establecer(se) *v.* to establish (oneself) 12

estado de ánimo *m.* mood 4

estallido *m.* explosion 11

estar *v.* to be; **estar al día** to be up-to-date **9**; **estar bajo presión** to be under stress/pressure; **estar bueno/a** to be good (i.e., *fresh*); **estar a cargo de** to be in charge of; **estar harto/a (de)** to be fed up (with); to be sick (of) **1**; **estar lleno** to be full **5**; **estar al tanto** to be informed **9**; **estar resfriado/a** to have a cold **4**

estatal *adj.* public; pertaining to the state

estibador de puerto *m.* longshoreman **4**

estilo *m.* style; **al estilo de...** in the style of ... **10**

estrecho/a *adj.* narrow

estrella *f.* star; **estrella fugaz** *f.* shooting star; **estrella** *f.* (movie) star [*m/f*]; **estrella pop** *f.* pop star [*m/f*] **9**

estrellar(se) *v.* to crash **1, 7**

estreno *m.* premiere; debut **2**

estrofa *f.* stanza **10**

estudio *m.* studio; **estudio de grabación** *m.* recording studio

etapa *f.* stage; phase

eterno/a *adj.* eternal

ético/a *adj.* ethical **7**; **poco ético/a** unethical

etiqueta *f.* label; tag

excitante *adj.* exciting

excursión *f.* excursion; tour **5**

exigir *v.* to demand **1, 4, 8**

exilio político *m.* political exile **11**

éxito *m.* success

exitoso/a *adj.* successful **8**

exótico/a *adj.* exotic

expediente *m.* investigation **5**

experiencia *f.* experience **8**

experimentar *v.* to experience; to feel

experimento *m.* experiment **7**

exploración *f.* exploration

explorar *v.* to explore

explotación *f.* exploitation

explotar *v.* to exploit **12**

exportaciones *f., pl.* exports

exportar *v.* to export **8**

exposición *f.* exhibition

expresionismo *m.* expressionism **10**

expulsar *v.* to expel **12**

extinguir *v.* to extinguish

extinguirse *v.* to become extinct **6**

extrañar *v.* to miss; **extrañar a (alguien)** to miss (someone); **extrañarse de algo** to be surprised about something

extraterrestre *m., f.* alien **7**

F

fábrica *f.* factory

fabricar *v.* to manufacture; to make **7**

facciones *f.* facial features **3**

factor *m.* factor; **factores de riesgo** *m. pl.* risk factors

factura *f.* bill **8**

falda *f.* skirt

fallecer *v* to die

falso/a *adj.* insincere **1**

faltar *v.* to lack; to need **2**

fama *f.* fame **9**; **tener buena/mala fama** to have a good/bad reputation **9**

familiar *m., f.* relative **6**

famoso/a *adj.* famous **9**; **hacerse famoso** *v.* to become famous **9**

fascinar *v.* to fascinate; to like very much **2**

fatiga *f.* fatigue; weariness **8**

fatigado/a *adj.* exhausted **3**

favor *m.* favor; **hacer el favor** to do someone the favor

fe *f.* faith **11**

fecha *f.* date **12**

felicidad *f.* happiness; **¡Felicidades a todos!** Congratulations to all!

feliz *adj.* happy

feria *f.* fair **2**

festejar *v.* to celebrate **2**

festival *m.* festival **2**

fiabilidad *f.* reliability

fiebre *f.* fever **4**

fijarse *v.* to notice **9**; **fijarse en** to take notice of **2**

fijo/a *adj.* permanent; fixed **8**

fin *m.* end; **al fin y al cabo** sooner or later; after all

final: al final de cuentas after all

financiar *v.* to finance **8**

financiero/a *adj.* financial **8**

finanza(s) *f.* finance(s)

firma *f.* signature

firmar *v.* to sign

físico/a *m., f.* physicist **7**

flexible *adj.* flexible

florecer *v.* to flower **6**

fondo *m.* bottom; **a fondo** *adv.* thoroughly

forma *f.* form; shape; **mala forma física** *f.* bad physical shape

formular *v.* to formulate **7**

fortaleza *f.* strength

forzado/a *adj.* forced **12**

fraile *m.* friar

frasco *m.* flask

freír (e:i) *v.* to fry **3**

frontera *f.* border **5**

fuente *f.* fountain; source; **fuente de energía** energy source **6**

fuerza *f.* force; **fuerza laboral** labor force; **fuerzas armadas** *f., pl.* armed forces **12**

fulano/a *m., f.* so-and-so **9**

función *f.* performance (*theater/movie*) **2**

funcionar *v.* to work **7**

fusil *m.* rifle **11**

fusilar *v.* shoot, execute by firing squad **12**

futurístico/a *adj.* futuristic

G

gana *f.* desire; **sentir/tener ganas de** to want to; to feel like

ganador/a *m., f.* winner **6**

ganar *v.* to win; **ganarse la vida** to earn a living **8**; **ganar bien/mal** to be well/poorly paid **8**; **ganar las elecciones** to win an election **11**; **ganar un partido** to win a game **2**

ganga *f.* bargain **3**

gastar *v.* to spend **8**

gen *m.* gene **7**

generar *v.* to produce; to generate

generoso/a *adj.* generous

genética *f.* genetics

gerente *m., f.* manager **8**

gesto *m.* gesture

gimnasio *m.* gymnasium

globalización *f.* globalization

gobernador(a) *m., f.* governor **11**

gobernante *m., f.* ruler **12**

gobernar (e:ie) *v.* to govern **11**

gorro de lana *m.* wool cap **6**

grabar *v.* to record **9**

gracioso/a *adj.* funny; pleasant **1**

graduarse *v.* to graduate

gravedad *f.* gravity **7**

gripe *f.* flu **4**

gritar *v.* to shout

grupo *m.* group; **grupo musical** *m.* musical group, band

guaraní *m.* Guarani **9**

guardar *v.* to save **1**

guardarse (algo) *v.* to keep (something) to yourself **1**

guerra *f.* war; **guerra civil** civil war; **guerra mundial** world war **11**

guerrero/a *m., f.* warrior **12**

guía turístico/a *m., f.* tour guide **5**

guita *f.* cash; dough (*Arg.*)

gusanos *m. pl.* worms **4 gustar** *v.* to like **2, 4**; **¡No me gusta nada...!** I don't like ... at all!

gusto *m.* taste **10 con mucho gusto** gladly; **de buen/mal gusto** in good/bad taste **10**

H

habilidad *f.* skill

hábilmente *adv.* skillfully

habitación *f.* room **5**; **habitación individual/doble** *f.* single/double room **5**

habitante *m., f.* inhabitant **12**

habitar *v.* to inhabit **12**

hablante *m., f.* speaker **9**

hablar *v.* to speak **1**; **Hablando de esto, ...** Speaking of that, ...

hacer *v.* to do; to make **1, 4**; **hacer algo a propósito** to do something on purpose; **hacer clic** to click; **hacer cola** to wait in line **2**; **hacerle caso a alguien** to pay attention to someone **1**; **hacerle daño a alguien** to hurt someone; **No hace falta.** There is no need. **8**; **hacer el favor** do someone the favor; **hacerle gracia a alguien** to be funny to someone; **hacerse daño** to hurt oneself; **hacer las maletas** to pack **5**; **hacer mandados** to run errands **3**; **hacer trampa** to cheat **2**; **hacer transbordo** *v.* to change (pains, trains) **5**; **hacer un viaje** to take a trip **5**

hallazgo *m.* finding; discovery **4**

hambriento/a *adj.* hungry

haragán/haragana *adj.* lazy; idle **8**

harto/a *adj.* tired; fed up (with); **estar harto/a (de)** to be fed up (with); to be sick (of) **1**

hasta *adv.* until; **hasta la fecha** up until now

hecho *m.* fact **3**; **de hecho** in fact **4**

helar (e:ie) *v.* to freeze

heredar *v.* to inherit

herencia *f.* heritage; **herencia cultural** cultural heritage **12**

herida *f.* injury **4**

herido/a *adj.* injured

herir (e:ie) *v.* to hurt **1**

heroico/a *adj.* heroic **12**

herramienta *f.* tool **7**

hervir (e:ie) *v.* to boil **3**

hierba *f.* grass

higiénico/a *adj.* hygienic

hindú *adj.* Hindu 11
hipoteca *f.* mortgage 8
historia *f.* history 12
historiador(a) *m., f.* historian 12
histórico/a *adj.* historic 12
histórico/a *adj.* historical 10
hogar *m.* home; fireplace 3
hojear *v.* to skim 10
hombre de negocios *m.* businessman 8
hombro *m.* shoulder; **encogerse de hombros** to shrug
hondo/a *adj.* deep 2
hora *f.* hour; **horas de visita** *f., pl.* visiting hours
horario *m.* schedule 3
hospedarse *v.* to stay; to lodge
huelga *f.* strike (*labor*) 8
huella *f.* trace; mark
huerto *m.* orchard
huerteado *m.* produce (*Col.*) 2
huir *v.* to flee; to run away 3
humanidad *f.* humankind 12
húmedo/a *adj.* humid; damp 6
humilde *adj.* humble 3
humillar *v.* to humiliate 8
humorístico/a *adj.* humorous 10
hundir *v.* to sink 6
huracán *m.* hurricane 6

I

ideología *f.* ideology 11
idioma *m.* language 9
iglesia *f.* church 11
igual *adj.* equal 11
igualdad *f.* equality
ilusión *f.* illusion; hope
imagen *f.* image; picture 2
imaginación *f.* imagination
imparcial *adj.* unbiased 9
imperio *m.* empire 12
importaciones *f., pl.* imports
importante *adj.* important 4
importar *v.* to be important (to); to matter 2, 4; to import 8
impostergable *adj.* impossible to put off 12
impresionar *v.* to impress 1
impresionismo *m.* impressionism 10
imprevisto/a *adj.* unexpected 3
imprimir *v.* to print 9
improviso: de improviso *adv.* unexpectedly
impuesto *m.* tax; **impuesto de ventas** *m.* sales tax 8
inalámbrico/a *adj.* wireless 7
incapaz *adj.* incompetent; incapable 8
incendio *m.* fire 6
incertidumbre *f.* uncertainty 12
incluido/a *adj.* included 5
inconcluso/a *adj.* unfinished 12
independencia *f.* independence 12
índice *m.* index; **índice de audiencia** *m.* ratings
indígena *adj.* indigenous 9; *m., f.* indigenous person
industria *f.* industry
inesperado/a *adj.* unexpected 3
inestabilidad *f.* instability 12
infancia *f.* childhood
inflamado/a *adj.* inflamed 4

inflamarse *v.* to become inflamed
inflexible *adj.* inflexible
influyente *adj.* influential 9
informarse *v.* to get information
informática *f.* computer science 7
informativo *m.* news bulletin
ingeniero/a *m., f.* engineer 7
ingresar *v.* to enter; to enroll in; to become a member of; **ingresar datos** to enter data
injusto/a *adj.* unjust 11
inmaduro/a *adj.* immature 1
inmigración *f.* immigration 11
inmoral *adj.* immoral 11
innovador(a) *adj.* innovative 7
inquietante *adj.* disturbing; unsettling 10
inscribirse *v.* to register 11
inseguro/a *adj.* insecure 1
insensatez *f.* folly 4
insistir en *v.* to insist on 4
inspirado/a *adj.* inspired
instrucción *f.* education 8
integrarse (a) *v.* to become part (of) 12
inteligente *adj.* intelligent
intenciones *f., pl.* intentions 7
interesar *v.* to be interesting to; to interest 2
Internet *m., f.* Internet 7
interrogante *m.* question; doubt
intrigante *adj.* intriguing 10
inundación *f.* flood 6
inundar *v.* to flood
invadir *v.* to invade 12
inventar *v.* to invent 7
invento *m.* invention 7
inversión *f.* investment; **inversión extranjera** *f.* foreign investment 8
inversor(a) *m., f.* investor
invertir (e:ie) *v.* to invest 8
investigador(a) *m., f.* researcher
investigar *v.* to investigate; to research 7
ir *v.* to go 1, 2; **¡Qué va!** Of course not!; **ir de compras** to go shopping 3; **ir de la mano (de)** to go hand in hand (with) 10; **ir en serio** to mean it 7; **irse (de)** to go away (from) 2; **ir(se) de vacaciones** to take a vacation 5
irresponsable *adj.* irresponsible
isla *f.* island 5
itinerario *m.* itinerary 5

J

jabalí *m.* wild boar 10
jarabe *m.* syrup 4
jaula *f.* cage
jornada *f.* (work) day
jubilación *f.* retirement
jubilarse *v.* to retire 8
judío/a *adj.* Jewish 11
juego *m.* game 2; **juego de mesa** board game 2; **juego de pelota** *m.* ball game 5
juez(a) *m., f.* judge 11
jugada *f.* move 12
jugar (u:ue) *v.* to play
juicio *m.* trial; judgment
jurar *v.* to swear 11; to promise 12
justo/a *adj.* just 11

L

laboratorio *m.* laboratory; **laboratorio espacial** *m.* space lab
ladrillo *m.* brick
lágrimas *f. pl.* tears
lanzar *v.* to throw; to launch
largo/a *adj.* long; **a lo largo de** along; beside; **a largo plazo** long-term
largometraje *m.* full length film
lastimar *v.* to injure
lastimarse *v.* to get hurt 4
latir *v.* to beat 4
lavar *v.* to wash 3
lavarse *v.* to wash (oneself) 2
lealtad *f.* loyalty 12
lector(a) *m., f.* reader 9
lejano/a *adj.* distant 5
lengua *f.* language; tongue 9
león *m.* lion 6
lesión *f.* wound
levantar *v.* to pick up
levantarse *v.* to get up 2
ley *f.* law; **aprobar una ley** to approve a law; to pass a law; **proyecto de ley** *m.* bill 11
leyenda *f.* legend 5
liberal *adj.* liberal 11
liberar *v.* to liberate 12
libertad *f.* freedom 11; **libertad de prensa** freedom of the press 9
libre *adj.* free; **al aire libre** outdoors 6
líder *m., f.* leader 11
lidiar *v.* to fight bulls 2
límite *m.* border 11
limpiar *v.* to clean 3
limpieza *f.* cleaning 3
literatura *f.* literature 10; **literatura infantil/juvenil** *f.* children's literature 10
llamativo/a *adj.* striking 10
llanto *m.* weeping; crying
llegada *f.* arrival 5
llegar *v.* to arrive
llevar *v.* to carry 2; **llevar a cabo** to carry out (*an activity*); **llevar... años de (casados)** to be (married) for... years 1; **llevarse** to carry away 2; **llevarse bien/mal** to get along well/poorly 1
llorar *v.* to cry
locura *f.* madness; insanity
locutor(a) *m., f.* announcer
locutor(a) de radio *m., f.* radio announcer 9
loro *m.* parrot
lotería *f.* lottery
lucha *f.* struggle; fight
luchar *v.* to fight; to struggle 8, 11; **luchar por** to fight (for)
lucir *v.* to wear, to display 9
lugar *m.* place
lujo *m.* luxury; **de lujo** luxurious
luminoso/a *adj.* bright 10
luna *f.* moon; **luna llena** *f.* full moon
luz *f.* light 1

M

macho *m.* male
madera *f.* wood
madre soltera *f.* single mother
madriguera *f.* burrow; den 3

maduro/a *adj.* mature **1**
magia *f.* magic
maldición *f.* curse
malestar *m.* discomfort **4**
maleta *f.* suitcase **5**; **hacer las maletas** to pack **5**
maletero *m.* trunk **9**
malgastar *v.* to waste **6**
malhumorado/a *adj.* ill tempered; in a bad mood
manantial *m.* spring
mancha *f.* stain
manchar *v.* to stain
manejar *v.* to drive
manga *f.* sleeve
manifestación *f.* protest; demonstration **11**
manifestante *m., f.* protester **6**
manija *f.* handle **5**
manipular *v.* to manipulate
mano de obra *f.* labor
manta *f.* blanket
mantener *v.* to maintain; to keep; **mantenerse en contacto** to keep in touch **1**
manuscrito *m.* manuscript
mañana (el) *m.* future **3**
maquillaje *m.* make-up
maquillarse *v* to put on makeup **2**
mar *m.* sea **6**
maratón *m.* marathon
marca *f.* brand
marcar *v.* to mark; **marcar (un gol/ punto)** to score (a goal/point) **2**
marcharse *v* to leave
mareado/a *adj.* dizzy **4**
marido *m.* husband
marinero *m.* sailor
mariposa *f.* butterfly
marítimo/a *adj.* maritime
más *adj., adv.* more; **más allá de** beyond; **más bien** rather
masticar *v.* to chew
matador/a *m., f.* bullfighter who kills the bull **2**
matemático/a *m., f.* mathematician **7**
matiz *m.* subtlety
matrimonio *m.* marriage
mayor *m.* elder **12**
mayor de edad *adj.* of age
mayoría *f.* majority **11**
mazorca *f.* ear of corn **2**
mecánico/a *adj.* mechanical
mecanismo *m.* mechanism
medicina alternativa *f.* alternative medicine
medida *f.* means; measure; **medidas de seguridad** *f. pl.* security measures **5**
medio *m.* half; middle; means; **medio ambiente** *m.* environment **6**; **medios de comunicación** *m. pl.* media **9**
medir (e:i) *v.* to measure **12**
meditar *v.* to meditate **11**
mejilla *f.* cheek **10**
mejor *adj.* better, best; **a lo mejor** *adv.* maybe
mejorar *v.* to improve **4**
mejorarse *v.* to get better **2**
mendigo/a *m., f.* beggar
mensaje *m.* message; **mensaje de texto** *m.* text message **7**
¡Menuda paliza! *(Esp.)* What a beating! **11**
menudo: a menudo *adv.* frequently; often **3**

¿Me permite? May I? **11**
mercado *m.* market **8**
mercado al aire libre *m.* open-air market
mercancía *f.* merchandise
merced (su) *f., form.* you **2**
merecer *v.* to deserve **6**
mesa de noche *f.* nightstand **4**
mesero/a *m., f.* waiter; waitress
mestizo/a *m., f.* person of mixed ethnicity (part indigenous) **12**
meta *f.* finish line
meterse *v.* to break in (*to a conversation*) **1**; **meterse en un lío** to get into a mess **5**; **¡No te metas!** Don't get involved! **5**
mezcla *f.* mixture
mezquita *f.* mosque **11**
miel *f.* honey **8**
milagro *m.* miracle
mina *f.* mine **7**
ministro/a *m., f.* minister; **ministro/a protestante** *m., f.* Protestant minister
minoría *f.* minority **11**
mirada *f.* gaze **1**
misa *f.* mass
mismo/a *adj.* same; **Lo mismo digo yo.** The same here.; **él/ella mismo/a** himself; herself
mito *m.* myth **5**
moda *f.* fashion; trend; **de moda** *adj.* popular; in fashion **9**; **moda pasajera** *f.* fad **9**
modelo *m., f.* model (*fashion*)
moderno/a *adj.* modern
modificar *v.* to modify; to reform
modo *m.* means; manner
mojar *v.* to moisten
mojarse *v.* to get wet
molar *v.* to be cool (*Esp.*) **5**
molestar *v.* to bother; to annoy **2, 5**
momento *m.* moment; **de último momento** *adj.* up-to-the-minute **9**; **noticia de último momento** *f.* last-minute news
monarca *m., f.* monarch **12**
monja *f.* nun
mono *m.* monkey **6**
monolingüe *adj.* monolingual **9**
montaña *f.* mountain **6**
monte *m.* mountain **6**
montón *m.* a lot **7**
moral *adj.* moral **11**
morder (o:ue) *v.* to bite **5, 6**
morirse (o:ue) **de** *v.* to die of **2**
moroso/a *m., f.* debtor **8**
mosca *f.* fly **4**
motosierra *f.* power saw **7**
móvil *m.* cell phone **7**
movimiento *m.* movement **10**
mudar *v.* to change **2**
mudarse *v.* to move (*change residence*) **2**
mueble *m.* furniture **3**
muerte *f.* death **1**
muestra *f.* sample; example
mujer *f.* woman; wife; **mujer de negocios** *f.* businesswoman **8**
mujeriego *m.* womanizer
multa *f.* fine
multinacional *f.* multinational company
multitud *f.* crowd
Mundial *m.* World Cup
muralista *m., f.* muralist **10**

museo *m.* museum
músico/a *m., f.* musician **2**
musulmán/musulmana *adj.* Muslim **11**

N

naipes *m. pl.* playing cards **2**
narrador(a) *m., f.* narrator **10**
narrar *v.* to narrate **10**
nativo/a *adj.* native
naturaleza muerta *f.* still life **10**
navaja de afeitar *f.* razor blade **5**
nave espacial *f.* spaceship
navegante *m., f.* navigator **7**
navegar *v.* to sail **5**; **navegar en Internet** to surf the web; **navegar en la red** to surf the web **7**
necesario *adj.* necessary **4**
necesidad *f.* need **5**; **de primerísima necesidad** of utmost necessity **5**
necesitar *v.* to need **4**
necio/a *adj.* stupid
negocio *m.* business
nervioso/a *adj.* nervous
ni... ni... *conj.* neither... nor... **ni se le ocurra** *expr.* don't you even think about it **11**
nido *m.* nest
niebla *f.* fog
nítido/a *adj.* sharp
nivel *m.* level; **nivel del mar** sea level
nombrar *v.* to name
nombre artístico *m.* stage name **1**
nominado/a *m., f.* nominee
noticia *f.* news; **noticias locales/nacionales/ internacionales** *f. pl.* local/domestic/ international news **9**
novedad (sin) *expr.* (no) news **11**
novela rosa *f.* romance novel **10**
novelista *m., f.* novelist **7, 10**
nuca *f.* nape **9**
nutritivo/a *adj.* nutritious **4**

O

o... o... *conj.* either... or...
obedecer *v.* to obey **1**
obesidad *f.* obesity **4**
obra *f.* work; **obra clave** key work **10**; **obra de arte** work of art **10**; **obra de teatro** play (*theater*) **2, 10**; **obra literaria** literary play **10**; **obra maestra** masterpiece **3**
obsequio *m.* gift **11**
ocio *m.* leisure
ocultarse *v.* to hide **3**
ocurrírsele a alguien *v.* to occur to someone
odiar *v.* to hate **1**
ofensa *f.* insult **10**
oferta *f.* offer; proposal
oficio *m.* trade **9**
ofrecerse (a) *v.* to offer (to)
oír *v.* to hear **1**
ola *f.* wave **5**
óleo *m.* oil painting **10**
Olimpiadas *f. pl.* Olympics
olvidadizo/a *adj.* forgetful **11**
olvidarse (de) *v.* to forget (about) **2**
olvido *m.* forgetfulness; oblivion **1**
ombligo *m.* navel **4**
onda *f.* wave

Vocabulary

operación *f.* operation **4**
operar *v.* to operate
opinar *v.* to think; to be of the opinion; **Opino que es fea/o.** In my opinion, it's ugly.
oponerse a *v.* to oppose **4**
oportunidad *f.* chance **8**
oprimir *v.* to oppress **12**
organismo público *m.* government agency
orgulloso/a *adj.* proud **1**; **estar orgulloso/a de** to be proud of
orilla *f.* shore; **a orillas de** on the shore of **6**
ornamentado/a *adj.* ornate
oro *m.* gold **4, 7**
oscurecer *v.* to darken **6**
oso *m.* bear
oveja *f.* sheep **6**
ovni *m.* UFO **7**
oyente *m., f.* listener **9**

P

pacífico/a *adj.* peaceful **12**
padre soltero *m.* single father
página *f.* page; **página web** web page **7**
país en vías de desarrollo *m.* developing country
paisaje *m.* landscape; scenery **6**
pájaro *m.* bird **6**
pálido/a *adj.* pale **3**
palmera *f.* palm tree
panfleto *m.* pamphlet
pantalla *f.* screen **2**; **pantalla de computadora** *f.* computer screen; **pantalla de televisión** *f.* television screen **2**
para *prep.* for **Para mí, ...** In my opinion, ...; **para nada** not at all
paradoja *f.* paradox
parar el carro *v.* to hold one's horses **9**
parcial *adj.* biased **9**
parcialidad *f.* bias **9**
parecer *v.* to seem **2**; **A mi parecer, ...** In my opinion, ...; **Al parecer, no le gustó.** It looks like he/she didn't like it. **6**; **Me parece hermosa/o.** I think it's pretty.; **Me pareció...** I thought.. **1**; **¿Qué te pareció Mariela?** What did you think of Mariela? **1**; **Parece que está triste/contento/a.** It looks like he/she is sad/happy. **6**
parecerse *v.* to look like **2, 3**
pared *f.* wall **5**
pareja *f.* couple; partner **1**
parpadear *v.* to blink **7**
parque *m.* park; **parque de atracciones** *m.* amusement park **2**
parroquia *f.* parish **12**
parte *f.* part; **de parte de** on behalf of; **Por mi parte, ...** As for me, ...
particular *adj.* private; personal; particular
partida *f.* game **12**
partido *m.* party (*politics*); game (*sports*); **partido político** political party **11**; **ganar/perder un partido** to win/lose a game **2**
parto *m.* birth **4**
pasado/a de moda *adj.* out-of-date; no longer popular
pasaje (de ida y vuelta) *m.* (round-trip) ticket **5**
pasajero/a *adj.* fleeting; passing

pasaporte *m.* passport **5**
pasar *v.* to pass; to make pass (*across, through, etc.*); **pasar la aspiradora** to vacuum **3**; **pasarlo bien/mal** to have a good/bad/horrible time **1**; **Son cosas que pasan.** These things happen. **11**
pasarse *v.* to go too far
pasatiempo *m.* pastime **2**
paseo *m.* stroll
pasillo *m.* hallway **5**
paso *m.* passage; pass; step; **abrirse paso** to make one's way
pastilla *f.* pill **4**
pasto *m.* grass
pata *f.* foot/leg of an animal
patente *f.* patent **7**
payaso/a *m., f.* clown **8**
paz *f.* peace
pecado *m.* sin
pececillo de colores *m.* goldfish
pecho *m.* chest **10**
pedido *m.* order **4**
pedir (e:i) *v* to ask **1, 4**; **pedir prestado/a** to borrow **8**
pegar *v.* to stick
peinarse *v.* to comb (one's hair) **2**
pejerrey *m.* kingfish **6**
pelear *v.* to fight
película *f.* film
peligro *m.* danger; **en peligro de extinción** endangered **6**
peligroso/a *adj.* dangerous **5**
pena *f.* sorrow **4**
pensar (e:ie) *v.* to think **1**
pensión *f.* bed and breakfast inn
perder (e:ie) *v.* to miss; to lose; **perder un vuelo** to miss a flight **5**; **perder las elecciones** to lose an election **11**; **perder un partido** to lose a game **2**
pérdida *f.* loss **11**
perdonar *v.* to forgive; **Perdona.** (*fam.*)/ **Perdone.** (*form.*) Pardon me.; Excuse me.
perfeccionar *v.* to improve; to perfect
periódico *m.* newspaper **9**
periodista *m., f.* journalist
permanecer *v.* to remain; to last **4**
permisivo/a *adj.* permissive; easy-going **1**
permiso. *m.* permission; **Con permiso** Pardon me.; Excuse me.; **permiso de circulación** *m.* registration **11**
perseguir (e:i) *v.* to pursue; to persecute
personaje *m.* character **10**; **personaje principal/secundario** *m.* main/secondary character
pertenecer (a) *v.* to belong (to) **3, 12**
pesadilla *f.* nightmare
pésame (mi más sentido) *m.* my deepest condolences
pesimista *m., f.* pessimist
peso *m.* weight
pez *m.* fish (*live*) **6**
picadura *f.* insect bite **4**
picar *v.* to sting, to peck
picnic *m.* picnic
pico *m.* peak, summit
piedad *f.* mercy **8**
piedra *f.* stone **5**
pillar(se) *v.* to get (*catch*) **9**
piloto *m., f.* pilot
pincel *m.* paintbrush **10**
pintar *v.* to paint **3**

pintor(a) *m., f.* painter **3, 10**
pintura *f.* paint; painting **10**
pique *m.* bite **6**
pirámide *f.* pyramid **5**
plancha *f.* iron
planear *v.* to plan
planeta *m.* planet **7**
planeta *m.* planet **7**
plata *f.* money (*L. Am.*) **2**
plaza de toros *f.* bullfighting stadium **2**
plazo: a corto/largo plazo short/long-term **8**
población *f.* population
poblador(a) *m., f.* settler; inhabitant
poblar (o:ue) *v.* to settle; to populate **12**
pobreza *f.* poverty **8**
poder (o:ue) *v.* to be able to **1**
poderoso/a *adj.* powerful **12**
poesía *f.* poetry **10**
poeta *m., f.* poet **10**
polémica *f.* controversy **11**
polen *m.* pollen **8**
policíaco/a *adj.* detective (*story/novel*) **10**
política *f.* politics
político/a *m., f.* politician **11**
polvo *m.* dust **3**; **quitar el polvo** to dust **3**
poner *v.* to put; to place **1, 2**; **poner a prueba** to test; to challenge; **poner cara (de hambriento/a)** to make a (hungry) face; **poner un disco compacto** to play a CD **2**; **poner una inyección** to give a shot **4**
ponerse *v.* to put on (*clothing*) **2**; **ponerse a dieta** to go on a diet **4**; **ponerse bien/mal** to get well/ill **4**; **poner la mesa** to set the table **3**; **ponerse el cinturón** to fasten the seatbelt **5**; **ponerse para las cosas** (*Cub.*) to get your act together **4**; **ponerse pesado/a** to become annoying
portada *f.* front page; cover **9**
portarse bien *v.* to behave well
portátil *adj.* portable
¡Por Dios! *interj.* For God's sake! **4**
posible *adj.* possible; **en todo lo posible** as much as possible
pozo *m.* well; **pozo petrolero** oil well
precinto *m.* security seal **6**
precioso/a *adj.* lovely **1**
precolombino/a *adj.* pre-Columbian
preferir (e:ie) *v.* to prefer **4**
pregonar *v.* to hawk **9**
preguntarse *v.* to wonder
prehistórico/a *adj.* prehistoric **12**
prensa *f.* press **9**; **prensa amarilla/amarillista/sensacionalista** *f.* tabloid(s) **9**
preocupado/a (por) *adj.* worried (about) **1**
preocupar *v.* to worry **2**
preocuparse (por) *v.* to worry (about) **2**
presentador(a) de noticias *m., f.* news reporter
presentir (e:ie) *v.* to foresee
presión *f.* (blood) pressure **4**
presionar *v.* to pressure; to stress
prestar *v.* to lend **8**
prestado/a *adj.* borrowed **2**
presupuesto *m.* budget **8**
prevenido/a *adj.* cautious
prevenir *v.* to prevent **4**
prever *v.* to foresee **6**
previsto/a *adj., p.p.* planned **3**

primer(a) ministro/a *m., f.* prime minister **11**
primeros auxilios *m. pl.* first aid **4**
prisa *f.* hurry; rush **6**
privilegio *m.* privilege
probador *m.* dressing room **3**
probar (o:ue) **(a)** *v.* to try **3**
probarse (o:ue) *v.* to try on **3**
procesión *f.* procession **12**
producir *v.* to produce **1**
profundo/a *adj.* deep
programa (de computación) *m.* software **7**
programador(a) *m., f.* programmer
prohibido/a *adj.* prohibited **5**
prohibir *v.* to prohibit **4**
prometido/a *m., f.* fiancé(e) **7**
promover (o:ue) *v.* to promote
pronunciar *v.* to pronounce; **pronunciar un discurso** to give a speech **11**
propaganda *f.* advertisement
propensión *f.* tendency
propietario/a *m., f.* (property) owner
propio/a *adj.* own **1**
proponer *v.* to propose **1, 4**; **proponer matrimonio** to propose (marriage) **1**
proporcionar *v.* to provide; to supply
propósito: a propósito *adv.* on purpose **3**
propuesta *f.* proposal **8**
prosa *f.* prose **10**
protagonista *m., f.* protagonist; main character **10**
proteger *v.* to protect **1, 6**
protestar *v.* to protest **11**
proveniente (de) *adj.* originating (in); coming from
provenir (de) *v.* to come from; to originate from
proyecto *m.* project; **proyecto de ley** *m.* bill **11**
prueba *f.* proof
publicar *v.* to publish **9**
publicidad *f.* advertising **9**
público *m.* public; audience **9**
pueblo *m.* people
puente *m.* bridge **12**
puerto *m.* port **5**
puesto *m.* position; job **8**
punto de vista *m.* point of view **10**
pureza *f.* purity **6**
puro/a *adj.* pure; clean

Q

quedar *v.* to agree on **2**; to be left over; to fit (clothing) **2**
quedarse *v.* to stay **5**; **quedarse callado/a** to remain silent **1**; **quedarse viudo/a** to become widowed
quehacer *m.* chore **3**
queja *f.* complaint
quejarse (de) *v.* to complain (about) **2, 5**
querer (e:ie) *v.* to love; to want **1, 4**; **sin querer** unintentionally **8**
químico/a *adj.* chemical **7**
químico/a *m., f.* chemist **7**
quirúrgico/a *adj.* surgical
quitar *v.* to take away; to remove **2**; **quitar el polvo** to dust **3**; **quitar la mesa** to clear the table **3**

quitarse *v.* to take off (*clothing*) **2**; **quitarse (el cinturón)** to unfasten (the seatbelt) **5**

R

rabia *f.* rabies **5**
rabino/a *m., f.* rabbi
radiación *f.* radiation
radio *f.* radio
radioemisora *f.* radio station **9**
raíz *f.* root
rana *f.* frog **6**
rancho *m.* ranch **12**
rascarse *v.* to scratch (oneself) **4**
rasgo *m.* trait; characteristic
rata *f.* rat
ratos libres *m. pl.* free time **2**
raza *f.* race **12**
reactor *m.* reactor
realismo *m.* realism **10**
realista *adj.* realistic; realist **10**
rebeldía *f.* rebelliousness
rebuscado/a *adj.* complicated
recepción *f.* front desk **5**
receta *f.* prescription **4**
recetar *v.* prescribe
rechazar *v.* to turn down; to reject **1, 11**
rechazo *m.* refusal; rejection
recibo *m.* receipt **10**
reciclable *adj.* recyclable
reciclar *v.* to recycle **6**
recital *m.* recital
reclamar *v.* to claim; to demand **11**
recomendable *adj.* recommendable; advisable **5**; **poco recomendable** not advisable; inadvisable
recomendar (e:ie) *v.* to recommend **4**
reconocer *v.* to recognize **1, 12**
reconocimiento *m.* recognition
recordar (o:ue) *v.* to remember
recorrer *v.* to visit; to go around **5**
recuerdo *m.* memory
recuperarse *v.* to recover **4**
recurso *m.* mean **10**; **recurso natural** natural resource **6**
red *f.* network **8**
redactor(a) *m., f.* editor **9**; **redactor(a) jefe** editor-in-chief
redondo/a *adj.* round **2**
reducir (la velocidad) *v.* to reduce (speed) **5**
reembolso *m.* refund **3**
reflejar *v.* to reflect; to depict **10**
reforma *f.* reform; **reforma económica** *f.* economic reform
refugiarse *v* to take refuge
refugio *m.* refuge **6**
regalar *v.* to give (as a present) **10**
regañar *v.* to scold **4**
regla *f.* rule
regocijo *m.* joy **4**
regresar *v.* to return **5**
regreso *m.* return (trip)
rehacer *v.* to re-make; to re-do **1**
reina *f.* queen
reino *m.* reign; kingdom **12**; **reino animal** animal kingdom **6**
reírse (e:i) *v.* to laugh

relacionado/a *adj.* related; **estar relacionado/a** to have good connections
relajarse *v.* to relax **4**
relámpago *m.* lightning **6**
religión *f.* religion
religioso/a *adj.* religious **11**
reloj *m.* clock **12**
remitente *m.* sender
remordimiento *m.* remorse
rendimiento *m.* performance
rendirse (e:i) *v.* to surrender **12**
renovable *adj.* renewable **6**
renunciar *v.* to quit **8**; **renunciar a un cargo** to resign a post
reñido/a *adj.* hard-fought **11**
repaso *m.* revision; review **10**
repentino/a *adj.* sudden **3**
repertorio *m.* repertoire
reportaje *m.* news report **9**
reportero/a *m., f.* reporter **9**
reposo *m.* rest; **estar en reposo** to be at rest
repostería *f.* pastry
represa *f.* dam
reproducirse *v.* to reproduce
reproductor de CD/DVD/MP3 *m.* CD/DVD/MP3 player **7**
resbalar *v.* to slip
rescatar *v.* to rescue
reservación *f.* reservation
reservar *v.* to reserve **5**
resfriado *m.* cold **4**
residir *v.* to reside
resolver (o:ue) *v.* to solve **6**
respeto *m.* respect
respiración *f.* breathing **4**
respirar *v.* to breath **1**
responsable *adj.* responsible
resumidas cuentas (en) in a nutshell **3**
retar *v.* to challenge **2**
retrasado/a *adj.* delayed **5**
retrasar *v.* to delay; **retrasarse** to be delayed/late **3**
retraso *m.* delay
retratar *v.* to portray **3**
retrato *m.* portrait **3**
reunión *f.* meeting **8**
reunirse (con) *v.* to get together (with) **2**
revista *f.* magazine **9**; **revista electrónica** *f.* online magazine **9**
revolucionario/a *adj.* revolutionary **7**
revolver (o:ue) *v.* to stir; to mix up
rey *m.* king **12**
rezar *v.* to pray **11**
riesgo *m.* risk
rima *f.* rhyme **10**
rincón *m.* corner; nook
río *m.* river
riqueza *f.* wealth **8**
rodaja *f.* slice **6**
rodar (o:ue) *v.* to film **9**
rodeado/a *adj.* surrounded by **6**
rogar (o:ue) *v.* to beg; to plead **2, 4**
romanticismo *m.* romanticism **10**
romper (con) *v.* to break up (with) **1**
ropa *f.* clothing **5**
rozar *v.* to brush against; to touch lightly
ruedo *m.* bull ring **2**
ruido *m.* noise

ruina *f.* ruin **5**
ruta maya *f.* Mayan Trail **5**
rutina *f.* routine **3**

S

saber *v.* to know; to taste like/of **1**; **¿Cómo sabe?** How does it taste? **4**; **¿Y sabe bien?** And does it taste good? **4**; **Sabe a ajo/menta/limón.** It tastes like garlic/mint/lemon. **4**
sabiduría *f.* wisdom **12**
sabio/a *adj.* wise
sabor *m.* taste; flavor; **¿Qué sabor tiene? ¿Chocolate?** What flavor is it? Chocolate? **4**; **Tiene un sabor dulce/agrio/amargo/agradable.** It has a sweet/sour/bitter/pleasant taste. **4**
sacerdote *m.* priest
saciar *v.* to satisfy; to quench
sacrificar *v.* to sacrifice **6**
sacrificio *m.* sacrifice
sacristán *m.* sexton **11**
sagrado/a *adj.* sacred; holy **11**
sala *f.* room; hall; **sala de conciertos** concert hall; **sala de emergencias** emergency room **4**
salir *v.* to leave; to go out **1**; **salir (a comer)** to go out (to eat) **2**; **salir con** to go out with **1**
salto *m.* jump
salud *f.* health **4**; **¡A tu salud!** To your health!; **¡Salud!** Cheers! **8**
saludable *adj.* healthy; nutritious **4**
salvaje *adj.* wild **6**
salvar *v.* to save **6**
sanar *v.* to heal **4**
sangre *f.* blood **11**
sano/a *adj.* healthy **4**
satélite *m.* satellite
sátira *f.* satire
satírico/a *adj.* satirical **10**; **tono satírico/a** *m.* satirical tone
secarse *v.* to dry off **2**
sección *f.* section **9**; **sección de sociedad** *f.* lifestyle section **9**; **sección deportiva** *f.* sports page/section **9**
seco/a *adj.* dry **6**
secuestro *m.* hijacking
seguir (i:e) *v.* to follow
seguridad *f.* safety; security **5**; **cinturón de seguridad** *m.* seatbelt **5**; **medidas de seguridad** *f. pl.* security measures **5**
seguro *m.* insurance **5**
seguro/a *adj.* sure; confident **1, 11**
seleccionar *v.* to select; to pick out **3**
sello *m.* seal; stamp
selva *f.* jungle **5**
semana *f.* week
semanal *adj.* weekly
semilla *f.* seed
senador(a) *m., f.* senator **11**
sensato/a *adj.* sensible **1**
sensible *adj.* sensitive **1**
sentido *m.* sense; **en sentido figurado** figuratively; **sentido común** common sense
sentimiento *m.* feeling; emotion **1**
sentirse (e:ie) *v.* to feel **1**
señal *f.* sign/signal **7**
señalar *v.* to point to; to signal **2**
señuelo *m.* lure **6**

separado/a *adj.* separated **1**
sepultar *v.* to bury **12**
sequía *f.* drought **6**
ser *v.* to be **1**; **¡No es para tanto!** It's not a big deal! **4**
serpiente *f.* snake **6**
servicio de habitación *m.* room service **5**
servicios *m., pl* facilities
servidumbre *f.* servants; servitude **3**
sesión *f.* showing
Se calcula que… *expr.* It is estimated that… **12**
¡Siga! *expr.* Come on in! **2**
siglo *m.* century **12**
silbar *v.* to whistle
sillón *m.* armchair
simpático/a *adj.* nice
sin *prep.* without; **sin ti** without you (*fam.*)
sinagoga *f.* synagogue **11**
sincero/a *adj.* sincere
sindicato *m.* labor union **8**
síntoma *m.* symptom
sintonía *f.* tuning; synchronization **9**
sintonizar *v.* to tune into (radio or television)
siquiera *conj.* even; **ni siquiera** not even **7**
sitio web *m.* website **7**
situado/a *adj.* situated; located; **estar situado/a en** to be set in
soberanía *f.* sovereignty **12**
soberano/a *m., f.* sovereign; ruler **12**
sobre *m.* envelope
sobredosis *f.* overdose
sobrevivencia *f.* survival
sobrevivir *v.* to survive
sociable *adj.* sociable
sociedad *f.* society
socio/a *m., f.* partner; member **8**
solar *adj.* solar
soldado *m.* soldier **12**
soledad *f.* solitude; loneliness **3**
soler (o:ue) *v.* to be in the habit of; to be used to **3**
solicitar *v.* to apply for **8**
solo/a *adj.* alone; lonely **1**
soltero/a *adj.* single **1**; **madre soltera** *f.* single mother; **padre soltero** *m.* single father
sonar (o:ue) *v.* to ring **7**
soñar (o:ue) **(con)** *v.* to dream (about) **1**
soplar *v.* to blow
soportar *v.* to support; **soportar a alguien** to put up with someone **1**
sorprender *v.* to surprise **2**
sorprenderse (de) *v.* to be surprised (about) **2**
sortija *f.* ring
sospecha *f.* suspicion
sospechar *v.* to suspect
sostener *v.* to hold; support **10**
sótano *m.* basement **3**
suavidad *f.* smoothness
subdesarrollo *m.* underdevelopment
subida *f.* ascent
subirse *v.* to get in **5**
subtítulos *m., pl.* subtitles **9**
suburbio *m.* suburb
suceder *v.* to happen **1**
sucursal *f.* branch
sudores *m. pl.* sweats **5**

sueldo *m.* salary; **aumento de sueldo** raise in salary **8**; **sueldo fijo** base salary **8**; **sueldo mínimo** minimum wage **8**
suelo *m.* floor
suelto/a *adj.* loose
sueños *m. pl.* dreams **1**
sufrimiento *m.* pain; suffering
sufrir (de) *v.* to suffer (from) **4**
sugerir (e:ie) *v.* to suggest **4**
superar *v.* to exceed, to overcome **1**
superficie *f.* surface
supermercado *m.* supermarket **3**
supervivencia *f.* survival
suponer *v.* to suppose **1**
suprimir *v.* to abolish; to suppress **12**
supuesto/a *adj.* false; so-called; supposed; **Por supuesto.** Of course.
surrealismo *m.* surrealism **10**
suscribirse (a) *v.* to subscribe (to) **9**

T

tablero *m.* chessboard **12**
tacaño/a *adj.* cheap; stingy **1**
tal como *conj.* just as
taller *m.* workshop
tapa *f.* lid, cover
tapón *m.* traffic jam
taquilla *f.* box office **2**
tardar *v.* to be late, to take (time) **12**
tarjeta *f.* card; **tarjeta de crédito/débito** *f.* credit/debit card **3**; **tarjeta de embarque** *f.* boarding card **5**
tatarabuelo/a *m., f.* great-great-grandfather/mother **12**
teatro *m.* theater
teclado *m.* keyboard
tejer *v.* to knit **6**
tela *f.* canvas **10**
teléfono celular *m.* cell phone **7**
telenovela *f.* soap opera **9**
telescopio *m.* telescope **7**
televidente *m., f.* television viewer **9**
televisión *f.* television **2**
televisor *m.* television set **2**
templo *m.* temple **11**
temporada *f.* season **9** **temporada alta/baja** high/low season **5**
tendencia *f.* trend **9**; **tendencia izquierdista/derechista** left-wing/right-wing bias
tener (e:ie) *v.* to have **1**; **tener buen/mal aspecto** to look healthy/sick **4**; **tener buena/mala fama** to have a good/bad reputation **9**; **tener celos (de)** to be jealous (of) **1**; **tener derecho a** to have the right to **5**; **tener fiebre** to have a fever **4**; **tener vergüenza (de)** to be ashamed (of) **1**
tensión (alta/baja) *f.* (high/low) blood pressure **4**
teoría *f.* theory **7**
terapia intensiva *f.* intensive care **4**
térmico/a *adj.* thermal
terremoto *m.* earthquake **6**
terreno *m.* land **6**
territorio *m.* territory **11**
terrorismo *m.* terrorism **11**
testigo *m., f.* witness **10**
testimonio de defunción *m.* death certificate **6**

tiempo *m.* time; **a tiempo** on time 3; **tiempo libre** *m.* free time 2
tierra *f.* land; earth 6
tigre *m.* tiger 6
timbre *m.* doorbell; tone; tone of voice 3; **tocar el timbre** to ring the doorbell 3
timidez *f.* shyness
tímido/a *adj.* shy 1
típico/a *adj.* typical; traditional
tiple *m.* type of guitar 2
tira cómica *f.* comic strip 9
tirar *v.* to throw 9
titular *m.* headline 9
titularse *v.* to graduate 3
tocar + me/te/le, etc. *v.* to be my/your/his turn; **¿A quién le toca pagar la cuenta?** Whose turn is it to pay the tab? 2; **¿Todavía no me toca?** Is it my turn yet? 2; **A Johnny le toca hacer el café.** It's Johnny's turn to make coffee. 2; **Siempre te toca lavar los platos.** It's always your turn to wash the dishes. 2; **tocar el timbre** to ring the doorbell 3; **tocar (un instrumento)** to play 8
tomar *v.* to take; **tomar en cuenta** *v.* to take into consideration 1; **tomar en serio** to take seriously
torear *v.* to fight bulls in the bullring 2
toreo *m.* bullfighting 2
torero/a *m., f.* bullfighter 2
tormenta *f.* storm; **tormenta tropical** *f.* tropical storm 6
torneo *m.* tournament 2
tos *f.* cough 4
toser *v.* to cough 4
tóxico/a *adj.* toxic 6
tozudo/a *adj.* stubborn 8
traba *f.* suitcase lock 5
trabajador(a) *adj.* industrious; hard-working 8
tradicional *adj.* traditional 1
traducir *v.* to translate 1
traer *v.* to bring 1
tráfico de esclavos *m.* slave trade 4
tragar *v.* to swallow
trágico/a *adj.* tragic 10
traición *f.* betrayal 12
traidor(a) *m., f.* traitor 12
traje *m.* outfit/suit; **traje de luces** bullfighter's outfit (*lit.* costume of lights) 2; **traje de mariachi** Mariachi suit 9
trama *f.* plot 10
tranquilo/a *adj.* calm 1; **Tranquilo/a.** Be calm.; Relax.
transbordador espacial *m.* space shuttle 7
tránsito *m.* traffic
transmisión *f.* transmission
transmitir *v.* to broadcast 9
transplantar *v.* to transplant
transporte público *m.* public transportation
trasnochar *v.* to stay up all night 4
trastorno *m.* disorder
tratado *m.* treaty
tratamiento *m.* treatment 4
tratar *v.* to treat 4
tratarse de *v.* to be about 10
trayectoria *f.* path; history 1
trazar *v.* to trace
tribu *f.* tribe 12
tribunal *m.* court

tripa *f.* belly 5
tripulación *f.* crew 5
tropical *adj.* tropical; **tormenta tropical** *f.* tropical storm 6
truco *m.* trick 2
trueno *m.* thunder 6
trueque *m.* barter; exchange
turbio/a *adj.* murky 1
turismo *m.* tourism 5
turista *m., f.* tourist 5
turístico/a *adj.* tourist 5

U

ubicar *v.* to put in a place; to locate
ubicarse *v* to be located
ujier *m., f.* doorman 9
único/a *adj.* unique
unirse *v.* to join 11
uña *f.* fingernail
urbano/a *adj.* urban
urgente *adj.* urgent 4
usuario/a *m., f.* user 7
útil *adj.* useful

V

vaca *f.* cow 6
vacuna *f.* vaccine 4
vacunar(se) *v.* to vaccinate/to get vaccinated 4
vago/a *m., f.* slacker
vagón *m.* carriage; coach 7
valer *v.* to be worth 1
valiente *adj.* brave 5
valija *f.* suitcase 5
valioso/a *adj.* valuable 6
valor *m.* bravery; value
vanguardia *f.* vanguard; **a la vanguardia** at the forefront 7
vasija *f.* vessel; pot 10
vedado/a *adj.* forbidden 3
vela *f.* candle
venado *m.* deer
vencer *v.* to conquer; to defeat 2, 9
vencido/a *adj.* expired 5
venda *f.* bandage 4
vendedor(a) *m., f.* salesperson 8
veneno *m.* poison 6
venenoso/a *adj.* poisonous 6
venir (e:ie) *v.* to come 1
ventaja *f.* advantage 6
ver *v.* to see 1; **Yo lo/la veo muy triste.** He/She looks very sad to me. 6; **por lo visto** apparently 4
vergüenza *f.* shame; embarrassment; **tener vergüenza (de)** to be ashamed (of) 1
verse *v.* to look; to appear; **Se ve tan feliz.** He/She looks so happy. 6; **¡Qué guapo/a te ves!** How attractive you look! (*fam.*) 6; **¡Qué elegante se ve usted!** How elegant you look! (*form.*) 6
verso *m.* line (*of poetry*) 10
vestidor *m.* fitting room
vestirse (e:i) *v.* to get dressed 2
vestuario *m.* dressing room 9
vez *f.* time; **a veces** *adv.* sometimes 3; **de vez en cuando** now and then; once in a while 3; **por primera/última vez** for the first/last time 2; **érase una vez** once upon a time

viaje *m.* trip 5; **hacer un viaje** to take a trip 5
viajero/a *m., f.* traveler 5
victoria *f.* victory
victorioso/a *adj.* victorious 12
vida *f.* life; **vida cotidiana** everyday life
video musical *m.* music video 9
videojuego *m.* video game 2
vigente *adj.* valid 5
vigilar *v.* to watch
virus *m.* virus 4
vistazo *m.* glance; **echar un vistazo** to take a look
viudo/a *adj.* widowed 1
viudo/a *m., f.* widower/widow
vivir *v.* to live 1
vivo: en vivo *adj.* live 9
volador(a) *adj.* flying 1
volar (o:ue) *v.* to fly 8
volver (o:ue) *v.* to come back
votar *v.* to vote 11
vuelo *m.* flight
vuelta *f.* return (trip)

W

web *f.* (the) web 7

Y

yeso *m.* cast 4

Z

zaguán *m.* entrance hall; vestibule 3
zoológico *m.* zoo 2

English-Spanish

A

@ symbol arroba *f.* **7**
abolish suprimir *v.* **12**
absent ausente *adj.*
abstract abstracto/a *adj.* **10**
accept coger la caña *v.* (*Col.*) **2**
accident accidente *m.;* **car accident**
accidente automovilístico *m.* **5**
account cuenta *f.;* **checking
account** cuenta corriente *f.* **8; savings
account** cuenta de ahorros *f.*
accountant contador(a) *m., f.* **8**
accustomed to acostumbrado/a *adj.;*
to grow accustomed (to)
acostumbrarse (a) *v.* **3**
ache doler (o:ue) *v.* **2**
activist activista *m., f.* **11**
add añadir *v.*
admission ticket entrada *f.*
adore adorar *v.* **1**
advance avance *m.* **7**
advanced adelantado/a; avanzado/a
adj. **7, 12**
advantage ventaja *f.* **6; to take advantage
of** aprovechar *v*
adventure aventura *f.* **5**
adventurer aventurero/a *m., f.* **5**
advertising publicidad *f.* **9**
advertisement anuncio *m.,*
propaganda *f.*
advisable recomendable *adj.* **5;
not advisable, inadvisable** poco
recomendable *adj.*
advise aconsejar *v.* **4**
advisor asesor(a) *m., f.* **8**
affection cariño *m.* **1**
affectionate cariñoso/a *adj.* **1**
after all al final de cuentas; al fin y
al cabo
against contra *prep.;* **against** en contra
prep. **1**
age: of age mayor de edad
agent agente *m., f.;* **customs agent** agente
de aduanas *m., f.* **5**
agnostic agnóstico/a *adj.* **11**
agree acordar (o:ue) *v.* **2; to agree
on** quedar *v.* **2**
aid auxilio *m.;* **first aid** primeros
auxilios *m. pl.* **4**
aim apuntar *v.* **11**
album álbum *m.* **2**
alibi coartada *f.* **10**
alien extraterrestre *m., f.* **7**
almost casi *adv.* **3**
alone solo/a *adj.* **1**
alternative medicine medicina
alternativa *f.*
amaze asombrar *v.*
amazement asombro *m.*
ambassador embajador(a) *m., f.* **11**
amuse (oneself) entretener(se)
(e:ie) *v.* **2**
ancient antiguo/a *adj.* **12**
anger enojo *m.*
animal kingdom reino animal *m.* **6**
announcer conductor(a) *m., f.;* locutor(a)
m., f.

annoy molestar *v.* **2, 5**
antenna antena *f.*
antiquity antigüedad *f.*
anxiety ansia *f.* **1**
anxious ansioso/a *adj.* **1**
apology disculpa *f.* **3**
apparently por lo visto *adv.* **4**
appear aparecer *v.* **1**
appearance aspecto *m.*
applaud aplaudir *v.* **2**
apply for solicitar *v.* **8**
appreciate apreciar *v.* **1**
appreciated apreciado/a *adj.*
approach acercarse (a) *v.* **2**
approval aprobación *f.* **9**
approve aprobar (o:ue) *v.*
archaeologist arqueólogo/a *m., f.*
archaeology arqueología *f.*
argue discutir *v.* **1**
arid árido/a *adj.* **11**
aristocratic aristocrático/a *adj.* **12**
armchair sillón *m.*
armed armado/a *adj.*
army ejército *m.* **11, 12**
arrival llegada *f.* **5**
arrive llegar *v.*
artifact artefacto *m.* **5**
artisan artesano/a *m., f.* **10**
ascent subida *f.*
ashamed avergonzado/a *adj.;* **to be
ashamed (of)** tener vergüenza (de) *v.* **1**
ask pedir (e:i) *v.* **1, 4**
aspirin aspirina *f.* **4**
assure asegurar *v.*
astonished: be astonished
asombrarse *v.;* atónito/a *adj.* **9**
astonishing asombroso/a *adj.*
astonishment asombro *m.*
astronaut astronauta *m., f.* **7**
astronomer astrónomo/a *m., f.* **7**
atheism ateísmo *m.*
atheist ateo/a *adj.* **11**
athlete deportista *m., f.* **2**
ATM cajero automático *m.*
attach adjuntar *v.* **7; to attach a file**
adjuntar un archivo *v.* **7**
attract atraer *v.*
attraction atracción *f.*
audience audiencia *f.*
audience público *m.* **9**
authoritarian autoritario/a *adj.* **1**
autobiography autobiografía *f.* **10**
available disponible *adj.*
award premiar, entregar un premio *v.* **10**
awkward situation compromiso *m.* **10**
a little something detallito *expres.* **6**
a lot montón *m.* **7**

B

back espalda *f.;* **to have one's back to**
estar de espaldas a
bag bolsa *f.*
balcony balcón *m.* **3**
ball balón *m.*
ball field campo *m.* **5**
ball game juego de pelota *m.* **5**
band conjunto (musical) *m.*
bandage venda *f.* **4**

banking bancario/a *adj.*
bankruptcy bancarrota *f.* **8**
baptism bautismo *m.* **9**
bargain ganga *f.* **3**
barter trueque *m.*
basement sótano *m.* **3, 5**
battle batalla *f.* **4, 12**
be able to poder (o:ue) *v.* **1**
be about tratarse de *v.* **10**
be about to disponerse a *v.* **6**
be cool molar *v.* (*Esp.*) **5**
be delayed/late retrasarse *v.* **3**
be held up entretenerse *v.* **1**
be late, to take (time) tardar *v.* **12**
be promoted ascender (e:ie) *v.* **8**
bear oso *m.*
beat latir *v.* **4; beat around the bush**
dar(le) vueltas a un asunto **4**
beauty belleza *f.* **8**
become convertirse (en) (e:ie) *v.* **1;
to become annoying** ponerse pesado/a *v.;*
to become extinct extinguirse *v.* **6;
to become infected** contagiarse *v.* **4;
to become inflamed** inflamarse *v.;* **to
become informed (about)** enterarse (de)
v. **9; to become part (of)** integrarse (a) *v.*
12; to become tired cansarse *v.*
bed and breakfast inn pensión *f.*
beehive colmena *f.* **8**
beforehand de antemano
beg rogar *v.* **2, 4**
beggar mendigo/a *m., f.*
begin empezar (e:ie) *v.*
behalf: on behalf of de parte de
behave well portarse bien *v.*
belief creencia *f.* **11**
believe (in) creer (en) *v.* **11; Don't you
believe it.** No creas.
believer creyente *m., f.* **11**
belly tripa *f.* **5**
belong (to) pertenecer (a) *v.* **3, 12**
belt cinturón *m.;* **seatbelt** cinturón de
seguridad *m.* **5**
benefits beneficios *m. pl.*
bet apuesta *f.*
bet apostar (o:ue) *v.*
betray engañar *v.* **12**
betrayal traición *f.* **12**
better mejor *adj.;* **maybe** a lo mejor *adv.* **1**
beyond más allá de
bias parcialidad *f.* **9; left-wing/right-wing
bias** tendencia izquierdista/derechista *f.*
biased parcial *adj.* **9**
bilingual bilingüe *adj.* **9**
bill factura *f.* **8;** cuenta *f.;* proyecto de
ley *m.* **11**
billiards billar *m.* **2**
biochemical bioquímico/a *adj.* **7**
biography biografía *f.* **10**
biologist biólogo/a *m., f.* **7**
bird ave *f.* **6;** pájaro *m.* **6**
birth parto *m.* **4**
birthday boy/girl cumpleañero/a *m., f.* **1**
bite pique *m.* **6;** morder (o:ue) *v.* **5, 6**
blanket manta *f.*
bless bendecir *v.* **11**
blessed bendito/a *adj.* **2**
blindness ceguera *f.* **4**
blink parpadear *v.* **7**
blog blog *m.* **7**

blognovel blogonovela *f.* 7
blogosphere blogosfera *f.* 7
blood sangre *f.* 4, 11; **(high/low) blood pressure** presión/tensión (alta/baja) *f.* 4
blurred confuso/a *adj.* 1
blush enrojecer *v.*
board embarcar *v.;* **on board** a bordo *adj.* 5
board game juego de mesa *m.* 2
body cuerpo *m.*
boil hervir (e:ie) *v.* 3
bombing bombardeo *m.* 6
border frontera *f.* 5
border límite *m.* 11
bore aburrir *v.* 2
borrow pedir prestado/a *v.* 8
borrowed prestado/a *adj.* 2
both ambos/as *pron., adj.*
bother molestar *v.* 2, 5
bottom fondo *m.*
bowling boliche *m.* 2
box caja *f.*
box office taquilla *f.* 2
branch sucursal *f.*
brand marca *f.*
brave valiente 5
bravery valor *m.*
break in (to a conversation) meterse *v.* 1
break up (with) romper (con) *v.* 1
breakthrough avance *m.* 7
breath respirar *v.* 1
breathing respiración *f.* 4
brick ladrillo *m.*
bridge puente *m.* 12
bright luminoso/a *adj.* 10
bring traer *v.* 1; **to bring down** derribar *v.;* **to bring up (raise)** educar *v.* 1
broadcast emisión *f.;* **live broadcast** emisión en vivo/directo *f.*
broadcast transmitir *v.* 9
broom escoba *f.*
brush cepillarse *v.* 2; **to brush against** rozar *v.*
Buddhist budista *adj.* 11
budget presupuesto *m.* 8
buffalo búfalo *m.*
build construir *v.* 10
bull ring ruedo *m.* 2
bullfight corrida *f.* 2
bullfighter torero/a *m., f.* 2; **bullfighter who kills the bull** matador/a *m., f.* 2; **bullfighter's outfit** traje de luces *m.* 2
bullfighting toreo *m.* 2; **bullfighting stadium** plaza de toros *f.* 2
bureaucracy burocracia *f.*
buried enterrado/a *adj.*
burrow madriguera *f.* 3
bury enterrar (e:ie), sepultar *v.* 12
business negocio *m.*
businessman hombre de negocios *m.* 8
businesswoman mujer de negocios *f.* 8
butterfly mariposa *f.*

C

cage jaula *f.*
calculation, sum cuenta *f.*
calm tranquilo/a *adj.* 1

calm down calmarse *v.;* **Calm down.** Tranquilo/a.
campaign campaña *f.* 11
campground campamento *m.* 5
cancel cancelar *v.* 5
cancer cáncer *m.*
candidate candidato/a *m., f.* 11
candle vela *f.*
canvas tela *f.* 10
capable capaz *adj.* 8
cape cabo *m.*
captain capitán *m.*
card tarjeta *f.;* **boarding card** tarjeta de embarque *f.* 5; **credit/debit card** tarjeta de crédito/débito *f.* 3; **(playing) cards** cartas, *f. pl.* 2, naipes *m. pl.* 2
care cuidado *m.* 1; **personal care** aseo personal *m.*
carefree despreocupado/a *adj.* 11
careful cuidadoso/a *adj.* 1
caress acariciar *v.* 10
carriage vagón *m.* 7
carry llevar *v.* 2; **to carry away** llevarse *v.* 2; **to carry out** cumplir *v.* 8; **to carry out (an activity)** llevar a cabo *v.*
cash dinero en efectivo *m.;* (*Arg.*) guita *f.*
cashier cajero/a *m., f.*
casket ataúd *m.*
cast yeso *m.* 4
catastrophe catástrofe *f.*
catch atrapar *v.* 6; pillar *v.* 9
category categoría *f.* 5
Catholic católico/a *adj.* 11
cautious prevenido/a *adj.*
cave cueva *f.*
ceiling cielorraso *m.* 4
celebrate celebrar, festejar *v.* 2
celebrity celebridad *f.* 9
cell célula *f.* 7; celda *f.*
cell phone móvil *m.* 7, *teléfono celular m.* 7; **(cell phone) service** cobertura *f.* 5
cemetery cementerio *m.* 12
censorship censura *f.* 9
cent centavo *m.*
century siglo *m.* 12
certain cierto/a *adj.*
certainty certeza *f.* certidumbre *f.* 12
challenge desafío *m.* 7; desafiar *v.* 2; poner a prueba, retar *v.*
challenging desafiante *adj.* 4
champion campeón/campeona *m., f.* 2
championship campeonato *m.*
chance azar, *m.* 12 casualidad *f.;* oportunidad *f.* 8; **by chance** por casualidad 3
change cambio *m.;* cambiar; mudar *v.* 2; **to change (plains, trains)** hacer transbordo *v.* 5
channel canal *m.* 9; **television channel** canal de televisión *m.*
chapel capilla *f.*
chapter capítulo *m.*
character personaje *m.* 10; **main/secondary character** personaje principal/secundario *m.*
characteristic (trait) rasgo *m.*
characterization caracterización *f.* 10
charge cobrar *v.* 8

charge: be in charge of encargarse de *v.* 1; estar a cargo de; estar encargado/a de; **person in charge** encargado/a *m., f.*
cheap (stingy) tacaño/a *adj.* 1; **(inexpensive)** barato/a *adj.* 3
cheat hacer trampa *v.* 2
cheek mejilla *f.* 10
cheer up animar *v.;* **Cheer up!** ¡Anímate!(*sing.*); ¡Anímense! (*pl.*) 2
Cheers! ¡Salud! 8
chef cocinero/a *m., f.*
chemical químico/a *adj.* 7
chemist químico/a *m., f.* 7
chess ajedrez *m.* 2, 12
chessboard tablero *m.* 12
chest pecho *m.* 10
chew masticar *v.*
childhood infancia *f.*
choir coro *m.*
choose elegir (e:i) *v.;* escoger *v.* 1
chore quehacer *v.* 3
chorus coro *m.*
chosen elegido/a *adj.*
Christian cristiano/a *adj.* 11
church iglesia *f.* 11
cinema cine *m.* 2
circus circo *m.* 2
citizen ciudadano/a *m., f.* 11
civilization civilización *f.* 12
civilized civilizado/a *adj.*
claim reclamar *v.* 11
clarify aclarar *v.* 9
classic clásico/a *adj.* 10
clean limpiar *v.* 3
clean (pure) puro/a *adj.*
cleanliness aseo *m.*
clear (the table) quitar (la mesa) *v.* 3
clearing limpieza *f.* 3
click hacer clic *v.*
cliff acantilado *m.*
climate clima *m.*
climb (mountain) escalada *f.*
climber escalador(a) *m., f.*
clock reloj *m.* 12
cloister claustro *m.*
clone clonar *v.* 7
clothing ropa *f.* 5
clown payaso/a *m., f.* 8
club club *m.;* **sports club** club deportivo *m.* 2
coach (train) vagón *m.* 7; **coach (trainer)** entrenador(a) *m., f.* 2
coast costa *f.* 6
cockpit cabina *f.* 5
coincidence casualidad *f.;* **chiripazo** *m.* (*Col.*) 4
cold resfriado *m.* 4; **to have a cold** estar resfriado/a *v.* 4
collect coleccionar *v.*
colonize colonizar *v.* 12
colony colonia *f.* 12
columnist columnista *m., f.*
comb one's hair peinarse *v.* 2
combatant combatiente *m., f.*
come venir *v.* 1; **to come back** volver (o:ue) *v.;* **to come from** provenir (de) *v.;* **Come on in!** ¡Siga! *expr.* 2; **to come with** acompañar *v.* 10
comedian comediante *m., f.* 1
comet cometa *m.* 7

Vocabulary

comic strip tira cómica *f.* **9**
commerce comercio *m.* **8**
commercial anuncio *m.* **9**
commission encargar *v.* **10**
commitment compromiso *m.* **1**
community comunidad *f.* **4**
company compañía *f.*, empresa *f.* **8**;
  multinational company empresa
  multinacional *f.*, multinacional *f.* **8**
compass brújula *f.* **5**
competent capaz *adj.* **8**
competition competencia *f.* **9**
complain (about) quejarse (de) *v.* **2, 5**
complaint queja *f.*
complicated rebuscado/a *adj.*
compose componer *v.* **1**
composer compositor(a) *m., f.*
computer science informática *f.* **7**;
  computación *f.*
concert concierto *m.* **2**
condition (illness) dolencia *f.*
condolences (my deepest) mi más sentido
  pésame *m.* **7**
conference conferencia *f.* **8**
confess confesar (e:ie) *v.*
confidence confianza *f.* **1, 8**
confident seguro/a *adj.* **1**
confuse (with) confundir (con) *v.*
confused confundido/a *adj.*
congested congestionado/a *adj.*
Congratulations! ¡Felicidades!;
  Congratulations to all! ¡Felicidades
  a todos!
connection conexión *f.*; **to have good
  connections** estar relacionado *v.*
conquer conquistar, *v.* vencer *v.* **2, 9, 12**
conqueror conquistador(a) *m., f.* **12**
conquest conquista *f.* **12**
conscience conciencia *f.*
consequently por consiguiente *adj.*
conservative conservador(a) *adj.* **11**
conserve conservar *v.* **6**
consider considerar *v.*
consulate consulado *m.*
consultant asesor(a) *m., f.* **8**
consumption consumo *m.*; **energy
  consumption** consumo de energía *m.*
contaminate contaminar *v.* **6**
contamination contaminación *f.* **6**
contemporary contemporáneo/a *adj.* **10**
contented: be contented with
  contentarse con *v.* **1**
contestant concursante *m., f.* **9**
contract contrato *m.* **8**; contraer *v.* **1**
contribute contribuir (a) *v.* **6**
contribution aportación *f.* **11**
controversial controvertido/a *adj.* **9**
controversy polémica *f.* **11**
cook cocinero/a *m., f.*
cook cocinar *v.* **3**
corner rincón *m.*
cornmeal cake arepa *f.*
correspondent corresponsal *m., f.* **9**
corruption corrupción *f.*
costly costoso/a *adj.*
costume disfraz *m.*; **in costume**
  disfrazado/a *adj.*
cough tos *f.* **4**
cough toser *v.* **4**
countryside campo *m.* **6**

couple pareja *f.* **1**
courage coraje *m.*
course: of course claro *interj.* **3**; por
  supuesto; ¡cómo no!
court tribunal *m.*
cover portada *f.* **9** tapa *f.* cubrirse *v.* **10**
cow vaca *f.* **6**
crash choque *m.* **3** estrellar(se) *v.* **1, 7**
create crear *v.* **7**
creativity creatividad *f.*
crew tripulación *f.* **5**
critic crítico/a *m., f.*; **movie critic**
  crítico/a de cine *m., f.* **9**
critical crítico/a *adj.*
cross cruzar *v.*
crowd multitud *f.*
cruise (ship) crucero *m.* **5**
cry llorar *v.*
crying llanto *m.*
Cubism cubismo *m.* **10**
culture cultura *f.*; **pop culture** cultura
  popular *f.*
cultured culto/a *adj.* **12**
currently actualmente *adv.*
curse maldición *f.*
custom costumbre *f.* **3**
customs aduana *f.*; **customs agent** agente
  de aduanas *m., f.* **5**
cut corte *m.*

D

daily diario/a *adj.* **3**
dam represa *f.*
damp húmedo/a *adj.* **6**
dance bailar *v.* **1**
dance club discoteca *f.* **2**
dancer bailarín/bailarina *m., f.*
danger peligro *m.*
dangerous peligroso/a *adj.* **5**
dare (to) atreverse (a) *v.* **2**
darken oscurecer *v.* **6**
darts dardos *m. pl.* **2**
data datos *m.*; **piece of data** dato *m.*
date cita *f.*; **blind date** cita a ciegas *f.* **1**
  fecha *f.* **12**
datebook agenda *f.* **3**
dawn alba *f.*
day día *m.*
daybreak alba *f.*
death muerte *f.* **1**; **death certificate**
  testimonio de defunción *m.* **6**
debt deuda *f.* **8**
debt collector cobrador(a) *m., f.* **8**
debtor moroso/a *m., f.* **8**
debut (premiere) estreno *m.* **2**
decade década *f.* **12**
decrease disminuir *v.*
deep hondo/a *adj.* **2**; profundo/a *adj.*
deer venado *m.*
defeat vencer *v.* **2, 9**
defeat derrota *f.* **11**; derrotar *v.* **12**
defeated derrotado/a **12**
Definitely! ¡Sin duda! *expr.* **11**
deforestation deforestación *f.* **6**
delay demora *f.* **12**; retraso *m.*;
  atrasar *v.*; demorar *v.*; retrasar *v.*
delayed retrasado/a *adj.* **5**
delivery entrega *f.*
demand reclamar *v.* **11**; exigir *v.* **1, 4, 8**

demonstration manifestación *f.* **11**
den madriguera *f.* **3**
denounce delatar *v.* **3**; denunciar *v.* **11**
depict reflejar *v.* **10**
deposit depositar *v.* **8**
depressed deprimido/a *adj.* **1**
depression depresión *f.* **4**
descendent descendiente *m., f.* **12**
desert desierto *m.* **6**
deserve merecer *v.* **6**
design diseñar *v.* **10**
desire deseo *m.*; gana *f.*
desire desear *v.* **4**
destination destino *m.* **5**
destroy destruir *v.* **6**
detective (story/novel) policíaco/a *adj.* **10**
deteriorate empeorar *v.* **4**
detest detestar *v.*
devastated deshecho *adj.*
developed desarrollado/a *adj.* **12**
developing en vías de desarrollo *adj.*;
  developing country país en vías de
  desarrollo *m.*
development desarrollo *m.* **6**
diamond diamante *m.*
dictator dictador(a) *m., f.* **12**
dictatorship dictadura *f.*
die fallecer *v.*; **to die of** morirse (o:ue)
  de *v.* **2**
diet (nutrition) alimentación *f.* **4**; dieta *f.*;
  to be on a diet estar a dieta *v.* **4**; **to go on
  a diet** ponerse a dieta *v.* **4**
difficult duro/a *adj.*
digestion digestión *f.*
digital digital *adj.* **7**
dinner guest comensal *m., f.* **10**
direct dirigir *v.*
director director(a) *m., f.*
disappear desaparecer *v.* **1, 6**
disappointment desilusión *f.*
disaster catástrofe *f.*; **natural disaster**
  catástrofe natural *f.*
discharge (from the hospital) dar el alta *v.* **5**
discomfort malestar *m.* **4**
discotheque discoteca *f.* **2**
discouraged desanimado/a *adj.* **to get
  discouraged** desanimarse *v.*; **the state of
  being discouraged** desánimo *m.* **1**
discover descubrir *v.*
discoverer descubridor(a) *m., f.*
discovery descubrimiento *m.* **7**;
  hallazgo *m.* **4**
discriminated discriminado/a *adj.*
discrimination discriminación *f.*
disease enfermedad *f.* **4**
disguised disfrazado/a *adj.*
disgusting: to be disgusting dar asco *v.*
disorder desorden *m.* **(condition)**
  trastorno *m.*
display lucir *v.*
disposable desechable *adj.* **6**
distant lejano/a *adj.* **5**
distinguish distinguir *v.* **1**
distract distraer *v.* **1**
distracted distraído/a *adj.*
disturbing inquietante *adj.* **10**
diversity diversidad *f.* **4**
divorce divorcio *m.* **1**
divorced divorciado/a *adj.* **1**
dizzy mareado/a *adj.* **4**

DNA ADN (ácido desoxirribonucleico) *m.* 7

do hacer *v.* 1; **to do someone the favor** hacer el favor *v.;* **to do something on purpose** hacer algo a propósito *v.*

doctor's appointment consulta *f.* 4

doctor's office consultorio *m.* 4

documentary documental *m.* 9

dominoes dominó *m.*

don't get involved! ¡No te metas! *expr.* 5

don't you even think about it ni se le ocurra *expr.* 11

doorbell timbre *m.;* **to ring the doorbell** tocar el timbre *v.*

doorman ujier *m., f.* 9

doubt interrogante *m.;* **to be no doubt** no caber duda *v.*

download descargar *v.* 7

drag arrastrar *v.;* **drag out** alargar *v.* 1

draw dibujar *v.* 10

dream (about) soñar (o:ue) (con) *v.* 1

dreams sueños *m.* 1

dressing room probador *m.* 3; vestuario *m.* 9

drink beber *v.* 1

drinking glass copa *f.* 3

drive conducir *v.* 1; manejar *v.*

driver's license carné de conducir *m.* 11

drought sequía *f.* 6

drown ahogarse *v.*

dry seco/a *adj.* 6; secar *v.;* **to dry off** secarse *v.* 2

dub (film) doblar *v.*

dubbed doblado/a *adj.* 9

dubbing doblaje *m.*

dust polvo *m.* 3; **to dust** quitar el polvo *v.* 3

duty deber *m.* 8

E

ear of corn mazorca *f.* 2

earn ganar *m.;* **to earn a living** ganarse la vida *v.* 8

earth tierra *f.* 6

earthquake terremoto *m.* 6

easy-going (*permissive*) permisivo/a *adj.* 1

eat comer *v.* 1, 2; **to eat up** comerse *v.* 2

ecosystem ecosistema *m.* 6

ecotourism ecoturismo *m.* 5

edible comestible *adj.;* **edible plant** planta comestible *f.*

editor redactor(a) *m., f.* 9

editor-in-chief redactor(a) jefe *m., f.*

educate educar *v.*

educated (*cultured*) culto/a *adj.* 12

education instrucción *f.* 8

educational didáctico/a *adj.* 10

efficient eficiente *adj.*

effort esfuerzo *m.*

either... or... o... o... *conj.*

elbow codo *m.*

elder mayor *m.* 12

elderly anciano/a *adj.;* **elderly gentleman/lady** anciano/a *m., f.*

elect elegir (e:i) *v.* 11

elected elegido/a *adj.*

electoral electoral *adj.*

electronic electrónico/a *adj.*

elevator ascensor *m.* 5

e-mail address dirección de correo electrónico *f.* 7

embarrass avergonzar *v.* 8

embarrassed avergonzado/a *adj.*

embarrassment vergüenza *f.*

embassy embajada *f.*

embellished adornado/a *adj.* 7

emigrate emigrar *v.* 11

emotion sentimiento *m.* 1

emperor emperador *m* 12

emphasize destacar *v.*

empire imperio *m.* 12

employed empleado/a *adj.* 8

employee empleado/a *m., f.* 8

employment empleo *m.* 8

empress emperatriz *f.* 12

encourage animar *v.*

end fin *m.;* **(*rope, string*)** cabo *m.*

endangered en peligro de extinción *adj.;* **endangered species** especie en peligro de extinción *f.*

ending desenlace *m.*

energetic enérgico/a *adj.*

energy energía *f.;* **nuclear energy** energía nuclear *f.;* **wind energy** energía eólica *f.*

engineer ingeniero/a *m., f.* 7

enjoy disfrutar (de) *v.* 2

enlarge ampliar *v.* 10

enough bastante *adv.* 3

enslave esclavizar *v.* 12

enter ingresar *v.;* **to enter data** ingresar datos *v.*

entertain (oneself) entretener(se) (e:ie) *v.* 2

entertaining entretenido/a *adj.* 2

entrance hall zaguán *m.* 3

entrepeneur empresario/a *m., f.* 8

envelope sobre *m.*

environment medio ambiente *m.* 6

environmental ambiental *adj.* 6

episode episodio *m.* 9; **final episode** episodio final *m.* 9

equal igual *adj.* 11

equality igualdad *f.*

era época *f.* 12

erase borrar *v.* 7

erosion erosión *f.* 6

errands mandados *m. pl.* 3; **to run errands** hacer mandados *v.* 3

essay ensayo *m.*

essayist ensayista *m., f.* 10

establish (oneself) establecer(se) *v.* 12

eternal eterno/a *adj.*

ethical ético/a *adj.* 7; **unethical** poco ético/a *m., f.*

even siquiera *conj.;* **not even** ni siquiera *conj.* 7

event acontecimiento *m.* 9

everyday cotidiano/a *adj.* 3; **everyday life** vida cotidiana *f.*

example (*sample*) muestra *f.*

exchange: in exchange for a cambio de

exercise ejercer *v.* 11

excited emocionado/a *adj.* 1

exciting excitante *adj.*

excursion excursión *f.* 5

excuse disculpar *v.;* **Excuse me; Pardon me** Perdona (*fam.*)/Perdone (*form.*); Con permiso.

executive ejecutivo/a *m., f.* 8; **of an executive nature** de corte ejecutivo 8

exhausted agotado/a *adj.* 4; fatigado/a *adj.* 4

exhaustion cansancio *m.* 3

exhibition exposición *f.*

exile exilio *m.;* **political exile** exilio político *m.* 11

exotic exótico/a *adj.*

expel expulsar *v.* 12

expensive caro/a *adj.* 3; costoso/a *adj.*

experience experiencia *f.* 8; experimentar *v.*

experiment experimento *m.* 7

expire caducar *v.*

expired vencido/a *adj.* 5

exploit explotar *v.* 12

exploitation explotación *f.*

exploration exploración *f.*

explore explorar *v.*

explosion estallido *m.* 11

export exportar *v.* 8

exports exportaciones *f., pl.*

Expressionism expresionismo *m.* 10

extinct: become extinct extinguirse *v.* 6

extinguish extinguir *v.*

F

facial features facciones *f., pl.* 3

facilities servicios *m., pl*

fact hecho *m.* 3; **in fact** de hecho 4

factor factor *m.;* **risk factors** factores de riesgo *m. pl.*

factory fábrica *f.*

fad moda pasajera *f.* 9

faint desmayarse *v.* 4

fair feria *f.* 2

faith fe *f.* 11

fall caer *v.* 1; **to fall in love (with)** enamorarse (de) *v.* 1

fame fama *f.* 9

famous famoso/a *adj.* 9; **to become famous** hacerse famoso *v.* 9

fan (of) aficionado/a (a) *adj.* 2; **to be a fan of** ser aficionado/a de *v.*

farewell despedida *f.* 5

fascinate fascinar *v.* 2

fashion moda *f.;* **in fashion, popular** de moda 9

fasten abrocharse *v.;* **to fasten one's seatbelt** abrocharse el cinturón de seguridad *v.* 5; **to fasten (the seatbelt)** ponerse (el cinturón de seguridad) *v.* 5

fatigue fatiga *f.* 8

fault culpa *f.* 10

favor favor *m.;* **to do someone the favor** hacer el favor *v.*

fed up (with) harto/a *adj.;* **to be fed up (with); to be sick (of)** estar harto/a (de) *v.* 1

feed dar de comer *v.* 6

feel sentirse (e:ie) *v.* 1; **(experience)** experimentar *v.;* **to feel like** dar la gana *v.* 9; sentir/tener ganas de *v.*

feeling sentimiento *m.* 1; **feeling of unease** desasosiego *m.* 5

festival festival *m.* 2

fever fiebre *f.* 4; **to have a fever** tener fiebre *v.* 4

fiancé(e) prometido/a *m., f.* 7

field campo *m.* **6;** cancha *f.*

fight lucha *f.;* pelear, luchar *v.* **8; to fight (for)** luchar por *v.;* **to fight bulls** lidiar *v.* **2; to fight bulls in the bullring** torear *v.* **2**

figuratively en sentido figurado *m.*

file archivo *m.;* **to download a file** bajar un archivo *v.*

filled up completo/a *adj.;* **The hotel is filled.** El hotel está completo.

filling contundente *adj.* **10**

film película *f.;* rodar (o:ue) *v.* **9**

finance(s) finanzas *f. pl.;* financiar *v.* **8**

financial financiero/a *adj.* **8**

find out averiguar *v.* **1**

finding hallazgo *m.* **4**

fine multa *f.*

fine arts bellas artes *f., pl.* **10**

fingernail uña *f.*

finish line meta *f.*

fire incendio *m.* **6;** despedir (e:i) *v.* **8**

fired despedido/a *adj.*

fireplace hogar *m.* **3**

first aid primeros auxilios *m., pl.* **4**

first and foremost antes que nada

fish pez *m.* **6**

fit caber *v.;* **(clothing)** quedar *v.* **2**

fitting room vestidor *m.*

fix arreglar *v.* **7**

flag bandera *f.*

flask frasco *m.*

flavor sabor *m.;* **What flavor is it? Chocolate?** ¿Qué sabor tiene? ¿Chocolate? **4**

flee huir *v.* **3**

fleeting pasajero/a *adj.*

flexible flexible *adj.*

flight vuelo *m.*

flight attendant auxiliar de vuelo *m., f.*

flirt coquetear *v.* **1**

flood inundación *f.* **6;** inundar *v.*

floor suelo *m.*

flower florecer *v.* **6**

flu gripe *f.* **4**

fly mosca *f.* **4;** volar (o:ue) *v.* **8**

flying volador(a) *adj.* **1**

foam espuma *f.* **5**

fog niebla *f.*

fold doblar *v.*

follow seguir (e:i) *v.*

folly insensatez *f.* **4**

fond of aficionado/a (a) *adj.* **2**

foot (of an animal) pata *f.*

forbidden vedado/a *adj.* **3**

force fuerza *f.;* **armed forces** fuerzas armadas *f., pl.* **12; labor force** fuerza laboral *f.*

forced forzado/a *adj.* **12**

forefront: at the forefront a la vanguardia

foresee presentir (e:ie); prever *v.*

forest bosque *m.*

forget (about) olvidarse (de) *v.* **2**

forgetful olvidadizo/a *adj.* **11**

forgetfulness; olvido *m.* **1**

forgive perdonar *v.*

form forma *f.*

formulate formular *v.* **7**

fountain fuente *f.*

free time tiempo libre *m.* **2;** ratos libres *m. pl.* **2**

freedom libertad *f.* **11; freedom of the press** libertad de prensa *f.* **9**

freeze helar (e:ie) *v.*

frequently a menudo *adv.* **3**

friar fraile *m.*

frightened asustado/a *adj.*

frog rana *f.* **6**

front desk recepción *f.* **5**

front page portada *f.* **9**

frozen congelado/a *adj.*

fry freír (e:i) *v.* **3**

fuel combustible *m.* **6**

fulfill *v.* cumplir **8**

full lleno/a *adj.;* **full-length film** largometraje *m.*

fun divertido/a *adj.* **2**

funny gracioso/a *adj.* **1; to be funny (to someone)** hacerle gracia (a alguien)

furnished amueblado/a *adj.*

furniture mueble *m.* **3**

future mañana (el) *m.* **3**

futuristic futurístico/a *adj.*

G

gain weight engordar *v.* **4**

game juego *m.* **2; ball game** juego de pelota *m.* **5; board game** juego de mesa *m.* **2;** partida *f.* **12; (sports)** partido *m.;* **to win/lose a game** ganar/perder un partido *v.* **2**

gaze mirada *f.* **1**

gene gen *m.* **7**

generate generar *v.*

generous generoso/a *adj.*

genetics genética *f.*

genuine auténtico/a *adj.* **3**

gesture gesto *m.*

get obtener *v.;* **to get a movie** alquilar una película *v.* **2; to get a shot** poner(se) una inyección *v.* **4; to get along** congeniar *v.;* **to get along well/poorly** llevarse bien/mal *v.* **1; to get better** mejorarse *v.* **2 to get bored** aburrirse *v.* **2; to get discouraged** desanimarse *v.;* **to get down/out** bajarse *v.* **5; to get dressed** vestirse (e:i) *v.* **2; to get hurt** lastimarse *v.* **4; to get in** subirse *v.* **5; to get information** informarse *v.;* **to get ready** arreglarse *v.* **3; to get into a mess** meterse en un lío *v.* **5 to get sick** enfermarse *v.* **4; to get tickets** conseguir (e:i) boletos/entradas *v.* **2; to get together (with)** reunirse (con) *v.* **2; to get up** levantarse *v.* **2; to get used to** acostumbrarse (a) *v.* **3; to get vaccinated** vacunarse *v.* **4; to get well/ill** *v.* ponerse bien/mal **4; to get wet** mojarse *v.;* **to get worse** empeorar *v.* **4; to get your act together** (*Cub.*) ponerse para las cosas *expr.* **4**

gift obsequio *m.* **11**

give dar *v.;* **to give a shot** poner una inyección *v.* **4; to give as a present** regalar *v.* **10 to give up** darse por vencido *v.* **6;** ceder **11; to give way to** dar paso a *v.*

gladly con mucho gusto **10**

glance vistazo *m.*

global warming calentamiento global *m.* **6**

globalization globalización *f.*

go ir *v.* **1, 2;** arrancar (**to start a race**) *v.* **2; to go across** recorrer *v.* **5; to go around (the world)** dar la vuelta (al mundo) *v.;* **to go away (from)** irse (de) *v.* **2; to go hand in hand (with)** ir de la mano (de) *v.* **10; to go out** salir *v.* **1; to go out (to eat)** salir (a comer) *v.* **2; to go out with** salir con *v.* **1; to go shopping** ir de compras *v.* **3; go to bed** acostarse (o:ue) *v.* **2; go to sleep** dormirse (o:ue) *v.* **2; go too far** pasarse *v.;* **go too fast** embalarse *v.* **9**

goat cabra *f.*

God Dios *m.* **11; For God's sake!** ¡Por Dios! *interj.* **4**

god/goddess dios(a) *m., f.* **5**

gold oro *m.* **4, 7**

goldfish pececillo de colores *m.*

good bueno/a *adj.* **to be good (i.e. fresh)** estar bueno *v.;* **to be good (by nature)** ser bueno *v.*

goodness bondad *f.*

gossip chisme *m.* **9**

govern gobernar (e:ie) *v.* **11**

government gobierno *m.;* **government agency** organismo público *m.*

governor gobernador(a) *m., f.* **11**

graduate titularse *v.* **3**

grass hierba *f.;* pasto *m.*

gratitude agradecimiento *m.*

gravity gravedad *f.* **7**

great-great-grandfather/mother tatarabuelo/a *m., f.* **12**

group grupo *m.;* **musical group** grupo musical *m.*

grow crecer *v.* **1;** cultivar *v.* **to grow accustomed to;** acostumbrarse (a) *v.* **3**

growth crecimiento *m.*

Guarani guaraní *m.* **9**

guarantee asegurar *v.*

guess adivinar *v.*

guilt culpa *f.*

guilty culpable *adj.*

guitar (type of) tiple *m.* **2**

gymnasium gimnasio *m.*

H

habit costumbre *f.* **3**

habit: be in the habit of soler (o:ue) *v.* **3**

hall sala *f.* **concert hall** sala de conciertos *f.*

hallway pasillo *m.* **5**

handicraft artesanía *f.* **3**

handle manija *f.* **5**

hang (up) colgar (o:ue) *v.*

happen suceder *v.* **1; These things happen.** Son cosas que pasan. **11**

happiness felicidad *f.*

happy feliz *adj.*

hard arduo *adj.;* duro/a *adj.*

hardly apenas *adv.* **3**

hard-fought reñido/a *adj.* **11**

hard-working trabajador(a) *adj.* **8**

harmful dañino/a *adj.* **6**

harvest cosecha *f.*

hate odiar *v.* **1**

have tener, disponer (de) *v.* **1, 3; to have fun** divertirse (e:ie) *v.* **2; have the right to** tener derecho a *v.* **5**
hawk pregonar *v.* **9**
headline titular *m.* **9**
heal curarse; sanar *v.* **4**
healing curativo/a *adj.* **4**
health salud *f.* **4; To your health!** ¡A tu salud!
healthy saludable, sano/a *adj.* **4**
hear oír *v.* **1**
heart corazón *m.* **1; heart attack** ataque cardiaco *m.* **4; heart and soul** cuerpo y alma
heavy (*filling*) contundente *adj.* **10; heavy rain** diluvio *m.*
height cima *f.* **1; (*highest level*)** apogeo m. **5**
help (aid) auxilio *m.*
heritage herencia *f.;* **cultural heritage** herencia cultural *f.* **12**
heroic heroico/a *adj.* **12**
hide ocultarse *v.* **3**
highest level apogeo *m.* **5**
hijacking *m.* secuestro **5**
hill cerro *m.;* colina *f.*
Hindu hindú *adj.* **11**
hire contratar *v.* **5, 8**
historian historiador(a) *m., f.* **12**
historic histórico/a *adj.* **12**
historical histórico/a *adj.* **10; historical period** era *f.* **12**
history historia *f.* **12**
hold (*hug*) abrazar *v.* **1; hold (support)** sostener *v.* **10; hold your horses** parar el carro *v.* **9**
hole agujero *m.;* **black hole** agujero negro *m.* **7; hole in the ozone layer** agujero en la capa de ozono *m.*
holy sagrado/a *adj.* **11**
home hogar *m.* **3**
honey miel *f.* **8**
honored distinguido/a *adj.*
hope esperanza *f.* **6;** ilusión *f.*
horror (*story/novel*) de terror *adj.* **10**
host(ess) anfitrión/anfitriona *m., f.*
hostel albergue *m.* **5**
hour hora *f.*
how cómo *adv.;* **How come?** ¿Cómo así? *expr.* **2**
hug abrazar *v.* **1**
humankind humanidad *f.* **12**
humble humilde *adj.* **3**
humid húmedo/a *adj.* **6**
humiliate humillar *v.* **8**
humorous humorístico/a *adj.* **10**
hungry hambriento/a *adj.*
hunt cazar *v.* **6**
hurricane huracán *m.* **6**
hurry prisa *f.* **6; to be in a hurry** tener apuro *v.*
hurt herir (e: ie) *v.* **1;** doler (o:ue) *v.* **2; to get hurt** lastimarse *v.* **4; to hurt oneself** hacerse daño; **to hurt someone** hacerle daño a alguien
husband marido *m.*
hut choza *f.* **12**
hygiene aseo *m.*
hygienic higiénico/a *adj.*

I

ideology ideología *f.* **11**
idiot cretino/a *adj.* **5**
illness dolencia *f.;* enfermedad *f.*
ill-tempered malhumorado/a *adj.*
illusion ilusión *f.*
image imagen *f.* **2**
imagination imaginación *f.*
immature inmaduro/a *adj.* **1**
immediately en el acto **3**
immigration inmigración *f.* **11**
immoral inmoral *adj.* **11**
import importar *v.* **8**
important importante *adj.* **4; be important (to); to matter** importar *v.* **2, 4**
imports importaciones *f., pl.*
impossible (to put off) impostergable *adj.* **12**
impress impresionar *v.* **1**
Impressionism impresionismo *m.* **10**
imprisoned (incarcerated) encarcelado/a *adj.* **11**
improve mejorar *v.* **4;** perfeccionar *v.*
improvement adelanto *m.* **4**
in love (with) enamorado/a (de) *adj.* **1**
inadvisable poco recomendable *adj.* **5**
incapable incapaz *adj.* **8**
included incluido/a *adj.* **5**
incompetent incapaz *adj.* **8**
increase aumento *m.;* aumentar *v.* **10**
independence independencia *f.* **12**
index índice *m.*
indigenous indígena *adj.* **9**
indigenous person indígena *m., f.*
industrious trabajador(a) *adj.* **8**
industry industria *f.*
inexpensive barato/a *adj.* **3**
infected: become infected contagiarse *v.* **4**
inflamed inflamado/a *adv.* **4; become inflamed** inflamarse *v.*
inflexible inflexible *adj.*
influential influyente *adj.* **9**
inform avisar *v.;* **to be informed** estar al tanto *v.* **9; to become informed (about)** enterarse (de) *v.* **9**
inhabit habitar *v.* **12**
inhabitant habitante *m., f.* **12;** poblador(a) *m., f.*
inherit heredar *v.*
injure lastimar *v.*
injured herido/a *adj.*
injury herida *f.* **4**
innovative innovador(a) *adj.* **7**
insanity locura *f.*
insect bite picadura *f.* **4**
insecure inseguro/a *adj.* **1**
insincere falso/a *adj.* **1**
insist on insistir en *v.* **4**
inspired inspirado/a *adj.*
instability inestabilidad *f.* **12**
insult ofensa *f.* **10**
insurance seguro *m.* **5**
intelligent inteligente *adj.*
intensive care terapia intensiva *f.* **4**
intentions intenciones *f. pl.* **7**
interest interesar *v.* **2**
interesting interesante *adj.;* **to be interesting** interesar *v.* **2**
Internet Internet *m., f.* **7**

interview entrevista *f.;* entrevistar *v.;* **job interview** entrevista de trabajo *f.* **8**
intriguing intrigante *adj.* **10**
invade invadir *v.* **12**
invent inventar *v.* **7**
invention invento *m.* **7**
invest invertir (e:ie) *v.* **8**
investigate investigar *v.* **7**
investigation expediente *m.* **5**
investment inversión *f.;* **foreign investment** inversión extranjera *f.* **8**
investor inversor(a) *m., f.*
iron plancha *f.*
irresponsible irresponsable *adj.*
island isla *f.* **5**
isolate aislar *v.* **9**
isolated aislado/a *adj.* **6**
itinerary itinerario *m.* **5**
It is estimated that... Se calcula que... *expr.* **12**
It's not a big deal! ¡No es para tanto! *expr.* **4**

J

jealous celoso/a *adj.;* **to be jealous of** tener celos de *v.* **1**
jealousy celos *m. pl.*
Jewish judío/a *adj.* **11**
job empleo *m.* **8; (*position*)** puesto *m.* **8; job interview** entrevista de trabajo *f.* **8**
join unirse *v.* **11**
joke broma *f.* **1, 3** chiste *m.* **1;** bromear *v*
journalist periodista *m., f.*
joy regocijo *m.* **4;** alegría *f.* **11**
judge juez(a) *m., f.* **11**
judgment juicio *m.*
jump salto *m.*
jungle selva *f.* **5**
just justo/a *adj.* **11**
just as tal como *conj.*

K

keep mantener *v.;* guardar *v.;* **to keep in mind** tener en cuenta *v.;* **to keep in touch** mantenerse en contacto *v.* **1; to keep (something) to yourself** guardarse (algo) *v.* **1; to keep up with the news** estar al día con las noticias *v.*
key clave *f.* **8**
keyboard teclado *m.*
key work obra clave *f.* **10**
kind amable *adj.*
king rey *m.* **12**
kingdom reino *m.* **12**
kingfish pejerrey *m.* **6**
kiss besar *v.* **1**
knit tejer *v.* **6**
know conocer *v.;* saber *v.* **1**
knowledge conocimiento *m.* **12**

L

label etiqueta *f.*
labor mano de obra *f.*
labor union sindicato *m.* **8**
laboratory laboratorio *m.;* **space lab** laboratorio espacial *m.*

Vocabulary

lack faltar *v.* **2**
land tierra *f.* **6**; terreno *m.* **6**
land (*an airplane*) aterrizar *v.* **5**
landscape paisaje *m.* **9**
language idioma *m.* **9**; lengua *f.* **9**
laptop computadora portátil *f.* **7**
late atrasado/a *adj.* **3**
laugh reír(se) (e:i) *v.*
launch lanzar *v.*
law derecho *m.*; ley *f.*; **to approve a law; to pass a law** aprobar (o:ue) una ley *v.*
lawyer abogado/a *m., f.*
layer capa *f.*; **ozone layer** capa de ozono *f.* **6**
lazy haragán/haragana **8**
lead encabezar *v.* **12**
leader líder *m., f.* **11**
lean (on) apoyarse (en) *v.*
learned erudito/a *adj.* **12**
learning aprendizaje *m.* **12**
leave marcharse *v.*; dejar *v.*; **to leave alone** dejar en paz *v.* **8**; **to leave someone** dejar a alguien *v.*
left over: to be left over quedar *v.* **2**
leg (*of an animal*) pata *f.*
legend leyenda *f.* **5**
leisure ocio *m.*
lend prestar *v.* **8**
lesson (*teaching*) enseñanza *f.* **12**
level nivel *m.*; **sea level** nivel del mar *m.*
liberal liberal *adj.* **11**
liberate liberar *v.* **12**
library biblioteca *f.* **12**
lid tapa *f.*
life vida *f.*; **everyday life** vida cotidiana *f.*; **life cycle** ciclo vital *m.* **4**
light luz *f.* **1**
lightning rayo, relámpago *m.* **6**
like gustar *v.* **2, 4**; **I don't like ...at all!** ¡No me gusta nada… !; **to like very much** encantar, fascinar *v.* **2**
like this; so así *adv.* **3**
line cola *f.*; **to wait in line** hacer cola *v.* **2**
line (*of poetry*) verso *m.* **10**
link enlace *m.* **7**
lion león *m.* **6**
listener oyente *m., f.* **9**
literature literatura *f.* **10**; **children's literature** literatura infantil/juvenil *f.* **10**
live en vivo, en directo *adj.* **9**; **live broadcast** emisión en vivo/directo *f.*
live vivir *v.* **1**
lively animado/a *adj.* **2**
locate ubicar *v.*
located situado/a *adj.*; **to be located** ubicarse *v.*
lodge hospedarse *v.*
lodging alojamiento *m.* **5**
loneliness soledad *f.* **3**
lonely solo/a *adj.* **1**
long largo/a *adj.*; **long-term** a largo plazo
longshoreman estibador de puerto *m.* **4**
look aspecto *m.*; **to take a look** echar un vistazo *v.*

look verse *v.*; **to look healthy/sick** tener buen/mal aspecto *v.* **4**; **to look like** parecerse *v.* **2, 3**; **to look out upon** dar a *v.*; **He/She looks so happy.** Se ve tan feliz. **6**; **How attractive you look!** (*fam.*) ¡Qué guapo/a te ves! **6**; **How elegant you look!** (*form.*) ¡Qué elegante se ve usted! **6**; **It looks like he/she didn't like it.** Al parecer, no le gustó. **6**; **It looks like he/she is sad/happy.** Parece que está triste/contento/a. **6**; **He/She looks very sad to me.** Yo lo/la veo muy triste. **6**
loose suelto/a *adj.*
lose perder (e:ie) *v.*; **to lose an election** perder las elecciones *v.* **11**; **to lose a game** perder un partido *v.* **2**; **to lose weight** adelgazar *v.* **4**
loss pérdida *f.* **11**
lottery lotería *f.*
loudspeaker altoparlante *m.*
love amor *m.*; amar; querer (e:ie) *v.* **1**; **(un)requited love** amor (no) correspondido *m.*
lovely precioso/a *adj.* **1**
lover (*fan*) amante *m., f.* **10**
lower bajar *v.*
low-income bajos recursos *m., pl.* **8**
loyalty lealtad *f.* **12**
lucky afortunado/a *adj.*
luggage equipaje *m.* **5**
lure señuelo *m.* **6**
luxury lujo *m.*

M

madness locura *f.*
magazine revista *f.* **9**; **online magazine** revista electrónica *f.* **9**
magic magia *f.*
mailbox buzón *m.*
majority mayoría *f.* **11**
make hacer *v.* **1, 4**; **to make a (hungry) face** poner cara (de hambriento/a) *v.*; **to make a toast** brindar *v.* **2**; **to make fun of** burlarse (de) *v.*; **to make good use of** aprovechar *v.*; **to make one's way** abrirse paso *v.*; **to make sure** asegurarse *v.*; **to make use of** disponer (de) *v.* **3**
make-up maquillaje *f.*
male macho *m.*
mall centro comercial *m.* **3**
manage administrar *v.* **8**; dirigir *v.* **1**; **to manage to** arreglárselas (para) *v.* **4**
manager gerente *m, f.* **8**
manipulate manipular *v.*
manufacture fabricar *v.* **7**
manuscript manuscrito *m.*
marathon maratón *m.*
Mariachi suit traje de mariachi *m.* **9**
maritime marítimo/a *adj.*
market mercado *m.* **8**
marriage matrimonio *m.*
married casado/a *adj.* **1**
mass misa *f.*
masterpiece obra maestra *f.* **3**
mathematician matemático/a *m., f.* **7**
matter asunto *m.*; importar *v.* **2, 4**
mature maduro/a *adj.* **1**
May I? ¿Me permite? *expr.* **11**
Mayan Trail ruta maya *f.* **5**
mayor alcalde/alcaldesa *m., f.* **11**

mayorship alcaldía *f.* **11**
mean antipático/a *adj.*; recurso *m.* **10**; tener la intención *v.*; **to mean it** ir en serio **7**
means medio *m.*; **media** medios de comunicación *m. pl.* **9**
measure medida *f.*; medir (e:i) *v.* **12**; **security measures** medidas de seguridad *f. pl.* **5**
mechanical mecánico/a *adj.*
mechanism mecanismo *m.*
meditate meditar *v.* **11**
meeting reunión *f.* **8**
member socio/a *m., f.* **8**
memory recuerdo *m.*
merchandise mercancía *f.*
mercy piedad *f.* **8**
message mensaje *m.*; **text message** mensaje de texto *m.* **7**
middle medio *m.*
Middle Ages Edad Media *f.*
mine mina *f.* **7**
minister ministro/a *m., f.*; **Protestant minister** ministro/a protestante *m., f.*
minority minoría *f.* **11**
minute minuto *m.*; **last-minute news** noticia de último momento *f.*; **up-to-the-minute** de último momento *adj.* **9**
miracle milagro *m.*
miser avaro/a *m., f.*
miss extrañar *v.*; perder (e:ie) *v.*; **to miss (someone)** extrañar a (alguien) *v.*; **to miss a flight** perder un vuelo *v.* **5**
mistake: to be mistaken; to make a mistake equivocarse *v.* **2**
mixed: person of mixed ethnicity (*part indigenous*) mestizo/a *m., f.* **12**
mixture mezcla *f.*
mockery burla *f.*
model (*fashion*) modelo *m., f.*
modern moderno/a *adj.*
modify modificar, alterar *v.*
moisten mojar *v.*
moment momento *m.*
monarch monarca *m., f.* **12**
money dinero *m.*; (*L. Am.*) plata *f.* **2**; **cash** dinero en efectivo *m.* **3**
monkey mono *m.* **6**
monolingual monolingüe *adj.* **9**
mood estado de ánimo *m.* **4**; **in a bad mood** malhumorado/a *adj.*
moon luna *f.*; **full moon** luna llena *f.*
moral moral *adj.* **11**
mortgage hipoteca *f.* **8**
mosque mezquita *f.* **11**
mountain montaña *f.* **6**; monte *m.*; **mountain range** cordillera *f.* **6**
move jugada *f.* **12**; (*change residence*) mudarse *v.* **2**
movement corriente *f.*; movimiento *m.* **10**
movie theater cine *m.* **2**
moving conmovedor(a) *adj.*
mud barro *m.* **10**
muralist muralista *m., f.* **10**
murky turbio/a *adj.* **1**
museum museo *m.*
music video video musical *m.* **9**
musician músico/a *m., f.* **2**
Muslim musulmán/musulmana *adj.* **11**
myth mito *m.* **5**

N

name nombrar *v.*
nape nuca *f.* **9**
narrate narrar *v.* **10**
narrator narrador(a) *m., f.* **10**
narrow estrecho/a *adj.*
native nativo/a *adj.*
natural resource recurso natural *m.* **6**
navel ombligo *m.* **4**
navigator navegante *m., f.* **7**
navy armada *f.* **11**
necessary necesario *adj.* **4**
necessity necesidad *f.* **5; of utmost necessity** de primerísima necesidad **5**
need necesidad *f.* **5;** necesitar *v.* **4; There is no need.** No hace falta. *expr.* **8**
needle aguja *f.* **4**
neighborhood barrio *m.*
neither... nor... ni... ni... *conj.*
nervous nervioso/a *adj.*
nest nido *m.*
network red *f.* **8;** cadena *f.* **9; cadena de televisión** television network *f.*
news noticia *f.;* **local/domestic/ international news** noticias locales/ nacionales/internacionales *f. pl.* **9; news bulletin** informativo *m.;* **news report** reportaje *m.* **9; news reporter** presentador(a) de noticias *m., f.;* **no news** novedad (sin) **11**
newspaper periódico *m.;* **diario** m. **9**
nice simpático/a, amable *adj.*
nightmare pesadilla *f.*
nightstand mesa de noche *f.* **4**
noise ruido *m.*
nominee nominado/a *m., f.*
non-stop corrido (de) *adv.* **9**
nook rincón *m.*
notice aviso *m.* **5;** fijarse *v.* **9 to take notice of** fijarse en *v.* **2**
novelist novelista *m., f.* **7, 10**
now and then de vez en cuando **3**
No way! ¡De ninguna manera! *expr.* **11**
nun monja *f.*
nurse enfermero/a *m., f.* **4**
nutritious nutritivo/a *adj.* **4; (*healthy*)** saludable *adj.* **4**
nutshell (in a) resumidas cuentas (en) *adv.* **3**

O

obesity obesidad *f.* **4**
obey obedecer *v.* **1**
oblivion olvido *m.* **1**
occur (to someone) ocurrírsele (a alguien) *v.*
offer oferta *f.;* ofrecerse (a) *v.*
office despacho *m.*
officer agente *m., f.*
often a menudo *adv.* **3**
Of course not! ¡Claro que no! *expr.* **5**
oil painting óleo *m.* **10**
olive aceituna *f.* **6**
Olympics Olimpiadas *f. pl.*
on purpose a propósito *adv.* **3**
once in a while de vez en cuando **3**
online en línea *adj.* **7**
open abrir(se) *v.*
open-air market mercado al aire libre *m.*

openmouthed boquiabierto/a *adj.* **11**
operate operar *v.*
operation operación *f.* **4**
opinion opinión *f.;* **In my opinion, ...** A mi parecer, ...; Considero que..., Opino que...; **to be of the opinion** opinar *v.*
oppose oponerse a *v.* **4**
oppress oprimir *v.* **12**
options alternativas *f. pl.* **3**
orchard huerto *m.*
order pedido *m.* **4**
originating (in) proveniente (de) *adj.*
ornate ornamentado/a *adj.*
others; other people los/las demás *pron.*
ought to deber + *inf. v.*
outdo oneself (*P. Rico; Cuba*) botarse *v.*
outline esbozo *m.*
out-of-date pasado/a de moda *adj.* **9**
outrageous thing barbaridad *f.* **10**
outsmart burlar *v.* **9**
overcome superar *v.*
overdose sobredosis *f.*
overthrow derribar *v.;* **derrocar** *v.* **12**
overwhelmed agobiado/a *adj.* **1**
owe deber *v.* **2, 8; to owe money** deber dinero *v.*
own propio/a *adj.* **1**
owner dueño/a *m., f.* **8;** propietario/a *m., f.*

P

pack hacer las maletas *v.* **5**
page página *f.;* **web page** página web **7**
paid pagado *adj.* **to be paid by** correr a cargo de *v.* **5**
pain (*suffering*) sufrimiento *m.*
painkiller analgésico *m.* **4**
paint pintura *f.* **10;** pintar *v.* **3**
paintbrush pincel *m.* **10**
painter pintor(a) *m., f.* **3, 10**
painting cuadro *m.* **3, 10;** pintura *f.* **10**
pale pálido/a *adj.* **3**
palm tree palmera *f.*
pamphlet panfleto *m.*
paradox paradoja *f.*
parish parroquia *f.* **12**
park parque *m.;* estacionar *v.;* **amusement park** parque de atracciones *m.* **2**
parrot loro *m.*
part parte *f.;* **to become part (of)** integrarse (a) *v.* **12**
partner (*couple*) pareja *f.* **1; (*member*)** socio/ a *m., f.* **8**
party (*politics*) partido *m.;* **political party** partido político *m.* **11**
pass (*a class, a law*) aprobar (o:ue) *v.;* **to pass a law** aprobar una ley *v.* **11**
passing pasajero/a *adj.*
passport pasaporte *m.* **5**
password contraseña *f.* **7**
past ayer (el) *m.* **3**
pastime pasatiempo *m.* **2**
pastry repostería *f.*
patent patente *f.* **7**
path (*history*) trayectoria *f.* **1;** prestarle atención a alguien *v.*

pay pagar *v.;* **to be well/poorly paid** ganar bien/mal *v.* **8; to pay attention to someone** hacerle caso a alguien *v.* **1;** prestarle atención a alguien *v.*
peace paz *f.*
peaceful pacífico/a *adj.* **12**
peak cumbre *f.;* **pico** *m.*
peck picar *v.*
people pueblo *m.*
performance rendimiento *m.;* **(*theater; movie*)** función *f.* **2**
perhaps acaso *adv.*
permanent fijo/a *adj.* **8**
permission permiso *m.*
permissive permisivo/a *adj.* **1**
persecute perseguir (e:i) *v.*
personal (*private*) particular *adj.*
pessimist pesimista *m., f.*
phase etapa *f.*
physicist físico/a *m. f.* **7**
pick out seleccionar *v.* **3**
pick up levantar *v.;* **pickup truck** camioneta *f.* **7**
picnic picnic *m.*
picture imagen *f.* **2**
pig cerdo *m.* **6**
pill pastilla *f.* **4**
pillow almohada *f.* **5**
pilot piloto *m., f.*
pious devoto/a *adj.*
place lugar *m.*
place poner *v.* **1, 2**
place (*an object*) colocar *v.* **2**
plan planear *v.*
planet planeta *m.* **7**
planned previsto/a *adj., p.p.* **3**
plateau: high plateau altiplano *m.* **11**
play jugar *v.;* **(*theater*)** obra de teatro *f.* **10; (*literary*)** obra literaria *f.* **10; (*an instrument*)** tocar (un instrumento) *v.* **8; to play a CD** poner un disco compacto *v.* **2; to play a CD** poner un disco compacto *v.* **2;** disputar *v.* **12**
player (*CD/DVD/MP3*) reproductor (de CD/ DVD/MP3) *m.* **7**
playing cards cartas *f. pl.* **2;** naipes *m. pl.* **2**
playwright dramaturgo/a *m., f.* **10**
plead rogar *v.* **2, 4**
pleasant (*funny*) gracioso/a *adj.* **1**
please: Could you please...? ¿Tendría usted la bondad de + *inf.*... ? (*form.*)
plot trama *f.* **10;** argumento *m.* **10**
poet poeta *m., f.* **10**
poetry poesía *f.* **10**
point (to) señalar *v.* **2; to point out** destacar *v.*
point of view punto de vista *m.* **10**
poison veneno *m.* **6**
poisonous venenoso/a *adj.* **6**
politician político/a *m., f.* **11**
politics política *f.*
pollen polen *m.* **8**
pollute contaminar *v.* **6**
pollution contaminación *f.* **6**
populate poblar *v.* **12**
population población *f.*
port puerto *m.* **1**
portable portátil *adj.*
portrait retrato *m.* **3**
portray retratar *v.* **3**

Vocabulary

position puesto *m.* 8; cargo *m.* 1
possible posible *adj.;* **as much as possible** en todo lo posible
pot vasija *f.* 10
poverty pobreza *f.* 8
power saw motosierra *f.* 7
powerful poderoso/a *adj.* 12
pray rezar *v.* 11
pregnancy embarazo *m.* 4
pre-Columbian precolombino/a *adj.*
prefer preferir *v.* 4
prehistoric prehistórico/a *adj.* 12
premiere estreno *m.* 2
prescribe recetar *v.*
prescription receta *f.* 4
preserve conservar *v.* 6
press prensa *f.* 9
pressure (stress) presión *f.;* presionar *v.;* **(blood) pressure** presión 4; **to be under stress/pressure** estar bajo presión
prevent prevenir *v.* 4
priest cura *m.* 12; sacerdote
prime minister primer(a) ministro/a *m., f.* 11
print imprimir *v.* 9
private particular *adj.*
privilege privilegio *m.*
procession procesión *f.* 12
produce producir *v.* 1; **(generate)** generar *v.;* huerteado *m. (Col.)* 2
programmer programador(a) *m., f.*
prohibit prohibir *v.* 4
prohibited prohibido/a *adj.* 5
prominent destacado/a *adj.* 9
promise jurar *v.* 12
promote promover (o:ue) *v.*
pronounce pronunciar *v.*
proof prueba *f.*
proposal oferta *f.;* propuesta *f.* 8
propose proponer *v.* 1, 4; **to propose marriage** proponer matrimonio *v.* 1
prose prosa *f.* 10
protagonist protagonista *m., f.* 1, 10
protect proteger *v.* 1, 6
protest manifestación *f.* 11; protestar *v.* 11
protester manifestante *m., f.* 6
proud orgulloso/a *adj.* 1; **to be proud of** estar orgulloso/a de
prove comprobar (o:ue) *v.* 7
provide proporcionar *v.*
public público *m.* 9; **(pertaining to the state)** estatal *adj.*
public transportation transporte público *m.*
publish publicar *v.* 9
pull halar *v.;* **to pull out petals** deshojar *v.* 3
punishment castigo *m.*
pure puro/a *adj.*
purity pureza *f.* 6
pursue perseguir (e:i) *v.*
push empujar *v.*
put poner *v.* 1, 2; **to put in a place** ubicar *v.;* **to put on (clothing)** ponerse *v.;* **to put on makeup** maquillarse *v.* 2
pyramid pirámide *f.* 5

Q

quality calidad *f.;* **high quality** de buena categoría *adj.* 5
queen reina *f.*
quench saciar *v.*
question interrogante *m.*
quiet callado/a *adj.;* **be quiet** callarse *v.*
quit renunciar *v.* 8; **quit smoking** dejar de fumar *v.* 4
quite bastante *adv.* 3
quotation cita *f.*

R

rabbi rabino/a *m., f.*
rabbit conejo *m.* 6
rabies rabia *f.* 5
race carrera *f.* 2; raza *f.* 12
radiation radiación *f.*
radio radio *f.*
radio announcer locutor(a) de radio *m., f.* 9
radio station (radio)emisora *f.* 9
raise aumento *m.;* **raise in salary** aumento de sueldo *m.* 8; educar *v.* 1
ranch rancho *m.* 12
rarely casi nunca *adv.* 3
rat rata *f.*
rather bastante *adv.;* más bien *adv.*
ratings índice de audiencia *m.*
ray rayo *m.*
razor blade navaja de afeitar *f.* 5
reach alcance *m.* 7; **within reach** al alcance 10; al alcance de la mano; alcanzar *v.*
reactor reactor *m.*
reader lector(a) *m., f.* 9
real auténtico/a *adj.* 3
Realism realismo *m.* 10
realist realista *adj.* 10
realistic realista *adj.* 10
realize darse cuenta *v.* 2, 9; **to realize/ assume that one is being referred to** darse por aludido *v.* 9
rearview mirror espejo retrovisor *m.*
rebelliousness rebeldía *f.*
receipt recibo *m.* 10
recital recital *m.*
recognition reconocimiento *m.*
recognize reconocer *v.* 1, 12
recommend recomendar *v.* 4
recommendable recomendable *adj.* 5
record grabar *v.* 9
recover recuperarse *v.* 4
recyclable reciclable *adj.*
recycle reciclar *v.* 6
redo rehacer *v.* 1
reduce (speed) reducir (velocidad) *v.* 5
reef arrecife *m.* 6
referee árbitro/a *m., f.* 2
refined (cultured) culto/a *adj.* 12
reflect reflejar *v.* 10
reform reforma *f.;* **economic reform** reforma económica *f.*
refuge refugio *m.* 6
refund reembolso *m.* 3
refusal rechazo *m.*
register inscribirse *v.* 11

registration permiso de circulación *m.* 11
rehearsal ensayo *m.*
rehearse ensayar *v.* 9
reign reino *m.* 12
reject rechazar *v.* 11
rejection rechazo *m.*
relative familiar *m., f.* 6
relax relajarse *v.* 4; **Relax.** Tranquilo/a.
reliability fiabilidad *f.*
religion religión *f.*
religious religioso/a *adj.* 11
remain permanecer *v.* 4
remake rehacer *v.* 1
remember recordar (o:ue); acordarse (o:ue) (de) *v.* 2
remorse remordimiento *m.*
remote control control remoto *m.*
renewable renovable *adj.* 6
rent alquilar *v.;* **to rent a movie** alquilar una película *v.* 2
repent arrepentirse (de) (e:ie) *v.* 2
repertoire repertorio *m.*
reporter reportero/a *m., f.* 9
representative diputado/a *m., f.* 11
reproduce reproducirse *v.*
reputation reputación *f.;* **to have a good/bad reputation** tener buena/mala fama *v.* 9
rescue rescatar *v.*
research investigar *v.* 7
researcher investigador(a) *m., f.*
reservation reservación *f.*
reserve reservar *v.* 5
reside residir *v.*
respect respeto *m.*
responsible responsable *adj.* 4
rest descanso *m.* 8; reposo *m.;* **to be at rest** estar en reposo *v.*
rest descansar *v.* 4
resulting consiguiente *adj.*
résumé currículum vitae *m.* 8
retire jubilarse *v.* 8
retirement jubilación *f.*
return regresar *v.* 5; **to return (items)** devolver (o:ue) *v.* 3; **return (trip)** vuelta *f.;* regreso *m.*
review (revision) repaso *m.* 10
revision (review) repaso *m.* 10
revolutionary revolucionario/a *adj.* 7
revulsion asco *m.*
rhyme rima *f.* 10
rifle fusil *m.* 11
right derecho *m.;* **civil rights** derechos civiles *m. pl.* 11; **human rights** derechos humanos *m. pl.* 11
right away enseguida 3
ring anillo *m.;* sortija *f.;* sonar (o:ue) *v.* 7; **to ring the doorbell** tocar el timbre *v.* 3
riot disturbio *m.* 8
rise ascender (e:ie) *v.* 8
risk riesgo *m.;* arriesgar *v.;* arriesgarse; **to take a risk** arriesgarse *v.*
river río *m.*
rocket cohete *m.* 7
rob asaltar *v.* 10
romance novel novela rosa *f.* 10
Romanticism romanticismo *m.* 10

room habitación *f.* **5; emergency room** sala de emergencias *f.* **4; single/ double room** habitación individual/ doble *f.* **5; room service** servicio de habitación *m.* **5**

root raíz *f.*

round redondo/a *adj.* **2**

round-trip ticket pasaje de ida y vuelta *m.* **5**

routine rutina *f.* **3**

rude descarado/a *adj.* **9**

ruin ruina *f.* **5;** arruinar *v.* **3**

rule regla *f.;* dominio *m.* **12**

ruler gobernante *m., f.* **12;** (*sovereign*) soberano/a *m., f.* **12**

run correr *v.;* **to run away** huir *v.* **3; to run over** atropellar *v.*

rush prisa *f.* **6; to be in a rush** tener apuro

S

sacred sagrado/a *adj.* **11**

sacrifice sacrificio *m.;* sacrificar *v.* **6**

safety seguridad *f.* **5**

sail navegar *v.* **5**

sailor marinero *m.*

salary sueldo *m.;* **raise in salary** aumento de sueldo *m.* **8; base salary** sueldo fijo *m.* **8; minimum wage** sueldo mínimo *m.* **8**

salesperson vendedor(a) *m., f.* **8**

same mismo/a *adj.;* **The same here.** Lo mismo digo yo.

sample muestra *f.*

sanity cordura *f.* **4**

satellite satélite *m.;* **satellite dish** antena parabólica *f.*

satire sátira *f.*

satirical satírico/a *adj.* **10; satirical tone** tono satírico/a *m.*

satisfied: be satisfied with contentarse con *v.* **1**

satisfy (*quench*) saciar *v.*

save ahorrar *v.* **8;** guardar *v.* **7;** salvar *v.* **6; save oneself** ahorrarse *v.* **7**

savings ahorros *m.* **8**

say decir *v.* **1; say goodbye** despedirse (e:i) *v.* **3**

scar cicatriz *f.*

scarcely apenas *adv.* **3**

scare espantar *v.;* asustar *v.* **7**

scared asustado/a *adj.*

scene escena *f.* **1**

scenery paisaje *m.* **6;** escenario *m.* **2**

schedule horario *m.* **3**

science fiction ciencia ficción *f.* **10**

scientific científico/a *adj.*

scientist científico/a *m., f.* **7**

scold regañar *v.* **4**

score (a goal/a point) anotar (un gol/un punto) *v.* **2;** marcar (un gol/punto) *v.*

scratch rascar *v.;* **to scratch (oneself)** rascarse *v.* **4**

screen pantalla *f.* **2; computer screen** pantalla de computadora *f.;* **television screen** pantalla de televisión *f.* **2**

scuba diving buceo *m.* **5**

sculpt esculpir *v.* **10**

sculptor escultor(a) *m., f.* **10**

sculpture escultura *f.* **10**

sea mar *m.* **6**

seal sello *m.*

search búsqueda *f.;* **search engine** buscador *m.* **7**

season temporada *f.* **9; high/low season** temporada alta/baja *f.* **5**

seat asiento *m.* **2**

seatbelt cinturón de seguridad *m.* **5; to fasten (the seatbelt)** abrocharse/ ponerse (el cinturón de seguridad) *v.* **5; to unfasten (the seatbelt)** quitarse (el cinturón de seguridad) *v.* **5**

section sección *f.* **9; lifestyle section** sección de sociedad *f.* **9; sports page/ section** sección deportiva *f.* **9**

security seguridad *f.* **5; security measures** medidas de seguridad *f. pl.* **5; security seal** precinto *m.* **6**

see ver *v.* **1**

seed semilla *f.*

seem parecer *v.* **2**

select seleccionar *v.* **3**

self-esteem autoestima *f.* **4**

self-portrait autorretrato *m.* **10**

senator senador(a) *m., f.* **11**

send enviar *v.;* mandar *v.*

sender remitente *m.*

sense sentido *m.;* **common sense** sentido común *m.*

sensible sensato/a *adj.* **1**

sensitive sensible *adj.* **1**

separated separado/a *adj.* **1**

sequel continuación *f.*

servants servidumbre *f.* **3**

servitude servidumbre *f.* **3**

set (the table) poner (la mesa) *v.* **3**

settle poblar *v.* **12; to settle down** afincarse *v.* **5**

settler poblador(a) *m., f.*

sexton sacristán *m.* **11**

shame vergüenza *f.*

shape forma *f.;* **bad physical shape** mala forma física *f.*

sharp nítido/a *adj.*

shave afeitarse *v.* **2**

sheep oveja *f.* **6**

shine lucir *v.* **9**

shoot disparar *v.* **11;** fusilar *v.* **12**

shore orilla *f.;* **on the shore of** a orillas de **6**

short film corto, cortometraje *m.* **1**

short story cuento *m.*

short/long-term a corto/largo plazo **8**

shot (injection) inyección *f.;* **to give a shot** poner una inyección *v.* **4**

shoulder hombro *m.*

shout gritar *v.*

show espectáculo *m.* **2;** lucir *v.* **9**

showing sesión *f.*

shrink encogerse *v.*

shrug encogerse de hombros *v.*

shy tímido/a *adj.* **1**

shyness timidez *f.*

sick enfermo *adj.;* **to be sick (of); to be fed up (with)** estar harto/a (de) **1; to get sick** enfermarse *v.* **4**

sign señal *f.;* firmar *v.*

signal señal *f.* **7;** señalar *v.* **2**

signature firma *f.*

silent callado/a *adj.* **7; to be silent** callarse *v.;* **to remain silent** quedarse callado **1**

silly person bobo/a *m., f.* **7**

sin pecado *m.*

sincere sincero/a *adj.*

singer cantante *m., f.* **2**

singing canto *m.* **9**

single soltero/a *adj.* **1; single mother** madre soltera *f.;* **single father** padre soltero *m.*

sink hundir *v.* **6**

situated situado/a *adj.*

sketch esbozo *m.;* esbozar *v.*

skill habilidad *f.*

skillfully hábilmente *adv.*

skim hojear *v.* **10**

skirt falda *f.*

slacker vago/a *m., f.*

slave esclavo/a *m., f.* **12; slave trade** tráfico de esclavos *m.* **4**

slavery esclavitud *f.* **12**

sleep dormir *v.* **2**

sleeve manga *f.*

slice rodaja *f.* **6**

slip resbalar *v.*

smoothness suavidad *f.*

snake serpiente *f.* **6;** culebra *f.*

so-and-so fulano/a *m., f.* **9**

soap opera telenovela *f.* **9**

sociable sociable *adj.*

society sociedad *f.*

software programa (de computación) *m.* **7**

solar solar *adj.*

soldier soldado *m.* **12**

solitude soledad *f.* **3**

solve resolver (o:ue) *v.* **6**

sometimes a veces *adv.* **3**

sorrow pena *f.* **4**

soul alma *f.* **1**

soundtrack banda sonora *f.* **9**

source fuente *f.;* **energy source** fuente de energía *f.* **6**

sovereign soberano/a *m., f.* **12**

sovereignty soberanía *f.* **12**

space espacial *adj.;* **space shuttle** transbordador espacial *m.* **7**

space espacio *m.* **7**

spaceship nave espacial *f.*

spacious espacioso/a *adj.*

speak hablar *v.* **1; Speaking of that, ...** Hablando de eso, …

speaker hablante *m., f.* **9**

special effects efectos especiales *m., pl.* **9**

specialist especialista *m., f.*

specialized especializado/a *adj.* **7**

species especie *f.* **6; endangered species** especie en peligro de extinción *f.*

spectator espectador(a) *m., f.* **2**

speech discurso *m.;* **to give a speech** pronunciar un discurso *v.* **11**

spell-checker corrector ortográfico *m.* **7**

spend gastar *v.* **8**

spill derramar *v.*

spirit ánimo *m.* **1**

spiritual espiritual *adj.* **11**

spy espía *m., f.* **1;** espiar *v.* **1**

spot: on the spot en el acto **3**

spring manatial *m.*

stability estabilidad *f.* **12**

stage (theater) escenario *m.* **2;** (*phase*) etapa *f.;* **stage name** nombre artístico *m.* **1**

stain mancha *f.;* manchar *v.*

staircase escalera *f.* **3**

stamp sello *m.*

stanza estrofa *f.* 10

star estrella *f.;* **shooting star** estrella fugaz *f.;* **(movie) star** [m/f] estrella *f.;* **pop star** [m/f] estrella pop *f.* 9

start (*a car*) arrancar *v.*

stay alojarse *v.* 5; hospedarse; quedarse *v.* 5; **stay up all night** trasnochar *v.* 4

step paso *m.;* **to take the first step** dar el primer paso *v.*

stick pegar *v.*

still life naturaleza muerta *f.* 10

sting picar *v.*

stingy tacaño/a *adj.* 1

stir revolver (o:ue) *v.*

stock market bolsa de valores *f.* 8

stone piedra *f.* 5

stop detenerse *v.* 4

storekeeper comerciante *m., f.*

storm tormenta *f.;* **tropical storm** tormenta tropical *f.* 6

stranger desconocido/a *adj.*

stream arroyo *m.* 10

strength fortaleza *f.*

stretcher camilla *f.* 4

strict autoritario/a *adj.* 1

strike (*labor*) huelga *f.* 8

striking llamativo/a *adj.* 10

stroll paseo *m.*

struggle lucha *f.;* luchar *v.* 11

stubborn tozudo/a *adj.* 8

studio estudio *m.;* **recording studio** estudio de grabación *f.*

stunned boquiabierto/a *adj.* 11

stupid necio/a *adj.*

stupid person bobo/a *m., f.* 7

style estilo *m.;* **in the style of ...** al estilo de... 10

subscribe (to) suscribirse (a) *v.* 9

subtitles subtítulos *m., pl.* 9

subtlety matiz *m.*

suburb suburbio *m.*

succeed in (*reach*) alcanzar *v.*

success éxito *m.*

successful exitoso/a *adj.* 8

suckling pig cochinillo *m.* 10

sudden repentino/a *adj.* 3

suddenly de repente *adv.* 3

suffer (from) sufrir (de) *v.* 4

suffering sufrimiento *m.*

suggest aconsejar; sugerir (e:ie) *v.* 4

suitcase maleta/valija *f.* 5; **suitcase lock** traba *f.* 5

summit cumbre *f.*

sunrise amanecer *m.*

supermarket supermercado *m.* 3

supply proporcionar *v.*

support soportar; apoyar *v.* 8; **to put up with someone** soportar a alguien *v.* 1

suppose suponer *v.* 1

suppress suprimir *v.* 12

sure (*confident*) seguro/a *adj.* 1, 11; (*certain*) cierto/a *adj.;* **Sure!** ¡Cierto!

surf the web navegar en la red *v.* 7; navegar en Internet

surface superficie *f.*

surgeon cirujano/a *m., f.* 4

surgery cirugía *f.* 4

surgical quirúrgico/a *adj.*

surprise sorprender *v.* 2

surprised sorprendido *adj.* 2; **be surprised (about)** sorprenderse (de) *v.* 2

Surrealism surrealismo *m.* 10

surrender rendirse (e:i) *v.* 12

surrounded by rodeado/a *adj.* 6

survival supervivencia *f.;* sobrevivencia *f.*

survive sobrevivir *v.*

suspect sospechar *v.*

suspicion sospecha *f.*

swallow tragar *v.*

sweats sudores *m. pl.* 5

swear jurar *v.* 11

sweep barrer *v.* 3

sweetheart amado/a *m., f.* 1

symptom síntoma *m.*

synagogue sinagoga *f.* 11

syrup jarabe *m.* 4

T

tabloid(s) prensa sensacionalista *f.* 9

tag etiqueta *f.*

take tomar *v.;* **to take a bath** bañarse *v.* 2; **to take a look** echar un vistazo *v.;* **to take a trip** hacer un viaje *v.* 5; **to take a vacation** ir(se) de vacaciones *v.* 5; **to take away (remove)** quitar *v.* 2; **to take care of** cuidar *v.* 1; **to take care of oneself** cuidarse *v.;* **to take into consideration** tomar en cuenta *v.* 1; **to take off** despegar *v.* 5; **to take off (clothing)** quitarse *v.* 2; **to take off running** echar a correr *v.;* **to take place** desarrollarse *v.* 10; **to take refuge** refugiarse *v.;* **to take seriously** tomar en serio *v.*

tape cinta *f.* 1

taste gusto *m.* 10; **in good/bad taste** de buen/mal gusto 10; sabor *m.;* **It has a sweet/sour/bitter/pleasant taste.** Tiene un sabor dulce/agrio/amargo/agradable. 4

taste like/of saber *v.* 1; **How does it taste?** ¿Cómo sabe? 4; **And does it taste good?** ¿Y sabe bien? 4; **It tastes like garlic/mint/lemon.** Sabe a ajo/menta/limón. 4

tax impuesto *m.;* **sales tax** impuesto de ventas *m.* 8

teaching enseñanza *f.* 12

team equipo *m.* 2

tears lágrimas *f. pl.*

telephone receiver auricular *m.* 7

telescope telescopio *m.* 7

television televisión *f.* 2; **television set** televisor *m.* 2; **television viewer** televidente *m., f.* 2

temple templo *m.* 11

tendency propensión *f.*

territory territorio *m.* 11

terrorism terrorismo *m.* 11

test (*challenge*) poner a prueba *v.*

theater teatro *m.*

then entonces *adv.* 3

theory teoría *f.* 7

there allá *adv.*

thermal térmico/a *adj.*

think pensar (e:ie) *v.* 1; (*to be of the opinion*) opinar; *v.* **I think it's pretty.** Me parece hermosa/o.; **I thought...** Me pareció... 1; **What did you think of Mariela?** ¿Qué te pareció Mariela? 1

thoroughly a fondo *adv.*

threat amenaza *f.* 8

threaten amenazar *v.* 3

throw tirar *v.* 8; **throw away** echar *v.;* **throw out** botar *v.*

thunder trueno *m.* 6

ticket boleto *m.*

tie (game) empate *m.* 2; **tie (up)** atar *v.;* (*games*) empatar *v.* 2

tiger tigre *m.* 6

time tiempo *m.;* vez *f.;* **at that time** en aquel entonces; **for the first/last time** por primera/última vez 2; **on time** a tiempo 3; **once upon a time** érase una vez; **to have a good/bad/horrible time** pasarlo bien/mal 1

tired cansado/a *adj.;* **to become tired** cansarse *v.*

toast brindis *m.* 3

tone of voice timbre *m.* 3

tongue lengua *f.* 9

too; too much demasiado/a *adj., adv.*

tool herramienta *f.* 7

topic asunto *m.*

touch lightly rozar *v.*

tour excursión *f.* 5; **tour guide** guía turístico/a *m., f.* 5

tourism turismo *m.* 5

tourist turista *m., f.* 5; turístico/a *adj.* 5

tournament torneo *m.* 2

toxic tóxico/a *adj.* 6

trace huella *f.;* trazar *v.*

track-and-field events atletismo *m.*

trade comercio *m.* 8; oficio *m.;* comerciar *v.* 9

trader comerciante *m., f.*

traditional tradicional *adj.* 1; (*typical*) típico/a *adj.*

traffic tránsito *m.;* **traffic jam** congestionamiento, tapón *m.*

tragic trágico/a *adj.* 10

trainer entrenador(a) *m., f.* 2

trait rasgo *m.*

traitor traidor(a) *m., f.* 12

tranquilizer calmante *m.* 4

translate traducir *v.* 1

transmission transmisión *f.*

transplant transplantar *v.*

trap atrapar *v.* 6

trash basura *f.* 8

travel log bitácora *f.* 7

traveler viajero/a *m., f.* 5

treat tratar *v.* 4

treatment tratamiento *m.* 4

treaty tratado *m.*

tree árbol *m.* 6

trend moda *f.;* tendencia *f.* 9

trial juicio *m.*

tribal chief cacique *m.* 12

tribe tribu *f.* 12

trick truco *m.* 2

trip viaje *v.* 5; **to take a trip** hacer un viaje *v.* 5

tropical tropical *adj.;* **tropical storm** tormenta tropical *f.* 6

trunk maletero *m.* 9

trust confianza *f.* 1

try probar (o:ue) (a) *v.* 3; **try on** probarse (o:ue) *v.* 3

tune into (*radio or television*) sintonizar *v.*

tuning sintonía *f.* 9

turn turno *m.;* **to be my/your/his turn** *me/te/le, etc.* + *tocar v.;* **Whose turn is it to pay the tab?** ¿A quién le toca pagar la cuenta? 2; **Is it my turn yet?** ¿Todavía no me toca? 2; **It's always your turn to wash the dishes.** Siempre te toca lavar los platos. 2

turn (*a corner*) doblar *v.;* **to turn down** rechazar *v.* 1 **to turn off** apagar *v.* 3; **to turn on** encender (e:ie) *v.* 1, 3; **to turn red** enrojecer *v.*

turned off apagado/a *adj.* 7

U

UFO ovni *m.* 7

unbiased imparcial *adj.* 9

uncertainty incertidumbre *f.* 12

underdevelopment subdesarrollo *m.*

understand entender (e:ie) *v.*

underwear (*men's*) calzoncillos *m. pl.*

undo deshacer *v.* 1

unemployed desempleado/a *adj.* 8

unemployment desempleo *m.* 8

unequal desigual *adj.* 11

unexpected imprevisto/a *adj.;* inesperado/a *adj.* 3

unexpectedly de improviso *adv.*

unfinished inconcluso/a *adj.* 12

unintentionally sin querer *adv. expr.* 8

unique único/a *adj.*

unjust injusto/a *adj.* 11

unload descargar *v.* 11

unpleasant antipático/a *adj.*

unsettling inquietante *adj.* 10

untie desatar *v.*

until hasta *adv.;* **up until now** hasta la fecha

update actualizar *v.* 7

upset disgustado/a *adj.* 1; disgustar *v.* 2; **to get upset** afligirse *v.* 3

up-to-date actualizado/a *adj.* 9; **to be up-to-date** estar al día *v.* 9

urban urbano/a *adj.*

urgent urgente *adj.* 4

use up agotar *v.* 6

used: to be used to estar acostumbrado/a a; **I used to... (*was in the habit of*)** solía; **to get used to** acostumbrarse (a) *v.* 3

useful útil *adj.*

user usuario/a *m., f.* 7

V

vacation vacaciones *f. pl.;* **to take a vacation** ir(se) de vacaciones *v.* 5

vaccinate vacunar(se) *v.* 4

vaccine vacuna *f.* 4

vacuum pasar la aspiradora *v.* 3

valid vigente *adj.* 5

valuable valioso/a *adj.* 6

value valor *m.*

vessel vasija *f.* 10

vestibule zaguán *m.* 3

victorious victorioso/a *adj.* 12

victory victoria *f.*

video game videojuego *m.* 2

village aldea *f.* 4, 12

virus virus *m.* 4

visit recorrer *v.* 5

visiting hours horas de visita *f., pl.*

vote votar *v.* 11

W

wage: minimum wage sueldo mínimo *m.* 8

wait espera *f.;* esperar *v.* **to wait in line** hacer cola *v.* 2

waiter/waitress camarero/a *m., f.;* mesero/a *m., f.*

wake up despertarse (e:ie) *v.* 2

walk andar *v.;* **to take a stroll/walk** dar un paseo *v.* 2; **to take a stroll/walk** *v.* dar una vuelta

wall pared *f.* 5

want querer (e:ie) *v.* 1, 4

war guerra *f.;* **civil war** guerra civil *f.* 11; **world war** guerra mundial *f.* 11

warm up calentar (e:ie) *v.* 3

warn avisar *v.*

warning advertencia *f.* 8; aviso *m.* 5

warrior guerrero/a *m., f.* 12

wash lavar *v.* 3; **wash oneself** lavarse *v.* 2

waste malgastar *v.* 6

watch vigilar *v.*

Watch out! ¡Aguas! (Mex.) *interj.*

watercolor acuarela *f.* 10

waterfall cascada *f.* 6

way back camino de vuelta *m.* 5

wave ola *f.* 5; onda *f.*

wealth riqueza *f.* 8

wealthy adinerado/a *adj.*

weapon arma *f.* 5

wear llevar; lucir *v.*

weariness fatiga *f.* 8

web (the) web *f.* 7; red *f.*

weblog bitácora *f.* 7

website sitio web *m.* 7

week semana *f.*

weekend fin de semana; **Have a nice weekend!** ¡Buen fin de semana!

weekly semanal *adj.*

weeping llanto *m.*

weight peso *m.*

welcome bienvenida *f.* 5

welcome (*take in; receive*) acoger *v.*

well pozo *m.;* **oil well** pozo petrolero *m.*

well-being bienestar *m.* 4

What a beating! ¡Menuda paliza! *expr. (Esp.)* 11

whistle silbar *v.*

widowed viudo/a *adj.* 1; **to become widowed** quedarse viudo/a *v.*

widower/widow viudo/a *m., f.*

wild salvaje *adj.* 6; silvestre *adj.*

wild boar jabalí *m.* 10

win ganar *v.;* **to win an election** ganar las elecciones *v.* 11; **to win a game** ganar un partido *v.* 2

wind power energía eólica *f.*

wine vino *m.*

wing ala *m.*

winner ganador/a *m., f.* 6

wireless inalámbrico/a *adj.* 7

wisdom sabiduría *f.* 12

wise sabio/a *adj.*

wish deseo *m.* 1; desear *v.* 4

without sin *prep.;* **without you** sin ti (*fam.*)

witness testigo *m., f.* 10

woman mujer *f.;* **businesswoman** mujer de negocios *f.* 8

womanizer mujeriego *m.*

wonder preguntarse *v.*

wood madera *f.*

wool cap gorro de lana *m.* 6

work obra *f.;* **work of art** obra de arte *f.* 10; funcionar/trabajar *v.* 7

work day jornada *f.*

workshop taller *m.*

World Cup Copa del Mundo *f.,* Mundial *m.*

worms gusanos *m. pl.* 4

worried (about) preocupado/a (por) *adj.* 1

worry preocupar *v.* 2; **to worry (about)** preocuparse (por) *v.* 2

worship culto *m.*

worth: be worth valer *v.* 1

worthy digno/a *adj.* 6

wound lesión *f.*

wrap envolver *v.* 6

wrinkle arruga *f.*

writing escritura *f.* 9

Y

you merced (su) *f., form.* 2

You must be kidding! ¡No me diga! *expr.* 10

yawn bostezar *v.*

Z

zoo zoológico *m.* 2

Index

Credits

Every effort has been made to trace the copyright holders of the works published herein. If proper copyright acknowledgment has not been made, please contact the publisher and we will correct the information in future printings.

Short Film Credits

page 27-28 By permission of Premium Films.
page 67-68 Courtesy of Content Line/Feelsales.
page 107-108 By permission of IMCINE.
page 149-150 Courtesy of Daniel Chile.
page 189-190 Courtesy of Content Line/Feelsales.
page 229-230 Courtesy of Juan Fernández Gebauer.
page 267-268 By permission of IMCINE.
page 307-308 Courtesy of Story: We Produce.
page 345-346 By permission of Moriarti Produkzioak, S.L.
page 379-380 By permission of MasterCluster.
page 417-418 By permission of Xavi Sala Camarena.
page 459-460 By permission of Jorge Gaggero.

Literature Credits

page 32-33 Pablo Neruda. "Poema 20", VEINTE POEMAS DE AMOR Y UNA CANCIÓN DESESPERADA © Fundación Pablo Neruda, 2014.
page 72-73 ©Fundación Mario Benedetti. c/o Guillermo Schavelzon & Asociados, Agencia Literaria www.schavelzon.com.
page 112-113 Nicanor Parra "Ultimo brindis." Canciones rusas. © Nicanor Parra, 1967.
page 154-155 ©Ángeles Mastretta, 1990.
page 194-195 © Pablo De Santis c/o Schavelzon Graham Agencia Literaria www.schavelzongraham.com.
page 234-235 By permission of International Editors' Co. Agencia Literaria.
page 272-273 ©Arturo Pérez-Reverte XLSemanal, February 2000.
page 350-351 ISABEL ALLENDE, "Dos palabras", CUENTOS DE EVA LUNA © Isabell Allende, 1991.
page 384-385 Julio Cortázar, "Continuidad de los parques", FINAL DEL JUEGO © Herederos de Julio Cortázar, 2014.
page 422-423 Courtesy of Elena Poniatowska.
page 464-469 "El Milagro Secreto" from Obras Completas by Jorge Luis Borges. Copyright © 1989, 1995 Maria Kodama, used by permission of The Wylie Agency LLC.

Photography and Art Credits

All images © by Vista Higher Learning unless otherwise noted.

Cover: Carlos Muñoz.

Front Matter (SE): xxvi: (all) Carlos Muñoz.

Front Matter (IAE): IAE-31: (all) Carlos Muñoz.

Lesson 1: 1: Carlos Muñoz; **2:** (tl) Nora y Susana/Fotocolombia; (tr) Nancy Ney/Digital Vision/Getty Images; (bl, br) Martín Bernetti; **3:** (t) Martín Bernetti; (m) T. Ozonas/Masterfile; (b) Corbis; **6:** (all) Carlos Muñoz; **7:** (all) Carlos Muñoz; **8:** Carlos Muñoz; **9:** (t) VHL; (m) GDA/El Universal de México/Newscom; (b) Gilc/123RF; **10:** Kapu/Shutterstock; **11:** (t) Photo by Lori Barra. Courtesy of Isabel Allende; (bl) Vgstudio/Fotolia; (br) Courtesy of Penguin Random House; **12:** Hart Creations/iStockphoto; **18:** (all) Carlos Muñoz; **20:** Janet Dracksdorf; **21:** (tl) Ali Burafi; (tm) Janet Dracksdorf; (tr) José Blanco; (bl) Paola Rios-Schaaf; (bm) Oscar Artavia Solano; (br) Robert Fried/Alamy; **22:** Carlos Muñoz; **30:** *Los enamorados* (1923), Pablo Picasso. ©2018 Estate of Pablo Picasso/Artists Rights Society (ARS), New York; **31:** Jean-Régis Roustan/Roger-Viollet/Image Works; **32:** (foreground) Josh Westrich/Corbis/Getty Images; (background) Image Source/Corbis; **35:** (t) Bernard Bisson/Sygma/Corbis/Getty Images; (b) Win McNamee/Getty Images; **36:** (t) J. Scott Applewhite/AFP/Getty Images; (b) White House Press Office/ZUMA Press/Newscom; **37:** Jared Wickerham/Getty Images.

Lesson 2: 41: Carlos Muñoz; **42:** (tl) Rasmus Rasmussen/iStockphoto; (tr) Divine Images/Plush Studios/Media Bakery; (bl) José Blanco; (br) Tom Pennington/Getty Images Sport/Getty Images; **43:** (t) Corbis; (m) John Lund/Drew Kelly/AGE Fotostock; (b) Juan Silva/Corbis; **46:** (all) Carlos Muñoz; **47:** (all) Carlos Muñoz; **49:** (t) VHL; (m) Morenovel/Deposit Photos; (b) Photosphere/Shutterstock; **50:** (l) Vera Anderson/WireImage/Getty Images; (r) Steve Vas/Featureflash/SilverHub/REX/Shutterstock; **51:** (t) Allstar Picture Library/Alamy; (bl) Juan Medina/Reuters/Newscom; (br) Amazon Studios/Album/Newscom; **52:** Roger Viollet/Getty Images; **54:** (all) Carlos Muñoz; **58:** (all) Carlos Muñoz; **59:** Shironosov/iStockphoto; **60:** (t) DeniseBernadette/iStockphoto; (ml, mr, br) Martín Bernetti; (mm) PM Images/Getty Images; (bl) Paula Díez; (bm) Reed Kaestner/Corbis; **62:** (l) Carlos Muñoz; (r) Martín Bernetti; **70:** *Minué o Tertulia en Casa de Francisco Antonio de Escalada*

(1831), Carlos Enrique Pellegrini. Watercolor. Oronoz/Album/SuperStock; **71:** Mariana Eliano/Cover/Getty Images; **72:** Jason Horowitz/Corbis/Getty Images; **75:** Alfredo Dagli Orti/REX/Shutterstock; **76:** Motmot/Shutterstock.

Lesson 3: 81: Carlos Muñoz; **82:** (l) Nancy Camley; (r) Monkey Business Images/Shutterstock; **83:** (t) Simone Van Den Berg/123RF; (b) Dmitrijs Dmitrijevs/iStockphoto; **86:** (all) Carlos Muñoz; **87:** (all) Carlos Muñoz; **89:** (all) Carlos Muñoz; **90:** (t) Patrick van Katwijk/Picture-Alliance/DPA/AP Images; (m) I. Zorstan/DYDPPA/REX/Shutterstock; (b) Belen Diaz/DYDPPA/REX/Shutterstock; **91:** (t) Ian Waldie/Getty Images; (bl) Darren Pullman/Shutterstock; (br) Chema Moya/EPA-EFE/REX/Shutterstock; **92:** Mark Shenley/Alamy; **95:** (l) VHL; (r) Carlos Muñoz; **97:** JGI/Jamie Grill/Media Bakery; **98:** (r) Carlos Muñoz; (l) VHL; **99:** James W. Porter/Corbis/Getty Images; **100:** David C. Tomlinson/Getty Images; **102:** (all) Carlos Muñoz; **103:** Carlos Muñoz; **110:** *La Siesta* (2010), Oscar Sir Avendaño. Técnica: mixta, 1 metro x 1,50 cmtrs. © 2010 Oscar Sir Avendaño; **111:** Sophie Bassouls; **112:** Ktsdesign/Shutterstock; **115:** (t) *Guernica* (1937), Pablo Picasso. Oil on canvas, 349.3 x 776.6 cm. Museo Nacional Centro de Arte Reina Sofia, Madrid, Spain. Castrovilli/123RF/©2018 Estate of Pablo Picasso/Artists Rights Society (ARS), New York; (b) *Niños comiendo uvas y un melón* (1645-1646), Bartolomé Esteban Murillo. Oil on canvas, 145.9 x 103.6 cm. BPK, Berlin/Art Resource, NY; **116:** *Vieja friendo huevos* (1618), Diego Rodríguez Velázquez. Oil on canvas, 100.50 x 119.50 cm (framed: 148.00 x 128.60 x 7.60 cm). Erich Lessing/Art Resource, NY; **117:** (t) *El triunfo de Baco (Los borrachos)* (1628-1629), Diego Rodríguez Velázquez. Oil on canvas, 165 x 225 cm. Scala/Art Resource, NY; (b) *Las Meninas* (Ca. 1656), Diego Rodríguez Velázquez. Oil on canvas, 276 x 318 cm. Erich Lessing/Art Resource, NY; **119:** Mark Baynes/Basque Country/Alamy.

Lesson 4: 121: Carlos Muñoz; **122:** (t) Martín Bernetti; (b)Marco Lensi/Fotolia; **123:** (t, m) Martín Bernetti; (b) Radius Images/Alamy; **126:** (tl, br) VHL; (tr, bl) Carlos Muñoz; **127:** (all) Carlos Muñoz; **129:** (b) Jose de Jesus Churion Del/Shutterstock; (t) Carlos Muñoz; **130:** Martín Bernetti; **131:** (t) Ivan Sabo/Shutterstock; (b) JPC-PROD/Shutterstock; **132:** Fuse/Corbis/Getty Images; **135:** Carlos Muñoz; **140:** (all) Carlos Muñoz; **144:** (all) Carlos Muñoz; **145:** (all) Carlos Muñoz; **146:** Jesse Kraft/123RF; **147:** Lisa Peardon/Media Bakery; **152:** *Autorretrato con el Dr. Arrieta* (1820), Francisco Jose de Goya y Lucientes. Oil on canvas. Minneapolis Institute of Arts, MN, USA/The Ethel Morrison Van Derlip Fund/Bridgeman Images; **153:** Jose Caruci/AP Images; **154:** Marina Dyakonova/Media Bakery; **157:** Cambo Photography/Fotolia; **158:** Eliana Aponte/Reuters/Newscom.

Lesson 5: 163: Carlos Muñoz; **164:** (tl, b) Martín Bernetti; (tr) José Blanco; **165:** (t) TallyPic/Deposit Photos; (b) 24BY36/Alamy; **167:** Mike Cohen/Shutterstock; **168:** (all) Carlos Muñoz; **169:** (all) Carlos Muñoz; **171:** (t) KidStock/Blend Images/Getty Images; (b) Paul Christian Gordon/Alamy; **172:** Atlantide Phototravel/Corbis Documentary/Getty Images; **173:** (t) Debasish Banerjee/Dinodia Photo/MaXx Images; (b) YinYang/iStockphoto; **174:** Juan Carlos Ulate/Reuters; **179:** (l) William Berry/Shutterstock; (ml) María Eugenia Corbo; (mr) Mayskyphoto/Shutterstock; (r) Vladimir Melnik/Shutterstock; **180:** Carlos Muñoz; **181:** Carlos Muñoz; **183:** SW Productions/Getty Images; **184:** (all) Carlos Muñoz; **185:** Masterfile; **192:** *La despedida (Mujeres en el muelle)* (1938), Francisco Gutiérrez. Oil on canvas, 51.1 x 73 cm. Colección Andrés Blaisten/Fundación Andrés Blaisten A.C.; **193:** Ulf Andersen/Getty Images; **194:** Ralph Graef/Trevillion Images; **197:** Macduff Everton/Corbis Documentary/Getty Images; **198:** Carolina Zapata; **199:** Sergio Pitamitz/SuperStock; **200:** (l) Kevin Fleming/VCG/Corbis Documentary/Getty Images; (m) Philip James Corwin/Corbis Documentary/Getty Images; (r) Barry King/WireImage/Getty Images.

Lesson 6: 203: Carlos Muñoz; **204:** (tl) Peter Adams Photography Ltd/Alamy; (tm) Oscar Artavia Solano; (tr) María Eugenia Corbo; (bl) Kathryn Alena Korf; (bml) Martín Bernetti; (br) Lauren Krolick; **205:** (t) Micro10x/Shutterstock; (b) Caroline Beecham/iStockphoto; **206:** Georgette Douwma/Getty Images; **208:** (all) Carlos Muñoz; **209:** (all) Carlos Muñoz; **211:** (t) VHL; (m) Ariadna126/Deposit Photos; (b) DEA/G. SIOEN/De Agostini/Getty Images; **212:** Jeff Hunter/Getty Images; **213:** (t) Stephen Frink/Corbis Historical/Getty Images; (b) David Tipling/Alamy; **214:** Corel/Corbis; **216:** (all) Carlos Muñoz; **219:** María Eugenia Corbo; **220:** (all) Carlos Muñoz; **221:** (l) PhotoEuphoria/iStockphoto; (r) Digital Media Pro/Shutterstock; **225:** Carlos Muñoz; **226:** Val Thoermer/Deposit Photos; **232:** *Autorretrato con mono* (1938), Frida Kahlo. Oil on Masonite, support: 16 x 12" (40.64 x 30.48 cm). Albright-Knox Art Gallery/Art Resource, NY/©2018 Banco de México Diego Rivera Frida Kahlo Museums Trust, Mexico, D.F./Artists Rights Society (ARS), New York; **233:** Toni Albir/AFP/Getty Images; **234:** Pere Sanz/123RF; **237:** Maps.com; **238:** Steve Simonsen/Lonely Planet Images/Getty Images; **239:** Frank Llosa.

Lesson 7: 243: Carlos Muñoz; **244:** (tl) Steve Cukrov/Shutterstock; (tr) Digital Vision/Photoplay/Media Bakery; (bl) Annie Pickert Fuller; (br) Ablestock/Getty Images; **245:** (t) Suravid/Shutterstock; (b) Comstock/Fotosearch; **248:** (all) Carlos Muñoz; **249:** (all) Carlos Muñoz; **251:** (t) Education Images/Universal Images Group Editorial/Getty Images; (b) Kukulkan/Panther Media GmbH/Alamy; **252:** (t) Cortesía Producciones García Ferré S.A.; (b) Juan Pablo Zaramella; **253:** (t) Ministerio de Ciencia, Tecnología e Innovación Productiva, Argentina; (b) NASA; **256:** Carlos Muñoz; **257:** Carlos Muñoz; **259:** Blinkstock/Alamy; **260:** Carlos Muñoz; **262:** Carlos Muñoz; **263:** Carlos Muñoz; **270:** *Composición constructiva* (1943), Joaquín Torres-García. Oil on canvas, 26 x 30 in. Gift of Nelson Rockefeller. OAS AMA/Art Museum of the Americas Collection; **271:** Pierre-Philippe Marcou/AFP/Getty Images; **272:** (l) Michael Puche/Shutterstock; (m) Inspirestock International/123RF; (r) Ollyy/Shutterstock; **275:** StockLite/Shutterstock; **276:** Selections from *Weblog de una mujer gorda.* © Bernardo Erlich; **277:** (t) Selections from *Weblog de una mujer gorda.* © Bernardo Erlich; (b) Courtesy of Hernán Casciari; **279:** Jens Wolf/EPA/REX/Shutterstock.

Lesson 8: 281: Carlos Muñoz; **282:** (t) Martín Bernetti; (m) Chabruken/Getty Images; (b) Ana Maria Otero/AP Images; **283:** George Doyle & Ciaran Griffin/Stockbyte/Getty Images; **286:** (all) Carlos Muñoz; **287:** (all) Carlos Muñoz; **289:** (t) Jeff Cleveland/Shutterstock; (b) Robert Fried/Alamy; **290:** Notimex/Newscom; **291:** S. Bukley/Shutterstock; **292:** Rebvt/Shutterstock; **294:** Carlos Muñoz; **295:** Janne Hämäläinen/Shutterstock; **299:** Carlos Muñoz; **302:** Carlos Muñoz;

303: (all) Carlos Muñoz; **310:** *Mercado de flores* (1949), Diego Rivera. Óleo/tela 180 × 150 cm. Colección Museo Español de Arte Contemporáneo. Madrid, España/©2018 Banco de México Diego Rivera Frida Kahlo Museums Trust, Mexico, D.F./Artists Rights Society (ARS), New York; **312:** Selections from *La abeja haragana* (2002), Alfredo Benavides Bedoya/Courtesy of the Artist; **315:** Selections from *La abeja haragana* (2002), Alfredo Benavides Bedoya/Courtesy of the Artist; **317:** Judy Eddy/WENN/Newscom; **318:** Jeff J. Mitchell/Getty Images.

Lesson 9: **323:** Carlos Muñoz; **324:** (tl) Kristy-Anne Glubish/Design Pics/Corbis; (tr) James W. Porter/Corbis/Getty Images; (bl) Phil Hunt/Getty Images; (br) Moodboard/Fotolia; **325:** (t) Ali Burafi; (b) Blend Images/Alamy; **328:** (all) Carlos Muñoz; **329:** (all) Carlos Muñoz; **331:** (t) Ariadne Van Zandbergen/Alamy; (m) Carlos Muñoz; (b) Eduardo Verdugo/AP/REX/Shutterstock; **332:** (t) Dave G. Houser/Corbis Documentary/Getty Images; (b) Emilio Ereza/Alamy; **333:** (t) Andres Stapff/Reuters; (b) Jeffrey Blackler/Alamy; **334:** Krzysztof Dydynski/Lonely Planet Images/Getty Images; **336:** (all) Carlos Muñoz; **338:** (all) Carlos Muñoz; **342:** Carlos Muñoz; **343:** Stewart Cohen/Blend Images/Getty Images; **348:** *Automóviles vestidos* (1941), Salvador Dalí. Oil and collage on cardboard. 49.9 x 39.4 cm (19.65" x 15.51"). ©2018 Salvador Dalí, Fundació Gala-Salvador Dalí, Artists Rights Society (ARS), New York 2016; **349:** Oscar Gonzalez/NurPhoto/Sipa USA/Newscom; **350:** Joana Kruse/Alamy; **353:** Google and the Google logo are registered trademarks of Google Inc., used with permission; **354:** Photos 12/Alamy; **355:** Comstock Images/Stockbyte/Getty Images; **357:** (l) José Blanco; (r) Rossy Lano.

Lesson 10: **359:** Carlos Muñoz; **360:** (tl) Martín Bernetti; (tr) Ocean/Corbis; (bl) Mediaphotos/iStockphoto; (bm) Leslie Harris/Index Stock Imagery; (br) Andrew Paradise; **363:** (l) *Pop Monalisa* (2009), Margarita María Vélez Cuervo. Técnica: Óleo sobre tela. Margarita María Vélez Cuervo; (m) *Rostros* (2002), Juan Manríque. Collage sobre papel, 70 x 50 cm. Ana Lucía Mejía Piedrahita; (r) *The Haystacks, End of Summer* (1891), Claude Monet. Oil on canvas, 60.5 x 100.5 cm. Musee d'Orsay, Paris, France/Erich Lessing/Art Resource, New York; **364:** (all) Carlos Muñoz; **365:** (all) Carlos Muñoz; **367:** (t) Bernard G. Silberstein Taller de Gráfica Popular Artists' Portraits Collection, Center for Southwest Research, University Libraries, University of New Mexico; (m) John Mitchell/Alamy; (b) Maogg/iStockphoto/Getty Images; **368:** (tl) Macduff Everton/Corbis Documentary/Getty Images; (tr, m) ©2018 Fundación Pablo Neruda. Fernando Márquez de la Plata 0192, Santiago de Chile; (b) Lauren Krolick; **369:** (t) Claudia Gacitúa; (bl) Nito500/123RF; (br) The Orchard/Everett Collection; **370:** Vadim Kozlovsky/Shutterstock; **372:** (all) Carlos Muñoz; **374:** (all) Carlos Muñoz; **376:** (all) Carlos Muñoz; **382:** *Dos mujeres leyendo* (1934), Pablo Picasso. Oil on canvas. Private Collection/Bridgeman Images/©2018 Estate of Pablo Picasso/Artists Rights Society (ARS), New York; **383:** Album/SFGP/Newscom; **384:** Juana Zuñiga/Illustration Source; **387:** Berlin-Zeitgeist/Alamy; **388:** Cristóbal Palma/Estudio Palma; **389:** (Alejandro Aravena) Vincenzo Pinto/AFP/Getty Images; (Pritzker prize) The Hyatt Foundation/Pritzker Architecture Prize; **390:** (t) Felipe Díaz; (b) Jose Luis Stephens/123RF.

Lesson 11: **393:** Carlos Muñoz; **394:** (tl) Jenkedco/Shutterstock; (tm) Ocean/Corbis; (tr) Masterfile; (m) Hamish Barrie/iStockphoto; (b) Steve Raymer/Corbis Documentary/Getty Images **395:** Bryan Smith/ZUMA Press/Newscom; **398:** (all) Carlos Muñoz; **399:** (all) Carlos Muñoz; **401:** (t) VHL; (m) Luis Alberto Cruz/AP/REX/Shutterstock; (b) Carlos Muñoz; **402:** (t) Gonzalo Espinoza/AFP/Getty Images; (b) Danita Delimont/Gallo Images/Getty Images; **403:** (t) Freddy Zarco/Courtesy of Bolivian Presidency/Reuters; (b) Patricio Murphy/ZUMA Press/Newscom; **404:** David Pou/Shutterstock; **406:** (all) Carlos Muñoz; **408:** (all) Carlos Muñoz; **409:** Carlos Muñoz; **412:** (all) Carlos Muñoz; **413:** (all) Carlos Muñoz; **420:** *San Antonio de Oriente* (1957), José Antonio Velásquez. OAS AMA/Art Museum of the Americas; **421:** Andrea Comas/Reuters; **422:** (l) Roibu/Alamy; (m) Eduardo Verdugo/AP Images; (r) AFP/Getty Images; **425:** (t) Sara Winter/Fotolia; (b) Bruno Xavier/Shutterstock; **426:** FrameZero/Alamy; (inset) David Rumsey Map Collection; **427:** Carlos Cazalis.

Lesson 12: **431:** Carlos Muñoz; **432:** (tl) David Myers Photography/Alamy; (tr) Martín Bernetti; (b) Carlos Barria/Reuters; **433:** (t) Santiago Hernández. Lithograph print from *El Libro Rojo* published by Francisco Días de León y White. 1870. CONACULTA. INAH-SINAFO-FN-Mexico; (b) *Montezuma leaving for a retreat upon being told of the Spanish disembarking* (1579) from folio 192R of *Historia de las Indias de Nueva España e Islas de la Tierra Firme* by Diego Durán. Biblioteca Nacional de España/Gianni Dagli Orti/REX/Shutterstock; **436:** (all) Carlos Muñoz; **437:** (all) Carlos Muñoz; **439:** (all) Carlos Muñoz; **440:** Imagebroker/Alamy; **441:** (t) Mick Roessler/Corbis; (b) Philippe Eranian; **442:** Gary Yim/Shutterstock; **444:** (all) Carlos Muñoz; **445:** Carlos Muñoz; **446:** María Eugenia Corbo; **449:** (all) Carlos Muñoz; **452:** (all) Carlos Muñoz; **453:** (all) Carlos Muñoz; **455:** Paula Díez; **462:** *El indio alcalde de Chincheros: Varayoc* (1925), José Sabogal. Óleo sobre lienzo. Municipalidad Metropolitana de Lima. Pinacoteca Ignacio Merino, Lima, Perú y herederos; **463:** Bettmann/Getty Images; **464:** Rook76/Shutterstock; **465:** Bluestocking/iStockphoto; **469:** Outsider/Shutterstock; **471:** *Portrait of Atahualpa* (16th century), Anonymous. Bpk Bildagentur/Ethnologisches Museum, Staatliche Museen, Berlin, Germany/Dietrich Graf/Art Resource, NY; **472:** (l) Bruno135/Deposit Photos; (r) Robert Harding Picture Library Ltd/Alamy; (inset) Cortesía del Ayuntamiento de Montilla y de la Sucesión González Gamarra/Casa Inca Garcilaso de la Vega en Montilla; **473:** Carátula del libro *Comentarios reales* por Inca Garcilaso de la Vega, edición de Enrique Pupo-Walker, Madrid, Cátedra, colección Letras Hispánicas. Por cortesía de Ediciones Cátedra; **475:** *Still Life with Letter to Mr. Lask* (1879), William Michael Harnett. Christie's Images/Bridgeman Images.

Manual de gramática: A10: Paula Díez; **A14:** (all) Martín Bernetti; **A27:** Martín Bernetti; **A31:** (all) Carlos Muñoz; **A46:** (all) Carlos Muñoz; **A51:** (all) Carlos Muñoz; **A55:** Martín Bernetti; **A56:** (all) Carlos Muñoz; **A61:** (all) Carlos Muñoz; **A66:** (all) Carlos Muñoz.

Back Cover: Demaerre/iStockphoto.

About the author

José A. Blanco founded Vista Higher Learning in 1998. A native of Barranquilla, Colombia, Mr. Blanco holds degrees in Literature and Hispanic Studies from Brown University and the University of California, Santa Cruz. He has worked as a writer, editor, and translator for Houghton Mifflin and D.C. Heath and Company and has taught Spanish at the secondary and university levels. Mr. Blanco is also the co-author of several other Vista Higher Learning programs.